中央民族大学"985工程"建设项目

中国少数民族教育研究创新基地文库

国家出版基金项目
NATIONAL PUBLICATION FOUNDATION

**中国少数民族教育政策研究丛书**

苏 德 主编

# 民族基础教育
## 质量保障的政策研究

苏 德 主编

教育科学出版社
·北京·

# 丛书编委会

**顾 问**

顾明远　哈经雄　阿布都　张　强　陈中永
钟海青　郑新蓉　曾天山　王嘉毅　刘贵华

**主 编**

苏　德

**编 委**（按姓氏拼音排序）

敖俊梅　常永才　董　艳　海　路　胡迪雅
江凤娟　李　剑　吕佩臣　陶格斯　滕　星
吴合文　吴明海　夏仕武　袁　梅　钟志勇
Min Bahadur Bista　Robert Rhoads
Ulla Ambrosius Madsen

# 丛书总序

　　我国是一个统一的多民族社会主义国家，民族教育是我国教育事业重要的组成部分，民族教育的发展是促进各民族共同团结进步、共同繁荣发展的重要基础。《国家中长期教育改革和发展规划纲要（2010—2020 年）》中专门对民族教育做出全面的规划和部署，这无疑为民族教育学科的跨越式发展提供了大好机遇。

　　中央民族大学作为党和国家为解决中国民族问题、培养少数民族干部和高级专门人才而创建的高等学校，在我国民族事务与民族教育事业中具有举足轻重的地位。该校是一所汇聚了 56 个民族师生的国家"985 工程"和"211 工程"重点建设大学。中央民族大学教育学院一直致力于我国民族教育的田野调查和理论研究，是我国民族教育研究领域的"带头人"。通过"211 工程"和"985 工程"三期建设项目及其他项目的积累，教育学院形成了以少数民族教育为特色和优势的学科，凝聚了一支在国内外有影响、团结协作并有奉献精神的少数民族教育创新研究团队，在少数民族教育的理论与实践方面取得了丰硕成果。

为贯彻落实《国家中长期教育改革和发展规划纲要（2010—2020 年)》精神，进一步提高民族教育科学研究的质量和水平，促进我国民族教育科学事业的繁荣和发展，为新时期国家民族教育改革决策和实践服务，教育学院专门成立了"中国少数民族教育政策研究丛书"编委会，以科学发展观为指导，围绕民族教育改革发展的重要理论和重大现实问题，邀请国内外民族教育研究的优秀专家学者开展了一系列基础研究和应用研究，撰写和出版了中国少数民族教育的系列专业教材和学术著作。

"中国少数民族教育政策研究丛书"以中央民族大学"211 工程"和"985 工程"三期建设项目为研究平台，在中央民族大学教育学院院长苏德教授主持的联合国教科文组织西班牙千年发展目标促进基金"中国文化与发展伙伴关系"项目"中国少数民族基础教育政策研究"课题（2008—2011），以及国家社会科学基金教育学重点招标课题"民族教育质量保障和特色发展研究"的系列研究成果的基础上形成。该项目研究者历时五年，主要在我国西南地区的云南省、贵州省和西北地区的青海省进行多次田野调查，收集了大量的一手资料。研究者从教育政策的不同角度对我国的民族教育政策做了实践上的梳理和理论上的提升，最终形成了此套丛书，即《民族教育政策：质性研究与案例分析》《民族教育政策：文化思考与本土建构》《民族教育政策：行动反思与理论分析》《民族基础教育质量保障的政策研究》《民族教育政策：基层官员政策再制定行为研究》《民族教育质性研究方法：理论、策略与实例》《民族教育政策文化分析——以民族预科教育政策为线》等。

该丛书在理论和实践层面，对我国民族教育发展过程中存在的实际问题进行了深度描写和梳理，并从当地的生态环境、独特的语言文化出发，提出了有针对性的、有意义的对策和建议，是中央民族大学民族教育学学科建设的标志性成果之一，为中国少数民族教育学科与民族教育事业的发展做出了重要贡献。

顾明远

2013 年 2 月

# 目　录

1

课程与教学篇

## 个案三　民族基础教育课程政策执行的文化分析
### ——以贵州省雷山县为例

## 个案四　少数民族基础教育新课改实施情况研究
### ——以云南省芒市风平镇为个案

**学校政策篇**

## 学业表现篇

# 学校管理篇

# 个案一

## 少数民族地区学校布局调整政策
## 执行与影响研究
### ——以云南省德宏州西山乡中心小学为个案

## 概　　要

　　在现代社会中人口大幅度增加，迁移也更加频繁，教育在人们的生活中具有重大的作用与意义。人们对教育有了更大的需求，希望获得公平的受教育机会与优质的教育。我国的学校布局调整政策对少数民族地区影响很大。少数民族地区的教育相比大中城市还比较落后，而同时少数民族的教育又具有自己的特色与诉求。在本案例中，以云南省德宏州景颇族聚居的西山乡中心小学为调查对象，运用访谈与问卷调查的方法，探索我国少数民族地区学校布局调整政策的执行与影响。

　　德宏州西山乡中心小学的教育有其特殊性，所以学校布局调整政策也应在不损害政策本意的基础上和当地教育的特殊性相结合。当地保留着传统的少数民族习俗，少数民族居多，经济发展较为迟缓，教育意识也比较薄弱。在这种复杂的地理环境、文化习俗、生活条件的现实背景下，该地在执行布局调整政策时需要做进一步的完善。

　　德宏州西山乡中心小学在布局调整政策执行过程中，处于弱势地位。执行方案在当地学校的布局调整政策实施中的作用十分关键，政策实施者是否能对政策有精准到位的解读与因地制宜的实施，将决定学校布局调整的成功与否。当地学生、家长对政策的理解与支持也是布局调整政策顺利实施的保障。

本案例中，通过对德宏州西山乡中心小学布局调整政策实施的调查与分析，认为少数民族地区的学校布局调整应赋予目标群体政策参与的权利，避免"受益人缺席"；布局调整政策执行的方案不仅要翔实，更要切实可行；在布局调整政策实施中要提高政策实施者的政策执行力，完善执行机制；加强布局调整政策决策的合理性与公平性，保证学校布局调整政策执行中教育的公益性与受教育者利益分配的公平。

# 绪　　论

## 一、问题的提出

　　学校布局是一个国家或地区的学校在地理空间上的分布结构，它与社会经济发展水平、社会政治环境、人口分布及社区文化密切相关。由于社会经济发展水平、社会政治环境和人口分布是不断变化的，所以学校的布局也是在不断变化。在我国，影响中小学布局的因素主要包括：影响人口迁移的政策因素，如计划生育政策，此项政策导致农村学龄人口不断减少；经济发展进程导致的政策变迁，如城镇化进程，允许农民工进城，这项政策也导致了农村人口的减少；农村税费改革和农村义务教育管理体制的调整。在农村税费改革前主要实行"以乡镇为主"的农村义务教育财政体制。"村村办小学、乡乡办初中"导致农村中小学数量多、规模小、办学分散，大大浪费了教育资源，影响了教育质量和办学效益。这项改革和调整使得县及县以上政府面对越来越大的财政压力，政府希望通过压缩校点、扩大学校规模来提高教育资源利用效率，减轻财政压力。2001 年 5 月颁布的《国务院关于基础教育改革与发展的决定》中，对于学校布局调整的指导意见为：因地制宜调整农村义务教育学校布局。按照小学就近入学、初中相对集中、优化教育资源配置的原则，合理规划和调整学校布局。农村小学和教学点要在方便学生就近入学的前提下适当合并，在交通不便的地区仍需保留必要的教学点，防止因布局调整造成学生辍学。学校布局调整要与危房改造、规范学制、城镇化发展、移民搬迁等统筹规划。调整后的校舍等资产要保证用于发展教育事业。在有需要又有条件的地方，可举办寄宿制学校。同年，国务院召开的全国基础教育工作会议也将农村中小学布局调整列入发展农村义务教育当前要重点抓好的六项工作之一。因此，自 2001 年起，各地政府纷纷制定本地区的农村中小学布局调整规划，农村中小学布局调整在全国范围内大规模地广泛展开。2002 年和 2003 年，国务院和财政部分别下达了《关于完善农村义务教育管理体制的通知》和《中小学布局调整专项资金管理办法》，进一步推动了农村中小学布局调整，各地政府也都加快了布局调整的步伐。农村中小学布局调整如火如荼地开展，学校教育的规模效益日见成效，教师队伍的质量与教育水平不断上升。当然，在看到一些成绩的同时，许多问题也不可忽视。如政府对政策的理解不足，实施不当，在政策执行过程中盲目撤并，片面地追求办学效益，忽略了当地的人口密度、地理交通、农民经济负担等情况，学校的财政、师资及配套设施无法满足大规模集中办学要求，寄宿问题也日益突出。

学校布局调整并非一朝一夕之事，而是一个由国家及地方政府、教育系统、家庭、社区通力协作，综合考虑政治、经济、文化等因素而实行的长期政策。学校布局是否科学，直接关系到教育资源的利用效率及教育的发展。因而学校布局需要有科学的指导与规划，需要在综合考虑相关因素之后慎重地做决策：哪些学校应撤并，哪些教学点还应保留。不论是撤并还是保留，还应有相关措施予以巩固，从而让学生们愿意入学，喜欢上学，安心上学，上好学。

本案例研究通过访谈、问卷调查法，回溯云南省德宏州西山乡中心小学布局调整的全程，重现西山乡中心小学布局调整的执行过程；通过对西山乡中心小学的实地调查，探究学校布局调整带给利益相关者的影响，审视学校布局调整的合理性，挖掘利于学生身心发展的学校发展模式。

## 二、研究目的和意义

中小学布局调整作为教育领域的重大举措深刻影响着教育的发展。在少数民族地区实行中小学布局调整有着重大意义。少数民族地区中小学布局调整的实施是国家贯彻科教兴国战略，推动民族基础教育健康发展，提高办学效益的重大举措之一。它有利于合理配置教育资源，扩大校均规模，提高教学质量和教育投资效益。在少数民族地区实施学校布局调整可逐步实现少数民族地区学校合理布局、优化教育结构、健全用人机制、高效使用教育经费，进而实现民族基础教育的均衡发展。但是在看到其利于教育发展的同时，我们亦不可忽视某些地区、学校实施布局调整过程中也存在着因急于求成而违背教育发展规律的问题。一项教育政策的实施既应遵守国家的政策规定，同时又应符合当地的现实情况。不论政策实施的案例成功与否，都不具可复制性。但我们可以通过审视案例的实施过程，挖掘据以借鉴的范例，因地制宜地利用优点，摒弃不足。依托项目组前期、中期近两年深入调研所采集的信息及笔者的切身感受，可以看出西山乡中心小学布局调整政策的实施具有其普遍性和特殊性。

之所以选择西山乡作为民族地区布局调整政策研究对象，是由于西山乡地处少数民族聚居区，西山乡中心小学以少数民族学生为主，经历过布局调整"运动"。另外，该地区布局调整政策的实施具有地方特色，在某些问题上又与我国其他地区学校布局调整如出一辙。因此本研究的理论意义在于利用案例研究，通过对民族地区小学布局调整进行深入和全面的实地调查、对布局调整政策执行过程的描述及对其影响的分析，总结出布局调整在民族地区实施的一般性和特殊性，找到用于指导民族地区小学布局调整的"普适性"原则。现实意义在于结合实际及对利益相关者的问卷调查、访谈、走访，真实全面地反映布局调整政策实施的结果及影响，并提出针对性的建议，力争为民族地区教育改革起到抛砖引玉的作用，具有较强的现实意义。

## 三、文献综述

### （一）国外研究

1. 国外布局调整政策的实践经验

（1）美国的学校合并运动。19 世纪 20 世纪之交，美国兴起了一场

"学校合并运动"①。这一运动旨在通过提升农村学校的"规模效益"，提高美国农村学校的学术内涵和教育质量。通过对农村小学校和小学区进行合并与重组，建立具有一定"规模"的农村学校和学区，以达到提升农村学校质量的目的。

美国农村学校合并的原因有：不同的农村学校由各自社区控制，缺乏统一的办学标准；学校发展随意，效率低下；农村学校规模小，以学生入学方便为标准的建校方式无法满足现代教育的要求；农村学校学年短，儿童受教育机会少；学校人员缺乏分工，专业水平低；基础设施差，经费短缺等②。

美国农村学校合并运动，分为兴起阶段（1897—1944）、高潮阶段（1944—1966）及衰微阶段（1966—2000）。兴起阶段主要是美国农村学校合并运动进行前期政策准备及蓬勃兴起的阶段。社会经济、政治思想等条件的成熟及教育改革家的宣传，促使这项运动在兴起阶段取得了引人注目的成就。高潮阶段指美国学区重组和学校合并进入快速发展阶段。科南特的"规模效益"理论对美国农村学校合并运动起到了推波助澜的作用。20世纪60年代后期，美国农村"学校合并"运动衰微。人们开始质疑一味追求规模效益对教育发展是否有现实意义。人们日益意识到农村学校是不可能完全消除或合并掉的，关注点开始从对学校数量的控制转向对教育质量的提升，由对学校合并的热衷转向教育价值——机会均等的重视。由此影响了学校合并运动的进程，使学校合并运动逐步衰落。

在美国的学校合并运动中，政府主要采取的措施为：提供强大的资金及理论支持；建立安全、高效、免费的交通服务体系；建立权责明确的农村教育管理体制，推动农村学校合并运动的进程。美国农村学校合并运动使得美国农村学校在校舍、教学设备、课程、教学组织形式等多方面发生了根本变化，学校的教学质量和管理效率得到明显提高，但也带来了一些

---

① 20世纪美国农村"学校合并"运动述评 [EB/OL]. [2011-06-012]. http://www. docin. com/p-52697726. html.

② 美国农村学校多建在学生步行就可入学的地方，加之美国人口居住分散，20世纪初美国农村的"一师校"占美国公立学校的近70%，显然这已不再适应现代学校的发展需求。

问题，如社区小学不断消失，农村社区人口外流，邻里关系疏远，社区对学校的支持力度减弱。学生失去了过去小学校所能带给他们的利于情感交流和社会交往的环境。

（2）韩国农村小规模学校合并政策。20 世纪 80 年代以来，韩国实行了农村小规模学校合并政策。该政策的颁布是在韩国产业迅速发展、城市化进程快速推进的大背景下实施的。韩国农村的教育、医疗和生活环境不尽如人意，大量农村居民移居城市，城市的学生数量增大，农村学龄人口减少，农村学校因学生人数过少而停办，"小规模学校"（指因学校适龄学生数量过少，而把 2—3 个年级编制成一个班级进行复式教学的学校）大量出现①。韩国展开小规模学校合并运动经历了三个阶段。第一阶段（1982—1992）小规模学校合并政策的标准是在同一"面"② 中对学生人数未满 180 名或班级总数少于 6 个且学生上学距离不超过 4 千米的学校推行合并政策。对于一些人数少于 100 人并由于种种因素不能合并的小规模学校则降级为"分校"。第二阶段（1993—2004）的合并政策标准是给"市"、"道"教育厅长以自由裁量的权力，学校合并的基准由原来的未满 180 名学生减到 51—100 名学生，由地方自由裁量推行合并政策。为了确保偏远地区文化发展的平衡，在岛屿与边境地区，学校人数少于 100 人也不得降级为"分校"。第三阶段（2005 年至今）的合并政策标准更加重视学生的上学条件与家长的意见，只有在学生家长的同意率达到 50% 以上，才能进行合并。在该阶段要保证每个"面"至少有一所学校，以解决岛屿与偏僻地区的文化、教育与教师去留等问题。韩国的小规模学校合并运动促进了学生学习能力的增长、社会交往能力的提高以及个性的完善；减轻了教师的工作负担，改善了教育条件和教育环境；该运动降低了青少年犯罪率，促进了当地社区整体文化的发展③。

美、韩两国的国情大不相同，但其教育发展都经历了学校合并运动。

---

① 崔东植，邹志辉. 韩国农村小规模学校合并政策评析［J］. 教育发展研究，2010（10）.

② 文中提到的"面"与下文的"市"、"道"均是韩国行政区划的名称，"面"相当于我国的乡，"市"与"道"是同一级的行政区划，相当于我国的省。

③ 同①.

学校合并运动的开展原因及开展经过有着很大的相似性。如均以提升教育质量为动因，均经历过合并初期对学校"规模效益"的重视。合并后期人们普遍意识到学校合并背后的教育价值问题。相对于学校数量、教育质量、均等的教育机会，社区、学校文化的保留成为人们更为关注的问题。

2. 国外布局调整政策的分析研究

自 20 世纪 70 年代以来，国外学者对学校布局调整进行了许多研究。研究主要集中在学校布局调整的原因、标准、影响及对策几方面。石人炳在《国外关于学校布局调整的研究及启示》一文中详细讲述了国外学校布局调整的原因主要有出生率、人口迁移与人口年龄结构的变化。学校布局调整的标准有两个：一个是学生上学的距离，另一个是学校覆盖的服务人群数量。有学者把儿童入学距离用三种"距离"来衡量，分别是用千米来衡量的实际空间距离；学生离开自己的社区到另外一个社区就学过程中相较于在当地入学的学生所带来的文化适应的过程距离；由于山地、河流、森林等自然条件的阻碍而延长上学所需时间的距离。学校布局调整后带给被撤并学校的学生诸多困难，最大的困难即是空间距离、文化距离和时间距离的扩大。学生需要花费更多的时间去适应学校布局调整带来的新的问题和困难。

国外学者的研究表明，学校布局调整后会产生两种结果：一种是学校留存，另一种是学校关闭[1]。留存的学校的学生生源增多（即被保留的学校会接纳附近学校），教师增多，学校相应的投入也会增多。对于被保留的学校，社会及政府会投入大量的物资与人力使学校得到更好的发展。对于被关闭的学校而言，面临着被关闭前教育投资变少的问题，影响学校正常教学，进而影响学生入学率。世界银行在一项关于非洲乍得的项目中，运用地理信息系统对 179 个村庄进行研究，研究表明，学生入学率与上学距离关系十分密切。学生上学距离的增加势必会减少学生的入学率。在关闭学校之前的相当长的时间里，学校正常的教学环境也会受到影响。如学

---

①  石人炳. 国外关于学校布局调整的研究及启示 [J]. 比较教育研究，2004 (12).

校即将关闭，应有的教育投资无法及时注入学校，从而影响正常的教育投资。学校关闭之前，各种舆论会影响学校教师教学工作的正常运行。学校内会有对学校存留的各种说法，使教师不能安心教学，开始为自己的未来考虑，不能全身心地投入教学中，从而影响学生的学习。学校布局调整后还会出现大批教师剩余的情况。对于如何减少学校关闭带来的不利影响，学者建议不可盲目进行学校布局调整，即使进行调整也应在科学合理的教育规划的前提下进行①。与一些学者认为学校关闭会带来不良影响的观点不同，也有学者认为学校布局调整会给社区带来新的发展。库班（Cuban）对美国弗吉尼亚州的阿林顿地区 1975—1978 年关闭的 4 所小学的研究结果发现，没有出现不利的影响。如犯罪率没有增加，财产价值仍维持高水平。梅茨（Mets）甚至认为，学校关闭，校舍的功能转化，也可能给社区带来新的发展②。

由外国学者对布局调整政策的研究分析可以看出，学校布局调整既会给学校带来不利的影响，如降低学校的入学率、影响教育投资、教育质量等问题，但也能给社区带来新的发展，实现学校功能的转化。学校布局调整有利有弊，具体的衡量标准应以不同地区实施的不同情况来衡量。

## （二）国内研究

### 1. 学校布局调整政策执行的相关研究

在政策学上，政策执行有广义和狭义之分。狭义的政策执行是指某项政策的具体贯彻、推行和实施；广义的政策执行是指执行者贯彻、落实政策，以达到预期目的的全部活动和整个过程，包括前期的准备工作和政策执行的反馈与控制③。布局调整政策在执行过程中受资源分布、交通便利程度、人口覆盖面积、村庄与外界交通状况、村庄地理环境、村民的经济状况等因素的影响，同时还要兼顾各利益群体的利益得失。政策的执行过

① 石人炳. 国外关于学校布局调整的研究及启示［J］. 比较教育研究，2004（12）.
② 同①.
③ 孙绵涛. 教育政策学［M］. 北京：中国人民大学出版社，2010：172.

程也是政策目标得以实现的过程，因此学校布局调整的方式在政策的执行中起着至关重要的作用①。

（1）学校布局调整政策执行方式的相关研究。秦玉友依据学校布局调整力度及布局调整规划的政策选择将其分为政策引导型和自然生成型②。前者主要是在"以县为主"的农村义务教育管理体制下，县级政府为主导，依据国家的政策，以县情为导向，通过分析县域人口及入学人口的发展趋势、家庭的承受力等因素来实施学校布局调整。后者主要是一种自然的校点撤并的过程，在农村人口及学龄人口变化不大、未来变化也不明显的县城，学校的保留及撤并可以依据实际情况自然实施。秦玉友从人口分布的角度分析了布局调整政策执行中政府主导及自然执行两种不同的执行方式。"在布局调整过程中政府始终居于主导地位"，政府作为政策的执行者，在政策执行过程中必然处于重要地位，政府主导是学校布局调整的重要执行方式。范先佐认为，依据政府行政方式选择的类型可将农村中小学布局调整的方式分为示范型、强制型及示范与强制相结合三种类型。示范型即是通过以点带面的形式，将成功案例推广至整个区域。在这种执行方式中，政府担当着制定长期学校布局规划的重任，学校建设需更具吸引力，吸引周边学生到定点学校就读。此种方式主要利用了村民和村干部的攀比心理。成功的案例是进行政策宣传的最佳手段，当村民看到学校布局调整带给学生及家长真正的实惠时，就会自然送学生到新的学校就读，同时也减少了政府与村民在学校布局调整方面的利益冲突。强制型则是政府利用其行政力量，用行政手段对学校布局调整进行干预，以达到其目的。这种方式下，群众多为政策的被动参与者，较少参与到政策的决策中。强制的政策执行方式一方面使政策得以实施下去，另一方面也加大了政策执行的难度。这种难度主要来源于政府宣传不到位，加之没有有效的群众监督机制、群众意愿表达与反馈机制，使政策执行过程中政府和群众缺少互

---

① 周芬芬. 地方政府在农村中小学布局调整中的执行策略——基于模糊－冲突模型的分析 [J]. 教育与经济，2006（3）.

② 秦玉友. 农村学校布局调整的认识、底线与思路 [J]. 东北师范大学学报，2010（5）.

动机制，导致村民对政策不理解，甚至于出现消极反抗情绪，这不但没有使政策有利于民，相反出现了群众对教育和政府的不满。示范与强制相结合是地方政府经常使用的方式之一。这种方式首先通过示范的方式，吸引大多数民众的支持，对于个别不愿意撤并的村民则采取强制措施。由上可了解到，示范型是学校布局调整执行的理想方式而在实际执行过程中具体采用哪种方式还应视具体情况而定。在综合各种因素的前提下，如政府面临的压力、当地村民对政策的认可程度、村民习惯接受的政策宣传方式、政府可以利用的资源等，采用适合当地的政策执行方式，以使政策实施达到最佳效果。

（2）学校布局调整政策执行策略的相关研究。政策执行的最终目的是要达成政策目标，在这一政策目标实现之前，政策执行者需考虑有效的政策实施途径，采用相应的策略，来达到这一目标。因此政策执行策略的运用对于政策的有效执行亦为重要。政策执行策略是在政策实施过程中执行者针对复杂多变的情况采用的有效应对策略。周芬芬、夏雪认为地方政府在执行布局调整政策时往往面对着如何处理好自身利益——加快合并效率获得政绩、学生利益——享受更公平的教育机会、政府利益——完成工作以获得政绩之间的矛盾冲突。针对冲突，政策执行者——地方官员、学校行政人员会采用不同的策略来应对。周芬芬认为政策执行者会利用布局调整政策固有的，在其制定目标、手段及评价上存在的模糊性，转移问题，权衡利弊。对此，夏雪详细论述了政策执行人员是如何利用政策的"模糊性"来实施政策的。夏雪认为布局调整政策实施中存在政府机会主义行为具体表现在逆向选择、应声虫现象和道德风险三个方面[①]。

逆向选择是指地方政府为追求表面的政绩，而违背政策初衷、脱离政策实施环境的一种表现。此种政策执行的策略主要关注学校撤并速度及合并后的办学规模。虽然表面政绩突出，却以损害教育发展规律为代价，给学校布局调整政策的相关利益群体带来利益损失。应声虫现象则是将上级

---

① 夏雪. 农村中小学布局调整中的机会主义——一个新制度经济学视角 [J]. 教育科学，2009（3）.

人员的喜好作为政策执行的标准，并在政策执行过程中完全遵照此标准，这会为学校布局调整政策执行带来一定的风险。如上级人员重视撤并的"量"而不重视"质"，下级人员会根据上级人员的这种偏好，加大撤并学校的数量，加快撤并速度，从而撤并一些不具备布局调整条件的学校，带来新的问题。如果上级人员认为学校布局调整政策应以学生利益为本，应因地制宜地实施政策，下级若能遵照上级的标准，也会使政策得到良好实施。但若一味考虑上级人员的意图，也会导致下级政策执行者没有主见，面对复杂多样的现实问题迷失方向。道德风险是指地方政府在布局调整过程中不惜向上级政府瞒报或虚报政策执行的效果从而达到个人获益的目的。以上三种学校布局调整政策执行策略的行为选择在政策执行过程中弊大于利，应加强对政策执行人员的培训，以确保政策的有效执行。

（3）学校布局调整政策执行价值取向的相关研究。农村中小学布局调整的目的是为合理配置教育资源，提高办学效益。在政策执行过程中政策执行者的不同价值取向，会直接或间接对政策执行效果产生影响。

政府为本的价值取向主要强调政府执行政策过程中的地位和利益。农村中小学布局调整政策执行过程中政府与村民、学校与学生、学校与政府、老师与学校之间不断充斥着错综复杂的利益关系。以政府为本的价值取向主要体现为以政府的意志为主导，普遍存在于自上而下的政策执行模式中。政府作为权力机关有强大的权力与资源、充足的经费支持、人力资源、及时有效的信息，这都为政府的政策执行提供了强有力的保障。此种价值取向在为学校布局调整提供便利的同时也会使政策执行产生偏差。中小学布局调整的本质目的是通过教育资源的合理配置达成教育良性发展，而以政府为本的价值取向易使政策目标偏向维护政府利益。减少分散的校点，可以提高教育资源的使用率，尤其可以减少师资配备及校园建设的经费投入。由此便可以"满足政府的经济利益"[①]。此外以政府为本的价值取向还会影响政策执行的手段。政府会为获得政绩不断追求撤点并校的数

---

　　① 周芬芬. 地方政府在农村中小学布局调整中的执行策略——基于模糊－冲突模型的分析 [J]. 教育与经济，2006（3）.

量，而忽略学校布局调整中的主要问题。如师资配备是否合理，校园环境是否适宜师生身心发展等。

学生为本的价值取向主要强调学校布局调整过程中多以学生视角出发，一切政策执行均以适宜学生发展为目标。但在政策实施过程中并非如此。秦玉友将保证学生入学、保证学生生命安全及学生的身心健康发展作为农村中小学布局调整实施的底线，从侧面亦可看出学生为本的价值取向并未得到有效的实施。

农村中小学布局调整中有着错综复杂的利益关系，政府、学校、教师、学生、家长是主要的五大利益群体。上文中政府和学生是利益群体中的两极，在政策实施过程中不会存在完全以政府利益或完全以学生利益为主的情况，一个良好的政策执行应当兼顾各利益群体，使各利益群体都得到实惠。

2. 学校布局调整影响现行教育的相关研究

（1）班级规模变化对课堂教学的影响。和学新认为，学校布局调整必然带来班级规模和学校规模的变化。班级规模的大小影响课堂教学管理，进而影响师生、生生之间的人际关系和情感交流，影响学生的社会化以及学生个性的发展。而学校规模影响学生的学业成绩，学校的氛围，学生参与度、归属感、人际关系及平等性。有研究表明，在规模小的学校里，少数民族和低社会经济地位的学生成绩提高最显著。小规模学校的教师易形成教学团体，整合教材内容，采用多年龄分组和合作学习，并使用选择性评价。也就是说规模小的学校有益于校园管理、教学管理，易于实现资源的整合利用。对学生来说，规模小的学校，更有利于教师控制学生，也会使学生有足够的空间感受学校的一切，增加了学生上课、玩耍、参与学校活动的热情。因学校规模小，每位教师对学生的关注面和关注时间扩大与增加，提高了学生的归属感，人际关系也趋于平等。学校规模小也有利于学生在学校资源固定不变的情况下享有更加平等的享受机会①。学校布局

---

① 和学新. 班级规模与学校规模对学校教育成效的影响——关于我国中小学学校布局调整问题的思考 [J]. 教育发展研究，2001 (1).

调整之后，学校合并带来生源增多的问题，原有的教室、学校、食堂、宿舍空间过度饱和，对学生产生极其不利的影响，如人均资源享有量降低、空间狭小、学生众多、纪律混乱，这些都将不利于学生的养成教育。

（2）师资匮乏影响整体教学质量。农村中小学布局调整后，通过调整和优化教师配置，补充了一批合格教师，总体上提升了农村学校教师队伍的整体素质。同时，也应看到学校里仍然缺乏优秀合格的教师。学校布局调整后，以前教学点的教师得以走出山沟，来到乡镇教书，对于他们而言，面对的是更好的发展机会，但是教师们的知识水平难以与城镇教师相比，专业化水平也有待提升。合并后学校的教师，希望寻求更好的发展，向更好的学校流动，出现了好教师留不住，新教师水平差的问题，影响了整体教学质量。此外由于学校布局调整带来的学生增多、班级规模增大、寄宿制学校管理等一系列的工作使得教师负担加重，教育教学质量受到一定程度影响①。

（3）财力、物力使用效率低影响学校发展。周芬芬通过研究荔浦、兴安、田阳和那坡四县布局调整前后农村学校与城镇学校生均占地面积、生均建筑面积和生均运动场地面积等数据，认为学校布局调整只注重了学校教育资源配置如学校规模、学校服务人口和学校服务范围的提升，而物力和财力的使用率却没有得到相应的提升与改善②。被撤并学校教育资源闲置、流失等现象也是学校资源不当利用的重要表现。如学校撤并后，校产应当合理处理，以免学校资源受到损失，防止因撤并带来新的浪费。学校撤并的资金应主要用于学校后勤保障及配套设施的改善中，如改水、建厕、建食堂、澡堂等，完善学校的基础设施建设，保障学生和教师的最基本生活③。学生、教师、校园是构成学校的最基本单位，应当为学生和教师创立良好的校园环境，进而促进学校的发展。

---

① 范先佐. 农村中小学布局调整的原因、动力及方式选择［J］. 教育与经济，2006（1）.

② 周芬芬. 地方政府在农村中小学布局调整中的执行策略——基于模糊－冲突模型的分析［J］. 教育与经济，2006（3）.

③ 王泽德，赵上帛. 我国农村中小学布局调整的现状及对策研究［J］. 现代教育科学，2009（4）.

### 3. 学校布局调整对利益相关群体的影响研究

从政府角度,中小学布局调整能使有限的财力得以集中使用,学校、班级规模的扩大直接导致经费紧张,生师比例的上升导致减少冗员,降低成本。从教育部门及公立学校角度看,一方面由于学校布局调整,减少了管理费用,而另一方面则由于教学点的合并,原有办学资源又不能及时合并进来,而造成办学资金十分紧张,甚至出现了严重负债现象。另外,学校无法应对住宿生带来的课堂教学以外的生活问题,无力解决生活教师的工资和生活设施的投入问题①。

农村中小学布局调整的障碍主要来自村民和地方政府的不支持和抗议。村小的建设凝聚了农民的心血。村小是在 20 世纪八九十年代普及九年义务教育时,国家投入极为有限,当地村干部带领村民自己筹资办起来的,为此而饱受艰辛,甚至至今为此还负债累累。因此,当学校将要撤并时,受到了村民和地方政府的阻碍。此外,学校作为地方文化体系的重要组成部分,是村寨的重要象征。撤并学校意味着村寨的重要标志、村民的文化象征不复存在,在某种程度上由于学校撤并,村寨的文化吸引力减少而加快了农村人口向城镇的流动。

从被调整区域的学生家长和学生自身角度来讲,学生家长的经济负担和精力负担加重,由于学生住校或出村就读,学生家庭要额外付出交通费、住宿费、在校用餐费,这比在家就近入学的费用高。而接送孩子的家长则要费时费力,增加了其教育成本②。道路交通状况对学生产生了一系列困难,如路远,道路不好走,有安全隐患。路远学生要特别早起,对学生身体发育不利,年龄小的路远的学生无法接受学前教育。财政经费没有改变,而调整指标多,学校公用经费短缺,学校运转困难,学生人数增加,无法按标准班编班;若要按标准班编班,则会出现校舍紧缺,教师编制不足等问题。住宿和后勤配套无法跟上,教学管理压力过大,教师的心理压力过大,教育教学工作负担沉重。撤点并校增加政府负担,出现新的

---

① 杨勇. 冲突论视角下的中小学布局调整 [J]. 当代教育科学, 2009 (1).
② 同①.

开支。撤并后的中小学原有的用房和设施被闲置，而生源的增加需要投入大量资金扩建学生宿舍、食堂、澡堂等，增加中小学生种种学习和活动器材，因此带来了新的开支。村民对这项政策所带来的农村学校撤并和求学困难与广大农民对子女受教育的强烈愿望之间产生矛盾，经济生活负担的加重使村民对农村中小学布局调整产生怀疑，为什么要多花钱舍近取远上学，撤点并校后教学质量无显著提高，政府的布局调整工作有失妥当，引起村民不满①。

## 四、核心概念界定

### （一）教育政策

政策这一术语是从政治科学中引用过来的。政治科学是一个高度分化的学科领域，不同阵营理解政策及相关概念的角度不同。这些分歧发端于人们对社会的本质权力的意义和政府的合理角色的哲学理解上的冲突。弗朗西斯·C. 福勒（Frances C. Fowler）在《教育政策学导论》中将政策定义为：特定的政治制度处理公共问题的、动态的和价值高度涉入的过程，包括政府公开表达的意图和官方措施，以及政府一贯的外在行为和内隐行为模式②。教育政策是政策科学研究的一个领域，粗浅地理解即是与教育相关的政策。有学者认为，教育政策是一个政党或政府为教育事业的运行与发展所制定的规划、方针和原则③。也有学者认为："教育政策是有关教育的政策措施，是有关教育工作者权利和利益的具体体现。"④ 这种观点把教育政策看成是整个公共政策体系的一个分支，重视教育政策与其他公共政策的共同性、联系性。另一种观点认为，教育政策主要是一种行动准则，它是对该做什么或不该做什么、该怎么做或不该怎么做而立下的规

---

① 王泽德. 对我国农村中小学布局调整的反思 [J]. 教育学术月刊，2009 (5).
② 弗朗西斯·C. 福勒. 教育政策学导论 [M]. 许庆豫，译. 江苏：江苏教育出版社，2007：8.
③ 张焕庭. 教育词典 [M]. 南京：江苏教育出版社，1988：763.
④ 张新平. 简论教育政策的本质、特点及功能 [J]. 江西教育科研，1999 (1).

定。把教育政策看成是一种行为准则和办法，有一定的合理性，因为现实社会系统中的教育政策确实具有这种属性和功能。但如果仅仅将教育政策归结为一种准则和办法，则有些以偏概全。因为教育政策不仅是一种行动准则和措施，它同时也表现为一种引导、支持、鼓励和赞许的行为。特别是教育政策可能有时并不一定表现为具体的办法和措施，而只是抽象地、泛泛地确认某种价值选择，不涉及具体可行的措施、办法。我国台湾学者林水波和张世贤针对这一情况，曾给政策下过一个定义，他们认为，教育公共政策是"政府选择作为或不作为的行为"①。政策不仅包括明令出台的准则、行动及行动措施，同时也包括不采取或停止某种行动的决定。因此，教育政策除了包括与教育有关的措施之外，还包括不采取任何办法措施的所谓"无为而治"的那部分教育政策②。根据上述各家之言，孙绵涛从教育政策主体、客体等四个方面对教育政策进行了全面的分析总结，认为教育政策是一个有目的有组织的动态发展过程，是政党、政府等政治实体在一定历史时期，为了实现一定的教育目标和任务而平衡各方的教育利益、协调教育的内外关系所规定的行动依据和准则③。

教育政策作为一种有关教育的活动，不同于其他教育活动，如课堂教学、课外活动等，有其本质的特点。教育政策的制定和实施本身是一种政治行为，是各种政治行为综合影响的产物，但其之所以称为教育政策，是因为它从根本上反映了统治阶级对教育工作者的愿望和要求。另外教育政策是有关教育的权利和利益分配的具体体现④。

袁振国认为，教育政策是"从国家的最高行政机构到最小的学区做出的影响两个学校以上的行政决定"。在空间方面，可以把教育政策分为全国性、地区性和学区性的教育政策；在层次方面，可以分为初级教育、中级教育和高级教育政策；在类型方面，可以分为制度化的、非制度化的和非正式的教育政策；在影响范围方面，可以分为对部分教育活动发生影响

---

① 孙绵涛. 教育政策学 ［M］. 北京：中国人民大学出版社，2010：19.
② 同①.
③ 同①.
④ 同①.

和对所有教育活动都产生影响的教育政策，如课程政策、财政政策①。

### （二）民族教育政策

民族教育政策是指国家和政党为了发展民族教育事业实现一定历史时期的教育路线、方针、目标和任务而制定、发布的具体的行动准则。民族教育政策可分为总政策和具体政策，其表现形式多种多样，包括方针、策略、法律、法令、条例、规章、决定、指示等②。由于划分的标准和角度不同，民族教育政策所划分的类别也不一样。按结构层次分，可分为民族教育的基本政策和民族教育的具体政策；按作用分，可分为民族教育的鼓励性政策和民族教育的限制性政策；按作用方式分，可分为民族教育的直接政策和民族教育的间接政策；按内容分，可分为民族教育的综合性政策和民族教育的专项政策。农村中小学布局调整政策是一项重要的国家教育政策，其在民族地区实施，为指导民族地区学校的布局、学校的发展发挥着重要的作用。

### （三）政策执行

最早将政策执行问题引入学术研究领域的美国政策学家普雷斯曼和韦尔达夫斯基把政策执行定义为："在目标的确立与适应于取得这些目标的行动之间的一种相互作用过程。"③ 拉斯维尔将政策科学定义为研究政策制定与政策执行学问的科学，还认为政策执行是政策过程中一系列必要的步骤或阶段之一④。由此可见，政策执行在政策研究中有着相当高的地位。另一位美国政策学者查尔斯·琼斯（Charles Jones）则明确指出："政策执行乃是将一种政策付诸实施的各项活动，在这些活动中，以组织、解释和

---

① 任玉珊. 高等教育政策分析：一个案例研究 [J]. 现代教育科学，2008（1）.
② 哈经雄，滕星. 民族教育学通论 [M]. 北京：教育科学出版社，2001：268.
③ 莫勇波. 公共政策执行中的政府执行力问题研究 [M]. 北京：中国社会科学出版社，2007：36.
④ 金大军，钱再见，等. 公共政策执行梗阻与消解 [M]. 广东：广东人民出版社，2008：43－44.

应用这三种活动最为重要。"①

在政策学上，政策执行有广义和狭义之分。狭义的政策执行是指某项政策的具体贯彻、推行和实施；广义的政策执行是指执行者贯彻、落实政策，以达到预期目的的全部活动和整个过程，包括前期的准备工作和政策执行的反馈与控制②。关于教育政策执行的含义，袁振国认为："教育政策执行是指政策的执行者依据政策指示和要求，为实现政策目标、取得预期效果，不断采取积极措施的动态行动过程。"胡春梅认为教育政策执行是教育政策执行主体将教育政策思想、内容、目标转化为教育政策行动、现实、效果，为培养新一代和提高国民综合素质提供服务的政策执行过程。影响政策执行的因素包括：环境因素，如政治环境因素、社会环境因素、心理环境因素；政策执行决策本身的因素，如决策本身的正确性，具体明确性，政策资源的充足性，信息是否通畅，权威是否得到保障；组织因素，如关系因素、功能因素和结构因素；个体因素，包括行政管理人员个人因素，执行对象因素等③。

### （四）布局调整

"布局"本指下棋时从全局观点出发进行布子，引申为对事物的规划和安排④。在《现代汉语辞海》中还指围棋、象棋一局棋的开始阶段，及对事物的整体结构做出的安排⑤。石人炳认为学校布局是一个国家或地区学校在地理空间上的分布结构，它与社会经济发展水平、社会政治环境、人口分布及社区文化密切相关⑥。学校布局（distribution of school）或称"教育布局"（distribution of education）有时也称为"教育分布结构"（dis-

---

① 莫勇波. 公共政策执行中的政府执行力问题研究 [M]. 北京：中国社会科学出版社，2007：36.
② 孙绵涛. 教育政策学 [M]. 北京：中国人民大学出版社，2010：172.
③ 金大军，钱再见. 公共政策执行梗阻与消解 [M]. 广州：广东人民出版社，2008：36 - 39.
④ 汉语大词典编纂处. 汉语大词典 [M]. 缩印本. 上海：上海辞书出版社，1986：1729.
⑤ 《现代汉语辞海》编辑委员会. 现代汉语辞海 [M]. 北京：中国书籍出版社，2003：91.
⑥ 石人炳. 国外关于学校布局调整的研究及启示 [J]. 比较教育研究，2004（12）.

tribution structure of education），是指各级各类教育机构和发展规模在地理上的分布①。

"调整"则是指为适应新的情况而调配整顿②。在《现代汉语辞海》中对布局的解释得知，布局调整一词最初出现在毛泽东《论十大关系》中对工业、农业等进行调整的论述中。从词源的解释里，可以看出布局调整本身包含着一个动态的过程，在统观全局的前提下，针对不断发展变化的情况，对事物进行规划、安排、调配和整顿。查阅有关文献之后，根据学者的研究内容，依据概念的侧重点将学校布局调整的解释整理如下。

1. 学区说

中小学布局调整，是打破现有的学校布局结构，不以行政区划作为学校布点的依据，而是在一个县域内划分不同的学区，跨行政区划办学③。

2. 动态说

范先佐认为农村中小学布局调整是指"农村中小学在哪里办学的问题"④。合理的教育布局能够使教育资源得到充分有效的利用，但在哪里办学不是静止不变的，而是要随着经济社会的发展，特别是根据人口的年龄结构和空间分布变化而不断调整，并且这种调整不是一个突变的过程，而是一个渐进的、长期的过程。每一次大规模的农村中小学布局结构的调整都是在特定的历史背景下进行的⑤。

3. 内容说

中小学布局调整的内容包括关闭学校、合并学校、新建学校、学校选址、学校规模设计、资金和人力资源分配等问题，实质是实现教育资源的

---

① 顾明远. 教育大词典增订合编本（上）[M]. 上海：上海教育出版社，1998：727；中国教育百科全书 [M]. 北京：海洋出版社，1991：669；周芬芬. 农村中学布局调整对教育公平的操作损伤及执行策略 [J]. 教育理论与实践，2008（7）.

② 汉语大词典编纂处. 汉语大词典 [M]. 缩印本. 上海：上海辞书出版社，1986：1149.

③ 周芬芬. 地方政府在农村中学布局调整中的执行策略——基于模糊 - 冲突模型的分析 [J]. 教育与经济，2006（3）.

④ 赵丹，王一涛. 农村中小学布局调整过程中撤消教学点应注意的问题——基于中西部地区的调查研究 [J]. 河北师范大学学报，2008（12）.

⑤ 范先佐. 农村中小学布局调整的原因、动力及方式选择 [J]. 教育与经济，2006（1）.

优化配置、提供更完善的义务教育服务①。

### 4. 方式说

农村中小学布局调整的具体方式是撤点并校，把一些教学质量差、生源不足的教学点并到中心校，扩大学校规模，并集中资金、校舍、教师以及教学仪器、图书资料等资源，改善这些学校的教学条件和教育质量②。

### 5. 目的说

农村中小学布局调整是一项为了优化农村基础教育结构，合理配置农村教育资源，以进一步促进农村义务教育改革及发展的重要政策③。

还有学者根据农村中小学布局调整政策的实施情况认为农村中小学布局调整的实质是对农村原有办学格局和利益关系的一次调整④，是由地方政府主导、农民参与的"强制性变迁"行为⑤。

我国的中小学校布局调整是在特定的条件下颁布的学校布局调整政策的简明概括，有其特定的含义。多数人将学校布局调整简称为"撤点并校"，顾名思义指撤销教学点，合并学校。从这个角度来看，学校布局调整主要指学校在地理空间上分布结构的改变、校址的重新安排。但根据内容说，很明显"撤点并校"将学校布局调整狭隘化了。

中小学布局调整作为一项全国性的教育政策，是在国家相关政策的指导下，由国家、地方领导，教育行政官员，各级各类学校、社区通力协作，因地制宜地对学校布局进行合理规划，对教育资源进行合理的安排、调配及整顿，优化教育结构，实现教育资源的合理配置的动态过程。

---

① 孔云峰，李小建，张雪峰. 农村中小学布局调整之空间可达性分析——以河南省巩义市初级中学为例 [J]. 遥感学报，2008 (12).

② 范先佐，郭清扬. 我国农村中小学布局调整的成效、问题及对策——基于中西部地区 6 省区的调查与分析 [J]. 教育研究，2009 (1).

③ 王泽德，赵上帛. 我国农村中小学布局调整的现状及对策研究 [J]. 现代教育科学，2009 (2).

④ 贾勇宏. 教育政策执行中的村民与地方政府利益博弈——以中西部 6 省区农村中小学布局调整为例 [J]. 教育科学，2008 (2).

⑤ 贾勇宏. 农村中小学布局调整的障碍与方式选择 [J]. 华中师范大学学报，2008 (2).

## 五、研究方法

本研究的主要目标是通过深入调查民族地区布局调整的个案点——云南省德宏州西山乡中心小学布局调整的执行和实施情况，了解民族地区布局调整教育政策执行过程中存在的问题、实施效果以及它对政策目标群体带来的影响。

本研究总体上主要采用定性和定量相结合，因而侧重定性研究的方式，主要使用了访谈法和问卷调查法等具体研究方法。

调研小组在云南省德宏州西山乡进行了为期一个月的调研。根据访谈提纲对省级、县级教育行政部门相关领导、校长、教师、学生、社区精英等分别进行个别访谈或集体访谈，深入了解少数民族地区学校布局调整政策执行中存在的问题以及人们对此项政策的理解和预期等情况。同时深入到个案点所辖的学校和社区，开展课堂观察、校园观察、社区人员访谈等行动，了解布局调整政策的实施效果及该政策对教师、学生、家长等政策目标群体产生的影响。

1. 访谈法

（1）对潞西市教育相关部门人员访谈

小组成员分别访谈了潞西市教育局人事科办公室负责人事、师训、基础教育的3位教师，教研室的6名教师，还包括语文、数学、英语、地理各专业课的研究人员，潞西市民宗局局长。

（2）西山乡中心小学访谈

到西山乡中心小学共计访谈了教师9名，其中5位男教师，4位女教师，覆盖了汉族、景颇族、傣族教师，以及学校各级领导，各科任教师，其中包括特岗教师2名。访谈学生共8名，4名女生、4名男生，其中6名景颇族、1名德昂族、1名汉族。这些学生所在的年级覆盖了四、五、六年级。访谈家长共计4名，其中3位男家长、1位女家长。

2. 问卷调查法

对个案点的教师、学生进行了问卷调查。通过教师问卷了解教师对学校布局调整教育政策的看法、少数民族学生学习需要以及对当地文化的态度；通过学生问卷了解学生对布局调整教育政策的态度和看法。问卷对象取样为小学四、五年级学生。小学学生问卷发放 127 份，其中有效问卷 121 份；小学教师问卷发放 28 份，其中有效问卷 22 份。

# 第一章　我国少数民族地区
# 中小学布局调整概述

## 第一节　我国少数民族地区中小学布局调整的背景

所谓少数民族地区中小学布局调整，就是在少数民族聚居区、少数民族生源占多数的学校实施的中小学布局调整。纵观我国颁布的中小学布局调整的相关政策多以"农村"中小学为标头，少数民族地区多为经济发展相对落后的农村地区，我国农村中小学布局调整的情况基本反映了我国少数民族地区中小学布局调整的情况。任何一项政策都是在特定的政治经济环境中产生的，中小学布局调整政策亦不例外。中小学的布局处于动态变化中，受到人口年龄结构和空间分布变化的影响。布局调整政策的出台正是顺应社会政治、经济、文化发展的变化，使之利于教育发展。

中小学布局不是一成不变的，也不是突如其来的，实施布局调整有其社会背景。学龄人口的变化是导致政策出台最主要的原因，计划生育政策、城镇化及农村义务教育管理体制改革均是促使布局调整政策出台的重要原因。

### 一、计划生育政策的落实导致学龄人口变化

计划生育政策的落实，使得少数民族地区学龄人口不断减少。20 世纪 80 年代以来，我国开始推行计划生育政策，到 90 年代中后期，由于计划生育政策的落实，我国人口出生率普遍下降。2000 年我国 0—14 岁人口总量为 28979 万人，占总人口的比重为 22.89%。2005 年这一年龄阶段人

口占总人口的比重下降为 19.35% 。少数民族地区人口出生率也呈下降趋势。由表 1-1 可见，除西藏及青海外，从 20 世纪 80 年代到 2000 年，我国大部分少数民族地区人口出生率不断下降（见表 1-1）。这部分人口步入学校时成为主要的入学人群。由此可见，计划生育政策是导致学龄人口变化的原因之一。

表 1-1　我国主要民族地区人口出生率、死亡率和增长率变动表①

单位：千分之一

| | | 全国 | 内蒙古 | 西藏 | 广西 | 宁夏 | 新疆 | 青海 | 贵州 | 云南 |
|---|---|---|---|---|---|---|---|---|---|---|
| 1953年 | 出生率 | 37.97 | | | | | 30.63 | | 38.43 | 35.26 |
| | 死亡率 | 13.18 | | | | | 17.78 | | 17.61 | 15.6 |
| | 增长率 | 24.79 | | | | | 12.85 | | 20.82 | 19.66 |
| 1964年 | 出生率 | 37.88 | 41.9 | 40.95 | 49.37 | 42.24 | 52.08 | 52.62 | 45.66 | |
| | 死亡率 | 9.50 | 11.8 | | 10.55 | 13.44 | 16.34 | 15.53 | 20.66 | 15.23 |
| | 增长率 | 28.38 | 30.1 | | 30.4 | 35.93 | 25.9 | 36.55 | 31.96 | 31.43 |
| 1982年 | 出生率 | 20.91 | 21.2 | 24.47 | 26.88 | 28.95 | 21.16 | 19.46 | 24.81 | 23.8 |
| | 死亡率 | 6.36 | 5.7 | 7.66 | 5.64 | 5.82 | 6.65 | 5.1 | 7.6 | 9.88 |
| | 增长率 | 14.55 | 15.5 | 16.81 | 21.24 | 23.13 | 14.51 | 14.36 | 17.21 | 13.92 |
| 1990年 | 出生率 | 20.98 | 21.19 | 26 | 20.2 | 24.34 | 24.67 | 24.34 | 23.09 | 23.6 |
| | 死亡率 | 6.28 | 7.21 | 8.9 | 6.6 | 5.65 | 6.39 | 7.47 | 7.9 | 7.92 |
| | 增长率 | 14.70 | 13.98 | 17.1 | 13.6 | 12.32 | 19.28 | 16.87 | 15.19 | 15.68 |
| 2000年 | 出生率 | 14.03 | 9.9 | 19.5 | 13.6 | 16.49 | 17.57 | 19.25 | 20.59 | 19.05 |
| | 死亡率 | 6.45 | 5.5 | 6.6 | 5.7 | 4.57 | 5.4 | 6.15 | 7.53 | 7.57 |
| | 增长率 | 7.58 | 4.4 | 12.9 | 7.9 | 11.92 | 12.17 | 13.1 | 13.06 | 11.48 |

① 才让加. 对民族地区人口规模动态变化的分析 [J]. 西北民族大学学报, 2005 (6). (此表由国家民委民族理论政策研究室提供)

## 二、城镇化进程导致学龄人口变化

城镇化进程使地区之间的人口流动频繁,我国少数民族地区人口迁移流动量也不断扩大,导致学龄人口减少,学校规模萎缩。所谓城镇化,是指由于第二和第三产业的发展,农村居民向功能不断完善的城镇聚集并改变其原有生产、生活方式的过程。城镇化是中国跨世纪的战略选择。胡锦涛在 2004 年中央经济工作会议上强调:"我国正处于城镇化加快发展的重要时期,必须有效引导城镇化健康发展,妥善处理城乡关系,建立逐步改变城乡二元结构的机制。"城镇化进程的流动主体主要为青壮年劳动力,大批劳动力从经济不发达的少数民族地区流入经济发达地区,除为经济发达地区输入必要的劳动力外,也为流出地经济发展模式、教育意识、生活意识带来巨大变化,这些变化直接或间接地导致学龄人口的不断减少。

## 三、以县为主的农村义务教育管理体制

1998 年以来,全国大多数省份相继开展了以"并乡、并村、并校"和"减人、减事、减支"为核心内容的乡镇机构改革。长期以来,我国农村中小学是以行政区划来布局的,因此当行政区划发生变化时,农村学校不可避免地会受到影响①。农村税费改革及农村义务教育管理体制的重大调整使得县及县以上政府面对越来越大的财政压力②,"村村办小学、乡乡办初中"也导致农村中小学数量多、规模小、办学分散,大大浪费了教育资源,影响了教育质量和办学效益。政府希望通过压缩校点、扩大学校

---

① 中西部地区农村中小学合理布局结构研究课题组. 我国农村中小学布局调整的背景、目的和成效——基于中西部地区 6 省区 38 个县市 177 个乡镇的调查与分析 [J]. 华中师范大学学报,2008 (4).

② 李祥云,范丽萍. 全国教育经济学年会交流论文集:农村中小学布局调整与"两免一补"的实施情况分析——基于全国 19 个省 80 多个乡镇 508 户农户问卷调查 [C]. 南京:南京农业大学,2008.

规模，来提高教育资源利用效率，减轻财政压力①。因此义务教育管理体制的变化是中小学布局调整的重要背景。

为完善云南省基础教育管理体制，云南省政府研究、制定相关政策，落实基础教育地方政府负责、分级管理、以县为主的政策。积极、稳妥地推进农村乡（镇）教育管理体制改革，在有条件的地方进行改革试点。在试点中调整乡（镇）教办管理职能，对取消教办的乡（镇），管理职能交乡（镇）中心完小②。

云南省德宏州西山乡在"以县为主"的义务教育管理体制改革中，主要工作即调整乡教办管理职能。西山乡作为试点地区，取消原乡镇的部分教育管理职能，特别是将乡教办的管理职能交至西山乡的中心小学。办学责任则由原来的乡负主要责任变为由市、县、乡三级分担，学校的人、财、物、事管理职能相应调整到县级政府相关部门。义务教育管理体制改革使得乡、县、市各级政府及乡完小重新明确各自职责，调整教育职能。

义务教育管理体制改革在云南省的实施，主要体现在乡（镇）初中、小学（包括中心小学及其下属辐射的各村完小）人、财、事的管理层级的变化，教育职能分工更加明确。在义务教育管理体制改革的背景之下，中小学布局调整势在必行。较之过去，各分散的教学点及村级完小，布局调整后更加方便教育管理，不但扩大了教育规模，提升了办学效益，更利于学校对人、财、物统一调配。

---

① 中西部地区农村中小学合理布局结构研究课题组．我国农村中小学布局调整的背景、目的和成效——基于中西部地区 6 省区 38 个县市 177 个乡镇的调查与分析［J］．华中师范大学学报，2008（4）．

② 参见云南省人民政府贯彻实施《国务院关于基础教育改革与发展的决定》的意见（云政发〔2001〕161 号）。

# 第二节　我国少数民族地区中小学布局调整的基本情况

我国中小学布局调整旨在通过学校布局结构调整，缩小教育发展的差距，促进教育均衡发展，实现教育资源的合理配置与优化重组，扩充优质教育资源，提高义务教育阶段的教育质量与效益，节省人力、财力、物力，促进教师队伍的优化组合，提高资金、设备及校舍的使用效益，实现规模效益①。

## 一、我国少数民族地区中小学布局调整的目的及方式

自 2000 年国家颁布的一系列关于中小学布局调整的政策、通知，不断推进着我国农村中小学布局调整的进程。农村中小学布局调整最早是在《中共中央、国务院关于进行农村税费改革试点工作的通知》（中发［2000］7 号）中作为地方进行税费改革的配套措施而提出的。文件提出："精简和优化教师队伍，合理配置教育资源，保障义务教育经费投入，要作为农村税费改革的重要组成部分和农村基础教育改革与发展的重要任务。"通过中小学布局调整来实现"精简和优化教师队伍"，"合理配置教育资源"，"保障义务教育经费投入"。农村中小学布局调整出台之初目的之一即是重新整合教育资源，实现教育资源的合理配置，提高教育质量与办学效益。

我国少数民族地区的布局调整是我国民族教育发展中的一部分，少数民族地区的布局调整目的也要与我国的民族教育发展目的相一致。《国务院关于深化改革加快发展民族教育的决定》（国发［2002］14 号）指出，中小学布局调整的深层目的即通过"合理调整各级各类教育的布局结构，

---

① 王泽德. 对我国农村中小学布局调整的反思［J］. 教育学术月刊, 2009 (5).

促进教育资源的优化配置，不断提高教育投入的规模效益从而深化教育改革，增强办学活力"。我国少数民族地区的中小学布局调整与我国农村中小学布局调整具有相似之处。少数民族地区与农村均是我国教育发展的薄弱地区，两者在布局调整的目的上都需要重新整合教育资源，提高教育质量与办学效益。

2001 年 5 月颁布的《国务院关于基础教育改革与发展的决定》中，对学校布局调整的指导意见为：因地制宜调整农村义务教育学校布局。按照小学就近入学、初中相对集中、优化教育资源配置的原则，合理规划和调整学校布局。农村小学和教学点要在方便学生就近入学的前提下适当合并，在交通不便的地区仍需保留必要的教学点，防止因布局调整造成学生辍学。学校布局调整要与危房改造、规范学制、城镇化发展、移民搬迁等统筹规划。调整后的校舍等资产要保证用于发展教育事业。在有需要又有条件的地方，可举办寄宿制学校。

## 二、我国少数民族地区中小学布局调整的成效

2001 年 3 月 26 日，教育部、财政部下发《关于报送中小学布局调整规划的通知》（教财函［2001］32 号），正式启动了各地布局调整工作的开展。它要求各地既要报送中小学校的总体规划，也要有各年度对规划的实施执行情况，其中包括：撤并学校间数，教师和学生增减人数，学校房舍增建面积，设施设备增添情况，资金投入及来源，完成任务的具体措施，学生及家长对该项工作的认识或意见的反馈。这一文件的发布标志着全国范围内的中小学布局调整工作正式开始。

自 2001 年起，各地政府纷纷制定本地区的农村中小学布局调整规划，农村中小学布局调整在全国范围内大规模地广泛展开。2002 年和 2003 年，国务院和财政部分别下达了《关于完善农村义务教育管理体制的通知》和《中小学布局调整专项资金管理办法》的通知，进一步推动了农村中小学

布局调整，各地政府也都加快了布局调整的步伐①。

自 2001 年至 2006 年，贵州省小学从 17985 所调整到 14258 所，减少了 3727 所，减少了 1/5 多；教学点由 9607 个调整为 4862 个，减少了 4745 个，减少了一半；普通初中则由 1648 所增加到 2193 所，增加了 545 所，增加近 1/3②。其中从江县以"优先发展教育、实施科研强县、构建和谐从江"为目标，按照"分步实施，稳步推进"的原则，走"教学点、村级小学向乡镇中心小学或片区大型完小集中"的教育发展路子，加快学校布局调整，整合教育资源。于 2007 年撤销了乡镇教育辅导站，成立了乡镇中心完小。同时计划 2015 年底，逐步撤销全县所有教学点和 80% 以上村级小学，完成所有农村小学寄宿制学校建设。将 274 所小学（县镇完小 9 所，乡村级完小 111 所，教学点 154 个）撤并校点，全部搬至乡镇政府所在地或片区大型完小，合并建成 70 所寄宿制完全小学。贵州省雷山县从布局调整政策实行以来共撤并了 10—20 所小学③。

少数民族较为集中的云南省也开展了大规模的中小学布局调整。以云南省德宏州的陇川县和西山乡为例，前者将于 2014 年之前将所属学校从 144 所撤并到 33 所，户撒乡布局调整计划正在实施，仅于 2010 年 3 月撤并了 1 所较偏远的小学。后者于 2003 年 3 月根据上级"集中办学"的宏观部署，开始对办学规模较小的小学进行撤并，2004 年，总结前面撤并的成功经验，又因地制宜，又撤并 5 个校点，撤并后全乡共有 6 所完小④。

---

① 王泽德. 对我国农村中小学布局调整的反思 [J]. 教育学术月刊，2009（5）.

② 代乐. 贵州日报记者发言 [EB/OL]. (2007 – 02 – 14) [2010 – 12 – 15]. http://learn-ing. schu. com/. 20070214/n248247208. shtml.

③ 资料来源于中央民族大学教育学院苏德教授所主持的联合国教科文组织西班牙千年发展目标促进基金"中国文化和发展伙伴关系"项目《中国少数民族基础教育政策研究》。

④ 同③.

# 第二章　云南省德宏州西山乡中心小学布局调整的现状分析

## 第一节　西山乡中心小学布局调整的背景

### 一、生态与人文背景

#### （一）生态和文化概貌

1. 生态系统

西山乡位于德宏州潞西市的西南部，平均海拔 1200 米，年平均气温 19.5℃，年降雨量在 1300—1653 毫米之间，属亚热带季风气候。全乡土地面积 257 平方千米，均为山区。这里土地肥沃，光照充足，雨量充沛，植被生长茂盛，适宜多种不同气候热带作物生长，全乡尚有待开发土地 94000 亩。乡人民政府所在地弄丙距州府、市府所在地芒市 64 千米，距 320 国道 19 千米①。

2. 文化传统

西山乡下辖 6 个村民委员会，49 个村民小组。据 2009 年统计，西山乡共有 2721 户 11589 人，有景颇族、汉族、德昂族 3 个民族长期居住，其中景颇族占总人口的 87%，是我国景颇族聚居人口最多和比例最高的乡

---

① 中共潞西市委，潞西市人民政府. 爱我潞西，建设潞西 [M]. 潞西市中小学样本教材. 芒市：德宏民族出版社，2009.

镇，具有深厚的景颇文化底蕴①。

西山乡景颇族大多居于山梁上，交通不便，山高坡陡，与外界信息交流不畅，形成相对封闭的人文环境，使得当地群众观念陈旧，生存、经济发展意识较落后，劳动技能差，商品经济、市场经济观念意识缺乏，表现出与当前的市场经济极不适宜的滞后性②。

家长通常支持小孩上学，也鼓励他们说汉语。在村寨中景颇语仍是第一语言，学生大多不喜欢不会说景颇语的学生。

村民最盛大的节日——目瑙纵歌节，是景颇族的传统节日。在弄丙村有一个广场是专门为目瑙纵歌节准备的，过节时这里会聚集成百上千的景颇族人。他们身着传统服装，男人拿着景颇刀，女人背着小背篓，排成几层长长的螺旋队伍，由一个专业的领舞带领，围绕着广场中央的图腾柱，踩着景颇音乐的鼓点翩翩起舞，表演纵歌等具有民族特色的歌舞演出。

## （二）新近社会文化变迁

1952 年西山乡当地的景颇族人民还过着较为原始的社会生活，生产力十分低下。1952 年后，西山乡人民从原始社会直接过渡到社会主义社会，开始了新的社会生活。目前乡生产力水平和文化仍处于相对落后状态，这是制约西山乡社会发展的最根本原因。

西山乡的发展与内陆地区有一定差距，外出打工潮也是近年来才开始兴起。据村民介绍，这里外出山东、四川等地打工的劳动力很多，也有很多女性嫁到山东、四川、广东等地，上述地区也有很多人来这里安家。因此当地景颇族和别族通婚的现象比较普遍，但因景颇族人口在数量和文化传统上仍占绝对优势，因此外来文化对西山乡的冲击并不大，这里的居民仍保留自己的语言、风俗、节日传统。

一方面西山乡地处中缅交界，社会环境较复杂，这里存在着严重的社

---

① 中共潞西市委，潞西市人民政府. 爱我潞西，建设潞西［M］. 潞西市中小学样本教材，芒市：德宏民族出版社，2009.

② 同①.

会问题：毒品和艾滋。为此政府和学校也专门开展了"禁毒防艾"教育工作。但这里吸毒、赌博等问题仍然很严重。我们随一位西山乡中心小学学生李某到了她的家里，"家徒四壁"已不足以形容房屋的破败和萧条，据邻居介绍，她的父亲因为吸毒已经被送进了芒市戒毒所，母亲也因此离家一段时间，爷爷因种种变故猝然离世。

另一方面，近年来由于当地建设龙江水库，大批居民的农田被淹没，因此政府赔偿给了他们很大一笔现金，但有部分人却没有好好利用这笔财富，反而好吃懒做，挥金如土，现有了钱，本来没有沾染不良社会习气的个别居民也有了尝试的资本。有一位老实务农的景颇族妇女就告诉我们："……之前我们都觉得奇怪，他们成天不干活还吃的比我们好、穿的比我们好。"①

种种社会问题给青少年的价值观、成长也带来了冲击，有些学生到了小学高年级和初中，变得厌学，不爱去学校。他们伸手向父母要零花钱，威胁家长不给钱就不去学校，这里的家长又比较溺爱子女，尤其是溺爱儿子。一再的顺从使孩子滋生了懒惰、不劳而获的心理，也让他们有了资本去挥霍，甚至与社会不良青年交往。

## 二、经济背景

西山乡属于传统型农业为主的农业经济，经济发展主要靠粮食、甘蔗、茶叶等传统农业拉动。新近的畜牧业以及八角、西南桦、竹子等经济林果和林木产业的发展带动了西山经济发展。2004 年实现全乡农村经济总收入 2241.59 万元，人均纯收入 908 元，但仍还低于人均纯收入 924 元的贫困线。由于西山乡地广人稀，受自然环境条件的制约，现在还有近 10 万亩待开发的土地，群众生产生活条件仍十分艰苦，经济社会发展面临众

---

① 中央民族大学教育学院苏德教授所主持的联合国教科文组织西班牙千年发展目标促进基金"中国文化和发展伙伴关系"项目《中国少数民族基础教育政策研究》课题组访谈材料。

多瓶颈制约①。

政府对基础设施建设的投资带动了西山乡向现代化城乡的发展。公路交通与水利是西山乡首要解决的基础设施问题。至 2004 年，全乡 6 个村委会、49 个村民小组全部实现通车通电。全乡公路通车里程达 594.8 千米，形成村村组组通公路的交通网。基本解决 40 个村民小组的饮水问题。计划到 2010 年，实现市乡公路柏油化，乡村公路弹石化，村组公路沙石化。根据调查，县乡村的公路等级仍很低，结构不合理，乡村道路多数是晴通雨阻②。落后的交通严重制约西山乡的人流和物流，不仅制约着经济社会的快速发展，还造成布局调整后学生上学难的问题。

经济与科技的发展让居民的生活水平得到了一定的提高，基本每个务农家庭都能拥有一台手扶拖拉机，个别富裕的家庭还能买上一两辆大卡车；代步工具也普遍用上了摩托车，极个别家庭有能力购买汽车。但由于长期落后的生产生活等历史因素的影响，至今人们尚未完全能够从落后的思想观念中解放出来。群众分散居住的习惯、单一的产业结构、闭塞的环境、资源开发不完全以及偏远的地理位置使西山乡仍然比较贫穷。

受经济发展水平的影响，西山乡的基础设施建设和社会各项事业的发展非常滞后。教育投入严重不足，基础教育教学质量令人担忧，贫穷落后导致弃学，弃学又导致贫穷落后的恶性循环的悲剧还在继续重演。

## 三、政策背景

2002 年 9 月《云南省基础教育振兴行动计划》明确了振兴云南基础教育的五项工程，分别为"两基"攻坚工程，边境、少数民族、贫困地区教育发展工程，中小学危房改造工程，信息技术教育工程，扩大优质教育资源建设工程。布局调整是贯穿五大工程的重要举措。通过布局调整，

---

① 西山乡"十一五"经济社会发展规划［EB/OL］．（2008 - 06 - 16）［2010 - 12 - 15］．http：//www. ynf. gov. cn/canton_model1 = 188623.

② 同①.

"从实际出发，按照小学就近入学、初中相对集中的原则，加强农村初中学校建设，提高办学效益"，从而保证、巩固"两基"目标。振兴计划中提到"在边远山区和边境一线，要以集中办学为方向，宜并则并，需增则增，加大小学高年级寄宿制、半寄宿制学校的建设力度，提高办学效益"，学校合并后要积极进行校园建设，特别是对危房的改造，有了明确的要求——需广泛征集和优选农村中小学校舍设计方案，坚持"牢固、实用、够用、方便学生"的原则，做到"轻型、整齐、经济、安全"。对于一定要保留的边境、少数民族、贫困地区的教学点需加强信息化建设的力度，增加教学光盘播放系统和边远山区卫星教学收视点的数量，方便学生获得最新的教学知识。最后，振兴行动计划强调布局调整是优化教育资源的重要手段，通过布局调整，改建、扩建学校，撤并薄弱学校，从而不断扩大优质教育资源，促进基础教育的均衡发展。

《云南省人民政府批转省教育厅云南省教育事业发展"十一五"规划及 2020 年远景目标的通知》（云政发 ［2007］ 184 号）中将"通过体制机制创新，布局结构调整，深化教育改革，加快教育发展"作为"十一五"期间全省教育事业发展的总目标。根据各地学龄人口状况和中小学布局等实际情况，按照"以提高办学效益为目标，以集中办学为方向，宜并则并，需增则增"的原则，继续调整中小学布局，逐步实现学校布局合理化，办学条件标准化，教育管理规范化。大力加强农村薄弱学校建设和改造工作，使同一地区中小学发展不平衡的状况有较大改善。2020 年教育事业远景目标为各级各类学校的办学条件基本达到国家规定标准，素质教育普遍实施，教育质量全面提高，形成体系完整、布局合理、发展均衡的现代国民教育体系和终身教育体系。

2009 年 12 月，云南省正式出台了《云南省中小学区域布局调整指导意见的通知》（云政办发 ［2009］ 241 号），具体目标是"以集中办学为方向，合理收缩教学点，全部撤销现有'一师一校'点；原则上撤并 300人以下的村小和教学点。每个乡镇集中办好 1 所寄宿制中心完小和若干村完小，校均规模逐步达到 300 人以上……原则上确保 3 年完成中小学区域布局调整各项任务。小学和初中撤并工作，2009 年末完成工作总量的

10%，到 2010 年末完成工作总量的 50%，到 2011 年末完成工作总量的 80%，2012 年内全部完成"。

县教委根据省教委对小学教学点进行"撤、并、调"合理布局的要求，对保留学校加大投入建盖教学楼、学生宿舍、食堂，把一部分办学效益较差的小学撤并到办学规模较大、办学条件较好、师资配备较强的学校走读或寄宿就读。

## 四、教育背景

### （一）云南省小学布局变迁情况

中华人民共和国成立以来，云南省的学校布局历经过多次调整。1994—1997 年云南省小学经历了教育大跃进—步入正轨—再次盲目发展的过程。在这一过程中，教育方针政策起着主导作用。1958 年云南省主张大力开办民办小学，全省教育事业有很大发展，全省的学校数量到 1960 年比 1958 年增长一倍①。1961 年以后，党中央和云南省委进行了纠正，开始贯彻"调整、巩固、充实、提高"的方针，教育事业重新走上健康发展的轨道②。1966—1976 年期间，在"读小学不出生产队，读初中不出大队，读高中不出公社"的口号宣传下，举办了大量的小学校③。

1996 年，云南省教委根据云南省经济、人口、教育等方面发展的实际情况，提出了"实事求是，因地制宜；需增则增，宜并则并；讲求效益，合理布点"的原则。在 1999 年的全省教育工作会议上，云南省省委、省政府明确提出，要按照"以集中办学为方向，宜并则并，需增则增"的原则，进一步调整中小学布局，并把这一原则写入《省委、省政府贯彻〈中共中央国务院关于深化教育改革全面推进素质教育的决定〉的意见》

---

① 郭云龙. 云南省当前小学学校布局调整问题研究 [J]. 美中教育评论，2005 (4).
② 同①.
③ 同①.

之中①。从 1997 年到 2003 年，云南省小学教学点数量每年都有较大幅度的减少，1998 年以后，每年减少 1000 所左右，2001 年甚至减少超过 2000 所，完小的数量也有变化（见表 1 - 2）。2005 年，据德宏教育事业报表统计，全州与上年相比，减少中学 1 所、小学 73 所。其中潞西市减少中学 1 所、小学 18 所；梁河减少小学 16 所；盈江减少小学 30 所；陇川减少小学 7 所；瑞丽减少小学 2 所②。由云南小学布局调整过程可以看出学校布局不是一成不变的，政策是指导学校办学的重要因素，政策的变动必然会对学校产生一定的影响。西山小学的办学历史同样也受到国家政策的影响。

表 1 - 2　1997—2003 年云南省小学教学点、完小数量变化情况表③

| 年份 | 小学教学点 | | | 完全小学 | | |
|---|---|---|---|---|---|---|
| | 当年数（所） | 比上年增减（所） | 增幅（％） | 当年数（所） | 比上年增减（所） | 增幅（％） |
| 1997 | 27676 | − 188 | − 0.68 | 15525 | 144 | 0.92 |
| 1998 | 26593 | − 1083 | − 4.07 | 15668 | 143 | 0.91 |
| 1999 | 25459 | − 1134 | − 4.45 | 15297 | − 371 | − 2.42 |
| 2000 | 24213 | − 1246 | − 5.15 | 15373 | 76 | 0.49 |
| 2001 | 21476 | − 2737 | − 12.70 | 15221 | − 152 | − 1.00 |
| 2002 | 20531 | − 945 | − 4.60 | 13965 | − 1256 | − 8.99 |
| 2003 | 19154 | − 1377 | − 7.19 | 14757 | 792 | 5.37 |

---

① 郭云龙. 云南省当前小学学校布局调整问题研究 [J]. 美中教育评论, 2005 (4).

② 2006 德宏年鉴大事专题 [EB/OL]. (2007 - 01 - 10) [2010 - 12 - 18]. http：//www. dh. gov. cn/dhzvmzfgzxxw/3973020404523532288/20070110/100279. html.

③ 此表来源于云南省教育厅编《云南教育事业统计书报》, 2002 年 12 月、2003 年 12 月教育统计数据。

## （二）西山小学办学历史

据《潞西教育历史》记载，1951 年 6 月，云南省文教厅制订的《云南省兄弟民族教育计划》，内容包括兄弟民族小学教学计划、兄弟民族小学师资计划。计划指出：凡是少数民族聚居的县区，均应设立省小……省小应主要招收民族子弟，兄弟民族学生所需的教科书、文具，由政府根据实有人数免费发给。根据此精神，1952 年，云南边疆工作委员会决定在景颇族聚居的西山开办一所公立小学，以帮助少数民族实现政治、经济上的翻身，省边疆工作委员会与省文教厅协商，将昆明师范两班学生培训后分往全省各边疆民族地区，有 6 人于 1952 年秋到达潞西。另外从省立潞西小学抽调何昆任副校长，主持工作，于秋季正式开学，由此，西山公办教育正式诞生。学校迅速发展起来，当年年底已有学生 100 余人。之后，先后派教师到各村开办学校，一时间西山的学校逐渐增多起来。1985 年累计开办 30 所，村级中心小学 6 所，学生 1706 人，教职工 72 人。

1984 年根据云南省教育厅提出的举办半寄宿制高小的意见，西山区增设了半寄宿制高小点，自开办半寄宿制高小以来，全乡四、五年级学生得以集中到办学条件好的 6 所中心小学就读，其他村寨只办到三年级，提高了全乡小学的毕业率和升学率。1995 年春，西山开设载瓦文试点。进入 20 世纪 80 年代，根据省、州有关对发展民族教育的倾斜政策，县内通过对民族学生降低录取分数线，免收学杂费，积极推行双语教学等手段，加快了民族教育的发展步伐。西山受这一优惠政策的影响，发展步伐更快了①。

1983 年以后，西山农村小学逐渐进行学制改革，由原来的五年一贯制改革为六年制。1985 年西山迎接省、州"四率"检查，结果为入学率98.6%，巩固率98.5%，毕业率88.7%，普及率97.8%。到 1989 年，西山 80 个班中有 8 个班已启用六年制教材。1998 年 3 月，为了普及实验教学，上级给西山各村中心小学都配备了实验器材，西山弄丙中心小学、营

---

① 参见潞西市民族教育工作汇报材料，2008 年 5 月 14 日。

盘小学配备二级实验器材，其他各村完小配备了三级实验器材，为学校普及实验教学打好硬件基础。2003年3月，西山进行了机构改革，撤原教委办，设立乡中心校。同年，根据上级要求集中办学的宏观部署，西山乡开始对办学规模较小的学校进行撤并，共撤并9个校点，撤并后全乡有村级完全小学6所，47个教学班，在校学生1151人，教职工92人，其中公办在职81人，使用临时工11人。2004年，总结前面撤并的成功经验，又因地制宜，撤并5个校点，撤并后全乡共有6所完小。截至2005年9月，全乡有教职工72人，其中专任教师68人，工人4人，在校学生1021人，少数民族学生901人，占88.2%。学前教育儿童196人。适龄儿童入学率100%，辍学率1.73%①。2006年8月，在西山乡党委政府的领导下，学校积极开展群众工作，将拱外小学撤并到中心小学。2006年11月在乡人大的领导下，深入到村委会、村民小组开展撤并学校的测评意见，根据广大群众的意见，2007年3月将邦角小学并入中心小学，保留着一个学前班；芒东小学并入毛讲明德小学，保留着一个学前班，至此全乡共有完小4所。

纵观西山乡小学的办学历史，伴随民族教育政策、学制改革、教育机构调整的深入，由最初的一所公立学校到遍地开花，再到集中办学，西山乡小学教育得到不断发展。

## 第二节　西山乡中心小学布局调整的调查现状

### 一、云南省德宏州西山乡小学布局调整的执行情况

从2002年开始，潞西市开始逐渐撤并一些教学点，起初撤并的数量较少，后来撤并数量达十几所。在潞西市大范围中小学撤并的背景下，西山乡小学合并也大规模开展起来。西山小学合并是在市教育局发起，乡党

---

① 参见潞西市民族教育工作汇报材料，2008年5月14日。

委、乡人大和中心小学的校长及部分老师共同参与下制定并实施的。

根据西山乡小学布局调整政策实施相关人员的访谈回溯，从 2003 年至今，西山乡小学布局调整过程可大致分为三个阶段。开端：2003 年 3 月，西山进行了机构改革，撤原潞西市教委办，设立乡中心校。同年，根据上级"集中办学"的宏观部署，西山乡开始对办学规模较小的小学进行撤并。大量撤并阶段：2004 年，总结前面撤并的成功经验，又因地制宜，撤并 5 个校点，撤并后全乡共有 6 所完小。进一步撤并阶段：2006 年邦角小学、民东小学撤并至中心小学及毛讲明德小学。

从 2002 年至今，西山乡撤并了大量教学点及 7 所学校。至 2006 年西山乡将邦角小学和民东小学撤并后，西山乡辖 4 所小学：包括位于西山乡政府所在地的中心小学；位于西山乡南面的毛讲明德小学；位于西山乡西南面山区的崩强小学；位于西山乡西南面坝区的营盘小学。

### （一）学校布局调整的发起

云南省德宏州西山乡小学布局调整的发起主要受到政策示范的影响。布局调整政策制定之初，与德宏州平级的楚雄州布局调整获得了不俗的成绩：三年内普通小学减少 75 所，教学点减少 722 所，布局调整开展得红红火火。德宏州便鼓励各县快速撤点并校，同时制定农村中小学布局调整 3—5 年的规划。随后在市教育局领导商议下决定将学校布局调整作为下一年度的重要工作。于是学校布局调整工作的指示层层下达至乡中心小学。2002 年 11 月，经过西山中心校 B 校长的周密考虑，决定将邦角小学和民东小学分别合并到中心小学和毛讲明德小学的计划上报给乡政府。

### （二）学校合并方案制定

不久后，潞西市教育局接到了西山乡政府和中心小学的"关于西山乡小学布局调整的请示"材料。西山乡党委 A 书记听完 B 校长的汇报后结合上级的指示精神，召开了一个由乡党委副书记、镇长、办公室主任和 B 校长参加的会议。会议有几项任务："第一，组成一个领导小组，由乡党委书记牵头，校长负责，到各个小学、教学点视察，确定要撤掉哪些学校；第二，通过调查总结材料，提交给潞西市教育局，阐明撤并学校的理由，请市教育局派人来考察并批示；第三，办公室主任开始起草方案，安排撤并学校师生的安置工作，尤其是学生班级宿舍分配、教师安置、撤掉的两所小学教学资产处理等事宜；第四，做好群众工作，召开乡人大会议商讨策略。"2006 年 3 月中旬，西山乡中心小学 B 校长和乡党委 A 书记接到上级批示："可以撤并邦角小学、民东小学。但要做好群众工作以及妥善处理撤并之后的安置工作。"

得到上级批准后，由西山中心小学的校长具体落实学校合并事宜。具体安排为：将邦角小学现有的 8 名教师分别安排 3 名到西山中心小学，2 名到毛讲明德小学，3 名到崩强小学。原来各个年级的学生平行转至原年级。班额超过 70 人的分编为两个班。宿舍床位不够，则让年龄大的学生与年龄小的学生一起住。此外在现有宿舍背面加盖 3 间平房。

### （三）学校撤并的通知及方案落实

2006 年 9 月，新学期开学，邦角小学办公室里齐聚校领导和各位教师：西山乡中心小学 B 校长、教导处主任，邦角小学 C 校长及邦角小学的其他教师。在凝重的气氛之下，B 校长以口头紧急通知的方式将邦角小学撤并事宜通知给各位教师。

今天开个临时的紧急会，主要是告诉大家，我们邦角小学要撤掉，学生都要到中心小学去上学……老师呢，我们也开会研究了一下，分别去其他两个完小和中心小学……

### （四）利益相关者的反应及安抚

听到邦角小学要合并的消息，教师们闷不作声。仅有一位教师因无法忍受这个突然的变故，质疑了校领导，得到的答复却是"这是上头的决定"。然后在课堂上教师也以同样凝重的声音告诉学生："今天的课就不上了，以后你们就去西山小学上课了。"与教师的态度截然相反，学生们十分高兴。上午教师们整理了一下学校的桌椅和自己的物品，吃完午饭后，并没有回家的意思，似乎在等待着什么。下午，一群家长围在学校周围，有个人在外面大声嚷道："凭什么要撤学校，凭什么要撤学校？"一个家长来闹了，站在教室前面，穿着满是黄泥巴的鞋子，好像刚刚从田里回来。另外一些寄宿学生的家长赶到了，怒气冲冲地说："我们家娃娃怎么办，本来来这里上学走那么远我们就很担心了，现在连这里的学校都不让读了，你们想干什么啊？……"家长们越来越多，校园本来就没有围墙，教室前面巴掌大的地方几乎挤满了人。"学校没有了，娃娃去哪读书啊？""你们老师是不是想走啊，故意把学校撤了！""走那么远的路去中心小学，万一出了事怎么办啊？"家长们纷纷埋怨，都坚定地认为撤掉学校是这些教师决定的。村民的矛头逐渐统一起来："让校长出来，让校长说说。"教师们默默地站在那里。

当学生家长来学校质问校长和教师时，校长和教师们也默默无言。无奈之下 C 校长带领一些家长去见 B 校长，B 校长带着他们去见 A 书记。A 书记这样劝说 C 校长："你马上就要退休了，千万不要在这个问题上犯错误。"对于同去的家长，A 书记则让 B 校长带去吃了一顿饭。去吃完饭的家长不再有激烈的反对声音了。而没去吃饭的家长则还在以他们的方式抗议着：把原来学校的桌椅板凳搬回家，不让西山乡中心小学拿走。布局调整工作一时陷入僵局。

面对布局调整出现的僵局，B 校长吩咐学校的所有男教师，每个人包一个村寨去做工作，先把村干部的工作做通，再让村干部带着到各家各户去。中心校现任校长告诉我们："其实也没有都做工作，把一些主要家长工作做通了就行……比如在寨子里有影响力的，或者文化程度比较高的，只要有一部分人同意，其他的老百姓自然都会同意……对于有些特别固执的家长，如果家庭比较贫困，就停发他们的最低生活补助，如果是对子女的教育期望很高，就想法把他们的孩子送到芒市镇去……"最关键的是，由于教师都离开了，家长们看着反抗也没有用，也在民意测评上签字同意了。只有学前班学生家长，因为小孩实在太小，有几个家长一直坚持着。后来实在没有办法，就把一位女教师留下继续带学前班。这样，邦角小学最后只留下 1 个学前班和 1 名快要退休的老教师。2008 年，这位女教师退休了，学前班也被合并到中心小学。

## 二、云南省德宏州西山乡中心小学布局调整的成效与问题

### （一）云南省德宏州西山乡中心小学布局调整的成效

在实际调研及工作情况报告中，政府人员、教育行政人员及部分教师认为学校布局调整得到有效实施，"两基"得到巩固，教师队伍得到进一步发展，教育教学质量得到提升，教育资源得到有效利用，办学效益不断增强。

经中小学布局调整，西山乡的"两基"巩固情况明显好转。2008 年小学毕业生 202 人，升入初中 200 人，升学率 99%。幼儿总人数（4—6 周岁）320 人，入学 157 人，入学率 49.06%。7—12 周岁适龄儿童 929 人，入学 925 人，入学率 99.57%。2007—2008 学年小学在校生 1123 人，辍学 2 人，辍学率 0.18%。15 周岁的人口 140 人，完成初等教育人数 136 人，完成率 97.1%。农业人口青壮年人数 7738 人，非文盲率达 99.47%，非农业人口青壮年人数 191 人，非文盲率达 100%。小学教学质量有所提高。小学 2006—2007 学年全科合格率 13.8%，全科优秀率 1.2%，2007—2008 学年全科合格率 19.9%，全科优秀率 1.4%。2008 年小学毕业生 202 人，素质测试参考 202 人，参考率 100%，全科合格率达 3%[1]。

教师队伍水平有所提升。小学教师 58 人，其中本科学历 3 人，占总人数的 5.17%，专科学历 38 人，占总人数的 65.5%，中专以下（含中专）17 人，占总人数的 29.3%；初中教师 22 人，其中本科学历 13 人，占总人数的 59.1%，大专学历 9 人，占总人数的 40.9%[2]。

师生得到集中管理，教育资源更加集中，提高了办学效益。学校合并后，当地政府与教育机关能更好地了解当地的师生情况，便于其统筹管

---

[1] 资料来源于中央民族大学教育学院苏德教授所主持的联合国教科文组织西班牙千年发展目标促进基金"中国文化和发展伙伴关系"项目《中国少数民族基础教育政策研究》的课题和国家社科基金教育学重点招标课题《民族教育质量保障与特色发展研究》项目。

[2] 参见西山乡中心校 2006 年教育工作总结及 2007 年主要教育要点。

理。相对于以前分散的教学点，当地政府与教育机关对合并后学校的教育政策实施的监督更为直接与有力，对学校的支持也会相对集中与高效。学校合并前，由于各教学点及村完小较为分散，校领导及教师在执行日常学校宣传工作时，都要长途步行到各教学点进行工作指导。布局调整后，中心校所属各小学相对集中，执行工作相对较为方便。如"控辍保学"是巩固"两基"的重要措施，也是西山乡各学校教育工作及政府工作的重要内容。此项工作需调动村民、学校教师、乡领导等，保证学生的入学率，控制学生辍学。布局调整后，学生得到集中管理，"控辍保学"成效显著。2006 年西山乡中心小学适龄儿童入学率 99.2%，巩固率 99%；2008 年，适龄儿童入学率 99.57%，巩固率为 99.82%[1]。

合并学校后，来自不同学校的教师和学生可以在一所学校中相对均等地分享教育资源，而不会像以前不同的学校的资源分配不均衡，造成不同地区不同学校之间教育质量的差距。学校合并前，因各教学点及村小地处偏僻的少数民族地区，经济发展落后，学校基础设施不齐全，很难吸引优秀教师，当地任教教师学历水平较低，稍优秀一点的教师则希望寻求更好的发展，不甘心留守此地。众所周知，一所学校的发展是否有潜力，重要的是有没有优秀的教师；教师是学校最重要的资源。对于难以留住教师的学校而言，提升教育质量可以说是天方夜谭。学校合并后，有雄心有实力的教师分配到更好的乡中心小学，或是距离中心小学较近的村小，学生也可以接触到相对优秀的老师，这些都有利于学生发展。

学校合并后教育拨款可以更及时、有效、集中投入教育建设中。西山中心小学下属的毛讲明德小学 2006 年建成投入使用，先后有月亮湾小学和民东小学撤并至毛讲明德小学，撤并后毛讲明德小学有 7 个教学班，在校学生 268 人。而学校只有一幢教学楼、一幢学生宿舍和一个食堂[2]。面对合并后学生人数增多的情况，学校开展了校园建设活动。在建设过程

---

① 参见西山乡中心校 2006 年教育工作总结及 2007 年主要教育要点。

② 2006 德宏年鉴大事专题［EB/OL］.（2007 - 01 - 10）［2011 - 02 - 03］. http：//www. dh. gov. cn/dhzrmzfgzxxw/3963736/32482482498560/20070110/10012/. html.

中，由于资金投入不到位，学校基础设施建设出现了资金问题。对此，市领导综合各方面因素决定投入资金 30 万元左右一次性解决毛讲明德小学教师宿舍①。学校合并后教育拨款用到了最急需的地方，从而使学校得到更好的发展。又如，被合并的邦角小学创办于 1965 年 9 月，它是由村办政治夜校演变而来，学校占地面积 3330 平方米，建筑面积 761 平方米。西山中心小学的占地面积 20000 平方米，建筑面积 4472 平方米②。据西山乡中心小学教务提供的 2008 年 3 月普查 D 级危房排危年度明细情况表显示，邦角小学的危房面积共计 440 平方米，其中教室的危房面积达 308 平方米，学生宿舍 102 平方米，学生食堂 30 平方米③。西山中心小学的危房面积仅为 90 平方米。随着 2009 年学校撤并，邦角小学排除了所有危房。学校布局调整后，教育拨款及时投入到教育建设之中，学校的基础设施得到有效改善。

## （二）云南省德宏州西山乡中心小学布局调整的问题

西山乡中心小学布局调整之后，在学生学业成绩、师资建设等方面取得了长足的进步，同时布局调整政策也为学生生活和学习、教师专业发展、教育行政人员的高效管理带来不同程度的阻滞。

### 1. 带给学生的问题

（1）路途遥远，学生上学难。首先对学生而言，带来新的上学难的问题。西山是山区，一个村寨和另外一个村寨经常是远远相望。小学布局调整后，教学点合并，一些办学规模小的村完也被合并，学生们不得不长途跋涉到离家遥远的学校上学。通过对西山乡中心小学 121 名学生的抽样问卷统计，有近 22.3% 的学生表明学校离家很远，有近 51.2% 的学生认为学校离家远，只有 26.4% 的学生认为学校离家不远。

---

① 2006 德宏年鉴大事专题 [EB/OL]. （2007 - 01 - 10）[2011 - 02 - 03]. http://www.dh. gov. cn/dhzrmzfgzxxw/3963736/32482482498560/20070110/10012/. html.

② 参见课题资料，2009 年西山小学基本情况。

③ 参见云南省义务教育档案，校舍设备情况统计表。

被访谈的 8 位西山中心小学的学生分别来自汉累折、拱外寨、邦角、红丘，这些地方距离西山中心小学都十分遥远。学校合并对于那些住家远离中心小学的学生意味着每天要走更远的路。家长接送子女，学生上下学也要花费更多的时间。这样势必会使一些住家远的学生牺牲一部分休息时间用来赶路，或是不得不选择寄宿。年纪稍大一些的学生在生理及心理上尚可适应学校合并带来的变化，但对于低年级的学生则意味着可能无法坚持上学。被合并的邦角小学，因家长的强烈要求，当时保留了含有 20 名学生、1 位教师的学前班。试想，这些学前班的学生开始上小学时，会面对怎样的困难？会如何在学校寄宿，怎样照顾自己呢？家长会不会放心呢？学生安全如何保障呢？这些问题如果没有很好的解决办法，学生只会辍学或是延期入学。

（2）安全问题。距离远带来安全隐患问题。学校布局调整后带来的最直接的一个问题就是增加了学生的上学距离。西山乡村寨路况好些的是较平坦的沙石路，不好的则是山路陡坡，遇到下雨天气，步行更是难上加难。据校领导说，"大部分学生都是自己走回家，低年级少部分有家长来接……最远的大概要走 5 个小时"。而事实上由于地里农活多，家长很少去接子女。"但是也不能总去接，地里很多农活要做，去接小孩就耽误半天工。反正也有大一点的孩子，跟着别人走就行"。"跟着别人走"成了解决这一问题最无奈的选择。

设施落后带来安全问题。除了距离远带来的安全问题外，由于学生密集，设施不达标带来了更为严重的安全隐患。首先，学生教室和住宿条件较差。进入西山小学，第一印象就是空旷宽敞的校园、拥挤的教室和住宿。2009 年上学期学生人数近 400 人，因为教室不足，将一年级两个班合并成一个班，学生人数达到 60 人，从班级的讲台前到教室的最后面挤满了小学生。在狭窄的过道里活泼好动的学生穿梭嬉戏，他们似乎感觉不到拥挤。在这样的环境里，如果发生紧急情况，轻则学生之间会磕碰受伤，重则不堪设想。

2009 年下学期，邦角小学的学前班并入中心小学，教室更加紧张。同时，学生人数增加给住宿也带来了压力，目前有 75 名学生在铁皮房里住宿，有 60 多人因没有床位和别人共挤一张床。宿舍里很挤，也很闷热，有蚊虫和苍蝇。2008 年建立的宿舍楼是学校里最新的建筑，由于学生平均年龄小，环境意识还不是很强，经常随地泼水，脚蹬手蹭现象比较常见，宿舍里现在已经污迹斑斑了。宿舍由于床位不足，十几个学生挤在一起，平均两个人一张床，年龄大的带着年龄小的一起住。他们的生活用品不是很多，随处摆放着。由于西山处于山腰，湿气比较重，而且多雨，因此宿舍也到处潮湿。据访谈，学校每逢春夏季，流感、疟疾等疾病频发，学生们常常集体回家治病。这与学校的住宿条件、教室环境差不无关联。

学校的其他设施难以满足学生需求。西山中心小学与其他城市里的学校最大的不同是没有大门和围墙。学校在一片平坦的洼地上，地势略低于西山中心小学所在的弄丙村的主要社区，因为弄丙村本身处在山地上，所以即使在地处洼地的中心小学也可在一片云海中眺望远处。西山中心小学就着所处的地势，修了三条路，分别通往弄丙村主要街道，其他村寨及一片茶叶地。其中只有通往弄丙村的路上修建了一个用三只竹棍拼成的简易大门并配备了警示灯和警示牌，同时有两位景颇族青年作为保安在校门处执勤。全校师生的安全由一个简易大门及两位青年保安来看守，与大城市学校高墙围住，大门紧守，出入登记形成强烈反差。

学校的卫生安全问题也堪忧。学校的厕所是旱厕，每周有学生轮班打扫。到了春夏季节，厕所里的蛆虫和苍蝇非常多。学校本来有两座厕所，其中一座是 D 级危房，于 2008 年危房改造时拆除了，现在全校师生四百多人就用这个不到二十个蹲位的厕所。学校没有浴室，天气炎热时学生就用户外的水龙头冲凉，有些男生还到附近的河里洗澡。寄宿学生比较多，而食堂工作人员只有两个，且都是短工，没有编制。每顿饭一个青菜，去晚的学生只有咸菜可以盛。村子里有集市时，学校会给学生买一些肉吃，西山乡每五天有一个集市，也就是说每周他们能吃上一顿肉。在食堂外面，放置了六个餐台，每个餐台挤满了也只能坐十三四个学生。因此，到了吃饭的时候，校园里到处都是学生，三三两两地坐着。学校设有食堂但没有足够的桌椅供学生就餐，通常学生们都是拿着碗一群群地蹲在食堂和宿舍的周围吃饭。

（3）学生学业成就水平不高。对于学生的学习成绩，教育行政人员及学校教师给出了不同的解释。教育局领导认为"学校合并以后学生学业成绩明显提高"。科研中心的教师认为，布局调整后学生结识更多的人、事、物，这些对学生的人际和学习有较大帮助。中心小学的郭老师认为，"这个成绩其实是看不出来的。因为现在已经取消了统一考试，不能排名，所以各个学校都是自己出题，因为没有比较，所以不知道我们学生是进步了还是落后了。但是从我们自己的感觉来说，学生素质其实不如前几年……好学生还是有，但是差学生越来越多"。比如数学科目的成绩，数学老师唐老师（负责团委工作）则认为，"现在成绩好的学生也不如以前的好学生，以前还能考进城，现在都是靠关系进城。加减还可以，到了乘法和除法就一塌糊涂了，怎么讲都不明白"。其他老师也认为学生成绩"一年不如一年"，"学生的成绩在下降"。对于两种截然相反的解释，下面的数据可能更具说服力。如小学 2006—2007 学年全科合格率 13.8%，全科优秀率 1.2%，2007—2008 学年全科合格率 19.9%，全科优秀率 1.4%。而 2008 年小学毕业生 202 人，参加素质测试的全科合格率仅为 3%，全科平均分 36.2 分[①]。学生的学业成就相对于往年确实有所提高，但仅仅这样的合格率与优秀率，学生如何进入初中接受更深入的教育，实在令人担忧。由此可以看出学校布局调整政策并没有提升学生的学业成绩，而且还有明显下滑的趋势。

2. 带给教师的问题

（1）学生增多，班额增加，教师教学任务重，寄宿管理工作加重。布局调整表面看似可以"集中教师资源以解决师资不足的问题"，但实际上并非如此。中心小学原来的教师队伍基本保持原有的规模，而学生增加了近 1/3。西山中心小学原有学生 237 人，接受了邦角小学之后，学生接近 400 人。按照西山中心小学原校长的计划，"中心小学教师紧张，邦角小

---

① 资料来源于中央民族大学教育学院苏德教授所主持的联合国教科文组织西班牙千年发展目标促进基金"中国文化和发展伙伴关系"项目《中国少数民族基础教育政策研究》的课题和国家社科基金教育学重点招标课题《民族教育质量保障与特色发展研究》项目。

学教师也紧张，如果合并则会在一定程度上缓解这个问题"。而原来邦角小学的教师只有两名进入中心小学，其中1名作为宿管员，另一名作为任课教师，其他教师则分配到其他小学。由于教师、教室有限不能增加新班，只能扩大原来的班额。教师不仅要负责学生的日常学习，还要负责照顾学生的寄宿生活，所有这些工作充斥着教师的日常生活，面对这些，教师们苦不堪言。"原来一个班30多个学生，还能管的过来，现在一下子增加到50多个，60多个，我都不知道该怎么办了"，"我们就一个年级分成了两个班，最多的40多个，最少的也是30多个吧。但是因为教室不够，二年级就只有一个班，有近60多个学生，""还要管宿舍，小孩子都住不开，几个人挤一张床，我们也很担心，但是没办法，只能多去宿舍看看"。

（2）布局调整不仅带来工作地点的变化，而且影响教师日常生活。布局调整之前，一些教学点及村完小的教师的工作地点与家在一个地方，既可以照顾家庭，又可以上班。往返学校的路程近，不必住校，又可回家吃饭。学校布局调整打破了这个平衡，教师们不得不搬家。"好家不能三搬，我都搬了几次家了……特别是搬东西时，东西经常丢，还有生活用品。因为路不好走，东西都坏了，"对于更换工作地点的教师们来说，相比搬家难的问题，照顾家庭是更加困难的问题。西山中心小学里多数教师夫妻都是异地而居，最近几年学校集资为已组建家庭的年轻教师建房以解决上述问题。但多数教师积蓄不多，无法住进学校的教师用房。教师作为一个个体，是多种角色的复合体，既是学生的老师，又是妻子（丈夫），又是妈妈（爸爸），面对繁忙的工作，教师很难平衡工作与生活。带来上述问题的起源是教师编制问题，究其根本原因还是教育投入少。中心校校长感叹说："190多个合并的学生，没有教师编制，所以领导也要代课。董老师一周有八节课，叶老师有十多节。在老师的编制上，城乡应该有差距，不应该一刀切。毛明德讲小学七个班八个老师，其实我们也不知道自己在干什么，但就是忙。"现在中心小学学前班有50多个学生，但只有一位女教师。当前学前教育没有纳入义务教育阶段，因此学前教育的教师是没有编制的。但是如果小孩子没有接受学前教育，或者学前教育没有学到什么，那么对于一年级的适应是非常困难的。很多一年级教师都提出，"学前教育应该注重娃娃们的语言教育，很多一年级学生连汉语的基本交流都有问题，更别提上课了"。

3. 带给学校行政人员的问题

学校合并后，学生增加，生师比扩大，学校设施有限，资源紧张，加大了学校管理的难度。首先是教师管理难度变大，布局调整后教师的流动性大。布局调整之后教师负担重，虽然给部分教师带来了离开偏僻山村到更好的乡镇执教的便利，但是中心学校条件差，领导不关心教师等因素导致难以留住好教师，有关系、有能力的教师会通过进城或考试离开中心校。问到原因的时候，有的教师说："主要是条件差，领导不关心，或者对领导有看法。山区条件差的地方，上级领导应该多关心一点。"其次学生管理难度加大。班额的加大给班级管理带来很大压力。学生人数增加给住宿也带来了压力。此外，为确保学生不随意进出校园，不给学生和教师的生命财产安全造成隐患，中心小学设有每日值勤老师，除日常教学工作外，还要不间断巡逻。

# 第三节 西山乡中心小学布局调整的调查结果分析

## 一、西山乡中心小学布局调整对利益相关者的影响

布局调整政策的执行关乎多方利益群体，如政府、教育部门、学校、教师、家长和学生，因此政策制定时应考虑多方利益因素，确定主要目标和次要目标，在均衡不同利益群体时达到共赢。在政策的具体实施过程中，因为各个群体的社会地位、社会角色的不同，对布局调整有着不同的态度。

从政府角度来看，小学布局调整使有限的财力得以集中使用，学校、班级规模的扩大可节约经费，生师比例的上升导致减少冗员，降低成本。布局调整后学校得以集中管理，相对以前各教学点、村完小分散，更容易

实现政策的下达，文件的通知，学校的管理。乡镇中心学校的校长身兼两重身份，既是学校的管理者，又是政府派出机构的成员，在乡镇一级的学校撤并后负责督导本乡镇的教育事务。政府通过布局调整发展出一批既管理学校日常事务，又能及时向政府汇报的中心校校长，政府对教育的管理更为直接有效。

从教育部门及公立学校角度看，一方面由于学校布局调整，减少了管理费用，而另一方面则由于学校的合并，原有办学资源不能及时合并进来，而造成办学设施十分紧张的现象。布局调整涉及的教师群体是那些被撤并的学校的教师，这些教师作为教学人员认识到生源少、规模小对于学校办学不利，希望能够通过布局调整改善学校办学条件，提高教学质量。还有，被合并的学校大都在一些偏远的地方，教师人数少，从个人利益角度，大多数教师还是欢迎学校合并的，也不排除有些教师因有特殊的个人利益参与其中而不愿意合并。比如，有些学校的教师，学校就设在家庭所在地，可以照顾到家庭。合到其他学校后，教师势必要住校或购买交通工具，增加交通成本和住宿成本。由于财政经费没有改变，而调整指标下得多，学校公用经费短缺，学校运转困难，学生人数增加，无法按标准班编班。若要按标准班编班，则会出现校舍紧缺，教师编制不足等问题。学校学生增多，住宿和后勤配套无法跟上，生活教师不足，使得教师不仅要进行课堂教学，还要应对住宿生的生活问题，由此造成教师的心理压力过大，教学管理压力过大，后勤工作负担沉重。

从被调整区域的学生家长和学生自身角度来讲，学生家长的经济负担（如交通费、住宿费等）和精力负担加重。由于学生住校或出村就读，学生家庭要额外付交通费、住宿费等费用。而接送孩子的家长费时费力，增加了其教育成本。布局调整也带来了安全隐患。其中道路交通状况对学生产生了一系列困难，如路远，道路不好走，气候变化无常，学生的安全有可能受到威胁。路远的学生需要早起，这对学生身体发育不利。对于需要住宿的学生也面临着环境适应的问题。上述问题影响学生的入学率及学业成绩。一些学生因无法适应布局调整带来的变化而辍学。辍学原因是多方面的。有来自学生个人的原因，无法忍受上学的艰辛；有由于学校教学质量差带来的学业上的失败感；有来自社会上新的读书无用论；还有来自家长的观念，因家长看不到上学可带来的经济、生活上的快速改变，相反还会增加机会成本。并校前学校离社区较近，学生放学回家后可以帮助父母干活，照看弟妹。并校后学校离家远，孩子根本无法帮助家人，即使放假回家，因往返学校早已身心交瘁，也无力帮助家人。对于家长的眼前利益而言，布局调整使其丧失了很好的劳动力。

## 二、对各利益群体产生不同影响的原因

### （一）政策执行过程中目标群体处于弱势地位

在布局调整政策执行过程中，被撤并学校的学生、家长及部分教师作为政策的直接影响群体，即目标群体，本应是政策的受益者，但在具体的实施过程中，却最后得到通知，毫无知情权，使其利益受到损失。以邦角小学合并至中心小学的执行过程为例，布局调整政策从发起、制订方案至最终落实，上级政府领导及教育行政人员自上而下执行政策，其权利得到有力运用。首先由上级教育机关以行政法规的形式逐级下发到乡与村各校。当地教育局针对布局调整政策，依据各村寨的生育情况、交通状况与办学条件等进行调研，进行规划与安排。对一些需要拆并的学校的拆迁工作，相关部门（如乡党委政府、乡人大、教育局）进行了协助。在政策实施的具体过程中，相关政府工作人员、合并学校的管理者和教师与家长进行沟通与协调。布局调整政策出台初衷是为了实现教育资源的优化配置，提高办学质量、办学效益，学生、教师和家长应该是受益群体。但由于布局调整政策执行过程中，没有使目标群体得到充分的认知，使其成为政策的被动接受者。在这种情况下政策的执行效果远远低于预期。

目标群体的弱势地位除了体现在没有知情权之外，还体现在对政策执行没有选择权。由于政策执行采取了自上而下的执行模式，上级政府及教育行政人员占主导地位。西山乡是景颇族聚居人口最多的乡，是典型的民族"直过区"。这里传统文化保存最完整，民风古朴，信息相对闭塞，社

会经济发展刚刚起步，人们的教育意识相对薄弱，入学意愿不强烈，学生隐性辍学现象较为严重。将一些办学效益不好的学校合并是为使学生得到相对优质的教育资源，但却增加了学生和家长的上学成本和困难系数，动摇了学生的求学之心。邦角小学合并通知下达后，家长和部分教师感到意外、不解，也没有办法立刻接受这项措施，但是学校的桌椅已被搬走，教师也被分配到其他学校。对于学校合并，家长、学生没有选择权。

### （二）政策执行方案不够翔实，缺少执行细节

西山乡中心小学布局调整是由乡党委书记、校长组成的领导小组到小学及教学点视察，确定将要撤并的学校，并撰写调查资料，供教育局指示；办公室主任起草学校师生的安置、分配情况；借助乡人大会议商讨如何做好群众工作。得到上级批准后，落实合并事宜。政策实施的前期考察工作主要由领导小组负责，小组成员中没有教师、家长代表。考察地点只限于学校及教学点。合并方案中只有学生班级宿舍分配、教师安置、撤掉的两所小学教学资产处理等问题。合并后因学生增多，出现宿舍床位不够的现象，对此的处理办法则是让年龄大的学生与年龄小的学生一起住，然后再加盖平房。此外，由合并之时家长和部分教师激烈的反应来看，布局调整方案的制定忽视了许多因素，缺少必要的执行细节。

一项政策的实施不是单线性的政策下达、执行，而是政策制定者、执行者与政策影响者之间循环往复的互动过程。学校布局调整政策的实施受到诸如以下因素的影响。

#### 1. 合并学校的地理位置，交通状况

合并学校的地理位置是布局调整政策成功的关键之一。合并学校如果离不同村寨的距离适当，就会给学生和老师上下学与上下班带来一定的方便，也会使学校合并更加合理。

#### 2. 家长对学校合并的支持

要获得家长的支持就需要学校和相关教育机构的宣传和沟通工作，让家长参与布局调整政策的实施中，征求家长的意见，使家长理解并能协助

学校的教育工作。

3. 学校管理的规划

学校参与布局调整政策，不仅仅是执行一项政策，同时还应借助政策促进学校的发展，提升教育的水平。这就需要学校根据布局调整政策对学校发展有相关的规划设计，将学校自身的发展与布局调整政策相结合。如学校合并后，可以吸收不同学校的优势和特色，增强学校合并后的教育实力。学校有自己的规划，才能使政策变活，为己所用。

4. 学校自身发展的能力

学校自身的发展能力决定着布局调整政策的成败。学校规划的能力、执行的能力、评估的能力、创新的能力与改革的能力都影响着政策的成败。如果学校不能变成一个有机体，而只是被动地接受政策，那就无法发挥政策应有的活力。而学校获得自身发展的能力也需要外界的支持与自身的努力。

5. 政府与其他社会机构的支持

学校的发展需要政府的支持，也需要其他社会机构的支持。这种支持不仅是经济上的，而且是经过全面的支持。要想使布局调整政策促进西山乡中心小学的发展，就要给学校安装"教育的发动机"。有了经济的支持、知识的支持、教师职业发展的支持、文化的支持等多方面的支持才能使学校的发展有后劲而不僵化，才能使布局调整政策为教育发展做出贡献。

6. 国家及地方政策的要求

国家及地方政策文本，是进行布局调整的政策依据、方向、原则。如2001年国务院发布的《关于基础教育改革与发展的决定》要求因地制宜进行中小学布局调整，合理规划和调整学校布局。国家政策规定了布局调整的大方向，政策层层下达。要求根据"实际情况""合理调整"农村中小学。而具体的标准如何种程度才可达到"方便学生入学"，何种程度才可称得上"交通不便"，哪种标准的学校可以撤并，哪些学校、教学点可以保留，诸如此类的标准并无详细的说明。因为国家政策是指导全国的纲要性的政策，地方在执行政策时应考虑当地的实际情况、特殊因素，因地制宜地制订政策执行计划。在政策实施前期进行充分的调查，如民众的意愿，布局调整后可能带来的上学成本的变化；学生身体整体素质，合并后的上学路程是否为学生身心接受；布局调整后教师的接受度，是否影响教师的流动；学校合并后的承受力，原有设施是否可以为学生提供更好的环境；学校合并后是否能带给学校发展动力等。综合评估上述因素后，哪些学校可以合并，合并至哪些学校，采取何种方式合并，合并后各利益群体会有哪些利益得失等问题就会得到进一步明晰，在此基础上便可制订详细的合并计划，如此实施不仅会减少学校撤并的困难，更会带来学校合并后更好的发展。

### （三）政策实施者对布局调整政策内涵的误解

在国家颁布的教育政策的基础上，2002 年 9 月《云南省基础教育振兴行动计划》《云南省人民政府批转省教育厅云南省教育事业发展"十一五"规划及 2020 年远景目标的通知》（云政发 [2007] 184 号）及 2009 年 12 月云南省正式出台的《云南省中小学区域布局调整指导意见的通知》（云政办发 [2009] 241 号），三份文件通知在国家宏观政策的基础上制定了更为详细的目标。具体目标是"以集中办学为方向，合理收缩教学点，全部撤销现有'一师一校'点；原则上撤并 300 人以下的村小和教学点。每个乡镇集中办好 1 所寄宿制中心完小和若干村完小，校均规模逐步达到 300 人以上……原则上确保 3 年完成中小学区域布局调整各项任务。小学和初中撤并工作，2009 年末完成工作总量的 10%，到 2010 年末完成工作总量的 50%，到 2011 年末完成工作总量的 80%，2012 年内全部完成"。西山乡将布局调整政策表面化，将国家政策解读为一系列阶段性量化目标的完成。中小学布局调整是一个教育资源优化配置的过程，资源的优化配置意味着经济资源的节约和办学效率的提高，同时也强调中小学布局应本着合理性的原则。如根据中小学生年龄特征进行区分，即小学就近入学，初中相对集中。布局调整与寄宿制、危房改造等相结合。

中央政府对农村学校布局调整所寄予的希望是"撤销小规模学校、精减教师队伍"，省级政府则进一步具体化为"扩大校均规模、节约教育经费"。国家政策作为具有指导性的政策，不可能面面俱到。地方政府应在不背离国家政策的前提下，依据当地情况，制订详细周密的计划。由于地方政府既听令于上级或中央的指示，又承担对本地区经济教育发展的任务，而教育只是地方政府职务的一部分内容。因此借助中小学布局调整政策的指示，在具体的布局调整过程当中，地方政府可能将政策意图简化，把布局调整单纯地理解为减少学校数量，撤销小规模学校。如教育行政人员在政府相关人员的指示下将布局调整作为年度重要工作，教育行政人员则是未经过详细周密的调查就定下合并的学校，乡政府认为合并学校可以给政府减去很大一个包袱。各利益相关者都从自身所处的位置出发，政府、教育行政人员、乡政府在学校合并问题上形成同盟，而部分教师、家长和学生则成了这项政策的利益受损者。

中小学布局调整的目的在于能通过撤并分散的学校和教学点来实现教育资源的优化配置，通过集中办学改善办学条件，提高教育质量，从而实现教育的均衡发展。政府人员和教育管理者在政策实施过程中将布局调整解读为将学校由分散变为集中，通过将资源的集中利用，集中建设，最终达到利于管理的目的。教育政策作为一种有关教育的活动，不同于其他教育活动，如课堂教学、课外活动等。首先，教育政策是有关教育工作者的政治措施。教育政策的制定和实施本身是一种政治行为，是各种政治行为综合影响的产物，但其之所以称为教育政策，是因为它从根本上反映了政府行政人员对教育工作者的愿望和要求。其次，教育政策是有关教育的权利和利益分配的具体体现[①]。教育政策权威性地分配教育利益，但利益分配需要讲究合理性，即应该得益的人得益，不应该得益的人不得益，不应该受损的人利益受损则应补偿。由于政策实施者对政策的误解，导致应该受益的人没有得到应得的实惠，不应该利益受损的人利益受到损失却没有得到相应的补偿。

---

① 孙绵涛. 教育政策学［M］. 北京：中国人民大学出版社，2010：25–27.

### （四） 家长的多重疑虑

布局调整的目的是要通过学校的合理布局，提高教育质量，达到资源优化配置，使学生享受到优质的教育资源。布局调整政策的实施者认为，相对于分散办学，集中办学可以使学生享受到更好的教育资源。而家长的出发点首先是学生安全，其次是在可以节省教育成本的前提下接受教育。在云南山区交通不便利，气候变化无常，安全往往是家长最关心的问题。多数家长们希望子女可以就近入学，方便其照顾子女。

由于西山乡地广人稀，受自然环境条件的制约，群众生产生活条件仍十分艰苦，人均收入低。虽然有"两免一补"等政策对义务教育阶段的学生实施免补，但在生产水平落后，经济发展滞后的西山乡，教育对贫困学生而言是种奢侈品。

西山乡由于经济发展落后，多数青壮年劳动力外出打工，家中留有老、妇、幼，西山中心小学的学生常年生活在这样的家庭中。此外，因西山乡地处云南的边境一带，贩毒情况严重，一些家长长期吸毒，有些被收进戒毒收容所，有些离世。如此一来，家长们看到外出打工不仅可以自食其力，更可以养家糊口，年纪尚小无法外出打工的，也可以作为家里重要的劳动力，帮忙做家务，照看弟妹，帮助家长减轻负担。家长还认为学习再好，受到社会不良风气的影响也会吸毒进收容所。所有这些在一步一步吞噬着家长的教育信念，从而造成了家长教育意识薄弱，教育需求不断减少。多数家长认为孩子上学只要能认识一些字，会进行一些简单算术运算就够了，不必付出太大代价去追求高质量的教育。而事实上，在社会不良风气的带动下，在家长的潜意识灌输下，很多西山学生勉强小学毕业进入初中，基础知识并不牢固。因义务教育是国家强制性的，在学校的控制下，很多学生在"形式"上被迫读完小学、初中。布局调整工作的任务之一就是要消除家长疑虑，提高家长的觉悟，通过适当的政策宣传，走访社区，了解家长的所思所想，做到真正为学生未来和学生家庭考虑。

# 第三章　对少数民族地区
# 学校布局调整的建议

## 一、赋予目标群体政策参与的权力，避免"受益人缺席"

　　我国传统的教育政策活动范式是一种单向度的政府选择模式，政府是唯一合法的决策中心，教育政策活动常常处于"受益人缺席"的状态，教育政策的利益相关者缺乏表达其利益诉求的渠道[①]。教育政策活动中"受益人缺席"的状态往往限制教育政策的利益相关者表达其多样化的利益诉求[②]。布局调整政策的下达、方案的制定，甚至于政策的执行，参与者只有州长、教育行政人员、乡政府，而与布局调整政策密切相关的学生、家长、教师则不知情。学校布局调整工作从 2003 年开始，在领导宣布将布局调整作为重要工作时，各地校长询问学校撤并是否要与学校教师及家长共同商议，得到的回复是，学校还需与乡政府商量，而至于如何商讨，学校与家长的意见占多大比重，则毫无音讯。正如一位局长所说"到底怎么做，也要跟乡政府汇报，共同商定，然后再报给我们"。由此可见政策执行只是一道指令，具体如何操作，是否要做广泛调查，如何做调查，完全由上级决定。

　　回顾方案形成的过程：德宏州看到楚雄州学校布局调整在三年内普通小学减少 75 所，教学点减少 722 所，合并的效果显著，由此德宏州借鉴楚雄合并学校的经验，鼓励各县快速撤点并校，并制定农村中小学布局调整 3—5 年的规划。随后在市教育局正、副局长及办公室主任商议下决定将布局调整作为下一年度的重要工作。上级下达指示，中心校制订计划方案，汇报乡

---

　　①　刘复兴. 教育政策的价值分析［M］. 北京：教育科学出版社，2003：253.
　　②　同①.

政府，得到乡政府同意后上报教育局，教育局批准后立即实施。整体过程缺少学校合并最相关的利益主体（家长、学生和教师）的充分参与。从撤并邦角小学计划制订至通知邦角小学师生和家长的时间里，邦角小学的大多数师生及家长并不知道这所学校已被列入撤并名单。被通知时，有些家长和教师仍无法接受这个突然的变故。

布局调整政策要求以"宜并则并，宜增则增"原则来撤并学校，其前提应当是做好充分的民意调查。但西山乡中心小学与邦角小学的合并显然并不为群众所知，合并学校的合理性更需进一步商榷。在布局调整中，为了减轻财政负担，以撤点并校为主要内容的布局调整成为地方政府的一项政治任务。出于政绩的考虑，地方政府不顾当地人民的教育需求和意愿，在未经周密调研的情况下，在大多数教师和家长都不知情的情况下将学校撤并到中心校，使许多学生出现上学难的情况。由此引发村民不满情绪和对学校布局调整的抵制心理。最后由政府的代理人——乡中心学校的校长发动中心校男老师将撤并学校家长一一说服。教师、家长和学生作为教育政策最终受益者在政策实施过程中的缺席阻断了他们在布局调整过程中利益诉求的表达，从而造成这部分群体利益的损害。要做到公平，应当让政策的影响者有参与决议的权力，即进行民主的对话，使政策的影响者清楚地了解到政策实施后其利益的得失。

## 二、政策执行方案不仅要翔实，更要切实可行

政府在制定政策时常常追求政策"方向正确"而忽略可操作性，究其原因，政策制定者缺少求真务实的精神，没有进行深入的调查，未广泛征求各方意见。因此，在制定政策执行方案时应注意增加一些必要的、详细的、具有实质性的、具体的操作条款，避免政策太过空洞。政策要因地制宜，不要单纯地照抄上级政策，照搬外省政策。要明确各执行部门的职责范围。①如政策文本中除了包括指导性的纲要之外，还要针对不同地区的不同情况制

① 范国睿. 教育政策观察第一辑 [M]. 上海：华东师范大学出版社，2009：254-255.

定详细的规定。地方在执行教育政策时先了解当地社会经济发展状况、各学校的分布情况、人口密度、教育意识、教育需求、师资水平、拟计划合并学校的基本情况、接收合并学校的发展潜力等，充分了解所有可能影响学校布局调整的因素，在此基础上制订政策执行计划。鼓励执行人员大胆创新，提出新见解、新方案。提交上级领导后，上级领导应指派具有专业知识背景的人员组成考察小组，对教育概况、实施方案进行全面的考核，出具一份评估表，如若可行，再全面实施。政策的具体执行亦非一成不变，应当具有弹性机制，即根据政策实施过程中出现的具体问题具体解决。政府、学校、家长和社区作为一个有机的整体，做到信息时刻畅通，建立有效的回馈机制。在执行过程中考察小组担负全程监督和评估的角色，考察、监督政策执行的机制、执行者的执行能力等，为政策的顺利有效执行提供支持。除考察小组外，应有学校师生代表和家长代表作为考察小组的非专业小组。考察小组应及时听取非专业小组的信息回馈，充分听取广大民众的意见，及时向上级汇报，修正执行方案。

## 三、提高政策实施者的政策执行力，完善执行机制

执行力即政策执行的能力，包括对政策的正确认识和正确合理落实政策的能力。学校布局调整过程中政策的主要执行者——地方教育行政人员将上级的政策移位到布局调整的工作当中，没有体现出因地制宜的要求，主要源于政策执行者对政策的错误认识。此外没有经过充分的预调查，没有进行必要的宣传，突然撤并学校，撤并后中心小学资源紧缺等现象的出现都表明政策实施者的政策执行力有待提高。

首先上级下达一项政策后，应组织一个包括政府人员、教育行政人员、校长、教师代表、家长代表、研究此项政策的专家学者构成的研讨小组，由于小组成员涵盖了布局调整政策的各利益群体，在各位代表的共同讨论下，容易发现各利益群体对政策的不同看法，通过这种激烈的矛盾对话及讨论，可形成对政策的正确认识。听取多方建议后，由专家学者作出权衡，撰写研讨报告和预备方案。然后再通过实地调查，由政策实施者——政府人员、教

育行政人员及校长确定布局调整政策是否适合在西山乡执行。各利益群体的观点、专家学者的支持及实地调查结果会使政策执行者对政策本身及如何执行有明晰的认识，可为政策的进一步有效实施打下基础。

翔实的政策方案可以为政策执行者提供有利的执行依据，但相同的政策在不同地区有着不同的实施方式，也应考虑不同的影响因素，以及诸多因素中孰轻孰重等问题，所以政策执行者还需根据具体情况机动灵活地实施政策。

在影响西山乡布局调整的诸多因素中，人们的教育意愿低是影响布局调整的主要因素之一。西山乡是景颇族聚居的地方，西山乡的生源多为景颇族。当地经济发展落后，人们的受教育程度较低，教育意识也远不如发达地区。学生回到家中是家里的主要劳动力，有的要照顾弟弟妹妹，有的则要下地务农。许多当地村民认为上学读书，毕业后找不到工作，不如早点打工，盛行"读书无用论"。学校教师的日常重要工作之一就是维持学生的入学率。校长、教师定期下乡做家长和学生工作，吸引学生。当地人们的教育需求并不高。通过对家长的访谈，看出多数家长对子女的教育持放任的态度，若不是必须完成义务教育，家长宁愿孩子去打工或务农。在这种情况下撤点并校将更容易导致人们教育需求的减少。行政官员在进行布局调整时应充分考虑到当地的情况，而不是盲目地合并学校。在西山乡实施布局调整应首先考虑到当地人们的需求，也应当考虑到在教育需求不高的地区实行布局调整可能带来的后果，如果产生不好的后果则应考虑通过给予一定的补偿来吸引学生，或是加强宣传，打消"读书无用论"的想法，使家长和学生明白，接受义务教育不仅是履行义务，更是一种权利。

政策的有效执行取决于周密详细的计划、有效的监督和评估机制。没有周密的计划就不会预料到政策执行过程中出现的问题，也不会在问题出现时采用适当的方式解决。通过评估和监督可以及时纠正错误，完善不足。西山乡小学布局调整过程就缺乏详细的规划。从州政府人员有学校布局调整的想法，到市教育局局长下达任务至中心学校的教育行政人员，此过程是一系列的任务下达和文件通知。中心学校在制定落实合并任务时，明确了领导小组的构成——由乡党委书记领导，校长落实，视察校点，阐述撤并的理由，起草了如何在原有资源下进行布局调整的方案。在具体实施过程中，采取的措施是先撤并，后宣传，再建设，导致家长、教师诸多不理解，也出现了教室、宿舍等基础设施不足的问题。政府和教育行政人员的任务职责不明确，任务层层下达，最终落到学校校长身上。校长既是政府在政策执行过程中的代理人，又是学校利益的代表者，而政府利益和学校的利益有着冲突的一面，如政府多侧重于完成上级下达的指令，从而达成政绩，某种程度上此种政绩并不利于教育的发展。对于政策执行过程中的利益冲突亦需要执行机制的规范。此外还存在缺乏专项资金和相应的辅助措施，急于扩大规模，硬件建设和管理跟不上合并后的教育需求的问题。因此在提高政策执行者的执行力的同时，还应健全和完善政策执行监督机制，从而使布局调整政策得到更有效的实施。

## 四、加强政策决策的合理性和公平性

布局调整政策从国家下发文件，至地方实施全程，合理性和公平性不够。

邦角小学一共 110 多名学生，寄宿学生 80 多名，包括学前班及一至五年级共有 6 个班。有教师共 8 名，老龄化严重，年轻教师教学技能差，对于新课改难以接受。B 校长认为"邦角小学和中心小学距离只有 5 千米，而且邦角小学大部分学生也都寄宿。既然都是寄宿，近一点和远一点的学校也没有太大差异。与其在一个教学设备紧缺、师资队伍老化的学校学习，还不如在一个更好的学校学习。我想家长也会理解这一点的"。

邦角小学教学设备紧缺，而且学生宿舍大部分为 D 级危房，教师宿舍全部是危房。据 B 校长估算，如若改造危房并达到"两基"验收标准，政府要花费大量的费用，将其合并到西山中心校，则可为政府省去这笔费用。

学校布局调整政策的实施人员认为通过学校布局调整，学生可以享受相对优质的教育资源，政府可以省去修建房屋的昂贵费用。学校布局调整作为一项教育政策，其实质目标是促进教育的公平发展，使学生享有公平的教育资源，因此学生才是这项政策的最终发言人。一切应当以有利于学生的角度出发，而非以其他社会功利性的目光处理教育问题。B 校长认为，西山中心小学有比邦角小学更好的教学设施，更好的老师。但是在西山这样一个盛行"读书无用论"的地方，原本学生的上学需求就很低，学校的调整使学生要走更远的路，花更多的钱去上学，更加无法保证学生的入学率。如果无法保证学生进入学校，学校的优质资源又怎能得到价值的体现？又何谈学校布局调整利于学生？

不合理的、未经过周密计划的学校布局调整一定意义上等于变相剥夺了学生上学的机会，其结果势必导致教育公平性受损，这与布局调整政策的初衷是完全背离的。教育平等除了教育起点的平等外还包括教育过程和教育结果的平等。对于合并至西山乡中心小学的学生而言因上学路远及家庭贫困已经造成了入学机会上的不平等，当他们进入学校接受教育时还因教育资源的紧缺而受到更不公平的待遇。如学生总量增多，而教师、教室、食堂、宿舍的数量、空间有限，使学生难以享受到优质的教育。因此应加强政策决策的公平性和合理性，使学生受到公平的教育。

## 五、保证教育公益性和教育利益分配的公平

在基础教育阶段，学生上学接受教育既是学生的义务，也是学生应享有的权利。政府、社会有义务为学生提供良好的环境和设施。学校合并使部分学校关闭，原校舍闲置，原校学生整体合并到新的学校中，学生、家长、教师都将面临新的环境，在这个过程中教育的公益性和教育利益分配的公平也接受着考验。在学校布局调整政策实施过程中应当保证教育公益性和教育利益分配的公平。

首先改变教育政策活动中"受益人缺席"的状态。教育政策活动中"受益人缺席"的状态往往限制教育政策的利益相关者表达其多样化的利益诉求，除了重大教育决策实施教育行政听证制度和咨询制度以外，应在各级教育决策系统特别是学校管理的决策活动中建立教育行政听证制度、咨询制度和监督制度，保证教师、家长、学生、社区人员等能够参与教育

的公共管理，并对公共教育权力的行使进行监督①。

其次，把保证教育的公益性和教育公平作为教育政策的基础性目标。教育不仅要注重效率，更要注重公平。教育就是让公民有个公平的起点，有个公平的成长过程，以消除财富多寡带来的天然不公。教育平等是社会平等的基础、社会进步的阶梯；教育公平是保证整个社会利益分配的公正与理性的底线。教育政策应该致力于保障弱势群体的利益②。新公共行政学认为"公共行政追求社会公平就是要推动政治权力以及经济福利转向社会中那些缺乏政治、经济资源支持，处于劣势境地的人们"。

教育公平是制定教育政策的基本出发点之一。教育公平主要有两方面的理解：一是平等自由的教育公平原则，二是差异的教育公平原则。平等自由的教育公平原则主要包括两方面：一是受教育机会平等，二是受教育的自由权，即受教育者没有是否接受规定阶段教育的自由权，但有接受什么样教育的自由权，包括选择教育形式的自由权、选择学校的自由权等。差异的教育公平原则是指教育公平不仅要体现每个公民都同等地享有接受教育的基本权利，而且应当对教育发展过程中形成的不利群体进行必要的调整和补偿③。在受教育过程中，除了满足人们对优质教育的需求，同时更应满足相对处在弱势群体的人们要求受教育的需求④。在进行布局调整时，应考虑到学生年龄、家庭经济状况、距离学校远近、学生的意愿、撤并学校及辐射社区范围等具体情况，充分照顾到学校、教师和学生的处境，制订合理的实施方案，使资源达到最佳配置，力求均衡教育资源，使学生享有公平优质的教育。

教育政策的实施应首先从改变人们意识开始，让人们切实感受到教育对人们生活、发展的益处。其次要给予人们充分的选择权。刘复兴认为教育政策的价值目标之一就是教育政策要使受教育者（包括家长）具有自主选择教育的权利，如对学校的选择，对课程的选择，对学习方式的选择，

---

① 刘复兴. 教育政策的价值分析［M］. 北京：教育科学出版社，2003.
② 范国睿. 教育政策观察第一辑［M］. 上海：华东师范大学出版社，2009：254－255.
③ 杨东平. 中国教育公平的理想与现实［M］. 北京：北京大学出版社，2006.
④ 同②，219.

对教师的选择等①。云南省德宏西山乡的教育有其特殊性。当地保留着传统的少数民族习俗，少数民族学生居多，经济、教育意识落后，布局调整过程中教师和家长几乎没有参与到其中。对此，一方面政策执行人员应当充分宣传，使政策的受众群体对政策有充分的认识和心理准备；另一方面由于家长和受教育者能力、认识水平有限，学校、政府等应为帮助其更好地认识政策或为其做好个人选择而提供一些咨询帮助。

① 刘复兴. 教育政策的价值分析 ［M］. 北京：教育科学出版社，2003.

# 个案二

## 西部民族地区寄宿制学校管理研究
### ——以青海省化隆县 K 中学为个案

## 概　　要

　　我国少数民族地区地广人稀、经济困难、交通不便，尤其是在一些牧区和半农半牧地区，人口居住分散。因此，设立寄宿制民族中小学校对保障这些处于山区和牧区的少数民族适龄儿童的义务教育显得尤为重要。近年来，我国也通过农村寄宿制学校建设工程等政策来加大对农村地区、少数民族地区的寄宿制学校建设的投入。但在民族地区寄宿制学校的建设和管理当中仍面临着很多现实困境，尤其是寄宿制学校的管理问题。目前，学术界对寄宿制学校的关注焦点停留在加大投入、改善基础设施等"物"的层面，而对寄宿制学校中"人"的层面关注过少，尤其是对将寄宿制学校各个利益相关者紧密联系在一起的寄宿制管理问题关注较少。但管理的好坏与成败却直接关系着寄宿制学校的方方面面。

　　为此，本研究以青海省化隆县 K 中学为个案点，采用人类学的研究方法，在尊重和基于当地文化的背景下深入个案点进行田野调查，以访谈法和观察法的质性研究为主，同时辅以问卷等量化研究。通过对个案点收集的大量调研信息的叙事素描以及相关数据的分析来客观呈现青海省民族地区寄宿制学校的管理现状。

经调研发现，青海省民族地区寄宿制学校的管理存在诸多问题，具体表现为：寄宿制学校缺乏有效领导者，集权封闭式管理成主流；寄宿硬件设施差的硬伤导致人力资源开发管理受限；在教师管理上，重高压管理，轻人文情感关怀，对教师的积极性挫伤多于激励；在学生管理上，重看管轻教育，忽视学生社会性需求；在青海回族自治县，对藏民族语言、文化资源的有效利用与开发不足。

要促进民族地区寄宿制学校的建设和发展，需要加大对民族地区寄宿制学校的管理力度并积极探索。首先，国家要从宏观政策上予以帮扶，因地制宜出台适合民族地区寄宿制管理的政策法规，具体包括重视少数民族地区基层政策创新，制定具有文化适切性的寄宿制政策和法规；政策制定要充分考虑到民族地区的特殊性，予以相关倾斜和调整；中央和省级政府要完善调整民族地区寄宿制学校教师编制问题，并充分挖掘当地民族文化资源，撬动民族地区经济增长等方面。其次，在学校层面管理中，学校应以人为本，提高寄宿制学校的学校管理水平。学校领导者应革新寄宿制管理理念，以人为本，多途径扩宽筹资渠道；在教师管理上，注重人文关怀，关注教师专业发展；在学生管理上，关注学生需求，充分信任学生，加强学生自主管理。

# 绪　　论

## 一、研究背景、缘起及意义

### （一）研究背景

我国少数民族地区地广人稀，经济不发达，交通不便，尤其是在一些牧区和半农半牧地区，群众居住分散，这种自然环境上的布局给民族地区的教育带来了一定的困难。因此设立寄宿制民族中小学校对保障这些处于少数民族边远山区和牧区适龄儿童、少年完成义务教育显得尤为重要。

在中国民族教育的发展历史中，也曾经出现"教学点""村小""马背流动学校""帐篷学校"这样一些教学形式，但这类学校师资力量较为薄弱，教学质量也难以保障。随着民族地区经济文化的不断发展和人们对教育的重视和对优质教育的追求不断提高，国家开始制定和出台一系列政策和文件，以保障民族地区的适龄儿童受教育权利，提高民族教育质量，促进教育公平。

这一系列的政策和文件的出台有效推动了民族地区寄宿制学校的建立和发展。

为继续推进普及九年义务教育和基本扫除青壮年文盲（简称"两基"）的目标全面实现，国务院在 2001 年下发的关于《国务院关于基础教育改革与发展的决定》（国发［2001］21 号）中明确指出："因地制宜调整农村义务教育学校布局。按照小学就近原则、初中相对集中、优化资源配置的原则，合理规划和调整学校布局。农村小学和教学点要在方便学生就近入学的前提下适当合并，在交通不便的地区仍需保留必要的教学点，防止因布局调整造成学生辍学。学校布局调整要与危房改造、规范学制、城镇化发展、移民搬迁等统筹规划。调整后的校舍等资产要保证用于发展教育事业。在有需要又有条件的地方，可举办寄宿制学校。"① 寄宿制学校也在布局调整的政策背景下成为均衡发展农村地区义务教育的主要办学形式。

随后在 2003 年国务院下发的《国务院关于进一步加强农村教育工作的决定》（国发〔2003〕19 号）中指出："在没有实现'两基'目标的西部地区要以加强中小学校舍和初中寄宿制学校建设、扩大初中学校招生规模、提高教师队伍素质、推进现代远程教育、扶助家庭经济困难学生为重点，周密部署，狠抓落实。中央继续安排专项经费实施农村贫困地区义务教育工程，安排中央资金对'两基'攻坚进行重点支持。力争用五年时间完成西部地区'两基'攻坚任务。已经实现'两基'目标的地区特别是中部和西部地区，要巩固成果，提高质量。继续推进中小学布局调整，努力改善办学条件，重点加强农村初中和边远地区、少数民族地区寄宿制学校建设，改善学校卫生设施和学生食宿条件，提高实验仪器设备和图书的装备水平。力争2010 年在全国实现全面普及九年义务教育和全面提高义务教育质量的目标。"②

这一文件再次将加强农村边远地区和少数民族地区的寄宿制学校建设作为重点项目。2004 年，国家特别设立"农村寄宿制学校建设工程"来进一步推进和普及义务教育。由此可见，这次义务教育的"两基"攻坚战也拉开了农村边远地区、少数民族地区寄宿制学校的教育攻坚战。

教育部曾公布的一组数据可以基本体现这一专项工程的成果：自 2004年以来，到 2007 年工程完成后，中央投入 100 亿元用于实施农村寄宿制学校建设工程，中西部 23 个省、市、自治区新建、改扩建寄宿制中小学校，共建成 7651 所寄宿学校。寄宿制工程覆盖中西部地区 953 个县，其中西部536 个，中部 417 个，满足了 195.3 万名新增学生的就学需求和 207.3 万名新增寄宿生的寄宿需求。其中，西部农村寄宿学生比例达到 52%，农村地区寄宿学生比例更高。农村寄宿制学校建设工程极大改善了农村寄宿制学校

---

① 教育部基础教育一司. 中小学管理文件选编〔M〕. 北京：北京大学出版社，2009：119 - 121.

② 同①，137 - 138.

办学条件和推动了西部教育的发展①。

这些数据一方面让我们觉得异常欣喜——寄宿制学校的建立无疑保障了这些处于偏远民族地区的适龄儿童"有学上",但到底能否"上好学"以及如何才能"上好学"却是我们往往容易忽视的一点。

因为教育的最终目的并不仅仅只是建一座房子把学生们都集中起来,还涉及怎样充分利用现有的人力、物力以及其他资源,让这座房子成为一所真正的学校,让其中的管理者、教师以及学生都可以获得最大效益,感受到教育所带来的极大幸福和快乐。

### (二) 选题缘起

基于上述背景,笔者希冀探讨在民族地区所建立的无数个寄宿制学校是否能够真正地承载起民族教育的重任与希望,真正为民族地区的教师和学生们带去最大效益,能否让教师在行使教育职责、学生接受教育的同时感受到其所带来的快乐和幸福呢?

笔者于 2010—2011 年多次前往青海省一些民族地区的寄宿制学校进行调研。通过深入实地的调查,了解到民族地区寄宿制学校各方面的状态,尤其感怀于民族地区寄宿制学校的管理状况。

面对在调研中所遭遇的一些现实问题,笔者不禁反思:到底限制这些寄宿制学校发展的是教育管理者口中的"基础设施跟不上,国家还需加大投资力度"这类硬件设施的匮乏,还是管理者、教师、管理理念以及现有的设施如人力、物力资源开发或利用不足呢? 我们常说管理是一门精深的艺术,有效的管理往往有"化腐朽为神奇"的功能,因此,笔者从寄宿制学校管理这一视角来切入,结合青海省化隆县 K 中学这一个案,深入探讨民族地区寄宿制学校管理相关问题。

---

① 龙登丽,沈旸. 农村寄宿制学校的管理与建设 [M]. 昆明:云南民族出版社,2010:6 - 8.

## （三）选题意义

### 1. 理论意义

（1）为解决民族地区寄宿制学校管理提供理论支撑和理论阐述。目前教育学者对农村寄宿制学校的学生身心健康、学生管理以及建设等问题都有相关的研究，但对于民族地区寄宿制学校管理方面则缺乏较为深入和系统的梳理和研究。本文通过对相关政策和收集的资料的分析，对关于寄宿制学校管理涉及的一些方面进行系统分析和理论阐释。

（2）增强民族地区寄宿制学校管理的实证性，呈现更多来自调研现场的丰富素材。本研究深入民族地区的寄宿制学校进行调研，以质性研究为主，量化研究为辅，通过访谈法和观察法呈现民族地区寄宿制学校管理各方面的困境和现状，同时也采用问卷法、文献法搜集当地的相关数据最后通过SPSS 等统计方法进行科学的分析，更好地支撑和佐证此方面的相关结论。

### 2. 实践意义

（1）通过对国内外寄宿制学校管理方面相关文献的搜索，积累相关的理论和知识储备，结合对民族地区寄宿制学校管理的实证研究，可以更好地将所学理论用于实践，总结一些普适性经验以及一些适应于独特地域文化的管理措施。

（2）通过对民族地区寄宿制学校管理者、教师和学生的访谈和沟通，更好地了解他们的需求，捍卫其话语权，通过客观呈现研究成果为改善其现状和解决实际难题谋求出路，也为寄宿制学校管理方面的相关研究和教师培训等提供一些有用的信息。

## 二、研究的内容和方法

本研究从教育学、管理学以及心理学视角切入，探讨民族地区寄宿制学校管理问题，以青海省化隆县 K 中学为个案点，力图通过翔实的实证调研，客观展现青海省化隆县的自然条件、地理环境及 K 中学这所民族寄宿制学校的管理现状和存在问题，并给予一些理论阐释和分析，为改善民族地区寄宿制学校的管理提出可供借鉴的对策和建议。

本研究的研究对象是一所寄宿制学校，这其实是涉及学校领导者、教师、学生和家长的社会子系统，有自己的规则制度、隐形文化和学校环境。为此，笔者采用的是人类学的研究方法，在尊重和基于当地文化的背景下深入到个案点进行田野调查，具体包括访谈法、叙事法、文献法、观察法等，其中主要以访谈法和观察法的质性研究为主，同时以问卷法的量化研究为辅。通过对个案点搜集的大量调研信息的叙事素描以及相关数据的分析，力图客观地呈现青海省民族地区寄宿制学校管理现状。

**（一）研究目标群体的取样标准与数量**

1. 研究的场景及主要研究对象

本次调研的场景包括三个层面。一是青海省教育厅民族教育处、省民宗局文化宣传处；二是化隆县民宗局、教育局；三是 K 中学及所在的社区。具体调查对象涉及青海省教育行政部门人员、化隆县教育局官员、K 中学利益相关者（校长、副校长、管理人员、教师、学生），以及对 K 中学所在社区及家长进行访谈和观察，采用访谈、问卷、观察和资料收集等多种方法获得调研信息。

2. 取样标准与数量

结合个案点具体情况，笔者在 K 中学取样时按如下标准。

（1）3 位校领导及教导主任、后勤主任、办公室主任拟全部访谈。实际访谈了 2 位校领导和教导主任、总务主任、办公室主任、团委书记、思政主任，并进行了问卷调查。

（2）对于教师，主要进行访谈、观察和问卷调查。访谈取样时尽量照顾到民族、任课年级、科目、是否班主任、是否宿舍管理员、是否双语教师、性别、到校工作时间等因素，涵盖不同情况的教师，增强教师样本的代表性。拟访谈的教师人数为 8—10 人；问卷则进行整体调查，对学校 93 名教师发放。

实际访谈了 8 名教师，因高三教师比较繁忙以及其他原因，发放了 93 份问卷，实际回收 57 份。

（3）对于学生，主要进行访谈、观察和问卷调查。访谈取样时尽量关注到民族、年级、性别、家庭距学校的距离、学习成绩等因素，涵盖不同情况的学生。拟访谈学生 15—18 人；问卷则进行整群抽样，从初中一、二、三年级共抽取四个班级的学生进行发放。

实际访谈了 17 名学生；对初一（1）班、初二（3）班、初二（4）班、初三（3）班共 214 名学生发放了问卷，并全部回收。

（4）对于课堂观察，在考虑科目分布的前提下采取随机听课并填写观察表的方法进行。

实际听取了 8 堂课，填写 5 份课堂观察表。

（5）对于社区，主要进行观察和家长访谈。主要针对两类社区进行调查，一是学校所在地的社区，另一是学生家庭归属的社区。对于后者，一方面考虑样本社区学生的多少，一方面考虑样本社区离学校的距离。拟调查 3 个社区。

实际调查了学校所在地的社区——化隆县郊区以及雄先县和华罗村。雄先县离 K 中学较远，华罗村比较近，两个社区都有较多的 K 中学学生。共访谈了 6 位家长，他们还分别填写了社区观察表和家庭观察表。

另外，在调研过程中，笔者还完成了对校园、宿舍、食堂、多媒体教室、资料室等的观察，并填写了相应的观察表。收集到了较为全面的材料。

## （二）研究实施过程和反思

整个调研过程在化隆县教育局领导的大力支持和 K 中学全体师生的配合下得以顺利完成，并获取了较为全面的数据。

调查工具和调查方案在调查过程中会出现与调查实际日程安排以及调查实际不符合的情况，应该根据实际的情况进行必要的调整。

由于少数民族学生和教师在语言沟通方面的困难，在访谈和调查过程中有很多信息沟通方面的不畅和困难。这也是调查研究中的一个特殊的情况，所以在调查方案的准备和制定方面以及调查问题的编制和设计方面都应该注意到。

由于长时间在城市接受普通学校的教育，我们对少数民族教育、少数民族教师的认识是很表面化的。另外，受到传媒、社会舆论、访谈对象的影响，我们对大部分少数民族教育现状持一种比较消极的预设态度。这对研究结论也会产生影响。

## 三、国内外研究现状

### （一）国外研究相关动态

国外对于寄宿制方面的文献和研究并不多，所涉及的内容也较少。比较著名的是关于英国公学这一寄宿制学校的研究。我国研究英国公学的学者原青林在其论文《英国公学的寄宿制》中对英国公学作了这样的介绍：寄宿制自 17 世纪中期就开始在英国的伊顿公学发展起来，宿舍由女舍监或男管家负责管理。18 世纪初，伊顿公学已有 10 所女舍监管理的宿舍和 3 所男管家管理的宿舍。多数学生居住分散、随便。分散的居住发展成为分散式寄宿制度，其发展速度并不统一。19 世纪初，除了专门为走读生开办的学校外，知名的文法学校几乎全部实行寄宿制管理。19 世纪以后，公学的寄宿制逐渐被赋予一种独立的权利。宿舍也有了其独特的含义，这种含义既有物质的成分，又有意识的成分。1 所宿舍既是 1 座实在的楼房，又可以指 1 个特定的群体和 1 种意识。对生活在 1 所寄宿公学的学生来说，宿舍的重要性难以估量[①]。

英国公学并非公办学校，而是收取较高学费的私立学校，其"公"一方面指不限地域招收来自全国各地的学生，另一方面还有最初慈善公益的含义。但英国公学在英国享有极高的声誉，其培养的学生中有很多都是国家领袖和各领域的杰出人才。英国公学之所以能够在免费公立学校普及的时代幸存并发展，一个重要的因素就是在学生生活设施和学生生活管理上存在较大

---

① 原青林. 英国公学的寄宿制 [J]. 外国中小学教育，2004（6）.

优势。英国公学寄宿学校没有行政班级这种集体，不存在以班级为核心单位的管理。学生管理通常采用学舍制（house system）和学级制（year system）两种学生管理工作体制。为了便于对学生生活的管理，英国寄宿学校在校舍设计上采用建立学舍（house）的方法。其中英国公学采用的是寄宿制的办学模式，每一个学舍（house）由1名舍监负责，包括2—3名助理教师，1名保姆和约50名学生。舍监按自己的管理理念管理学生的生活，他和学生共同生活在一起，带领学生开展各项课余活动，有谈心、访问、共餐等活动，师生间的感情由此而非常融洽。而且学舍（house）内部实行级长制。级长制是通过选举学生干部，达到学生管理学生的目的，一般由高年级学生负责管理低年级学生，他们负责处理低年级学生日常生活事务（如提供课余生活的保护和帮助），维持学舍生活秩序、纪律①。

在美国，寄宿制学校已有200多年的办学历史。在美国寄宿制学校里，对学生生活的管理主要是通过规章制度的约束和家长的参与实现的。美国教育界普遍认为，学生有权根据自己的价值观去选择，学生管理工作的任务是引导学生如何去选择，而不是选择什么，这是美国社会价值观在学生管理工作中的体现，结果表现为学生管理工作的个性化。但这并不是说学生享有无限的自由，美国寄宿学校在学生生活管理中常采用综合化的强制措施，把这种个性化管理建立在法律与纪律之上。如在一些学校明确规定不许吸烟，不许酗酒，甚至在学生的穿戴方面都有明文的规定。但由于各种原因，这些规章制度的执行情况并不理想，学生在日常生活中的违纪、违法现象还时有发生。为了改变这种局面，加强学校与家长的合作，以求达到对学生生活有效管理的目的②。

另外美国学者乔尔·斯普林（Joel Spring）对寄宿制方面的研究也较多。他在《美国学校：教育传统与变革》一书中指出，19世纪下半叶，美国政府对印第安人的主要寄宿制教育政策是用英语取代土著语，摧毁印

① 梁淑红.英国公学的发展模式对我国创建优质高中的启示［J］.当代教育论坛，2003（4）.

② 吴志宏.美国的寄宿学校［J］.国外社会科学文摘，2001（7）.

第安人的风俗，让他们拥护美国政府。寄宿制学校使孩子在很小的时候就离开家庭，这使他们脱离父母和部落的语言和风俗。这些寄宿学校和乔克托在印第安领土上开的学校十分不同，乔克托教育体系中的精英机构不是用来摧毁印第安风俗和语言的。从 1879 年卡莱尔印第安学校建校到 1905 年间，美国建立了 5 个非保留地的寄宿学校。强调寄宿学校的非保留地位置十分重要，因为它们的教育哲学是使印第安孩子脱离家庭和部落的影响。这些学校和保留地学校一样，把教授英语视为一件重要的事①。

乔尔·斯普林在一次关于少数文化、语言与教育的讲座中也谈及，美国曾采用寄宿制试图通过隔离和教育彻底改变一个族群文化，以达到对印第安人的"去文化化"，逐步达到文化同化的目的。

综合可见，国外寄宿制学校的建设和发展都有着其本国文化的烙印：英国公学通过寄宿制学校管理以达到精英教育的目的，美国通过寄宿制彰显其文化强国的渗透与强大的同化功能。

## （二）国内研究相关动态

我国民族地区寄宿制学校的建立更多是为了保障偏远牧区、山区少数民族或经济欠发达地区适龄儿童的受教育权利和推动民族地区教育均衡协调发展。因此国内关于寄宿制相关的研究成果也很多，研究内容很广。以下主要结合寄宿制研究的相关内容和侧重点进行梳理和归纳。

### 1. 寄宿制政策文本描述

2001 年 5 月 29 日，国务院下发的《国务院关于基础教育改革与发展的决定》（国发 [2001] 21 号）中明确指出："因地制宜调整农村义务教育学校布局。按照小学就近原则、初中相对集中、优化资源配置的原则，合理规划和调整学校布局。农村小学和教学点要在方便学生就近入学的前提下适当合并，在交通不便的地区仍需保留必要的教学点，防止因布局调整造成学生辍学。学校布局调整要与危房改造、规范学制、城镇化发展、

---

① 乔尔·斯普林. 美国学校：教育传统与变革 [M]. 史静寰，等，译. 北京：人民教育出版社，2010：252 – 259.

移民搬迁等统筹规划。调整后的校舍等资产要保证用于发展教育事业。在有需要又有条件的地方，可举办寄宿制学校。"① 寄宿制学校也在布局调整的政策背景下成为均衡发展农村地区义务教育的主要办学形式。

2003 年 9 月 17 日国务院下发的《国务院关于进一步加强农村教育工作的决定》（国发〔2003〕19 号）中指出："在没有实现'两基'目标的西部地区要以加强中小学校舍和初中寄宿制学校建设、扩大初中学校招生规模、提高教师队伍素质、推进现代远程教育、扶助家庭经济困难学生为重点，周密部署，狠抓落实。中央继续安排专项经费实施农村贫困地区义务教育工程，安排中央资金对'两基'攻坚进行重点支持。力争用五年时间完成西部地区'两基'攻坚任务。已经实现'两基'目标的地区特别是中部和西部地区，要巩固成果，提高质量。继续推进中小学布局调整，努力改善办学条件，重点加强农村初中和边远地区、少数民族地区寄宿制学校建设，改善学校卫生设施和学生食宿条件，提高实验仪器设备和图书的装备水平。力争 2010 年在全国实现全面普及九年义务教育和全面提高义务教育质量的目标。"②

农村寄宿制学校建设工程是落实《国家西部地区"两基"攻坚计划(2004—2007 年)》，解决制约西部农村地区普及九年义务教育瓶颈问题的重要措施。为实施此工程，中央下达给青海省专项资金 4.5 亿元。工程覆盖全省 27 个"两基"攻坚县的 300 所寄宿制学校，计划新建和改扩建校舍 61.3 万平方米。为促进农牧区寄宿制中小学的标准化建设，提高教育质量和办学水平，青海省教育厅于 2004 年制定了《青海省农村牧区寄宿制中小学管理规程》。这是青海省民族教育历史上第一部教育常规管理条例③。

《青海省"两基"攻坚（2004—2007 年）实施规划的通知》提出在继续实施国家贫困地区义务教育工程和中小学危房改造工程的基础上，借助西部地区农村寄宿制学校建设工程，在"两基"攻坚县以改扩建为主，

① 教育部基础教育一司. 中小学管理文件选编 [M]. 北京：北京大学出版社，2009：119-121.

② 同①，137-138.

③ 杜小明. 青海教育史 [M]. 西宁：青海人民出版社，2006：568-574.

建设一批寄宿制初中和小学，扩能增容，改善基本的办学条件，满足更多确需寄宿的农牧区学生的需求。

2008 年，青海省又编制了《青海省"两基"攻坚县寄宿制学校建设规划（2008—2010 年)》，落实中央专项资金 32800 万元。该项目加上省内配套资金总投资将达 60000 万元，拟建项目学校 27 所，新扩建校舍 27.87 万平方米。2009 年 3 月底前完成各项准备工作，并全面开工建设；2010 年 8 月底，所有工程全部竣工交付使用。

《青海省人民政府办公厅关于切实加强农村寄宿制学校建设工程实施工作的通知》（青政办［2006］6 号）要求高度重视"两基"攻坚和农村寄宿制学校建设工程实施工作，对农村寄宿制学校建设工程实行减免收费等优惠政策，切实加强农村寄宿制学校管理。此外，青海省还制定下发了《青海省寄宿制学校校舍建设实施细则》《青海省寄宿制学校装备参考标准》《青海省民族寄宿制学校管理规程》《青海省寄宿制学校建设工程资金管理办法》《青海省寄宿制学校建设工程土建管理办法》和《青海省寄宿制学校建设工程教育设备采购管理办法》等规范性文件，为寄宿制学校建设和管理提供了具体标准和规范要求①。

为居住分散、经济困难和交通不便的边远山区少数民族的适龄儿童、少年举办寄宿制民族中小学校，是保障他们完成义务教育阶段的重要举措。青海省各地区也采取各项措施努力建设寄宿制学校。

2. 农村寄宿制相关研究

源于"农村寄宿制学校建设工程"这一政策背景，关于农村寄宿制方面的研究和成果也特别多，有提供理论性指导的文献，有总结地区寄宿制成果的文献，更多的是采取实证调研的文献。实证性的文献所采用的角度也较多，除部分总结经验外，大多是描述农村寄宿制学校现状和存在的问题。归纳起来有以下几方面的问题。

（1）生活配套设施不足。学校撤并使学生数量急剧增加，原有的校舍

---

① 参见青海省教育厅关于青海农村寄宿制学校政策，2009 年 4 月。

和教学楼等无法满足寄宿制学生需求。另外在农村偏远地区，由于经济较为落后，很多寄宿制学校的生活配套设施严重不足，如没有可供学生就餐的食堂，没有澡堂，宿舍拥挤，缺乏基本的体育活动场所和设施。这些基本生活设施的缺乏，造成学生用餐卫生、营养摄取都难以达标。

（2）安全事故隐患大。许多学者在文献中指出，安全隐患是寄宿制发展亟待解决的首要问题，因为寄宿使得学生离家较远，部分农村地区道路崎岖，学生和家庭所承受的交通风险也相应增加。另外平时寄宿在学校，同伴之间打架或者社会青年滋扰以及在外饮食卫生等都可能对寄宿制学生的人身安全造成威胁。

（3）教师负荷大，教学质量难以保障。农村地区教师师资力量较为薄弱，另外缺乏生活教师、心理教师这些管理岗位的编制，因此寄宿制学校的教师往往身兼数职，扮演教师、医生、保姆、警察等角色。一方面他们要完成规定的教学任务，另一方面大多数教师还要肩负起管理学生和保障学生安全的责任。一旦学生出现问题就直接问责教师，这样使得寄宿制学校的教师长期处于高负荷状态，长此以往容易造成职业倦怠和心理创伤。

（4）寄宿制学校增加家庭负担，造成亲子关系疏离。有些学者的实地调查研究表明，寄宿制学校增加了家庭的教育投入。首先在经济上，寄宿制使家庭必须支付孩子的生活费、交通费以及一些基本生活用品的开销，而这些对于很多农村地区的家庭是一笔不菲的开支。还有，孩子寄宿在外，父母难免会担心其日常的学习和生活情况，尤其是年龄尚小的孩子，生活无法自理。

另外，孩子长期寄宿，与父母接触交流机会减少，容易造成亲子关系疏离，而且寄宿制在一定程度上也阻断了社区、村寨文化对孩子成长和教育的熏陶。

（5）寄宿生心理状况堪忧。一些学者和相关论文也较多关注到了寄宿制学校学生的心理状况，有从情感缺失角度切入，也有从学生管理入手，通过心理量表以及问卷访谈等形式了解到，寄宿制学校的学生心理状况堪忧。较为封闭的管理、拥挤的住宿环境以及缺乏父母、师长关怀及其他社会支持，容易造成抑郁、自闭或学校适应不良等心理问题。而寄宿制学校缺乏专门的心理教师和医务人员，学校无法及时对这些适应不良的学生进行情感抚慰和行为干预，导致部分学生出现伤人或严重犯罪行为。

3. 民族地区寄宿制建设和管理方面相关研究

虽然关于农村寄宿制方面的研究和文献较多，但针对民族地区寄宿制学校建设和管理方面的研究较少，仅部分学者有所涉猎，如赵海涛在《农村寄宿制初中学生管理问题的调查研究》中通过对内蒙古赤峰市寄宿制中学调研，从安全管理、卫生管理、饮食管理、教育教学管理探讨寄宿制学生管理中所存在的问题；金永芳在《论生活老师在寄宿制学校宿舍管理改革中的作用》和翟月在《我国农村寄宿制学校生活教师问题研究》中则对寄宿制学校生活教师对学生的重要影响以及目前存在的问题进行讨论；也有一些学者专家从理论的角度广泛谈论寄宿制学校的管理模式和重要性。

孙忠生、刘明坤主编的《农村九年一贯制（寄宿制）学校管理研究》一书则较为系统地从农村九年一贯制（寄宿制）学校的现状与发展、管理体制、管理机制以及教师学生管理、教学管理、德育管理、后勤管理等方面进行相关研究和论述。

目前涉及农村寄宿制学校建设的文献主要集中于贵州、云南、西北地区，如龙登丽主编的《农村寄宿制学校的管理与建设》主要是针对云南省农村寄宿制学校方面的研究和文献，《寄宿制学校管理理论与实践》则是甘肃省"两基"攻坚领导小组办公室编辑整理的关于西北地区寄宿制学校建设的相关文件和经验总结。

## 四、概念界定和理论阐释

### （一）概念界定

寄宿制：对于"寄宿制"这个词大家并不陌生，本研究中主要指为学生提供膳宿条件，将学生的生活和学习全部纳入学校的一种管理模式，也是我国一种特殊的办学形式。在少数民族牧区、边远山区和经济不发达地区设立，面向农村、牧区、边远山区招收少数民族学生。本研究中所涉及的寄宿制学校主要指以公办为主、实行全日制中小学教学计划的学校，并不涵盖民办寄宿制学校和目前一些发达城市中托管托办性质的学校。

学校管理：学校管理是管理领域的一个分支，是一种以组织学校教育工作为主要对象的管理活动，是管理的一般本质在学校教育领域中的特殊表现。正如人们对管理的理解各有不同一样，对于学校管理的认识和理解，也是仁者见仁，智者见智。

学者原硕波认为把学校管理归结为一种"活动"和"过程"，或"活动过程"，这同管理的属概念规定相一致，是可取的。而有的论著把学校管理归结为"组织、制度、活动、措施"等多种属概念的组合，就未免过于宽泛。

原硕波从管理的基本定义出发，认为既然学校管理是管理的一个分支，那么，学校管理的概念也应该置于"管理"的概念体系中，从管理学的视角界定学校管理的概念。学校管理的概念应该由以下基本要素组成。

一是，学校管理的目标。学校管理目标决定学校管理活动的性质和方向，是学校管理活动的根本出发点。

二是，学校管理的主体和客体。学校管理的主体即学校各级各类的管理者，客体即学校管理的对象，是由人员、目标、财力、物力、信息、时间、环境等组成的各种资源要素。

三是，学校管理的手段。它是学校管理者用以作用和影响学校管理对象的中介，是达成学校管理工作目标的纽带。

四是，学校管理组织。它是学校管理的主体和客体存在与运动的载体，没有组织，学校管理的职能就无从发挥。

从这四个方面，大体可以回答为什么管、谁来管、管什么、怎么管等一系列学校管理必须涉及、回答的基本问题。从基本要素出发，可以这样界定学校管理的概念：学校管理是学校组织的管理者为了实现学校工作目标，依凭一定的机构和制度，采用一定的手段和措施，带领和引导师生员工，充分利用校内外各种办学资源条件，整体优化教育环境，有效地实现预定目标的过程①。

在本研究中主要借用原硕波在《学校管理与实践》中的这一定义，并在文中将学校管理的内涵集中于对学校管理主体的研究，尤其是研究学校管理主体中的人力资源要素——关注于对民族地区寄宿制学校的领导者、教师、学生的描述和分析，将学校管理通过学校领导者管理、教师管理和学生管理三大主要内容进行探讨。

### （二）心理契约理论

"心理契约理论"是近年来在西方组织行为研究和人力资源管理领域出现的一个新兴理论。这一理论认为在一个组织中实际上存在着两种契约关系：一种是正式的、形成文字的、书面的经济性契约；另一种是非正式的、未写成文字的心理性契约，起着和经济性契约同等重要的作用。简言之，除了正式的、书面化契约以外，在组织中的每一个员工都会心里有本"账"，上面详细记录着自己应该为自己所在的组织作出何种付出以及程度，组织也应该给自己多少回报。这种契约由于存在于人的内心，不是以书面正式的文件条例加以量化，具有内隐和无形性，因此被称为"心理契约"。

"心理契约"的概念最先由美国组织行为学家克里斯·阿吉里斯（Chris Argyris）提出，此后各研究者对心理契约的概念提出不同的观点，概括而言，有广义和狭义之分。广义的心理契约是指雇佣双方基于各种形式的（书面的、口头的、组织制度和组织管理约定的）承诺对交换关系中彼此义务的主观理解；狭义的心理契约是雇员处于对组织政策、实践和文化的理解和各级组织代理人做出的各种承诺的感知而产生的，对其与组织之间的，并不一定被组织各级代理人所意识到的互相义务的一系列信念②。

本研究采用的是田宝军在"中学教师管理中心理契约研究"课题研究中的相关概念定义。既然心理契约是一种契约关系，则需要包括当事人双方才能构成契约关系，对于完整的心理契约研究内容而言，应包括两个水平：

---

① 原硕波. 学校管理与实践 [M]. 海口：海南出版社，2007：1-5.

② 陈加州，方俐落. 心理契约的测量与评定 [J]. 心理学动态，2001（3）.

员工的心理契约和组织的心理契约。具体结合学校组织系统则为教师心理契约与组织心理契约。其中教师心理契约，相对于学校组织而言，指教师对自我责任的认知和信念系统，包括教师对自己责任和学校责任的认知信念；组织心理契约，则是学校组织系统中的组织管理者或领导者对于教师和学校相互责任的认知和信念系统，包括教师对学校的责任和学校对教师的责任[①]。

对于心理契约的结构，国内外学者众说纷纭，有二维结构说，如交易契约和关系契约、内在契约和外在契约、现实责任和发展责任等；也有三维结构说，如交易责任、培训责任和关系责任，绩效回报、职业成长机会和对员工承诺，交易维度、关系维度和团队成员维度等。

此外，对于心理契约的研究长期以来是以美国、英国等西方国家员工为被试，因此在一些具体维度的设计上还需考虑到中西方文化的差异。譬如，传统中国文化中强调等级和人际关系、强调集体主义和大局意识、追求工作的稳定安全和组织归属等。随着市场经济和全球化进程的推动，中国员工的意识形态也发生变化，心理契约也随之变化，譬如功利主义原则凸显主导地位、强调工作中的自我价值实现、以过程和结果的双重标准来衡量公平、竞争意识加强和注重能力提高等。

结合教师职业群体的特殊性以及国内学者的本土理论实践，本研究在此基础上将教师心理契约结构和维度假设如下。

1. 教师对学校的责任包括岗位责任、人际责任和发展责任三个维度。具体如下。

岗位责任指教师要遵守学校规章制度、圆满完成教育教学工作、维护学校利益；人际责任指教师与同事、与领导要保持良好的人际关系、互相尊重、互相帮助；发展责任指教师要关心学校发展，为学校发展献计献策，自觉主动地学习业务，提高水平，并能够积极地承担学校需要的临时性工作[②]。

---

① 田宝军，蒋芳. 基于心理契约理论的中学教师激励研究 [J]. 四川师范大学学报（社会科学版），2009（2）.

② 李原，郭德俊. 员工心理契约机构及其内部关系研究 [J]. 社会学研究，2005（2）.

2. 学校组织对教师的责任也包括经济责任、环境责任和人文责任三个维度。具体如下。

经济责任指学校按照办学规范的要求，为教师提供相应的工作环境、工作条件，并提供与贡献相符合的工资、福利待遇和奖惩；环境责任指学校给教师提供良好的人际环境和合作氛围，尊重教师劳动，关心教师生活，让教师能够心情舒畅地工作；人文责任指学校给教师提供学习培训的机会，充分发挥教师潜能，帮助教师提高专业水平，促进教师专业发展①。

本研究在田宝军"中学教师管理中心理契约研究"课题的调研和发现的基础上，从一些概念归纳和问卷编写得到启发，借由本次调研对部分观点做实证性考察，主要运用心理契约理论来深入分析探讨民族地区寄宿制教师管理问题。

### （三）需要层次理论

人类心理学家马斯洛（Abraham Maslow）提出了一个有趣的需要理论，将人类天生的、内在的需要按照一定的顺序排列。目前讨论最普遍的是如下五个等级的需要排列。

第一层是生理需要，包括人类最基本的生理功能，如吃饭、穿衣、住宅、医疗等，它是最强烈的、不可避免的、最低层次的需要，也是推动人们行动的强大动力。

第二层是安全需要，是指人有劳动安全、职业安全、生活稳定的愿望，希望能免于灾难，希望未来有保障的需要。

第三层是归属和爱的需要。归属和爱的需要又称为社交的需要，是指个人渴望得到家庭、朋友、同事的关怀、爱护和理解，是对友情、亲情和爱情的需要。

第四层是尊重的需要，如希望自己有稳定、巩固的地位，得到别人的高度评价，它既包括希望别人尊重自己，也包括自尊自重。

---

① 田宝军，蒋芳. 基于心理契约理论的中学教师激励研究 [J]. 四川师范大学学报（社会科学版），2009（2）.

第五层是自我实现的需要，包括心理健康、自主性、创造性等。自我实现的需要是希望自己成为所期待的人物，完成与自己能力相称的一切事情①。这是人们实现个人理想抱负、最大限度地发挥个人潜力并获得成就的需要，是最高层次的需要。

马斯洛认为各层需要之间是互相联系的，只有低层次的需要得到基本满足后，人类才会追求高层次的需要。另一心理学者阿尔德弗（Clay Alderfer）则认为人的需要主要有三种，生存需要、关系需要和成长需要。马斯洛的需要理论对当今教育工作者开展教学过程有极大的指导意义。首先，在教学过程中要关注学生的各种需要，尤其是要满足学生最基本的生理需要，这样学生才能产生好好学习的动机；其次，要保障学生的安全，对校园暴力等行为要严格防范和制止，以让学生有个安全的环境投身于生活和学习。

---

① 韦恩·K. 霍伊，塞西尔·G. 米斯克尔. 教育管理学：理论·研究·实践 [M]. 范国睿，主译. 北京：教育科学出版社，2007：124 –125.

# 第一章  样本学校现状素描

## 第一节  背景介绍

### 一、宏观背景——青海省教育情况介绍

青海省地处青藏高原东北部，境内地势高峻，地貌复杂，世居少数民族主要有藏族、回族、土族、撒拉族和蒙古族，是我国西藏、新疆两个民族自治区之外少数民族人口比例最高的省份。少数民族人口256.75万人（藏族121.72万人，回族88.19万人，土族22.95万人，撒拉族12.19万人，蒙古族9.7万人，其他少数民族2万人），占全省总人口的46.32%。青海是除西藏以外全国最大的藏族聚居区，全国10个藏族自治州中有6个州分布在青海。由于这一特殊省情，青海在民族中小学实行双语教学。省内5个少数民族中，藏族和蒙古族有自己的语言和文字，聚居区中小学实行藏（蒙）汉双语教学；土族和撒拉族有语言无文字，中小学实行汉语教学，汉语环境较差的边远农牧区小学用本民族语言辅助教学①。

由于青海民族地区的生存环境十分严酷，民族地区学校服务半径大，责任多。牧区寄宿制学校的办学半径近则几十千米，远达上百千米，学生一般只有寒暑假才能回家，学校不但要完成教育教学任务，同时要照顾学生的"衣、食、住、医"等，实际上教师承担着作为全天候学生监护人的很多责任。当地现代教育起步晚，办学时间短，基础薄弱。青海的民族教育仍旧存在很多困难和问题，尤其是寄宿制学校的建设和发展。为保证教育教学质

---

① 参见青海省教育厅的青海省民族教育工作调研汇报材料（整理），2010年5月30日。

量，目前青海省民族地区办学主要以集中为主，分散为辅，寄宿制学校已成为主要的办学形式。寄宿制学校仅校舍建设一项投入就相当于普通学校的两倍左右。藏区校舍建设成本更高，因为很多藏区属于偏远牧区学校，由于气候条件和地理交通条件恶劣，这些地区每平方米校舍建设成本和维护成本比西宁高出40%左右，使用年限比西宁减少10年左右。学校运转成本高，经费投入大。按照现行编制规定，青海省藏区寄宿制学校教学人员与后勤管理服务人员的配备数比其他地区高出15%，学校取暖时间大部分在8—10个月，取暖支出很大，学校人员经费和公用经费的开支远高出其他地区①。

## 二、微观背景——化隆回族自治县情况介绍

化隆回族自治县位于青海省东部、海东地区南部，是一个以回族为主体的多民族聚居的回族自治县。1986年被国务院确定为国家贫困县，2001年被国务院确定为国家扶贫开发工作重点县。县辖17个乡镇，2个管委会，369个行政村。全县总人口24.58万人，其中农业人口21.79万人，有回、汉、藏、撒拉等12个民族，其中回族占52.82%，汉族占21.02%，藏族占21.01%，撒拉族占4.93%，其他民族占0.22%（见图2－1）。化隆县地形复杂，境内群山突兀，沟壑纵横，尤其是东部和南部山大沟深，交通不便，面广、线长、点多，村与村之间的平均距离为5.7千米，乡与乡之间的平均距离为11.9千米。到2009年底，全县各级各类学校有228所。其中，普通小学206所，中学18所，职业教育培训中心1所，特殊学校1所，幼儿园2所，小学教学点3个。在校小学生24766名，初中学生7921名。

全县教职工2027名，专任教师1902名，其中小学专任教师1169名，初中专任教师475名，高中专任教师208名，幼儿园教师18名，特殊教育学校教师13名，职业中学教师29名，特殊岗位教师258名②。

---

① 参见青海省教育厅的青海省民族教育工作调研汇报材料（整理），2010年5月30日。
② 参见化隆回族自治县教育局的化隆县"两基"迎国检自查自评工作情况汇报，2010年4月13日。

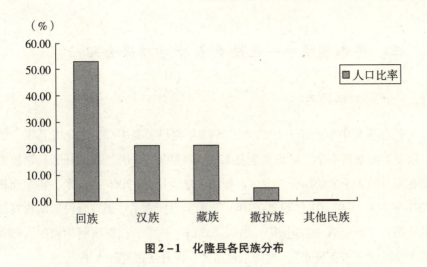

图2-1 化隆县各民族分布

化隆回族自治县属于半农半牧业地区，2008年，县城生产总值18.01亿元，农业总产值达到2.3亿元，种植业人均纯收入达到581.6元，占全县人均纯收入的19.44%。工业经济快速增长，2009年上半年，已实现工业生产总值7.26亿元，全县完成工业增加值4.05亿元①。

近年来，化隆教育事业呈现出义务教育不断巩固、高中教育稳步提高、幼儿和成人教育健康发展、教学质量不断提升、师资队伍不断优化、办学条件不断改善、教育发展环境进一步和谐的良好发展势头。虽然化隆县的教育事业与过去相比有了长足发展，但与新形势、新任务、新要求相比，化隆县教育工作仍存在许多薄弱环节和突出问题。如对基础教育的重要性认识方面存在差距；基础设施建设滞后，难以适应教育发展的需求；教学仪器匮乏，理、化、生实验教学基础仍很薄弱，实验仪器设备严重匮乏；教师宿舍用房面积人均只有4平方米，不能满足实际需求；教师结构性缺编严重，临聘教师待遇较低；贫困家庭学生较多，加上物价上涨因素，救助难以满足需求；寄宿制学校分布分散，学校没有医疗设备和校医，没有能力应对突发疾病和各种传染病等②。这些问题都严重地制约着当地教育事业的快速发展。

---

① 参见化隆回族自治县概况（青海省化隆县教育局内部资料），2010年5月30日。
② 参见化隆回族自治县教育工作概况（青海省化隆县教育局内部资料），2010年5月30日。

## 三、样本学校——化隆县 K 中学情况介绍

### (一) 学校历史

化隆县 K 中学始建于 1983 年，1993 年创设了高中部，是化隆县唯一的一所寄宿制双语中学，肩负着全县 17 个乡镇的"双语"教学任务。学校坐落在距县城 2 千米的加合工业区。校园占地面积约 17066 平方米，建筑面积7291 平方米。从 2001 年到 2005 年，学校努力探索了一条符合民族学校发展的道路，逐步取消"普通班"，加强"双语"教学。在寄宿制学校的内部管理中实行"三查五要求"，教师承包宿舍，提升住宿管理水平。

化隆县 K 中学建校以来，以"团结、敬业、勤学、进取"为校训，2005年度被化隆县人民政府授予"先进集体"称号，同时荣获"全县 2005 年教育教学质量目标考核三等奖"；2006 年被青海省教育厅、共青团青海省委授予"优秀示范家长学校"，同年荣获"全县 2006 年教育教学质量目标考核二等奖"、2006 年度获"普通高等学校招生考试教学质量三等奖"。2007 年荣获"完全中学教育发展目标责任考核二等奖"，"普通学校招生考试教学质量二等奖"。2008 年荣获"省级维护稳定工作先进集体"。

K 中学现已发展成为一所拥有 1485 人，98 名教职工，23 个教学班的寄宿制"双语完全中学"，课程设置采用"藏汉双语"为"8 + 1"（8 门基础课用汉语授课，另加 1 门藏语文），是海东地区很有发展前景的一所"双语"完全中学①。

### (二) 校园周边环境与基础设施现状

K 中学目前有微机室 1 个，多媒体教室 1 个，图书室 1 个，计算机 75台，各类图书 7672 册，人均拥有图书 8.6 册。

---

① 参见化隆回族自治县 K 中学概况（内部资料），2010 年 6 月 5 日。

图 2 - 2、图 2 - 3　网络教室

图 2 - 4、图 2 - 5　图书室

　　多年来，K 中学为高一级学校、社会输送了近 2000 多名藏族合格学生，为化隆的民族教育事业做了贡献。但随着教育事业的发展，制约 K 中学教育教学发展的瓶颈问题显得越来越突出。

　　1. 旧教学楼问题突出。1983 年修建的教学楼，屋顶渗水，木质门窗腐烂变形，无法开启，教室、楼道的地凹凸不平，墙壁脱落，电路损坏严重，急需维修。

图2-6　初中部教学楼　　　　　　　图2-7　初三男生宿舍

2. 校园围墙岌岌可危。建校以来，对校园围墙没有进行过修补，目前到处残垣断壁，存在极大的安全隐患。

图2-8、图2-9　学校围墙

3. 住宿拥挤，学生床铺紧缺。由于学生增多，宿舍、床铺紧张，每间宿舍住宿50余名学生，而且2—3名学生挤住一张床。

图2-10　教室　　　　　　　　　　图2-11　篮球场

4. 校园操场、道路泥泞。由于经费拮据，学校将一部分土地划归为操场，主干道也无明显规划，依然是土路，雨雪天气，无法行走。

5. 学生食堂面积小。不足 300 平方米的学生食堂，无法容纳 1500 多名学生同时就餐。

### （三）学生基本情况

截至 2010 年 3 月，K 中学有在校生 1485 人，其中女生 666 人；初中年级有 825 人，其中女生 384 人；高中年级有 660 人，其中女生 282 人。七年级有 252 人，其中女生 118 人；八年级有 284 人，其中女生 137 人；九年级有 289 人，其中女生 129 人；高一年级有 245 人，其中女生 111 人；高二年级有 191 人，其中女生 84 人；高三年级有 224 人，其中女生 87 人；初中年级辍学 8 人，其中女生 2 人；转出 13 人，其中女生 3 人；转入 5 人，其中女生 1 人。

K 中学大部分学生为藏族，另有个别土族、汉族、撒拉族学生。K 中学为化隆县唯一一所双语寄宿学校，双语教学采用二类模式，即以汉语授课为主，加授一门藏语文。学生主要来自化隆县东部和西部，学生汉语和藏语水平参差不齐，学生上课使用普通话，平时交流使用藏语和青海方言。

### （四）教师情况介绍

截至 2010 年 3 月，K 中学教职工总数为 98 人，其中女教职工 38 人；专任教师 88 人，其中女教师 35 人。

据从 K 中学搜集的《2009—2010 学年第一学期教师基本情况一览表》中的数据统计得知，在教师学历分布上，K 中学有在职研究生 2 人，专任教师本科学历 57 人，大专学历 38 人，中专学历 1 人，学历达标率 93.5%（见图 2 - 12）。

在教师职称分布上，中教高级 3 人，中教一级 46 人，中教二级 37 人，中教三级 3 人，未评职称 9 人（见图 2 - 13）。

教师民族构成有汉族、藏族、回族、撒拉族和土族（见图 2 - 14）。

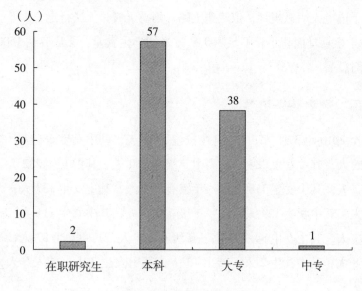

（人）

图 2－12　教师学历分布

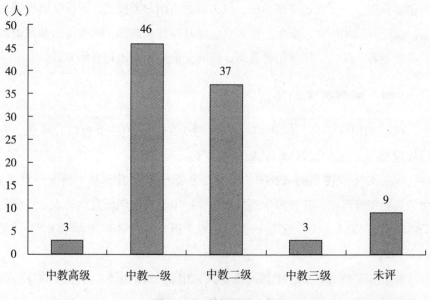

（人）

图 2－13　教师职称分布

94

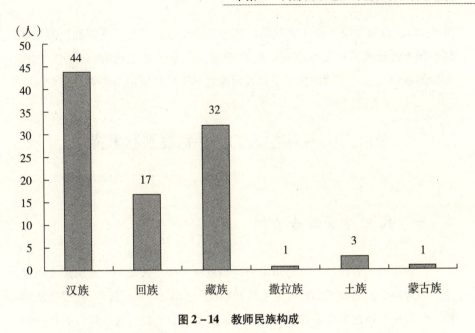

图 2 - 14 教师民族构成

由于 K 中学是寄宿制学校，地理位置较为偏僻，学校基础设施不足，因此教师生活条件极为艰苦。学校没有教师宿舍，教师大多住在县城或者在学校附近租房住。学校距化隆县中心 3 千米左右，教师常需自费打车往返于 K 中学与县城。由于寄宿制学校没有专门的生活老师和管理老师，K 中学的教师除了要担任繁重的教学任务外，还要承担学生宿舍管理和学生安全方面的任务和工作。学校通过一系列的协议书和安全责任书对教师进行管理和考核，使得 K 中学的教师压力很大。

除轮流值班外，每个教师必须管两个宿舍。政教处每周都要打分，评定星级宿舍，主要检查是否已打扫卫生、床单是否叠好、有没有在外面摆放其他东西等。所以每个教师一大早来学校就要去宿舍查看，压力很大。学校每周一例会公布宿舍管理评分。另外学校实行坐班制，为防止教师早退，教师每天至少有四次签到，须到教导处签。早上 7：10 签到，11：40 左右签到离校，下午 2：20 签到，5：10 签到离校。有的教师有晚自习，晚上6：40 签到，8：20 签到离校，第二节晚自习由值班教师负责上到晚上 9：30。

而且学校除周一例会外，每天要求教师参加学校组织的培训，从 7：20

到 8：05，教师觉得培训效果不好，但迫于学校考勤压力必须参加，但在培训时间大部分教师在批改作业。在 K 中学，班主任更是超负荷工作，学校落后的基础设施和苛刻的管理使得教师的教学生活环境极为恶劣。

## 第二节　K 中学人力资源管理现状素描

### 一、K 中学管理者素描

一所学校的管理基调往往由学校组织系统中的正式领导者或决策人所决定，因为他全面组织和指挥着这个特殊系统的运作和使命贯彻。在寄宿制学校，校长往往是这个决定管理基调的灵魂人物。由于校长这一职位的特殊职责和权力，他的领导风格和管理理念也直接渗透到组织的日常管理中，影响着寄宿制学校的方方面面。

寄宿制学校校长的任命与选拔十分严格，除了有较为丰富的教学管理经验外，还要符合当地教育局出台的一系列筛选文件和政策的要求，然后经过竞聘、公开演讲、培训等方式上岗，还要与教育局签订《校长目标责任书》，其中涉及 50 多项考查指标，年终时根据这些指标的完成情况进行绩效考核。笔者在化隆县教育局搜集到校长选拔任命的一些材料，现归纳如下：根据《化隆县深化农村义务教育体制改革的实施方案》，校长实行公开选拔、平等竞争、择优聘用的任用机制；中小学校长实行任期制，职业技术学校和完全中学校长每届任期原则上为 6 年，其他校长每届任期原则上为 3 年（新任第一年为试用期），可连任，但在同一学校原则上不能超过两届。通过竞聘上岗的校长，平均年龄 38 岁，学历全部大专以上。另外教育局每年年初与各学校签订《化隆县学校教育发展目标责任书》，依据责任书对各个学校进行督导与评估，内容包括行政管理、德育工作、"两基"工作、教学质量、教学过程管理、教学研究、教学设备使用、后勤服务等①。

而学生安全和教育质量向来是校长诸多考核指标中的两座"大山"。近年来不断爆出的学生食品中毒、校车事故和校园伤害等新闻事件，引起了国家对校园安全的高度重视。K 中学也因此加大了监管力度。

K 中学的 A 校长更是感觉压力甚大。他说："一名校长功绩再大都可能因为一起处理不当的学生安全事件而被免职。"

## （一）　A 校长（藏族学校的汉族校长）——"巧妇难为无米之炊"的尴尬

K 中学有三名校长，一名正校长和两名副校长。其中 A 校长是最重要的决策者。A 校长 2005 年来到 K 中学，曾是语文老师，后来由于行政事务繁忙就没有再执教，这一点让他颇为遗憾。

A 校长一直抱有这样的教育理念——"教育从娃娃抓起"，但面对 K 中学基础设施不足带给学生学习、生活各方面的限制，A 校长也是焦急万分，常为此奔走于省教育厅、民宗局和县教育局、民宗局之间。

作为一名汉族校长，对于 K 中学这样一所藏族中学在化隆回族自治县的尴尬境地，他感慨颇深："化隆县是半牧半农贫困县，故 K 中学的学生藏语水平比起牧区学生可能会差点，但是汉语基础可能好点。与甘南、西藏地区比起来，青海化隆的地位特别尴尬，因为既不是少数民族自治地区也不是边疆，所以国家在有些投资力度上还是不及那些地方（民族边疆地区），但化隆县又是贫困县，而且这里的藏族学生也特别多，甚至比有些自治地区还多。这几年，我们学校在快速发展，但是在硬件设施上仍然觉得有很大的问题。"

### 1. 基础设施差，诸多教学抱负难以施展

在访谈中，基础设施不足、硬件设施差始终是 A 校长抱怨最多的一个话题。

---

① 参见化隆县教育局的化隆县义务教育阶段教育质量及课程改革现状调研（内部资料），2010 年 3 月 18 日。

　　K 中学 1000 多人住校，首先对校舍、食堂、开水房等硬件设施就是一个严峻的考验。从 2005 年开始，K 中学学生急剧增加，从四五百人陡增至一千多人，但宿舍楼、食堂等基础设施的投入与建设远远没有赶上学生增长的速度。学校现有教学楼 3 栋、男生宿舍楼只有 3 排小平房，有的宿舍十几个床铺却要容纳 40 多个学生，有的甚至住 50—60 人。女生宿舍只有 1 栋，以前也是平房，2009 年才搬进新建的女生公寓楼。

　　学校只有两个食堂，一个是学生食堂，一个是教师食堂。后来由于学校人数增多，食堂只能容纳六七百人，教师食堂也开始对学生开放。每次下课为了吃饭，学生都得排长长的队伍。所谓的食堂也只不过是一个十分简陋的屋子，三五个师傅，几个卖菜的窗口，然后是四五十平方米的空地，没有任何桌椅。学生排着长长的队伍打完饭后一般只能拿回宿舍，趴在窗台或者蹲在宿舍门口吃饭，每逢下雨天吃饭都成问题。

图 2 - 15、图 2 - 16　学校仅有的两个食堂

　　学校也尽量错开不同年级学生的吃饭时间，比如说初一学生先吃，然后初二学生，最后初三学生。由于学校食堂容纳不了全校学生吃饭，同时加上一些个人选择，很多学生会到校外吃饭。校外饮食卫生安全也成为一个极大的隐患。

图 2 –17　趴在宿舍床上吃饭　　　　图 2 –18　学生在排队打饭

A 校长说，学生到校外吃饭，对于学校的管理带来了很大的挑战，一个是饮食卫生安全，另一个就是一些冲突。由于化隆县是回族自治县，K 中学学生大多是藏族，在外面吃饭时有时候会有一些冲突，譬如谁在外面被哪个饭店老板欺负了，藏族孩子特别讲义气，有时候就会一群人去为同学出头。为此，作为校长压力也很大，不可避免地要和学校周围的一些饭店老板和村民都搞好关系。

2. 引以为傲的军事化管理

封闭化管理和刚性管理也是 A 校长诸多管理方式中的一大"法宝"。

在回族自治县管理偌大一个几乎完全为藏族学生的中学对一般校长而言都是一件很吃力的事情，但 A 校长似乎对自己的管理成效颇为满意。在访谈之余，A 校长也带着笔者参观校园。

学校现有的 3 栋教学楼，一栋最大的是 1985 年建的教学楼，一栋是独立的高三教学楼，再一栋则是教学科研楼。其中 1985 年建的教学楼的大部分教室仍在使用，虽几经翻修但仍旧十分破败，卫生条件也比较恶劣，楼道间常传来刺鼻的恶臭。校长办公室也在这栋教学楼的四层，旁边则是正常的教室，但中间仍有一扇镂空的铁门将校长办公室和教室隔离开。笔者注意到，校长办公室隔壁教室的学生不敢像其他教室的学生那样在楼道里大声嬉戏和喧哗。

学校有两个操场，教学楼正对面有个较小的水泥砌的篮球场，有简单的篮球架和排球场，另一个操场则是一片较大的空地，三三两两的篮球架，一起风便黄土漫天。学校的体育课也主要在这个黄土操场上进行。

新建的女生宿舍楼也是 A 校长介绍的重点。这栋女生宿舍楼自 2004 年开始建，2009 年建好后全校女生才从破旧的小平房都迁到新的公寓楼。比起男生宿舍那一排排小平房，女生宿舍楼的条件优越很多。一个宿舍有 6 张床铺，一般住 12—15 个人，宿舍有 6 个很小的储物柜。

据 A 校长介绍，自他施行了"星级宿舍"评比的管理方案后，学校的宿舍管理取得了良好的成效。所谓的"星级宿舍"评比便是每个教师负责两个学生宿舍的管理，每周都要进行一次宿舍卫生各方面的评比。K 中学设立星级宿舍评比的初衷是为了提高宿舍管理教师的管理水平和工作技能，定位于建设"家庭般的温暖，军营式的标准"的宿舍。但星级宿舍评比的考查结果与教师的年终绩效考核直接挂钩，因此每个教师来学校的第一件事都是到各自管理的宿舍督察卫生，几乎每天都要跑个两三次，而学生也会轮流负责当天的卫生值日。

星级宿舍评比的条例也较为严苛，宿舍卫生、床铺是否整齐，还包括扫帚摆放方向。宿舍本是学生平时生活的场所，有些个人生活用品很正常，但是在 K 中学的女生宿舍中看不到任何鞋或者其他生活用品。后来得知，源于星级评比中要求生活用品摆放不整齐如被发现就会扣分，因此学生的衣服被塞到枕头下，鞋子之类的就塞到小小的储物柜里。而储物柜只有 6 个，一般是两个学生共用一个储物柜。

另外，女生宿舍楼虽是新建但却没有厕所和洗澡间，学生上厕所都需到学校的公共厕所，最近的厕所步行要 5—6 分钟，远的步行则要 10—15 分钟穿越黄土操场才可到达。

同时为了便于女生宿舍管理，晚上熄灯后女生宿舍楼便会关闭大门，因此晚间上厕所学生需先和值班老师请示，再由其陪同或者三两个同学同行。

除了星级宿舍评比，A 校长还实施了"星级班级"和"星级教师"等诸多管理条例，其中很多规则也较为严苛。这种近乎军事化的管理模式也让 K 中学的教师心有怨言却不敢言，但在 A 校长看来，"无规矩不成方圆"，正是他这种军事化的管理风格为 K 中学的发展带来了长足的进步。他对自己的管理成果也颇为得意。

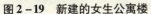

图 2-19　新建的女生公寓楼　　　　图 2-20　"遥远"的厕所

### （二）B 校长——不会藏语的藏族校长

B 校长是藏族人，2006 年 12 月来 K 中学当副校长，之前在青海另一民族地区的学校担任过两年校长职务。B 校长是体育科出身，工作五年后，去青海师范大学进修中文，之后又接连教授初中语文和政治，自从担任校长后就不再授课。

谈及教书和行政的感受，B 校长坦诚更喜欢教书的感觉："经常和学生在一起上课更充实。当校长以后，思想负担更重，事情太多太杂。如果当老师，把课上好，把孩子们教育好，就完事了。当校长以后，学校工作千头万绪，包括学校的教学工作、德育工作、安全工作、住校生的管理，事情太多。"

B 校长主要管理学校政教工作和安全工作。每天早上来校后负责检查卫生、安全以及政教处的日常工作，闲暇时去听课，和教师们进行交流，其他的时间用来上网学习。

1. 学生安全是寄宿制管理最大压力

谈及寄宿制学校的管理，B 校长反映工作太累而且压力很大。这主要的压力便是来自于对学生安全的管理。化隆县对寄宿制学校的要求很严，相关规定和要求都很多，学生的安全问题更是头等大事。上级部门在安全上的要求是学校不能出事。"校园无小事，事事讲安全"，其他干得再好，安全出问题就实行一票否决制，年终考核的时候一票否决。化隆县从教育局到学

101

校、再到学校教师都层层签订了安全目标责任书。

学生安全管理也像座无形的大山压在了 B 校长身上,用他的话说,"有时候甚至难以喘息"。

由于 K 中学办学条件恶劣,相应配套设施不足,校舍也极其紧张,班容量大的班有 60 多个学生,男生一个宿舍达到 80 人,因此在卫生、传染病预防方面难度都很大。2009年"甲流"来袭时更是给学校的管理带来了巨大的考验和挑战。

当时 K 中学采取了许多措施进行消毒和通风。如在学校安装新的水

图 2-21　男生宿舍破旧拥挤不堪

龙头,让学生勤洗手,下课后将学生赶到操场,给各个宿舍买香皂、消毒液,狠抓卫生,还为学生熬制中药。最终没有暴发大面积的疫情,也受到了领导的一致好评。但 B 校长仍有些后怕地说:"化隆县最害怕的也是 K 中学,要是 K 中学出现'甲流'就无法控制。因为这些学生都是住校生,经常在一块,而且校舍这么拥挤。我们采取了很多有力的措施,'甲流'发现了几例,但是没有大面积扩散,否则后果不堪设想。"

除此之外,学生饮食卫生和人身安全的管理也令 B 校长颇为头疼。

学校的食堂只能解决部分学生吃饭问题,大部分学生都在外面餐馆吃饭。由于 K 中学的地理位置偏僻,学生去餐馆吃饭还要穿越马路,这样也使得人身安全存在一定的隐患。为此,学校也经常对学生进行教育,让学生注意安全。"但由于学校毕竟不是职能部门,只能向上级呼吁,让工商部门、卫生监督部门把小餐馆的饮食安全搞好。然后就是道路交通问题,外面的这条马路太窄,经常有大型汽车过往,我们就在路上做了一些警示牌,画了一些警戒线,提醒学生出校门后多留心。"对于这种管理困境,B 校长也表示极为无奈。

**2. 学藏语只为老了会念几句平安经**

B 校长是藏族人,但却从没学过藏语,现在才开始学噶卡(藏语字母的

意思）。而他学噶卡的目的就是为了老了以后会念几句平安经。"人老了内心空虚，去寺院磕头念经可能充实一点，现在不学以后更吃力了。还有青海藏语台下面的文字我也不知道是什么意思，这个就是我没学藏语的苦处，只要能念就行。"

另一位副校长 C 调入 K 中学才数月，对 K 中学管理运行还在熟悉中，故笔者不再详细描述。但这里不得不提另一个重要角色 J 老师。他是 K 中学的团委书记，主要承担着学校各种文艺活动的组织和开展。K 中学是一所几乎 99% 的学生为藏族的学校，因此对于藏族文化的体现与传承工作也由这个 J 老师全面负责。

### （三）"假老爹"：K 中学的民族文化护航者

被学生亲切地称为"假老爹"的 J 老师，除了担任团委书记的职位外，也教授高中思想政治课。他毕业于青海师专，被分到化隆县一中，在那工作了 10 年后辗转调动，最后来到了 K 中学。

#### 1. 积极活跃的文艺分子

作为 K 中学的团委书记，J 老师一直积极组织和开展各种文艺活动，深受学生喜欢。学校大大小小的典礼、联系活动都由他来策划执行，文化体育艺术节更是他引以为傲的一个活动。

文化体育艺术节是 K 中学一道亮丽的风景线，也颇受全校师生喜爱。

文化艺术节一般在每年的 4 月举行，十分隆重，内容也十分丰富，有开幕式、领导讲话、文艺演出、班级展板、十佳歌手比赛、小品大赛、普通话演讲比赛、2—3 天的田径运动会、闭幕式和颁奖仪式等，每年活动都持续一周。

图 2-22　文化体育艺术节上的藏舞

图 2-23　文化体育艺术节上的蒙古舞蹈　　图 2-24　文化体育艺术节上的街舞

　　"假老爹"告诉笔者，这一周 K 中学都热闹得不得了，通过这一周的活动，学生似乎都忘记了对学校的不满，个性都得到完全的释放和发展。从文化体育艺术节上也走出了很多特别有才艺的学生，后被推荐至县级或省级的文艺晚会上表演。

　　而已经如火如荼开展了七届的文化体育艺术节，最初的雏形只是五四青年节学生入团宣誓时各班的文艺节目比赛。化隆县教育局要求每所学校每年要举办一两次大型的文艺活动。后 A 校长调至 K 中学后，将这个小型的文艺活动上升为一个大型的文化艺术节，从内容形式和覆盖面上都有所改变，也让更多的学生参与进来。

　　学校师生对于文化体育艺术节也相当重视，有时候班主任也会挪出上课的部分时间让学生排练节目，有的教师还会指导学生排练。

　　但"假老爹"告诉笔者，文化体育艺术节刚启动时很多教师并不理解，甚至埋怨，说风凉话，但随着后来几届产生影响后，现在大多数教师都认为这些活动很有意义。因为他们都深刻感受到学生对这些活动的"疯狂迷恋"。学生从假期就开始策划这个活动，在文化体育艺术节那一周学生打架也没有了，上网也没有了，翻墙也没有了，什么干"坏事"的都没有了。这周班主任老师、任课老师都很忙没时间管学生了，但是学生更忙，都忙着参加各种活动，这样学校反而呈现出前所未有的和谐气氛。

　　2. 学校领导与教师之间的传声筒

　　除了是积极活跃的文艺分子外，"假老爹"还扮演着一个重要的角色，那就是作为 K 中学学校领导与教师之间的传声筒和润滑剂。"假老爹"与 A 校长在来 K 中学前就已经共事过，B 校长是"假老爹"的学生，K 中学的大部分教师也都曾受过他的教导。这样一个特殊的身份，加上他好打抱不平的个性，因此他经常站在教师的角度给校领导提意见。

"假老爹"已经在 K 中学当了 20 多年的教师，他还想继续干下去，直到干不动为止。"假老爹"的妻子和孩子都在西宁住，他自己在化隆县也有房子，但离学校有点远，因此他又特意在学校附近租了一间房子以便于上班。他之所以不想调走，是觉得自己和这些藏族小孩慢慢有了感情，已经适应了，不想离开这些"娃娃们"。在他眼里这些学生比普通学校的学生更朴实和率真，不会耍心眼，也很尊敬老师，很少和老师顶撞。

当问及 K 中学和普通中学的区别时，"假老爹"认为由于普通学校所处的地理位置的优势，他们学生的学习成绩更好。他们都住在县城或者县城周围的村子里，所受的社会教育、家庭教育和学校教育都比 K 中学好，K 中学学生的家庭教育和学校教育完全脱节，没有家庭教育和社会教育，完全都交给学校教育了。家长想了解学校学生的学习情况，但是什么也了解不上。另外 K 中学的学生都是山区的孩子，小学教育也不好，还存在语言上的障碍。

另外对于民族文化，"假老爹"也有他自己的一番见解。他将中华文化和巴比伦文明、古罗马文明对比，认为中华文化之所以能保存下来，和中国人传统的宽大的包容性有关系，能吸收外来文化的精华。如藏族的医学、唐卡和歌舞都被保留下来，这也都是文化。

## 二、K 中学教师现状素描——寄宿制学校的教师是弱势群体

在 K 中学这样一所全县唯一的寄宿制双语学校当教师，并不是件容易的事。由于师资短缺，这里的教师除了要承担繁重的教学任务外，还要承担寄宿制管理和生活方面的工作。一个普通老师至少要带两个班的课，还要负责管理两个学生宿舍，另外一学期有一次两周的值班，一直持续 14 天，住在学校教师值班室，以便处理寄宿制学校的一些突发事件。因此用校长的话

来说："寄宿制学校教师的工作量相当于非寄宿制学校的三倍甚至是四倍，可以说我们的老师都是超负荷工作的。"学校没有专门的教师宿舍，很多教师都住在县城，还有的在外面租房子。

## （一）教学任务与宿舍管理并举，教师超负荷工作

在一次团体访谈中笔者意外了解到，寄宿制对 K 中学的教师影响很大，学校管理方面的一些做法也让部分教师心中颇感压力和埋怨，其中宿舍管理就让他们相当"头疼"。

学校在相关文件中如此要求：各宿舍每月的宿舍成绩将作为评价宿舍管理教师工作成绩的标准，也作为期末评五佳宿舍管理员的标准。

而且教师还要轮流值班，在 K 中学的《化隆县 K 中学领导带班、教师值班职责及要求》中对教师值班职责的要求也近乎"苛刻"，现摘录其中部分条款。

1. 每组每周轮流一次，值班教师要全天候24小时不间断值班，切实加强安全防范工作。

2. 值班教师在值班期间必须住校，检查住校安全、就寝和早操情况并做好详细记录。

......

6. 按时交班，未经学校同意不得擅自离岗、调班或委托代岗。若擅离职守发生重大问题，值班教师负完全责任，并追究相关责任。

7. 值班教师本着求真务实的原则，对住校生的安全引起高度重视，切实实行夜间巡查和夜间点名制度，重大问题请示值班领导制度，实行谁值班谁负责。

繁重和琐碎的管理方面的任务，十分分散教师的精力，再加上教学任务，因此很多教师忙学校的事情，自己家的事情都顾不上。有一位年轻的女教师小孩才两三岁，但平时根本没有时间和精力照顾，只好交给家里的其他亲人照看，以至于孩子对她都有点生疏了。作为母亲，这点让她感到特别的难受和无奈。

### （二）班主任成心理重灾人群——压力大待遇差

在 K 中学当班主任绝对是个苦差事，除了正常教学任务和宿舍管理任务外，班主任要负责学生工作的方方面面。学校给班主任施加的压力极大。K 中学有个特色就是有一系列的协议书，有学校和宿舍管理员协议书，有值班安全责任书，当然还有《化隆县 K 中学班主任安全工作责任书》，其中具体要求如下。

为了确保学生在校期间的人身安全，严格责任界限，根据学校有关安全教育意见，结合本校实际，特与各班班主任签订化隆 K 中学安全责任书，协议如下。

1. 班主任是班级的管理者、组织者也是班级安全工作的第一责任人，班主任负责组织本班班干部、团支部等，建立安全小组，负责本班的安全工作，严防安全事故的发生。

……

4. 班主任要教育学生遵守学校各项规章制度，按时到校，按时就寝，按时回家，防止意外事故的发生。特别要加强对学生的交通安全教育，每周填写好《化隆县 K 中学学生回家、返校登记表》。

6. 建立事故报告制度，对本班学生出现的安全事故，班主任要第一时间上报学校领导，并要形成书面报告，对学生旷课出走和失踪，班主任必须了解清楚，及时通知监护人。重大伤亡事故的要在第一时间向校领导汇报。

……

9. 班主任要密切注意学生的异常行为及去向，杜绝本班学生利用课余时间、双休日、节假日私自外出（如外出游泳、郊游、进入三厅两室一网吧），发现情况及时进行批评教育并报学校，防止意外事故发生，否则责任由班主任承担。

10. 学生一律要求住校，无视学校要求，未经家长同意私自在外住宿的所发生的一切安全事故由班主任承担全部责任。

……

12. 对玩忽职守，敷衍塞责，工作不到位失职、渎职等行为要追究班主任责任，实行责任追究制，发生重大安全事故的年终评优考核实行一票否决制。

D 教师是 K 中学的藏族老师，从教十多年，现担任某班班主任，他笑着说在 K 中学，教师的主要角色有教师、管理员、警察、保姆多重身份。班主任的负担很重，学生安全方面的压力很大，学生不能逃课，不能抽烟喝酒。谈到寄宿制对教师的影响时，他认为教师是弱势群体，只能是服从，任劳任怨，他如是说：

"教师们对学生的财产、逃课、思想、政治教育等方方面面都要管。教师要 24 小时开机，有问题要第一时间赶到现场来处理问题。但是每个学生的家庭环境不同，学生对各种事情的看法不同，社会环境对每个孩子的影响不同，这也都要由班主任来负责。省里有政策文件说：班主任要比普通的代课老师的课时量少一半。但我们学校就没有执行相关的政策。教师是弱势群体，教师只能是服从，任劳任怨，不去和校长反映任何情况，反映的问题越多，受伤的越是自己。任何问题不是老师的问题，都是学校领导的问题。"

班主任除了要承受校领导施加的压力外，学生方面的琐碎事情都要处理。例如谁的凳子坏了，谁和谁吵架了，学生生病给买药，借钱给学生回家……

班主任和学生接触最多，因此在和学生访谈中谈及最喜欢的教师时，大部分学生都回答是"班主任"。一开始笔者还不大能理解，随着对 K 中学的熟悉以及教师访谈和学生访谈的深入，笔者开始能够理解班主任和学生之间这种深厚的感情了。

学生们受委屈或者受欺负了，也会选择第一时间去找班主任。一位刚当班主任不久的 Y 老师和笔者讲起她与学生之间的故事。

昨天早上，一个个子小、学习差的学生流泪跟我说："××同学脱我帽子，欺负我。"

我就和他说，同学之间现在是玩，不能当真，男孩子不能轻易流眼泪。又跟另一个男生说："学生之间不能打仗（架）。"然后他们就好了。有时候学生没车费、路费都是班主任帮垫。

在 K 中学几乎所有学生都寄宿，因此学生生病也是很多教师遇到的难题。一般学生生病的话，首先由值班教师负责，联系班主任，联系好了就交给班主任让他带到附近的卫生所看病，严重的话把家长叫过来让家长带孩子回家。但 K 中学很多学生的家住在十分偏远的山区，由于交通不便，有时候家长要一两天才能赶到学校。

因此一般学生都先由班主任负责照顾以及垫付看病费用。另外有时候学生回家没有路费了，也是班主任垫付。所以每次周五放假时，班主任都会换一大笔零钱给那些没有钱的学生当路费。

几乎每个班主任都给学生垫过钱，有的后来学生还了，有的可能家庭困难也就算了。

D 老师告诉笔者，有一次，他班的一个女同学生病，他把家里的 6 岁女儿哄睡，然后去医院看望，陪到凌晨 2 点多，并为其垫付医药费 160 多元。

另一位 E 教师大学毕业后就来到了 K 中学，也曾多次担任班主任。在 K 中学当班主任并没有太多的额外补贴，只有基础津贴和考核津贴，每个月才 60 多元。

同班主任所承担的繁重甚至超负荷的工作量而言，班主任津贴显得微不足道。

当 K 中学的班主任特累啊，真的，寄宿制学校跟其他学校不一样，班主任就像学生的父母亲一样，什么都要管的，班主任补贴也少，去年一个学期班主任补贴才几块钱，一个学期就几块钱。以前说的是班主任补贴按每个学生每个月 1 块钱，这样的话每个月能有个 60 块钱左右，这样只发了一个月，当时学校答应补发，但是后来就没有了。为什么没有了，谁都说不上，跟校长也提过，但是学校也没钱。上面拨款的是按照原来 400 多学生的人数拨款，现在都 1400 多个学生了，这样的话，班主任津贴下来了分的话，每人就很少了呗，一个学生可能就是几分钱了，一个学期下来也就是几块钱。

——K 中学一位藏族教师的访谈

当了多年的班主任，E 教师多次和学校申请，今年终于可以休息不当班主任了。E 教师感觉自己现在轻松多了，心情也好了。同事也跟他开玩笑说，"今年你脸上怎么天天带微笑，以前都是绷得紧紧的"。他解释说，以前是学生都住宿压力大，班主任的会议也多。班主任工作量大，出了问题就挨骂。另外开会常会耽误两三节课，课程受影响，领导又会责骂，情绪和教学都极其受影响。

## （三）寄宿制学校师生间的语言交流障碍带来教学困境

K 中学主要承担着全县双语教育的重担和藏民族文化传承的重任。但 K 中学的教师民族成分较为复杂，据 2006 年 K 中学的教师情况资料得知，有藏族、回族、汉族、撒拉族和土族共 58 人，其中藏族教师 16 人，仅占教师总人数的 28%。虽然近几年教师人数急剧增长，但是藏族教师的引进仍旧十分缓慢，难以满足这所藏族学校的应有的双语教师师生比。

而语言的障碍将直接影响师生间的日常交流，继而导致情感上的疏远，这点在 K 中学也表现得较为明显。

K 中学的学生大多是藏族，课下学生之间也经常用藏语交流，但 K 中学除了藏语文老师用藏语上课外，其他教师都是用普通话授课。笔者在 K 中学用问卷形式对"能否听懂教师讲课"作了调查（见图 2-25）。

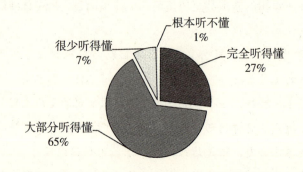

图 2-25　能否听懂教师讲课

问卷数据显示，仅有 27% 的学生"能完全听得懂"教师讲课，约 65% 的学生"大部分听得懂"教师讲课，而有 7% 的学生"很少听得懂"教师讲课。因语言所带来的沟通和交流的不便也无疑会给教师的教学带来挑战。在平时的交流中，藏族学生和一些不懂藏语的教师之间交流也有些困难。一位 L 教师和笔者讲起发生在她身边的一件事。

"下课学生一般用藏语交流，初一第一学期特难教。学生讲藏语，一些任课老师都不懂藏语，有时候很麻烦。很多事情都让懂藏语的老师来翻译，给家长打电话也让懂藏语的老师来说。"

对于语言交流的障碍所带来的学生的管理不便，一位藏族教师讲起了他的一些感受："现在学生的岁数也都越来越小了，离开父母亲肯定受影响，学生对懂藏语的老师比较亲近一些，对不懂藏语的老师比较排斥一些，尤其是年级小一点的学生。原因是这里学生的汉语水平差，汉语表达有限，一开始来的时候沟通有困难，老师问的答不上，学生有什么事也不说。学校有要求说爱护学生什么的，但是有些老师做不到，因为学生不懂汉语，老师不懂藏语，交流方面有很大的障碍。有些能跟学生交流的老师就能跟学生打成一片，但是有些老师还是不行，交流不了。学生也跟他交流不了，有什么事儿也不跟他说。"

### （四）教师管理缺乏人文关怀，教师发展诉求与情感需求受忽视

在 K 中学，除了烦琐的宿舍管理制度让教师们埋怨不已外，学校对教师职业发展和情感关怀方面的忽视也让这些教师颇为失望和受伤。

在民族地区教书，除了要应付恶劣的环境气候和艰苦的教学条件外，对于新的教学理念和教学方法的"可望而不可即"也时刻困扰着这些教师。他们迫切需要学校给予一些机会和支持，能够让他们的职业生涯得到源源不断的知识更新与长足发展。但在 K 中学的教师培训现状远远背离教师职业发展上的心理诉求。

K 中学大部分教师获得培训的机会仍旧很少，没有参加过任何培训的教师比例已超过 50%（见图 2 - 26），教师参加省级、国家级培训的机会更是少之又少。

但从笔者对 K 中学的教师访谈中得知，大部分教师的培训需求都相当强烈，大多希望可以获得教学方法和专业知识方面的培训。

一位英语教师希望可以获得更多关于专业方面的培训（见图 2 - 26），如英语口语方面以及教师专业素质方面的。一位生物教师则希望可以获得专业培训，来更新知识和教学方式。也有教师表示希望可以获得更多关于

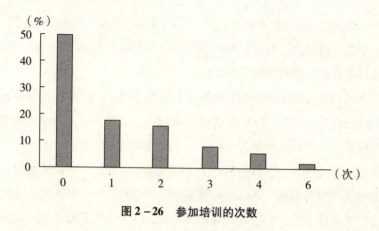

图 2－26　参加培训的次数

新课改方面的培训，如新课改教学理念和教学技术等。一位担任班主任的教师希望可以参加一些班主任工作方面的培训。

　　相比之下，Y 教师参加的培训还算多，曾参加过一次国家级和几次省级的培训。作为一位物理教师，她抱怨道，由于 K 中学的基础设施不足，一些用于化学、物理实验的基本仪器和设备都没有，给理化教师的教学带来极大的挑战，很多化学反应和物理实验都无法展示，但只是口头讲解又十分乏味、有限。她表示曾参加的西宁十七中的一次实验培训对自己影响很大，也希望可以获得更多关于物理教学方法和教学实验方面的培训。

　　在 K 中学，像 Y 教师这样能走出化隆参加国家级培训的教师并不多，很多教师连去参加青海省培训的机会都很少。更多的只是参加县里的一些培训，或者是一些青海师大和民院的专家教授来 K 中学讲座，或者是类似的二次培训的机会。

　　当笔者问及 K 中学选拔教师参加培训的标准时，F 主任告诉我们，学校推荐标准主要是按照专业、资历和教学成绩。但当笔者问教师是否清楚选拔教师参加培训的标准时，大部分教师表示"不清楚"，"没有标准，主要是领导说了算，领导让谁去谁就去"。

　　另外培训费用对于 K 中学的教师而言也是一个棘手的问题。有时候相对多的培训费用让教师们很有负担，尤其是参加国家级、省级的培训，大多数教师希望可以由学校承担部分培训费用。

　　K 中学提供给教师自身学习和发展的教学资料也比较匮乏，很多教学参考资料都要自己花钱购买。没有专门的电脑，上网查资料只能去微机室，有时还会出现和学生抢电脑的尴尬局面。

　　由于艰苦的基础设施条件和校长军事化的管理风格，K 中学的教师均反映自己在超负荷运转。K 中学没有专门的生活教师，所有教师都得身兼教学和宿舍管理工作，而且学校还制定一系列严苛的评价考核制度，事事都与教师绩效考核挂钩。

　　Z 老师对学校的诸多制度有意见，但依旧是敢怒而不敢言。他向笔者讲述了他的一些看法。

　　学校评价制度太多了，比如在一学期里，看有没有请假、作业量、备课、宿舍管理得怎么样等来评。综合下来，好的加分，不好的扣分。我觉得这个学校最不好的一点就是，既然我们都是教师，学生的水平就是我们最好的证明，但是一学期下来，不太管教学水平，学生的成绩。原来有一个跟我一起来的教师，在原来的学校一直都是骨干教师，在这个学校她不太习惯而调走了。那个教师在本校带了一个最差的班，后来这个班的成绩是最好的，但是最后她的考核最低，因为考核不单是按照教学成绩来考核的，我们一学期的教师考核制度有一个大的表格，内容多了去了，满分是100 分。根据这个加分或减分，那个教师在一学期下来分数只有70 多分，因为那个教师一般不签到，觉得反正人在这里就行了，还有就是有时候不备课，备课的次数少。

　　这个访谈中教师所提及的教师考核量表，涉及教学任务、宿舍管理、班主任职责、批改工作、学生安全等数十项细则。从收集到的 K 中学的文件中，笔者发现，K 中学有个特色就是有一系列的协议书和目标责任书，有《班主任目标责任书》《初三年级教学质量目标责任书》《K 中学教学常规管理要求》《加强高三补习班班级管理协议书》，等等。

　　关于 K 中学的教师评价奖惩制度和工资待遇，部分老师对此也颇有怨言。一位教师如是说：

　　我们学校的教师评价奖惩制度和最后一个月的工资挂钩，就是第十三个月的工资，80 分以上你就可以拿全部工资，80 分以下的扣工资，80 分以上是工作合格了，80 分以下的扣工资每 1 分扣 5 元，最少的是 63 分，扣 600 多元。正式教师工资待遇主要按照学历、职称来定。我是中二职称，工资是 2200 元。本校的平均工资大概是 1800—1900 元。

因为 K 中学没有教师宿舍和教师食堂，而且 K 中学位置偏僻，距离省会西宁 110 千米，距离化隆县约 3 千米。很多教师家在西宁，但西宁与化隆路途遥远，因此教师只有在化隆县租房，周末才能回西宁与家人团聚，有时候恰逢宿舍管理轮流值班，甚至周末和节假日也难以抽出时间与家人共聚。而且烦琐的宿舍管理任务十分分散教师的精力，很多教师忙学校的事情难以兼顾家里的事情，也对自身家庭的和谐造成极大的隐患。

### （五）寄宿制学校教师的喜与忧

虽然在 K 中学当教师的压力很大，但寄宿制学校由于和学生相处的时间很多，师生之间的感情也十分深厚，最累的班主任也是在学生中最受欢迎的老师。

一位教师向我们谈起她的一些见闻和感受：

有些班主任原来带高一，调至初一。高一学生给班主任送日记本，写着很多和班主任发生的事。有的班主任病了，学生凑钱去家里看老师。我原来当任课教师，生完小孩时，学生来医院看我，拎着鸡蛋。学生考到大学也经常托其他老师向我问好。藏族的学生虽然有的学习不好，但特别重感情，很真诚。

班主任的职位让 E 教师十分头疼，有阵子甚至压力大得想换份工作。但问到对这个学校的留恋时，E 教师表示还是舍不得这里的学生，他如是说："我们的学生真的特别淳朴，家长也都很好。他们毕业了以后也经常给我打电话，学生都不叫我老师，叫我哥哥。都对我很关心，经常回来看我。"

在 K 中学当教师是"痛并快乐着"，很多教师都反映尽管在这里工作量和压力大得让人喘不过气，但这里的学生也给他们带来很多的感动和快乐。

藏族学生对人热情有礼貌，见到你就会和你说老师好。劳动特踏实，打扫很快，不怕脏不怕累。还有去上课时，他们会主动抬凳子让你过来坐。

——K 中学一位汉族教师的访谈内容

## 三、K 中学学生现状素描——寄宿制学校的挑战无处不在

为了比较全面地了解 K 中学学生的寄宿制生活，在访谈前笔者常会让学生先填这样一张表：

| 何时 | 做什么 | 在哪里 | 和谁一起做 | 谁决定你这么做 |
|---|---|---|---|---|
| 早上 | 1. 洗漱<br>2. 上早操<br>3. 吃饭<br>4. 背书 | 宿舍<br>操场<br>宿舍<br>教室 | 舍友<br>全校学生<br>舍友<br>同学 | 自己认为应这么做<br>班主任嘱咐<br>自己认为应这么做<br>自己认为应这么做 |
| 中午 | 1. 吃饭<br>2. 回教室<br>3. 看书、玩 | 宿舍<br>校园<br>教室 | 舍友<br>朋友<br>同学 | 自己认为应这么做<br>自己认为应这么做<br>自己不愿看书就玩<br>不愿玩就看书 |
| 下午 | 1. 打饭打水<br>2. 吃饭<br>3. 上厕所 | 宿舍、水房<br>宿舍<br>厕所 | 舍友<br>舍友<br>朋友 | 自己认为必须做<br>自己认为必须做<br>已经习惯了 |
| 晚上 | 1. 上厕所<br>2. 睡觉 | 厕所<br>宿舍 | 朋友<br>舍友 | 已经习惯了<br>如果不早点睡就不会早点醒，上不了早操就会受班主任的批评 |

访谈情况摘录如下：

1. 你每天最想做的事是什么呢？为什么？

除了看书之外，还想帮助别人，因为这样，我心里才觉得今天的日子有趣。

2. 你每天最讨厌做的事情是什么呢？为什么？

在楼道里大声喊叫，因为这会使我无心学习，也想和他们玩。

3. 你以后最想做的是什么呢？最讨厌做的是什么呢？

最想做的是帮助贫困的学生，给他们传授更多的知识，希望我成为一名教师，最不想做的是陷害他人。

4. 你希望自己的生活和学习有哪些改变呢？

生活：床前有个小闹钟，每天催我起床。

宿舍里面有一个小小的厕所，那么以后就不会那么麻烦了。

自己有一个小房子，成为自己的天地。

自己有很多朋友，因为出门靠朋友嘛。

没有太多的烦恼和事情来劳累我的身心。

学习：我希望我的学习成绩更上一层楼，以最优异的成绩向父母回报他们对我的爱，希望我的生活过得幸福，没有更多的悲伤，更多的痛苦。


结合表和访谈情况，笔者获得很多信息。艰苦的住宿环境，简陋的体育设施，差强人意的卫生环境，相关医疗设施和生活心理教师的缺失以及时有发生的断水困难，给学生带来了诸多挑战。

**挑战一：艰苦的寄宿条件——寄宿制的冬天极其难熬**

化隆县恶劣的气候在青海省是十分出名的，海拔高，春天很短，冬天极其漫长，常常到了五六月份，山脉还是一层厚厚的积雪，温度低至几度，室内还需要生炉子取暖。由于 K 中学的住宿和卫生条件都十分艰苦，对于这里寄宿的学生而言，冬天也变得极其难熬。

2009 年"甲流"盛行，K 中学的师生也都人心惶惶。担任班主任的 C 老师讲起了当时的情形。

2009 年化隆县的冬天很冷，去年 9 月，女生才搬到楼上的宿舍里面，"甲流"来的时候，学生有 10 多个，甚至 20 多个病倒；头痛、感冒的孩子，要马上通知班主任，班主任通知家长要把学生接回家，学校的宿舍不让他们住。要是下雪天，路不好走，家长赶来学校要两天的时间，最远的距离学校有 100 多千米，他们只能骑摩托车或（自行车）到达公交站点。学校没有专门的生活老师，老师没有时间陪孩子，怕在学校休息的时候发生什么意外，所以要学生马上回家。老师也没有宿舍，也没有房子，所以也不能留学生在自己的家里住两天。爱孩子，完全凭自己的良心和责任。

虽然化隆县的冬天很冷，但由于经费和管理等多方面的原因，K中学的男生和女生宿舍都没有暖气设备，特别冷的时候，大部分学生就在瓶子里灌点开水取暖，瓶子就是喝完饮料的塑料瓶。

**挑战二：封闭化管理——业余生活单调枯燥**

K中学地处郊区，四处都是高高的围墙，校门也很少打开，上课时间一般都是关闭的，只有中午或者下午午休时旁边的侧门才会打开让师生出入。用校领导的话说，这样是为了保障学生的安全，一方面避免学生晚上出入，另一方面也可限制外面社会青年来学校挑衅滋事。

每天晚上至少有8名校领导和教师进行分区管理，按时清点宿舍学生人数和检查学生是否熄灯睡觉，但据教师反映有些学生还是会偷偷翻围墙跑到外面去上网，面对这样的情况他们也显得有些无奈。

学生每天"三点一线"的生活，晚上回到宿舍往往是他们最快乐的时候，同学们互相聊聊白天有趣的事，有的女生宿舍学生还会一起听歌、唱歌。

回宿舍洗漱，10点钟熄灯，一般熄灯后的十分钟或二十分钟里我们宿舍的人一起聊天或听音乐，聊班级的事儿，听同学手机上的歌（宿舍三个女孩有手机，在外面充电需要5毛钱，宿舍不能充电），聊着聊着，听着听着，就睡着了。

——K中学一学生的访谈

F教师认为这种封闭式的管理对学生不好，过于严厉的规章制度让学生有逆反心理，学生有时候大声喊叫或砸门。但其实这并不是学生的问题，学校没有专门的心理老师，没人辅导学生的心理。她也提出学校应该出一些财力，每周让学生看电影或者播放中央电视台新闻，或者组织讲座和一些娱乐活动，这样学生们也许就不往外跑了。

**挑战三：寄宿制使交通成本高——回家成为一件奢侈的事**

在寄宿制学校，想家是学生们普遍遇到的一个问题。有些学生年纪小，刚来时不适应学校，在学校吃不饱时，常会想念父母，想念父母做的菜。对于很多贫穷的山区学生来说，因为昂贵的车费，回家也成为一件奢侈的事情。A同学便是这样一个例子。

我有的时候两个星期回一次家，有的时候一个星期回一次。……我爸爸去挖虫草，妈妈在家里干活，所以她比较累，我也心疼妈妈，一次回家车费也要十块钱。

有时候在学校和同学发生争执打架时，他也会特别希望身边有父亲、哥哥们，这样自己就不会被欺负了。但他在学校打架的事从来不会跟家里人说。

有时候回到家里，脖子这里皮破了，妈妈就问我这是干什么了，我没说打架了，没说跟谁打架了。我都不说，妈妈就问是不是打架了，跟谁打架了，生气地问我。我就说，我也不知道。我不愿意妈妈知道。班主任知道以后，就对我们俩同样地打了一下，给他打一下，给我打了一下。跟我们说以后不要打架了。但我们问他，你觉得这样公平吗？他说没想过公平不公平，反正给他俩每人一巴掌就是公平。

每次心情不好时，A 同学就自己用手砸墙。因为没有朋友，有时候书本丢了，他也会这样打两下。他说"打两下就没事了"。他告诉笔者他曾做过这样的梦：

坐着车打架，一大帮人把车拦住了。给家里打电话，家里无人接听，我特别着急，猛地就醒来了。大概是一点两点，害怕，然后站了一下就没事了，就忘掉了。第二天我就跟同学们说，他们说那样的事情也有。我也不知道有没有。

有时候特别想家的时候，他就会给家里打电话，每次打完电话以后就特别高兴。但他说，一般打电话打两分钟，一个星期最多打两次，一次最多花 6 毛钱。

**挑战四：集中营化管理，各种心理困扰无处可诉**

笔者从 K 中学的调研信息得知，K 中学寄宿制学生的心理状况堪忧。具体表现为：不适应寄宿制生活，厌学想家，宿舍同伴之间的关系复杂，家里遭逢变故心理创伤大，语言文化障碍等。

有一个 17 岁念初三的藏族女孩，由于接连三年三位至亲相继因病去世，心理遭遇了巨大创伤，"在现在班级，我觉得孤单，学习压力大。前几天和朋友闹矛盾，她扔下我。想起哥哥那些事情，我就非常难过、紧张。没有人说心里话。"当笔者问及,对于家中遭遇的变故,学校校长和老师知道吗?她告诉我,都不知道,只有自己最好的朋友知道。但最好的朋友也不理她,她觉得心里很难受,没有人可以倾诉也没有人安慰,就老想回家。

在 K 中学遇到什么心理困扰或者烦恼,大多学生一般都是找自己的好朋友倾诉,很少有学生去找教师寻求安慰和指导。

宿舍关系复杂也是寄宿制学校让很多学生都十分头疼的问题。由于生源地不同,在 K 中学也会因为各自的家乡不同而形成明显的派别,从对众多学生的访谈中,笔者得知最大的两个"帮派"是"金源派"和"塔加派"。这种帮派之争尤其在男生之间表现更为明显,譬如宿舍空间的争夺、学校运动场地、篮球的占有甚至因为偶尔不服气的眼神也可能会招致一些莫名其妙的拳头。谈到宿舍矛盾时,一个男生告诉笔者:"说不到一块就动动手,拿个铁棍吓唬,有时也打。"这种孤单和挨打的滋味让他不想在 K 中学继续生活。

有时候也有高年级学生欺负低年级学生的情况出现,"天使帮"就是一个由 12 个高二女生组成的帮派。

当问到"天使帮"的"恶习"时,一个藏族女孩如是告诉笔者:

比如说上课睡觉,"天使帮"的一个人上课睡觉,然后和同桌说老师来的话把她叫醒,同学(如果)忘了,她下课就打那个同学,一般两三个一起打,用腿踢。其他同学看见了不管,因为她们特厉害。有一次有一个女生,"天使帮"说偷了她们东西,她说没偷,然后晚上她自己独自走时,"天使帮"就打她,把她眼睛、脸都打得青肿。老师知道,把好几个"天使帮"的人开除了,但她们还是跟以前一样。大家都怕她们,她们找不服气的人麻烦。

## 四、家长现状素描

除了学校系统中的校长、教师和学生是本次研究的主体外,为了更全面客观地了解 K 中学寄宿制学校管理现状,笔者还特意将另一相关利益群体——家长也纳入研究中。毕竟对于一个学生的健康成长，学校教育和家庭教育往往是息息相关的，学校教师和家长间的互动是否积极、家长对学校教育的期望和观念也在一定程度上影响着学校的管理成效。

在对教师的访谈中，部分教师抱怨学生家长不重视教育，不关心孩子，有的家长把孩子送到学校后一次家长会都没来参加过。对于这样一个信息笔者开始有点误解，以为藏族父母不重视教育。可随着访谈的深入和真正进入社区做家长访谈时，笔者纠正了这样的误解。

### （一）家长会的背后

F 老师给笔者讲起她的经历：

有一回一个学生闯祸，我叫家长来，见到家长后本来是想骂一顿的，但是看到家长训斥孩子，用藏语骂自己孩子时，我差点眼泪都流出来了。家长觉得孩子不争气，就自己哭出来了。

从这件事她了解到藏族家长对孩子教育的重视，他们希望孩子们能考上大学，不要像自己（家长）一样干苦活。

对于家长会，多次担任班主任的 E 老师也感触颇深：

当班主任的时候和家长天天有联系，我也主动开过几次家长会，家长也比较怕我，有的时候生气了我就当着学生的面骂家长，学生家长都特别好，都特别支持我的工作。学生家长来一次也不容易，离这里也都远，都在农村，平时也都干活，他们来了都对我很好，我就反映一些学生的情况，学生家长都说，孩子的事全靠你了，孩子将来什么样只能全靠你了。

### （二）"你的任务就是认字儿，就是学习，你的任务不是活儿"

很多藏族家庭的经济收入主要来自种田和挖虫草，挖虫草季节过后一般家中年轻的劳动力去打工。但即便如此，经济收入仍很少，大多收入是靠挖虫草，但"挖得上就有收入，挖不上就没有收入"，52 岁的藏族老爹如是说：

一年没有什么收入。再就是虫草，挖得上的话，就有点收入，挖不上就没有收入，去年小孩的爸爸妈妈去果洛挖虫草，别说什么收入，还交了地皮费，草山费6000元，还贴了12000元的地皮费，一个也没挖上。当地的民兵就追着他们跑，根本不让挖，追到这，追到那，追来追去，最后追也追罢了，药也瘪了。还有来去的车费，那些钱就白白贴了。

老爹家里八十高龄的母亲患上了肠梗阻，从去年起一直在求医治病，开刀以后还未痊愈。由于家庭困难，现如今只有老三在K中学继续上学，老爹也特别想一直供她（丫头）上大学。

老爹告诉笔者，丫头在学校成绩很好，也特别懂事。丫头在学校常常省吃俭用，为了省钱很少从学校食堂打饭，平时就啃从家里带来的馍馍。

我就一星期做好几个馍馍，从班车上带下去，就这么几个馍馍带下去，我得给班车司机五块钱，要不然他不捎。我给他五块钱，说你在K中停一下，我的丫头在那等着，他才捎，要不然不捎。我每个星期都带一次，每个星期五块钱。

有时候丫头为了省钱不回家。这个学期她开学以后回来了一趟。父母打电话让她回时，她就说，回来一趟15块钱，回去15块钱，就要30块钱。30块钱，她不回来的话，在学校能吃一阵。

每次回到家，丫头就会帮着家人干活，周五回家，周六就去拔草。考虑到她周日下午有课，老爹让她早上就回学校。可丫头总是尽量多帮他们干活。

那天她给班主任打电话请了假，想在家拔草。没想到那天就下雨了，她就说早知道下雨就回学校了，还耽误了课。她很愿意干活，我都不让她干。我说，你去看书，你的任务不是活儿，你的任务就是认字儿，这一辈子你的任务就是认字儿，不是活儿，你考不上学的话，你会当老百姓吗？你不会当老百姓！你也不会拔草，你也不会割田。你的任务就是认字儿，就是学习，你的任务不是活儿。

# 第二章 青海省民族地区寄宿制学校
# 管理影响因素分析

从前面章节对 K 中学学校管理者、教师、学生和家长这些相关利益人群的现状素描，我们可以大致了解这所寄宿制中学的学校管理状况。

学校的好坏往往取决于学校的管理层，而在寄宿制学校，校长更是决定寄宿制学校管理成败的关键人物。根据从 K 中学收集的各种信息可以看出，A 校长便是这样一个灵魂人物，从他的介绍和学校近几年的发展来看，K 中学确实有了显著的进步与提高，但他的领导风格和管理模式也一直让笔者困惑，难道寄宿制学校就应该要封闭化管理、军事化管理吗？到底 A 校长仅仅只是个个案还是中国很多个校长的缩影呢？到底 K 中学的寄宿制管理仅仅只是中国寄宿制学校的一个个案还是带有普遍意义的民族地区寄宿制学校的缩影呢？后来通过到青海、贵州等民族地区的多所寄宿制小学及中学进行实地考察和深入调研访谈，以及对国内外相关文献资料的收集与学习，笔者更深刻地了解到青海省民族地区寄宿制学校的学校管理所存在的一些问题的普遍性，在此重点结合 K 中学的调研具体情况，将青海省部分民族地区寄宿制学校的管理所存在的问题归纳如下。

那到底具体是哪些因素在影响和制约着民族地区寄宿制学校管理成效呢？以下笔者结合相关理论对寄宿制学校管理出现的问题进行深入地探究和分析。

# 第一节　寄宿制学校领导者层面因素分析

## 一、寄宿制学校缺乏有效领导者，封闭式管理成主流

管理学中，马丁·M. 切莫斯（Martin M. Chemers）曾对"领导"作出了经典定义："领导是一个社会影响过程，在这个过程中，个人在完成常规任务过程中能够获得他人的帮助与支持。"[1] 具体到领导者，则指在这个社会影响过程中，对群体或个人施加社会影响和心理影响的人。而施加心理影响的人是领导者，管理者则指管理行为过程的主体，拥有相应的权力和责任并具有一定管理能力从事现实管理工作的人或人群。

领导者和管理者两个概念可以相互借用，但各自侧重点仍有所区别。富布赖特学者 E. 马克·汉森（E. Mark Hanson）在其著作《教育管理与组织行为》一书中，对领导者和管理者两个概念作了这样的区别："领导者"是较之"管理者"更具有战略性和能动性的角色，管理者往往是"把事情做正确"，聚焦于组织运作中的诸如聘用、考核评价及执行制度等细节的运作，领导者则是"做正确的事情"，具有如何引导组织长期发展的战略远见以及如何让下属积极追求战略目标的非强制性的技能[2]。有效领导者则是在兼具战略性与能动性基础上，不仅把工作做好，完成组织战略发展目标，还能体谅关心下属需求，建立互信和谐的工作氛围。

学校领导体制是学校领导权限划分、学校领导机构设置和学校领导关系确定的运行规则，它是领导和管理学校的根本制度，支配着学校的全部管理工作[3]。学校各种的规则制度、教师晋升考核指标、政策纪律标准都

---

① 韦恩·K. 霍伊，塞西尔·G. 米斯克尔. 教育管理学：理论·研究·实践 [M]. 范国睿，等，译. 北京：教育科学出版社，2007：376.

② E. 马克·汉森. 教育管理与组织行为 [M]. 第五版. 冯大鸣，译. 上海：华东师范大学出版社，2005：211.

③ 熊川武，江玲. 学校管理心理学 [M]. 第2版. 上海：华东师范大学出版社，2011：172.

在一定程度上彰显了学校组织者和领导者的价值观念。

而目前我国中小学普遍实行的是校长负责制,这样在学校的实际管理中,学校的领导者尤其是校长拥有很大的决策权力,掌握着学校未来发展的"生杀大权"。校长的领导风格,独裁专制还是关注群体民主,都将影响学校的发展。我国的学校领导体制也历经多个发展阶段。熊川武和江玲主编的《学校管理心理学》中将四个领导体制阶段归纳如下。

1. 家长制领导体制

其主要特点是领导者往往不懂科学技术,也缺乏必要的管理知识,凭个人经验和行政命令办事;唯我独尊,顺者昌,逆者亡;个人好恶是评判是非的标准。

2. 硬专家领导体制

其特点是以硬专家,即精通学校某项专业或技术的专家,如优秀的专业课教师充当领导者,发挥专业技术知识在管理中的作用。由于硬专家往往是科研骨干,在教师中有一定影响力,因此硬专家领导体制更便于号令大家。

3. 软专家领导体制

其特点是由懂得管理理论与实践的软专家充当领导者,以便较好地组织硬专家及其他学校成员发挥作用,求得更大的组织效能。因为管理本身是一门学问,不是任何硬专家都可以当好领导者的。

4. 集团式领导体制

其特点是组成以软专家为主体的专家集团进行领导,同时成立"参谋"和"顾问"机构,以便集思广益,群策群力,适应社会迅速发展的需要①。

由于我国各地区经济文化的发展不平衡,我国现实的学校领导体制是四种类型并列存在,其中中小学则是以硬专家领导体制为主。

---

① 熊川武,江玲. 学校管理心理学 [M]. 第2版. 上海:华东师范大学出版社,2011:172–173.

就学校领导者运用权力的实际情况而言，我国现行的主要学校领导方式为集权式领导、参与式领导、放权式领导与支持型领导。大部分民族地区学校管理者还是以集权式领导为主，即权力相对集中，学校领导者中心地位突出，凡事须经领导者首肯，否则无效；主要领导者有权否定助手或其他部属的决定；对领导者的决定，部属必须服从，坚决执行，不容打折扣。其主要长处是有利于计划的统一实施，减少能力差的下级错误指挥的机会等。其主要短处是强制性大，容易弱化部下的责任心，也不易发挥广大教职工的创造性。在监控上，强调用奖惩强化规章制度的约束力。凡事照章办理，禁令多，惩处严。其主要问题是刻板机械，原则性有余，灵活性不足，难以适应迅速变化的环境，同时容易使教职工产生压迫感和受辱感，从而降低积极性和创造性①。

现在很多民族地区的管理模式与我国中小学的领导体制有莫大关系。首先，目前我国中小学采用校长负责制，教学质量和学生安全两项是上级考察校长的重要指标。尤其是最近频繁出事的校车事故更将学校学生安全问题推到风口浪尖上。一谈到学生安全问题，校长等管理者也都十分慎重和头疼。如果学生安全出现重大问题，校长也难辞其咎，可能被撤职和承担相应法律责任。在这种体制背景下，众多校长为了保饭碗，倾向于采用封闭化管理和刚性制度化模式来保证学校不出事。

其次，我国民族地区基于经济文化政治各方面的原因，信息闭塞，思想落后，管理思想与心态、观念等还被束缚于传统意识中，很多学校管理者偏爱于传统管理方式，很多民族地区的中小学校长都缺乏先进有效的管理理念和寄宿制管理方面的针对性培训。

譬如，有些管理者习惯于经验管理或传统角色工作，不认为管理需要创新，也不会意识到管理的重要性；也有些学校管理者对教育改革有错误认识，片面认为改革便是向上达到国家、政府的办学自主权要求或向下的人员精简，很少考虑管理思想、管理机制和管理模式的改革；另外受中国

---

① 熊川武，江玲. 学校管理心理学 [M]. 第 2 版. 上海：华东师范大学出版社，2011：172－173.

传统中庸管理观念的束缚，用人与干部考核标准上的教训，很多身居要职的管理者宁可按照规矩行事而维持现状，也不愿通过任何创新冒险的举动来获得成功①。

K中学是我国寄宿制学校的一个缩影，采用"硬专家"领导体制下的集权式领导。语文教师出身的A校长，从没有系统学习过管理理论方面的知识，也没有寄宿制学校的管理实践，却成为掌握K中学未来发展命脉的关键人。A校长算得上是一个有效的领导者吗？

从前文对有效领导者的两个定义——把工作做好和体谅关心下属需求来衡量。A校长确实在短短几年间用一份份的责任协议书和其他条条框框的规则制度把学校"发展"得很好，但从对教师学生的访谈得知，教师超负荷工作，考核款项琐碎严格、怨声载道，学生生活状况堪忧、情感心理需求难受重视。由此可见A校长是一个很好的管理者，但并非一个有效的领导者，集权式的领导方式对于寄宿制学校管理是否适用也值得商榷。

## 二、寄宿制学校管理硬伤——硬件设施差人力资源开发受限

首先对几个概念做一些阐释和定义。硬件主要指学校发展中的涉及学校建设发展的诸如校舍、教学楼、食堂、操场、教学实验设备等以物为载体的基础设施。硬件强调"物"，而软件侧重于"人"，主要指人力资源，包括学校系统中的教育管理人员资源、教师资源以及学生资源。人文主要指以人为本，在管理过程中关注人的情感需求，人性化管理，一切以人为先，以人为本。

通过观察和走访化隆县教育局、K中学我们了解到，校舍、教学设施、教学辅助工具等硬件基础设施的配备不足成为制约K中学学校管理的一大硬伤，这一硬伤导致学校管理上的诸多想法都犹如空中楼阁般难以落到实处。该校硬件基础设施配备不足主要表现为基础设施不足和食宿条件

---

① 王振岭. 青藏牧区教育跨越式发展研究 [M]. 西宁：青海人民出版社，2010：231.

恶劣。

寄宿制无论是对学校的管理还是师生的学习和生活都提出了巨大的挑战。无论如何，一千多人的吃住问题始终是寄宿制学校需要解决的头等大事。生存是第一位的，对于寄宿制的学生而言，只有基本的温饱解决后才能够更好地投入学习。而 K 中学基础设施的严重落后，拥挤的宿舍，糟糕的卫生环境以及心理教师和基本医疗设备的缺乏都成为亟待解决的问题。

K 中学近年来招生规模扩大，但宿舍、食堂、教学楼等基础设施的建设却远远难以赶上学生数目的增加，导致宿舍拥挤、卫生状况难以保障。另外，基本的澡堂、相应的体育活动场所和体育设备都十分缺乏。

除住宿问题外，吃饭问题更为严重。学校没有标准化的食堂，食堂过小只能容纳五六百人吃饭，但 K 中学有学生 1485 人，很多学生只能去外面吃或者吃自家带的馍馍。中学生正处于长身体的黄金时期，但恶劣的食宿条件导致学生身体健康和营养的合理摄取都成为奢望，进而使其学习和生活质量也受到影响。

另外，学校也没有基本的医疗设备和医务人员，尤其是流感季节和冬天，寄宿制学校学生生病就成为一个大问题。大多数学生家在离县较远的山区，部分父母也外出打工，学生生病后，教师身兼数职无法悉心照顾，父母也难以立即赶来，若患上急性病症等会有严重隐患。因此寄宿制学校基础医疗设备和人员的配置是亟待解决的问题。

K 中学硬件设施不足主要来自于这样几个方面因素的制约：国家财政投入不足，缺乏针对民族地区的寄宿制专项资金拨款；化隆县贫困落后，当地经费、资金缺口巨大；当地部分教育管理者管理理念落后，缺乏相关培训指导。

### （一）国家财政投入不足，寄宿制学生生活补助覆盖面小

目前国家对寄宿制学校的拨款主要来自"农村寄宿制学校建设工程"和危房改造的相关款项，但仍难以满足民族地区对教育的发展需要，存在巨大的资金缺口。而且民族地区由于地理自然环境原因，道路崎岖，交通不便，气候极其恶劣，当地政府和教育部门还要承担巨大的交通运输成

本、器材设备维修成本以及取暖费用等。但国家在进行寄宿制建设工程的拨款中，并没有因地制宜地考虑到民族地区的现实情况，没有对相关的配套资金拨款有进一步的考虑和设想。

另外，在青海民族地区，寄宿制学生生活补助覆盖面小。2009 年，全省下达义务教育各类保障机制资金 61916.7 万元，其中下达寄宿生生活补助费 22041.8 万元，非寄宿贫困学生助学金 658.4 万元，取暖费补助资金 6463.2 万元。2009 年，青海省进一步提高寄宿生生活费补助和非寄宿生家庭经济困难学生助学金补助标准，西宁市、海东地区寄宿生生活补助提高到小学每生每年 800 元，初中每生每年 1000 元；牧区中海南州、海北州等补助提高到小学每生每年 1200 元，初中每生每年 1400 元；玉树州、果洛州等 14 县则提高到小学每生每年 1300 元，初中每生每年 1500 元[①]。

政策文件中根据藏族人口比例及条件艰苦情况，对青海省目前海南州、海北州、玉树州、果洛州等 14 个县的资助金额更高、覆盖面更广。但是对于地位尴尬的化隆县的 K 中学则显得有些不公平。因为化隆县属于回族自治县，当地藏族人口约五六万人，占总人口的 21.02%，甚至比某些自治地区的藏族人口还多。但由于化隆县既不是藏族少数民族自治区也不是边疆地区，国家在投资力度上不及其他地区，加之化隆县是贫困县，当地财政收入很少。因此化隆县的藏族学生获得的生活补助仍难以在根本上解决他们所面临的各种寄宿制生活的困难。

### （二）化隆县贫困落后，当地经费、资金缺口巨大

经费问题是化隆县教育局和 K 中学办农村寄宿制学校面临的一个大难题。据政府工作人员反映，由于国家忙于玉树地震灾害重建项目，一些危房改造的资金没有及时到位，另外地方配套资金缺口大，加上其他方面的影响，对当地寄宿制学校的建设和发展带来极大阻碍。

财政投入不足，当地教育局常出现资金缺口，如寄宿制学校冬天取暖

---

① 参见青海省教育厅的青海省民族教育工作调研汇报材料，2010 年 5 月 30 日。

费用不足，当地主要依靠教育局拨款、学校筹措资金以及请示县政府从转移支付、城市教育费附加中加以解决，五所完中则采取以初中养高中的形式来弥补。

财政投入不足导致学校一些基础设施和食宿条件方面的问题都难以得到彻底解决，而且化隆县布局调整中的群科新区的规划也成为制约 K 中学寄宿制学校的建设和发展的重要原因。群科新区规划中，现有的 K 中学在未来五年中将陆续搬迁至群科新区，因此教育局和相关部门在目前对 K 中学的财政投入和基础设施建设投入上都有所限制。

### （三）当地部分教育管理者管理理念落后，人力资源开发受限

化隆县自古为少数民族聚居区，山大沟深，交通闭塞，居民以游牧为主，重武轻文。直至清代，才有启蒙教育，但由于封建思想、宗教观念等影响太深，群众对教育的重要性仍然认识不足，在现代科技日新月异的今天，还有很多人不愿送子女（特别女孩子）上学，成为制约化隆教育发展的主要因素之一。

部分学校管理者思想观念的落后也同样制约着化隆县寄宿制学校的发展。由于管理思想与心态、观念受传统意识束缚，学校管理者管理方式较为保守，习惯于经验管理或者传统角色工作，不愿也不敢进行管理上的创新。

硬件设施的不足也给寄宿制学校的人力资源开发管理带来了极大的限制，主要表现为教学管理和学校后勤管理。譬如教师教辅工具的匮乏，尤其是一些生物理化科目，没有实验室和基本的教学仪器工具，难以向学生展示一些化学反应和物理现象，这使学生学习一些复杂抽象概念更为困难。另外，硬件设施诸如食堂、澡堂、医务室等基本设施配备不足，也使得寄宿制学校的后勤管理更为棘手，流感期间如何降低卫生隐患，如何保证学生吃饱饭睡好觉都时刻困扰着学校的后勤管理者。

## 第二节 基于心理契约理论阐释寄宿制教师管理

### 一、教师管理上重高压轻人文关怀，对教师积极性挫伤多于激励

激励与挫伤的关系问题是学校管理活动中根本的心理问题。激励与挫伤是学校管理活动中个体积极性涨落的根本原因之一；此外追求激励，避免挫伤也是学校管理活动中基本的群体心态①。寄宿制学校的教师管理也应如此，应关注对教师积极性的激励，避免挫伤。

前面章节中所介绍的教师心理契约理论，归结到底探讨的也是教师激励与挫败问题。教师态度及行为取决于他心里的这杆秤，看自我对组织责任的感知、履行程度与组织履行相应责任的程度之间的对等与否。如果教师感知自己的付出得到了相应的回报，便会从内心对学校这一组织的承诺归属感和忠诚度更高，此后会更加积极地做好本职工作。但倘若教师感知自己付出很多但没有得到组织相应的回报和公平待遇，便会对现有的关系感到不满意，从而导致心理契约的另一个问题——心理契约违背问题的出现。

对于契约违背，研究者通常认为是一种"情绪混合体"，以失望和愤怒为特征，在这种情绪情感状态的最底层水平上，是那些由于意识到未能收获所望的和所需要的东西而产生的失望、挫折和忧伤，违背的核心则是源自意识到被背叛或受到不公正对待而产生的愤怒、怨恨、辛酸、愤慨和义愤②。学者研究也表明，心理契约的违背会对员工态度和行为产生负面影响，进而造成对组织效益的损失。如心理契约违背出现时，员工可能会

---

① 熊川武，江玲. 学校管理心理学 [M]. 第 2 版. 上海：华东师范大学出版社，2011：11 – 12.

② 田宝军. 教师心理契约与学校人本管理 [M]. 保定：河北大学出版社，2011：120 – 121.

出现离职行为和渎职行为，但心理契约履行良好的话，员工可能更会表现为高组织承诺、高绩效，自愿自觉履行更多义务和责任等正面积极行为。

在前面章节中，笔者在田宝军的研究基础上将学校对教师的心理契约分为经济责任、环境责任和人文责任这三个维度。

那么 K 中学的教师心理契约履行情况如何呢？是履行良好还是出现了心理契约违背现象呢？根据笔者的观察以及问卷访谈得知，K 中学教师心理契约履行程度低，教师已成为心理重灾区，访谈中某教师更坦言教师是弱势群体。

## 二、寄宿制学校教师角色模糊，教学任务与寄宿管理并举难以两全

由于目前国家政策中并没有生活教师和管理教师这一编制，因此很多寄宿制学校都没有正式招聘与引入专门的生活教师。同时青海民族地区教职工编制极为紧张。依据青海省现行中小学教职工编制标准，截至 2010年 5 月，尚缺编 4962 名。但由于地方财政困难，承担不了新增人员的工资，教职工编制难以实行动态核定，一些藏区师生比达 1∶44，远远高于青海省规定的 1∶13.5 的标准。没有编制也就意味着没有国家的财政拨款工资，那聘用生活教师的工资从何来，这笔费用又由谁来支付呢？

在贵州民族地区某中学，从所在县城选拔一些有宿管经验的人员担任生活教师，生活教师的工资由当地政府补贴一部分，另一部分由学校来支付。生活教师和学生一起住宿，全面负责寄宿制学生生活的方方面面，对有心理异常的学生也及时给予帮助与疏导。据笔者了解，部分民族地区学校生活教师是由陪读的家长轮流担任。

但青海省化隆县随着近几年特设岗位教师的补充，教职工人数大约2027 人，而教师宿舍用房面积人均只有 4 平方米，不能满足实际需求。部分地区教师生活条件和办公条件还十分简陋，急需解决教师周转房。另外由于学校布局调整，教职工结构性缺编。各完全中学、寄宿制学校增设食堂、门卫、医务室等，炊事员、门卫、宿管员等工资无法支付。

K 中学教学经费紧张，没有专门的生活教师，教师往往是教学任务与寄宿管理并举，除了要承担繁重的教学任务外，还要负责烦琐的宿舍管理和其他生活方面的任务和责任，尤其是班主任工作量最大，常常是身兼教师、管理员、警察和保姆多重身份。

寄宿制学校教师角色和职责的泛化，不仅给教师带来巨大的工作量，也严重影响着教师自身的家庭生活。

## 三、寄宿制学校教师评价重硬性指标轻软性指标，不利于激活教师积极的工作状态

教师评价也被称为"教师考评"，是对教师工作现实的或潜在的价值做出判断的活动，它的目的是促进教师的专业发展和提高他们的教学技能。易凌峰、李伟涛在《现代学校人力资源管理》中提出，教师的学历、职称等硬性指标固然是衡量学校人力资源强弱的重要指标，但教师的工作状态这一软性化指标更为重要，即教师工作的积极性、主动性与创造性。

教师是学校赖以生存发展的最宝贵的人力资源之一，在教师管理中应该把教师看作办学最大、最具活力的资源，以恰当的考核评价体系最大化地调动教师的工作热情，挖掘教师潜在能力使其转化为促进学校教学发展的良好助力，也将提高学校的办学效益。

但是现实生活中，尤其在较为偏远闭塞的民族地区，很多学校的管理者往往忽视了这一点，总是舍近求远地埋怨硬件条件差，师资力量薄弱，而没有花心思和精力来激活现有教师的工作状态。只有激活了教师的工作状态，使其能力、潜能得以发挥与释放，并产生效用，这样教师人力资源才能够创造"生产力"。

譬如 K 中学对教师的绩效考核和评价机制，更多是和教学质量、考试成绩以及宿舍管理如卫生、纪律、学生安全等方面挂钩，而且签订一层层的协议书和目标责任书，却很少从一些软性指标如教师的责任心、耐心和敬业态度等方面考察和侧重，导致有责任心、爱心和热情的教师反而从现

有绩效考核和评价机制来看并不合格。长期下来也会打击教师对民族教育的积极性和热诚，不利于民族教育发展的稳定性、延续性和创新性。

## 四、民族地区寄宿制管理缺乏人文关怀，教师专业发展受限

关于教师专业发展的界定，国内外学者各有论述，笔者采用的是赵昌木在《教师专业发展》中的内涵界定：（教师专业发展是）"教师不断提升自己的专业意识，不断接受新知识，提高专业能力的过程。在这一过程中，教师通过不断的反思、探究，建构新知识，增长专业技能，培育专业情意，拥有专业自主，具备专业发展意识，从而达到专业成熟的境界。"[①]人类为了自身的生存与社会发展不断改善自我，谋求发展。教师作为脑力劳动者，向一代代的年轻人传授劳动生产知识和社会生活经验，培育适应社会发展需求的优秀人才。这一职业特殊性也对教师专业发展提出了高要求，必须要不断紧跟社会时代变化，不断吸收和学习新知识新技能。民族地区师资队伍建设、教师专业发展一直是教育领域中的热点话题。

赵昌木也指出，教师专业发展既受到许多外部因素的影响，也要受到教师自身心理因素的制约。外部因素包括社会因素、家庭因素以及无法预测的偶然事件等因素，但对教师专业发展而言，国家教育政策、学校管理、教师文化、学校氛围等环境因素的影响是主要的，它为教师发展提供物质保证和精神关怀，是教师发展的外部条件。而教师的认知能力、职业道德、需要和动机、自我分析和评价等方面也对教师发展影响较大[②]。

由于民族地区交通不便，信息闭塞，很多教师都深感自己教学方法陈旧，希望可以接受一些新的教育理念和方法的培训和指导。但是从笔者的调研数据了解到，K中学大部分教师获得培训的机会很少，没有直接参加过任何培训的教师比例已超过50%，参加省级和国家级培训的机会更是少

---

[①]　赵昌木. 教师专业发展 [M]. 济南：山东人民出版社，2011：8.

[②]　同①，84.

之又少。民族地区的教师是孩子的眼睛，教师的视野在很大程度上影响着学生的未来。可是在民族地区勤恳工作的教师们，除了要忍受物质条件的艰苦和超负荷的工作量外，还要忍受信息的闭塞和新知识的匮乏，这也极易挫败教师的积极性和造成教师职业心理创伤。K 中学教师除了对专业科目的教学方法和教学理念的培训需求很大，他们也十分渴望能获得寄宿制管理和压力情绪管理方面的指导和培训。有些教师也利用自己业余的时间不断学习和进修。

但很多教师反映，学校提供给他们的专业发展的资源和平台十分有限，一个教研室十几个老师只有一台电脑，有时候备课或者上网查点东西都得去微机室和学生"抢电脑"。对于很多教师的需求和建议校长都不重视也不采纳，反而用一系列严苛的规则制度和绩效考核来限制和约束教师。为了生存，教师大多也只能是忍气吞声，马虎应付工作。

如果一个英明的领导者能敏感地觉察到这一点并加以改善，给予教师人文关怀，最后福泽的不仅仅是领导者本身，还有学校迅猛的发展和学生拥有无限可能的未来。可事实往往与理想背道而驰。在 K 中学的校长眼里，他们看到更多的是自己的政绩——"安全不出问题，教育质量要提上去"，而看不到教师的辛苦，或许看到了但他们也不愿花费更多的精力和金钱去改善这一现状，于是 K 中学的教师们只能继续悄无声息地隐忍着，自己对教育曾经的热爱与激情也被一点点消耗掉。

在心理契约理论中，当学校无法履行对教师的经济责任、环境责任和人文责任时，教师极易因感知自己的付出没有得到组织公平的回报而对现有的关系失望和不满意，可能产生工作懈怠、组织承诺低、逃避责任甚至离职和反社会行为等负面反应，也就是出现了心理契约违背现象。长此以往教师积极性受到严重挫伤，对学校发展甚至社会都会产生不利影响。

## 第三节　基于需要层次理论阐释寄宿制学生管理

寄宿制对学生及其家庭的影响颇大，尤其是低年级的学生，主要表现为：寄宿制使得父母和孩子分开，而脱离父母独自一个人生活的学生要适应新的环境和生活，但家庭教育和社区教育对孩子建立对社会、他人的信任感和安全感都极为重要。寄宿制学校学生多，教师无法顾及和照顾到每个学生的情绪情感变化，长期处于情感缺失的环境，对学生自身性格和价值观及自信方面的形成都会产生不利影响。

虽然寄宿制有一定的补贴，但从家庭的教育投入成本而言，学生寄宿之后上学距离延长了，家庭需要额外支付交通费、食宿费以及承担道路交通上的安全风险。因而如何在最大限度上消减寄宿制的这些负面影响，也对寄宿制学校的学生管理提出了一大难题。但目前无论是中央还是地方政府，在制定寄宿制相关政策时首先考虑的往往是资金和经费方面问题，但在具体到学校寄宿制管理上却缺少有力的制度约束和保障。不可否认的是，与学生学习和成长更密切相关的，恰恰是这个被遗漏的寄宿制学校的学生管理。

# 一、学生管理观念滞后，重看管轻教育

K 中学目前的学生管理主要是一种封闭式的刚性管理模式，或者说还处于"看管"的低层面，在保证学生"不出事"的低要求上，忽视学生的情感人际等方面的需求，缺乏人文关怀，更多的只是一种军事管制而非人性化管理。目前我国很多民族地区的寄宿制学生管理普遍存在这样的问题，管理观念十分滞后，可以概括为三点：重制度轻细节、重结果轻过程、重看管轻教育[1]。

## （一）重制度轻细节

目前寄宿制学校很大的特点就是有一系列的条条框框的规定，针对教师管理的很多，针对学生管理的制度规定也十分繁多，从学生的日常上课、宿舍卫生管理到每天的作息、何时洗漱何时熄灯都有严格的要求。

---

[1]　叶敬忠，潘璐. 农村小学寄宿制问题及有关政策分析［J］. 中国教育学刊，2008（2）.

制度到位可以有效避免无责任状态的隐患，但过于繁多的管理制度也给学生的自主性和创造性带来极大的扼杀。

### （二）重结果轻过程

寄宿制学校管理的结果导向主要表现为两点，一个是学校以维护学生安全、正常教学秩序作为学校工作的首要任务，也可以说是学校追求的终极目标。这样的结果导向使在学生管理中学校领导者更具功利性和目的性，较少考虑到学生的实际情况、接受水平、情感需求等，而只是为了最大化地保证学校不出大的安全纰漏。另一个表现为在教学质量上的结果导向。以学生的成绩作为教师考核和学生考核的主要手段，不注重教学方法的改进和对学生的鼓励教育以及素质教育方面的培养。

### （三）重看管轻教育

诚如前文所言，很多民族地区的寄宿制学生管理仍停留于看管学生，保证学生不出事的低层次要求上。采用这种管理模式的根本原因在于学校领导者的教育管理思想和角色定位。他们往往也将自己定位于"看管者"，而不是"教育者"；对学生的定位则是"自律条件差，不听话，需要管制"。因此学校领导者在实际工作中也倾向于选择机械、保守的管理方式，不愿也不敢做一些可能对学生成长有利的可能有较高成本的尝试和创新。这些寄宿的学生得到的也只是看管而不是真正的教育，素质教育更是无从谈起。

这样一种强调制度和重管轻育的学生管理模式，可能从上级考核的各项指标都可以轻松应付达标，但长此以往不利于学生的健康成长。因为这种管理模式忽略了很多在教育中情感方面的因素，譬如学生的各种需要、鼓励、情感关怀、细节关注等。长期来看，这样的管理并不科学，因为它不能充分地将每一个学生作为一个受教育者来加以教育和引导，不能让每一个学生享受到教育过程中的关怀、鼓励和进步，不能从内心产生一种较为强大的精神力量和求知欲望。

## 二、学生各种社会性需要难以满足，素质教育形同虚设

大多数心理学文献对需要的定义是由未满足的欲望、要求或由剥夺引起的人的内部紧张状态。它具有对象性、历史性和动力性三大特征。

对象性指由于需要是未满足的欲望、要求或剥夺引起的，因此需要总是指向那些未满足的东西并驱使主体获得这些东西，以求缓解不平衡，恢复生理和心理的平衡。

历史性指人的需要取决于社会历史条件，尽管表面看来人的需要似乎是个人的事情，取决于他个人的生活条件，但它归根结底是受社会关系和个人在社会关系中所处的地位制约的。

动力性指人们越是对某种事物有趋近或排斥的迫切性，心理的紧张程度就越大，就越有可能诱发动机，采取实际行动，因而可以说需要是活动的内在原因，是人的积极性的源泉[1]。

马斯洛的需要理论则告诉我们，对学生而言，如果连基本的生理需要都被剥夺，便会构成严重的动机问题，来自安全与保障的威胁也会让学生感觉恐惧不安，从而难以将注意力集中于学习。学校可以依据马斯洛的需要理论满足学生不同层次的需要，从而达到对学生的激励作用，会给寄宿制学校的学生管理工作带来极大的便利。

从生理性需要来说，中学生一般处于 12—18 岁，正是身体快速发育，心理变化巨大的青春期。他们对食物、住宿、衣着的需求都极为强烈，也渴求可以获得生理和生活上的指导。但是就目前 K 中学的寄宿制条件而言，无论是饮食还是住宿条件都极为恶劣，给学生的正常生活和学习都造成了重大的困扰。在笔者的问卷和访谈中，大多数学生都反映对学校现有的住宿条件不满，希望可以尽快改变学校环境。

另外，从中学生的社会性需要来说，由于中学生学习生活比较集中紧凑，以及有应试教育和升学的压力，他们都迫切希望可以减少学习压力，

---

① 熊川武，江玲. 学校管理心理学 ［M］. 第 2 版. 上海：华东师范大学出版社，2011：52.

也希望可以得到来自同学和朋友以及老师和家人更多的关注、关心与照顾。中学生的自主性较强，较少求助于他人，希望可以自己独立解决问题，同时也有较强的自尊意识，希望得到别人的理解信任，并渴望对周围的事情有一定的参与决策权。对于成就的需要比较狭隘，仅限于学习方面，权力欲望较低。在自我实现方面，对知识以外的能力更为看重，希望自己能更优秀，他们对奉献很少考虑，更关注自己的得失①。

从 K 中学的调研得知，K 中学的寄宿制学生心理状况堪忧。譬如年纪小难以适应寄宿制生活、人际关系处理不善产生焦虑、家庭因素造成心理创伤、厌学想家、语言文化排斥等。

在 K 中遭遇各种青春期心理困扰的学生并不少，但大多数学生心理有困扰和烦恼时，自己无力解决，除了好朋友也无人可以倾诉，也很少能得到教师、家长的及时关注并给予指导和疏通。这样的心理负担不仅影响日常学习，也对学生以后的人际交往和完善人格的发育带来极大的负面影响。

对很多学生而言，在寄宿制学校，大家得到的仅仅只是看管而不是教育，心理情感等各种社会性需要都得不到及时有效的关注和满足。

## 第四节　民族文化层面因素分析

除了回族外，藏族作为青海的世居少数民族在化隆县的人口较多。虽同为青海世居的少数民族，但藏族和回族的教育特点存在很大不同。

藏族有本民族的语言和文字——藏语、藏文，也有独特的教育思想、教育内容和教学方法，教育与宗教寺院分不开。这是由于在很长的历史阶段，藏族地区实行政教合一制度，所以藏族教育便历史地兼充政治与宗教的工具。明清时期的藏族教育除寺院教育外，还存在着广泛的社会及家庭教育。其教育内容包括伦理道德、民族历史、劳动道德、文明礼貌、团结友爱等主要内容的民俗教育；音乐、舞蹈、绘画、建筑、雕刻等为内容的

---

① 熊川武，江玲．学校管理心理学 ［M］．第 2 版．上海：华东师范大学出版社，2011：59.

古代艺术教育；以赛马、射箭为主要内容的民族体育；以诗歌、格言为形式的文学及历史教育等①。

众所周知，藏族人能歌善舞，无论是在劳动场所还是草原牧区或喜庆的日子，藏族人都喜欢以歌舞来表达对生活的热爱。锅庄舞是藏族舞蹈的精髓，也是最具代表性的民间舞蹈。

同时，藏族是一个讲文明讲礼貌的民族，成功地保留着讲究礼貌的优良传统。尤其重视尊敬老人，严格地遵守着"长幼有序"的规矩，在长辈面前不大声喧哗，更不出言不逊，粗俗无礼。藏族好客、敬客是人所共知的。民间礼俗是群众性的教育活动，千百年来，代代相传，不断净化和维护着民族的世风民心，形成了良好的社会风尚②。

商业在回族经济中占有重要地位。长期以来，经商成为城镇回族的主要职业。回族是勤劳、勇敢、适应力很强的民族。由于历史的原因，失去土地的人们只能从事商业来谋生，这是青海城镇回族中多小商小贩的原因。在服饰方面，回族男子的白汗褂、尕丁帽、黑背心是很有特色的民族服装；女子戴盖头，不同年龄就戴不同颜色的盖头，一般喜红、绿色③。

回族通用汉语汉文，回族群众基本上全民信仰伊斯兰教。历史上回族的文化教育比较落后，影响着民族的发展与进步。在漫长的历史时期，回族以经堂教育为主要形式。除此之外，回族历来有讲究文明礼貌、崇尚武术、重视技艺等优良传统。这些优良传统，在很大程度上由社会及家庭教育所形成，通过父传子承、师徒相传等形式代代相传。历史上回族擅长商业、建筑业、皮毛加工业、饮食业及屠宰业，且能工巧匠层出不穷。这些技艺的传承，都是通过师父授徒的教育形式传递。在生产过程中，在师父的指导下，随师学艺，通过生产实践边学边看，逐步掌握生产技艺。但是，一些生产"秘方"或"秘诀"并不轻易外传，艺徒学艺十分艰难④。

---

① 杜小明. 青海教育史 [M]. 西宁：青海人民出版社，2006：166 – 167.
② 同①，168.
③ 同①，174 – 175.
④ 同①，181 – 184.

从化隆县的调研所知，这两个民族确实存在很大不同，回族人民机灵擅长经商，对教育不够重视，当地很多回族小孩在念完小学或初一、掌握了基本的数学运算后，就随同亲戚朋友到拉面馆学徒学艺；藏族人民老实淳朴，擅长歌舞，对教育更为重视。

化隆县的藏族地位尤为尴尬，因为化隆县隶属于回族自治县，但当地藏族人口也很多，甚至超过了一些藏族自治区的藏族人口。因此作为化隆县唯一一所双语教学的民族中学 K 中学的境地也变得十分尴尬。具体表现为以下几点。

## 一、国家对回族自治县的藏族财政投入少

化隆县作为一个拥有 12 个少数民族的区县，理应是少数民族文化百花齐放、百家争鸣之场景，可由于当地是回族自治区，回族和汉族人口众多，且回族通用汉语汉文，撒拉族在很多习俗上也与回族极为形似，藏族作为一个有自己独特文字和语言的民族在当地的境地十分为难。

与海南、黄南、果洛、玉树等藏族自治县相比，国家在相关政策上对这些藏族自治区县的政策倾斜和照顾更多，譬如在国家对教育和财政的投入力度，对寄宿制生活补助的金额和覆盖面等方面都有倾斜。化隆县属于国家贫困县，没有支柱性企业，当地的财政收入十分有限，当地藏族人口多但藏民的生活也十分贫困。K 中学作为全县唯一一所肩负藏汉双语教学的民族中学，但学校在办学硬件设施和双语师资队伍上都极为困难和薄弱。

## 二、藏族对民族语言、文化有强烈诉求但教育管理者不够重视

作为当地唯一一所双语教学的民族中学，K 中学不仅肩负的是当地藏汉双语教学的任务，还有无数藏族家长和学生对本民族语言、文化的热爱重视和学习本民族语言文化的强烈渴求。在笔者与家长、学生的访谈中得

知，大部分家长之所以把孩子送到 K 中学来就是为了学习藏语，很多学生也怀抱着对民族英雄人物的崇拜、对民族文化语言的强烈诉求特意来到 K 中学学习。

对比藏族家长与学生对民族语言和文化的强烈需求，K 中学的双语教学实施现状却并不乐观。

首先该校的双语师资队伍十分薄弱。依据国家规定的生师比 1∶23，K 中学的师资力量仍旧十分薄弱，学生 1485 人，藏语文老师 12 人，其中藏语文专业出身约 10 人。这样 K 中学的双语师资也在一定程度上限制了 K 中双语教学的质量。

其次是教育领导者对双语教学不够重视。在访谈中笔者得知，在对双语教学的认识上，教育局的相关领导人员以及 K 中学的领导、主任都有所偏差。大致观点为：一是，升学工具——藏语文是民族学生参加民考民中较为拉分的优势科目；二是，就业工具——有部分领导、家长认为学好藏语文可以增加就业砝码，如导游、唐卡、念经文等，但汉语和藏语也有博弈，也有学校教师和主任认为，从就业前景来看，双语教学模式出来的学生就业并不乐观，认为顺应如今就业形势以及市场化趋势，学好汉语更能适应如今的社会。

因此在 K 中学双语教学的具体实施中，藏族家长、学生的期望与实施现状有所差距。受领导个人民族身份、双语认识及以成绩论双语教学质量多种因素影响，藏语文课的处境也显得极为尴尬，K 中学双语教学的实施力度并不大，在课程安排上藏语文也处于很边缘的位置，重视程度不够。

一位教授藏语文课的藏族老师告诉笔者：

我们这个县是回族自治县，谁都不重视藏语文课。虽然培养藏语文老师，但是回去以后，校长还是不让你教藏语课，藏语课只是个幌子罢了。虽然说是开设了双语文课，但是每天安排的课程很少。藏语课只是安排在早读啊、晚自习啊，白天的课一般没有安排藏语文课，这样的话大部分学生的藏语文还是过不了关。

在各种考学的评价考核中，藏语文课极为重要，但在最终的就业和市场导向上，藏语文好但汉语交流差的学生就业前景仍不乐观，因此在一些领导和教师看来，学生懂汉语仍是大势所趋。因此在一些思想的贯彻和具体实施中，重汉语轻藏语。但语言学习机制和规律告诉我们，语言的学习和文化往往密不可分，尤其是母语的学习对于一个人自信的培养以及知识观、价值观的建构都有着举足轻重的作用。仅依据就业和各种市场导向的因素而强行剥夺藏族学生对于自身语言和民族文化的学习和受教育的权利，这与双语教学的初衷背道而驰。

## 三、无政策保障，民族文化进校园难

除了语言外，民族歌舞、工艺也是少数民族文化中的奇葩和文化精髓。藏族的歌舞、唐卡工艺更是如此。寄宿制的学生由于长期住校，受家庭教育和社区文化教育熏陶的机会比起非寄宿的学生而言机会则少了很多，在这种情况下学校对民族文化的重视和教授引导则成为民族学生了解更多民族文化知识的主要渠道。

在笔者走访贵州民族地区的调研发现，贵州等地的"民族文化进校园"项目做得颇为成功。这得益于贵州等地对地方特色和民族文化保护的使命感与责任感，当地对于民族文化进校园从省级到地方学校都有政策文本，无论从师资建设、学校课程安排还有学校的基础建设中对民族工艺特色的采纳都做得十分到位。而笔者在青海调研发现，青海作为一个拥有众多少数民族人口的大省，在民族文化保护上的力度和行动发展还是显得有些迟缓。

虽然传承和保护少数民族文化成为民族教育领域的热点话题，但是在青海省的具体执行中我们发现，当地没有关于保护民族文化、民族文化进校园的相关政策和规定，各个地方对民族文化资源的开发和管理也很不一致。没有国家关于民族文化进校园的宏观规划，各学校只能依据各自对民族文化的理解和需求开展一些自发性规模较小的活动。譬如在 K 中学，除了每周跳锅庄舞外，K 中学将之前的共青团的文艺表演进行本土性改造成为深受学校师生和当地领导热爱和赞誉的体育文化艺术节。倘若当地教育行政官员和教育研究学者能前瞻性地制定一些青海省地方保护、发扬、传承和开发民族文化资源的相关政策和法则，各地依据地方实施经验献计献策，那么青海省在民族文化资源开发和管理上的发展空间将更为广阔。这一民族文化资源也就有可能成为撬动青海经济快速发展的有力杠杆，加速和推动青海经济、社会与文化等方面的发展和腾飞。

# 第三章 青海省民族地区寄宿制
# 学校管理对策及建议

从前面的章节可知，民族地区寄宿制学校的学校管理是一项涉及校长管理、教师管理、学生管理等方方面面的大工程。要管理好一所寄宿制学校，各个管理环节都不容忽视。结合青海省化隆县 K 中学的调研实际，笔者从以下几个方面对民族地区寄宿制学校的学校管理提出一些对策和建议，仅供参考。

## 第一节 国家层面

### 一、宏观政策上帮扶，因地制宜制定民族地区寄宿制管理政策

#### （一）国家宏观调控，重视少数民族地区基层政策创新，制定具有文化适切性寄宿制政策和法规

国家在制定全国性的教育政策当中很难做到面面俱到，因此有些政策仍存在"一刀切"的现象，尤其是在民族地区的具体实施遇到了很多难以界定的模糊地带。这要求国家在制定政策前，要对我国各个民族地区进行充分的调研论证，尤其是在牵涉各个民族不同的文化信仰和风土人情方面。在实施过程中不能完全一刀切，而应根据当地的地理风貌和群众承受能力循序渐进地推行，以尽量减少政策实施对当地群众的负面影响。

国家主要从宏观政策上引导调控，但在民族地区政策的具体实施中要充分发挥当地专家的能动性，重视少数民族地区基层的政策创新。毕竟对

于当地的教育现状，当地的基层才是真正的专家，他们对于当地民族教育存在的问题、原因以及如何解决都有更为深刻的思考和丰富的经验。譬如青海省在农村寄宿制学校建设工程上的一些政策创新。

为实施农村寄宿制学校建设工程，落实《国家西部地区"两基"攻坚计划（2004—2007 年)》以解决制约西部农村地区普及九年义务教育的瓶颈问题，中央下达给青海省专项资金 4.5 亿元，工程覆盖青海省 27 个"两基"攻坚县的 300 所寄宿制学校。

为了满足青海省农村、牧区教育事业发展和普及义务教育的需要，完成国家寄宿制学校建设任务，青海省教育局组织有关技术专家，总结了近年来学校工程建设的实践经验，对中小学校舍建筑和校园环境进行了典型调研，并广泛征求全省各地关于寄宿制学校建设的意见，了解掌握了大量原始资料。在此基础上，青海省编制了《青海省农村牧民寄宿制中小学建设标准实施细则》，涵盖校舍建设等众多细节问题。同时省教育厅还根据当地办学实际和存在问题，在 2004 年制定了《青海省农村牧区寄宿制中小学管理规程》。这是青海省民族教育历史上第一部教育常规管理条例。后来还制定了《青海省农村牧区寄宿制中小学生活、办公、活动设施装备参考标准》以完善寄宿制学校办公生活用品的采购与装备标准①。因地制宜制定这些省级的政策法规也成为当地推行农村寄宿制学校建设的重要指南。

化隆县 K 中学关于体育文化艺术节的创新也同样值得借鉴。青海省是一个少数民族聚居的大省，当地的各族民族文化资源也贵为奇葩，但遗憾的是当地并没有将民族文化引入校园的任何政策或法规。但该校校长在 K 中学每年例行的共青团宣誓的文艺表演中看到了藏族学生的多才多艺和对民族文化的热爱，便请示化隆县教育局将每年的共青团文艺演出变为了拥有文艺演出、才艺表演、体育竞技多项内容的体育文化艺术节。这一革新深受学生喜爱，也极大地激发了学生的文艺兴趣和对学校学习的积极性。

因此政府在制定全国性的教育政策时，不仅要从宏观政策上予以指导

---

① 杜小明. 青海教育史 [M]. 西宁：青海人民出版社，2006：573 –574.

帮扶，也要重视来自少数民族的基层政策创新，制定更具有民族适切性和文化敏感性的寄宿制相关政策。

### （二）政策制定要充分考虑到民族地区的特殊性，予以相关倾斜和灵活处理

国家在制定和出台民族地区寄宿制相关政策和法规的同时，应充分考虑到民族地区的特殊性，诸如经济发展水平、地理自然环境、民族构成成分及比例、民族风俗文化等。国家在政策拨款和倾斜上仍旧按照藏族自治区和非藏族自治地区区别对待，作为海南、黄南、玉树、果洛等藏族自治区，国家对其投入力度更大，对寄宿制学生生活补助的覆盖面和金额都比化隆县要高出很多。

另外国家在投入力度和财政拨款上仍需考虑到配套性资金的相关问题。青海民族地区的生存环境十分严酷，尤其是寄宿制学校的建设和发展仍存在很多困难和问题。譬如寄宿制学校仅校舍建设一项投入就相当于普通学校的两倍左右。藏区校舍建设成本更高，因为藏区属于偏远牧区学校，气候条件和地理交通条件恶劣，这些地区每平方米校舍建设成本和维护成本比西宁高出40%，使用年限比西宁减少10年左右。因此学校运转成本高，经费投入大。学校取暖时间长，学校人员经费和公用经费的开支远远高出其他地区。而且青海民族地区大多没有支柱性企业，经济发展水平落后。当地由于运输成本、维护成本高等原因仍存在很大的资金缺口，仅靠当地财政补给也难以填补。这也在一定程度上限制了当地的民族地区寄宿制学校基础设施的建设和投入力度。

化隆县作为全国贫困县，当地的财政收入十分有限。因此在这种情况下，落实国家的农村寄宿制学校建设工程，除了国家财政专项工程资金拨款外，仍要加大投入力度，尤其是要充分考虑一些配套性资金的问题。

## 二、完善调整寄宿制学校教师编制问题

在民族地区寄宿制学校中教师编制不是个普遍问题，尤其是生活教

师、管理教师的编制问题。寄宿制学校学生的衣食住行都成了大问题，这些基本的生存问题解决不好，更何谈提高教学质量问题。由于国家制定出台的指导性编制偏紧，有些民族地区合格教师补给困难，更难以保障生活教师编制配给。一些地方县级财政困难，正常支付教师工资的压力比较大，更难以支付生活教师的工资。因此现在对于生活教师的工资，一些民族地区是当地财政支付一部分，学校补贴一部分，也有很多较贫困的民族地区学校如 K 中学，没有生活教师，由教学老师兼任生活教师的职责，这使得寄宿制学校的教师工作量十分大，超负荷运转。

民族地区生活教师的编制配给和工资支付都是大问题，但生活教师的配给对保障寄宿制学生正常的寄宿生活和心理健康都有极大的作用。因此如果国家能制定专门的政策以解决民族地区寄宿制学校生活教师编制及工资支付问题，会在极大程度上改善民族地区寄宿制学校的管理问题。

## 三、充分挖掘民族文化资源，撬动民族地区经济增长

民族地区经济发展落后是制约民族地区基础教育发展的一个重要瓶颈。我国很多民族地区都拥有十分丰富的能源资源和民族文化资源，如何挖掘民族地区的民族文化资源，促进当地的经济腾飞成为一个重要议题。杨莉在《民族区域自治地方经济发展研究》中指出："民族文化的广泛利用，可以缓解民族地区资源、环境与经济增长之间的矛盾，可以改变社会与经济发展相互关系，使社会、经济、环境之间达到协调发展。通过发挥民族文化资源的作用，促进经济增长方式的转变。"[①]

青海自古以来就是多民族的聚居地区，也是中原文化和少数民族文化交融、荟萃之地。它在漫长历史中创造和积累的民族文化具有很高的文化品位和研究开发价值，譬如清真饮食文化、循环撒拉族文化、青藏旅游文化。但较之云南、贵州等民族地区，青海在民族文化资源的开发和利用方

---

① 杨莉. 民族区域自治地方经济发展研究 [M]. 北京：经济科学出版社，2009：197.

面还显得比较滞后。很多学者都指出青海要积极开发民族文化资源以促进当地经济的增长。在《青海蓝皮书 2010—2011 年青海经济社会形势分析与预测》一书《海东地区的经济社会形势分析与预测》一文中，当地政府针对海东地区目前存在的一些问题，从推进高原特色现代农业建设、工业强区、改善民生、着力于宣传推介、加快促进特色旅游业发展等方面提出具体对策建议。其中"着力于宣传推介，加快推进特色旅游业发展"的对策建议极为值得借鉴和学习，即"加强规划，加大投入，聘请全国知名旅游业和专家进行策划考察，并参与开发。充分挖掘旅游资源和民族民间文化资源，加快旅游产业的开发，使之早日成为具有地方特色的新兴支柱产业。以推进 A 级景区项目建设为重点，抓好互助青稞酒产业及土族民俗生态园、北山国家地质森林公园、循化孟达天池、骆驼泉等景区景点项目建设。加快停车场、餐饮、住宿、购物、环保厕所等配套服务设施建设，开发提升旅游精品，努力提升海东旅游业在青海'夏都旅游圈'中的形象和地位。大力开发研制具有地方民族特色的旅游商品。加强旅游管理，规范旅游景点和市场。加强宣传推介，提升'风情海东'的知名度"①。

民族文化资源是一种动态的、非独占的、可再生的精神财富，能立足青海当地的民族文化资源，衍生各种文化产业譬如民族工艺品、民族文化旅游、民族影视业、清真民族饮食文化，都将对青海的经济发展极为有利。

---

① 赵宗福.2010—2011 年青海经济社会形势分析与预测 [M].西宁：青海人民出版社，2011：418 - 428.

# 第二节 学校管理层面

## 一、学校领导者应革新寄宿制管理理念，以人为本多途径扩宽筹资渠道

一所学校的好坏，很大程度上取决于学校领导者的领导和管理，他的领导才能和管理风格影响着寄宿制学校的方方面面。由于我国长期以来的领导体制惯性和诸多历史遗留问题，目前我国民族地区中小学的领导体制仍是硬专家领导体制、集权式领导。学校的领导者往往是精通学校某项专业或技术的专家，所谓的教学科研骨干，而并不精通管理方面的相关知识，更多是凭借个人经验行事。

而且由于管理思想、心态与观念被束缚于传统意识中，学校领导者习惯于传统的经验管理，不愿也不敢进行管理上的任何尝试和创新。在寄宿制学校管理上，"学校安全高于一切"的导向和原则压倒一切，对教师实施高强度管理，唯恐学生出事、闹事，在极大程度上不仅扼杀了学生的自主性和创造性，也扼杀了教师的创造性和积极性。这些学校领导者缺乏与外界交流的机会，也长期以来被动接受教育行政部门的指挥，不结合学校特色自主办学，从而严重影响了学校管理水平的提升。

因为领导者被动保守，过于依赖教育行政部门的指令行事，使得学校的管理在现在市场经济的背景下显得缺乏灵活性和竞争性。从这个角度看，革新寄宿制学校领导者和管理者的管理理念显得尤为重要，鼓励他们要敢于自主和创新，不仅要积极开展多途径多渠道地筹措资金以完成学校的基础建设，更要重视人才，重视管理，在管理上始终恪守"以人为本"的原则，实施人性化管理，用此来留住教师和吸引学生。

## 二、在教师管理上注重人文关怀，关注教师专业发展

与一般学校相比，寄宿制学校对教师提出了更严格的要求。教师不仅要完成本职的教学工作，还要担任其学生监护人的角色和职责，关心和照顾寄宿学生。在民族地区，寄宿制学校条件艰苦，教师超负荷高压运转，教师极易产生职业倦怠感，消极应对工作或流失。面对这种现状，加强民族地区寄宿制学校的教师管理工作变得极为重要。

在心理契约理论中我们得知经济回报、环境支持和人文关怀是教师对学校履行责任最为关注的三点，因此在教师管理中应结合这三个方面加以考虑和重视。

经济回报——由于民族地区环境艰苦，寄宿制学校教师工作量大，很多学校因为基础设施差、经费紧张，连教师宿舍和食堂都无法提供。K 中学便是如此，这样给寄宿制学校的教师生活带来极大的不便。因此国家针对民族地区寄宿制工程时应将保障和改善教师基本生活纳入基础建设体系，同时也应提高民族地区教师薪酬和福利待遇。除此之外，在教师的绩效工资动态考核中，作为教育局和学校在具体考核指标的设计中，应对寄宿制学校教师的工作量酌情考核，加大对教师师德、敬业、责任心、爱心等软性指标的考核比重，相应减轻教师的科研要求和一些较为琐碎的考核指标的比重，应以激励为主，避免挫伤教师的工作积极性和对民族教育的热情。

环境支持——民族地区交通不便，信息闭塞，在教师管理中还要给予教师一定的环境支持。这种环境支持主要表现为两方面，一方面是为教师提供良好的工作环境和丰富的教学资源，如教学辅助仪器设备、教学教案材料、多媒体教学设备、教师电子阅览室等。这些教学资源的提供可以保证教师仍能不断进行学习和充电，更新自己的教学知识和教学方法，以更好地促进教学工作。另一方面是在学校内营造民主平等、和谐尊重、进取向上的人际关系和工作氛围，学校应尊重教师人才，关注教师内在需求，校领导应积极与教师沟通交流促进良性互动，争取用感情留人，使教师在

民族地区的艰苦教学中能感受到尊重与重视，获得满足感和成就感。

人文关怀——近年来关于教师生存状况的调查层出不穷，大部分调查都显示教师普遍面临着教学质量和升学率的压力，身体处于亚健康状态。民族地区寄宿制学校的教师更是心理重灾区，不仅有提高教学质量的压力，还要保障寄宿制学生的安全。民族地区各种教学资源又较为贫乏，这使得当地教师的生存状态十分窘迫。因此加强对教师的人文关怀具有极强的现实意义，不仅要关注教师的现实性生命，还要关注教师的职业性生命。前者应侧重对教师工作量和压力的调整，加强教师体检、缓解教师心理压力。后者应对教师的专业发展予以重视和支持，尊重教师的意见和感受，关注教师职业发展需求并给予学校部分经费支持；加强教师培训，让民族地区的教师也能通过远程教育等现代化教学手段不断更新教学理念和教学方法，与时俱进。只有在这样一种立足于教师的尊严独立、自由的基础上，给予对教师生存和发展的关注，才能不断提高教师的生活质量；同时也能不断提升教师的成就感、价值感和满意度。

## 三、在学生管理上关注学生需求，加强学生自主管理

马斯洛（Abraham Maslow）的需要层次理论告诉我们，人的生理需要和安全需要是最基本的需要，而后是爱与归属的需要、尊重需要和自我实现需要。只有低级需要基本满足后，才会出现高一级的需要，只有所有的需要相继得到基本满足后才会出现自我实现的需要。在民族地区，寄宿制学校的学生生存状况堪忧。很多偏远民族地区由于当地经济落后，财政收入紧缺，学校经费紧张，提供给学生的寄宿环境都极为恶劣。住宿环境破败，食堂拥挤简陋，没有澡堂、开水房、医务室等基础配套设施。如果连基本的住宿和吃饭问题都无法妥善解决，又如何谈提升教学质量、振兴民族教育的远大目标呢？

因此在民族地区寄宿制学校的学生管理中，应遵循马斯洛需要层次理论的相关思想，关注学生各个层次的需要加以满足。

首先，就满足学生的住宿和吃饭需要而言，国家和学校都应加大对民

族地区寄宿制学校基础设施的投入，保障寄宿制学校有充足的宿舍、食堂、澡堂、医务室等基本设施，能妥善解决寄宿制学生的基本温饱问题。

其次，要关注寄宿制学生的各种社会性需要。积极组织开展各种文艺活动，充实学生的课外时间。寄宿制学校也要配备足够的生活教师和心理教师，关注学生生活心理动态变化，主动与学生交流，遇到有心理困扰或严重障碍的学生要多加关注，及时予以干预和指导帮助。

最后，学校领导、教师要更新寄宿制管理理念，重教育引导而不仅仅是看管，尊重学生和相信学生的主观能动性。在平时的教学互动和生活交流中对学生鼓励、信任，充分相信学生的创造性和能动性，引导学生在学校的宏观管理上进行自主管理。

课程与教学篇

# 个案三

## 民族基础教育课程政策执行的文化分析
### ——以贵州省雷山县为例

## 概　　要

当前民族基础教育课程政策，一方面体现了多主体、多层次的特点，另一方面无论在数量还是内容上又显得比较单薄，尤其是单一的、专门针对民族基础教育课程管理的政策还比较少。在课程政策的目标上，对于多元文化的重视程度也不够，特别是离培养具有多元文化交际能力、能够适应多元文化社会发展、具有多元文化视野的新世纪人才的要求还有一定的距离。

本研究以贵州省雷山县为个案，试图通过理论和实践两个方面的研究，对民族基础教育课程政策执行与当地民族文化之间的关系进行初步的探讨和分析，一方面展示并进一步分析当前民族基础教育课程政策执行过程中对民族多元文化的重视程度以及文化在其中的影响力；另一方面，也希望通过本研究，能够引起人们当前和今后在民族基础教育课程政策研究中对民族多元文化的重视与关注，为民族基础教育课程政策决策和执行提供理论参考和依据。

本研究在对国内外相关研究理论进行阐述的基础上，以结构功能主义和多元文化课程理论为理论依据，以已有民族基础教育课程政策的层次内

154

容、主体目标等为现实依据，展示当前民族基础教育课程政策执行研究中对文化的关注程度以及存在的不足之处，并最终从文化环境、组织文化和文化思维三个方面建构课程政策执行文化分析的视角与框架。在此基础上以贵州省雷山县为个案，着重对其民族基础教育课程政策执行的现状和影响因素进行文化上的分析，指出政策的总体效果、执行主体与方式、执行经验与困难、执行的文化诉求等。

本研究的结论和主要观点有以下几点。

在民族基础教育课程政策执行中，一方面要综合运用民族学、教育学、政策学和文化学的知识原理来加以指导，另一方面还要看到文化、价值观在民族基础教育课程政策执行中的影响。

就执行主体而言，一方面体现了政策执行方式的"双重性"，即兼有自上而下和自下而上两种方式，另一方面也反映了执行主体构成的"民族性"——少数民族成员是政策执行的主体。就执行方式而言，无论政策在阐释的依据、宣传动员的方式还是执行过程所运用的手段等都带有很多民族文化的烙印。就政策的执行经验和困难而言，一方面很多经验都是基于当地的特殊社会文化背景而产生的，另一方面特殊的文化和社会背景同样给课程改革和地方课程的实施带来了实际的执行困难。

就民族基础教育课程政策执行的影响因素而言，文化环境、组织文化和文化思维都给民族基础教育课程政策在当地的执行带来直接或间接的影响。

所以，同其他任何民族基础教育政策一样，民族基础教育课程政策在执行过程中必须要考虑到民族地区实际的社会、经济和文化背景。也就是说，在民族地区的基础教育课程政策的执行工作中要注意当地的文化状况，开展文化适宜的民族基础教育课程政策执行工作。

# 绪　　论

## 一、研究的缘起

对民族基础教育政策与文化之间关系的关注，已经成为民族教育以及民族教育政策中不可忽视的重要内容，理应引起人们的关注与重视。当前国际社会在教育政策研究，特别是民族教育政策研究中也十分关注这一问题。本研究以贵州省雷山县民族基础教育课程政策为例，对民族基础教育课程政策与当地民族文化之间的关系进行初步的探讨和分析，一方面展示民族基础教育课程政策研究中人们对民族多元文化的重视与关注，另一方面也想以此为指导，探寻当前民族基础教育课程政策中对民族多元文化的重视程度以及文化在其中的影响力，从而为现实的民族基础教育课程政策决策和执行提供理论参考和依据。

就本研究的实践意义来说，民族教育政策与文化之间的关系是民族教育政策研究的重要考虑因素之一。在本研究中，关于民族基础教育中课程政策执行与文化之间的关系也同样如此。它将通过对民族基础教育课程政策中文化因素的考察，了解民族教育政策与文化的关系和文化在其中的作用力，从而引起人们对多元民族文化的重视以及在政策过程中的实际运用，从而一方面提高民族基础教育课程政策执行的科学性和合理性，提升民族基础教育课程质量与教育教学质量，另一方面也把对民族文化的尊重与保护切实地体现在民族教育工作的方方面面，把民族多元文化意识与民族教育以及民族教育政策结合起来，这对促进民族教育发展，保护民族文化，促进民族团结等都具有重大的现实意义。

## 二、研究的主要内容

在本研究中，主要开展两个方面的研究工作：一是理论研究，主要通过查阅相关文献的方法，进行理论上的阐述与思考；二是实证研究，主要通过实地调查的方法，进行民族基础教育课程政策现状的调查。

本研究的框架和主要内容如下。

绪论是对与本研究有关的问题进行阐述，主要涉及研究的缘起、研究的主要内容和研究的方法，等等。

第一章的主要内容涉及核心概念界定和相关研究的文献梳理。首先是对本研究的核心概念——教育政策、民族教育政策、民族基础教育课程政策等进行界定，为后面的研究奠定基础；其次是通过收集整理前期相关的研究成果，对有关研究进行历史梳理和总结，掌握国内外关于公共政策、教育政策、民族教育政策以及民族基础教育课程政策研究的相关情况，明晰本研究的价值方法和创新点，为本研究中课程政策的文化分析视角与框架的确立奠定理论基础。

第二章是文化分析视角的确定以及整个框架的建构。首先对公共政策分析领域中结构功能主义以及课程改革领域中的多元文化课程理论进行简单的阐述，发现其中的优点和理论缺失，从理论上为本研究框架的建构提供必要性与可能性基础；其次，通过对已有的课程政策的决策背景和文本内容进行文化上的分析，展示其对文化的关注程度以及存在的不足之处，为本研究框架的确立提供现实依据；最后，在以上理论依据和现实依据的基础上，尝试从文化环境、组织文化和文化思维三个方面建构课程政策执行文化分析的视角与框架，为以下的研究提供框架与理论上的支撑。

第三章主要是对本研究的个案点——贵州省雷山县民族基础教育课程政策执行的现状进行文化分析。首先通过实证研究，对个案点的自然、社会、教育情况进行简单介绍。其次通过实证研究（访谈），呈现当前民族基础教育课程政策执行取得的总体效果、政策执行主体与方式、政策执行中的经验与困难等，并且着重分析以上各个方面与民族文化之间的密切关

157

系，或者说是文化在其中所扮演的角色与起到的作用。最后，一方面揭示和发现其中的现状与不足，说明文化对民族基础教育课程政策执行的影响"已然"存在；另一方面，也为第四章的影响因素分析提供基本的事实依据。

第四章是对民族基础教育课程政策执行影响因素的文化分析。主要从文化环境、组织文化、文化思维等三个方面进行理论上的探讨，一方面试图在第三章"现状研究"的基础上，进一步说明文化在民族基础教育课程政策执行中的影响力；另一方面，也从本研究的理论视角出发，进一步从影响因素的角度系统地提炼出民族基础教育课程政策执行中文化的重要性和政策执行过程中的文化诉求，为以后的理论研究和实践操作提供建议和意见。这也是本研究的最终归宿和目的所在。

结语部分将对本研究的主要内容和结论进行进一步的总结提炼，强调民族基础教育课程政策执行中的文化现状以及文化诉求，再次点明主旨和研究的主要内容。

# 三、研究方法

本研究拟打破以往人们对民族基础教育课程政策的固有观念，通过实地调查，来证明民族基础教育课程政策与文化之间的密切关系，探索现有民族基础教育课程政策中对文化因素的关注程度，并尝试解释其中的原因。

本研究主要创新点：从对以往国内外研究的文献梳理来看，以往关于民族教育政策的研究中，对"文化"的关注程度是不够的，也是不充分的。因此，对于民族基础教育课程政策的研究，必须要切入到当地的教育一线和具体的课程政策制定、实施的具体文化环境中。

在该研究中，主要使用了以下方法。

1. 文献法。首先是通过收集整理前期相关的研究成果，对有关研究成果进行历史梳理和总结，掌握国内外相关研究的开展情况，明晰本研究的价值所在和创新点；然后查阅我国国家以及贵州省雷山县出台的民族基础教育课程的相关政策，包括法律、法规和政策文献等。一方面为开展理论研究提供文献基础，另一方面为下一步研究中开展政策文本的分析提供文本基础。

2. 调查法。主要是访谈调查法，对涉及的雷山县民族基础教育课程政策中相关的人员进行访谈。访谈对象涉及当地的教育官员、教研人员、学校领导、教师、学生等；另外，根据研究的需要，研究中还将对社区内的有关人士进行非结构性的走访调查，包括家长、社区领袖、当地文化精英（宗教人士、村寨老人、民间艺人）等。访谈和调查的方式主要有一对一访谈、焦点团体式访谈、开放式访谈以及入户调查等。主要目的一是了解课程政策过程中的文化影响因子，以便为我们的理论研究提供例证；二是要通过广泛的实践调查和研究，发现当地民族基础教育课程政策与文化之间的密切关系以及文化在其中的影响。

# 第一章　核心概念界定与研究综述

教育政策是一项伴随教育行动全过程的动态政策系统。一方面，其表达了政府和统治者对教育活动与行为的期许；另一方面，它又不断受到来自社会的、经济的、教育的、文化的因素的影响，处于动态的调整、适应、平衡之中。对教育政策的研究，最早是从公共政策领域的专家开始的。

民族教育政策是指针对民族教育发展中所出现的、需要通过政府协调解决的公共教育问题而制定、实施并形成的特殊教育政策。民族教育政策既是国家民族政策的重要组成部分，又是国家整个国民教育政策体系中的特殊部分；既有民族性，又有教育性；既是公共政策的一部分，又不同于其他的公共政策。民族基础教育中的课程政策是民族教育政策的重要组成部分。与民族教育政策一样，民族基础教育课程政策除了具有公共政策和国民教育政策的一般特征以外，还具有民族性、发展性和文化性。

## 第一节　核心概念界定

在正式展开本研究之前，有必要首先对研究中的一些基本概念进行阐释和说明。

### 一、教育政策

民族基础教育课程政策属于教育政策中的一种，除了具有其自身的一些特点之外，它还具有一切教育政策所共有的一些特点。因此，首先有必要对什么是教育政策作一个简单介绍。那么什么是"教育政策"呢？不同的研究者有不同的看法。

在 E. R. 克鲁斯克（Earl Roger Kruschke）和 B. M. 杰克逊（Byron M. Jackson）主编的《公共政策词典》中，把教育政策定义为"与人们获取知识和职业技能的过程有关的政府法规和程序。它是一个民族未来智力和科学进步的基础"①。此外，我国有学者把教育政策界定为"是政府为了解决教育方面的公共问题和实现一定的教育目标，通过决策和计划，对全社会的价值做权威性的分配而采取的一系列行动"②。可见，第一种定义的范围比较宽广，侧重于把教育政策作为一种法律的程序来看，其目的是为民族的未来和科学的进步奠定基础。后一种定义的视线则比较具体，侧重于把教育政策作为一系列的价值分配的行动来看。事实上，关于教育政策，目前还没有一个统一的定义。每个研究者都可以根据自己研究的需要对其进行符合自身研究实际的"界定"。关于这一点，美国学者依根·古巴（Egon. G. Guba）的研究也许可以给我们提供借鉴和参考③。在他的研究结果的基础上，我们可以得出这样一些关于"教育政策"的主要认识和界定。第一，教育政策是一个集目标、行动准则和经验建构多个层面意义在内的、具有多种价值倾向的定义。第二，没有一种明确的关于教育政

---

① E. R. 克鲁斯克，B. M. 杰克逊. 公共政策词典［M］. 上海：上海远东出版社，1992：97.

② 李孔珍，洪成文. 教育政策的重要价值追求——教育公平［J］. 清华大学教育研究，2006（6）.

③ 美国学者依根·古巴概括了政策的 8 种定义：1. 政策是关于目的或目标的断言；2. 政策是行政管理机构所作出的积累起来的长期有效的决议，管理机构一方面，可以对它权限内的事务进行调节、控制、促进、服务，另一方面，也对决议发生影响；3. 政策是自主行为的向导；4. 政策是一种解决问题或改良问题的策略；5. 政策是一种被核准的行为，它被核准的正规途径是当局通过决议，非正规途径是逐渐形成的惯例；6. 政策是一种行为规范，在实际行动过程中表现出持续的和有规律的特征；7. 政策是政策系统的产品：所有行动积累的结果、决议，在官僚政治中成千上万人的活动，从政策进入议事日程到该政策生效整个周期的每个环节，都在产生、形成着政策；8. 政策是被当事人体验到的政策制定和政策实施系统的结果。在这 8 种定义的基础上，古巴具体分析了不同的政策定义以及产生的不同结果，把以上定义区分为目的性政策、行动性政策和经验性政策。他大致上认为，目的性政策离行动的距离比较远，相当于一种"方针"、"指导思想"、"规则"；行动性政策则相对离行动较近，是一种"期望"、"准则"；经验性政策离行动最近，甚至就是在行动过程内部产生和界定的（参见依根·古巴. 政策的定义对政策分析的性质和结果的影响［J］. 教育领导，1984（10））.

策的定义，不同的人根据不同的研究和实际需要，可以界定自己研究中的教育政策。"只要政策的提议者能为他（们）的特殊目的找出一个合理的依据，那么，这样的政策定义就必须被承认"①。第三，选择一种教育政策定义，对开展研究工作来说，是有必要的。因为它代表了研究者的价值取向和研究中的材料收集、材料来源、研究方法以及最终结果的形式等。

## 二、民族教育政策

在了解什么是教育政策以及教育政策的若干特征之后，我们再来进一步探讨什么是民族教育政策，它与教育政策之间又是怎样的一种关系等问题。金东海在主编的《少数民族教育政策研究》一书中认为："中国少数民族教育政策是指党和国家为实现少数民族教育事业发展目标和任务所制定的行动准则，是党和国家制定的关于发展少数民族教育事业的政策体系。在内容上包括党和国家制定、发布的发展少数民族教育的方针、任务、领导管理制度、目标、规划、具体措施等；在形式上有各种条例、规章、决定、细则、指示等；在层次上，既包括党和国家制定的发展少数民族教育的总政策，也包括民族地区各级地方政府为贯彻党和国家的总政策而制定的、在本地区范围内实施的发展民族教育的地方政策。"② 可见，民族教育政策和普通教育政策相比，至少具有这样几个方面的特殊性。第一，民族教育政策的对象是民族教育，是党和国家为发展民族教育而采取的行动准则。第二，民族教育政策既包括国家层面的民族教育政策，又包括地方层面的民族教育政策。第三，正如王鉴所言："民族教育政策制定的根本目的是根据国家不同民族群体的不同需求进行利益分配，并以此协调各民族之间的关系。我国民族教育基本的、关键的政策领域都以人为本、教育公平、效益优化、均衡发展等为其基本价值。"③ 民族教育政策

---

① 袁振国. 教育政策学 [M]. 南京：江苏教育出版社，2001：263.
② 金东海. 少数民族教育政策研究 [M]. 兰州：甘肃教育出版社，2002：2.
③ 王鉴. 我国民族教育政策体系探讨 [J]. 民族研究，2003 (6).

的价值取向是公平和均衡的，是立足于民族教育发展实际，从以人为本和社会公平的角度对民族教育发展给予的特殊性教育政策，因此，民族教育政策体现出明显的"民族性"特征。第四，民族教育政策的"民族性"内在的要求决定了民族教育政策的"文化性"，也就是说，民族教育政策在落实的过程中，必须注重"民族"二字所体现的文化内涵，把民族所特有的文化、环境等体现出来并合理运用。第五，民族教育政策的"民族性"和"文化性"并不是说民族教育政策一味地从民族和文化的角度思考和解决问题，同普通教育政策一样，民族教育政策必须要致力于民族教育质量的提升和民族教育的大发展和大进步，因此，从这个意义上说，民族教育政策还应当具有"发展性"的特征。

## 三、民族基础教育课程政策

民族教育政策是一整套完整的政策体系，其中包含了很多具体的政策规定。不同学者从不同角度进行不同的划分。如王鉴等人的研究认为，民族教育政策的内容体系应该分为两种类型。一是特殊性政策。具体包括民族教育的办学自主权政策、民族教育的双语教学政策、民族教育的多元文化课程政策、民族教育师资培养政策、民族教育的管理与评价政策五种类型。二是优惠性政策。包括民族教育经费投入的优惠政策、民族地区义务教育的优惠政策、民族地区高等教育的优惠政策、民族地区教育基础设施建设的优惠政策①。

而王玲等人的研究则是从一般教育中的"课程"领域出发，把课程研究分为课程设计范畴、课程政策范畴和课程实施与评价范畴三个研究领域。其中第一个领域主要探讨课程的本质、价值、制定基础和彼此的关系；第二个范畴主要探讨哪些人根据哪些知识，通过什么样的程序，作出哪些层次和包括哪些要素的课程决定；第三个范畴主要探讨个别或者一组

---

① 王鉴. 西部大开发背景下的民族教育政策问题 [J]. 西北师范大学学报（社会科学版），2003（5）.

课程设计与制作过程中所需资源以及对这些过程进行评价的过程①。在这里，课程政策作为课程研究的一个范畴，主要探讨的是课程的知识选择与层次的问题。

可见，结合以上分析，从本研究的实际需要和情况出发，我们倾向于把本研究中的民族基础教育课程政策的特征概括为这样几个方面。

第一，民族基础教育课程政策应该是属于民族教育的特殊性政策。民族地区的基础教育课程政策，要把民族基础教育课程管理与其他地方的课程管理区分开来，充分尊重民族地区的文化多元性，在文化多元的背景下进行基础教育的课程设置与课程管理。

第二，民族基础教育课程政策又不能违背国家整体的基础教育课程政策宗旨与要求，要尊重与体现全国性的基础教育课程改革的相关理念，通过政策的形式，把新课程改革的理念融入民族教育的课程设置、教学和管理之中。

所以，在本研究中，我们主要关注两个方面的民族基础教育课程政策范畴。一是，多元文化课程政策。这实际上就是从民族地区的文化背景和实际出发，有目标和针对性地开展与实施民族地区的地方课程与校本课程，并根据当地的实际状况进行文化适宜性的课程实施和教学。主要包括民族民间文化进校园、双语教学等与课程内容或者执行方式有关的政策规定。二是，基础教育新课程改革政策。这也就是说，民族基础教育课程应该反映与体现全国范围的基础教育课程改革的相关规定，在民族地区和民族学校开展新课程改革。因此，所有与新课改有关的政策规定及其实施情况也是本研究考察的范畴之一。

总而言之，民族基础教育课程政策应该是课程的内容与方法、特殊性与普遍性融为一体的课程政策。其中的多元文化课程既是民族基础教育课程政策的内容范畴，又体现了它的特殊性。而新课改则是它的方法范畴，体现了它的普遍性。本研究所考察的民族基础教育课程政策应该包括这样

① 王玲．课程政策的意识形态研究［J］．山东师范大学学报（人文社会科学版），2008（3）．

两个方面的内容在内。从特殊性的角度来看，民族基础教育课程政策实际上是从多元文化的视角来处理文化与课程之间的关系，是文化与课程关系在民族教育课程政策中的特殊体现；从普适性的角度看，民族基础教育课程政策又是从学生主体的视角来处理教与学的关系，是教师和学生关系在民族教育课程实施中的体现。因此，在研究过程中，不仅要对宏观政策的目标和向导进行研究，而且要注重考察政策行为过程中各个层面的行动情况，特别是在这其中的地方性文化的影响程度。

## 第二节　国内研究现状综述

### 一、对一般教育政策的研究

#### （一）对某项教育政策的个案研究

有学者通过对"两免一补"教育政策背景的研究指出，"两免一补"教育政策的实施，降低了儿童的辍学率，并且在农村形成了一种刺激和推动农村教育发展的良好环境氛围。减轻了农民负担，充分利用了教育资源，使得学生能够正常就读，也调动了教师的工作积极性。但是，也存在实际下发资金有限，难以解决贫困家庭子女上学难的问题，学校的办学经费一时难以解决，时间紧、任务重、操作难度大以及操作不规范等现象。为此，必须要加大教育投入，特别是重点解决好地方经费投入不足的问题①。

此外，还有专门对免费义务教育政策的研究认为，"义务教育全面纳入公共财政的保障范围，这是我国义务教育发展史上的里程碑。全部免除学杂费充实了义务教育的内涵，对我国义务教育实践具有重要意义。目前，我国处于社会转型期，义务教育实践出现变化快，多样性和复杂性的

---

① 潘磊．"两免一补"教育政策的调查思考与建议——以广西恭城、龙胜县为例［J］．社会科学家，2008（5）．

特点"。因此，针对这种情况，《教育发展研究》从 2009 年第 1 期开始，陆续刊载东北师范大学农村教育研究所有关人员的相关研究成果，主要从免费与收费、免费与补助、经费预算编制的公平与效率、经费使用中的秩序与活力、公用经费中的分类核定等方面，对免除义务教育阶段学生学杂费政策与实践中的问题进行了系列探讨。

### （二） 对教育政策过程的研究

对政策出台前的有关问题的研究。李孔珍等人的研究认为，"教育政策的出台是教育政策议题进入教育政策议程和教育政策制定的结果，意味着将在一定时间内投入一定的人力、物力和财力，采取一系列的行动，对利益群体的利益重新进行权威分配，以解决教育政策问题。因此，教育政策出台是一件需要慎重思考的大事。教育政策出台前需要思考两个关键问题：一是即将出台的教育政策对需要解决的政策问题的针对性，这是教育政策是否有可能解决真正的教育政策问题的核心影响因素；一是教育政策执行的可行性，这是教育政策能否有效执行的前提条件"①。

对政策执行过程的分析研究。邓旭的研究认为，"教育政策分析不但要注重内容分析，还要注重过程分析。在过程分析中不但要注重制定和评估，还要注重执行分析。教育政策执行有经典的两元路径，即自上而下和自下而上。但这两种纵向路径并不能完全涵盖和解释教育政策执行中的所有问题。在此基础上，作为对教育政策执行路径的有效补充，从自下而上的路径中横向分解出由内及外和由外及内的路径"。并且认为，分离出来的这两种研究途径，"对于多数教育政策具有很强的应用价值，它们形成了教育政策执行的网状图式，保证了教育政策执行中的公众参与和政策效能的实现"②。

对教育政策评估的研究。石火学的研究认为，在教育政策的评估中，存在着一些实际性的障碍，包括教育政策目标难以明确；教育政策效果难

---

① 李孔珍. 教育政策出台前的关键问题 [J]. 教育导刊，2008 (2).
② 邓旭. 教育政策执行的四重路径 [J]. 江西教育科研，2007 (5).

以确定；政策信息系统不完备以及评估资源和人才缺乏；有关部门和人员的抵制以及评估者主观动机的错误；评估标准和评估方法单一化，等等。因此，要进行较为科学、有效的教育政策评估，主要可以从以下几方面着手改进：培养专业人才，建立专门的评估机构；加强对教育政策评估经费的投入；引入和加强教育政策评估的理论方法和研究工作并举；建立和健全教育政策的信息管理系统；构建评估指标体系，完善评估方法等①。

### （三）　对教育政策价值取向的研究

蔡军的研究认为，"现阶段应该是教育政策价值从实然价值向应然价值的回归转型时期。因此，要根据实际的情况进行教育政策的价值调整，处理好效率优先和公平优先的关系"。在这个基础上，分析了新中国成立以来各个不同历史时期教育政策中对效率和公平问题的处理措施，最后指出当前新时期中国教育的价值取向应该是建立在新的社会背景下的，面向社会各个阶层、惠及各个群体的公平②。

### （四）　对教育政策体系形成过程和内容的研究

杨润勇等人对我国素质教育政策体系的形成过程进行了系统的研究。他们认为，从我国素质教育政策形成的时间顺序和政策介入的程度来看，素质教育政策形成大致经历了教育政策初步介入、教育政策导向明朗、政策体系框架形成三个阶段。当然，在这项政策的形成过程中，也出现了很多问题。主要有：缺乏必要的专业调查和理论研究；政策决策过程中缺少对政策方案的充分论证；政策运行过程中缺少专家咨询评估作用的有效发挥。这些因素在很大程度上影响着整个素质教育政策体系的质量、政策内容的规范化程度和素质教育政策的有效执行。在具体分析了素质教育政策的内容和体系之后，研究者指出了该政策体系内容中的问题，主要有：教育政策问题的动态扩大化，即从"解决具体难题"到"万能化"；涉及政

---

① 石火学. 教育政策评估的障碍分析与思考 [J]. 当代教育论坛, 2006 (9).
② 蔡军. 当代中国教育政策的价值选择 [J]. 教育导刊, 2009 (1).

策目标团体的扩大化，即政策目标从教育理想转化为社会理想；素质教育政策遭遇众多相关人员抵制的必然性，是因为其由"应试"向"素质"转化的趋向；政策实施层面上，素质教育政策的目标也不是十分明确。此外，素质教育政策体系还有待于进一步细化完善，即政策的相关配套措施还没有完全配套。因此，针对目前素质教育政策体系和内容中的问题，研究者认为，应当对素质教育政策的内容进行调整，并着力完善素质教育的政策体系建设[1]。

### （五）对教育政策理论的研究

有研究者在对已有教育政策研究文献的描述和整理的基础上，分析了教育政策研究的基本主题、特点以及发展方向。指出，教育政策的研究可以分为对备选方案进行分析的教育政策研究；指向教育政策及其过程本身的研究；致力于提出政策备择方案的教育政策研究三种类型，并对各种类型的特征进行了分析和研究。最后提出要在我国教育政策中推动和发展各种类型的教育政策研究，要不断探索如何平衡应用性和学术性之间的张力等[2]。

此外，还有研究者从制度分析的框架入手认为，"政策的本质以及它与制度的关系模式决定了教育政策制度分析的必要"。因此，"教育政策的制度分析框架应将教育政策纳入到与教育制度关联的关系模式中，放入教育制度变迁的大背景中进行考察"。在此基础上，提出"教育政策的制度分析应该是方法论整体主义和个人主义的统一，而实现连接的桥梁则是对行动者策略行为的充分关注。作为方法论的制度分析，它的特点主要表现在对教育制度差异的敏感性，注重制度发展史，关注观念与意识形态等心智结构因素对制度发展的影响；教育政策的制度分析的最终落脚点在于对教育政策制度伦理公正的考量。教育政策的制度分析框架是建构的、开放

---

[1] 杨润勇. 关于素质教育政策体系、内容的政策学分析与建议 [J]. 教育理论与实践, 2006 (5).

[2] 卢乃桂，柯政. 教育政策研究的类别、特征和启示 [J]. 比较教育研究, 2007 (2).

的，同时作为一种方法论它又是有限度的"①。

而赵爽等人对教育政策执行研究进行的反思和质疑认为，"教育政策执行是教育政策研究的重要组成部分。我国教育政策执行研究极度匮乏，主要原因在于：教育政策执行研究的多学科属性导致该研究的问题归属不明、不具备长时段追踪研究的组织制度保障、本土理论缺失等"。因此，"开展教育政策执行研究需要解决研究内容、研究方法以及研究主体三方面的问题"②。

## 二、对民族教育政策的研究

### （一）对民族教育政策特点的研究

徐杰舜、吴政富等对新中国成立以来我国民族教育政策进行了系统的研究认为，"民族教育政策是我国民族总政策和教育总政策体系中不可或缺的有机组成部分"。新中国民族教育政策具有导向性、变迁性与相对稳定性、民族性与灵活性、继承而又与时俱进性、全面性、整合性与配套性、系统性、权威性、相关性、人本性、相对主观性等一系列显著特点③。

### （二）对民族教育政策现状的研究

研究者们认为，目前我国民族教育政策存在着体系不完善、内容比较抽象、可操作性不够强、观念相对滞后、特色不够鲜明等缺陷。为此，"在其政策发展和完善过程中，应注意在教育目标的选择上以现代化为目标，突出民族教育的先导性；在教育改革和发展的指导思路上，应坚持社会功能与经济功能并重，并适度向经济功能倾斜；在教育增长方式上坚持速度、效益并重，并逐步转入以提高效率为主的轨道；在教育整体结构

---

① 张烨. 教育政策的制度分析：必要、框架及限度 [J]. 复旦教育论坛，2006 (6).
② 赵爽. 我国教育政策执行研究现状分析 [J]. 当代教育论坛，2007 (9).
③ 徐杰舜，吴政富. 试论新中国民族教育政策的特点 [J]. 当代教育论坛，2006 (8).

中，要突出职业的地位和作用；同时，要加强民族教育政策的立法工作，注意民族特色"①。

### （三）对民族教育政策价值取向的研究

有学者研究指出，"我国少数民族教育政策未来的重心转移将从'优惠性政策'向'特殊性政策'转变"。因此，少数民族教育政策必须要关注少数民族教育中的多元文化和双语等特殊问题，"这也是我国民族教育在重数量问题基本解决的基础上，向重质量转移的一个标志"②。

### （四）对民族教育政策文化的研究

有研究认为，应当立足社会主义和谐文化建设理论，发展民族教育政策，并指出，社会主义和谐文化建设理论的核心是"坚持以社会主义核心价值体系引领社会思潮，尊重差异，包容多样，最大限度地形成社会思想共识"。因此，必须要在中国传统文化"大一统"和"和而不同"的特征基础上，尊重文化差异，包容多样，共同建设和谐的社会主义民族教育政策③。

## 三、对民族基础教育课程政策的研究

### （一）关于课程政策实施现状、问题、原因的探讨

夏雪梅对新课程政策实施现状进行了研究认为，"自上而下的课程政策在实践中往往表现为'新旧交杂的混合体'。政策实施研究的不同传统对这一现象有迥异的评判标准、解释和解决方法。弥合政策与实践之间的

---

① 冯玺，李磊. 我国民族教育政策现状及对策的探讨 [J]. 湖北社会科学，2007 (3).
② 王鉴. 试论我国少数民族教育政策重心的转移问题 [J]. 民族教育研究，2009 (3).
③ 许可峰. 社会主义和谐文化建设理论与民族教育政策发展 [J]. 民族教育研究，2009 (1).

鸿沟需要同时理解这一现象所带来的积极和消极意义"①。杨建忠在《少数民族地区农村基础教育课程改革中的问题与对策》一文中认为，少数民族课程改革中的主要问题有教师教育思想观念转变不到位等六个方面。据此，提出应该加强舆论宣传，动员社会参与等一系列建议措施②。王智超等人从教育政策执行滞后的问题思考，认为在教育政策执行中，之所以会产生执行滞后的情况，主要原因有："第一，教育政策执行主体与教育政策制定主体的博弈是导致教育政策执行滞后的主要因素；第二，教育政策执行环境差异是导致教育政策执行滞后的另一重要因素；第三，教育政策执行环节缺失也是引发教育政策执行滞后问题的原因之一"③。由此可见，应该加强教育政策执行中主客体之间的对话，从具体的政策执行环境出发，对教育政策执行加以具体的、符合文化性的分析。这一情况同样适用于课程政策的执行。

## （二）关于课程政策的历史演变研究

祁进玉等人系统梳理了新中国成立以来，少数民族课程政策的演变：在 1949 年颁布的《中国人民政治协商会议共同纲领》中关于"中华人民共和国境内各民族一律平等"，"人民政府应帮助各少数民族的人民大众发展其政治、经济、文化教育的建设事业"的规定指导下，明确提出少数民族教育的总方针是：少数民族教育必须是新民主主义的内容，即民族的、科学的、大众的教育。1951 年召开的第一次全国民族教育会议明确规定：凡有现行通用文字的民族，如蒙古、朝鲜、藏、维吾尔、哈萨克族等，小学和中学各科课程必须用本民族语教学。1956 年，第二次全国民族教育会议提出少数民族教育要赶上汉族水平，在少数民族地区有步骤地开展扫

---

① 夏雪梅. 保守还是进步——对课程政策实施中"新旧交杂"现象的分析 [J]. 当代教育科学，2008（18）.

② 杨建忠. 少数民族地区农村基础教育课程改革中的问题与对策 [J]. 民族教育研究，2007（3）.

③ 王智超，杨颖秀. 教育政策执行滞后问题的深层思考 [J]. 教育理论与实践，2009（6）.

盲工作和实行普及小学义务教育。1980年，《关于加强民族教育工作的意见》规定，凡有本民族语言文字的民族，应使用本民族的语文教学，学好本民族语文同时兼学汉语文。民族教育的课程由单一设置语言课程向语言课与文化课相结合过渡。20世纪80年代后，我国已从课程内容与体系上开始探索多元文化共存下少数民族教育发展的新路子，以多元文化教育作为一种形式和手段加速少数民族教育事业的发展。1986年，成立了全国中小学教材审定委员会，制定了中小学教材审定标准，并鼓励作者、集体和个人编撰教材。有关省、区还相继成立了少数民族文字教材协作组织。1999年，国家正式提出试行国家课程、地方课程和学校课程三级管理体制[1]。

### （三）关于课程政策的价值取向研究

王鉴的研究认为，应该在民族教育中确立多民族与多元文化课程政策。应该把多民族与多元文化共存的理念引入课程中，要帮助学生从自己文化的角度和其他文化的角度来观察自己民族的文化，理解异族文化[2]；伍建全等人从课程政策取向的角度研究后认为："课程政策是在不同的价值取向指导下的政策行为，不同的课程政策取向制约着人们确立不同的课程政策目的、采取不同的课程政策模式乃至确定不同的课程政策内容。课程改革能否成功与课程政策取向密切相关。课程取向的本质是指课程编制和课程改革主体在一定社会和教育范围内，为调整课程权力的不同需要，调控课程运行的目标和方式，在制定行动纲领和准则时，自觉坚持或不自觉表露的政治立场。课程取向具有全局性、变动性与长期性和民族性的特点。"[3]

---

① 祁进玉，孙百才. 少数民族教育课程政策与评价制度研究 [J]. 青海民族学院学报（社科版），2004（2）.

② 王鉴. 我国民族教育课程改革及其政策研究 [J]. 西北师范大学学报（社会科学版），2002（6）.

③ 伍建全，王桂林. 课程政策取向的本质和特点 [J]. 教育探索，2006（4）.

### （四）　就课程与政策的关系进行的哲学层面上的探讨

王彦力认为应该超越课程与政策之间二元对立的关系，特别是在教育中，应该探讨一个国家人口、种族、年龄、生育等因素的影响。认为，"具体到实施课程教学的课堂中，相关的人口统计学方面的变化直接影响着对作为课堂管理者教师的行为，教师不仅应该了解种族和年龄结构的改变将会对教育、课程和教学产生的宏观影响，而且还应该充分考虑到由于学生的差异性所带入课堂上世界观的不同，以及如何对多样化的学生群体在最大程度上实施'因材施教'"。另外，在总结了美国教育改革的经验教训之后，认为问题的症结在于教育改革中的二元对立思维。因此，"研究者应该尽量排除各种意识形态干扰，走出教育历史研究中二元式对立的研究方式，联系具体的各种社会因素，在具体的条件境遇中，综合考虑教育问题出现的各种原因，并以此为依据来制定教育政策，这样才能在未来教育发展所面临的各种可能性前，最终做出明智的选择"①。

### （五）　针对地方课程的本质与意义的探讨

李森、王宝玺认为，"课程政策规定着课程的性质，关系到课程的决策，制约着课程的设计和实施，对整个课程改革有着重大影响。地方课程政策是国家教育行政部门对地方课程权力的规定，规定谁可以拥有课程权力，拥有多少课程权力。它关注的核心问题是地方在课程决策过程中的权力分配问题，在新一轮基础教育课程改革中，实行地方课程政策具有重要的意义"②。

可见，我国目前的教育政策研究，受到公共政策研究方法的影响较大，多是从公共政策视角来对教育政策进行研究，而少有教育政策研究自身的方法和理论框架。就民族教育政策的研究而言，又大多依赖于教育政策的研究，而较少关注民族教育政策自身所具有的特点。民族教育课程政

---

① 王彦力. 超越二元对立：课程与政策［J］. 读书时空，2005（8）.
② 李森，王宝玺. 地方课程政策的本质及意义［J］. 乐山师范学院学报，2004（10）.

策的研究更是受到民族教育政策研究视角与方法的局限，缺少深入的思考与理论结合实际的研究，对民族基础教育课程政策的价值和文化的研究更是不多。

## 第三节　国外研究现状综述

### 一、国外公共政策分析理论及评述

国外的公共政策分析理论主要有多元主义理论、古典精英主义理论和结构功能主义理论。多元主义理论的观点认为，影响政策过程的因素是政治权力的分配与重组。古典精英主义的观点则认为，影响政策过程的因素并非是来自多元的、团体的权力，而是来自少数人的、精英的权力，因此，他们强调社会精英在政策过程中的绝对权力和影响力。而结构功能主义则认为，政策过程的影响因素是来自多方面的，不仅有政治的、权力的因素，也有非政治性的、文化的因素的影响。

可以看出，这几种政策理论之间是一种递进的关系，后一种理论是在对前一种理论的批判的基础上形成的。如多元主义的代表人物达尔（Robert Alan Dahl）等人对多元主义理论的理解与阐释集中于"权力"领域的分配，却忽视了权力以外的影响因素，后来遭到了巴克拉克和巴拉茨（Bachrach and Baratz）等人的攻击。而古典精英主义所持有的观点进一步强化了决策分析中的"权力"意识和精英意识，并没有涉及决策分析中的"非权力"因素。因此，只有结构功能主义强调了权力以及权力之外的经济、文化等多种因素在政策研究中的影响，以一种批判的、全面的和辩证的观点研究政策中的各种影响因素。这就为开展本研究提供了理论上的支撑。但是，结构功能主义的理论又并不完美无缺，其静态的、不变的以及共时性的研究观点都遭到了其代表人物自身的质疑，以至于后来后结构主义等又对此提出了批判与质疑，要求关注历时性和动态的文化描述在政策分析中的作用与影响。

因此，我们不能直接把结构功能主义的观点原封不动地拿来使用，而是需要借鉴它的观点，进行自我建构和思考。

此外，在教育政策理论与实践中，各国的多元文化教育政策也逐渐兴起并受到政府和公众的关注。纵观整个 20 世纪西方国家的教育政策，尽管各国的实际情况不同，政治体制经济发展水平等都有所区别，但在教育政策上都呈现出多元性的特点。

## 二、国外课程政策理论及其发展述评

国外对课程政策的研究无论是与政策领域还是课程领域的其他研究相比，兴起的都比较晚，关于课程政策的研究也并不是很多。直到 20 世纪 70 年代才受到克斯特（Fremont E. Kast）、沃克（Richard Walk）以及博伊德（William Lowe Boyd）等人的关注。但总的来说，课程政策的理论和研究依然属于比较新的领域。尽管 90 年代之后，艾尔摩以及赛克斯等人提出了概念框架的研究，但是课程研究的传统以及自身理论的薄弱等，依然导致课程政策的研究主要局限在政策的影响力、政策的公益性、政策与政治权利的关系等方面，而对政策的文化性、可行性以及政策与公众利益之间的关系的研究尚属少见。

关于什么是"课程政策"（curriculum policy），在 80 年代之前的文献和词典中很难找到一个明确的定义。在杜威的《教育词典》（1959）、佩奇的《教育国际词典》（1980）等一些词典中，都没有明确的关于课程政策的定义，代之而出现的是"课程发展"、"课程评价"以及"课程组织"等概念。直到 1986 年，巴罗（Robin Barlow）等主编的《教育概念的核心词典》中，才开始第一次将"课程政策"界定为"影响课程的政治、经济和社会力量"①。在派纳（William Pinar）主编的《课程的国际百科全书》（1991）中，将"课程政策"界定为"决策过程"，认为有两种不同

---

① Barrow R. A critical dictionary of educational concepts: an Appraisal of Selected Ideas and Issues in Educational Theory and Practice [M]. New York: St. Martin's Press, 1986: 73.

类型的课程政策：一种是规定课程形成程序的政策，一种是课程政策制定过程的产物。前者主要说明课程形成过程的参与者以及权力划分，又称为"课程政策制定的政策"（policy on curriculum policy making）；后者主要确定课程政策的特点、具体的规定，等等①。

到了 70 年代之后，关于课程政策的研究开始逐渐增多，这一时期有代表性的研究著作就是克斯特（Fremont E. Kast）和沃克（Richard Walk）的《课程政策制定的一种分析》（1971）以及博伊德（William Lowe Boyd）的《美国学校课程政策制定之变化的政治》（1978）。前者认为，在学校中鼓励学生学习什么科目、禁止学习什么科目等，都必须形成政策并通过政策加以指导，这就是课程政策，达成这些意见的过程就是课程政策制定的过程。后者则较为详细地说明了美国课程政策决策权力在结构上的变化，认为由地方学区决策为主转向州和国家层面的参与导致了课程政策制定体系的复杂化、分层化和全面化。70 年代后期，沃克又提出了"三重课程发展模式"，认为课程发展由三个阶段组成：课程政策制定（curriculum policy making）、一般课程开发（generic curriculum development）以及特定现场课程开发（site-specific curriculum development）等。

再到了八九十年代之后，关于课程政策的研究开始出现了比较接近现代的方式与风格。舒伯特（W. H. Schubert）将课程政策归为教育政策的一个部分，并且认为课程政策在教育政策当中占有重要的地位，因为它直接关系到教育目的的实现和交给儿童什么样的知识的问题。1992 年，在艾尔摩（Elmore Larry）和赛克斯（Bryan Syker）撰写的《课程政策》中为理解课程政策提供了一个概念框架，"这一框架标志着课程政策研究作为教育研究的一个正式领域的诞生"②。2008 年，康奈利（F. Micheal Connelly）等人编的《课程与教学精选指南》总结了 1992 年《课程政策》发表以来，课程政策研究领域出现的一些新情况和观点。其中仍然是把课程

---

① Hughes A S. Curriculum policies, in The International encyclopedia of curriculum edited by A. Lewy ［M］. Oxford：Pergamum Press, 1991：137 - 138.

② Short E C. Curriculum policy research, in The SAGE handbook of curriculum and instruction edited by F. M. Connelly ［M］. Los Angeles：Sage Publications, 1992：420 - 430.

政策当作教育政策的一部分来看待的，认为课程政策的功能是通过一些权限来分配学校的资源和课程。

总的来看，关于课程政策的研究尽管有所增加，但是仍然有很多地方不能适应现代社会、教育和文化发展的需要。关于课程政策与文化关系的研究，更是应该得到人们的重视。

近年来，多元文化课程理论的出现，为我们开发多元课程提供了新的理论基础。多元文化课程理论对课程的影响，必然要渗透到课程政策领域，这就是强调课程政策中的文化因素和公众的利益，认为应该从多种文化视角看待多元文化课程，并基于此建立起多元文化的课程政策。正如劳伦斯·安格斯（Lawrence B. Angus）所言，应该对教育、政策以及管理中的"文化"概念进行持续不断的分析，把组织成员之间的利益分享和"积极地参与"也视作一种文化现象，并足够重视这种文化对教育、管理和政策的影响，把敢于"参与"和承担责任作为影响教育政策的一种"外部"力量加以分析，以提升教育政策领域中的微观动力研究，进一步理解学校教育在复杂社会形式中的文化定位[①]。

---

① 劳伦斯·安格斯：教育政策、教育管理与文化分析——社会学传统的重要性 [J]. 华东师范大学学报（教育科学版），2004（3）.

# 第二章　本研究的框架建构及视角

## 第一节　理论依据

### 一、结构功能主义理论

正如我们在文献综述中所言的，多元主义及其批评者、精英主义等对政策分析的研究，都具有各自不同的特点和意识倾向性。他们或强调决策中权力的重要性，或认为"非权力"因素应该受到重视，或看重权力（政治精英）在决策中的作用。尽管研究总是在朝着深入的方向发展，但总会给人一种顾此失彼的感觉，而没有能够很好地从全局的角度来研究政策过程。这一点，正如汤普森（Thompson）所言，"个人和社会之间的关系，或社会行动与社会结构之间的关系问题，是社会理论和社会哲学的一个核心问题。在绝大多数重要的理论家的著作中，都提出了这一问题，并声称要以一种或另外一种方式来解决这一问题。然而，他们所提出的方案，在强调一方面因素的同时，又总是忽视了另一方面。因此，与其说这一问题解决了，倒不如说是根本没有解决"[1]。结构功能主义正是在为了弥补以上理论不足的基础上而出现的。简而言之，该理论强调权力以及权力之外的经济、文化等多种因素在政策研究中的影响，认为政治决策行动实际上并不是一种单一化的过程，而是由权力及其以外的强大力量共同决定。并且，这些外界的力量是不以人的意志为转移的，也不是个人或某个政治集团的权力就能轻易掌控的。除此之外，结构功能主义理论还对结构

---

[1] Thompson J B. The theory of structuration, Social theory of modern societies: anthony giddens and his critics [M]. Cambridge: Cambridge University Press, 1989: 56.

与行动之间的关系进行了说明，认为结构和行动之间是一种相互作用的双向关系。一方面结构决定了行动，另一方面行动又会反过来影响结构，使结构根据行动的要求进行不断地调整。正如赫夫伯特（Hofferbert）所言，在公共政策研究领域中，该理论总是强调经济资源、人口因素、政治因素以及文化环境等因素之间的相互作用，并且希望通过研究这些因素之间的相互关系来解释公共政策过程。结构功能主义理论总是以一种批判的、全面的和辩证的观点研究政策中的各种影响因素，而不仅仅是强调政治因素和经济因素的作用。

结构功能主义使我们在民族基础教育课程政策的研究方式上呈现立体化的趋势，研究的视野也更加开阔，这就为我们确立本研究的思路与框架，进行民族基础教育课程政策的文化分析提供了政策学方面的理论依据，但是我们不能直接将其拿来使用，还需进行自我建构和思考。

## 二、多元文化课程理论

多元文化课程理论的产生基础是西方社会的文化多元主义理论、文化相对主义理论等。前者的基本观点是认为在一个多民族国家，每个民族群体都可以保留本民族的语言和传统文化，与此同时，他们也应融入到国家的共享语言文化中去；后者的基本观点则认为生活在社会中的每个成员都有自己的思想感情和价值观，而且，社会也具有它自身的特色，所以要尊重不同文化之间的相互差异，要谋求各种文化的并存和发展。

在多元文化理论和文化相对理论的引导下，加上西方社会不断的移民浪潮和民族民主运动的兴起，教育领域的多元文化教育应运而生。而多元主义教育理论的一个重要的或者说主要的实施渠道就是通过多元文化课程来开展。如关于多元文化课程的理论，有很多人提出了自己的看法，针对课程内容的安排与教学材料的构成方面，马丁（Martin）提出了一个"理想的类型"（ideal-types），并认为，应该可以建立一个构成教学材料的由低到高的连续体。这个连续体主要包括这样几个部分。一是，"力量的旅行"（Tour de force）。即提供超过正常学生掌握范围的材料，可以仅仅局限于阐述具体学科中的某一个问题，但是其深度达到了某一个较高的水平。二是，"百科全书式"。即最大限度地提供覆盖范围较广的材料，可以是关于任何学科的。当然，对这些材料的深度没有做出具体的说明与要求。三是，"一致性"（consensus）。即提供的材料有着标准化和一致的最基本的覆盖范围，最好和最差的两个极端的材料都可以被忽略。因此，他强调的是核心的学科内容。当然，这些内容要在标准化的测验中给予一定的测试。四是，"相关性"（relevant）。这些材料来源于一些热门的话题，与学生的实际生活有着较为密切的关系，内容较为简短，但有时的确能给学生带来一些启发。当然，这些材料可能会缺乏深度，论题也较为狭窄。五是，"最低限度的共同性"（lowest common denominator）。这些材料所涵盖的范围是有关规定的最低的标准和要求，其中极少有特殊性的技能、知识和其他的要求，因而是最具共同性的一般性的材料①。

　　英国研究多元文化课程的著名学者詹姆斯·林奇认为，要消除课程中的偏见和文化歧视，就必须做到几点：一是，呈现在教材中的少数民族成员，其承担的角色应该是多样化的，而非只是象征性地呈现出来；二是，教师要注意到成见及其偏见造成的影响；三是，在介绍国家的辉煌历史，宣传称它是传统智慧的结晶时，其实已经走向了种族主义的极端，是种族主义在作怪；四是，注意到不自觉地使用的语言、词汇，其中可能会隐含有歧视性的成分；五是，应以较为开放的方式处理有争议的问题；六是，注意插图中有无讽刺性意味以及统计表中有无偏见；七是，教科书往往随时代的变化而变化，因此，使用时应对它加以分析和批判，与当前的社会需要结合起来②。

　　詹姆斯·A. 班克斯（James A. Banks）的研究更具有代表性，他提出

---

① Gollnik DM, Chinn PC, Kroeger SD, et al. Multicultural education in a pluralistic society columbus [M]. OH. Merrill, 1998：124.

② 詹姆斯·林奇. 多元文化课程 [M]. 黄政杰，译. 台北：台湾师大书苑，1998：25 - 26.

了广为人知的多元文化课程的四种设计方式：一是，贡献方式（contributions approach），即在现有课程的基础上，穿插一些少数民族的英雄人物及相关的一些不连贯的文化事件，但仍以主流文化中的人、事、物为核心，不改变主流课程的基本结构、目的和特征；二是，附加方式（additive approach），即在没有改变课程结构、目的和特征的情况下，以一本书、一个单元或者一堂课的形式，附加有关民族的内容、观念、主题于其中；三是，转换方式（transformation approach），与前两种方式有所不同，这种方式中，课程的目标、结构与观点等有所改变，开始能够帮助学生从不同民族的立场与观点出发来展开对有关问题的讨论与分析；四是，社会行动方式（the social action approach）。这是在第三种方式的基础上发展与深化而来的，要求学生自己指出社会问题中有争议的问题，并收集资料，澄清对相关问题的态度与价值，并作出决定，采取行动来解决这些问题。因此，强调学生的批判性思考和解决实际问题的能力。这与林奇在《多元文化课程》中提出的传统模式、民族附加模式、多民族模式和民族国家模式的基本思想是一致的。

由此可见，多元文化课程理论的提出，就是要求在民族教育和多元文化教育环境中，把对个体和社会的文化差异的关注放在重要的位置加以考虑，注重尊重文化差异，并从文化差异的角度来设置课程，管理课程。正如吕尔克尔所言，在进行课程设计与管理中，"必须尽力防止各民族间出现分歧，因此不能只是从多数民族的立场、根据多数民族的利益处理问题；在表述各个民族、群体及他们的文化、社会状况和政治时，应使学生感到他们处于同等重要的地位"①。多元文化课程理论对不同文化的强调和尊重为开展研究工作提供了课程理论上的借鉴，要求我们从课程的多元性出发，在课程设计中运用多元的手段，对不同文化加以保护和尊重。所以，就像我们在前面所论述到的观点一样，多元文化课程理论就课程设计和不同文化课程在课程设置中的比例问题给出了比较详细的理论指导。但是，有关课程的问题是非常复杂的，不仅会涉及设计的问题，而且还涉及

---

① 吕尔克尔. 多文化教育、课程及其改革战略 [J]. 傅志强，译. 展望，1993（1）.

管理的问题。某种意义上说，课程设计会受到来自课程管理的影响与限制。对于多元文化课程理论的强调与提倡无疑是具有先进意义的，但要使课程中能够真正体现出对多元文化的尊重，就不得不从多元文化的视角，采取多元文化的方式对课程进行管理，这就涉及课程政策的问题。

运用多元的思维和手段，进行多文化、多视角的研究，注重课程政策中文化的影响力，可以使课程政策更具文化性，更符合多元文化课程的要求，也更贴近当地公众的生活现实，能有力地提升民族基础教育的质量。

# 第二节　现实依据

就本研究所涉及的民族基础教育课程政策而言，已有的政策文本的历史和现状成为进行民族基础教育课程政策文化分析的前提和基础。分析已有民族基础教育课程政策的历史和现状有利于我们正确认识民族基础教育课程政策执行的背景以及其中的文化影响性，进而一方面帮助我们全面地认清民族基础教育课程政策执行的背景，开阔研究视野，另一方面为本研究框架的确立提供现实依据。因此，在这里，就现状层面而言，我们主要考虑民族基础教育课程政策的文本层次和内容；就历史层面而言，我们主要考察民族基础教育课程政策决策的主体和目标。

## 一、现有政策文本层次与内容

通过考察现有的民族基础教育课程政策，依据层次和内容两个维度，我们可以将现有的民族基础教育课程政策划分为这样几个层次。

### （一）民族基础教育课程政策的法律基础

《中华人民共和国宪法》《中华人民共和国民族区域自治法》《中华人民共和国教育法》是我国民族基础教育课程政策的法律基础。《中华人民共和国宪法》确立了以民族平等、民族团结和民族区域自治制度为核心的民族政策，规定民族自治地方的自治机关自主地管理本地方的教育。在《中华人民共和国民族区域自治法》中规定的"招收少数民族学生为主的学校（班级）和其他教育机构，有条件的应当采用少数民族文字的课本，并用少数民族语言讲课；根据情况从小学低年级或者高年级起开设汉语文课程，推广全国通用的普通话和规范汉字"；在《中华人民共和国教育法》中规定的"国家根据各少数民族的特点和需要，帮助各少数民族地区发展教育事业。少数民族学生为主的学校及其他教育机构，可以使用本民族或者当地民族通用的语言文字进行教学"等都是民族基础教育课程政策的法律基础，它们一起构成了制定其他民族教育政策、民族基础教育课程政策等的法律基础，为民族基础教育课程政策的决策提供了法律依据。

**（二）　国家颁布或批准的与民族基础教育课程政策有关的总揽性政策法规**

1985 年 5 月 27 日，中共中央颁发的《中共中央关于教育体制改革的决定》中提出：实行基础教育由地方负责、分级管理的原则，国家还要帮助少数民族地区加速发展教育事业。

2002 年 7 月 27 日，《国务院关于深化改革加快发展民族教育的决定》要求大力推进民族中小学"双语"教学。正确处理使用少数民族语授课和汉语教学的关系，部署民族中小学"双语"教学工作。在民族中小学逐步形成少数民族语和汉语教学的课程体系，有条件的地区应开设一门外语课。要把"双语"教学教材建设列入当地教育发展规划，予以重点保障。

在 2007 年 3 月，国务院办公厅颁发的《少数民族事业"十一五"规划》中规定："加大'双语'教师培训力度，编写适合当地实际的'双语'教材。"在 2007 年 6 月 9 日国务院批准的《兴边富民行动"十一五"规划》（国发〔2004〕5 号）中提出，要建设少数民族双语教学示范区，培养合格的双语教师。

在教育部制定的《2003—2007 年教育振兴行动计划》中提出，要加快国家通用语言文字和少数民族语言文字规范标准的制定、修订和测查认证工作，强化少数民族汉语师资培训，继续加大"双语"教学及其改革的力度。

### （三） 国家层面具体的民族基础教育课程政策

1. 与课程政策相关的政策法规

2005 年 2 月 18 日，《国务院办公厅转发财政部、教育部关于加快国家扶贫开发工作重点县"两免一补"实施步伐有关工作的意见》（国办发［2005］7 号）中，提出了要对国家扶贫开发工作重点县中的少数民族特别是人口较少民族地区、边境地区予以重点支持。其中与课程政策有关的规定是"中央免费教科书专项资金应统一纳入省级财政国库管理，实行分账核算，集中支付。中央免费教科书的范围必须是国家规定课程必设科目的教科书，不包括地方课程教科书及各种辅助性教材。地方课程使用的教科书，由地方财政免费提供"。

2005 年 10 月，教育部在《关于贯彻落实〈中共中央国务院关于进一步加强民族工作加快少数民族和民族地区经济社会发展的决定〉做好民族教育工作的通知》（教民［2005］13 号）中要求，因地制宜搞好"双语"教学及科研开发，积极推广全国通用的普通话。各级教育行政部门要加强对"双语"教学及科研工作的指导，促进"双语"教学的发展。要大力宣传、广泛推广全国通用的普通话，建立健全省级少数民族汉语水平考试（MHK）机构，配合搞好少数民族汉语水平考试的各项工作，继续做好民族文字教材建设工作。

2005 年 12 月 6 日，教育部关于贯彻落实《国务院实施〈中华人民共和国民族区域自治法〉若干规定》的通知中指出，进一步做好语言文字工作，因地制宜搞好"双语"教学，积极推广全国通用的普通话。各地要进一步宣传贯彻《国家通用语言文字法》，并按照要求出台相应的语言文字法规、规章，在坚持各民族语言文字平等的原则、保障各民族使用和发展本民族语言文字自由的同时，为少数民族群众学习、使用普通话和规范汉字的语言权利以及国家通用语言文字在民族地区的推广与普及提供法律保障。国家鼓励民族自治地方逐步推选少数民族语文和汉语文授课的"双语"教学，扶持少数民族语文和汉语文教材的研究、开发、编译和出版，支持建立和健全少数民族教材的编译和审查机构，拟订并实施"少数民族汉语教师国家通用语言培训计划"，帮助培养通晓少数民族语文和汉语文的教师。各级教育行政部门要加强对"双语"教学及科研工作的指导，促进"双语"教学的发展。要大力宣传、广泛推广全国通用的普通话。

2005 年 12 月 24 日，国务院印发的《关于深化农村义务教育经费保障机制改革的通知》（国发［2005］43 号）中要求按照"明确各级责任、中央地方共担、加大财政投入、提高保障水平、分步组织实施"的基本原则，逐步将农村义务教育全面纳入公共财政保障范围，建立中央和地方分项目、按比例分担的农村义务教育经费保障机制。其中，与课程有关的规定有"中央免费教科书教材选用一般以地市为单位进行。地市不具备条件的，如多民族、多文字且人口较少的地区，也可以省（自治区、直辖市）为单位选用教材"。

此外，为了规范和强化少数民族教育中央补助专项资金管理，充分发挥中央专项资金的导向作用，提高资金使用效益，促进少数民族教育事业的发展，财政部和教育部联合制定了《少数民族教育和特殊教育中央补助专项资金管理办法》，规定少数民族教育中央补助专项资金重点用于支持主管部门设置的中西部地区少数民族义务教育阶段中小学骨干师资"双语"培训，兼顾体现民族教育特色的教学仪器设备购置等；专项资金分配要集中财力，重点支持在少数民族教育事业方面成绩突出的地区和学校，充分发挥专项资金的导向作用。

2. 国家层面的民族基础教育课程政策法规

按照新的《全日制民族中小学汉语教学大纲》要求，国家要编写少数民族学生适用的汉语教材，积极创造条件，在使用民族语授课的民族中小学逐步从小学一年级开设汉语课程。国家对"双语"教学的研究、教材开发和出版给予重点扶持。要尊重和保障少数民族使用本民族语言接受教育的权利，加强民族文字教材建设；编译具有当地特色的民族文字教材，不断提高教材的编译质量。要把民族文字教材建设所需经费列入教育经费预算，资助民族文字教材的编译、审定和出版，确保民族文字教材的足额供应。

2004 年 6 月 17 日，为进一步加强中小学民族文字教材建设，完善中小学民族文字教材编写审查的管理，提高教材的编审质量，根据《国务院关于深化改革加快民族教育的决定》（国发〔2002〕14 号）和《中小学教材编写审查管理暂行办法》（教育部令第 11 号）精神、民族文字教材建设的实际，制定了《中小学少数民族文字教材编写审定管理暂行办法》。教育部成立跨省、自治区使用的全国中小学民族文字教材审查委员会，负责跨省、自治区使用课程教材的审查。有关省、自治区教育行政部门成立本省、自治区中小学民族文字教材审查委员会，负责本省、自治区使用课程教材的审查。

此外，1997 年 7 月 18 日，为了全面提高学生的汉语文实际运用能力，弥补中小学汉语文教学中忽视培养语言能力的不足，国家教委制定了《关于在部分少数民族学校推行中国汉语水平考试试行方案》。2006 年 10 月 10 日，为适应形势发展和推进素质教育的要求，加强和改进少数民族汉语教学，提高少数民族学生的汉语水平，教育部制定了《全日制民族中小学汉语课程标准（试行）》。2006 年 10 月 10 日，《教育部关于调整试行少数民族汉语水平等级考试有关规定的通知》（教民函〔2006〕4 号）中，决定对有关事项作适当调整，即第一，义务教育和高中阶段用民族语言授课，单科加授汉语的少数民族学生参加中考、高考时，参加汉语文考试还是参加以民族汉考题型模式命题的考试，由各地教育行政部门根据本地实际确定。考试时间即为中考、高考汉语考试科目的时间，成绩当次有效；第二，参加民族汉考的在校学生（参加中考、高考的考生除外）以及其他社会人员，继续按照原文件的有关规定执行。

### （四）贵州省和雷山县的民族基础教育课程政策

1. 相关政策

2002 年 10 月，贵州省教育厅下发《关于规范三个自治州十一个自治县民族寄宿制中学办学管理的通知》（黔教发〔2002〕18号），就中学招生、教育教学管理和学生生活服务管理等方面工作提出了要求。其中有一条规定："建立健全教育教学管理制度，确保民族寄宿制中学办学质量，培养具有民族文化素质的优秀中学生。民族寄宿制中学应在地方教育课程中开设民族民间文化课程，在教育教学管理中考虑民族寄宿制学生的心理特点，因材施教、因校制宜进行管理。不能因为普通班办学规模要求而削弱民族寄宿中学的办学规模，更不允许以办学经费困难等原因而随意取消民族寄宿制中学的办学。"

贵州省2005年颁发的《贵州省实施〈中华人民共和国民族区域自治法〉若干规定》指出，上级国家机关应当支持和帮助在民族自治地方举办寄宿制、半寄宿制民族中小学及在普通中学开设民族班；采取各种措施帮助少数民族贫困女生完成学业。

《中共贵州省委 贵州省人民政府关于进一步加强民族工作加快少数民族和民族地区经济社会发展的意见》中要求积极帮助民族地区培养通晓少数民族语文和汉语文的"双语"教师，因地制宜推行"双语"教学，积极推广普通话。

2006年，《贵州省"十一五"教育事业发展规划的通知》要求积极开展"双语"教学，培养"双语"师资，在中小学开设民族团结教育课程，增进民族团结。此外，《通知》还要求在民族地区中小学普遍开展民族民间文化进课堂活动。

2. 专门政策

贵州省教育厅、省民宗委颁布《关于在我省各级各类学校开展民族民间文化教育的实施意见》（黔教发〔2002〕16号），决定在不通晓汉语的少数民族聚居地区，要认真坚持开展"双语"教学。有条件的地方，应将"双语"教学逐步提前到学前教育阶段实施，使这些地方的少数民族学生既能在日常生活中用本民族语言交流，又能用普通话顺利地完成学业。各级教育行政部门在制订教师培训计划中，要把对民族地区"双语"教师的需求作为重点考虑，制订长期的培养培训计划。要组织力量对本地"双语"教学进行专门研究，不断提高"双语"教学的质量。在少数民族聚居地方，由市（州、地）教育行政部门，民族事务部门统一组织编写相关的地方教材、补充教材，主要供教师使用。

贵州省民宗委、贵州省教育厅颁布《关于进一步做好我省少数民族语言文字工作的意见》，要求积极推进双语教学的深入和发展。第一，把双语教学纳入民族教育体系。在不同汉语的少数民族聚居区，将适龄儿童提前1—2年入学，开展学前双语教育，在小学阶段适当实施双语教学。第二，加强师资培训。第三，抓好教材、读物的编译出版工作。根据民族语言的特点和现代汉语双语教学的要求，组织编写双语教材。同时，根据素质教育的要求，组织编写好双语课外读物，把民族民间文化引入中小学地方教育课程中，促进学生素质的全面发展。

2006年7月7日，贵州省教育厅办公室下发《关于报送苗（中部方言）、侗两种文字"双语"教材需求情况的通知》中指出，在教育部民族教育司的大力支持下，贵州省教育厅组织有关专家编写了苗（中部方言）、侗两种文字"双语"教材。此教材内容包括相应年龄段儿童的知识点和民族民间文化教育内容，适用于贵州省黔东南、黔南苗族中部方言区及南部侗族地区，供小学低年级使用，为地方课程教材。省教育厅将给有需求的县（市）免费发放"双语"教材。

贵州《省教育厅、省民宗委关于在我省各级各类学校开展民族民间文化教育的实施意见》（黔教发［2002］16号）中有这样的要求。第一，普通中小学，特别是民族地区中小学应将优秀的民族民间文化作为素质教育的内容。将当地各族人民喜闻乐见的民族民间音乐、绘画、舞蹈、体育、文学、传统手工艺制作等引进教学活动中。第二，民族民间文化教育形式应灵活多样。可通过地方课程和学校课程开设专门课程，也可以在相关课程中有计划地安排教学内容，并结合课外活动、兴趣小组、劳动技术教育、综合实践活动等进行。第三，进行广泛深入的调查研究，挖掘、筛选、整理本地有代表性、适合中小学教学的民族民间文化项目，指导学校开展教育活动。要给予必要的经费支持，并制订民族民间文化教育活动的师资培训计划。

　　为加强对民族民间文化的保护，继承和弘扬民族民间优秀文化传统，促进贵州省民族经济、文化、教育事业的发展，确保各级各类学校贯彻执行省九届人代会常委会颁布的《贵州省民族民间文化保护条例》（黔教发［2002］16 号），省教育厅、省民宗委在对贵州省各级各类学校开展民族民间文化教育提出了两点实施意见。第一，中小学应将民族优秀文化传统作为素质教育内容，纳入地方课程和学校课程，以多种形式开展民族民间文化教育。各级教育行政部门要配合、制定措施，给予政策、经费和师资培训等方面的支持。第二，不通汉语的少数民族聚居地，要认真组织好双语教学，有条件的应将双语教学提前到学前教育。各级行政部门要做好双语教师培训计划，组织力量研究双语教学，提高双语教学质量。

## 二、现有政策决策主体与目标

### （一）制定主体

　　在我国现有的国家体制中，与所有的民族教育政策一样，现有的民族基础教育课程政策也是由多种主体共同构成的。

　　首先，从纵向来看，第一，最高一级的主体应当属于全国人民代表大会常务委员会，其中《中华人民共和国宪法》是我国的根本大法，一切民族基础教育政策都是必须依据该法并在它的指导下制定的。第二，中央政府是管理社会事务的最高行政机关，它会通过制定各种政策、法规来对民族基础教育政策进行规范和指导，其中自然会涉及民族基础教育课程政策的相关规定。国务院、教育部所制定、颁布的与民族基础教育课程政策有关的政策等。第三，各个民族自治区域、多民族省份以及其下一级的民族自治州、自治县等也是管理民族基础教育的各级地方政府机构，其制定的地方性民族基础教育政策一方面是为了贯彻中央政府和上一级政府的政策指示，另一方面也是为了结合本地区民族基础教育发展的实际情况，因地制宜制定一些地方性的民族基础教育政策，如以上贵州省制定、颁布实施的与民族基础教育课程政策有关的政策等。

其次，从横向来看，第一，民族基础教育还是属于国家教育体系的一部分。因此，对民族基础教育的管理还脱离不了国家教育部门的管理范围。因此，教育部是管理民族基础教育的首要部门。第二，民族基础教育又属于一种特殊的教育，民族基础教育政策是为发展民族教育服务的，是国家发展民族教育、提升民族教育质量，促进民族发展和社会的团结进步在教育领域采取的特殊性教育政策。因此，民族基础教育又会受到国家民族事务委员会的管理，民族事务委员会成为民族基础教育政策决策的又一个主体。第三，民族基础教育政策还会受到国家发展和改革委员会等部门的影响，因此，发改委也成为民族基础教育政策决策的参与主体。

民族基础教育政策决策主体的多元化，一方面体现了民族基础教育政策的复杂性，另一方面也会反映到民族基础教育政策的方方面面，包括课程政策。

### （二）政策目标

从以上的政策层次和内容来看，政策的目标指向大概有这样几个类型。

第一，民族基础教育课程政策是国家整体民族教育事业发展计划中的一部分，包含于国家民族教育体制改革和民族教育事业发展规划的整体范围之内。如国家颁布或批准的总揽性政策法规当中对民族基础教育课程的相关规定与要求等。

第二，民族基础教育课程政策的目标是为提升民族基础教育质量，促进少数民族经济、社会发展服务。如《国务院办公厅转发财政部、教育部关于加快国家扶贫开发工作重点县"两免一补"实施步伐有关工作的意见》和教育部《关于贯彻落实〈中共中央国务院关于进一步加强民族工作加快少数民族和民族地区经济社会发展的决定〉做好民族教育工作的通知》中对民族基础教育课程政策所做出的相关规定和要求等。

第三，民族基础教育课程政策隶属于其他平行的民族基础教育政策之中，成为其他民族基础教育政策解决问题时附属的政策结果。如国务院印发《关于深化农村义务教育经费保障机制改革的通知》和《少数民族教育和特殊教育中央补助专项资金管理办法》等政策中，在解决民族基础教育经费问题以及加强资金管理的同时，对民族基础教育课程政策所做的相关规定。

第四，民族基础教育课程政策是下级部门执行、贯彻上级部门相关政策规定时就民族基础教育课程方面所做出的规定，是为达到上级或者更高层次的政策目的而采取的政策执行措施。如教育部关于贯彻落实《国务院实施〈中华人民共和国民族区域自治法〉若干规定》的通知中就民族基础教育中的"双语"教育问题做出了相关规定。

第五，就贵州省地方层面而言，也同样存在以上所列举的各种情况。有的是为贯彻中央民族教育政策而采取的阐释性政策，有的是附属于其他的民族教育政策如寄宿制学校政策当中，还有的存在于省以及地方民族教育事业发展规划的具体落实性政策中，等等。

通过以上分析可以看出，当前民族基础教育课程政策大体上存在这样一些特点。第一，政策制定主体多元化。在以上所列举的与民族基础教育课程政策有关的政策当中，其制定的主体既有国家最高权力机构的全国人大常委会，也有中央政府、地方政府等。此外，还有横向上的多部委共同制定的政策。第二，在民族基础教育课程政策的制定中，大多采用的是自上而下的政策制定模式。一般都是中央国家机关出台政策之后，下一级国家机关响应执行。第三，民族基础教育课程政策的层次开始出现多元化的特点。一般针对民族基础教育课程管理，从国家到地方都会有相关的管理和规定。

当然，现有的民族基础教育课程政策也有很多缺失值得商榷。在现有的民族基础教育课程政策中，大多数都把课程政策当成"双语"政策看待，用双语教育政策来代替课程政策。即便是在贵州省地方层面的政策当中，也提出了诸如民族语言文字政策、民族民间文化进校园政策等，但是在政策的目标和落实上，也体现得不是很明显，而且大多数要么是为双语政策服务，要么就不能很好地处理民族民间文化与民族基础教育之间的关系，使得现实当中民族基础教育课程政策存在很多问题，总结起来主要有以下问题。

第一，民族基础教育课程政策内容单一。已有的民族基础教育中关于课程政策的规定不是很多，而且大多把内容限定于民族基础教育的双语教育政策当中，对民族基础教育的教学语言、教材编写以及民族文化和地方知识的管理和关注不够。

第二，民族基础教育课程政策的目标不明确，作用不突出。正如以上所言，现有的民族基础教育课程政策大多是内隐于其他上一级的政策当中，或者是平行的其他民族基础教育政策解决问题时所考虑到的内容的一部分，因此，独立的课程政策和相关规定显得过少。

第三，现有民族基础教育课程政策的制定主体多元化，确实体现了国家、地方在民族基础教育课程管理中的责任分担和各自发挥的作用，但是，政策制定主体的多元化并不能代表政策执行主体的多元化，地方政策具体怎样执行民族基础教育课程政策，并不能从政策文本中体现。而且，就政策执行的理论研究而言，单一的地方政府部门对民族基础教育政策的执行也不见得就是尽如人意的，地方的教育文化环境、相关机构、相关人士以及政策执行者的个人文化水平等，都会在微观层面上对民族基础教育课程政策执行产生影响。

第四，在民族基础教育课程政策执行中，还存在层级之间的沟通与配合问题。我们看到，在少数民族教育政策中，中央政府政策目标往往是高度抽象和模糊的，给地方政府留有一定的余地。此时，地方政府对上一级政策目标的理解能力就在政策执行中起着决定性的作用。正如前面所言，少数民族群体之间存在着文化、语言、风俗习惯等多方面的差异，地方政府对政策的理解和转化及执行能力就显得很重要，特别是省一级政府官员、地（市、州）及县（市）一级的政府官员以及学校管理层、社区等对民族基础教育课程政策的理解与影响都是不可小觑的。

第五，伴随着新一轮基础教育课程改革的开展，民族基础教育课程怎样适应新课改的要求，并且又能从民族基础教育课程的现状出发，把新课改和民族基础教育现状结合起来，这一点现有的课程政策并未给予明确而有效的解决措施，特别是在课程管理、语言文字的使用以及教材来源等方面的规定还过于模糊，执行起来也存在很多困难。

由此我们看到，现有的民族基础教育课程政策一方面体现了多主体、多层次的特点，能够按照民族基础教育的现状来制定一些特殊的、符合民族基础教育课程要求和文化现状的政策，这是值得高兴的事情；另一方面，已有的民族基础教育课程政策还比较缺乏，尤其是单一的、专门针对民族基础教育课程管理的政策还比较少，而且，在课程政策的目标上，对于多元文化的重视程度还不够，特别是离培养具有多元文化交际能力、能够适应多元文化社会发展、具有多元文化视野的新世纪人才的要求还相去甚远。当然，课程只是实现这些目标的一个环节，但是对课程政策，特别是课程政策执行过程中文化的关注和重视，理应成为当前民族基础教育课程政策研究的重点之一。

## 第三节　本研究的视角与框架

通过以上理论和现实的分析，我们可以看出，无论在理论还是现实当中，都有必要对民族基础教育课程政策执行进行文化上的分析。而且，这种文化分析的视角与框架既需要借鉴和参考以往的理论与实践经验，又需要在原有基础上进行突破与重建。其原因主要有以下几方面。

第一，从某种意义上看，公共政策制定的结构功能主义理论也是一种依赖文化并关注文化的过程。只不过结构功能主义的理论更加注重对当前的社会作"横切面"的研究而已。也正是由于这种"共时性"的研究视角并不能说明历史文化的影响和作用，因此，到了结构主义后期，其内部的一些人物便对先前的理论作出了质疑，认为应该用动态的视角从横向与纵向两个方面考察文化的影响力。这种视角与观点是值得我们借鉴和反思的。在民族基础教育课程政策的执行中，看起来是表面的、当下的文化影响，而事实上，一个民族长期以来的文化和历史传统等都会对民族基础教育课程政策的执行产生影响。而这一点，结构功能主义给予我们的启发是有限的。文化视角的分析固然重要，但是，文化分析的框架又不仅局限于当前，而且应当渗透到过去并尽力观照到未来；不仅需要从文化环境来进行分析，还需要从更加微观的文化层次来加以分析。

第二，就当前的多元文化课程理论而言，其视角与观点都为我们开展研究提供了依据和参考。无论是林奇还是班克斯的理论，无疑都是强调对文化的注重，并应该在具体的课程设置中体现和呈现出来。但是，正如前面所言，多元文化课程的理论视角主要是放在课程设置与教材编写上，而对课程管理以及与此相关的课程政策领域的关注显得不够明显和清晰。所以，就课程政策领域而言，一方面有必要借鉴多元文化课程理论，把多元文化课程理论中强调的对课程设计中的文化多元性的关注延伸到课程管理和政策领域；另一方面，又不能照搬课程设计的多元文化理论，因为这种理论的涉及面过于狭窄，在实际的课程管理和政策执行领域中，会导致视野的狭小以及不符合实际要求的情况。

第三，通过对现实的民族教育课程政策的考察来看，无论在主体、背景还是内容、层次上，尽管初步体现了对文化的关注和文化在其中的影响力，但事实上，与实际的要求还相差甚远。文化对课程管理和政策领域的影响一方面有所体现，另一方面又显得有所不足。更重要的是这种影响在文本当中的体现是静态的，在政策执行领域有无体现，体现的程度如何，以什么方式体现等，都不能很好地呈现出来，这就对课程政策执行的文化分析提出了要求，从文化视角对民族基础教育课程政策执行进行理论和实践方面的分析、研究是民族基础教育课程政策执行的理论需要和实践必需。无论在理论研究还是实践运用中，都显得十分迫切。

所以，总的来说，在民族基础教育课程政策执行中，一方面，要综合运用民族学、教育学、政策学和文化学的知识原理来加以指导；另一方面，还要看到在影响民族基础教育课程政策执行的种种权力、政治因素的背后，文化以及与之相关的思维、价值观所起的作用。因为，正如前面所言，权力的影响是表面的，而文化的影响是内在的。尽管当今世界政治、权力对民族教育政策的影响看起来仍然是占据主导的地位，但并不代表政治、权力已经脱离文化而单独存在。政治与文化之间的关系永远密不可分。对民族教育政策的研究，更需要把二者结合起来。正如牛津大学的史蒂文·卢克斯（Steven Lukes）所言，"教育政策研究需要整体性的理论视角，而这样的视角是在综合多元主义、批判立场以及研究偏见形成的成果的基础上完成的，因而包容了权利的众多侧面"①。

在本研究中，我们参考有关文化学中对文化的分层和研究，立足于当前民族基础教育课程政策执行的理论现状和实践情况，根据民族基础教育政策执行的特殊性和特征，尝试对民族基础教育课程政策执行进行文化分析。我们把分析的框架与视角确立为文化环境、组织文化和文化思维，具体内容阐述如下。

## 一、文化环境视角

影响民族基础教育课程政策执行的文化环境主要包括自然环境、社会环境以及与之相对应的教育环境。

### （一）自然环境

自然环境对民族基础教育课程政策执行的影响主要突出地表现在政策的"民族性"上。例如，由于民族地区特殊的自然环境（交通、土地等），导致长期以来民族教育发展受到经济条件的束缚而落后于其他地区。此外，自然条件的不便也阻碍了人口流动和信息交流，从而造成民族教育中的寄宿制学校、教学媒体运用、教育理念更新等一系列影响民族基础教育课程政策执行的问题。所有这些都构成了民族基础教育课程政策执行的自然背景。这就客观上要求民族基础教育课程政策执行要注重现实情况，要照顾民族教育发展的实际情况，从相关的影响因素出发，提供资金、技术、观念等方面的政策性帮扶和指导，为民族基础教育课程政策的执行提供良好的政策环境。

### （二）社会环境

社会环境对民族基础教育课程政策执行的影响主要体现在来自国际国

---

① 弗朗西斯·C. 福勒. 教育政策学导论 ［M］. 许庆豫，译. 南京：江苏教育出版社，2007：2.

内环境、舆论以及当地社会传统习俗等方面的影响。国际社会日益频繁的知识、技术、理念、信息上的合作与交流,不仅加快了民族教育与外界教育的沟通和来往,也对国内教育环境产生了重要影响。国际国内舆论对弱势群体受教育权的关注、人权的维护、公平的追求等,都成了民族基础教育发展和民族基础教育课程政策执行的外部社会环境。此外,就民族基础教育的内部环境而言,民族地区的社会、经济发展情况,民族的文化传统、宗教、习俗、观念、信仰等也会对民族基础教育发展和民族基础教育课程政策执行构成影响。因此,在复杂的内外环境之下,民族基础教育课程政策的执行一方面要从民族地区当地的社会文化背景出发,促进民族地区教育的公平发展,保障民族地区成员的基本受教育权利;另一方面又要顾及国际国内大环境对民族教育的冲击和影响,积极寻求新的政策执行措施,帮助提升民族教育质量。这一点体现了民族教育政策的"民族性"和"发展性"特点。要充分考虑到社会环境因素对政策执行的可能影响,使政策执行能够最大限度地实现政策目标,为提升课程设计质量和多元文化教育提供指导。

## (三) 教育环境

教育环境对民族基础教育课程政策执行的影响比前两种因素要更为复杂。与自然环境和社会环境的影响相比,教育环境的影响是直接的。就具体的作用方式而言,教育环境对民族基础教育课程政策执行的影响又是隐性的。我们知道,一方面,中华民族是由多民族构成的统一体,自古以来,各个民族以各自不同的生活、生产方式孕育着自己所独有的传统与文化;另一方面,生活于同一空间内的各民族之间又不是完全的彼此独立、互不往来的。长期以来,各民族在不断交往的过程中,不断地相互影响和交融,形成了一个和而不同、美美与共的中华民族。因此,在影响民族基础教育课程政策执行的因素中,既有传统文化中孕育而成的教育观念,又有现实教育中的新问题、新情况;既有整个国际国内的教育背景,也有民族地区自身特殊的教育环境。

1. 从影响民族基础教育课程政策执行的教育传统因素划分，有中华民族的整体性教育传统文化和各民族自身的教育传统文化

首先，中华文化传统集中表现为一种"整体性"的集体主义特征，是一种集体本位的文化。如在看待人与自然的关系上，中华文化主要表现出一种天人合一、天地一体、万物同源的思想特征；在对待人与社会的关系上，也要求把社会作为整体来看待，强调立足整体，统筹全局，顾全大局。因此，凡事要以集体利益为重，个人利益为轻。当个人利益与集体利益发生冲突时，个人要牺牲自己的利益，成全集体利益。这种文化传统反映到社会生活中，就表现为对待集体态度上的忠诚和顺从，对待集体权威的服从与崇拜。这在封建社会表现得尤为明显。教育上，以儒家思想为代表的"学而优则仕"的观念深入人心：统治者希望通过考试筛选的方法选择阶层人选，公众希望通过学习考试步入仕途，成为集体利益的"代言人"。因为在人们心中，集体为重，个人为轻。所以这种观念指导下的教育政策执行就是自上而下的模式，其主要的目标是要通过政策来维持现有的教育秩序和理念，从而保证和维护精英们的特权与利益。

其次，从中华文化传统中的集体本位思想出发，中华文化传统的另一个显著特征就是对伦理的重视。自古以来，十分重视个体对家族、集体和国家的依附性、顺从性。在人际关系上，也就必然地强调个体对群体、他人的服从与礼让。中华文化传统也因此而具有明显的中庸思想，强调人际交往中礼的重要性。"克己复礼为仁"，人在社会生活中必须要谦虚谨慎，做到和为贵，而不要骄奢放纵，更不要用排斥斗争、竞争打压的方式对待他人。总而言之，在人际交往中，要"扣其两端执其中"、"无过无不及"。此外，"伦理纲常"在中华文化传统中也占有相当重要的地位。所谓"仁者，人也"，具体到日常生活中，要求人们要做到"礼贤下士"，凡事以"礼"贯之，慎重处理好"君臣关系、父子关系、夫妇关系"。中华文化传统中"尚和"的伦理精神和严格的等级观念，尽管发端于封建社会，目的是维护封建统治政权，但今天看来，仍有不少积极的地方值得我们学习和发扬。特别是其中的中庸方式、讲究伦理的价值观念，都代表了

中国人对"和谐"的追求和对人权的尊重。

最后，尽管生存于整个中华文化空间之中，但各民族也有自身的文化传统和习俗，它们同样构成民族基础教育课程及其政策执行的教育环境。不同的民族有不同的文化传统与风俗习惯，在此基础上形成的教育传统与观念也不一样。如有的民族看重教育的知识传授功能，认为教育就是传授知识；有的民族看重教育在生活技能学习上的作用，认为教育就是教孩子学会生活中的各种技能。不同的民族教育传统、不同的民族文化，都孕育了不同的民族教育文化，这些对民族基础教育课程政策的执行都会产生潜移默化的影响，会影响课程的设计、课程内容的组成以及对课程的管理等。

2. 从影响民族教育政策制定的教育现实因素划分，有国内的整体性教育现状和各民族自身教育发展的现状

就前者来说，主要表现在受到多元文化观念的冲击所带来的传统文化价值观与现代文化价值观之间的交流、融合。一方面，正如前文所言，在中华传统文化中，重视集体、轻视个人。但随着国际交流的增多，多元文化交流背景下带来的西方文化和价值观念不断地对传统文化构成冲击，中国文化传统受到挑战。带有明显个人主义和市场经济的实用性倾向的价值文化与中华传统文化形成互补，给中国社会文化带来巨大的转变，以至于我们总是强调当今社会处于"转型时期"。另一方面，不断的国际交流和文化融合也带来了文化内容上的一体多元性。也就是说，在西方文化的不断冲击下，中国文化表现出一种"多元"的态势，但这并没有造成中华传统文化的消失和被取代，而是形成了以中华传统文化为"主体"，各种思想、文化共同存在的"多元"形式。在这种特殊的文化背景中，人们的思想开始活跃，观念开始转变，从以往的只注重人文到对人文和科学的共同关注。在教育上，表现为把价值教育、道德教育和学科教育、实用教育结合起来，把对教师权威的维护转变为对教师和学生"双主体"的重视等，所有这些构成了现时代民族基础教育课程政策执行所面临的国内教育现状。

就后者来说，主要是指在国内已有的教育背景下，各民族地区自身的教育现状。特别是对于地方性、特色性的民族基础教育课程政策的执行来说，这一点的影响表现得更为明显。如受到当前市场经济和实用主义思想的影响，民族基础教育课程中强调对科学知识和公众认可的国家课程的学习，而对地方课程、民族语言以及地方文化的课程使用和重视程度都显得不够。所以，在民族基础教育课程政策执行中，就必须充分考虑这一民族地区特殊的教育现状，执行特殊的民族基础教育课程政策，解决民族教育发展中存在的特殊问题和矛盾。

## 二、组织文化视角

民族基础教育课程政策的执行不仅有来自文化环境的制约和影响，而且更是离不开一个个由人所组成的团体——组织的存在。法国学者莫里斯·拉韦尔热（Maurice Duverger）认为，"组织的定义可以概括为一定物质基础（规章、设备、技术、办公室）之上的某类集体成员的角色构成。政党、工会、'社会运动'、压力集团、行政机构、公共事业和半私有企业等都属于这个范畴"[①]。正是因为有一系列民族教育管理部门和相关社会组织的存在，民族教育政策的执行才有了依托。组织的存在形式多种多样，而以隐性形式存在的"组织文化"及其在民族基础教育课程政策执行中的影响更是需要特别注意的。具体来说，影响民族基础教育课程政策执行的组织文化大体上可以分为执行组织内部文化和外部相关组织文化两种类型。

### （一）执行组织内部文化

执行组织内部文化对民族基础教育课程政策执行的影响主要表现在组织内部的人员构成、共同的价值观以及具体的管理模式等方面。在人员构成方面主要有行政人员、专家学者、一线教师、家长、社区代表，等等。

---

① 莫里斯·迪韦尔热. 政治社会学［M］. 杨祖功，译. 北京：华夏出版社，1987：139.

不同的人员构成反映了不同的民族基础教育课程政策执行模式和思维。共同的价值观则是指执行人员之间能否就政策执行的价值导向和政策目标达成一致意见，能否可以就彼此之间存在的分歧和利益冲突等进行商讨并共同努力，使政策最大限度地解决课程问题，进而促进教育发展。例如，对课程中民族地方文化的态度、熟悉程度等都会对此产生影响。而管理模式是指执行组织内的人员管理是民主型还是专制型的，能否在决策时广泛听取各方面的意见和建议，这些也会对课程政策的具体实施产生影响。

## （二）政策执行组织外部（相关组织）的文化

除了执行组织内部文化对民族基础教育课程政策执行产生影响之外，与政策利益以及所处环境相关的其他组织文化也会对民族基础教育课程政策的执行产生影响，主要有宗教文化、社区文化以及学校文化等。

宗教组织文化的影响主要通过向人们传递人生价值信仰实现。如宗教信仰要求人们与自然、社会和谐相处，要积德行善等，所有这些都对人们的教育观念产生影响，成为生活中道德教育的有效素材[①]，从而在民族基础教育课程政策执行的方式、方法上产生一定的影响和作用。社区组织文化对民族基础教育课程政策执行的影响是多方面的。长期以来，人们生活中所产生的利益观念，对知识和课程的认同与看法等，都构成政策执行中所要关注的因素。学校组织是民族基础教育课程政策执行的最终落实点。在政策执行中取得的经验、存在的不足与教训等，都通过学校来进行。学校领导和教师对课程的理解程度和对当地文化的重视程度等都会影响到对地方课程的使用和理解。教师在课堂中怎样理解课程、使用课程，也是课程政策执行的影响因素之一。总之，组织文化在民族基础教育课程政策执行中起到敦促、凝聚和反馈的作用，是民族基础教育课程政策执行中不可小觑的文化影响因素。

---

① 王平. 多维视角下的宗教、民俗及其与学校教育之关系 [N]. 中央民族大学校报，2009 - 12 - 28.

## 三、文化思维视角

尽管影响民族基础教育课程政策执行的因素大多来自社会，而且从以上分析来看，诸因素之间还是相互渗透、共同作用的。但这些因素相互影响和渗透的一个纽带就是"人"的存在。同所有的公共政策执行一样，民族基础教育课程政策的执行最终还必须依靠人来完成。个人的知识、能力、思维等在民族基础教育课程政策执行中的作用是非常大的。的确如此，人并非单独存在于这个世界上的，人在生活中要与他人交往，人的社会活动一方面影响并改造他生活的环境，另一方面，周围的文化环境又会反过来影响个人的思想、情感和能力。因此，探讨个人文化思维在民族基础教育课程政策执行中的作用与影响也是十分必要的，这是对民族基础教育课程政策执行进行文化分析的视角之一。

个人的知识水平、认知方式、感情因素等一起构成了个体的文化思维，并对民族基础教育课程政策的执行产生影响。

### （一）个体知识水平

个体知识水平对民族基础教育课程政策执行的影响主要体现在个体的教育学知识、民族知识、政策知识等方面。个体的教育学知识决定个体能否从教育的角度关注民族基础教育课程政策的执行，使政策真正着眼于"教育实际问题"的解决，而不至于成为行政中的一种"摆设"和"象征"。个体教育学知识的丰富程度决定了民族基础教育课程政策执行方式的"专业化"水平的高低。个体的民族学知识则能够促使个体站在"民族"与"国家"的高度，更多地反思、挖掘民族基础教育课程政策与一般公共政策及教育政策的不同点，从更加广泛和特殊的视角执行民族基础教育课程政策。个体民族知识的丰富程度决定了民族基础教育课程政策执行中"文化性"的明显程度。个体的政策知识则决定了民族基础教育课程政策执行的法律程序和规范程度，保障民族基础教育课程政策执行在程序上的科学性以及政治上的民主和规范性，使民族基础教育课程政策能够更好地解决民族教育课程的问题。个体政策知识的多寡，决定了民族基础教育课程政策执行中"技术性"的高低。总而言之，个体的知识水平决定了民族基础教育课程政策执行中的专业性、文化性和技能性。

### （二）个体认知方式

个体认知方式在某种程度上是由个体知识水平决定的。较高的知识水平、专业素养和技能等都有助于个体形成合理的、科学的认知方式。个体认知水平对民族基础教育课程政策执行的最终作用力是通过其对民族基础教育以及民族基础教育课程问题的认知和表征方式体现出来的。丰富的各方面知识，有助于个体形成从多角度分析问题的思维习惯，从而对课程中的有关问题进行更加全面的、科学化的归因，从而最大限度上解决好民族基础教育课程发展中的问题。

### （三）个体感情因素

个体感情因素同认知方式一样，是由知识水平的高低决定的。高的知识水平有助于形成合理的、全面的认知方式，并最终上升为高尚的、科学的文化感情。带着对民族传统文化和民族教育事业的热爱之情参与到民族基础教育工作之中，会使工作充满激情和富有成效。更重要的是，有一颗对民族基础教育工作的敬畏和热爱之心，在具体的课程政策的执行中就会不自觉地以更加积极、向上的态度看待和解决课程问题，设计多元文化课程，并尽力通过课程政策把问题处理好，使问题解决的结果更大程度上有利于促进民族教育的科学发展。

综上所述，以往的有关理论尽管存在各自的缺点，但为我们进行研究、扩展视野提供了理论上的基础。民族基础教育课程政策执行的过程实际上是政治过程和文化过程的统一。前者是表面现象，产生的影响是显性的；后者是内部动力，产生的影响是隐性的。民族基础教育课程政策执行的过程，除了有政治、经济因素的影响之外，还有文化因素的参与。文化环境、组织文化以及政策制定者个人的文化思维等共同组成了民族基础教育课程政策执行中的文化影响因素。从这些方面来对民族基础教育课程政策执行进行文化上的分析，不仅符合上述有关理论的要求，而且又可以突破以往理论过于细致或者过于粗糙的弊端，使得民族基础教育课程政策执行中能够更好地凸显文化性和民族性，从而更好地指导多元文化课程的开发与发展，更好地进行政策的执行和实施。

# 第三章 民族基础教育课程政策
# 执行现状的文化分析

## 第一节 个案点基本情况

### 一、自然环境

　　本研究的调查点雷山县地处贵州省，而贵州省地处我国西南部，属于云贵高原。就具体的地理位置而言，介于东经 103°36′—109°35′、北纬24°37′—29°13′之间，东靠湖南，西毗云南，南邻广西，北连四川和重庆，东西相距约 595 千米，南北跨度约 509 千米。在土地与地形构成上，全省土地总面积 176167 平方千米，占全国土地总面积的 1.8%。全省以山地、丘陵为主，总计约占到全省总面积的 92.5%，其中山地面积为 108740 平方千米，占全省土地总面积的 61.7%，丘陵面积为 54197 平方千米，占全省土地总面积的 30.8%；平坝地较少，面积约为 13230 平方千米，仅占全省土地总面积的 7.5%。因此耕地不仅面积小，质量也不高。雷山县位于贵州东南部，黔东南苗族侗族自治州西南部，东经 107°55′—108°22′和北纬 26°02′—26°34′之间，东临台江、剑河、榕江县，南抵黔南布依族苗族自治州的三都水族自治县；西面和北面与丹寨县、凯里市毗邻，东西宽42.5 千米，南北长 59 千米，距省府贵阳 184 千米，距州府凯里 42 千米，因苗岭山脉主峰雷公山耸立该县境内而得名。

　　就地理位置和自然环境而言，雷山县地处西南边陲，一方面，土地面积狭小，多以山地为主，可耕地面积小，土地质量贫瘠；另一方面，天然的地形和地理位置，决定了交通和对外交流的不便，经济、文化以及信息的沟通和传递不可避免地受到自然环境的制约。

## 二、社会环境

近年来，贵州省实施了计划生育政策，一方面，全省人口增长速度有所减慢；另一方面，人口年龄结构类型也逐渐向老龄型转变，截至 2006 年年底，65 岁及以上老年人口比重为 6.9%。与上年相比，65 岁及以上人口的比重上升了 0.36 个百分点。同时，贵州还是一个多民族的省份，全省有 49 个民族成分，少数民族成分个数仅次于云南和新疆，居全国第三位。世居少数民族有土家族、苗族、布依族、侗族、彝族、仡佬族、水族、回族、白族、瑶族、壮族、毛南族、蒙古族、仫佬族、羌族、满族等 16 个。少数民族人口占全省总人口的 37.9%。

就雷山县的概况来说，全县有人口 15.2 万，居住着苗、水、瑶、侗、彝、汉等民族，少数民族占总人口的 91%，其中苗族人口占 86.3%。全县 9 个乡镇（5 乡 4 镇），157 个村，总面积 1218.5 平方千米，耕地面积 10.73 万亩，占总面积的 5.6%，其中稻田面积 8.49 万亩，是个"九山半水半分田"的山区农业县，农业人口占 90% 以上，人均耕地 0.67 亩，农村人均年收入 1706 元，属国家认定的贫困县之一。尽管近年来人口增长速度有所减慢，但人口基数大，人多地少的情况并未改变，矛盾依然突出，贫困人口和农村剩余劳动力较多。此外，由于地处偏僻、交通闭塞、经济落后，加之独特的自然环境和历史民俗，这里很少受到外来文化的影响，因而至今仍遗留着极为丰富的民族文化遗产，有秀丽的自然风光、淳朴的乡风民俗，古朴典雅的民族村寨、精巧的民族建筑工艺、丰富多彩的民族节日和精致美观的民族工艺。这里的苗族歌舞、服饰、建筑、习俗、节日、祭祀等仍然保留着自己独特的风格。这些传统的民族民间文化，组成了雷山县完备的苗族文化体系，主要表现为民居文化、服饰文化、饮食文化、节日文化、酒文化、歌舞文化、婚姻文化等，所以，雷山被称为

"中国苗族文化中心"和"苗疆圣地"①。

## 三、文化教育环境

长期以来，雷山县就是苗族的主要聚居地之一。苗族独具特色的历史文化传统孕育了雷山县浓厚的民俗风情和社会心理，也深深地影响了这里的社会、经济、文化和教育。从九黎蚩尤的苗族历史来看，历史上苗族是一个多灾多难的民族。在漫漫五千年的历史长河中，由于历代统治者不断残酷镇压，作为"九黎蚩尤"部落的后裔，苗族被迫不断迁徙、逃亡。数以万计的人口、部落、支系、村落、家庭在各个历史时期消亡，幸存者各奔东西。无休止的逃亡迁徙，数千年的奔波受压，造成苗族现今这种支系多、生存环境恶劣、贫穷落后的状况，也造成了苗族没有文字以及在语言、风俗、服饰等各方面的差异。这种差异性的存在，一方面给苗族的发展造成了一定的阻碍；另一方面也造成了苗族文化的多元和兼容并包的特点。偌大的苗寨，背靠群山，面朝沃野，清澈的河水，一望无际的稻田，显得宁静而闲适，古朴而醇香，仿佛一幅巨大的风景画卷，其中有人们倾注的温情和虔诚。在秩序、宁静、朴素的氛围中，彰显着人与自然之间的和谐宽容，呈现出一种安详和睦的景象。这种人与自然之间的和谐关系，孕育了几千年来苗家人民宽容、热情、豪爽的民族性格。

由于特殊的自然、社会环境，雷山县的基础教育环境一直落后于全国其他地区，尽管近年来雷山县委、县人民政府高度重视教育工作，提出"教科兴县"发展战略，使得全县的教育质量和整体的教育环境有了较大的改善，但是，教育环境差、教育质量低的现状依然没有改变。主要表现在这样几个方面。

第一，基础教育中的"两基"工作进步明显，任务艰巨。目前，在入学率方面，全县初等教育阶段适龄儿童入学率为99.31%。其中，适龄女

---

① 雷山县民族事务局，雷山县文化体育局，雷山县教育局. 雷山县乡土文化教材 [M]. 贵阳：贵州人民出版社，2008：3 - 4.

童入学率为 99.37％；适龄残疾儿童、少年入学率为 82.71％。在辍学率方面，小学辍学率为 0.23％；初中辍学率为 2.8％。在巩固率方面，15 周岁人口中初等教育完成率为 97.14％，17 周岁人口中初级中等教育完成率为 80.76％，15 周岁人口中文盲率为 0。

第二，办学条件上，全县现有小学生均校舍面积为 5.2 平方米、初中生均校舍面积为 7.9 平方米。中小学校点布局趋于合理，能保证普及九年义务教育和中小学生就近入学需要；生均图书小学为 11.2 册，初中为 23.2 册；实验教学仪器和音、体、美等学科教学器材分类达标，小学为 96％，初中为 100％。2003 年，雷山县实施了"农村中小学现代远程教育工程"，共建有计算机室 10 个，接收站 55 个，播放点 65 个。全县平均班额为小学 28 人、初中 52 人。其中大班额为小学 29 个，初中 42 个，分别占班级总数的 5.5％、32.3％。

第三，在民族基础教育课程开设方面，一方面，雷山县通过一系列政策引导，把民族文化进课堂作为重要内容来抓，使得民族课程与教材建设有序开展，教师教学中也注意运用双语等多种教学形式，引入和讲解民族民间文化，在地方学校开展了一些反映本民族文化、风俗的课程，编写了诸如《雷山县乡土文化教材》等民族文化课的辅助教材。另一方面，民族文化课程的开展还存在很多的限制性因素，诸如缺乏课程、师资以及相关配套的教学资源作为支撑等①。

## 第二节　民族基础教育课程政策执行现状的文化分析

在这一部分，将以贵州省雷山县的民族基础教育课程政策执行情况为案例，通过实地的调查与访谈，深入了解当地民族基础教育课程政策在执行现状上的特点，一方面了解当前民族基础教育课程政策执行的总体效

---

① 雷山县学习实践活动办．雷山扎实推进教育"两基"工作迎接国家检查［EB/OL］．(2009－06－15)［2011－03－28］http：//www.gzjcdj.gov.cn/Detailinfo.jsp? NewsID＝32540.

果；另一方面，立足文化的视角，从执行主体、执行方式以及政策执行中的经验与困难等方面对当前民族基础教育课程政策执行的相关问题进行探讨，着重体现文化在其中的作用和影响力。

## 一、民族基础教育课程政策执行的总体效果

调查发现，雷山县民族基础教育课程政策的执行对当地的教育产生了重要的影响。尤其是在学生、教师、课程与教学、民族文化传承以及社会经济发展等方面的影响比较突出。

### （一）对学生的影响

民族基础教育课程政策的执行对学生的学习成绩、综合素质等方面都产生了诸多影响。

首先，无论是多元文化课程政策还是新课改政策，都对学生的学习成绩产生了很大的影响。

其中，多元文化课程政策在民族中小学的最主要的表现就是我们经常提到的校本课程以及与此相关的双语政策等。通过实地调查，我们得出了以下结论。

第一，校本课程的实施，尤其是民族民间文化进课堂，一方面丰富了学生的课余生活，另一方面也对学生的学习成绩造成了很多负面的影响。这种影响的外在表现就是学生由于学习民族歌舞所产生的学习时间不足，对文化课学习兴趣低下以及由此带来的学习成绩的下降等①。

第二，双语政策的实施，在一定程度上有助于帮助学生掌握和理解课

———————————

① 当然，这种现象的产生并不能必然地说明这项政策的失误。事实上，通过后来的分析，我们会发现，民族民间文化进校园的政策初衷是好的，但是之所以会导致由于学习民族歌舞而产生的文化课学习成绩下降以及学习兴趣的低下，主要是因为政策执行过程中没有认清政策的目的、对政策目标的解读和政策执行过程中有偏差等原因造成的。当然，也有外部政策监督机制不完善以及教育评价目标和评价机制的不完善等多种因素所共同导致。这一点我们将在后面的部分进行详细地分析。

堂知识，提升学习成绩。在和教师的交流中我们了解到，在民族中小学的课堂教学中，必须要使用民族语言来解释一些学生听不懂或者理解不了的知识，帮助学生更好、更容易地掌握知识。这样来看，民族地区中小学的双语教学确实有利于提升学生的学习成绩。

其次，就新课改政策来看，实际上它是包含着以上所提到的多元文化的内容的。在新课程改革的理念和指导思想中，也十分强调对学生生活经验和本土知识的关注。当然，之所以在这里把它单独提出来，是因为对民族地区来说，这一点显得尤为明显和必要。但是，新课改的政策对民族基础教育课程而言，也是不可忽视的。其中，学生的学习成绩是新课改政策的重要影响之一。通过调查我们发现，新课改政策一方面有利于开阔教师的视野，提升教师的教育教学能力和学生参与课堂的意识，从而在能力和技能方面有所提升；另一方面，新课改政策在民族基础教育中的执行也同样遇到了很多问题和阻碍。其中最大的问题就是学生的语言和能力、教师的能力以及学校的基础设施等各方面都还很难达到新课改所提出的要求。因此，对于民族地区特殊的语言、文化、经济发展情况考虑的欠缺和执行中的不适应是新课改政策执行中遇到的最大困难，这当然也就不可避免地影响到学生的学习成绩。调查中发现，学生无法参与课堂互动，而来自教材自学的困难和学校基础设施的缺乏也造成了部分学生的厌学和逃学现象，对学生的学习成绩也有一定的负面影响。

最后，多元文化课程政策的实施，对于学生综合素质的提升也起了很大的作用。特别是民族民间文化进校园，各学校针对这项政策，结合自己的学科教学和教师特长，组织开展了很多体育、美术、科技、舞蹈、英语、写作等学科课外兴趣活动，拓展教育教学的空间，培养学生的兴趣和特长，丰富校园文化生活，并取得优秀的成绩。如县里学生在 2005 年中小学艺术展演活动中，获州级颁奖的作品有：舞蹈获一等奖 4 个，二等奖 1 个，三等奖 1 个；歌曲创作获一等奖 2 个，三等奖 1 个；美术绘画书法作品获一等奖 3 个，二等奖 1 个，三等奖 3 个。2006 年，县里组织中小学生参加知识竞赛，获全国物理知识竞赛二等奖 2 人，获全省数学知识竞赛一等奖 8 人、二等奖 12 人、三等奖 23 人。2008 年，获全国应用物理竞赛二等奖 1 人，获全国高中数学奥林匹克竞赛二等奖 1 人，在黔东南州第九届中学生田径运动会中获高中组团体总分第五名、初中组"体育道德风尚奖"。2009 年获全国初中数学竞赛一等奖 1 人、二等奖 2 人、三等奖 3 人[①]。

### （二）对教师的影响

民族基础教育课程政策的影响是广泛的，不仅对学生的各方面产生了很多影响，对教师的影响也是值得重视的。无论是课程改革还是民族文化进校园，都在教育教学思想、教学技能、教学内容、教学组织和管理等方面对教师提出了更高的要求和期望。为了让教师的能力有更大的提高，更好地胜任新课改的要求和民族文化教学的需要，雷山县本着以提高全县中小学教师整体素质为重点，以"一德三新"（即师德教育、新理念、新课程、新技术）为主要内容，以"决战课堂、新教材大练兵"为抓手，以课程改革为中心，以优化课堂教学为突破口，加强校本教研，全面推进素质教育，全面提高教育教学质量，在教师培训方面采取了很多有效的措施来提升教师的工作技能与各方面素质。主要表现为以下几个方面。第一，加强教师培训力度。启动新一轮的（2006—2010 年）中小继教工作。为了做好这项工作，县政府成立工程领导小组，加强领导；先后出台和制定《雷山县"十一五"（2006—2010 年）中小学教师继续教育工程实施意见》《雷山县"十一五"（2006—2010 年）中小学教师继续教育工程教育技术能力培训实施意见》《雷山县"十一五"（2006—2010 年）中小学教师继续教育校本培训工作细则》《雷山县"十一五"期间中小学教师继续教育登记制度实施办法》等规章制度，明确责任，稳步推进。第二，组织教师参加学科教材考试。仅 2007 年 4 月，全县就组织了中小学 1265 位教师参加中小学语文、数学、外语、物理、化学、历史、地理、生物等十一个学科的教材考试。第三，开展课堂教学能力评定工作，评定出学校学科

---

① 雷山县教育局．发挥主体职能，当好参谋助手，推进全县教育事业持续健康发展［R］．雷山，2010．

带头人、教学能手、学生最喜爱的老师等好教师出来，并采取师徒结对、"一帮一"等形式，促进教师之间相互学习，取长补短，共同提高①。

总体来看，围绕课程政策的执行，雷山县进行了有计划、有组织的教师培训工作，取得了很多实质性的成果，教师的教学能力、管理能力、科研能力等都得到了很大的提升。具体的表现有这样几个方面。第一，通过培训，教师整体学历层次明显提高。全县 1372 名中小学教职工中，小学专任教师学历合格率为 98.79%，专科学历以上占 46.42%，小学高级职称占 53.57%；初中专任教师学历合格率为 98.09%，本科学历以上占 28.34%，中教一级职称占 36.78%，中教高级职称占 5.18%；高中专任教师学历合格率为 83.89%，中教一级职称占 36.72%，中教高级职称占 21.88%。近三年来，共录用了 88 名师范类大中专毕业生到教育第一线工作，有 487 名教师通过进修提高了学历层次，其中大专 383 人，本科 104 人②。第二，教师的计算机能力有了较大提升。广大教师都基本掌握了计算机的一般应用技术，大部分教师能上网查找教学资料，能应用现代远程教育设施，能制作简单的教学课件③。

当然，依靠课程政策带动的教师素质的提升毕竟是有限的。教师培训政策的出台和实施也在一定程度上促进了教师的发展。尽管当前的教师培训和专业发展中还有很多诸如经费欠缺、基础设施差、思想认识不足等一系列的问题和困难，但是，课程政策执行过程中的这种政策期待和能力建设给教师带来的影响是不容忽视的。

## （三）对课程设置与教学效果的影响

民族基础教育课程政策对课程和教学的影响是最为明显的。通过调查我们发现，雷山县在基础教育课程政策的执行过程中，就新课程改革而言，主要是按照"先立后破、先培训后上岗"的要求，从 2003 年开始启动新课改

---

① 雷山县教育局. 雷山县 2006—2009 中小学教师继续教育工作总结 [R]. 雷山，2009.

② 王润华. 雷山县"两基"工作情况汇报 [R]. 雷山，2009.

③ 雷山县教育局. 与时俱进，推进基础教育课程改革进程——雷山县基础教育课程改革自查自评汇报 [R]. 雷山，2006.

培训工作以来，已基本完成了基础教育改革通识性培训和第一轮学科教学培训工作。2005 年秋季开始在小学一年级和初中一年级启用新课改教材教学，现在已使用新课改教材教学的年级有小学一、二年级和初一、初二年级，较好地实现了国家课程、地方课程和学校课程的基本课程结构体系。

就教材和课程的设置而言，实施新课改的年级使用的国家课程教材为人民教育出版社发行的教材。其中，小学学科设置为语文、数学、品德与生活、体育、音乐、美术；初中学科设置为思想品德、语文、数学、英语、物理、化学（初二还没有开设）、历史、地理、体育、音乐、美术。初中新课改年级使用的地方课程教材为和平出版社发行的《农村初中实用科技》和贵州教育出版社发行的计算机教材。同时学校还开设了民族文化、安全教育、社会实践等灵活多样的学校课程。

就教学而言，各学校都以新课改的精髓为指导，不断完善和改进学校的常规制度，努力从制度上规范教师的教育教学行为，并从学校的总体工作安排、日常的教学工作检查指导、教师工作和学生学习成效评价等方面对学校和教师的工作进行部署，跟踪，努力确保学校的总体工作和教师工作符合新课改的要求，做到了按新课标要求开齐课程，开足课时，以新课标要求部署教育教学的各项工作。

此外，实施新课改的年级和非课改年级的一样，都开设有地方课程和学校课程。为了开好地方课程和学校课程，县教育局和有关业务部专门出台了相关文件，对课时安排、教学组织、学科考核考试等作出了要求，并列入考核学校和教师的内容之一①。

**（四）对民族文化传承的影响**

校本课程政策的执行，丰富并发展了雷山县地方知识、文化，促进了它们在学校教育中的普及程度。其中的民族文化进课堂就是作为校本课程的主体而开设的。调查中我们发现，无论是政府的工作总结还是一线教师

---

① 雷山县教育局. 与时俱进，推进基础教育课程改革进程——雷山县基础教育课程改革自查自评汇报［R］. 雷山，2006.

的态度都体现并反映了校本课程对于民族文化传承的重要意义。

在走访中我们了解到，近年来，结合贵州省教育厅、省民委《关于在我省各级各类学校开展民族民间文化教育的实施意见》（黔教发〔2002〕16 号）和《贵州省民族民间文化保护条例》，雷山县下发了《关于做好民族文化进课堂的通知》，要求结合学校和地方实际，以民族文化进课堂作为校本课程的主体，开设民族文化课。具体的举措有：第一，把苗族飞歌、苗族舞蹈、苗族刺绣、苗族习俗等民族文化纳入中小学音、体、美等学科课堂教学内容；第二，组织编写了《雷山县乡土文化教材》《黔东南历史》《黔东南地理》等作为中小学民族文化进课堂的辅助教材。

通过这样一些活动和措施，全县共有 67 所中、小学校共 325 个班级开设了民族民间文化教育课，有 13600 多名学生接受民族文化教育。各中小学利用每周的地方课程时间和课外活动时间，开展民族文化教育教学活动，特别是兴趣小组活动，收到了良好的效果。如该县第二中学等学校以苗族芦笙舞、铜鼓舞的曲子编制校园广播操；第三中学形成了《苗族文化进校园活动》课题研究报告，学校师生人人会唱苗族歌谣；大塘乡莲花小学以学生为主要队员参加的《铜鼓舞》节目在"多彩贵州歌舞大赛"中获得"铜鼓奖"，等等①。

一线的教师同样反映了校本课程对于民族文化传承和保护的重要意义：这个是必要的。因为我们苗族的祖先们，通过一代一代不断的创造，归纳了很多民族的舞蹈、故事、歌谣等，都是民族的精髓，是非常好的。不好的少，好的多。这些对于培养学生的意志等各方面都是有好处的，所以应该加以保护和传承，这个是很有必要的。

——方祥乡民族小学李老师、杨老师访谈录音

---

① 资料参见了：
贵州省雷山县教育局的贵州国检亮点（素材）分类总揽（内部资料）；
雷山县教育局的发挥主体职能，当好参谋助手，推进全县教育事业持续健康发展；
雷山县教育局的雷山县"两基"攻坚事例点滴（内部资料）；
雷山县民宗局的雷山县大力加强民族文化保护传承工作（内部资料）和雷山县人民政府的雷山县"两基"工作情况汇报（内部资料）。

当被问及以民族文化进课堂为代表的校本课程的开设意义时，受访的两位教师都不约而同地表达了同样的态度和看法。

校本课程的开发和实施，不仅可以将本土的苗族芦笙、刺绣、歌舞、传说故事、习俗等民族文化有选择地引入中小学课堂，借助本土知识学习提升学生的知识文化素质，而且让学生系统地了解到了当地的人文知识，丰富了学生的课余生活，传承了民族文化，也培养了学生热爱家乡、热爱劳动的良好品德。

### （五）对社会经济发展的影响

当前民族基础教育课程政策的执行还给当地社会经济的发展带来了一定程度的影响。

近年来，在开设地方和校本课程的同时，雷山县还结合实际需求，在各中学开设实用技术课，征订《贵州省农村初中实用科技》教材，做到学生人手一册，并组织学校按照教材要求，作好教学示范，组织学生实地动手操作，确保学生了解和掌握常用的实用技术[①]。这种地方实用技术课程的开展，在一定程度上可以帮助学生理解与掌握当地的实用知识，更好地融入社会生活，也有利于为当地的社会经济发展培养懂得地方实用知识，拥有一定生产生活技能的新型地方性人才。

另外，就当前的现实经济利益来说，这种民族文化进校园的措施还教会了学生一项谋生的技能。调查中我们了解到，很多学生不仅通过校本课程的学习传承了民族文化，而且通过民族文化的学习，他们也拥有了自身的特长——参加旅游开发中的各种民族文化的表演和演出活动成为很多学生将来谋生的主要手段。这些都在某种意义上确实促进和提高了当地的社会经济发展。

但是，就课程政策的另一个方面——新课程改革的效果和执行影响来看，民族基础教育课程政策的执行给当地社会经济发展所带来的影响又是

---

① 雷山县教育局. 发挥主体职能，当好参谋助手，推进全县教育事业持续健康发展 [R]. 雷山，2010.

短暂的、表面的。由于地方文化和经济发展的特殊性，新课程政策的执行过程中也出现了一些我们之前没有预想到的问题：教学内容与学生生活经验的差距较大，教学中受到学生语言和生活习惯的影响而难以开展师生互动，资金缺乏导致的实验仪器和基本教学保障的缺乏等，都构成了新课程改革中的困难与障碍。这些困难的存在一方面制约了课堂教学的发展，另一方面又给学生的学习增加了难度，部分学生因此而厌学、逃学甚至辍学外出打工。所以，一方面这在短期内减轻了家庭的经济负担，增加了家庭的经济收入，带动了经济的发展，但是另一方面，又不利于学生将来的人生成长和整个地区民众文化素质的提升与经济社会的全面持续发展。这也是民族基础教育政策执行过程中所产生的一个隐性的影响，虽然不是十分的普遍，但应该引起我们的关注和重视。

## 二、民族基础教育课程政策执行主体与方式

当前雷山县民族基础教育课程政策的执行无论在主体还是执行方式上，都体现了较为浓厚的地方特色。尤其是民族文化和当地社会经济发展的实际情况在政策执行主体和方式上的影响是值得我们注意的。

### （一）执行主体

所谓民族基础教育课程政策的"执行主体"，与课程政策的"主体"是有着内在的一致性的。"解决教育政策的所属问题，即解决是谁的政策，是谁制定的政策问题"[1]。在我国，有学者的研究指出，"课程政策的主体问题是解决课程政策的归属和制定问题"[2]。一般意义上，课程政策主体应该包括国家主体、社会主体和个人主体三个方面。同样，课程政策的执行主体也应该包括这样三个方面。具体到我们的调查中，贵州省雷山县的民族基础教育课程政策执行主体应该包括地方教育行政人员、学校校长和

---

① 孙绵涛. 教育政策学 [M]. 武汉：武汉工业大学出版社，1997：5.
② 张家军，靳玉乐. 论课程政策主体 [J]. 当代教育科学，2004 (1).

管理者以及教师等三个方面的层次。调查的结果显示，民族基础教育课程政策的执行中，首先是教育主管部门，也就是教育局的行政官员对上级的课程政策进行贯彻和执行。其次是以教育局文件的形式下达到各个地方的中小学校，要求学校校长和管理人员对照执行。最后是学校管理者以文件或者其他的形式要求教师按照上面的要求和精神在实际的课堂教学中具体加以落实。

但是，需要注意的是，少数民族基础教育课程政策是一个广泛的概念。正如我们在前面所论述的那样，民族基础教育课程政策不仅是新课改政策，它还包括民族地区的多元文化课程政策。而这一点在民族地区而言是比较特殊的。通过调查我们了解到，在雷山县，民族基础教育多元文化课程政策的主要表现形式之一——民族民间文化进校园，是该地区学校教师先带头做起来的，后来引起上级领导的重视与肯定，才以政策的形式加以肯定和要求。因此，就这一点来说，它应该是属于政策执行中的自下而上模式。

所以，少数民族基础教育课程政策执行主体的层次结构是与政策的执行方式分不开的。可以用以下的图示来表示。

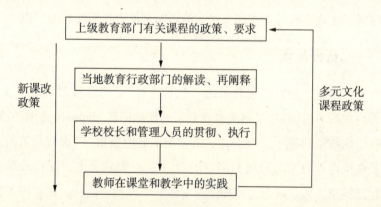

关于民族基础教育课程政策执行主体的民族构成上，调查的结果是，有汉族，也有少数民族（苗族）。其中雷山县的情况是教育主管部门的领导是汉族，学校校长和管理人员以及教师大部分为苗族。可见，政策执行主体的民族构成是少数民族为主、汉族为辅，汉族和少数民族兼有的结构

形式。

民族基础教育课程政策执行主体的这种层次和民族构成，一方面体现了政策执行方式的"双重性"——兼有自上而下和自下而上两种方式；另一方面，也反映了民族基础教育课程政策执行主体构成的"民族性"——少数民族成员是政策执行的主体。

### （二） 执行方式

教育政策执行的方式是指在政策执行过程中对政策的理解、宣传和执行所依据、运用的各种信息与手段、途径等。就民族基础教育课程政策的执行而言，我们针对调查中雷山县所存在的情况从课程政策再阐释的依据、宣传动员的方式以及课程政策执行过程所运用的手段等方面来加以讨论。

1. 民族基础教育课程政策再阐释的依据

在前面的论述中我们大概知道，在民族基础教育课程政策的执行中，一方面是按照自上而下的顺序进行的，另一方面也具有一些自身的特殊性。就自上而下的政策而言，主要表现为新课程改革政策。在这项政策的执行过程中，当地的教育行政部门需要对国家层面的基础教育课程改革的文件、政策等进行阐释和理解，校长和学校管理者也要针对所在学校自身的实际情况，对课程政策进行阐释和理解。同样，教师在实际的课堂教学中，也会按照自己的思维方式和教学经验对课程改革政策进行消化、吸收甚至是批评，并在教学中采取一定的措施加以实践。总之，政策的执行过程中都离不开人的参与，只要有人参与的政策执行，就不可避免地会涉及对政策的再认识、再阐释。

在实地调查后，我们也发现，就雷山县的情况而言，这项政策执行中的再阐释主要会依据这样几个方面的信息和认识。第一，对素质教育和应试教育关系的认识。长期以来，对于素质教育和应试教育之间的关系的讨论一直存在，怎样看待应试教育和素质教育之间的关系，实际上潜在地影响到了当地教育行政人员对民族基础教育课程政策的理解与认识。例如，在调查中，当地县教育主管部门的一位领导就认为，"民族文化进课堂不会影响我们的中考和高考，反而它会增强我们的民族自信心，它是提高民族素质的重要途径，我们不要把学民族文化和学现代文化对立起来，而是要相辅相成"。可见，如果这样看待二者间的关系，那么就会对民族文化课程持积极乐观的态度。而如果认为民族文化课程会影响学生的学习成绩，不利于学生发展，那么很自然地就会在政策的执行过程中采取消极的态度。第二，对民族文化和民族教育关系的认识。如果对民族文化持积极、乐观的态度，并认为民族文化有利于促进民族教育的发展和进步，那么就会在政策的理解和实际的落实过程中自觉地运用民族文化中的优秀成分来帮助、促进民族教育的发展；相反，如果认为民族文化是落后的，不利于民族教育发展的，那么就会寻找其他的方式来理解和执行民族教育政策。尽管两者各有利弊，也会产生很多不同的结果，但同样可以说明对民族文化与教育关系的认识在民族基础教育课程政策执行中的影响力。

2. 民族基础教育课程政策宣传动员的方式

对于一项政策的执行，并不能仅仅停留在对政策的文本的解读和理解上，它还必须要在实际的任务中对政策加以实施。其中，实施的第一个阶段应该是做好对政策的宣传和动员工作。在民族基础教育课程政策的执行中当然也不能例外。就雷山县的调查情况来看，当地政策执行人员也采取了多种方式来进行政策的宣传、动员活动。

（1）以人为本是政策宣传、动员的基本原则。一项政策的执行并不是一帆风顺的，往往会受到来自各方面的不理解、不支持甚至是阻挠。在当地的民族基础教育课程政策宣传动员中，很多家长并不能理解，甚至对政策产生扭曲的认识。例如，民族文化进校园政策是要传承和学习优秀的民族文化传统，但是，很多家长就不理解，他们认为所有的民族传统、习俗都应该在学校里面得到允许。实际上这是不可能的，也违背了学校教育的原则和规章。这个时候，就要一方面照顾到民族的传统风俗，另一方面，又要宣传、贯彻和执行好政策。

问：当家长因民族教育政策与学校发生矛盾时，您有没有一些政策来缓和这种矛盾？

答：有，我们首先按政策办，其次尊重当地的民族习俗。如男生戴耳环，这在现代学校教育里是不允许的，但这在当地是一种民族文化传承的表现，因此，老师要尊重、理解这种行为。同样，也要取得家长的理解。

——雷山县教育局叶局长的访谈

在我们的访谈中，一位教育局长在谈到这个问题的时候认为，应该要以人为本地进行政策的宣传工作。当政策执行中与家长或者其他人之间发生矛盾、冲突的时候，要充分地尊重民族地区的风俗习惯，用以人为本的思想指导政策的宣传和动员工作。

（2）重视自下而上的政策执行方式，广泛动员各个层面的人员进行政策宣传。在雷山县的基础教育课程政策宣传中，当地的教育行政人员告诉我们，就"双语"教学以及民族文化进校园来说，一开始都是学校教师自己在做，后来得到了上级教育部门和政府的认可，才逐渐用政策的形式来进行规范和强调。因此，教师和学生，甚至是学生家长都对此有比较深刻的了解和切身的体会。在政策的执行中，一定要运用以前存在的认识和基础，广泛地发动一线教师和当地人员进行政策的宣传，这样更有利于政策的执行和推进。

（3）重视教育部门和当地政府部门以及其他部门之间的沟通和协调，借助多种资源和力量进行政策宣传。在调查中，一位学校的管理人员告诉我们说，"尽量动员，宣传，如果教师做不了的则交给政府去做工作"。①

3. 民族基础教育课程政策执行手段

政策执行的手段是多种多样的。针对不同的教育政策因地制宜地采用不同的政策执行手段，以便达到最大的政策执行效果。就民族基础教育课程政策而言，在我们的调查中也发现了很多不同的执行手段。这些手段有的是具有普遍性的，有的是从民族地区经济、社会、文化背景出发，针对当地的民族基础教育课程情况采用的。

---

① 雷山县二中教务主任访谈。

（1）行政手段。所谓的行政手段，就是运用行政命令、意见等形式对上一级的政策要求进行转发和向下部署。这是一种比较常用的政策执行手段。在雷山县的调查中，我们同样发现当地的教育部门也是以此作为主要的政策执行手段。教育局长告诉我们，县里面针对当地的特殊性的课程政策并不是很多，主要是贯彻执行国家的课程政策，当地只有一些规定、条例等①。

（2）经济手段。经济手段的具体运用方式是多种多样的。在雷山县的基础教育课程政策中，主要的体现就是把民族文化和本土课程的开发与当地的经济发展实际结合起来，运用经济发展和社会开发的契机，提高学生学习的积极性和兴趣，贯彻执行校本课程，传承本土知识。

我们县提出的一个观点是，民族文化是我们进行的一个素质教育，而不是作为一门课程，比如少数民族会唱流行歌曲外，还会唱苗歌，会跳现代舞外还会跳苗族舞。这样到大学后还可以展示自己，到企业也可以展示自己的特长，而不是作为一种应试教育……一个民族要失去它的语言的话，它的文化肯定会消失。

——雷山县民宗局局长的访谈

调查过程中当地民宗局的一位领导说，主要要把民族文化的学习传承与学生将来生活以及社会经济发展的要求结合起来，打消家长们对民族文化学习会影响学生文化课学习成绩的顾虑，做好政策的执行工作。

（3）能力建设。民族基础教育课程政策的执行不是独立的，而是受到其他教育政策的影响的。其中，教师的教育教学理念、教学技能等对课程实施的影响是十分明显的。因此，为了更有效地执行民族基础教育课程政策，使教师在新课改和校本课程的教学中能够更好地胜任所承担的，雷山县还加强了教师的能力建设，主要通过开展教师培训教学技能大赛等多种形式来提升教师的技能，更新教师的理念，从而促进课程政策在教育教学中得到有效地贯彻和执行。

---

① 雷山县教育局局长访谈。

# 第三节　民族基础教育课程政策
# 执行经验与困难的文化分析

调查发现，雷山县民族基础教育课程政策执行过程中一方面积累了很多切实可行的经验，另一方面也存在一些困难和挑战。对这些经验和挑战进行总结、归纳和分析，不仅有利于从文化的视角更加全面地分析民族基础教育课程政策执行的情况，也有利于总结经验，将来更好地开展文化适宜性的民族基础教育课程政策执行工作。

## 一、经验及分析

雷山县的民族基础教育课程政策执行过程中积累了很多有效的经验，主要包括做好宣传动员工作，采用多种政策执行手段，开展文化适宜的政策执行工作以及进行课程改革的研究工作等。

### （一）做好政策执行的宣传工作，在思想认识上保证政策顺利执行

在雷山县的基础教育课程政策执行中，始终把政策的宣传动员工作作为一项重要的工作来对待。当地的教育行政官员和学校的管理者都曾经告诉我们说，当政策与当地的教师、家长等意见产生不一致的时候，应该积极地进行政策的解说和宣传，让教师和家长能够理解政策，在思想上认同和接受政策，从而为基础教育课程政策的执行奠定思想认识基础，保障政策能够顺利执行。

此外，为了保障学校正常工作的开展，在开设民族文化和校本课程时，还要做好统筹安排工作，要在保证学校基本课程和教学不受影响的情况下，更好地开设民族文化课程和校本课程，统筹好校本课程与国家课程之间的关系，处理好民族文化与普通学科教学的关系，使二者互相促进，

共同服务于民族教育质量的提升。

## （二）灵活采用多种政策执行手段，全面执行课程政策

在长期的实践中，当地积累了很多政策执行的有效手段，通过适当地运用这些不同的手段，达到了很好的政策执行效果，促进了民族基础教育课程的发展和质量的提升。概括起来主要有以下几种。

第一，运用远程、网络和榜样激励手段，提升教师教学技能和学生学习兴趣。在调查中，教师们介绍说，由于当地经济落后，没有很多机会外出培训进修，但是他们会利用远程教学和网络来学习一些先进的教育教学理念，提升自己的教育教学技能和对课堂的组织、管理能力。此外，他们在教学中会注意用本民族优秀的人物代表来激励学生好好学习民族知识与文化，收到了很好的效果。

就是只能把学生带到远程室，带着他们看，或者从网上下一点这个资料、图片等放给学生看，之后要学生写一点心得体会，就是这个样子。还有，就是有时候拿一些光碟等，放给他们看，还有就是放我们这个阿幼朵的事例来教育学生。告诉他们阿幼朵是我们苗族的歌星，她的背景是和我们一样的，也是初中毕业之后出去打工。我们要向她学习。所以，老师上音乐课的时候，你们要认真地听，认真地学。活动的过程中，你们要积极地参与，我们还是有很多好的、积极的优势方面，那么今后唱得好了，老师可以推荐你们去好的学校，去外面发展你们自己。同时我们还要把我们苗族的飞歌传承下去，不要把祖先的文化给忘了。告诉他们，我们苗族的文化不要在这一代给丢失了，否则以后就没有了。几千年的苗族文化必须要传承下去。并且，我们做这些，都是我们的优势，是我们优秀的民族文化，所以我们不要害羞，要打破这种传统的观念，主动地去学一下。

——方祥民族小学李老师的访谈

第二，把正规教师培训和民间组织机构的力量结合起来，多方面提升教师素质，发展教师队伍。在当前的教育背景下，教师培训工作往往是官方组织的一些正规的培训工作，这对于提升教师的教育教学技能和整体素质有很大帮助。但是，民族地区的特殊情况对教师素质和技能提出了更为

特殊的要求：不仅要提升教师的教育技能，还要教师具有精通民族文化和语言、懂得地方知识的能力。而这些在一般的教师培训工作中是很少涉及的。因此，雷山县在实际的教师能力建设中，不仅注意开展普通的教师培训，还发动和利用了很多当地的民间组织来提升教师本土文化知识与技能，发展教师队伍。如当地的教育局长告诉我们说：

很多学校都在进行苗汉双语课程，比如农村学校学生都会讲苗语却不会讲汉语，因此老师得用苗语辅助教学。师资是通过苗协会和社会去挖掘人才，也没有具体的有关苗语师资培训。

——雷山县教育局长的访谈

这一点既体现了民族基础教育课程改革中对教师的特殊要求，也反映了当地社会组织和民间文化在教育政策执行中的作用不容忽视。

### （三）根据当地社会文化实际情况开展文化适宜的课程政策执行工作

民族地区特殊的社会、经济、文化状况构成了民族基础教育课程政策执行的文化背景。在调查中，我们了解到，雷山县针对当地特殊的语言和文化背景，在民族基础教育课程政策的执行过程中，开展了多方面的工作，主要针对地方的民族特色和学生的生活经验、语言文化基础、当地的民族历史等方面实施了文化适宜的民族基础教育课程政策执行工作。当地学校的教育管理者们以新课改政策的执行为例，向我们介绍了当地的一些执行办法。尽管还存在一些困难和问题，但是我们也可以看出他们对于这种文化适宜的民族基础教育课程政策执行工作还是比较认同的。

除了学校教育管理者的感受之外，教师们作为课程政策的具体执行和实施者，也对新课改等课程政策有着自己的切身体会，总结他们的感受，其中最大的一个问题也是对于课程政策与当地文化、风俗以及学生经验之间关系的强调，认为要灵活地运用学生的生活经验，针对他们的实际情况开展新课改工作，执行课程政策。

#### 教育管理者的经验

问：（考试）出题有没有结合当地文化背景出一些应用题，答题效果如何？

教育管理者1：也出了一些，答题效果还是挺好的。学校为了结合"双基"，在小学一年级一直到初中不准留级，造成学生基础太差。

问：您觉得新课改在民族地区有什么特殊性？

教育管理者2：这个在发达地区是可以的，但是这个教材在民族地区是要考虑实际的条件和环境的，像我们的落后地区受到条件的制约，所以在这里的话，最应该考虑教学条件的差异，教学条件跟不上去，那你怎么改？我要用课件，但没有多媒体，那就不可能实施这个。

——雷山二中教务主任和副校长的访谈

## 教师的经验和体会（一）

问：您觉得新课改给您最大的感受是什么？

教师：我觉得新课改主要是理念上的。现在是强调学生主体，让学生尽量参与课堂教学，老师不是不讲，而是要精讲。其实就像我刚才说的那个勾股定理，新课改强调要让学生自己动手去发现这个定理的产生，然后去总结这个定理。那我个人认为，既然人家都已经总结了这个定理，我就让他知道有这个定理就可以，然后让他学怎样去用这个定理，往新的知识上发展。而现在很多的教学都强调要给学生创造一个环境，让学生自己去发现这样的问题和定理，而不是要他去学习。我觉得这个就像是走路，本来路上有一个坑了，前面的人已吃过亏，那你再让学生去吃亏，这个我觉得太单一化了，所以我觉得应该是在这个基础上有更高、更新的发展，提高一个层次。

问：所以在您的教学中就积极地去尝试这样做？

教师：我也在做这样的努力吧。比如说我们也去黔东南黄平县观摩了，主要以学生自学为主，然后，学生学完了，马上又让学生自己来解决问题。如果学生没有问题了，那老师那节课就站在那里，就是监督员的那种感觉。如果有问题，学生不懂的，提出来，老师就针对学生个人的某个问题讲解。课本的知识都是学生自己去学。这个有一点好，我觉得就是培养学生的自学能力。后面到2006年的时候，我们去参加情境与问题提出的教学模式培训，看了很多老师上的示范课，他们又注重师生之间的交流、互动。比如说如果讲四边形，拿出一个自制的教具，三角形、梯形等，让学生去观察、思考，思考完了之后就创设一个情境，就让学生对你所创设的这个情境提出一些问题。这样的问题可能与这节课有关，也可能与这节课无关。然后老师就选择与这节课有关的问题进行解决，解决完了，无形中就把这节课的内容讲完了。这种教学也有利于学生的发展。所以，现在新课改里面不是提到教无定法吗，就是你可以根据自己的情况具体去教。现在我们很多老师也提出说可以借鉴别人的，把别人的融合以后，融合到自己身上，成为自己独创的教学理念，这样也是新课改。我也觉得是这样的。不应该按照别人提出的某一种固定的方法去做。所以新课改给我的感觉就是具体、客观。我觉得，同一个老师，可能第一节课上得不好，第二节上得很好，这个班上得不好，也可能下一个班上得很好。所以这个要针对具体的情况来对待。新课改给我的感觉就是要敢于创新，敢于尝试。

——雷山二中陆老师访谈（一）

## 教师的经验和体会（二）

问：我注意到您一直在强调新课改要针对不同的班级进行不同的教学。那您在教学中，特别是在民族学校中的教学，觉得最主要应该考虑哪些具体的因素？

教师：从我个人的情况来讲，就是第一个要注意学生的基础知识，第二就是对学生生活素材的掌握情况，比如有的学生热爱观察生活环境，那你从生活中寻找素材就会比较简单一点，而现在很多学生特别喜欢玩游戏，现在有的家庭就有这样的条件，这就要看学生的兴趣爱好。比如前段时间我给学生讲梯形，你知道，现在有学生背的那种包，网上的那种包，现在有点过时了，当时我就没有注意到这种差别。我就问学生喜不喜欢这种包，而那个包就有点成熟女性用的那种包的样子，所以学生并不是很熟悉。而我就没有考虑到这个因素。再一个就是要真正讲到民族这块，还要看民族文化的具体情况。比如说苗族和侗族就不一样，这样，民族不同，个人的思维、特点都不一样，民族的文化、生活方式不一样，这样就要针对不同的民族采取不同的方法。如果讲那个民族的学生不感兴趣的东西，就会影响到教学的质量。

问：确实，新课改对教师提出了很多的要求。

教师：很多教师都在慢慢适应这种情况，我们要考虑学生能不能承受，就具体的民族而言，他感兴趣的东西是不一样的。教师要收集平时生活中的素材，还要考虑自身的很多特点，比如对于投影仪的使用等。

——雷山二中陆老师访谈（二）

### （四）开展课程改革的科研活动，以研究带动政策执行

调查发现，在雷山县，结合当地经济、文化实际开展了文化适宜的民族基础教育课程政策执行工作外，一些学校还在积极地组织教师申请相关的研究课题，通过课题研究带动提高教师的教育兴趣和教育教学技能。

我在2006年参加了一个数学问题情境的课题研讨会，到贵师大。这个课题研究，他们提出，一定要大胆地去做，比如说，我们学校现在做的这个课题，如果我来做的话，我觉得应该把它主要放在民族特色这一块。

——雷山二中李老师访谈

这种以研究促发展、在研究中寻求发展的政策执行途径是很值得我们注意的。它一方面促进了教师的技能提升，有利于教师更好地参与到课程政策的执行中来，提高课程政策执行的效果；另一方面，课题研究的成果又可以及时发现课程政策中的不足与缺陷，帮助政策进行及时地改进。教师在研究中执行，在执行中反思和发现不足，然后加以改正，这是很好的政策执行途径，值得借鉴。

综上可以看出，在雷山县的民族基础教育课程政策执行中，积累了很多值得借鉴的经验。总的来看，这些经验都是基于当地的特殊社会文化背景而产生的。社会文化的落后导致了人们思想观念的落后，因此政策的执行必须首先解决思想认识上的误区；社会文化和教育背景的特殊性导致教师们一方面没有太多的机会参加教师培训，另一方面普通的教师培训又不

能满足课程政策执行的需求，更不能适应新课改和地方课程的开展需要，因此需要采用多种途径执行课程政策；特殊的文化和社会背景同样给课程改革和地方课程的实施带来了实际的执行困难，教师们必须要结合当地的文化实际和学生实际情况进行课堂教学，同时开展具有地方特色和民族文化特征的课程政策研究工作，促进课程政策的执行更好地体现和符合当地特殊的文化需求，具有更多的地方特色和本土适应性，达到更好的执行效果。

## 二、困难及分析

正如我们在前面的分析中所讨论的那样，在雷山县的民族基础教育课程政策执行中，存在着课程政策的"两难"境地。一方面，雷山县基础教育课程政策执行确实取得了很多的经验和收获：校长们表示新课改给学校的教学和管理带来了活力，有助于学校在课堂教学和管理中采取更新的、符合当地学生和教学实际需求的措施；教师们表示自己的课堂教学在课程政策的改革之后也有了很大的改善，教师可以采用更多的地方文化知识帮助学生理解知识，教师在课堂上可以与学生之间有更多的互动与交流，教学方式、方法更加灵活。

但是，另一方面，我们在调查中也发现了很多问题与困惑。也有部分的学校管理者和教师们表示了自己对于课程改革和民族文化进校园的担忧与执行中存在的困难。如有的教师就表示，面对新课改，学生们无法自学，教师的课堂教学也存在很多困难与不便，学校校长和管理者们也表示学校落后的基础设施还不能满足课程政策落实的要求。

总之，课程政策在当地的执行情况总是优点与困难并存，形成了一种"两难"的局面。而且，就调查的结果来看，即便是对新课改政策表示出极大积极性和乐观态度的教师们的课堂教学也并不是很好地体现了课程改革的要求，如果按照新课改的要求来评价，很多教师依然是按照自己的理解来进行课堂教学，课堂教学中学生的主动性并没有很好地得到体现。因此，认识到课程政策执行中的这种困境，对于我们总结困难和教训，采取更为有效的弥补措施是十分必要的。

## （一）认识不到位与政策误读造成的执行困难与偏差

思想认识的不到位会导致对政策的不理解和不认同，最终也会在政策的执行中产生很多的不配合或者对政策的误读等情况，从而给政策的执行带来困难。调查中发现，雷山县的基础教育课程政策执行中也存在这样的问题。教育行政官员、学校管理者、教师、家长等都对课程政策有自己的看法和理解，有的是对政策的不理解和不支持，有的是对政策的误读与态度上的不一致，等等。

首先，就教育行政人员来说，他们对于基础教育课程政策的理解是不一样的。这种理解上的不一致导致了在对政策理解和再阐释时的偏差。就调查的情况来看，民宗局对于实施地方课程、开展民族文化等是持积极、赞成的态度的，而教育局则对此或多或少地表示了担忧，他们更愿意支持新课改的政策，在提高教师的水平和学生学习成绩上下功夫。

由于我们的教育局和民宗局对"双语"的态度是不一样的，所以存在很多分歧。民宗局那边就要开展这个，但是我们的教育行政部门是不愿意这么做的，因为现在的很多人都说我们要融入国际，要有国际视野，那这样的话，我们就要学习主流的文化和知识。所以，这个就是很矛盾的。

——黔东南州教科所陈老师的访谈

为了更深入地了解这样的情况，我们对民宗局的领导进行了访谈，他的回答基本上证实了我们以上结论的可靠性：

现在我关注的是民族文化的保护工作，除了民族文化进课堂和"双语"教育外，我们跟教育基本上没有联系。

——雷山县民宗局局长的访谈

其次，就学校的领导和管理人员来说，他们由于多种因素的影响，对于基础教育课程政策的理解上也是不一样的。就校本课程而言，他们的理解表现得过于狭窄和简单，把校本课程等同于民族民间文化进校园，等同于"双语"（苗语和汉语）教学等。当然，这些是校本课程的主要组成部分，但校本课程的范畴要远远大于这些内容。所以，这种对校本课程的理解就会导致在政策的执行过程中只抓民族文化教学，或者只看到"双语"的作用，而忽视了其他更多的校本课程形式，特别是校园文化和本土知识的建设与传承等。

最后，教师和家长中存在着对课程政策理解与认识的偏差。访谈中我们了解到，一些年龄较大的教师由于各方面因素，特别是受传统教学思维和方式的影响，对新课改一时难以接受，他们表示新课改之后的教材设计等方面给教师教学和学生学习带来了不便。

### 教师对新课改的理解

问：您怎样看待新课改？

教师：这个新课改吧，当然是好啦，但是改了之后这个更加难了。

问：您是指教师上课难，还是学生学习起来比较困难？

教师：老师上课难，学生学起来也不好学。

问：那您能举个例子说一说吗？

教师：比如说以前的那个数学，它的应用题就是说，这个组有多少人，那个组有多少人，一共加起来有多少人等，但现在就是用图来表示，这里一节，那里一节，这样学生就搞不清楚了。

——方祥民族小学杨老师的访谈

这种一时的困难和不适应可能是存在的，但是新课改的主要目的和宗旨并不在于此，能不能实现师生互动，能不能提高学生的自主学习能力才是新课改所关注的，而不能把目光仅仅停留在教材的一时难以适应的困难上。

此外，就是家长们对政策的目的一时还很难理解，他们担心民族文化进入学校会影响到学生文化课的学习，影响学生的学习成绩等。

"家长的观念是制约学校发展的主要因素之一。"一位学校校长如此感叹。

### （二）政策执行中的经费与硬件设施跟不上

经费和一定的硬件设施是教育政策得以充分执行的外在保障，民族基础教育课程政策的执行更是如此。民族地区相对落后的经济条件和社会发展状况给课程政策的执行带来了很多困难。在对雷山县的调查中，这些困难也同样存在。

问：您在工作中遇到了哪些问题和困惑？上级领导有没有给您支持？

教师：感到困惑，包括现在你们看到的这个书，现在只出版了三本，有一本是我自己印的。到目前为止，学校还没有付钱给他们；学校没有钱给我们做，没有专项资金。如果我们上课，学校可以给点补助，但是如果忙了没有时间管了，这些课时的费用也就算了。现在主要是资金方面和时间方面的问题；做好还是很难。

——雷山二中吴老师的访谈

当问到校本课程的开发情况时，当地一所中学的教师告诉我们，学校在资金上的缺乏导致不能进行课程开发。而且，开发出来的校本课程的实施也是需要经费保障的，学校在这方面也很困难，很难能够按时给教师发放这部分的课时费。

除此之外，就我们调查的情况来看，近年来，由于"两基"工作的开展和政府以及相关部门对教育的重视程度不断提高，学校的硬件设施质量有了很大的提高，但是这些对于课程政策的执行而言，仍然存在很多困难。新课改的实施、校本课程的开发等，都需要一定的条件作为保障，而很多学校还是达不到这样的要求。

我们的教室建设，外面看起来还行，但是里面就不行。我也到外面去看过，他们的桌子板凳和我们的差不多，但里面有投影仪什么的，这些都可以提高学生的学习兴趣。所以民族基础教育的政策方面，如果有这方面的帮助，就会更好。

——雷山二中陆老师访谈

可见，硬件设施跟不上制约了课程政策在学校和课堂教学中的有效实施，使得课程政策执行效果也受到影响。

## （三）教材与课程问题

对课程目标、课程内容和课程实施的过程进行管理和监测是课程政策的主要内容之一。雷山县在课程政策的执行过程中，特别是针对校本课程的教材和课程设置等问题还没有完全得到解决，在校本教材和课程等方面存在一些问题，制约了民族基础教育课程政策的有效执行。

第一，教材问题。调查发现，当地在开发实施校本课程的过程中，教材的问题主要表现在教材缺乏、教材错误以及教材设置不合理等方面。就教材的缺乏来说，校本课程没有统一的教材，主要是由教师在教学中按照自己的想法和需要随机地加进教学内容中去。而有的学校尽管也自己编写了一些地方性的本土教材，但是由于经验和知识的缺乏，造成了很多错误，教材不能满足上课的需求。此外，教材编写的随意性较大，主要按照上课教师的需要，自己随意地编写内容。

第二，课程问题。这里所讲的课程问题主要是指校本课程与国家课程、民族文化课程与普通学科课程之间的关系问题。怎样处理好它们之间的关系？在调查中发现，就实际的教育教学情况来看，它们之间还是存在一定的冲突和矛盾的。主要表现在民族文化课程被其他学科课程挤占，学科课程繁重的学习任务制约了民族文化课程的实施。

## 教材问题

问：您在上到民族音乐的时候，这个教材怎么解决？

教师：教材是自己编写的，像我上普通的音乐课，要把民族的音乐加到里面，比如这个学期，我上90%的普通课，那我就自己选择一些民族歌曲，然后备课的时候，就自己把它加进去。我之前也想自己尝试编写教材，但是后来放弃了，主要是没有那么多的精力，再加上这个十分麻烦。

问：就是说民族音乐是自己随机加上的？

教师：是的。没有统一的民族音乐的教材。这个我之前尝试过，但是后来因为这个确实是太花时间了，而且还要校正，编排，而且要出版的话，就更麻烦了，上面也没有经费等的支持，所以要做到这一点，还是有困难的。后来我就有点放弃了。

问：其他科目有没有编写一些介绍地方知识的课程，比如说语文之类的？

教师：这个倒是也有，比如说黔东南有地方的课程。县里面倒也有，但是那个我觉得错误很多。

问：为什么这样讲？能举个例子吗？

教师：比如像我音乐方面的。这个编书的不是找到我们教育方面的人来编写的，他找的是以前一些年纪大的人来编的，他们也没有多少文化，编出来的东西错误很多，所以我们也不用那个教材。比如说把雷山的歌曲说成是西江的歌曲，我是西江那边出来的，我还不了解，那是绝对不允许的，连那个谱子都是错的。后来我就跟他们说了，那个出版了的书，排版也很不好，看着不舒服。而且我说那个歌曲的错误必须要改正过来，不然人家会笑话的……这个方面还是有很多问题的，不是说你随便弄一本书来就是好的东西，这个我后来还跟领导说过，民族文化的东西是不能错的，否则子孙后代还怎么来学习和继承。

——雷山二中蒋老师的访谈

对于民族文化进课堂，我觉得，我们的老师没有自己的特长和技能（来应付）。我们作为老师，在教学当中，只有按照课本上的知识来教学，只能把自己所知道的东西尽量教给学生。因为我们自己没有这方面的特长和技能，国家和当地政府又没有编写这方面的教本，我们只能自己讲多少就是多少了。上面也是多次强调和发文要求做，但是现在我们就是做不了，我们教师的技能和知识都跟不上。比如说我现在上的这个民教课啊，一般情况下，我就拿去上数学了，等等。

——方祥民族小学李老师的访谈

2002 年之后，学校做（民族民间文化进课堂），我也不了解，就知道学校的文化长廊和苗操，音乐课也有教，现在还是挺重视的，具体实施还是矛盾的，大部分学生都很喜欢，女生喜欢唱苗歌；刺绣、银饰没有。学习任务太重了。

——雷山二中一位教师的感叹

**（四）政策难以适应地方文化和教学实际**

在雷山县的基础教育课程政策执行中，最大的困难和困惑就是政策执行中受到当地文化、教师以及学生实际情况的制约和限制，特别是在实际的课堂教学中，难以发挥很好的作用。这种政策与实际文化、教学情况之间的不适应主要表现在这样几个方面。

第一，方法上的不适应。所谓的方法不适应，就是指在实际的课程政策，特别是新课改的政策中，对课堂教学和教师、学生的行为等都提出了很多"技术性"的要求，例如要求师生之间的互动、对话，要求学生积极主动地参与。但是，实际的情况是，这种要求在当地的课堂教学中很难实现。一方面，受到当地文化环境的制约，学生们的普通话水平普遍不高，在语言和问题的表达上存在一定的困难；另一方面，由表达困难所带来的学生自信心的不足以及胆怯也制约了课堂教学中师生之间的互动和交流。

这个新课改，讲的主要就是师生之间的互动，讨论问题，然后解决问题。那在我们苗族地区来说，小学生从小与父母在一起生活，长期的生活习惯和环境，使得学生们都很少能讲汉语，主要就是他们表达不了，说不出。这样学生就很难与教师之间进行互动，学生就很自卑、有点害羞，你要他与教师之间展开互动是很困难的。一个班里面很少有人敢站起来回答问题，必须要教师点名，才起来回答。就是这样，一个班里面也只有两三个学生能回答，大部分一点都说不出来。所以，讨论、解决问题的氛围就是不浓厚……这个主要不是说学生胆怯，而是他们不会说汉语，转化不过来。所以，他内心上可能会有这种想法，但是他不说，因为他可能会担心，他说出来了，万一错了，就会被其他同学嘲笑。所以，他受到这样的压力之后就不敢说了，除非他有一定的把握才敢说出来，参与互动。那如果没有把握，他就不会说的。

——方祥民族小学李老师的访谈

在谈到新课改在当地的实施情况时，一位教师表示，学生语言障碍以及由此带来的胆怯和自卑阻碍了课堂教学中师生之间的有效沟通和交流。

### 新课程的教学必须从学生的语言教学抓起

另外一个，就是这个苗语教学，学生长期使用苗语，在他们进入学校之后，对于汉语的语音很难有了解，老师又按照人教社的教材来统一授课，我们的学生一下子就接受不了。所以我和初中老师说，我在带初中班的时候，给我们的学生补过汉语拼音，声母、韵母、声母的发音部位、韵母的发音部位等。我们很多的民族语言授课的老师，包括民族文化进校园的老师，都没有认识到这方面的重要性，没有认识到这个是培养学生汉语水平的入口处。

——黔东南州教科所陈老师的访谈

第二，内容上的不适应。在民族地区的基础教育课程政策中，我们不仅强调对课程教学方法的改革以适应全国性的新课改的要求，还对民族地区的地方课程和校本课程提出了要求，开展地方性的校本课程成为民族地区课程政策的又一个主要内容。这一点突出地表现在课程内容的地方性和本土性。调查的结果同样表明这方面还存在一定的问题和不适应。也就是说，民族地区基础教育教材内容不能很好地体现地方性和本土性的特点，造成教师和学生在使用上不适应：教材内容不能联系实际，理论与实践有差距；教材内容衔接不够，给教师教学和学生自学带来困难。

## 新课改政策带来的教材问题

教材不行，前面的课和后面的习题不符合。这样的话，学生基础好的话还是可以的，但是有一些就不行……课本的内容还不够联系实际生活，语文课难以展开，学生接触的东西太少，难以展开；沙漠、渤海、青海等，距离学生的生活很遥远；拿了图片和课件来看，看完学生就忘记了；不会记住自己看过的东西，因为生活中没有接触到；但是讲苗歌就懂，区别很明显。

——雷山二中吴老师的访谈

教材并没有适应当地情况，实用性不强。特别是现在课改的教材不像传统教材能满足学生自学……课改做了几年，老师都不太适应，学生水平参差不齐，导致成绩好的学生"吃不饱"，成绩差的学生"吃不了"，另外新课改教材内容不能为学生提供预习和复习的条件，稍走神了就会接不上下堂课。考虑学校的办学条件，像我们学校的办学条件是很差的，学生没有条件来学习和适应。我的化学课，学生只要一两节课不上，那就完了，就跟不上了，就是这个样子。我觉得上课很难上，就去听其他老师的课，一听，（发现）他们也都还是老办法在上课，就是这样。

——雷山二中教务副主任的访谈

这个新课改我是深有体会的。我之前是在高中教学，教的是化学，

234

从化学的学科来说呢，我觉得改了之后，学生的学习难度很大，为什么呢？第一，这个初中化学和高中化学是脱节的，你在初中教授的知识，如果换成现在的新课程改革的做法，是和现在的高中课程不对接的，很多地方都衔接不上去。第二，新课改之后学生没有了自学的能力。我们在新课改中应该是强调学生的自学能力的培养的，这里我举一个化学的例子，在新课改里面，它教育学生应该做什么实验，然后学生自己去做，但是书本上没有明确的结果，那么我们学校的教学条件很落后，只有一个化学实验室，十二个班，不可能每个班级都去实验室做实验。而新课改强调让学生去做实验，在做实验的过程中发现答案。像我们之前上学的时候，老师让我们看不懂的时候去看书。还有这个学生预习，课后复习等，我们现在新课改把课程改得面目全非，学生没有办法预习和复习，看到这个书本的时候根本看不懂。就是说这个书改得已经很脱节了，每一节课学生都要听老师讲，还要抄笔记，否则你就没有办法复习，你如果掉了一节课，那你的知识就脱节了。所以我觉得新课改的初衷是好的，但是对知识的删减太多。

——雷山二中李副校长的访谈

**（五）政策执行缺乏监督和评价机制**

民族基础教育课程政策执行中监督和评价机制的缺乏是导致政策效果不佳的又一个主要的原因。特别是对于其中的校本课程而言，由于缺少必要的监督和评价机制，往往使得这项政策执行中出现了一些懈怠和流于形式。

学校的民族民间文化课程以前是有的，但是，基础教育课程改革之后，教学任务就变得更加繁重了，这样，很多原先的民族民间文化课程就被其他课程所占用了。另外，"两基"检查和巩固，也必须要求教师和学校注重对学生学业成绩和质量的提升，这样，民族民间文化课程也就被挤占了。

——方祥民族小学校长的访谈

在调查中，一位校长告诉我们说，为了接受上级的"两基"检查，学校被迫占用了很多民族文化课程的时间来让学生学习需要被"检查"的其他文化课程。而之所以这样做，就是因为民族文化课程等为代表的校本课程是不在检查的范围之内的。

双语（教育）是由学校自行实施，然后引起了县里的重视，进而引起一些专家学者的重视，反过来又要求学校大力发展这类教育。但是这不是统一的，不要搞千篇一律，前提是必须保障高考，考虑升学。

——雷山县教育局长的访谈

教育局的官员也表示，受到升学压力的影响，教育部门和学校、教师等不得不在保证考试和升学不受影响的情况下适当开展民族文化等地方校本课程。

此外，课程政策在学校执行中，学校的自主权很小，难以开展有效的、符合学校实际情况的课程政策执行工作。对于校本课程的执行，并没有相应的经费保障和激励措施，很多教师感到力不从心。

### 校长与教师的困惑——有限的自主权和外部保障的缺乏

问：您觉得新课改在民族地区有什么特殊性？

李校长：（新课改）在发达地区是可以的，但是这个教材在民族地区是要考虑实际的条件和环境的，像我们的落后地区受到条件的制约，所以在这里的话，最应该考虑教学条件的差异，教学条件跟不上去，那怎么改？我要用课件，但没有多媒体，就不可能实施。

问：学校不能用更好的民族的东西来自己培养学生的动手能力吗？

李校长：这个是上面的规定，你必须按照上面的来，必须要订他的教材啊，所以这个就没有办法。

——雷山二中李副校长的访谈

问：是不是没有给您奖励？

吴老师：没有提到奖励，就是说要继续开展。

问：很模糊，是吗？

吴老师：对，很模糊，没有说清楚要怎么做。具体的都没有说。

问：要是说有经费支持，您可能动力更大吗？

吴老师：嗯，肯定，我就好好做。我办公室里收集了我十年来的工作中积累的东西，一直没有扔掉，希望有一天可以变成财富，能用。我想展示出来。

——雷山二中吴老师的访谈

### （六）政策执行受社会和其他平行政策的影响

在对雷山县的调查中我们发现，基础教育课程政策的执行不仅受到政策有关的内部因素的影响和制约，而且还受到来自社会大环境以及与课程政策相关的教师政策、"两免一补"政策等的影响和制约。

第一，社会环境对课程执行的影响。随着社会经济的发展和与外界交流的不断增多，雷山县当地外出打工的人数逐年上升，留守儿童的问题越来越突出。关于留守儿童的教育成为学校教育面临的又一个问题。升学与课程改革、校本课程之间的关系也会影响到基础教育课程政策在课堂教学中的有效实施。

第二，相关平行政策对课程政策执行的影响。在调查中发现，国家对民族地区的学生采取了很多针对性的帮扶政策，这些政策的初衷是好的，增加了民族地区学生的升学和参与竞争的机会，但是也给学校课堂教学带来了困难：学生的基础较差，很难跟上课堂的教学，自学更是十分困难，等等。这些都不利于课程政策在课堂中的实施。

现在我们的义务教育在总体上还是可以的，但是有的学生没有达到要求也上来了（指升学），比如说，我们有的学生本来要50分才能上，但有的学生30分就上来了，这样他们语言上就会比较困难。

——雷山二中陆老师的访谈

此外，教师政策对基础教育课程政策执行的影响也是不容忽视的。调查结果发现，教师年轻化带来的民族语言问题、教师培训经费的缺乏以及教师培训质量低下等一系列教师政策执行中的问题都给课程政策的有效执行带来了困难和挑战。

**教师政策执行困难对课程政策执行的影响**

我们雷山方祥等村寨老师比较少，能够分到底下的老师都是80后，那他们会苗语的就比较少，对当地学生在语言方面的了解就比较少。

——雷山二中陆老师的访谈

除广西和青海外，贵州是最差的，我们县在新课改效果一般，只是在跟着走，也没能力超前，学校自身条件和经济条件还是跟不上，培训走形式，经费不到位，新课改也没有明确的思路。此外，这种培训也很贵，两天培训收费 600 元。生均经费都必须放在学生身上，教师除了工资外，没有其他收入，很难支付这种高昂的培训。另外，教师还得从微薄的工资里拿出一些资助学生，家长把孩子放到学校后基本就不怎么管了，因此学校任务很重。

——雷山教育局长的访谈

对民族文化、"双语"教师的培训是有，但是都是短期的、随机的、不正规的。从新中国成立初期就开始提倡，20 世纪 80 年代又提倡，但是由于 80 年代的调查不够深入，没有可操作的措施，实际上这样对于学生学习正规的语言是有影响的，如果我们的双语教育搞得好的话，那对于学生的学习是很有帮助的。

——黔东南州教科所陈老师的访谈

教师队伍质量不高、培训中存在的一系列问题等会影响到教师的素质和教育教学技能，这样也会给课程改革和校本课程的实施造成不便，很多学校和班级因为教师教育教学理念的落后、教师技能的欠缺、教师语言和文化上的困难等因素的制约，难以开展有效的新课程改革，民族文化课程的开设也因为教师缺乏和质量问题而难以有效开展。所有这些都给课程政策的有效实施带来了影响和困难。

综上所述，雷山县民族基础教育课程政策在执行过程中的种种困难与问题所产生的原因是多个方面的。但是所有这些问题也是与当地的经济、社会、文化背景紧密联系，不可分割的。特殊的经济环境和落后的社会发展状况造成了课程政策执行中所遇到的来自思想认识、经济等方面问题的困扰。而文化的特殊性以及由此带来的语言上的差异又带来基础教育课程政策执行中的文化背景，当前民族基础教育课程政策执行中所产生的各种的不适应。此外，监督和评价机制的缺乏以及社会和其他教育政策对课程政策的影响也是基于当地特殊的文化社会背景而展开的。

　　社会文化的特殊性影响到民族基础教育课程政策的执行，使当地人据此积累了很多优秀的政策执行经验；同时也正是因为这些因素的存在，当地的基础教育课程政策在执行中出现了很多与此相关、受文化和社会影响而存在的问题。总之，经验与问题，优势与困惑总是共同存在于民族地区特殊的文化背景和社会环境之中。

# 第四章 民族基础教育课程政策
# 执行影响因素的文化分析

## 第一节 文化环境与民族基础教育课程政策执行

通过调查，我们发现，无论是文化环境的国家层面还是地方层面，无论是传统文化的变迁还是现代文化的融入，都给民族地区的基础教育课程政策执行带来了复杂而广泛的影响。主要表现在自然环境、社会环境以及教育环境等。

### 一、自然环境

正如在前面的叙述所言，民族地区独特的自然环境造成了在地理和交通上的诸多不便。雷山县山地面积多，平坝面积少，长期以农业生产为主的生存方式造成了社会经济的贫穷落后。落后的交通状况更是阻碍了与外界信息的沟通和交流。这些客观情况的存在一方面构成了民族基础教育课程政策实施的自然环境背景；另一方面，自然环境的这些特点对社会经济发展造成了很大的影响。社会经济的落后、交通的不便、信息交流和对外沟通的不畅以及由自然因素所造成的社会经济发展状况也构成民族基础教育课程政策执行的社会背景，对其产生着重要的影响。

就我们的调查研究来看，自然环境对民族基础教育课程政策的影响主要表现为：长期的居住环境和与外界沟通的缺乏造成学生在语言和心理上的很多独有的特征。最主要的表现就是在这里居住的学生由于长期的环境封闭和信息交流不畅，日常交流多采用民族语言，而较少使用汉语。因此，学生们普遍表现出汉语水平较低的现象。此外，封闭的环境和信息的闭塞造成学生们与外界的交流相对较少，他们或多或少都表现出胆怯、自卑的倾向。学生的这种语言和心理上的特征给课程政策，特别是新课程改革课堂教学的实施带来了一定的困难。教师们反映在课堂上与学生的沟通存在问题，很多学生因为胆怯和自卑不敢回答教师的问题，更不敢与教师进行互动。所以，这在一定程度上对新课程改革的政策产生了负面的影响。

## 二、社会环境

相对于其他地区而言，民族地区的社会环境更为复杂。这种复杂的社会环境不仅在历史上影响了基础教育课程政策，在当今本土文化变迁和外来文化侵入的情况下，更是对民族基础教育课程政策的执行产生了十分复杂的影响。

首先，当地的社会历史背景和经济发展状况决定了民族地区长期以来落后的经济状况。这种经济上的落后必然反映到教育投入上的不足。因此，从整体的情况来看，民族地区教育在历史上的落后局面是可以想象的。这种落后的教育状况最为显著的影响就是上一代的很多人没有或者很少受到教育，而他们的这种贫乏的受教育状况不仅影响到自身的生活，还会对现在的教育产生影响。一个显著的表现就是今日作为学生家长的上一代人在思想意识上的落后。他们对教育的重要性还没有很好的认识。因此，对于孩子的上学问题以及学校课堂教学质量的提升和课程的改革等都很少参与和关注，甚至还持否定、不支持的态度和立场。此外，就学生而言，少数民族（苗族）聚居区长久以来的历史和文化发展水平决定了很多学生都以说苗语为主，而普通话水平相对较差，这也造成了学生在新课程的课堂教学中的交流与沟通上的困难。

### 社会环境与文化变迁对政策的间接影响

不可否认，民族文化是有落后的部分，但是这个主要是和我们的经济发展状况有关，我们的经济落后，那就没有人认可你的文化、语言。现在我们这里逐渐出了很多讲苗族语言的名人。我认为这个是我们这里经济发展的结果。苗族飞歌也是很动听的，我们之前也有这些优秀人才，但是都没有送出去，直到现在，经济发展了，才开始逐步受到欢迎。

——雷山二中李副校长的访谈

其次，随着现代社会文化变迁对当地影响的逐渐深入，国际国内的很多先进教育理念开始逐渐渗透到民族地区的教育当中，这其中当然包括民族基础教育课程政策。现代社会发展以及对人才的需求，对个人受教育权的强调与保护，对教育中公平、正义的追求等都不同程度地反映在民族地区学校教育的课程当中。于是，改变原有单一的国家课程内容，发展多元文化课程，开展校本课程并引入先进的课程理念进行课程方法、实施途径上的变革等一系列的课程改革和课程政策逐渐进入到民族地区的基础教育之中，并以政策形式对民族基础教育课程产生作用和影响。

再次，本土文化中的传统因素依然对人们的思维和性格产生着重要的影响。就本研究所调查的雷山县来说，当地大多数的居民都是苗族。苗族悠久的历史文化和历史发展过程深深地影响了苗族人民的性格和思想。在苗族人民看来，不求富贵、但求安宁的生活态度才是他们所追求和向往的。因此，苗族人性格中的这种安逸、豁达、乐观、坚强的民族性格深深地影响了他们的生活和处世态度，也决定了他们喜欢用民族语言交流、用带有民族特色的思维习惯思考问题、理解问题、交流知识和学习经验。而所有这些，都会对他们的教育观念和知识观念产生影响。在他们看来，教育的作用就是教会对他们生活有用的，能帮助提高他们生活质量，表达他们民族情感的实用技能。而学校中所教的知识无非就是关于生活技能的知识和表达他们民族感情和民族传统文化的知识。反映到课程内容和课程实施上来，就是要能够体现他们的以上需求，满足他们对生活质量的要求和对民族文化的爱好与表达的需求就可以了。而现在的学校教育的目标却不仅仅局限于此。因此，部分家长就会对学校教育持冷漠的态度，给学校课程的实施造成了一定的负面影响。

最后，在传统文化与现代文化交流不断加强的情况下，民族地区的社会环境也在不断地发生变迁。经济的发展和市场经济的涌入，带来了很多新的信息和思想观念。受这些因素的影响，学生们也开始不安于在学校读

242

书，学生厌学、逃学甚至是辍学的现象也有发生。而年轻一代教师的成长一方面增加了学校教育中教师的整体质量；另一方面又预示着严重的民族文化和民族语言在学校中的丢失——很多年轻的教师不会民族语言，对民族文化也知之甚少。所有这些都构成了民族基础教育课程政策执行的社会背景。它们对民族基础教育课程政策在学校范围的执行产生了极为复杂的影响：有利有弊，有深有浅。社会环境的变迁以及地方本土教育环境的变化，都给民族基础教育课程政策的执行带来了很多实际的影响。

### 传统文化、现代文化对教育和课程的影响

一个家庭的氛围影响很大，社会影响也很大。我们少数民族落后些，很多家长对于孩子的教育不关心，觉得把孩子送到学校就行了。家长会上家长不知道自己的孩子在哪个年级哪个班。开家长会的时候，五十个家长只有十多个过来。乡镇里的很多家长都不重视教育。

——雷山二中李老师的访谈

我们苗族比较乐观，得过且过，今天得酒今天喝。民族大节三六九，小节天天有。过节的时候家长就打电话来学校，说要孩子回去，我们问他学习重要还是过节重要，他们就说，哎呀，我想要孩子回家来吃点鸡腿。很影响我们的教学。就是父母不来电话，学生自己也会逃课去看斗牛斗猪。

——雷山二中李老师的访谈

## 三、教育环境

就整体的教育环境来说，无论是国家层面的传统教育环境还是现代教育环境的变迁，以及地方本土教育环境的变化，都给民族基础教育课程政策的执行带来了很多实际的影响。

第一，我国历史传统中大一统的集体主义思想和伦理本位的文化意识影响并决定了民族基础教育课程政策的执行。正如在前面的分析中所述，一方面受到我国传统的集体主义思想的影响，在教育政策的执行过程中，以自上而下的执行方式为主，这种方式在民族基础教育的课程政策中也有

同样的表现。据调查了解到，当地很少有针对自身民族特色而采取的一些具有本土色彩的课程政策，往往都是对上级课程政策的贯彻和执行。

> 除广西和青海外，贵州是最差的，我们县在新课改只是在跟着走，也没能力超前。
>
> ——雷山县教育局长的访谈

而另一方面，重视伦理和人文关怀的传统思想也在影响现代课程政策的实施。如在学校实施新课程的过程中，还是需要借助本民族的知识和思维来帮助学生理解与掌握现代的知识。这体现了对民族文化的尊重，也从另一个角度反映了重视学生的本土经验与文化，体现了以人为本的思想和人文关怀。

第二，国家当前的整体教育环境的变化也给民族地区的基础教育课程政策带来了显著的影响。本着保护民族文化、保护少数民族群体受教育权以及对民族本土文化的尊重的态度，国家提出了多元文化课程的设想。在少数民族地区执行课程政策，不仅是对新课程改革的关注，而且更要重视从民族本土文化出发，对多元文化课程以及校本课程给予足够的关注和重视，这对当前民族地区的基础教育课程政策执行过程产生了积极的影响。

此外，国家整体教育环境中对应试教育与素质教育关系的处理以及二者之间存在的一定程度的矛盾和困惑也制约了民族基础教育课程政策的执行。一个最明显的例子就是调查中很多人认为当前的应试教育体制阻碍了民族地区校本课程的开发和实施。

### 应试与素质、升学与文化之间的矛盾与困惑

> 我们国家现在的这个教育体制没有变，高考依然存在，那么这样要搞素质教育就会十分困难，应试教育还是掺杂在里面的……大家都认为，高考的体制没有变的话，素质教育的推广和实施就很困难。毕竟高中是建立在初中学习的基础上的。如果高考的体制没变，那么初中就是要为高中打下基础，必须要学，不仅学还要考。所以什么时候高考的体制变了，素质教育才能真正实现。否则民族文化等地方课程的开设依然会受到阻碍。
>
> ——雷山二中陆老师的访谈

此外，当前的"两基"检查，是国家为了保障学生的基本受教育权、

提升基础教育质量的重要政策措施。这一措施的实施，给民族地区的基础教育发展也带来了契机。全力以赴开展"两基"攻坚工作，迎接"两基"检查和评估构成了当前民族基础教育发展的教育背景。"两基"检查与验收成为对民族基础教育发展影响较大的教育因素之一。

第三，本土教育传统与现代文化的交融与发展也给课程政策的执行带来了新的环境。如随着国家对少数民族教育重视程度的不断增加，少数民族的整体教育环境在当前发生了很大的变化，教师的年龄结构逐渐年轻化，一批具有新知识和技能的教师逐渐进入到少数民族学校课堂中，这一方面给学校课堂教学带来了活力，提高了学校的整体教学水平；另一方面，年轻教师对于民族文化、民族语言的掌握程度远不如以前的老教师。因此，在开设民族文化等一些具有民族本土特色的校本课程的时候，往往又会显得比较吃力。

此外，民族地区教育环境中长期以来形成的传统教育观念和教育思维方式、教育教学方法等影响了教师的思维方式和对新课程的接受与适应能力，很多教师一时还难以适应新的教学方式与教学风格，这又在一定程度上制约和阻碍了新课程政策在当地的实施。

# 第二节　组织文化与民族基础教育课程政策执行

组织文化对民族基础教育课程政策执行的影响主要表现在组织内部文化以及组织外部文化两个方面。调查结果发现，无论是政策执行机构或组织内部形成的人员关系以及固有的文化价值观念，还是政策执行组织外部其他机构与组织的文化，都对民族基础教育课程政策的执行过程产生影响。

## 一、组织内部文化

组织内部文化主要是指与课程政策执行直接相关的、对课程政策执行产生显著影响的机构或者组织中人们的关系、对待课程的价值观念以及长期形成的对教育活动中他人的行为态度的评价等。从调查的结果来看，民族地区基础教育课程政策执行过程既受到上级教育主管部门的态度观念的影响，也受到学校教师观念行为以及长期形成的对学生评价标准等各种因素的影响。

第一，上级教育主管部门的态度对民族基础教育课程政策执行的影响。这一点在前面的论述中我们已经提到过。如就教师参与新课程的培训来说，上级教育主管部门在决定教师培训资格与人选的时候，往往会倾向于选择年轻的教师，而对于年龄较大的教师而言，这样的培训机会是很少的。这样，年龄大的教师对于新课程以及校本课程的实施就会产生一定的阻力，因为他们没有相关的理念和技能，只有按照自己原先的教学经验和模式来进行传统的课堂教学。这种情况下，课程政策的执行自然会受到影响。

第二，教师之间对待课程政策的态度以及对校本课程、新课程改革的认识等也会影响到基础教育课程政策的执行。在调查中发现，教师对待校本课程的态度是不一样的，民族文化课程的课时很多时候会被其他学科教师挤占。教师之间在处理校本课程与学科课程关系的时候所采用的方式、方法影响甚至决定了课程政策是否能够在学校课堂中被有效地执行并发挥作用。

## 校本课程、地方课程被其他课程占用

学校的民族民间文化课程以前是有的，但是，基础教育课程改革之后，教学任务就变得更加繁重了，这样，很多原先的民族民间文化课程就被其他课程所占用了。

——方祥民族小学校长的访谈

这个（民教课被占用的情况）有嘛。我们之前就有很多老师，特别是到了要期中、期末考试的时候，我这一节音乐课，就有老师拿着试卷过来了。"你这节别上了，我来考试！"这个还不够，还要我来监考。我当时就生气啊。为什么要占用我的课呢？本来一周就一节课，现在还被占用了……那我又不能说不让，我就监考，让学生们把书拿出来抄，我让你考不出真成绩，那这样的话，下次就不再占用我的课了。

——雷山二中蒋老师的访谈

第三，学校以及班级中长久以来形成的对学生行为的偏见和不正确的认识对课程政策在课堂中的有效执行产生了消极的影响。在前面的论述中我们也曾经提到，学生们由于受到语言障碍以及自卑、胆怯的心理因素的影响，不敢在课堂教学中和教师进行沟通和交流。这不仅反映了政策执行中的困难和问题，也说明了其背后的原因——学生之所以不敢回答教师的提问和与教师进行交流，说明他们害怕犯错误，因为在长期的学校教育过程中，在班级所形成的氛围中，说不好普通话或者回答问题错误是可笑甚至是可耻的。因此，这种长期形成的固有文化传统对学生积极参与课堂互动产生了更深层次的心理上的障碍与忧虑，这也阻碍和影响了课程政策在课堂中的有效实施。

## 二、组织外部文化

组织外部文化对课程政策执行的影响主要体现在社区、家庭以及学校等方面。社区人员对教育的认识、态度、评价，家庭中家长对教育的认识和学生的期望以及学校教育中学校领导与教师对待课程的态度等都在一定程度上影响了民族基础教育课程政策的执行。

第一，社区文化的影响。在调查的过程中我们发现，传统的经济落后状况制约了教育的发展。随着近年来社会经济的发展，民族地区的教育有了很大程度的进步，但是教育的巨大投入与短期收益较小之间的反差给很多人造成了心理与现实的负担：一方面孩子上学需要支付一定的费用；另一方面，这种投入之后的收效是不可预见的，很多孩子上学之后仍然找不到工作。而与此相反，让孩子学习一些实用的技术和谋生的技能，是当地很多人对学校教育的希望。因此，能通过参与到当地的旅游文化及民族歌舞表演给家庭减轻经济负担的一些民族文化课程的开设就受到一些家长的认可，他们也比较支持学校做这方面的工作。这在一定程度上也给课程政策，特别是校本课程政策的执行提供了外部思想上的支持。

第二，家庭文化的影响。与以上论述相反的一种情况是，也有一部分家长认为学校教育应该以提高学生的成绩为主，不能因为学习民族文化而荒废了文化课的学习，甚至是影响到学生的升学。这样，家长与社区对学校教育的评价与课程改革的目标和宗旨之间存在一定的冲突。家长们对课程政策的不理解和他们心中固有的升学概念之间产生的矛盾在现实中的表现往往会转化成课程政策执行中的困难与阻碍。他们把升学与当前课程政策中对校本课程、新课改等的重视对立起来的结果就是对课程政策的执行采取不支持的态度。很多家长表示对这种情况下学生成绩和升学的担忧。

第三，学校文化的影响。在学校这个小范围的组织机构内部，长期学校教学中，教师之间达成的对教育教学的一贯看法和在教学方式上的认同等，无形中成为影响课程改革实施的因素。教师的同感和互相交流，无疑对新课程的实施会产生积极或者消极的影响。教师们如果认为在学校实施地方课程是必要的，而且有很多的好处，那么他们之间就会很默契地形成一种尊重当地文化、积极支持校本课程建设的良好氛围，否则就会持相反的态度。对于新课程的态度也是一样的。总之，教师之间所达成的潜在共识会影响到他们的态度和行为，进而影响到基础教育课程政策在当地的有效实施。

## 第三节　文化思维与民族基础教育课程政策执行

就民族基础教育课程政策执行过程中的个人影响因素来看，可以从个人的知识水平、认知方式以及个人感情等方面进行分析。通过实地的调查分析后，可以发现，无论是教育行政人员对民族教育的理解程度，还是学校管理者、教师、甚至是学生等对于教育、课程以及生活背景的相关知识、认识和感情态度等，都会给民族基础教育课程政策在当地的执行带来间接的潜在影响。

## 一、知识水平

调查结果显示，教育行政人员对民族教育的理解和期待，决定了他们对课程政策的解读以及对课程作用的期待和希望。在前面的分析中我们也曾提到，教育行政官员们认为民族教育的任务不仅是要帮助学生学习和掌握本民族的文化知识，而且要帮助他们学习做人的道理，开阔他们的视野，增强他们参与社会竞争的能力。因此，他们认为在民族地区的课程设置中，不仅要开设民族文化等校本课程，而且要进行基础教育的课程改革。要在转变教师理念、提升教师教学技能等各个方面来落实新课改的要求，这样，才能通过教学提升学生的各方面能力，增强他们的社会竞争能力。

另外，教师个人的知识水平、教学技能以及对新课程改革和校本课程相关理念的认同、接纳是影响这些课程政策执行的重要因素之一。如有的教师就表示学生在课堂教学中胆怯、不敢沟通和回答问题。当然，这样的问题与学生自身有关，但是，教师的教育教学技能和对课堂教学的引导能力也可以在此凸显。相信拥有良好的教育教学技能和对学生的引导能力的教师在这类问题的处理上应该会表现得更好。

还有就是学生个人的生活经验、知识基础以及语言等各方面的知识水平也会影响到课堂教学中师生互动的有效开展和新课程在学校中的实施。

## 二、认知方式

正如我们在前面的论述中所谈到的，行政官员以及教师对于民族教育以及与此相关的课程，课程政策的目的、意义和作用的认识将会影响到他们对于民族教育的整体态度和在具体的工作（管理、课堂教学等）中所持有的态度和采取的行动。这些都会对民族基础教育课程政策的执行产生影响。就调查分析的结果来看，这一点最为集中地表现在以下几个方面。

第一，教育行政官员对民族文化与民族教育之间关系的认识会影响到基础教育课程政策在民族地区的实施。调查中发现，行政官员一方面支持民族文化等校本课程的开设，另一方面又对升学和考试所带来的教学压力表示担忧。所以，他们不得不一方面抓好日常的教学工作，另一方面又开展适当的校本课程等。这样一种态度和心理自然与严格意义上的校本课程和课程改革理念是不相符的。

**对民族文化与升学之间关系的担忧**

（民族文化进校园）过去是教材（问题），这个问题去年我们已经解决了，我们已经公开发行了一本书，现在也在学校里推广使用了。现在的关键困难是人们的认识问题，过去我们也一致担心，民族文化学多了会不会影响高考，民族（学生）除了那二十分的加分外，其他也没有什么优惠政策啊。

——雷山县民宗局局长的访谈

第二，教师们怎样认识和理解课程政策，尤其是对校本课程以及新课改的有关理念、措施的理解与掌握程度，也会直接影响到他们在课堂教学中所采取的教学方法。而这一点自然会影响到课程政策在课堂中的贯彻落实。

# 三、个人感情

个人对民族教育的感情在基础教育课程政策执行中所发挥的作用是巨大的。从教育行政官员到学校校长，从教师到家长以及学生个人，对于民族文化的热爱、对民族地方知识的珍视、对民族教育的期盼和关怀等都变成强大的精神力量支持着他们的工作、教学和学习。

在对调查结果进行分析的过程中我们发现，当地教育行政部门的教育领导对于民族地区孩子们的感情以及对教育公平的追求促使他们努力去争取更多的资金与优惠的政策来努力帮助孩子们走出大山，帮助教师们获得更多的培训机会，减轻学校的经费负担。尽管这种努力是就整个民族教育而言的，但是，这种精神上的力量以及由此带来的行为结果对于提升教师素质、增加孩子们的学习机会以及更好地提升教学质量是有着积极的意义

250

的，这与课程政策的最终目的也是相一致的。

　　另外，就民族文化进校园以及新课程改革等课程政策来说，由于各种因素的存在也带来了很多政策执行上的困难。教师们素质和能力的问题是最大的因素之一。但是值得欣慰的是，很多教师并没有因此而放弃。出于对民族教育的一腔热情，他们自觉地通过网络、远程教育等渠道在获取知识、提升自己的教育教学技能，力争能够适应新课程改革的要求，能够更好地开展民族文化等课程。

　　完全是自愿的，而且要做，大部分都是在课外做，完全凭借责任心。

　　　　　　　　　　　　　　　　　　——雷山二中蒋老师的访谈

　　人都是有感情的。当每一个人都带着对民族教育的责任和热爱去工作，都把自己的感情真正地用到每一个工作环节、每一堂课的时候，尽管民族教育的发展中还存在很多问题，尽管课程政策在执行中还面临很多挑战，相信我们都能够从民族地区的本土文化和民族教育的本土实践中找到问题的答案。

# 结　语

同其他任何民族基础教育政策一样，民族基础教育课程政策在执行过程中必须要考虑到民族地区实际的社会、经济和文化背景。也就是说，在开展民族地区的基础教育课程政策的执行工作中要注意当地的文化状况，开展文化适宜的民族基础教育课程政策。

具体而言，应该注意这样几个方面的问题。

第一，处理好民族基础教育课程政策执行中的民族文化与民族教育的关系问题。民族文化与民族教育的关系是当前民族基础教育课程政策中产生矛盾与困惑的主要原因之一。就前面的论述来看，当前民族基础教育课程政策主要关注的两个问题：一个是多元文化课程理念统摄下的校本课程及其实施问题，另一个是当前全国范围内的基础教育课程改革问题。前者在民族地区以民族民间文化进校园为代表。当前这项工作开展过程中遇到的最大问题除了政策执行和实施本身的问题以外，最根本的问题还是对于民族文化到底应不应该进校园、民族文化怎样进校园等一系列问题的困惑，也就是对民族文化与民族教育之间关系的认识和把握的问题。而后者，也就是新课程改革政策，在之前的研究中也可以发现，课程改革中反映出来的最大的问题就是课程改革以及在实施过程中出现的与民族地区的实际情况不符合、不适应的情况。而怎样看待民族文化在新课程改革中的地位和作用、怎样处理民族文化与新课程改革之间的关系问题是解决整个问题的关键所在。可以说，文化构成了民族基础教育课程政策执行的整体背景。

第二，处理好民族基础教育课程政策执行中的信息对称和沟通问题。在民族基础教育课程政策执行过程中，上级与下级之间的沟通交流以及对政策的理解和把握程度的不同同样会对政策的执行产生影响。教育行政人员、校长、教师以及家长对民族基础教育课程政策的理解和阐释都是不一样的。不同的文化背景、不同的组织文化和知识水平、认知、感情等，都决定和影响了民族基础教育课程政策的执行。因此，从文化背景、组织文化以及个人的文化思维等角度来分析和阐释民族基础教育课程政策的执行情况是必要的。而且，最重要的还是要加强民族基础教育课程政策执行过程中的各方面信息的沟通和交流。取得一致性的对政策的认同和理解是政策执行过程的关键。不仅在认识上，在政策执行手段和方式上这种一致性的信息沟通和交流也显得非常必要。

第三，注意民族基础教育课程政策中的因果假设问题。在对一项政策的制定的过程中，制定者总会对政策问题进行一定的假设和推断。在他们看来比较重要的政策问题才能被纳入政策环节，以政策的形式加以落实。因此，政策制定者对政策问题的假设和推断就会影响到他们对于政策的制定。这种政策制定中的因果假设关系的存在，决定了教育政策的执行和最终的实施效果。民族基础教育课程政策也同样存在这种情况。但是，对民族基础教育课程政策而言，政策制定和执行中的这种因果假设关系是存在一定问题的。正如在前面的论述中所言，在民族基础教育课程政策的执行过程中，总是经验和问题并存。尤其是政策执行中存在的问题，有的是我们之前所预料到的，有的则是我们在政策制定的时候所不曾想到的，是基于政策执行的过程中，在特定的文化背景中产生的。这些政策执行过程中所出现的突发的、预料之外的政策效果，尤其是政策的负面效果，应该引起政策执行者的注意。

第四，注意基于当地人的视角开展文化适宜的民族基础教育课程政策执行工作。综合以上的论述，在民族基础教育课程政策的执行过程中，无论如何都会存在一些我们难以预料的问题和效果。而且，民族地区特定的社会、经济和文化背景也是我们进行民族基础教育课程政策执行所不可回避的话题。民族基础教育课程政策的执行不仅应该考虑到当地的文化背景和政策执行过程所产生的一些预料之外的因果关系，而且政策执行的特点和过程的复杂性也要求当地人的积极参与和配合。当地人的政策要求和长期的文化社会实践也决定和影响了基础教育课程政策的执行以及最终的效果。因此，在当前和未来的民族基础教育课程政策执行实践中，有必要从

253

当地人的视角，结合他们的要求与实际的文化背景来进行民族基础教育课程政策的执行和实施工作，开展符合当地人要求，从当地人生活和教育实际出发的文化适宜的政策执行工作。重视文化的基础作用和对民族基础教育课程政策的影响，是提升民族基础教育课程实施质量，进而带动整体民族教育发展，促进民族教育质量提升的关键所在。

从课程政策的执行出发，扩大到整个少数民族基础教育政策领域，应该处理好少数民族基础教育政策中"文化"和"发展"的关系。少数民族特有的文化背景和教育现状，不仅对少数民族基础教育政策提出了发展文化的要求和责任，更加要求和注重从少数民族当地文化的视角来开展少数民族基础教育政策工作。立足少数民族当地文化，充分借鉴和运用文化的作用，开展文化敏感的少数民族基础教育政策问题分析工作，不仅是少数民族群体个人发展的迫切需要，而且符合近年来少数民族文化发展和少数民族基础教育进步的现实情况。可以说，"文化"和"发展"之间的关系是相辅相成的。一方面，我们要积极寻求在文化视角下的人、社会以及人与社会之间关系的和谐发展；另一方面，社会的发展、个人的发展都离不开文化的作用。要想取得社会和个人的发展，必须要寻求并最终获得文化的发展。在"文化"和"发展"的视角下开展少数民族基础教育政策问题的分析工作，不仅是必要的，而且是可能的。

# 个案四

## 少数民族基础教育新课改实施情况研究
### ——以云南省芒市风平镇为个案

## 概　　要

我国新一轮基础教育课程改革从 2001 年起开始实施，如今已在全国范围内普遍展开。少数民族基础教育是我国基础教育的重要组成部分，然而由于民族教育的复杂性和特殊性，新课改政策目标对象的广泛性，新课程在我国少数民族地区的实施过程中出现了一系列问题，应引起重视并加以改善。

本研究拟从民族教育学、心理学、文化人类学的学科视角切入，目的是对新课改在我国少数民族地区的实施情况进行深入了解和探究，进一步探究对我国其他少数民族地区具有一定参考性和实效性的建议和对策。个案点选在云南省芒市风平镇这一独具"少边穷"特殊性的少数民族地区，运用了访谈法、问卷法、随堂听课和观察法等量化和质性相结合的研究方法，通过描述和分析新课改在风平镇的实施现状，总结出取得的成效和存在的问题及其原因，并提出针对性和可行性的建议。

研究发现，风平镇义务教育阶段已贯彻新课改的政策，基本完成了一线教师的新课程通识培训，在教师的教学观、学校的硬件设施以及校本课程开发等方面都取得了一定进步。然而，在具体的教学实践工作当中，仍面临着很多问题，主要包括：一是现行评价模式和教学理念相背离，实际教学仍难摆脱应试教育；二是民族地区存在师资力量薄弱，学生学习基础较差等情况，面对强调自主学习和探究学习的新教学理念和教学方法，相对落后的民族地区教师和学生显得难以适应先进的新课程；三是政策适切性和民族特殊性的矛盾——新课改和民族地区实际情况脱节，譬如教科书上的内容与民族学生实际生活相脱离，造成学生理解上的困难，等等。

本研究通过对这些问题进行原因分析，从评价制度、政策适切性、课程资源和教学方法等方面提出了解决的建议和对策，以期提高我国少数民族地区对新课改的适应性，为制定少数民族教育政策提供有用的实践基础和理论依据。

# 绪　论

## 一、研究缘起及意义

### （一）研究缘起

2001 年 6 月，教育部印发《基础教育课程改革纲要（试行)》，标志着我国新一轮基础教育课程改革正式开始。到 2005 年，全国中小学阶段都进入新课程。此后，新课改在全国范围内的中小学全面展开，作为新中国成立以来改革力度极大、波及范围极广、影响程度极深的一次重大课程改革。新课改以难挡之势对我国基础教育产生了极为广泛和重大的影响。

我国是一个人口众多的多民族国家，民族教育是我国整个教育事业的重要组成部分，民族教育质量是衡量我国教育质量整体水平的重要指标，大力发展民族教育事业，对贯彻党的民族政策，落实科教兴国战略与人才强国战略，促进民族地区经济文化建设，民族团结进步事业具有极为重要的意义。新课改无论在课程理念、课程功能、课程内容、课程实施，还是在课程评价和管理上都进行了革新，对学校和教师也提出了新的要求。新课程理念、方法上的进步性是无可厚非的。自实施以来也取得了初步的成效，尤其是在一些发达城市和地区，新课改的理念逐渐深入人心，学校的教育教学也发生了积极的变化。然而，我国是一个地域辽阔、人口众多且经济发展水平不平衡的多民族国家，我国少数民族众多，民族教育受经费、师资、办学条件、信息资源和民族文化习俗等多重因素的影响和制约，民族地区的新课改工作既要遵循课程改革的一般规律，又要注重民族教育的特殊性和艰巨性。新课改在社会发展水平和教育水平相对较弱的少数民族地区是否也能顺利开展呢?

　　本研究课题组先后两次至云南省芒市风平镇（后文简称为"风平镇"）个案点分别进行了长达一个月、半个月的田野调研。云南省位于我国的西南边陲，与缅甸、老挝、越南三国接壤，是一个多民族的边疆山区省份，具有民族自治地方最多、独有民族最多，世居少数民族最多、人口较少民族最多、跨境民族最多的特点。全省共有56种民族成分，少数民族人口1488万人，占全省总人口的33.5%。人口超过5000人的世居少数民族有25个，独有少数民族15个，跨境少数民族16个，人口较少民族7个，人口较少民族种类、人数分别约占全国人口较少民族的三分之一。各民族分布为"大杂居、小聚居"，全省没有一个县（区）为单一民族县（区）①。风平镇地处云南省西部，德宏州东南部，境内自然环境差，少数民族多且经济文化发展水平较低，是一个典型的"少边穷"地区。在对风平镇的调研过程中，我们深刻感受到新课改对少数民族基础教育的重大影响，同时也发现了由于现行评价制度的严重滞后、师资力量的薄弱、经费和资源的贫乏、民族地区特有的语言和文化传统以及在此环境中长期生活形成的特有民族文化和民族心理特征等多重因素的影响和制约，新课改在当地学校的实施存在着许多的困难和问题。譬如，新课改主要以城市教学为模板修改而来，一些如"减压"、"自主学习"等主张的提倡似乎与当地本身就匮乏的教学资源和形势相违背，现行评价制度的滞后性导致实际教学仍停留在应试教育阶段，许多一线教师也对新课改提出的新教学模式感到疑惑和难以驾驭，等等。

　　新课改在民族地区的实施现状究竟如何？新课改是否真正适用于兼具特殊性和艰巨性的民族地区基础教育？民族地区的教师和学生对新课改的接受性和适应性到底如何？新课改在民族学校的具体实施过程中有哪些障碍，最需要哪方面的帮助和调整？这些都是值得每一个关心课程改革，关心民族教育，关心我国基础教育的研究者共同关注的问题。综上所述，我们试图以风平镇具体情况为个案，通过大量的深入调查研究，获得新课程在当地实施情况的全面掌握和客观评价，对少数民族基础教育新课改实施

---

① 云南省民委. 云南省民族教育情况介绍 [R]. 昆明, 2008 – 11 – 20.

的现状和问题进行初步的探讨和分析，以期得出促进新课程顺利实施及推进的机制和策略，为民族地区现实的课程改革起到一定的支持作用。

## （二）研究目的和意义

### 1. 研究目的

我国新一轮基础教育课程改革对少数民族教育工作者而言是严峻的挑战，也是不可多得的机遇。新课改在风平镇实施过程中遇到的难题和障碍，具有一定的典型性和代表性，值得研究和探讨。本研究基于对风平镇新课程实施情况的深入调查和研究，总结新课改实施以来风平民族中学和那目小学取得的成绩和存在的问题，试图得出对我国其他一些少数民族地区也具有一定参考性和普适性的建议和对策，为促进我国少数民族地区基础教育新课改的顺利开展和教育水平的提高提供一定的理论基础和实践依据。

### 2. 研究意义

实践意义：怎样使我国民族地区学生在基础教育阶段获得更优质的教育，使主流文化知识学习和民族文化传承两不误？怎样使新课改的进步性在我国少数民族地区也得以显现和运用，从而促进我国少数民族地区教育水平的综合提高？这些都是值得我们关注的重大问题，它不仅关系到民族地区义务教育的质量问题，长久而言也会影响到我国整个民族教育事业的发展。民族地区学校教育的发展仍然有照搬内地模式的倾向，缺少适合少数民族特有的教学理念和教育模式。通过对风平镇新课改实施现状的调查和研究，一方面，有利于认清我国少数民族地区新课改的实施现状，为相关教育部门的政策制定和执行提供有利的现实依据，对课程改革的进一步发展和完善有重要的现实意义；另一方面，有助于引起对少数民族地区基础教育新课改的重视，提高民族基础教育课程质量和教育教学质量，促进我国民族教育的发展和完善。

理论意义：课程改革的试点多选在以汉族学生为主的城镇地区，对民族地区的特殊性缺乏设计论证，对少数民族地区新课改的实施现状的实证性研究是急需的。本研究从民族教育学、心理学、文化人类学等多学科的角度来研究少数民族基础教育课程改革，对于充实和丰富少数民族教育理论，发展民族教育提供理论依据有着十分重要的理论意义。

## 二、文献综述

### （一）国内研究现状述评

从 2001 年以来，随着新一轮基础教育课程改革在全国的大力开展，国内学者、教育工作者和学习者对新课改的关注也与日俱增，研究成果颇丰，如钟启泉等主编的《为了中华民族的复兴，为了每位学生的发展——基础教育课程改革纲要（试行）解读》，袁桂林的《基础教育改革与发展》，朱慕菊主编的《走进新课程——与课程实施者对话》，课程教材研究所主编的《课程改革借鉴篇》，陈培瑞主编的《教育大视野：现代教育改革难点热点问题透析》，徐仲林、徐辉主编的《基础教育课程改革理论与实践》，段作章的《基础教育课程改革透视与展望》等，这些专著从不同角度对新课改的理论或实践进行了研究和相关论述，都具有较大的参考价值，由于文献较多，难以尽述。笔者将主要从国家颁布的关于基础教育改革的文件及解读性文献、关于新课改的反思性理论研究以及对新课改实施情况进行的调查或分析研究等三个方面对相关文献进行分类概述。

#### 1. 国家颁布的关于新课改的文件及解读性文献

新课改即教育部于 2001 年颁布的《基础教育课程改革纲要（试行）》（以下简称《纲要》）及之后以此为纲领性文件在全国中小学范围内陆续展开的一系列活动。《纲要》明确了本次新课改的宗旨和目标，并进一步从课程结构、课程标准、教学过程、教材开发与管理、课程评价、课程管理、教师的培养和培训以及课程改革的组织与实施等九大方面对我国基础教育课程体系作出了系统而全面的规定和阐述。2001 年 10 月，教育部印发了关于《开展基础教育新课程改革实验推广工作的意见》的通知，此文件明确制定了新课改"先实验，后推广"的五年计划，将先在全国范围内选出的 38 个实验区试点进行新课改实验，对实验结果进行评估，总结经验后再推广至全国使用。文件中公布了第一批国家基础教育课程改革实验区名单，并对具体的组织实施作出了全面而翔实的规划和安排。此外，相关文件还有教育部于 2001 年 5 月颁布的《国务院关于基础教育改革与发展的决定》，2004 年颁布的《2003—2007 教育振兴行动计划》《九年义务教育课程计划》以及各科课程标准等。

对新课程标准的解读性文献，以钟启泉主编的《为了中华民族的复兴，为了每位学生的发展——基础教育课程改革纲要（试行）解读》最具代表性和权威性，钟启泉作为课程改革工作专家组组长，对《纲要》进行了较为全面和深刻的阐释和解读。此后，有许多学者和教育工作者以钟启泉对新课改理念的解读为指引，从不同角度发表了自己对《纲要》理念或方法的研究和观点，如张映美在《新世纪我国基础教育课程改革的理念与体系》一文中，从课程改革的目标为切入点对课程改革的理念进行了阐释，认为课程改革的目标是以学生为本，包括四个方面，即从"双基"到"四基"，以学科课程、活动课程、综合课程、问题中心课程等多类型课程体现目标；学生建构的课程设计；把学生的发展作为课程开发的出发点和归宿。张华以新课程的评价体系为主要关注点发表《对课程评价改革特点的点滴思考》，提出了新课程评价改革呈现出重视发展、淡化甄别与选拔、重视综合评价、关注个体差异等几大特点。当然，也出现了一些关于钟启泉对《纲要》的解读表示质疑和反对的声音，如查有梁先生就在其著作《课程改革的辩与立》中，较为直接地批判了钟启泉对《纲要》的解读，认为是对"课程改革"的明显的误导。

2. 关于新课改的反思性理论研究

（1）对新课改理论基础的反思和争议。2005 年 5 月，《中国教育报》开辟了"新课程改革的理论基础是什么"专栏，专门用于刊载学者关于新课程理论基础的观点和看法，自此引发了一场较为激烈的争论。肖川、钟启泉等学者认为，建构主义的真理观、知识观为强调发展儿童自主性提供了理论依据，是课程改革的理论基础。靳玉乐则在《新课程改革的理论基础是什么》一文中对此观点表示质疑："如果明确地以某种理论作为课程改革的理论基础，那么就应该将理论基础进行完整、系统和深入地阐述，并在此基础上形成改革者所设想的知识观、课程观、教学观等基本的课程理论体系，课程专家对课程改革的参与，主要目的也就在此……在课程改革中，必须坚定不移地以马克思主义作为我们的指导思想和理论基础。"①此后，马迎福发表《对〈靳文〉有些观点，不敢苟同》，在文中，作者针对靳玉乐的观点提出了不同的看法。他认为新课程改革的理论基础除了靳玉乐所指出的建构主义、后现代主义，以及常提常新的杜威的实用主义以外，还有加德纳的多元智力理论、马克思主义关于人的全面发展学说等。建构主义认为知识不是被动吸收的，而是由认知主体主动建构的，后现代主义强调课程的生成性，师生互动、共同发展②。此外，《中国教育报》又陆续刊载了高天明的《课程理论基础》，罗槐、王华生、刘培涛的《新课程改革的理论基础是什么》，崔国富、胡志坚、武镇北、舒萍的《新课程改革的理论基础究竟是什么》，潘新民《反思"当代西方新理论"在我国新课程改革中的适切性》等一系列关于新课程理论基础的各种观点。

（2）对课程改革性质的辨析研究。主要表现在对新课改教育观念、发展方向上的探讨和研究，王策三、钟启泉等学者对新的教育观念是否从传统的"学科本位"、"知识本位"转向重实践、轻知识的方向发展进行了一系列的争论和探讨。王策三在《认真对待"轻视知识"的思潮——再评由"应试教育"向素质教育提法的讨论》一文中表示应试教育向素质教育转轨提法的流行，反映了一股"轻视知识"的教育思潮，干扰教育改革、课程改革，必须坚决克服，这种思潮有着复杂的社会、思想根源和片面道理③。此后，针对《光明日报》先后刊载的两篇文章《新课标让数学课失去了什么?》和《对话义务教育数学新课标》，而这两篇皆是关于数学新课标的研究，却得出了截然相反的两种评价结果，即一种认为义务教

---

① 靳玉乐，艾兴. 新课程改革的理论基础是什么 [N]. 中国教育报，2005 - 05 - 28.

② 马福迎. 对《靳文》有些观点，不敢苟同 [N]. 中国教育报，2005 - 08 - 13.

③ 王策三. 认真对待"轻视知识"的思潮——再评由"应试教育"向素质教育提法的讨论 [J]. 北京大学教育评论，2004（03）.

育数学新课标"改革的方向有重大偏差","方向是错误的"。而另一观点则认为新课程标准"大方向应该肯定",王策三又发表《关于课程改革"方向"的争议》一文,认为当人们说"大方向应该肯定"时,是特指20世纪80年代开始,一直发展延伸至今的、广大学校教师继续坚持的思路和做法的整个课改;而当人们说"方向是错误的"时候,是特指近年新课改中"新课程理念"导引下的"数学新课标"等而言的①。

此后又有一些学者针对此文章及表达观点发表了不同意见,展开了激烈的争论。如钟启泉发表《发霉的奶酪——〈认真对待轻视知识的教育思潮〉读后感》,张正江发表《素质教育是轻视知识的教育吗?——与王策三先生商榷》,这些文章皆对王策三认为新课改存在"轻视知识"倾向的观点表示反对。孙天华、张济洲也发表自己看法,认为新课程改革"轻视知识"之嫌恰恰是一种必要的合理付出,淡化对知识获取结果的死记硬背,转向对知识获取过程的体验和发现,是新基础教育改革的必然趋势②。

3. 对新课改实施情况的调查或分析研究

教育部"新课程实施评估"课题组公布了较为权威的报告,包括《课程改革实验区追踪评估告诉我们什么》《教师感受到的新课程》《学生眼中的新课程》,从不同角度描述和分析了新课程改革实施后取得的成绩和存在的问题。此外,我国已有许多学者对新课改的实施情况进行了理论上或实地调研后的分析,例如,靳玉乐在《课程实施:现状、问题与展望》中,通过对我国课程实施现状的描述和分析,对比国外及台湾地区的相关研究,指出"我国对课程实施的研究很少……与我们采取忠实的研究取向有关"。马云鹏、唐丽芳所在的"新课程实施与实施过程评价"课题组,先后于2001年、2003年和2004年三次对新课程实验区进行了追踪评估。前两次以国家级实验区为主,第三次以省一级实验区,特别是农村地区实验区为主。通过调查评估总结出了新课改实施以来取得的成效和存在的问题,并提出了对策和建议。成效包括课程理念逐渐深入人心,教师的

---

①　王策三. 关于课程改革"方向"的争议 [J]. 教育学报, 2006 (4).
②　孙天华, 张济洲. 课程改革的"代价论"思考 [J]. 教育情报参考, 2006 (8).

教学观、教学方法，学生的学习方式，师生关系等方面都正在发生着积极的转变；同时也得出农村课改存在一定难度，课程资源匮乏、经费投入不足，校本教研不够深入，教师缺少专业支持，部分课堂教学存在单纯追求形式的现象，许多学校班额过大、教师工作量增加等几大问题[①]。彭虹斌、程红认为，当前我国课程实施存在的主要问题有：对课程实施的重要性认识不够；课程实施采取的是自上而下的模式；课程实施缺乏主体意识；传统的教学论思想占主导地位，课程实施的策略依然是忠实取向。又有如邓璐的《关于新课改理念及其实践适切性的思考》，李泽宇的《我国基础教育课程改革的适切性研究》等。

我国现有的新课改研究中对少数民族地区新课改实施情况进行关注和调查分析的并不多，尤其缺少具代表性、权威性的相关专家学者的研究，且现有文献的研究结果较为相近，即认为新课改在少数民族地区的实施还存在很多问题和困难。如王嘉毅、吕国光的《西北少数民族基础教育发展现状与对策研究》，王鉴关于《我国民族地区地方课程的推广、执行与建设问题》的研究和《民族地区基础教育课程改革问题与探索》，钟达木等的《民族基础教育新课程改革的现实问题及成因分析》，张海育关于《新一轮课程改革在民族地区面临的阻力与对策》的研究，王慧霞以夏河县两所藏族学校为个案发表的《西北民族地区基础教育新课程实施问题研究》等，这些研究针对不同的地区和民族，为我国少数民族课改研究提供了宝贵的一手资料和理论支撑。综合众多研究，我国少数民族基础教育课程改革面临的问题主要可以归结为两个方面：一是如何克服普遍存在的应试教育弊端问题；二是关于民族教育如何有效传承民族文化的问题，而这两个问题归根结底是如何将学校教育"根"植于民族文化之"土"中[②]。

总之，新课程改革的研究成果数量颇丰，视角广泛，对新课程改革起到了一定的推广和指导作用。但得出的结论往往大同小异，提出的建议和对策也偏于理论化而缺少切实可行的操作性，更是缺少对我国少数民族地

---

① 马云鹏. 课程改革实验区追踪评估的最新报告 [J]. 教育发展研究，2005（9）.
② 王鉴. 民族地区基础教育课程改革问题与探索 [J]. 中国民族教育，2007（2）.

区新课改实施的关注和研究，比如新课改在我国少数民族地区的具体实施情况到底如何？与汉族地区实施现状有何差异？在实践中，广大少数民族教育工作者尤其是一线教师是否接受和适应新课程？新课程的新方法和新理念是否适合少数民族地区的实际情况？新课程在现有考试评价制度下能否顺利实施等一系列问题鲜有深入的实证研究。在对现有研究资料的分析中，关于我国少数民族地区的基础教育课程改革的研究仍然缺乏。

### （二） 国外研究现状述评

#### 1. 主要研究著作

国外关于课程改革的研究成果颇为丰富且起步时间相对较早，较有代表性的相关研究著作有：佐藤学著《课程与教师》与《学习的快乐——走向对话》，藤田英典著《走出教育改革的误区》，水原克敏著《现代日本教育课程改革》，鲍尔著《教育改革批判和后结构主义的视角》等。此类文献从理论出发，针对所在国家的教育情况提出了自己的教学观和课程改革理论，具有较大的参考价值。

关于课程改革自身规律的研究，国外学者作出了较为深入的探讨：由加拿大著名学者莱文著，项贤明、洪成文译的《教育改革——从启动到成果》以及加拿大著名学者迈克尔·富兰的教育改革三部曲——《变革的力量——透视教育改革》《变革的力量——续集》《变革的力量——深度变革》等。世界各国在基础教育课程改革方面都较为重视，陆续出台了一系列课改文件以加强新课程对时代发展的适应。如美国从1983年发布《国家处在危机中：教育改革势在必行》开始，陆续发布《美国2000年：教育战略》《2000年目标：美国教育法》《不让一个孩子掉队》《美国竞争力计划》等，这些相继出台的政策文件都是针对美国的基础教育课程改革。日本在1998年和1999年分别颁布了小学和初中以及高中的《学习指导要领》，2002年日本实施的新课程，力求精选教学内容，留给学生更多自由发展的空间。韩国已经进行了六次基础教育课程改革，并将第七次基础教育课程称为广泛收集意见、由国民协议而产生的以学生为中心的教育课程①。

### 2. 课程改革发展趋势

当今社会正处于信息技术时代，科技发展日新月异，各国皆对高新知识技术人才极为渴望，而对知识技术的追求最终落足于对教育的重视和改革。在此大背景下，世界许多国家，尤其是发达国家都积极推进新课程理念的发展，并呈现出一定的发展趋势。第一，注重基础学力的提高。为适应学习化社会的需要，提高儿童的基础学力仍然是各国课程改革首要的关注点。第二，计算机信息素养的养成。为迎接信息时代的挑战，适应信息化社会，从浩瀚的信息的海洋中获取必要的信息，儿童必须具备相应的信息素养能力。因此，信息素养的养成成为各国课程改革的另一热点。第三，创造性与开放性思维的培养。全球化社会的发展要求人们具备开放性思维与创新精神，需要与世界各地的人们进行交流。因此，各国课程改革都强调创造性与开放性思维的培养，认为教育应该培养胸襟开阔、能够站在全球化视野考察问题并创造性解决问题的公民。第四，强调价值观教育和道德教育。各国课程改革普遍注重教育的道德文化层面，强调儿童价值观的培养和道德教育。第五，尊重学生经验、发展学生个性。教育是儿童的教育，课程是儿童的课程，教育向学生生活世界的回归受到一些国家课程改革的关注②。

## 三、研究思路和方法

本研究从民族教育学、心理学和文化人类学的学科视角切入，以多元文化教育理论为理论基础，着力分析新课改在一个独具"少边穷"特殊性少数民族地区的实践状况。关于我国新课改实施过程中遇到的问题及其解

---

① Guba Lincoln. Fourth generation evaluation [M]. Newbury Park, Cali.：Sage Publications, 1989：3.

② 钟启泉，杨明全. 主要发达国家基础教育课程改革的动向及启示 [J]. 全球教育展望, 2001（4）.

决方法，已有不少学者都作出过总结和研究，其中不乏颇具见解之作，本研究将根据课题组两次深入项目点的实地调研结果，将田野调查过程中所观、所闻、所感呈现，着重描述项目点新课改的实施现状，并在此基础上总结存在问题，分析原因，提出建议和对策，力求深而细，使本研究具有针对性和实践性。

在研究方法上，本研究使用质性研究和定量研究相结合，以质性研究为主，主要采用文献法和田野调查法两种研究方法，具体情况如下。

文献法。首先收集和查阅已有的民族地区基础教育课程改革问题相关研究以及我国国家和云南省芒市出台的基础教育课程改革的相关政策，并进行梳理和总结，明确已有研究的成果与不足，亦为下一步的研究提供充分的理论支持和文献基础。

田野调查法。课题组于2010年5月10日—6月4日、2011年5月6日—5月21日两次至风平镇进行实地调研，以风平镇民族中学和那目小学为项目学校。围绕新课改实施情况，采用了问卷调查法、深度访谈法、参与观察法和文献收集法等具体研究方法，获得大量一手资料，对两个项目学校的新课改实施现状进行了较为全面的调查。

问卷调查法：采用自编教师问卷和学生问卷。根据《基础教育课程改革纲要（试行）》，结合本研究的目的和方向，最终确定问卷涉及教学理念和教学方法、教师培训、评价模式、学生的学习方式以及实施中的困难五个方面，对项目点新课改实施现状进行考察和研究。问卷调查针对风平镇民族中学和那目小学的在校师生，共发放教师问卷75份，回收有效问卷75份，其中随机抽取风平镇民族中学教师共51人，那目小学教师共24人；共发放学生问卷221份，回收有效问卷209份，学生问卷调查按班级整群取样，选取风平镇民族中学七年级、八年级、九年级各1个班，共回收有效问卷121份，选取那目小学四年级、五年级、六年级各1个班，共回收有效问卷88份。

访谈法主要针对当地的教育官员、教研人员、学校领导、教师、学生和家长等进行一对一访谈、焦点团体式访谈等。观察法主要包括课堂观察、课外观察和社区观察。文献收集法即从当地教育部门和学校收集各种相关资料，包括新课改政策、法规文件，学校基本信息，相关课程文本等。

## 四、主要概念界定及理论基础

### （一）概念界定

1. 基础教育

关于基础教育的定义，《教育大辞典》是这样界定的："'基础教育'（basic education）亦称'国民基础教育'，是对国民实施基本的普通文化知识的教育，也是提高公民的基本素质的教育，或者指为继续升学或就业培训打好基础的教育。一般指小学教育，有的包括初中教育。学习年限为8年、6—9年。经常同普及义务教育相联系。"[①] 而联合国教科文组织针对同一概念提出了更为广泛的含义："基础教育本身不仅仅是目的。它是终身学习和以人的发展为中心的基础，各国可以在这一基础上系统地建立其他层次和种类的教育和培训。"[②]

可以说，基础教育有广义和狭义之分，广义的基础教育包括了各级各类的以发展为中心的基础阶段的教育，而狭义的基础教育主要指的是中学、小学阶段的教育。我国的九年制义务教育即为此类基础教育。本研究所关注的新课改亦属于国家政策的一部分，新课改政策文本中对九年义务教育和高中阶段的新课改有明确的分步规划，因此，本研究的对象是基础教育，是指包括中学、小学在内的九年义务教育。

2. 少数民族教育

对少数民族教育的定义界定，《教育辞典·民族卷》中指出："民族教育是中国少数民族教育的简称，特指除汉族以外，对其他55个民族实施的教育。"《中国大百科全书·教育卷》的定义是："少数民族教育

---

[①] 顾明远. 教育大辞典［M］. 上海：上海教育出版社，1990：71.
[②] 联合国教科文组织. 国家教育报告［M］. 北京：人民教育出版社，1992：41.

（education for national minorities），就是在多民族国家内对人口居于少数的民族实施的教育，简称民族教育。在中国指对汉族以外的其他民族实施的教育。"① 此外，滕星从更广泛更多元的角度提出："民族教育是指对一个有共同语言、共同地域、共同经济活动，以及表现于共同的民族文化特点上的共同心理素质这四个基本特征的、稳定的共同体的文化传播，和培养该共同体成员适应本民族文化的社会活动。"② 无论是前者认为少数民族教育即是对人口较少的我国 55 个少数民族的教育，还是后者提出的对共同民族文化、共同心理素质等共同体的民族教育，本研究中对以傣族为主的风平镇的教育情况的研究都是与之完全契合的少数民族教育。

### （二）理论基础

1. 少数民族教育的双重性特征

在统一的多民族国家中，少数民族教育既要考虑和适应本民族的文化环境、本民族的发展和需要，又要兼顾以主体民族为主的统一多民族的发展和需要，这即为少数民族教育的双重性。第一重性是由少数民族自身的文化背景和少数民族教育自身的内部关系决定的，具体表现的是少数民族自身的历史、文学、艺术、体育、哲学、宗教、科学技术、政治等有关要素；第二重性是以主体民族为主的、各民族共同的大文化背景的外部影响所引起的，具体表现为在传播本民族文化的基础上，讲授以主体民族为主的民族共同的文化要素。少数民族教育的性质主要是取决于第一重性，它体现了少数民族教育对本民族文化的依赖、传承和发展③。

少数民族教育的双重性体现在教育目的、教育内容、教学用语、教材、师资队伍等方面，其中教育目的和教育内容两方面最为重要。教育目的是核心，既要培养学生的民族自尊心、自信心、自豪感、责任感，成为忠实热爱本民族的优秀人才，又要培养学生成为捍卫和建设统一国家的优

---

① 王鉴. 民族教育学［M］. 兰州：甘肃教育出版社，2002：9.
② 滕星. 民族教育概念新析［J］. 民族研究，1998（2）.
③ 王锡宏. 中国少数民族教育本体理论研究［M］. 北京：民族出版社，1998：97.

秀人才。教育内容是教育目的的体现，任何教育目的都有赖于内容的保证。具有双重性的教育目的，要求我们在少数民族教育中既要教授国家统一的各民族共同的内容，又要教授本民族优秀的传统文化①。我国少数民族多达 55 个，既具有普遍性，又具有特殊性，本研究正是从这样一种双重性出发，力求找到二者之间的结合点。

2. 多元文化教育理论

在经济一体化、政治文化多样化趋势日益加深的当今社会，多元文化教育理论无论对世界各国文化还是我国多民族文化的融合发展都更具意义。多元文化教育理论涵盖面广，涉及内容多，以多元文化教育理论为指导，建构适合少数民族教育的课程结构是一项极为重要的工作，结合本研究的研究对象和内容，将以多元文化教育理论作为主要立论基础之一。

多元文化教育缘起于 20 世纪 60 年代的族群研究（ethnic studies），广义的多元文化教育是指通过学校的改革促进社会公正与平等，是一种基于平等、自由、正义、尊严的教育理念和实践主张；狭义的多元文化教育是一种尊重差异的泛文化学习的教育②。多元文化教育是指在一个多民族国家中，无论是主体民族还是少数民族，都有其独特的传统文化，都有相互借鉴与吸收的文化内容，同时也都有接纳与吸收世界优秀文化的内在动力。少数民族教育在担负人类共同文化成果传递功能的同时，不仅要担负起传递本国主体民族优秀传统文化的功能，也要担负起传递本国各少数民族优秀传统文化的功能③。

作为一个民族众多的人口大国，多元文化教育对我国少数民族教育有着重要的启示意义，苏德曾这样总结多元文化教育的目的：一方面帮助少数民族成员提高适应现代主流社会的能力，以求得个人的最大限度的发展；另一方面，继承和发扬少数民族的优秀文化遗产，丰富人类文化宝

---

① 哈经雄，滕星. 民族教育学通论 [M]. 北京：教育科学出版社，2001：359－370.

② 滕星，王铁志，等. 民族教育理论与政策研究 [M]. 北京：民族出版社，2009：365.

③ 苏德. 少数民族多元文化教育的内容及其课程建构 [J]. 中央民族大学学报，2008 (1).

库，为人类发展作出应有的贡献。少数民族教育的发展必须同时满足教育的现代化与民族化的双重要求：一是实现教育现代化必须建立在保留民族传统、继承民族优秀文化的基础上，培养既具有强烈民族精神又适应多元文化社会发展要求的现代人才；二是教育的民族化必须以实现现代化为奋斗目标，最终培养出能适应全社会发展要求、具有现代意识的民族人才①。

---

① 苏德. 少数民族多元文化教育的内容及其课程建构 [J]. 中央民族大学学报, 2008 (1).

# 第一章　新课改在云南省芒市
# 风平镇的实施现状

## 第一节　新课改概述

### 一、新课改的产生

当今社会，科学技术的发展日新月异，国际竞争日趋激烈，知识的创新和实践应用越来越受到重视，人才和劳动者的素质成了国家发展的重要因素。随着我国改革开放和社会主义现代化建设进入新的时期，以往的教育课程逐渐难以适应不断改革、创新、发展的时代需求，中国的新一轮基础教育课程改革应运而生。

新中国成立以来，在党和国家的正确领导和大力支持下，我国的基础教育经历了多次改革，取得了巨大的成就。尤其是 1986 年《中华人民共和国义务教育法》颁布后的课程改革，形成了我国基础教育课程的现行体系，改革取得了重要的进展：一是在课程管理政策上改变了国家过于集中管理的方式，实行国家和地方两级课程的方式；二是初步改变了多年来只有"学科课"和"必修课"的模式，增加了"选修课"、"活动课"等；三是推行了在统一基本要求的前提下教材多样化的方针，初步推动了教材的多样化；四是在教学实践中涌现出一批重视学生生动活泼、主动地学习，重视学生成功与发展的经验，倡导了新的教育观念，激活了教育实践的改革。这些成就为构建面向 21 世纪的基础教育课程体系提供了必要基础①。

新的课程体系涉及我国整个基础教育改革的方方面面，关系重大，意义深远。《基础教育课程改革纲要（试行）》（后文简称为《纲要》（试行））基于对国际课程改革趋势的分析和经验借鉴以及国内课程实施现状的调查研究，经历了 4 年多的不懈努力和反复讨论得以形成。1996 年 7 月伊始，在深入推动素质教育改革的大背景下，教育部基础教育司组织 6 所大学及中央教科所的课程专家，对 1993 年秋实施的九年义务教育课程的实施状况进行调研，1997 年底，完成了《九年义务教育课程方案实施状况调查报告》。调查发现，确实存在一些有悖于素质教育要求与教育规律的问题，如教育观念滞后，人才培养目标同时代发展的需求不能完全适应；思想品德教育的针对性、实效性不强；课程内容存在"繁、难、偏、旧"的状况；课程结构单一，学科体系相对封闭，难以反映现代科技、社会发展的新内容，脱离学生经验和社会实际；学生苦于死记硬背，教师乐于题海训练的状况普遍存在；课程评价过于强调学业成绩和甄别、选拔的功能；课程管理强调统一，致使课程难以适应当地经济、社会和学生多样发展的需求②。至此，旧课程体系的弊病显露无遗，进行基础教育的课程改革已具有充分的必要性和针对性。

1999 年 1 月，教育部基础教育司正式成立了"基础教育课程改革专家工作组"，由来自师范大学、省教研室、教科院的课程、教育、心理方面的专家及中学的校长代表共 40 多人组成。专家组在基础教育司的领导下，历时两年半，就课程目标、课程结构与设置、课程标准、考试、评价、实验区工作以及各门学科的课程标准、综合课程设计、农村课程改革、课程政策改革等，组织召开了百余次专题研讨会，起草并形成了新一轮课程改革的总纲——《基础教育课程改革纲要（试行）》，于 2001 年 6

---

① 钟启泉，等．为了中华民族的复兴，为了每位学生的发展——《基础教育课程改革纲要（试行）》解读［M］．上海：华东师范大学出版社，2001：4．

② 崔允漷．新课程"新"在何处？——解读《基础教育课程改革纲要（试行）》［J］．教育发展研究，2001（9）．

月正式颁布①。

## 二、新课改的主要内容和特点

在阐述新课改的主要内容和特点之前，需要对课程改革这一概念作简要说明。《教育大辞典》中提出：课程改革是按某种观点对课程和教材进行改造，是课程变革的一种形式，包括课程观念的变革和课程开发体制的变革，是一项有目的、有计划的行动，以一定理论为基础②。雷冬玉也曾总结道：课程改革是一项有目的、有计划的行动，是人们根据一定的教育理念或教育哲学对课程系统中不符合时代精神和人的发展要求的课程问题所进行的系统变革，具体而言，是对课程设置、课程目标、课程内容、课程实施、课程管理以及课程评价等方面作出系统的、持续的改进、完善和创新③。本研究所关注的我国新一轮基础教育课程改革即与本内涵阐释是一致的。

新一轮课程改革的核心文件《纲要（试行）》明确指出：以邓小平同志关于"教育要面向现代化、面向世界、面向未来"和江泽民同志"三个代表"的重要思想为指导。以要使学生具有爱国主义、集体主义精神，热爱社会主义，继承和发扬中华民族的优秀传统和革命传统；具有社会主义民主法制意识，遵守国家法律和社会公德；逐步形成正确的世界观、人生观、价值观；具有社会责任感，努力为人民服务；具有初步的创新精神、实践能力、科学和人文素养以及环境意识；具有适应终身学习的基础知识、基本技能和方法；具有健壮的体魄和良好的心理素质，养成健康的审美情趣和生活方式，成为有理想、有道德、有文化、有纪律的一代新

---

① 崔允漷. 新课程"新"在何处？——解读《基础教育课程改革纲要（试行）》［J］. 教育发展研究，2001（9）.

② 顾明远. 教育大辞典（增订合订本）［M］. 上海：上海教育出版社，1998：895.

③ 雷冬玉. 基础教育课程改革预期目标的偏离与调控研究［D］. 长沙：湖南师范大学教育科学学院，2010.

人①为目标。围绕这一目标，通过对课程结构、课程标准、教学过程、教材开发与管理、课程评价、课程管理、教师的培养和培训以及课程改革的组织与实施等八个方面分别加以说明，形成了本次课程改革的整体框架。

概括起来，按照《纲要（试行）》的规定，这次课程改革力图实现三大转型：课程政策从"集权"到"放权"的转型；课程范式从"科学中心主义课程"到"社会建构中心课程"的转型；教学规范从"传递中心教学"到"探究中心教学"的转型②。根据本次新课改的宗旨和内容，笔者总结出新课改以下六个特点。

（一）课程功能和价值取向上关注每位学生的发展，强调培养学生自主、探究、合作的学习方式和实践创新的能力。长久以来，我国中小学的课堂教学模式更倾向于教师讲、学生听的模式，在这种模式中学生习惯性地处于被动接受型学习。新课程提倡自主、探究、合作的学习方式，让学生主动学习，在现实情境中去体验，去探究，这样无疑有益于学生创造性思维的培养和学习能力的提高，达到《纲要（试行）》中"改变课程过于注重知识传授的倾向，强调形成积极主动的学习态度，使获得基础知识与基本技能的过程同时成为学会学习和形成正确价值观的过程"③ 的目标。

新课程强调，学生是学习的主体，提倡学生参与确定学习目标、学习进度和评价目标，在学习中积极思考，在解决问题中学习。为实现互动式、交流式的合作学习，新课程为不同层次的学生提供了参与学习、体验成功的机会，在合作学习中有明确的责任分工，促进学生之间能有效地沟通。在探究性学习中，通过设置问题情境，让学生独立、自主地发现问题；通过实验、操作、调查、信息搜集与处理、表达与交流等活动，让学生经历探究过程获得知识与能力，掌握解决问题的方法，获得情感体验④。

（二）课程实施上，要求教师转变旧的教学理念和教学行为，以学生

---

① 教育部.《基础教育课程改革纲要（试行）》颁布［N］. 中国教育报, 2001 – 07 – 27.

② 钟启泉. 为了中华民族的复兴为了每位学生的发展——《基础教育课程改革纲要（试行）解读》［M］. 上海：华东师范大学出版社, 2001: 3 – 13.

③ 同①.

④ 李建平. 专家谈基础教育课程改革（之四）［N］. 中国教育报, 2001 – 09 – 27.

为中心。教师的教学服务于学生的学习，学生的学习方式要改变，那么相应的，教师的教学理念和教学方法就需要改变。新课程要求教师以学生为中心，关注每一位学生的发展，从传统的知识传授者转向学生发展和学习的促进者和指导者。新课程强调，教学过程是师生共同发展的互动过程，教师在教学过程中要通过讨论、研究、实验等多种教学组织形式，引导学生积极主动地学习，使学习成为在教师引导下主动地、富有个性的过程。同时，应创设能引导学生主动参与的教育环境，激发学生学习的积极性，培养学生掌握和运用知识的态度和能力，使每个学生都得到充分发展。

（三）课程结构上，增加综合课程，注重课程结构的均衡性、综合性和选择性。新课程改变课程结构过于强调学科本位、科目过多和缺乏整合的现状，整体设置九年一贯的课程门类和课时比例，并设置综合课程，以适应不同地区和学生发展的需求，体现课程结构的均衡性、综合性和选择性①。

我国传统的基础教育课程强调学科本位和课本知识本位，课程内容缺乏整合，不利于学生综合能力的发展，也加重了学生的课业负担。新课程针对这些问题，对具体科目之间的比重作出了调整，设置了必修课与选修课，减少了科目种类，而新增有利于提高学生对学科知识综合运用的综合课程，形成以分科为主，兼含综合课程和综合实践活动的新课程。并设置国家、地方、学校三级课程并行的课程结构，充分体现了课程结构的均衡性、综合性和选择性。

（四）课程内容上，改变"难、繁、偏、旧"的现状，强调与实际生活和现代科技的密切联系。课程内容"难"会给学生带来很多学习困难，难以取得好成绩，从而打击学生的学习信心和学习兴趣，甚至产生学习障碍；课程内容"繁"会加重学生的课业负担，过多占用学生的课余时间，不利于学生的全面发展；课程内容"偏"使学生在学习中难以理解，难以掌握，也容易造成知识和现实生活相脱离，从而无法学以致用；课程内容"旧"则会使我国教育难以满足和适应当前社会迅速发展的需求，不利于

---

① 教育部.《基础教育课程改革纲要（试行）》颁布［N］.中国教育报，2001 - 07 - 27.

学生的有效学习和掌握有用的知识和技能。新课程重视学生的学习兴趣和经验，主张将有效的学习建立在学生原有经验的基础上，并使课程与学生生活以及现代科技密切联系，这样不但有利于学生更牢固地掌握知识，更有利于理论基础与客观实践相结合，使学生更灵活地学习和运用所学知识。

（五）课程管理上，注重地方、民族、区域等差异性，提出建立课程的三级管理体制，教材的研究和编撰采取开放的组织形式。我国是一个地域辽阔，人口众多的多民族国家，不同地区、不同民族之间的经济发展水平和文化传统也各不相同，要求全国通用完全统一的课程，显然难以满足不同地区学生和地区发展的需要。新课程正是考虑到我国这一实际情况，为保障和促进课程对不同地区、学校、学生的要求，实行国家、地方和学校三级课程管理。

三级课程管理的基本模式为：教育部总体规划基础教育课程，制定基础教育课程管理政策，确定国家课程门类和课时。制定国家课程标准，积极试行新的课程评价制度，省级教育行政部门依据国家课程管理政策和本地实际情况，制订本省实施国家课程的计划，规划地方课程，学校结合本校的传统和优势、学生的兴趣和需要，开发或选用适合本校的课程①。对我国少数民族教育而言，三级管理课程体制的建立，校本课程的开发，不但有利于民族学生对本民族文化和普通知识的求知需要，同时也能有效保障民族文化的学习和传承，是我国新课程体系的一个重大进步。

（六）课程评价上，建立发展型的评价体系。我国传统的中小学教育评价方式以纸笔考试为主，评价结果主要建立在考试成绩上。在内容上过于注重知识本位，而对学习方法、思维以及实际能力缺乏重视。教育评价与教学方法、教学目标相互影响，相互制衡，教育评价上的不足严重制约着我国素质教育的全面实施。新课程倡导评价的发展功能，指出评价不仅要关注学生的学业成绩，而且要发现和发展学生多方面的潜能。改变课程评价过分强调甄别与选拔的功能，发挥评价促进学生发展、教师提高和改

---

① 教育部.《基础教育课程改革纲要（试行）》颁布［N］. 中国教育报, 2001－07－27.

进教学实践的功能①。这种发展型课程评价体系的建立不仅有利于学生和教师的发展，对课程其他方面也颇具积极作用，是我国新课程改革的一大特点和亮点。

## 三、新课改的推行进程

### （一）新课改在全国的推行进程

2001 年 5 月，国务院颁布了《国务院关于基础教育改革与发展的决定》，文件中明确指出了要"加快构建符合素质教育要求的基础教育课程体系"的任务。同年 6 月，《基础教育课程改革纲要（试行）》正式公布，这也标志着我国新一轮基础教育课程改革在世纪之交正式启动。

1. 推行进程

2001 年 10 月，教育部印发了《开展基础教育新课程改革实验推广工作的意见》（教基〔2001〕24 号）（以下简称《意见》）。遵循"先实践，后推广"的原则，本轮新课改将先在已选定的作为国家基础教育课程改革实验区的 29 个省、自治区、直辖市的 38 个区（县、市）进行试点实验，进一步评估、总结经验后再将新课程推广至全国范围。《意见》明确制订了新课改实验、推广的五年计划，公布了第一批国家基础教育课程改革实验区名单，并对具体的组织实施作出了全面而翔实的规划和安排。总体而言，新一轮义务教育课程改革的推行进程分为三个阶段：酝酿准备阶段，试点实验阶段和全面推广阶段。

第一阶段——酝酿准备阶段（1996—2000）。早从 1996 年 7 月起，我国教育部基础教育司就组织课程专家对国内课程实施状况进行了充分的调研，通过调研发现和分析了先前课程标准的一些弊端和不足，同时结合对世界各国课改趋势和政策进行的比较分析，总结经验，反复斟酌，最终形成了我国新课改的纲领性文件——《基础教育课程改革纲要（试行）》。

---

① 教育部.《基础教育课程改革纲要（试行）》颁布〔N〕. 中国教育报，2001 - 07 - 27.

此外，初步完成了义务教育阶段 18 科课程标准的实验稿和审定各科实验教材等工作。

第二阶段——试点实验阶段（2001—2003）。我国义务教育阶段新课程实验工作于 2001 年启动，2003 年基本完成。主要工作进程如下。

2001 年秋季，绝大多数义务教育各学科课程标准及其实验教材在国家基础教育课程改革实验区开展实验；探索三级课程管理的具体工作机制，探索评价考试制度的改革。

2002 年秋季，义务教育新课程体系（包括三级课程管理的运行机制、评价制度等）全面进入实验阶段，根据各地的具体条件，原则上，各省（自治区、直辖市）在所属的每个地级市可确定一个省级基础教育课程改革实验区（以县为单位），全国实验规模达到同年级学生的 10%—15%。

2003 年秋季，修订义务教育阶段课程设置方案、各学科课程标准，《地方课程管理指南》《学校课程管理指南》和中小学评价与考试的改革方案；在全国范围内，起始年级启用新课程的学生数达到同年级学生的 35% 左右。

第三阶段——全面推广阶段（2004—2005）。2004 年秋季，进入义务教育阶段新课程的推广阶段。认真总结了国家和省两级基础教育课程改革实验区的经验，进行全面的评估和广泛的交流，在此基础上，正式颁布义务教育阶段课程设置方案、各学科课程标准以及其他相关文件，在全国范围内，起始年级启用新课程的学生数达到同年级学生的 65%—70% 左右。

2005 年秋季，中小学阶段各起始年级原则上都启用新课程。2005 年以后，新课程在全国中小学普及，新课程走向全面发展和实施阶段。

关于幼儿阶段和高中阶段的课改工作，《意见》也分别作出了明确指示。

幼儿教育改革实验工作：《幼儿教育指导纲要（试行）》于 2001 年正式颁布，教育部对幼儿园教育的改革进行全面部署，用三年左右的时间全面落实《幼儿教育指导纲要（试行）》。

普通高中新课程的研制工作：2001 年全面启动普通高中新课程的研制工作。2002 年形成新的普通高中课程结构与有关管理制度的方案，完成普通高中各学科课程标准（实验稿）的起草工作。2003年开始组织新高中课程的实验与推广工作，计划于2005年正式颁布普通高中课程计划、各学科课程标准以及其他相关文件。

由于本研究对象和关注点是一至九年级义务教育阶段的新课程改革，故对幼儿和高中阶段的课改工作不再做过多描述。

### 2. 初步成效

新课改自2001年启动至今，中国的基础教育发生了深刻的变化，也已取得初步成效。《意见》发布后，各地按照《意见》要求逐步开展新课程改革实验，2001年秋季，首批38个国家级实验区开始实验，2002年秋季，新课程从原来的38个实验县（区、市）扩大到全国500多个县（区、市），进行实验的中小学生从30万名扩大到近千万名。2004年秋季，全国范围已经有2576个县（市、区）实施义务教育新课程，约占全国总县数的90%，2005年，义务教育阶段起始年级全面进入新课程①。义务教育阶段的课程改革方案经过几年的实施，在实验区取得了明显的成效，特别是在国家级实验区，管理者和教师的观念、教学与评价的方法、学生的成长都发生了明显的变化。如在一项对课程改革实验区的评估报告中显示：在学生问卷中，当问及"老师上课经常鼓励学生提问吗？"51%的学生认为教师经常鼓励学生提出问题，有38.7%的学生认为老师总是鼓励他们提出问题②。

如今，新课改实施已有十余年，新课改的理念也日渐深入人心，学校的教育正发生着积极的变化，概括起来，课程改革的成效主要体现在以下几个方面。一是构建了具有时代特色的基础教育课程体系，把社会责任感、创新精神和实践能力作为人才培养目标的核心内容，促进了学生的全面发展。二是积极推进人才培养模式变革。教师更加注重引导学生主动学习、学会学习。学校开始探索现代化的管理制度，注重文化建设，学校文

---

① 李泽宇. 我国基础教育课程改革的适切性研究 [D]. 长春：东北师范大学教育科学学院，2010.

② 马云鹏. 课程改革实验区追踪评估的最新报告 [J]. 教育发展研究. 2005 (5).

化的丰富性和特色化正在逐步形成。三是促进了教师专业发展，推动了学校学习型组织的建设。四是逐步建立了三级课程管理制度，调动了地方和学校的积极性，地方课程、校本课程内容丰富、形式多样。五是加强了教材管理制度建设，坚持"一纲多本"的政策，编写了一大批符合教育规律、体现时代精神的教材，深受教师和学生欢迎。六是考试评价制度改革取得积极进展，注重学生全面发展的评价机制正在形成①。

新课改在我国各界人士和世界人民热切关注的目光中稳步成长，取得了可喜的成绩，这说明我国课程改革的方向是正确的。然而，在为这些初步成效感到高兴和欣慰时，我们也必须看到，新课改是一项"破"与"立"的大工程，它的成效或弊端都需要经过长时间的检验才能得以充分显现，尤其在我国这样一个人口众多、地域辽阔且各民族、各地区人民生活环境与经济文化发展情况各异的国家，新课改的实施还存在着许多的困难和问题，比如：城乡差异明显，农村课改存在一定难度；课程资源匮乏，经费投入不足；校本教研不够深入，教师缺少专业支持；部分课堂教学存在单纯追求形式的现象以及许多学校班额过大，教师工作量增加，等等。

以上诸多问题的存在，提醒着我们，新课改的发展和完善还有很长的路要走。尤其是在我国存在"少边穷"特殊情况的少数民族地区，当地面临的不仅是新课改实施中的普遍性问题，更会遇到民族特殊性和政策普适性的冲突、民族文化传承与现代教育普及的矛盾等多重问题，这些都值得我国政府相关部门、学者以及所有教育工作者关注和思考。

### （二）云南省芒市风平镇概述

1. 芒市风平镇概况

芒市坐落于我国西南边陲，云南省西部，德宏傣族景颇族自治州东南部，因位于怒江以西而得名"芒市"。芒市东西相距约 71 千米，南北相距

---

① 刘华蓉. 健全管理制度，推动基础教育课程改革科学决策 [N]. 中国教育报，2010 - 04 - 15.

约 62 千米，总面积 2987 平方千米。东与保山市龙陵县相邻，西与瑞丽市、陇川县相连，北与梁河县接壤，南与缅甸交界。芒市是德宏州州府所在地，是全州政治、经济、文化中心及交通、通信枢纽，是滇西农产品、工业品的主要集散地之一。

芒市地处低纬高原，热量丰富，属南亚热带季风气候，具有夏长冬短、干湿分明、冬无严寒、夏无酷暑、日照时间长、雨量充沛等特点。独特的气候条件适宜种植多种经济作物，主要经济作物有甘蔗、橡胶、咖啡、茶叶、香料等。地形以中低山为主，在山地之间散布着大小不一的盆地（俗称"坝子"）。

芒市的主要民族包括：汉、傣、景颇、德昂、傈僳、阿昌族等。据2007 年数据统计，芒市共有 37.47 万人口，少数民族人口 18.49 万，占总人口的 49.35%。其中傣族 13.11 万人，占 34.99%；景颇族 2.93 万人，占 7.82%；德昂族 0.97 万人，占 2.59%；傈僳族 0.41 万人，占 1.09%；阿昌族 0.2 万人，占 0.53%；其他少数民族 0.87 万人，占 2.32%①。

至 2010 年，芒市生产总值为 44.3 亿元，增长 87.7%；全社会固定资产投资总额增加到 41.6 亿元；财政总收入 5.51 亿元；城镇居民人均可支配收入 14540 元；农村居民人均纯收入 3603 元。2011 年 1 季度，全市实现生产总值 10.89 亿元，比去年同期增长 16.7%②。

风平镇位于芒市中部，面积 374 平方千米，距市府芒市 8 千米。全镇辖 11 个村委会，其中 9 个坝区村委会（风平、那目、帕底、芒别、芒赛、法帕、芒里、腊掌、遮宴），2 个山区村委会（上东、平河），89 个自然村，179 个村民小组。320 国道、潞盈公路贯穿其中，辖区内修建有全州唯一的飞机场和市内最大的糖厂，使风平镇成为全市乃至全州的重要交通枢纽和全市最大的蔗糖生产基地。

全镇共有 12075 户，总人口 62325 人，其中农业户数 11871 户，农业

① 中共芒市委，芒市人民政府.爱我芒市，建设芒市［M］.云南：德宏民族出版社，2008：3-21.
② 蔡四宏.云南省芒市市委书记在芒市庆祝中国共产党成立 90 周年大会上的讲话［R］.芒市，2011-06-29.

人口 58597 人，占全镇总人口的 94%，居住着傣族、汉族、德昂族等多个民族，其中傣族占 83.4%。镇耕地面积 99863 亩，其中水田 73188.5 亩、旱地 26674.5 亩，人均耕地 1.6 亩。2008 年末，全镇农村经济总收入 31434 万元，农村经济净收入 19570 万元，农民所得 18928 万元，农民人均纯收入 3196 元，同比增长 16.2%。据 2009 年统计数据，全镇共有企业 699 户，其中私营企业 3 户、股份公司 6 户、有限责任公司 12 户、合作企业 1 户、个体工商企业 677 户，从业人员 3958 人。2008 年共完成现价工业总产值 28296 万元，工业企业总收入 23292 万元[①]。

那目村位于芒市西南方向，距州府芒市 11 千米，是属风平镇管辖的一个村，辖区 3 个自然村，19 个社，总人口 5563 人，其中傣族人口 5264 人。主要经济来源靠种植和养殖，人均年收入 2274.00 元。那目村是德宏州傣族人口聚居最多、面积最大的村寨，此外还有少数景颇族、阿昌族等少数民族和汉族人口[②]。

风平镇的傣族人口比例占全镇人口的 83.4%，可以说其民族成分以傣族为主。而项目学校之一那目侨心小学所在的那目村，傣族人口更是占全村总人口的 95.5%，是全德宏州傣族人口聚居最多、面积最大的村寨。

傣族是芒市悠久的世居民族之一，先民为古百越中的一支。傣人自称"傣"，意为酷爱自由、和平的人，新中国成立后定名为傣族。傣族是一个团结、向上的民族，大多具有"从众心理"。各村寨按年龄层次把男女老少分为不同的班，同一班着同样的服装，一同参加劳作和活动。傣族喜食酸辣，以大米为主食，常配以腌菜，而撒苤、撒大鲁、酸笋煮肉则是传统的待客佳肴。傣族多选择依山傍水、丛林翠竹环绕之地建盖房屋，住房主要以土木和砖木为主，形成四合院之式。

傣历新年（泼水节）是傣族最盛大的传统节日，傣语称"摆爽南"。一般在清明后 7 天到 10 天内举行，是一年中最盛大、隆重的节日。节日期间，万人载歌载舞，白天相互泼水祝福，晚上放焰火、孔明灯，热闹非

---

① 参见芒市风平镇数字乡村新农村建设信息网 http：//www.ynszxc.gov.cn。

② 同①。

凡。傣家人认为，泼水可以消灾祛病，祝福对方吉祥如意。除泼水节外，傣族还有进洼（关门节）、出洼（开门节）、干朵节等重要节日①。

风平镇和那目村的人们平时使用语言以傣话为主，语言属汉藏语系壮侗语族壮傣语支德宏傣语分支，使用傣纳文。

2. 项目学校概况

（1）风平民族中学

芒市风平镇风平民族中学是芒市的一所寄宿制乡镇农村初级中学，学校距芒市 8 千米，居于城乡结合部，生源主要来自于风平镇风平片区的五个傣族村民委员会与帕底新侨村委会。学校建校于 1974 年，占地面积 32478.9 平方米，建筑面积 8579 平方米，其中 B、C 级危房 5450 平方米，D 级危房 2840 平方米。教学及辅助用房 3322 平方米：其中普通教室 2578 平方米；实验室 374 平方米，理化生演示实验开出率达 100%，分组实验开出率达 98%；微机室 192 平方米，教学用计算机 68 台；图书室 105 平方米，图书数量 8068 册，电子图书 380GB，学校现有 23 个教学班，在校学生 1137 人（含到云南印象艺术团学习的 3 名保留学籍学生），在校生中绝大多数为傣族学生，占学生总数的 90% 以上。学校现有教职工 88 人，其中专业技术人员 82 人（其中中学高级教师 7 人，中学一级教师 48 人，初级教师 26 人，未评级 2 人），工人 6 人。学校专任教师学历合格率达 98%②。

值得一提的是，风平民族中学会在每学年新生入学前，按入学成绩将新生分为"提高班"和"普通班"，并分别置于相对而立的两栋教学楼中，一般"提高班"的数量略少于"普通班"。两种班级在课程设置上也有所出入，"提高班"的课程科目更集中于主要考试科目，且九年级的提高班周一至周四下午都要加上一节课，而"普通班"则没有（见表 4 - 1、表 4 - 2）。

---

① 中共芒市委，芒市人民政府. 爱我芒市，建设芒市 [M]. 云南：德宏民族出版社，2008：26 - 29.

② 参见芒市风平中学 2009 年教育工作目标自查报告。

　　"提高班"的学生学习基础较好，上课纪律佳，享受着学校最优的师资力量和资源，受到学校和教师的重视和鼓励，而"普通班"的学习和课堂情况则与之相反，上课时课堂纪律差，实到人数往往不足应到人数的一半，而这按时上课的一半学生中又经常只有少数几个人认真听课，面对这样的上课情景，教师也早已习惯而不以为意，只是形式化地把课上完。这样的班级管理也许有利于给真正想学习的学生提供较好的学习环境和氛围，然而对另外半数"普通班"的学生而言，却意味着在同样的学校却遭受低人一等的、不公平的教育对待，这不仅不利于学生们学习兴趣的培养和学习成绩的提高，更重要的是将对其人格发展和身心健康产生极为不利的影响，甚至可能给学生的一生造成难以抹去的阴影。

表4-1　九年级"普通班"课表

| 一 | 二 | 三 | 四 | 五 |
|---|---|---|---|---|
| 上　　午 | | | | |
| 数学 | 物理 | 英语 | 语文 | 数学 |
| 英语 | 英语 | 数学 | 数学 | 语文 |
| 语文 | 语文 | 化学 | 英语 | 英语 |
| 历史 | 数学 | 语文 | 思品 | 物理 |
| 下　　午 | | | | |
| 美术 | 美术 | 历史 | 信息技术 | 思品 |
| 物理 | 思品 | 体育 | 信息技术 | 体育 |
| 班会 | 化学 | 劳技 | 化学 | |

表4-2　九年级"提高班"课表

| 一 | 二 | 三 | 四 | 五 |
|---|---|---|---|---|
| 上　　午 | | | | |
| 英语 | 语文 | 数学 | 英语 | 语文 |
| 数学 | 英语 | 英语 | 语文 | 英语 |
| 语文 | 数学 | 语文 | 物理 | 数学 |

续表

| 一 | 二 | 三 | 四 | 五 |
|---|---|---|---|---|
| 上　　午 | | | | |
| 物理 | 物理 | 语文 | 数学 | 化学 |
| 下　　午 | | | | |
| 思品 | 思品 | 化学 | 化学 | 数学 |
| 英语 | 化学 | 美术 | 思品 | 语文 |
| 英语 | 化学 | 物理 | 体育 | 语文 |
| 班会 | 自习 | 劳技 | 音乐 | |

（2）那目侨心小学

那目村共有两所小学：东莞两地一心那目侨心小学（以下简称为那目小学）及其分校弄砍小学（共5个班，144名在校学生），两所小学又都从属于风平中心小学。那目小学是那目村委会的中心小学，始建于1953年，原名风平镇那目小学，2010年5月更名为东莞两地一心那目侨心小学。目前，那目小学已发展成为占地面积5840平方米，建筑面积达2042平方米的农村小学，现在校学生总数为328人，其中有少数民族学生308人（绝大部分为傣族），占学生总数的94%，共有8个教学班；教师有22人，其中本科学历5人，大专学历13人，中专高中4人；小学高级教师13人，小学一级教师9人，教师学历合格率为100%[①]。全校共配有1间多媒体教室、1间实验室和1间图书室，图书室面积约40平方米，共有图书1312册。

在课程设置上，除全国统一课程的标准设置外，还开设有三生（生命、生存、生活）、地方教材课等校本课程，下面为那目小学五年级的课程表（见表4－3）。

---

① 参见芒市风平镇那目侨心小学发展史。

表4-3　那目小学五年级2010年秋季学期课程表

| 一 | 二 | 三 | 四 | 五 |
|---|---|---|---|---|
| 早读 | 早读 | 早读 | 早读 | 早读 |
| 语文 | 数学 | 科学 | 语文 | 数学 |
| 数学 | 语文 | 语文 | 数学 | 科学 |
| 科学 | 品德 | 数学 | 品德 | 语文 |
| 地方教材 | 体育 | 劳动 | 语文 | 音乐 |
| 体育 | 语文 | 数辅 | 文体 | 科学辅导课 |
| 美术 | 音乐 | 三生 | 队活动 | 班会 |
| 注：每月利用班会上一节健康教育课 | | | | |

## （三）新课改在云南省芒市风平镇的推行情况

芒市位于我国西南边陲，地形以中低山为主，路况蜿蜒难行，交通不便，导致信息相对闭塞。境内自然环境艰苦，少数民族多且经济文化发展水平较差，是一个典型的"少边穷"地区。新中国成立以来，随着我国政府对教育的重视，对民族地区发展的大力支持，整个云南省的基础教育都得到了长足的发展，芒市风平镇的教育情况也有所改观。2009年，芒市小学入学率达到99.86%；初中毛入学率达到98.52%，比2008年提高5.61个百分点；初中年辍学率0.99%，下降了1.01%[①]。可见，近年来，芒市义务教育的普及与发展工作得到了显著提高，当然，罗马非一日建成，教育事业的发展和完善也非一朝一夕可以完成，比起我国一些发达城市和地区，风平镇的教育水平和质量还相差甚远。

### 1. 教育基本情况

截至2009年秋季，风平镇有各级各类学校31所，其中幼儿园2所，小学27所，初级中学2所。全镇3—6周岁幼儿数1928人，在园（班）幼儿数1080人，幼儿入园率56.02%。学前班招生数794人。小学适龄人

---

① 杨连升．芒市教育局局长在2010年全市教育工作会上的讲话［EB/OL］．（2010-04-14）［2011-03-02］．http：//www. dhlxjy. com/Articleljyzw/lxjy/zyjh/201004/4591. html.

口总数 4647 人，小学适龄儿童入学数 4646 人，小学适龄儿童入学率 99.98%。上学年初小学在校学生数 5260 人，上学年初在校生年辍学率 0.038%。13—15 周岁人口总数 2820 人，本学年初在校学生数 2533 人，初中毛入学率 89.82%，上学年初在校学生数 2440 人，上学年年内辍学学生数 53 人，上学年在校生辍学率 2.17%。初中毕业学生数 702 人，参加中考人数 462 人，上学年参加中考率 65.81%①。

2. 新课改推行情况

2001 年，教育部印发《关于开展基础教育新课程改革实验推广工作的意见》，公布了全国范围内选定的 38 个新课改实验区，其中，云南省昆明市石林彝族自治县被列为实验区之一，开始了云南省的新课改推行之路。2002 年 7 月，省教育厅、省课改领导小组研究制定并印发了《云南省基础教育新课程实验推广工作规划（试行）》。同年秋季新学期开始，全省 16 个州（市）的 20 个省级实验区的基础教育课程改革实验工作正式启动。2003 年秋，云南省课程改革第一批推广了 33 个县（市、区），实验推广累计达 54 个（市、区）。2004 年秋，课改工作第二批又推广了 58 个县（市、区），占全省 87% 的县（市、区）进入新课程②。到 2005 年，云南省所有的县（市、区）义务教育阶段全都进入新一轮课程改革。跟随国家教育改革的脚步，2008 年起，云南省开始启动普通高中课程改革的研究工作和大量准备工作。至 2009 年秋，云南省进入高中课程改革的实施阶段。目前，云南省在巩固和继续发展基础教育阶段新课改的同时，正积极推进高中课改的实施工作。

2002 年秋，芒市（含州直中学）被选为云南省 20 个省级实验县之一，开始启动基础教育课程改革的实验工作。这一实验工作受到了云南省基础教育课程改革领导小组以及芒市相关教育部门和领导的重视。随着义务教育课程改革工作在云南省的有序开展，芒市义务教育课程改革工作从 2002 年至 2005 年开始由点及面地展开，先后推出了《芒市中小学教育教

① 参见德宏州 2009 年秋季学期基础教育情况统计表（二）。
② 常锡光. 云南省实施国家基础教育课程改革的回顾与反思 [J]. 基础教育课程，2007 (39).

288

学改革工作实施方案（修订）》和《芒市教育教学改革课堂教学指导意见》等指导性文件，以促进新课改在芒市所有中小学的合理推进。教育改革试点工作的稳步推进，也牵动了整个芒市基础教育的全面改革。

2006 年，芒市贯彻《中共德宏州委、德宏州人民政府关于推进全州教育综合改革工作的意见》精神，公布《中共芒市委、芒市人民政府关于教育综合改革工作的实施意见》，进一步确定了风平中学在内的 8 所学校为教育改革试点学校①，并对试点学校实行校长公选制度，启动全市范围内的教育综合改革工作。风平民族中学作为试点学校，制订了《芒市风平民族中学教育综合改革实施方案》，进行校长公选和学校领导班子组建工作，建立起教职工聘任制、教职工岗位目标责任制、绩效工资制等改革制度，全面推进校内综合改革工作。

2009 年，随着德宏州人民政府《关于做好全州普通高中新课程改革的通知》的下发，对改革作了全面部署和安排，芒市进一步深化课程改革，并着力推进普通高中新课程改革。

## 第二节　云南省芒市风平镇新课程的实施现状

关于新课改在风平镇的具体实施现状，本研究主要从以下五个方面进行描述：教学理念和教学方式、教师培训、评价模式、学生的学习方式和实施中的困难，这五个维度下面又各有若干子问题。本节将结合实地调研中得到的问卷调查统计结果、访谈内容以及课堂观察等对上述五大方面进行论证和分析，进而对项目点新课程的实施现状作出尽量充分和直观的描述。

---

① 参见芒市 2007 年教育工作总结。

## 一、教学理念和教学方式

本维度包括的子问题有：教师对新课改的态度和看法、对新教材的使用情况、教学理念的变化、教学方式的变化，等等。课堂是课程的主要运用和反映场所，教师则是课程实施的具体执行者，教师对新课程的态度以及所持教学理念、所用教学方法，将直接影响教师的教学行为和教学效果。

芒市于 2005 年秋季开始启用新课改教材进行教学，截至现在，风平镇九年义务教育阶段起始年级的国家课程均使用人民教育出版社发行的新版教材，除此之外，由地方编制并出版了《爱我芒市，建设芒市》《云南省地方教材·丰富的云南特色产物》《云南省地方教材·民族艺术、美术》《云南省小学实验教材信息技术》等一系列校本教材，并正式投入教学。在课程设置上，小学除了开设语文、数学、音乐、体育、美术等基本课程外，还设有三生（生命、生存、生活）等地方特色课程，实现了国家、地方和学校三级课程的基本课程结构体系。

### （一）教师对新课改的态度和看法

本研究调查结果表明，风平民族中学和那目小学等学校的一线教师中，大部分对新课程改革持认同和肯定态度，认为课程改革"值得进行"。然而，对新课改是否符合当地民族地区的实际情况，则有多数教师认为"不太符合"或"很不符合"（见表 4 - 4）。

表 4 - 4 教师对新课改的态度和看法

| 问　　题 | 非常符合 | 比较符合 | 一般 | 不太符合 | 很不符合 | 总计 |
|---|---|---|---|---|---|---|
| 我了解我国当前基础教育课程改革的背景和现状 | 8% | 32% | 53.3% | 6.7% | 0 | 100% |
| 我认为尽管工作量大，但课程改革值得进行 | 28% | 40% | 25.3% | 6.7% | 0 | 100% |

续表

| 问　　题 | 非常符合 | 比较符合 | 一般 | 不太符合 | 很不符合 | 总计 |
|---|---|---|---|---|---|---|
| 新课程倡导的学习方式有助于提高学生成绩 | 24% | 33.4% | 36% | 5.3% | 1.3% | 100% |
| 新课改的实施符合我们当地民族地区的实际情况 | 2.7% | 20.7% | 21.3% | 49.3% | 6% | 100% |

从表4-4可见，对"我了解我国当前基础教育课程改革的背景和现状"表示"非常符合"和"比较符合"的教师占参与调查总教师人数的40%，选择"一般"的教师占53.3%，表示"不太符合"的教师只占6.7%，且没有教师选择"很不符合"。可见，绝大多数教师对课程改革还是有所了解的，而对于有一半以上的教师选择"一般"这一选项，在对教师的访谈中了解到，很多教师对新课改只是"知其然而不知其所以然"，觉得"新课改更灵活更开放，注重培养学生主动学习之类的"，但无法进一步说出新课改的宗旨、目标、内容等，所以自认为不是很了解新课改的背景和现状。

从"我认为尽管工作量大，但课程改革值得进行"和"新课程倡导的学习方式有助于提高学生成绩"两题的统计结果来看，68%的教师认为课程改革值得进行，57.4%的教师认为新课改提倡的学习方式有助于提高学生成绩，其余教师的选择也主要集中在"一般"。在后来的访谈中，大部分教师也对新课改表示认同和肯定。

我觉得新课改更灵活，更有利于学生创造力、能力的培养。

新课改还是好的，更有开放性，更灵活了，比如以前是死板些的一个考点一个考点的，现在综合性强一些了，一道题里可能有好几个考点融合在一起。只是有些学生读题就难读懂，想不到那么多。反正数学嘛，死记硬背是怎么样也学不好的。

——教师访谈记录

然而，对"新课改的实施符合我们当地民族地区的实际情况"一题的回答中，选择"不太符合"和"很不符合"的教师人数高达43人，占调查总人数的 55.3%，只有 2 人选择"非常符合"，14 人选择"比较符合"，16 人选择了"一般"这一中间性回答。可见，半数以上教师认为新课改的实施并不符合当地的实际情况，这一现象是值得引起重视和思考的。在之后的调研工作中，笔者也加强了对新课改在当地适切性问题的关注和访谈，了解到：由于当地民族学生基础差，语言理解上存在一定障碍，课程资源缺乏，师资水平又较为薄弱，许多教师认为落后的民族地区似乎难以适应先进的新课程改革。

我觉得新课改不太符合我们民族地区的现实，你要探究也得要有知识（为基础），学生什么都不知道怎么探究？

有的考试内容书上根本没有，新课改就是说要学生自己去探究，可是这里的学生基础太差，你让他们去探究，他们能想出些什么呢？根本就不会说。

——教师访谈记录

### （二）对新教材的使用情况

本研究调查结果显示，大部分教师认为新教材内容结构上有变化，且知识量增多，教学难度加大。

新课改力求从学习方法、学习目标、学习内容等多个方面入手，改变我国传统教学中存在的教科书过于强调知识本位，教师"满堂灌"，学生被动接受性学习的习惯，而加强学生的自主学习、探究学习和过程，新课改后的教材也做出了相应的改动，要求死记硬背的知识性内容少了，灵活性融合性的设计内容增多了。在调研中笔者了解到，教师们对新教材的使用也颇有感触，下面是关于新教材使用情况的统计结果（见表 4 - 5）。

表4-5 新教材使用情况频次统计

| 问题：对比课改前使用的教材，现在的教材有哪些变化？ | | | | | | |
|---|---|---|---|---|---|---|
| | 内容结构上变化 | 知识量增多 | 知识量减少 | 难度加大 | 难度减小 | 总计 |
| | | | | | | 人数 百分比 |
| 人数 | 66 | 59 | 16 | 52 | 23 | 216 100% |
| 总百分比 | 30.6% | 27.3% | 7.4% | 24.1% | 10.6% | |
| 单项百分比 | 88% | 78.7% | 21.3% | 69.3% | 30.7% | |

注：此题为多选题，最多选3项，所以选项总计人数应大于等于75，小于等于225；

总百分比：选项人数/216（选项总数）；单项百分比：选项人数/75（教师总人数）。

从表4-5可见，教师对新教材的变化，选择内容结构变化、知识量增多和难度加大的单项百分比分别高达88%、78.7%和69.3%。可见，大多数教师认为新教材的内容结构发生了变化，且知识量增多，教学难度加大，对新教材新教法的适应上还存在一定问题。这一结果在之后的访谈中也有所体现。

新课改之后，我们老师教起来更难了。像这本教材，北京也用，上海也用，我们这里也用，有的时候可能没有考虑到边疆地区的一些情况。并不是像教材设计者想的那样，教材变灵活了，要他们（学生们）自己去探究，他们就能想得出来，说得上来，还是不适应。

教材看上去是变容易了，可是考试变灵活了，变难了。尤其是课后练习变少变简单，但考试却不一定考什么，难以把握，所以老师只能根据教学经验去教，哪些是重点给他们（学生）强调一下。

——教师访谈记录

当然，其中也不乏一些教师表示新课改后要求硬性记忆的东西少了，很多问题不再被所谓的标准答案所限制，而是可以让学生自由发挥，只要答的有自己的道理就是对的，如此一来，学生的学习成绩更容易提高，尤其是在小学阶段，正如一位小学语文教师所说："现在的教材比以前的还是要简单一些了，以前考的更死板一些，小学语文数学分数往往都考不上高分，可是新课改以后有几次（小学的语文数学）平均分都考到七八十了。"

### （三）教学理念的变化

新课改实施以来，来自上级政策、学校宣传和外界媒体等各方面的信息和观念不断刺激和影响着教师。芒市教育部门对新课程理念的宣传和推广工作也十分重视。调查结果表明，风平镇教师的教学观已发生了一定的改变，越来越重视学生的主体性和参与性，逐渐由单一的知识传授向全面培养学生情感、态度、价值观等方向发展。

芒市教育局和教研中心为推进新课改的实施开展了联片教研、送课下乡、大范围大幅度的新课改教师培训等一系列活动。2010 年被德宏州定为"教学质量提升年"，教研活动的开展更是备受重视，一位教研中心的行政官员在说到当地的联片教研活动时，不无骄傲地介绍："联片教研的活动，我们会进行磨课，一次、两次、三次地进行调整，最后觉得它有示范作用了再送到一些边远的地区，让那里的老师都来体验，用那里学生作为授课对象，真正做到送课下乡，联片教研……这个效果还是很好的，边远山区的老师可以从经验丰富的教师那里学到很生动的教学方法，各学校教师互相学习，共同进步。"从这些活动的开展和教研中心老师们积极活跃的态度可见芒市教育部门对新课改贯彻落实的重视和努力，通过一次次教研活动的开展，教师们互相学习和进步，新课改的教学理念也在此过程中逐渐渗透，日渐被当地教师理解和吸收。

在教学工作中，当地教师最重视的学生能力培养项目依次是学生掌握知识的情况、学生学习能力的提高、学生思想品德的提高、学生的全面发展和学生特长的培养，且每一能力项目之间的差距并不大（见表 4 - 6）。

294

表 4 - 6　教师的教学理念情况频次统计

| 问题：在教学工作中，您最重视的是什么？ | | | | | | |
|---|---|---|---|---|---|---|
| 选项 | 学生掌握知识的情况 | 学生学习能力的提高 | 学生思想品德的提高 | 学生的全面发展 | 学生特长的培养 | 总计 |
| | | | | | | 人数 / 百分比 |
| 人数 | 41 | 61 | 50 | 49 | 21 | 222 / 100% |
| 百分比 | 18.5% | 27.5% | 22.5% | 22.1% | 9.5% | |

注：此题为多选题，最多选 3 项，所以选项总计人数应大于等于 75（教师总数），小于等于 222（选项总数）。

此外，在回答"课改实施以来，您最大的收获"这一项目时，有 66% 的教师选择了"教学观念有所改变"，在之后对教师的访谈和观察过程中也发现，如今教师上课更注重以学生为主，在一些较为精彩的课堂上，已经可以看到教师以教学的设计者、促进者、参与者和学习者身份走入学生，与全体学生一起共同学习、探讨，从而激发学生的学习兴趣，学会主动参与、自主合作、积极探究，真正成为学习的主人。

一位小学教师在谈到对学生的教学观时说道："还是希望学生能全面发展的，不能只看成绩。对一些学习（成绩）不好的学生，我也是说'你学不好没关系，要先学会做人'。"可以说，教师已经越来越重视对学生情感、态度、价值观等全方位发展的教育和培养，这也正与新课改的教学理念相契合。

### （四）教学方式的变化

调查结果表明，当地教师已开始重视在教学方式上的进步和提高，但由于实际条件的局限性，在实际教学过程中，教学方式的改进并不明显。

这里所指的教学方式包括教学方法、教学形式及教学手段三个方面。具体而言，教学方法是指教师和学生为了完成一定的教学任务而在教学过程中采用的方式和手段的总称；教学方式是运用各种教学方法的技术，是教师教和学生学的具体动作；教学手段则指某种具体的物体和工具①。伴随新课改而来的除了更灵活、更新颖的教学方式，如启发式教学、课外时间等，还包括一些新技术、新手段的运用（见表4-7）。

表4-7 教学方式情况频次统计

| 问　　题 | 非常符合 | 比较符合 | 一般 | 不太符合 | 很不符合 | 总计 |
|---|---|---|---|---|---|---|
| 我常在教学中引入和应用日常生活的事例或经验 | 18.7% | 44% | 34.6% | 2.7% | 0 | 100% |
| 我在教学工作中常与同行交流经验或看法 | 33.3% | 50.7% | 14.7% | 1.3% | 0 | 100% |
| 我常鼓励学生发表自己的意见 | 54.7% | 33.3% | 12% | 0 | 0 | 100% |
| 我能掌握现代教育技术并运用到教学中去 | 17.3% | 28% | 45.3% | 6.7% | 2.7% | 100% |

从表4-7可见，在参与调查的教师中，有62.7%表示"常在教学中引入和应用日常生活的事例或经验"，84%的教师认为自己"在教学工作中常与同行交流经验或看法"，而表示自己"常鼓励学生发表自己的意见"的教师为66人，比例高达88%。在笔者对学生的访谈中，学生也反映教师经常鼓励同学们发言和回答问题。从这几项调查结果来看，大部分教师能够经常鼓励学生发言，将教学内容和学生的实际生活和经验相联系。笔者在调研过程中也发现，现在的教师更注重学生的参与程度和对学生积极性的调动，师生之间的交流有所加强。在学生问卷中，当问及"老师和你们一起讨论问题吗？"有62%的同学回答经常讨论。可见，随着新课改理念的普及和影响度的日益增大，教师已经开始重视自己教学方式上的努力和改进。然而，限于多年传统型教学方式的习惯性阻力，探究性学习所需精力、资源、时间与现行课程内容的冲突等多方面原因，在实际教

---

① 王本陆．课程与教学论［M］．北京：高等教育出版社，2008：215．

学中，教师采取的仍是讲授式为主的教学模式，尽管教师有意识地增加鼓励性提问以及师生交流，但往往停留在形式上，对于新课改所强调的培养学生自主、探究、合作学习方式的改善并无明显成效。

对新课改要求的使用现代化的教学材料、设备和教学技术，有45%的教师表示"我能掌握现代教育技术并运用到教学中去"，还有许多教师不能有效利用新技术和资源，尤其是一些年龄较大的教师，甚至还不会制作PPT，不会新媒体技术的基本操作，只能叹道："我们年纪大了，怎么学也学不好了"。在新课改已推行十年有余的今天，在许多发达城市和地区早已普及计算机的今天，风平镇这一民族地区却还有很多教师对新媒体技术使用感到困难和难以掌握，这一现象正充分体现了我国教育发展严重区域性失衡，发达地区和落后地区之间存在巨大差距。

课堂是最能反映教师教学方式和效果的地方。在调研过程中，笔者多次进行课堂观察和听课，其中包括公开课的参与听课和随堂听课。通过听课发现，在一些骨干教师的公开课上，无论是课堂教学方式的多样化、教学手段技术的先进性还是教学内容的安排上都有了较大的进步。如在一堂初中的美术公开示范课上，教师熟练地利用投影仪和相关教具，给大家展示了不同国家、不同民族的精美服饰，这些图片马上吸引住了所有学生的眼球。接下来该教师又展示了我国一些主要少数民族的服饰图片，当屏幕上出现傣族、景颇族等当地民族服饰时，学生们马上兴奋地指出，"这是我们傣族的衣服"，教师一边对学生表示肯定，一边又进一步提出"那你们有没有发现我们傣族的服饰和其他民族服饰有什么区别呢"等一系列问题，最后，学生们兴致勃勃地画起了自己最喜欢的一种民族服饰，直到下课铃声响起。

可惜的是，像这样生动的课堂在日常的教学课程中却是极为罕见的。据笔者观察，无论是中学还是小学，授课模式都以传统讲授式为主，教师对照着书本上的内容逐步讲解，讲到重点则要学生"画下"，偶尔会让学生回答问题，或让全班分组朗读课文，和以前的授课模式并无太大差异。不同的是，有的教师教得灵活些，互动多些，有的则较为死板。当然，可以看出很多教师在授课过程中试图以启发式提问或小组讨论等方式激发学生的积极性和主动学习，然而效果多是不尽如人意。而对于中学里所谓的"普通班"，更是上课纪律涣散，实到人数经常不足一半，只有少数几个学生听课，多数学生趴在桌上睡觉或发呆或讲小话等，教师也早已见怪不怪，只是讲给几个人听。以下是在一堂初一的地理课上出现了以下的情景。

本堂课讲授的内容是几个国家的基本情况，讲到澳大利亚时，教师先提出几个问题，让学生带着问题自己看书，然后回答问题。

教师：澳大利亚面积大，人口少，会造成什么情况？

学生：地广人稀。

教师：人口少还会怎么样？

学生：地广人稀。（学生开始在书上寻找答案，结果还是没有回答正确）

教师：再好好想想，没关系，不要看书，要让知识变成自己的。（教师试图启发学生自己回答出正确答案）

学生：……（学生似乎感到疑惑，回答不出来）

教师：是不是就会劳动力少，工作的人、打工的人不够啊？（教师只有自己说出答案）

学生：对。

教师：好，把这一句画下来。（于是学生开始在书上画线）

类似这种情况在当地实际教学中并不少，很多教师都感到学生基础太差，课时有限，课程任务又必须完成，新课改所提倡的教学方式几乎成了效果好但难以实现的空想。相对而言，由于小学生课程任务较轻，升学压力小，新课改中一些新鲜新颖的教学内容和方法的实施似乎更适合小学阶段。

其实我们也经常尝试不同的教学形式，如小组讨论，用了很多年了，到后来就变得形式化了。小组讨论的时候一个班最多就有七八个同学会讨论，让他们讨论，他们就说小话去了。初中内容也多，讨论的话，一节课就能讨论两三个问题，绕来绕去，时间耽误了，最后还没什么结果。

新课改一些方法可能更适合小学吧，比如它问的方式，"我会说，我能说，我要说"，等等，更有意思了，更强调鼓励学生、激励学生了，学生就会感觉更喜欢读了。还有一些比如小组讨论的方式也更适合小学，因为初中嘛，知识点多，要记的要背的也多，小学就更有时间，可以让他们多讨论，而且（小组讨论）这样，在一起说说玩玩，小孩子就更容易集中精力了。

——教师访谈记录

## 二、教师培训

### （一）项目点培训工作概况

教师培训是开展新课改之前必须完成的准备工作，只有教师对新课程的理念、方法理解和掌握了，才能进一步展开教学改革。芒市在 2002 年秋季被选为云南省实验点之后，贯彻"先培训，后上岗，不培训，不上岗"的新课程改革要求，于 2003 年开始启动新课改教师培训工作，并逐渐完成了基础教育课程改革通识性培训、学科教学培训、计算机多媒体信息技术培训等一系列培训工作。

《那目小学督导评估自查报告》中提道："积极推进课改，从 2003 年开始学校成立课改领导小组。每学年开学利用假期对课改教师进行培训。教务处人员经常深入课改年级加强指导，聘请专家来学校进行专题讲座，进行专业引领。同时注重课后反思交流，积极探索学生评价改革，建立学生成长记录袋。"风平民族中学的新课改培训覆盖率也达到 100%，据学校 2009 年春季学期学校信息表可看出，所有专任教师从 2005 年 9 月 1 日至 2006 年 6 月 1 日期间都参加了《课程的反思与重建》培训；从 2006 年 7 月 1 日至 2007 年 4 月 1 日期间参加了《教师教学究竟靠什么》培训；从 2007 年 5 月 1 日至 2008 年 1 月 1 日期间参加了《新教材给教师带来什么》培训；从 2008 年 2 月 1 日至 2008 年 12 月 31 日期间参加了《走向发展性课程评价》培训。

2008 年，德宏州教育局倡导展开教育主题年活动，将 2008 年定为全州教育"常规管理年"、2009 年为"教育科研年"、2010 年为"校园文化建设年"、2011 年为"特色学校培育年"、2012 年为"办学水平提升年"。芒市教育局也积极响应,进一步推进本市的"三个主题年"工作,即 2011 师德师风建设和学生生活习惯养成年,2012 教师专业成长和学生学习习惯养成年,2013 办学特色年。在积极推进教育事业发展,促进教育改革的同时,也进一步明确逐步提高教师培训质量,整体提升教职工学历层次:一是按需设岗公开招聘补充新任教师;二是通过脱产、函授、委培、自考等形式,提高现有教师的学历层次和业务素质;三是通过教育部门人事制度改革,合理利用教师资源①。从芒市教育局的种种举措不难看出当地对师资队伍建设、教师培训工作的重视,在访谈过程中,笔者也进一步了解了芒市教师培训工作的开展情况。

1. 培训方式

主要实施"请进来,送出去"的培训方式。"请进来"指聘请相关方面的专家、先进教师对当地教师们进行授课式或讲座式的培训,与各校优秀教师零距离接触,从而达到向先进学校学习取经的目的。"送出去"指组织当地教师到相应省、市参加培训、进行学习,以提高知识水平和教学水平。一位行政官员介绍道:"三个方面,第一,形式上,短班、长班。长期培训来 2 个月的面训后返岗验训;第二,请进来,送出去;第三,比如校长培训班,单训的比如小学语文数学。"除此之外还组织了"联片教研"、"送课下乡"等活动来提高各级教师的知识水平和教学能力。

2. 培训内容

培训内容主要根据不同学科知识和技能进行分类,针对新课改进行的培训内容包括:新课改通识知识、双语双文、教学技术能力、多媒体技术、远程教学以及各科目培训,等等。

3. 培训类别

根据培训对象的不同有校长培训、骨干教师培训、民族干部培训、专

---

① 参见芒市教育信息网 http://www.dhlxjy.com/Article/jyzw/lxjy/fzjs/201108/5844.html.

业科目教师培训（如小学语文教师培训）等；根据时间不同可划分为长班和短班。具体培训事宜可以从当地教研中心行政官员的如下介绍中了解到。

2009 年我们培训了 2400 多人次，一个是履职培训，大概有 550 多人次，校长的远程培训 200 多人次，村完校校长的长班培训 30 多人次，还有少数校长到省里或者上海培训。昆明学院联合对口帮扶 232 人次，培训骨干教师 623 人次、班主任 140 人次。国家教育部启动的中小学教师的教学技术能力培训 338 人次。干部管理，组织纪律性的、常规管理的、做课题等专职培训，请一些专家来进行培训。但我们培训有一个度，培训期间不能影响正常教学。

### （二）调查结果描述

本研究主要从教师参与意愿、培训内容、培训需求、培训效果等方面对项目点新课改教师培训进行调查研究，调查结果显示：风平民族中学和那目小学的新课改通识性培训覆盖率达到 100%，其他内容的培训，如学科教学培训、计算机多媒体信息技术培训等也有较多教师参与，多数教师认为接受过的培训效果好，也有一些教师表示参与过的培训较为形式化，缺乏实践性和操作性（见表 4 - 8）。

表 4 - 8　新课改教师培训情况频次统计

| 问　　题 | 非常符合 | 比较符合 | 一般 | 不太符合 | 很不符合 | 总计 |
|---|---|---|---|---|---|---|
| 如果学校提供机会，我愿意自费参加进修 | 18.7% | 30.6% | 25.3% | 18.7% | 6.7% | 100% |
| 我认为参加过的培训效果很好，有助于提高教学能力 | 13.3% | 42.7% | 36% | 5.3% | 2.7% | 100% |

从表 4 - 8 可见，愿意自费参与培训进修的教师比例接近 50%，认为参加过的培训效果很好、有助于提高教学能力的教师达到 56%。据笔者调查了解，如果由学校提供培训经费，那么绝大部分教师愿意参与培训以提

高自身理论水平和教学能力。对于培训效果，多数教师还是表示肯定的。比如有教师在谈及参与过的培训及其效果时说道："参加过教科中心组织的培训，有一些参与式的，还有一些讲授式的，针对高年级的，因为有那么多知识点得掌握，我觉得还是得用讲授法的方法（比较好）。我们这个新课改的培训，是所有老师都要参加的，把一些好的成功的教学方法介绍给大家，可以让老师们回来更好地教学生，还是有用的。"

当然，由于参与过的培训种类各异，教师自身条件和态度不一，也有部分教师认为参与过的培训流于形式，缺少实践性和可操作性，还有教师指出，新课改提倡的自主探究式学习并不适应当地的民族学生和教师。

新课改我们都学了三本了，对培训内容还要考核，做笔记，这个笔记太多太难记了。市教研中心考核你的笔记合不合格，如果合格了才能继续（参与培训），不合格就得重修。有些培训理论性太强，不实用。

培训应该说是有效果的，不过实际教学中往往流于形式，没有把握住内涵，实际效果并不大。比如培训小组教学时，转过来掉过去，秩序都乱了，教学秩序是最重要的。

我们的老师都感觉到教育无从下手，包括我在内，我进教室里我到底讲什么，该怎么讲，为什么，我觉得因为对老师的素质要求越来越高，像品德课，不知道你们有没有翻过我们的品德课本，就给你几幅图画，叫你做几个活动。你要想把它讲好，你就要每天认认真真地去备课，然后去网上查很多资料才可能上（好）课，就像你们的大学讲座一样，可我们老师的能力有限，我也不会做幻灯片，即使做了效果很好，能辅助教学，但是我们也没有那个条件，这是客观原因。还有主观原因上我们的老师有好多课，你想把它上好，对老师的专业素质的要求相当高。特别是近几年，新课改后很多人在困惑。

——某教师访谈录

那么教师究竟需要怎样的培训呢？针对此问题，笔者进行了一系列调查，得到了最受欢迎教师的培训方式统计（见图4-1）。

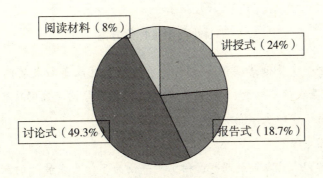

图4－1　您最欢迎哪种培训形式

从图4－1可以看出，最受教师欢迎的培训形式是讨论式，其余按受欢迎程度从高到低排序依次为讲授式、报告式和阅读材料。在问及"最需要哪些培训内容"时，排在第一位的是教学能力的培训，其次是多媒体技术培训。很多教师都希望培训能加强实用性，适当减轻理论性，正如一位小学教师所说："就我个人想法的话，对我们教师的培训，理论性的东西不如实践性（适用），如果能加强实用性的培训内容和形式，比如说去走一走看一看，或者到其他做得比较优秀的学校去体验一下，那么我想（教师得到的）收获可能会更大。"

## 三、评价模式

建立促进学生全面发展和教师不断提高的评价体系是本次新课改的一大特点和亮点。《纲要（试行）》中明确指出对学生的评价，"不仅要关注学生的学业成绩，而且要发现和发展学生多方面的潜能，了解学生发展中的需求，帮助学生认识自我，建立自信。发挥评价的教育功能，促进学生在原有水平上的发展"；对教师的评价要"强调教师对自己教学行为的分析与反思，建立以教师自评为主，校长、教师、学生、家长共同参与的评价制度，使教师从多种渠道获得信息，不断提高教学水平"。那么风平镇中小学现行的评价体制符合新课改的要求和发展方向吗？从学校的学生评价方案可见一斑。

## 那目小学学生评价方案

为了进一步贯彻落实国务院《关于基础教育改革与发展的决定》和《基础教育课程改革纲要》，充分发挥学生评价的导向、激励功能，我校特制订《那目小学学生评价方案》。

一、指导理念

坚持"以人为本"的思想，树立"一切为了学生发展"的新的评价理念，形成与新课程体系相适应的学生评价体系，促进学生全面发展，健康成长。

二、评价的原则与方法

1. 评价主体互动化

在学生评价过程中，改变单一评价主体的现状，加强学生自评、互评、教师与家长共同参与的交互活动。

2. 评价标准具体化

按照素质教育的基本要求，学校确定既符合实际，又具有评价价值的学生评价标准，使学生的潜能积极发展。

3. 评价过程动态化

对学生的评价要给予多次评价机会，激励学生发展，使评价实施日常化、通俗化。

4. 评价方法多样化

学校要采取开放、灵活的方法，引导学生积极进取，提高评价的实效性。

三、学生评价的目标

1. 一般性发展目标：包括思想品德，学会学习，扩充并整合知识沟通与交流，思考与推理，学会合作，个人与社会责任。

2. 学科学习目标：包括基础知识，基本技能，创新精神，体育锻炼，知识技能，综合实践能力。

3. 个性发展目标：包括兴趣爱好，意志性格。

四、评价的措施

1. 学生评价重点定位积极的、成功的、特长的个性化方面，采用"等级＋评语"的评价方式。

2. 学生评价坚持全员评价与全面评价相结合。坚持定量评价与定性评价相结合。坚持结论评价与过程评价相结合。坚持效果评价与修正评价相结合。

3. 我校学生评价将继续实行小学生素质等级评价制。

在风平民族中学的教学目标中也明确强调"学生的品德、行为和养成教育"，"关注学生个性差异，因材施教，发挥特长，展示个性，体现学校以学生为本的人本文化"。

可见，在理论和政策上，学校都强调以人为本，以生为本，力求实现评价的教育性、激励性和发展性功能，然而，在实际教学和学生评价中，却明显存在着观念与实践相脱离、评价机制滞后的问题。据笔者了解，风平民族中学和那目小学现行的学生评价制度仍然以小学毕业会考和中考为目标导向，以考试成绩为主要评价尺度，评价制度发挥的依然是选拔和筛选的作用，这正是我国基础教育长期存在的应试教育的典型体现。课程评价在整个课程改革中起着极为关键的导向作用，如果课程评价这一环节不落实，那么新课程教学理念和教学方法的实施将成为一句空话。

在教师问卷调查中，当问及"您认为这次新课程改革的难点在于哪些方面"时，"考试评价制度的改革"成为众多困难中的首要难点，排名第一，多达57名教师都选择了这一选项。以下是访谈中一些教师的表述。

现在的评价主要还是看分数，因为存在村跟村、镇跟镇之间的比较和竞争问题。如果分数好就什么都好，如果没考好，那其他做得再好也是没用的。

新课改之后也还是应试教育，我也想让他们（学生）多玩一点，上课有趣一些，但是（评价）都是看成绩的，我也没办法，只有让他们（学生）多读多写。

现在六年级和初三上的课主要都是考试科目，小学毕业考看的是语文和数学的成绩，所以副科老师也不怎么重视。现在六年级每天上课就是语文数学语文数学，每周就一两节体育课、音乐课等副科，上久了，学生也腻了，他们（学生）就是太爱玩了，不吵闹就"不好在"（不舒服）。

——教师访谈记录

无论是中学教师还是小学教师都表示，由于评价制度仍以考试选拔为主，在教学中也不得不侧重于学生成绩的提高和知识的掌握，为充分利用课程时间提高学生成绩，很多新课改所提倡的教师教学形式和学生学习方法根本难以实现，可见考试评价制度的改革已成为新课改实施的当务之急。

## 四、学生的学习方式

新课改强调对学生学习方法上的改变，关注每位学生的发展，强调培养学生自主、探究、合作的学习方式和实践创新的能力。在教学过程中，教师的教和学生的学相互影响，相互促进，从学生学习方式的变化就能充分反映新课改的落实程度。

### （一）学习的主要方式

在遇到学习上的困难时，学生们选择最多的还是问老师，其次是问同学，可见教师在学生心目中的重要地位。在对学生实际学习生活的观察中也不难发现，学生们习惯性地依赖教师的讲解，并视教师所讲解的知识为权威（见图4-2）。

在学生问卷中，"你现在学习的主要方式"一题的答案统计结果显示，排在前三位的分别是：听老师讲课、与同学讨论交流、自己预习复习。对"课堂上同学们解决问题的方式"一提问的统计结果排序则是：教师讲解、学生讨论和教师引导相结合、小组讨论、自己探究。可见，在日常学习中，学生最习惯最常用的方式还是通过教师的先行讲授来进行学习，在课堂上，听课的学生会抄写教师的板书，对教师所强调的重点内容做笔记。对一些主观性问题的回答，尽管教师会要求学生动脑筋，用自己的话说，但是学生还是倾向于在教材中寻找现成的答案和说法。

306

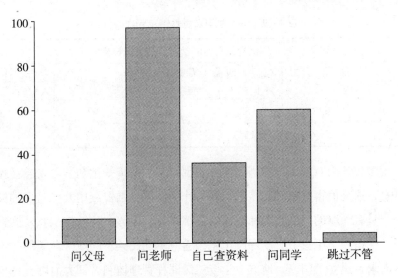

图4-2　当你在学习中遇到困难时，你最常用的方法是什么

（二）学习兴趣和状况

　　问卷结果显示，一半以上的学生都认为自己是自发努力学习，有38.3%的学生觉得需要别人的监督或鼓励（见表4-9）。在这一点上，学生对自己学习自觉性的评价和教师对他们的评价反差较大，很多教师都把当地学业成绩偏低的原因归于学生的学习自觉性太差，动机太弱。笔者认为出现这一现象是情有可原的，对自觉性的评价本身就是一个较为主观的判断，评价结果会因为评价者本身角色、角度、目的的不同而影响评价结果，于是，自评和他评往往会有较大出入。学生长期处于较为单调和紧张的学习生活中，自制力和自我意识的发展也尚未成熟，一方面想要好好学习，提高成绩，另一方面却也懒于学习，喜于玩乐，往往会在这种矛盾中徘徊。而教师作为学生学习的指导者和促进者，对提高学生成绩带有强烈的期望，希望学生能时时刻刻把学习放在第一位，对学生学习自觉性和努力程度的要求自然高于学生。事实上，这样的情况并不稀奇，在汉族学生、发达地区的教师和学生身上也时有发生。

表4-9　学生学习自觉性情况频次统计

| 问题：你认为你自己的学习状态是怎样的？ | | | | | |
|---|---|---|---|---|---|
| 选项 | 自发努力学习 | 在别人的监督下学习 | 需要别人的鼓励 | 随心所欲 | 总计 |
| | | | | | 人数 \| 百分比 |
| 人数 | 112 | 32 | 48 | 17 | 209 \| 100 |
| 百分比 | 53.6 | 15.3 | 23 | 8.1 | |

大多数学生对本民族和当地的知识都有较强的求知欲和学习兴趣（见表4-10），这是值得重视和支持的。傣族作为我国少数民族中人口较多的民族之一，具有深厚的民族底蕴和丰富的传统文化，民族文化的传承和发展寄托在新一代傣族学生身上。新课改正是为适应不同民族不同地区学生的学习和发展需求，建立了国家、地方、学校三级课程管理体制，加大力度支持校本课程的研发，支持民族学生对本族文化的学习和发展。

表4-10　学生对民族文化兴趣程度频次统计

| 问题：你想不想学关于自己民族和当地的知识？ | | | | | |
|---|---|---|---|---|---|
| 选项 | 很想 | 比较想 | 一般 | 不太想 | 很不想 | 总计 |
| | | | | | | 人数 \| 百分比 |
| 人数 | 70 | 60 | 67 | 10 | 2 | 209 \| 100 |
| 百分比 | 33.5 | 28.7 | 32 | 4.8 | 1 | |

风平民族中学和那目小学的课程设置上都有地方课程的加入，尤其是那目小学，随着《爱我芒市，建设芒市》《云南省地方教材·丰富的云南特色产物》《云南省地方教材·民族艺术、美术》《云南省小学实验教材信息技术》等系列校本教材的研发和使用，小学生们已经能对本民族和当地的知识文化进行学习和理解。但是风平民族中学由于受中考这一指挥棒的导向和压力所迫，在实际课程中对校本教材和地方课程的教学工作较为忽视，尤其是初三学生，由于马上要面临中考，学生们的课程几乎全被语文、数学、历史、地理等中考考试科目占据。在学生问卷中，当问及"你们学校是否经常举办有民族特色的活动"，高达78%的学生回答"不经常举办"或"从来不举办"。可见，现行的学习课程缺乏民族文化知识和相关内容，无法满足民

族学生们对民族文化的学习需求，这一问题应该引起重视并及时改正。

（三）师生关系

师生关系对学生学习成绩、人格成长等多方面都有着重要的作用，好的师生关系会直接提升学生对相应学科的喜欢程度和学习努力程度，进而促进该科学习成绩的提高。在问及学生最喜欢哪门学科及原因时，笔者发现很多学生都会给出类似这样的回答："语文，因为语文老师好，讲得好。"

学生问卷结果显示，有62%的学生认为教师经常和学生一起讨论问题，问及"当学生在课堂上回答错误时，教师的反应一般是什么"时，有36%的学生回答"鼓励"，44%的学生回答"提出建议"。可见，新课改后，教师在鼓励学生积极回答问题、与学生的交流上有所加强："老师都是鼓励我们（学生）回答问题，答错了也没关系"。尽管如此，学生问卷中"你与老师的交流情况"的结果显示，47.4%的学生选择了"主动且经常与老师交流"，而52.6%的学生选择的是"被动且很少与老师交流"，很多学生在与教师的交往中还是显得胆怯和被动。对于这一现象，有教师说"这可能是性格问题，傣族人的性格是比较内向、温和的，学生也会不好意思吧"，也有老师说"现在不像以前，老师和学生在一起时间少了，以前老师都住校，有更多时间和学生玩，交流"。

关于傣族学生是否会更喜欢本民族的老师，有教师说道：

也没有，差不多，可能会对会傣语的老师更尊重一些，还是喜欢对学生好、讲课讲得有意思的老师。

有的学生可能会吧，毕竟语言相通更好交流。他们（傣族学生）平时在一起都是讲傣话的，傣族的老师就更好跟他们交流了，要是不会说，听不懂的话就没那么（方便交流）。

### （四）　课外读物阅读情况

学生中经常阅读课外读物的只有 19.6%，大多数学生都较少甚至从不阅读课外书（见表 4 - 11）。多看课外书，不仅有利于丰富学生的课余知识，更对学生阅读能力、自学能力的培养起着重要作用。很明显，当地学生没有经常阅读课外读物的习惯，这与学校、家庭、社区环境中的书籍类资源贫乏、读书氛围淡薄是分不开的。试问，在课外读物都难以获得的情况下，学生们又如何养成良好的自学和阅读习惯呢？

表 4 - 11　学生阅读课外读物情况频次统计

| 问题：你阅读课外读物的情况怎样? | | | | | |
|---|---|---|---|---|---|
| 选项 | 经常 | 有时 | 很少 | 从不 | 总计 |
| | | | | | 人数 | 百分比 |
| 人数 | 41 | 112 | 49 | 7 | 209 | 100 |
| 百分比 | 19.6 | 53.7 | 23.4 | 3.3 | | |

事实上，学生们缺乏课外读物，连城里孩子们几乎人人都有的学习辅导资料也很少。当问到"你买过学习辅导资料吗"，67.5% 的学生选择了"偶尔买"，16.3% 的学生选择了"从来没有"，仅有 16% 的学生选择了"经常买"。新课程鼓励学生通过广泛的阅读和收集相关资料使学生学会自己思考，主动发现和解决问题，然而，当地的学生却没有这样的学习条件。

## 五、实施中的困难

在上面几个维度的调查和描述中，已经了解到新课改在当地的实施过程中仍存在着许多问题，主要包括考试评价制度的滞后性、教师和学生对新课程的适应问题、新课改与少数民族地区具体实际脱节、课程资源和教学设施贫乏等。下表是教师对"您认为这次新课改的难点是什么"和"在新课程的实施过程中，您最需要什么"两项回答结果频次排名在前五位的统计（见表 4 – 12）。

表 4 – 12　新课改实施困难频次统计排序

| 问　　题 | 第　一 | 第　二 | 第　三 | 第　四 | 第　五 |
|---|---|---|---|---|---|
| 您认为这次新课改的难点在哪里？ | 考试评价制度的改革 | 教师教学观念的更新 | 教师教学方式的转变 | 学生学习方式的转变 | 课改方案本身的问题 |
| | 24.4% | 21.4% | 20.9% | 19.7% | 7.7% |
| 在新课程的实施过程中，您最需要什么？ | 考试制度的改革 | 学校领导的支持 | 变革对教师的评价方式 | 家长的支持 | 课程资源和教学设备 |
| | 15.3% | 15% | 12.5% | 11.5% | 10.2% |

如表 4 – 12 所示，教师对新课改实施难点和最需要方面的回答选项中，考试评价制度的改革都排在第一位，可见，评价方式对教师教学工作的重大影响。正如一位中学数学教师所言：如果"评价方式不变的话，还是摆脱不了应试教育的"。此外，教师自身水平有限，教学观念和方式落后，学生基础差，学习方式难以转变，尤其是少数民族学生语言理解上的困难等都对当地新课改的实施造成了不同程度的阻碍，下文将对新课改在风平镇实施过程中的具体问题进行分析和总结。

# 第二章 风平镇新课改实施取得成效、存在问题及原因分析

上文从教师的教学理念和教学方法、培训情况、现行评价模式、学生的学习方式以及实施中的困难等五个方面对云南省芒市风平镇新课改的实施现状进行了较为翔实的描述，在此基础上，笔者总结出风平镇新课改以来取得的成效和进步，同时也反思实施中存在的困难和冲突，概括出三大问题，并从风平镇实际情况出发分析这三大问题的具体原因。

## 第一节 风平镇新课改实施取得的成效

近几年来，芒市开展了颇有成效的"主题年"教育活动——2008年"教育常规管理年"、2009年"教育科研年"、2010年"教育质量提升年"，通过这些"主题年"活动的开展和导向，重教育抓教育，使当地教育水平得以提高，在新课改的实施中也取得了一定成效。

### 一、基本完成新课改"先培训，后上岗"的要求和任务

在调研过程中，笔者了解到，新课改后芒市教育局对教师培训较为重视，遵循"先培训、后上岗，不培训、不上岗"的原则，针对不同内容、不同学科进行了一系列培训活动。关于这一点，当地在2010年做出了如下总结：各学校立足实际，积极开展城乡校际之间教研交流、城乡教师同上一节课、城乡联动片区教研交流、高级教师示范课、听课评课和课堂教学展示等活动。一年来，开展联片教研活动23次，送课下乡、上示范课、

听课、说课、评课达 520 人次；拍摄优质课实录 20 个课时。培训方式丰富多彩，队伍整体素质不断提高。制定出台《芒市教育局关于进一步加强师德师风建设的意见》，加强教师职业道德建设。采取"请进来、走出去"的培训方式，加大教师培训力度，累计各种培训 5000 多人次。坚持公开招考和择优录用原则，严格把好教师录用关。采取城市学校支援农村、坝区支援山区、中心校支援村级完小学校、完小支援校点的对口支援工作新举措，选派"顶岗"、"支教"教师 63 人，选派校长助理 26 人①。在本研究的教师问卷调查中，表示参加过相关培训的教师高达 99％，可见当地已基本完成新课改对教师培训的要求和任务。

## 二、教师对新课改总体持认同态度，教学观和教学方法有所改进

如前面问卷统计结果所示，当地教师对新课改总体持认同态度，认为新课改的理念和方法是进步的，有利于学生的发展和素质教育的推进。芒市在教育教学改革上也做出了努力，使之不断深化。各级各类学校在教育管理、教育科研、学科管理、教师集体备课、教师教研活动、教师教育观念、教学技能等方面都取得了明显成效。在观念和行为、学校管理运行机制、年级管理模式、学科运行机制、教学观、学习观等方面发生转变，取得实质性进展②。当然，在教学观和教学方式上，还有待进一步提高。

## 三、办学条件和配套设施逐步改善，新媒体技术走入课堂

近年来，芒市教育局不断加大投资力度，努力改善和提高当地各中小学，尤其是条件较差学校的办学条件及配套设施，如 2009 年计划投入

---

① 参见芒市教育局局长杨连升在 2010 年全市教育工作会上的讲话，2010 年 4 月 9 日。
② 同①。

5000 多万元，改造中小学 D 级危房 4000 多平方米，加强学校特别是农村中小学远程教育系统、图书室、实验室、计算机室、多媒体等教学设备的建设和管理，抓好电教活动的开展和现有电教设备的利用，提高使用效率，充分发挥现代教育技术手段的积极作用，为提高教育教学质量服务①。2011 年 7 月底，芒市校安工程共新建校舍 133 栋，占地面积 16.2 万平方米（其中 2011 年开工 31 个单体，建筑面积 28338 平方米，估算投资 2441 万元），维修加固校舍 2.4 万平方米，估算总投资 2.62 亿元。竣工单体建筑 89 个，建筑面积 8.2 万平方米②。

## 四、校本课程的开发取得一定成果

芒市的国家课程统一使用人教版的实验教材，地方课程和校本课程的开发也取得了一定的成效。在教研中心和相关工作人员的不懈努力下，陆续编制并出版了《爱我芒市，建设芒市》等一系列校本课程教材投入教学使用。

## 五、人事制度的改革，一定程度上调动了校长和教师的工作积极性

从 2008 年起，芒市逐渐开始对学校的人事制度进行改革，采用中小学校长选拔任用机制，以求建立完善的中小学校长选拔任用、培养交流、考核奖惩机制，加强校长专业培训，规定新任校长必须取得任职资格培训合格证书，在职校长必须定期参加国家规定的能力提高培训。让学校领导班子和教职工队伍绩效工资考核办法更加全面、合理。建全监督、考核和

---

① 潞市（现芒市）教育局 2009 年教育工作要点 [EB/OL]. (2009 – 04 – 03) [2011 – 02 – 01]. http://www. dhlxjy. com/Article/jyzw/lxjy/lxjygk/200904/2698. html.

② 芒市教育局副局长吕艳琪在 2011 年秋季学期学校领导班子暨校园安全工作会议上的讲话 [EB/OL]. (2011 – 08 – 29) [2011 – 09 – 01]. http://www. dhlxjy. com/Article/jyzw/lxjy/zyjh/201108/5867. html.

奖惩相结合的教师管理机制，形成教师竞争上岗、评聘分开、择优聘任的良好氛围，更好地调动广大教职工积极性，有效稳定教师队伍，优化师资结构①。这一人事制度的改革，有利于公平的择优竞争的良性发展，改变学校一些教师懒散怠慢的工作态度，在一定程度上调动了校长和教师的工作积极性。

## 第二节　风平镇新课改实施过程中存在的问题及其原因分析

### 一、现行评价模式和教学理念相背离，实际教学仍难摆脱应试教育

在风平镇新课改实施过程中，存在的最大问题即现行评价模式和新课改所倡导的教学理念、教学方法相背离，导致学校的教育教学仍然停留在应试教育。课程评价在课程改革中起着关键的导向和监控作用，要落实新课改的各项措施，就必须建立与之相匹配的评价方法和评价制度。然而在对风平民族中学和那目小学的调研过程中可以发现，尽管在理论上学校对教师、学生的评价都提出要以人为本，改变过去重成绩、看分数，以甄别和选拔为主要功能的评价制度，建立促进学生的全面发展和教师不断提高的全新评价体系，而实际上，在学校大行其道的仍是以选拔为目的的考试评价制度，在小学高年级和初中阶段，针对考试目标相应的教学内容也多，而课时有限，若按新课改所要求的较为丰富的教学模式，就难以完成教学任务。

1. 教师的无奈

在这种矛盾和冲突中，教师作为教学方式的选择和执行者，同时也成

① 吕艳琪. 芒市教育局副局长在 2011 年秋季学期学校领导班子暨校园安全工作会议上的讲话［EB/OL］.（2011 - 08 - 29）［2011 - 09 - 01］. http：//www. dhlxjy. com/Article/jyzw/lxjy/zyjh/201108/5867. html.

为了考试评价制度的受害者，工作中经常感到无奈和压力大："我们老师工作压力也挺大的，观念上是知道要注重学生全面发展，但学校的评价全看成绩，没办法。我们也是希望学生全面发展的，可是现在还是得看成绩、看分数，我们也只有让学生多学多记多练，这样才能考好啊。"

现在学校教师的薪酬制度采取的是绩效工资制，也就是说教师的工资在一定程度上和学生的学习成绩和升学率直接挂钩，这样在无形中就更增加了教师对学生成绩和分数的重视。尤其是在中学阶段，如果学生的某一门学科取得了较高的成绩，那么该科任课教师就会受到学校的肯定和赞赏，同理，考试成绩较低的任课教师就会受到中庸的甚至是消极的评价，工资也有可能低于考试成绩高的任课教师。在这个过程中，教师采用何种教学方法和教学理念几乎被评价所挤压，正如一名初中教师所说，"如果考试成绩好，那就什么都好，如果成绩不好，那么其他做得再好也是没用的"。久而久之，教师的教学又变成了围绕成绩和分数而努力的"应试教育"。

2. 学生的压力

笔者认为，评价制度对基础教育阶段的整个课程教学起着关键的控制和导向作用，如果学校继续这样一味地重视评价甄别与选拔的功能，而不是从情感、态度、价值观等角度对学生进行全方位的培养，那么新课改想要达成的多维教学目标将成为空想，学生的全面发展和创新思维、实践能力的培养也不可能完成。尤其是在民族教育水平和学业成绩都相对较低的情况下，这种评价模式容易使一些学习成绩差的孩子长期处于自卑、幸福感低的成长状态中，给自己贴上"差生"的标签，体验不到学习的快乐和成就感。

在调研过程中，有一位初一的男同学给笔者留下深刻的印象。笔者看到该男生时，他正因为违反课堂纪律而被老师赶出教室，在外面罚站。这位男生名叫小向（化名），是凤平民族中学"普通班"的一名学生，成绩在班上处于中等偏下水平。在和小向交流之后，笔者了解到小向是傣族学生，是家里唯一的男孩，上面还有一个姐姐，家中经济收入除了务农，主要依靠父亲做的小生意。小向的父母希望小向能好好学习，以后走出农村去更发达的城市发展。小向在小学时属于班里成绩偏上的学生，可是小学毕业考试的分数并不高，于是上初中后被分到了"普通班"。小向说班里经常有学生被老师罚站，对自己被罚一事也显得并不在意。在问到学习情况时，小向说上初中后上课内容比小学难了，有些听不懂，自己也想努力学习，但努力尝试后仍然听不懂，加上班里纪律很差，平时在后面坐着也很容易听不清，久而久之就变成大部分课都听不懂，也不听了。问到最喜欢哪门课时，小向回答是数学，因为只有数学还听得懂，数学老师也知道自己，偶尔会叫自己回答问题，所以上数学课时小向就会拿着自己的课本上前面的座位去坐着听课。听到这里，笔者倍感沉重，而更让笔者感到痛心和担忧的是，小向说"老师都看不起我们（'普通班'）的"，问到他在学校最开心的事是什么时，小向更是说道，"在这个学校没有高兴过，还是以前在小学开心些"。在访谈过程中，尤其是在说到学习成绩等相关问题时，小向经常会下意识地低下头。小向基本能听懂普通话，但自己普通话表达并不流利，表达语句是较简短的句子，并且常会出现错误的表达方式和病句，可见对汉语和普通话还并不能完全掌握和使用。

小向可以说是风平民族中学中有学习动机但学习成绩偏差，并逐渐从听课的"乖学生"向上课吵闹违反纪律的"坏学生"转变的一类学生的代表，这类学生正是由于被只注重考试成绩的评价制度判定为"差生"，于是自己也开始在这种环境中逐渐变得不爱学习，不遵守纪律，从而更进一步变成不受老师喜欢，不被评价制度肯定的"差生"。试想在这种环境中长大的孩子如何树立自尊、自信、自强的精神品质和健全的人格？以后又要如何面对和适应竞争激烈的主流社会？

3. 原因分析：评价模式严重滞后

毋庸置疑，评价模式严重滞后是导致风平民族中学和那目小学仍难摆脱应试教育的主要原因。理论的课程和实践中的课程相背离，现实中的确难以找到一个既符合新课改课程理论，又能保证实践课程中以成绩为主导的评价课程，这是风平镇建立课程评价体系的一个难题，也是我国基础教育课程改革中普遍存在的问题，而在风平镇这一"老少边穷"教育欠发达地区，矛盾则显得更为突出，对教师和学生造成的消极影响也更为严重。

现行评价模式和教学理念之间的矛盾，使教师们一方面学习和接受着新课改的新教学理念，想给学生更多的时间和空间，在更多的实践活动和更丰富的教学内容中学会自主学习，发展创新思维，通过更多的师生互动、生生互动、讨论来体验合作学习；另一方面，教师却不得不担心，如果按照新课程的教材和培养模式授课，学生能考得赢重教、重记、重练、重考的传统教学教出来的学生吗？于是受考试的制约和压力，教师们又不得不把更多的课程时间和课程内容分配给考试的重点内容。如此，在新颖有趣的教学方式和能有效提高学生成绩的传统教学模式中，多数教师最终还是选择了以提高考试成绩为宗旨的传统教学，也即应试教育。

我国新课改倡导应改变课程评价过分强调甄别与选拔的功能，建立发展性课程评价。"发展性课程评价除了基本的检查和选拔、筛选功能以外，还具有其他重要的功能，诸如反馈调节、展示激励、反思总结、记录成长以及积极导向等"①。而风平镇基础教育现行的评价却仍是以成绩为导向。具体来说，评价制度的滞后性体现于：评价方式是仍以传统的纸笔测试为主的量化考核方式，而缺少体现新评价思想的质性评价方法；评价重心仍是侧重于考试成绩和结果，而忽视被评价者在过程中的努力程度、进步程度、思维和方法上的发展程度等；评价内容主要集中于学科知识，尤其是考试内容，而忽视了对学生思维能力、创造能力、实践运用能力以及情绪情感和态度等综合素质的考察；评价主体过于单一化，没有实现教师、家长和学生多主体共同参与的评价模式。

---

① 钟启泉. 为了中华民族的复兴、为了每位学生的发展《基础教育课程改革纲要（试行）》解读 [M]. 上海：华东师范大学出版社，2001.

## 二、相对落后的民族地区教师和学生难以适应先进的新课程

新课程的形成集中了我国教育领域大批专家学者和一线工作者的智慧，借鉴了国外课程改革的教训和经验。其理论基础来自于系统科学的教育学、心理学理论，提倡的教学方法、使用的教学工具无不更具现代性和进步性，然而也正是这种种先进性，使得教学理念和教学方式相对陈旧、教学设施和资源贫乏、学生基础和学习环境较差的少数民族地区更显落后，对新课程的贯彻实施更加力不从心。

比如，新教材在编排上知识逐级下移，知识点多，需要教师做好充分的课前备课准备，需要学生自己在课前和课后查阅各种资料、开展实践活动，需要有一定现代教学设施和课外资源作为教学辅助手段，才能达成教学目标。但是，当地学生家庭与学校配合不够，放学后能自觉学习的学生少，学生能查阅的资源贫乏，教师精力分散，课时又多，课前准备不够充分，学校现代教学设施和教育资源不足，很多学校的实验教学没有得到有效开展，教学中的很多知识难点没有得到很好突破，种种落后性都从各个方面限制着当地新课改的实施，影响了教学多维目标的实现。

### （一）学生基础较差，课程内容脱离民族学生实际生活

新课改提倡学生学习方式的改革，加强自主、探究、合作的学习方式，这就需要学生收集各种资料，进行各种实践和探索，在原有知识水平和生活经验的基础上发散思维，进行探究和发现。然而，风平镇的学生长期处于现代化发展落后、信息闭塞的边远村寨中，平时能接触和吸收的信息、能利用的资源有限，对课程和教材中出现的一些从未见过、经历过的事和物往往难以理解："这里的学生懂得要少一些，眼界窄一些，也不会上网，家里的条件也不允许。特别是我们现在上的语文课里面像《月球之谜》这些文章里出现的东西，如果他们有条件就可以自己到网上去查一查，对学习课文就有帮助，他们没有这个条件就只有听老师讲，老师讲什

么他们就只能听到什么，而且有的同学还不愿意听，所以就直接影响到对一些知识的理解和学习。"的确，对于年纪尚小、理解能力和想象能力都处在发展阶段的中小学生来说，如果在课堂上学习的是自己平时生活中见过的、听过的知识内容，就比较能理解和掌握，可如果学习的是完全陌生的抽象的事物，只能靠教师的讲解和自己的想象来完成，学习效果定然欠佳。尤其是小学阶段的学生，他们的思维发展阶段还处于具体形象运算阶段，对抽象事物的理解能力较差，而现在教材中出现的很多如"博物馆"、"可视电话"等名词，对于发达城市的孩子而言是贴近生活、易懂的，可对于风平镇的小学生来说却是抽象的、难以理解的。诸如此类的问题，易给民族地区的学生造成学习理解上的障碍，加大学习难度。

此外，由于学习基础差，长期以来在传统教学模式中形成的较为单一和刻板的学习习惯和思维方式，导致学生根本难以完成对新知识的探究和自主发现。很多教师都反映新课改提倡的学习方式对当地民族学生来说太难。

有的考试内容书上根本没有，新课改就是说要学生自己去探究，可是这里的学生，你让他们去探究，他们能想出些什么呢？根本就想不出什么来。

高年级学生数学成绩普遍较差，很多同学连乘法口诀都背不了，基础太差了，实在是跟不上，老师也没办法。

这里的学生连基础知识学习都有困难了，还要他们自己去发现去总结，实在是（太难了）。那些新课改示范课里的学生都是本身素质和水平就比较高的城市里的学生，可同样的那些开放性的问题，你要我们这里的学生来答，效果肯定截然不同，他们哪能想得到那么多呢？

——教师访谈

**（二）教师工作繁杂，精力较分散，对教学的积极性和投入度低**

在调研过程中，笔者发现无论是风平民族中学还是那目小学的教师都认为在民族地区当教师比在一般地区工作更繁重、更复杂、更辛苦："各部门来的检查多，每多一样图书室、实验室、电脑室等设施，又多一样检查，老师们为应对检查的工作量很大"；"我们这儿的繁杂事情特别多，主要是安全、设施等各种检查，教学工作并不是放在第一位，不能专心于教学。现在安全问题很重要，我们又没有安保人员，没有课的老师轮流排班，还要求有一个男老师，我们只有四个男老师，根本就排不过来"。

近几年来，随着"两基"工作的大范围展开，给当地教师又带来了新的工作任务和挑战："学校里一有学生不来上学，我们就得去家访，去叫他（上学），经常是隔一段时间就得去一次，不来再下去，还是不来还得再下去。你看我们这个学期三月份开始到现在，我们每个月都几乎下去一两次。像我们学校这样的农村初级中学，可能老师的大部分精力都花在'两基'工作上了"；"在我们这个民族地区当老师工作更有难度，毕竟这里有民族、语言各种问题，情况更复杂，有的时候可能要有一些特别的能力，才能办好事。比如要酒量好，你要是不会喝酒，很多事情就不好办，跟学生家长也沟通不好"。

教师作为一个社会人，同时扮演着多种社会角色。绝大多数教师都有自己的家庭要照顾，有自己其他的兴趣和爱好，再加上绝大多数教师与"走读生"一般，都是早上来校，下午一放学便赶回家，在这样每天的来回中，与学生在一起的时间就少了。在问到"您认为目前学校教学中最大的问题是什么"时，一位傣族的教师惋惜地说道："最大的问题我觉得还是在老师身上，问题是爱心、责任心，连这个都没有的话，再好的方法也没用。学生都是一样的，现在来自电视这些的信息比以前还多了，可是老师没以前负责任了。现在很多老师还怨言说这个学生憨那个学生憨（笨），我说就是（老师）没有尽到责任，工作没有到位，那些学生反应慢的肯定有，汉族傣族地方都有，全中国都有。"

这位教师对当地教学质量差的归因和大部分教师抱怨傣族学生基础差、不好学的说法大相径庭，发人深省。事实上，很多教师在长久而辛苦的工作和生活中形成了对工作投入度低，得过且过的现象，同时不少教师也表现出无奈感，抱怨傣族家长们对孩子学习不够重视和对学校教学工作不够支持。

### （三） 教师教学观念陈旧，自身能力水平有限

在课程观念上，虽然教师们对新课改的理念表示认可和赞赏，但同时不能忽视的是，现在的教师自己本身也正是传统教育教学的产物，他们从学生时代起就长期接受着传统教学观的思想和行为，在过去多年的教学生涯中，自己身体力行的也是以讲授为主要方法、以成绩为目标的传统教学，尤其对一些年纪较长、教龄较长的教师而言，有一些传统的教学观念和教学方法已经在其身上根深蒂固，对新课改的接受、适应直至贯彻于实际教学，还需要相当一段时间的磨合。

在能力水平上，新课改有新的教学目标、教学理念，提倡新的教学方法，在这个"破"旧"立"新的过程中，对教师也提出了新的要求，教师不仅需要足够的专业知识，还要有纯熟的知识传授技能。在对教师访谈中可以知道他们都或多或少地参加过新课改的培训和教研活动，对新课改的要求和目标也有了一定程度的了解，然而教材的改动、新教学媒体的引进、新方法、新要求的冲击却也使这些一线教师们倍感压力和责任重大，甚至在教学上感到了困惑和迷茫。一位心直口快的教师说道："我的教学方法都老了，怎么改也改不成了。"这无疑是认为自己跟不上新课改的要求，自我效能感便也低起来。通过对风平镇新课改实施现状的描述和分析发现，当地教师对新课程的理念和方法持认同态度，但在实际运用中却感到困惑，不知如何下手，正好有的教师说："新课改后，教材是薄了，可需要更多的知识底蕴，驾驭新的教材，教师教起来觉得很有难度，达不到新课改的要求。"当地对新课改的要求有畏难情绪的教师并非少数，他们说："新课改的方法确实很好啊，只是地方对象适不适合又是另一方面，老师的观念也是根本转变不过来。又比如课件等新技术的引进，我们也不太会用。客观上好多设施都没配齐，主观上，像我们这种年龄的、四十多岁的教师好像老是跟不上形势。"

### （四） 学校硬件设施和办学条件的局限性

新课改不仅是对教师教学能力和理论水平的一项挑战，而且对学校办

学条件、硬件设施和课程资源等各个方面也提出了新的要求。在此次调查过程中，发现风平民族中学和那目小学的办学条件和设施都比一年前有了较大的改善，无论是教学楼的兴建还是实验仪器、篮球场等设施的配备都有所加强。然而，由于风平镇地处边远地区，经济水平和教育发达程度与我国发达地区之间相差甚远，学校办学条件基础过差，并非一朝一夕就能改善。

再观我国新课改对学校办学条件和课程资源的要求，以《全日制义务教育语文课程标准（实验稿）》为例，在第二学段中的"阅读"中要求学生要"养成读书看报的习惯，收藏并与同学交流图书资料"，在第三学段中的"阅读"中要求学生要"利用图书馆、网络等信息渠道尝试进行探究性阅读"。这些要求和风平镇的学校、社区现有环境和资源相比较，相差实在太远。如那目小学，全校总共只配有1间多媒体教室、1间实验室和1间图书室。图书室面积约40平方米，共有图书1312册，根本难以满足全校师生的需求。因此，实验经费、教学设施、课程资源等方面的缺乏仍是当地课程实施中一个很大的障碍。

## 三、政策适切性和民族特殊性的矛盾——新课改和民族地区实际情况脱节

在教育学语境中，"适切性"可以理解为："教育发展与社会及个体发展的协调及契合程度"，课程改革的适切性，指在课程改革目标统摄下，课程改革与教育、社会、个人发展之间的协调与契合程度[①]。那么，在理想情况下，新课改这一政策应与我国所有将进行课程改革的中小学相契合。然而，我国55个少数民族情况各异，文化多样，尤其像风平镇这样典型的"少边穷"地区，当地傣族人民具有特殊的价值观念、语言文化、心理特征等，而新课改的设计针对的是全国所有学校和学生，其文化和价

① 李泽宇. 我国基础教育课程改革的适切性研究［D］. 长春：东北师范大学教育科学学院，2010.

值观往往更符合以汉族学生为主的主流学生群体，没能与丰富多样的各民族文化相融合，造成新课改与民族地区实际情况脱节的现实问题。比如，课程内容脱离学生实际生活和经验，使民族学生难以理解；发达城市地区学生所需要的减负并不真正适用于本身就缺乏学习条件和学习环境的傣族学生；课程建构中对民族文化的引入局限于对一些民族歌舞、民族节日等特色的介绍；图书馆、网络等课程资源和教育资源缺乏，文化水平普遍较低的学生家长无法辅导孩子的学习等情况，使探究性、自主性学习难以实现；语言理解上的障碍和双语教学的不完善使新课改更难满足民族学生的学习和发展需要；经费不足，理论知识的缺乏使校本教材的开发成为当地的一大难题。种种问题都暴露出民族地区对新课改的"适应不良"，具体问题和原因将在下文中进行论述。

**（一）"少边穷"地区特点和傣族文化特殊性导致新课改和当地实际情况脱节**

风平镇作为一个典型的"少边穷"地区，在长期的历史文化发展过程中，形成了其独特的风俗习惯和民族文化心理特征，这些都会从方方面面影响当地教育事业的发展，进而影响新课改的推行。当地傣族人民的教育问题也可以说是社会问题，即傣族人民对孩子的宠爱和顺其自然的心理特点，可以靠务农为生的自然条件，当地教育水平落后，师资力量薄弱，位置偏僻，就业途径少等多方面的因素导致了风平镇较为落后的教育现状，教育资源和信息的缺乏，学生学习基础差等，这些都使其教育和新课改难以契合。

1. 特殊的民族心理特征

傣族的"傣"字有两种含义：一是英雄、勤劳的意思；二是和平之意。的确，傣族是酷爱和平与自由的民族，他们爱水，他们的性格也如水一般柔和、宽大、忍让、善良。风平镇农田充足，长久以来，生活在这里的傣族人民靠务农种田就能自给自足，正如学校一名汉族教师说道："傣族地区不同于我们汉族地区，这儿的家长不支持孩子教育，傣族对孩子要求随缘，很少管教孩子，让孩子好好读书……傣族孩子学习上不努力，总想着玩。家长也不重视，他们这个寨子田地多，孩子上不成学，回来还可以种地，不愁生活；不像我们保山，一家地非常少，很穷；不好好上学就没办法，只有这么一条路。"

傣族人民就在这种安逸平和的生活中世代相传延续至今，他们习惯了悠闲和慢节奏的生活，易于满足，这种心态是他们幸福的来源。然而，另一方面也使他们缺少吃苦耐劳和奋力拼搏的精神，对教育的重视程度与很多汉族人民相差甚远，他们前行的步伐和观念也往往跟不上时代发展的脚步："傣族孩子容易满足，没什么追求，只想着玩。傣族家庭幸福感强，自然条件好，温饱问题不愁，只要能吃饱饭就好。"

此外，风平镇的傣族人民尤为宠爱孩子，在当地村寨的生活时期内，笔者发现虽然孩子众多，但几乎不会听到父母对孩子的叫骂声，也很少有孩子的哭泣声，用当地教师的话说就是"傣族的家长特别溺爱孩子"。在对风平镇一些傣族家长的访谈过程中，当问到他们对孩子以后的期望时，经常能听到这样的答案："看他们自己吧"或是"出去上学就好了，还是随便他们。"傣族人民性情温和，对人对事习惯于顺其自然，对自己的孩子更是宠爱有加，对孩子的学习并非十分重视："家长还是不重视（教育）。这里的家长，刚送进来学前班一年级的时候，家长都是说要好好教孩子，要让他们好好学，可是后来到高年级，一看到学习成绩都差了也就都懒得管了。送来上学的时候也都是说，我的孩子要是不听话，你就尽管给我打、骂，可是等到后来孩子不听话，真打了，家长就不愿意了，经常都有家长因为孩子被罚来说老师的。"再加之很多傣族家长自己不会汉语，受教育水平低，对孩子的学习辅导也是爱莫能助。而新课改的很多探究类、实践类学习都离不开家长的配合以及环境中教育资源的支持，学生的知识水平和思维能力上的不足也导致新课改对学生更高要求的学习方式难以达成，这些都促使当地教育对新课改出现适应不良的情况。

2. 教育投入和回报失衡

以风平镇的经济发展水平，对当地的居民来说，送出一个孩子上大学要花费相当大的财力和物力，而如今随着高校扩招，高学历毕业生越来越多，工作岗位却是有限的，大学生就业难已成为全国普遍存在的问题。这一问题辐射到本来就贫穷落后的边疆地区就更为严重："现在家长也渐渐知道到教育的重要性，可一个农村家庭供一个大学生还是非常难的。"花费巨大的教育投入却未必能赢得满意的教育回报和经济收入，大学毕业后仍然难以就业，而外出打工的年轻人却能更早挣到钱回报父母，如此一对比，便让傣族家长们失去了对教育投资的信心和兴趣："出去打工的人，过年回来买东西等孝敬父母，有的也挣了钱，存了些钱回来，让村子里的人觉得打工好，能挣钱。而上学的人却难就业，云南企业少，主要就业途径为事业单位和公务员，但是没关系又考不上，读完书照样只能回家，让贷款供读书的家人失望，自己也失望。一位家长还笑话一个读书毕业后未找到工作回家干农活的年轻人：'看，他出去读专科，还不是回来种田，还戴着眼镜种田，多难看'。"

3. 关于减负

从 1999 年《中共中央国务院关于深化教育改革全面推进素质教育的决定》指出"减轻中小学生课业负担已成为推行素质教育中刻不容缓的问题，要切实认真加以解决"开始，中小学阶段的减负问题备受关注，也随着教育部的重视而在全国宣传和推广，针对与学生减负有密切联系的办班、加班、考试、征订和发放教辅资料等活动，都提出了明确的规范性要求和限制，以此来减轻学生的学习压力和课业负担，使其身心得以健康发展。

然而，这一切为了中小学生健康成长的方针政策用到少数民族地区却出现了相反的效果："像有些政策和我们实际也不相符合，全国实行新课改，提倡减负，云南地区也开始减负，我们本来就缺少练习册，就只有教材，民族地区学生又不像城市有一些课外辅导班什么的，出了学校，学生们就是玩，现在要求减负，上课时间减少，实际上反而给我们教学带来问题"，"我们这个地方不存在什么学生负担过重，根本不存在，不像在城里还有什么补习班，兴趣班什么的，因为家家现在是一两个小孩，家长只要求他们不要跳不要闹就行了，当然，要孩子学习的心愿还是有的，希望他们读得好、学得好。"风平镇的教育情况并不像发达城市，城里的很多孩子除了正常上课时间以外还有很多课外补习班、家教等，而那目村的孩子们学习的时间本来就不多，投入也不大，除了上课的时间，根本没有其他机会获得知识。城里的孩子或许学习压力大，学习时间过多，需要减负，可风平镇的学生们并非如此。"有的学习认真的孩子想补课，想多学习，但是现在上面规定不能补，老师也是爱莫能助"。一言以蔽之，减负的提倡明显与当地实际情况相违背，在具体实施过程中，还需要考虑少数民族地区的具体情况具体分析，制定出适宜当地教育的政策方针。

### 4. 课外资源、信息的贫乏

学生学习能力的培养、综合素质的提高，仅靠有限的课堂时间是远远不够的，更需要课外知识的拓展和眼界的开阔。新课改更注重灵活性。在访谈中有数学老师曾说："以前数学书上练习题比较多，现在少了，更多的是让学生去动脑筋，在生活中去发掘，去探索，可是有些东西我们在课堂上做不了，农村里也没那些电子的、高科技的产品让学生们去了解，这样学起来还是很抽象，还不如像以前靠多练题。"的确，城市的孩子不仅从三四岁就上幼儿园，平时的生活环境中也有更为充足的信息和资源，而当地少数民族孩子7岁才开始上学，启蒙教育较晚。还有风平镇内的图书资源贫乏，更不用说博物馆、天文馆这些设施，交通不便使学生们与外界接触较少，信息闭塞，资源匮乏，学生们受到的新鲜事物刺激少。学生所见所闻有限，眼界难以开阔，课外读物少，综合知识水平和素质发展受限，这些特殊情况都使学生难以达到新课改的学习要求。

其实，我国很多少数民族都有其优厚的传统民族文化和技能。比如风平镇的主要少数民族傣族，他们有天赋异秉的艺术细胞，擅长跳孔雀舞，吹葫芦丝；精通傣语的当地老人能用傣语即兴创作诗歌，出口成章；他们在种植水稻、烟草等农作物和经济作物上也颇有经验。这些本都是很好的课程资源，但学校未能有效地发掘和利用这些民族课程资源，把民族文化引进课堂。

### （二） 语言成为民族地区新课程实施的一大障碍

风平镇居住的傣族人口居多，尤其是那目村的傣族人占全部人口的94％以上，傣语自然是当地傣族人民平时的第一使用语言。傣族学生们除了在课堂上响应学校"请说普通话"的要求和号召，在课外、家里都是使用傣语进行交流。刚进学校的一二年级学生根本不会说普通话，甚至也听不懂普通话。据调研了解，芒市的双语教学有三种模式，分别是："双语型"、"双语双文型"和"传承型"。三种教学模式各有侧重。"双语型"要求教师在教学过程中以汉语教学为主，用少数民族语言辅助教学。例如，难理解的词句用民语进行对译，帮助学生理解，但不需要将民语用文字表示出来。"双语双文型"则是在教学过程中，既要学汉语汉字，也要学民族语言和文字。而"传承型"教学是为传承少数民族文化而开展的一种民语教学模式。这种模式的教学，教师在上课时，基本都用民语，汉语用得很少。

傣语历史由来已久，是傣族人民一项特有的宝贵的民族文化，然而也成了当地新课改展开的一大障碍。傣族学生比一般汉族学生要多学一门语言，傣语作为他们熟悉的第一语言，需要学习和传承，汉语作为主流语言和学习语言，也要学习。此外，如果再加上英语，那么傣族学生们就必须承受三门语言的学习任务，这无疑加重了他们的学习负担。除此之外，傣族学生从小接触和学习的语言就是傣语，而语言作为一种重要的符号系统会影响着学生的表达方式甚至是思维方式。傣语和汉语的组织形式和发音等各方面都存在极大的差异，比如"吃饭，喝水"，用傣语的组织方式翻译出来就是"饭吃，水喝"，音译出来则接近于"jing hao、jing lao"，可以说是与汉语截然不同的一种语言表达。在进入学校后，学生们开始接触和学习汉语，但他们的思维语言仍是傣语，课本中的汉语和书面文字是一种傣族学生完全陌生的符号系统，如果说汉族学生在进入学校学习后使用的是更为书面化和正式化的第一语言，那么当地傣族学生们刚入学时就要学会利用第二语言进行基础知识的学习，就好比汉族学生一入学就要求用英语作为使用语言来学习语文、数学等知识，这样学习同样内容的知识，所要花费的时间和精力，面临的难度都是加倍的，而少数民族地区的教师和学生就是要在教学环境和条件远低于许多汉族学校的条件下，完成比汉族学生更艰巨的学习任务，困难可想而知。

针对具体科目来说，新课改后语文的趣味性和实用性加强了，学生们的学习情况也有所进步，而数学、生物等科目的学习则更具难度了。比如数学，在新课改后语言表达方式变得更为灵活多样，以前的应用题也改成了内容应用性更强，涉及面更广，融合性更突出的问题解决，如此一来，给汉语理解能力较差的傣族学生们带来了读题上的困难。教师们在谈到新课改实施时纷纷表示，当地民族学生语言理解上存在一定障碍，对学生学习成绩造成很大影响，尤其是数学，低年级尚能应付，到了高年级，出现了一些较为抽象的数学定义和词汇，学生们就难以理解了。

新课改后，语文倒是好了，好教也好学了，可是数学却变难了，很多课程内容都提前了，以前初中的内容现在六年级就要学，无疑给对数学本来就学习困难的学生们加大了难度。后来看了六年级的考试卷子也发现，的确是后面的应用题做的最差，很多同学都是空着应用题。语文的连贯性不是很强，但数学就不是，数学一方面是连贯性强，如果他哪一天听不懂，像一条链子一样一掉就全掉了；还有一方面是数学的专业术语、概念和想象特别多而难。比如什么什么的百分比，我们有些老师都会绕进去，学生更是了。前段时间我还跟他们说这个双语教育应该在数学课上开展，不是语言课上，我们六年级的语文 90 多分 80 多分的，数学就 30 分 40 分，这样就导致州民中也考不上了，数学的成绩影响学生的整个发展。

——教师访谈

可见，语言理解上的障碍给民族学生学业成绩的提高带来很大困难，也是风平镇新课改实施中的一大阻力。

### （三）校本教材的开发颇具难度，经费难以保障

新课改后，国家课程芒市使用人民教育出版社的统一教材，地方课程采用地方编制的乡土教材。在 2008 年以前，整个芒市使用的教材是德宏州教育局下设民语编译室所编制的教材。2008 年以后，随着"两免一补"

政策的实行，全国中小学教材免费提供。学费、书本费的免除大大减轻了家长们的负担，而同时对教育部门来说也减少了一大笔收入。云南省当地出版的地方教材不属于全国免费提供的教科书，于是由于经费问题，云南省停止了地方教材的供应，使地方教材的来源成为一大难题："最大的困难在于，省里面不再提供教科书。因为现在教科书全免费，经费上的变化使省里不再提供相关教科书，我们只有自己按情况编制，周围别的一些地方（教育局相关人员）也曾遇到同样的问题，来和我们讨论（解决方法）。"

芒市教研中心一些教师不忍就此放弃对民族文化的教育和传承，于是组织起来自己编制乡土教材，当然乡土教材的编制并非易事，从经费到取材、排版等问题都煞费苦心，编制过程中可以说是困难重重，在校本教材开发的早期，教研中心书本的编制工作难以完成，当地教研中心只能编制出一些章节，打印出来发到下面学校去用。在教研中心和相关工作人员的不懈努力下，终于陆续编制并出版了《爱我芒市，建设芒市》等一系列书籍，作为教材投入教学使用。然而，经费和理论建构上的不足仍是当地校本教材面临的重大难题。

事实上，少数民族地区经济上的贫乏在很大程度上制约着当地教育的发展，有相关学者把这一现象称为"贫困综合征"：经济制约教育，教育又反过来影响经济。越是贫困的地区，生产力水平低下，对现代科学技术需求不迫切，吸收不了科技人才，越不重视人口素质的提高，有限的资金只能顾及生存，无法投资教育以求发展；反过来教育落后，人口素质低下，科技不发达，生产力水平低导致贫困[1]。少数民族地区的经济和教育正是这样相互影响，互相限制，形成恶性循环。因此，加大对民族地区经费上的支持和教育投入的力度是促进少数民族地区经济教育事业发展的必要条件。

---

① 苏德. 多维视野下的双语教学发展观 [D]. 北京：中央民族大学教育学院，2005.

# 第三章　建议与对策

总的来说，云南省芒市风平镇的基础教育已经得到了很大程度的发展，新课改的实施也正日益融入教学，不论是教学质量、教学条件和设施、师资力量、教学结构的完善还是家长和社区对孩子上学的支持度等都有很大的改善，孩子们的学习和生活也一天比一天好了起来。基于对风平镇新课改实施现状的描述和分析，针对实施过程中存在的问题及原因，本研究提出如下几点建议，以期提高少数民族地区对新课改的适应性，改善少数民族中小学生的教育。

## 一、建立健全评价机制，保障新课改教学理念和教学方式的贯彻实施

评价机制的改革涉及整个课程改革的方方面面，评价制度的滞后性会在很大程度上限制新课改的实施效果。比如要完成新课改所提倡的课堂教学，往往需要花费更多的时间，设计更灵活的方式来启发学生通过自己的思考和发现来获得知识。这种探究性的学习方式有利于学生学习兴趣的培养和探究思维的发展，却会占用基础知识和考试内容的学习课时。课程评价看的是成绩，并不关注教学过程和教学方式，如此便形成了理念和实际应用上的矛盾，使新课改实施无法达到应有效果。素质教育旨在促进每个学生都得到充分全面的发展，所以评价的功能也就相应地是为了使学生得到发展。评价不是为了给学生一个等级分数与他人比较，而是为了激励学生，给学生以导向，促使学生展示自己的个性，谋求发展①。要想符合素质教育和新课改的育人宗旨，健全和完善现行评价机制已是当务之急。

---

① 汪霞. 我国课程与教学评价的改革［J］. 天津市教科院学报，2003（1）.

具体而言，首先，应转变评价功能，重视发挥评价激励、积极导向的作用。对于风平民族中学的"普通班"而言，这种由成绩制定的班级设置、只注重甄别的评价模式使大量学生成为了被淘汰对象，严重阻碍了对学生综合素质的培养，更对学生们的心理造成了极大伤害。因此，要解决我国传统评价和现行评价过于强调甄别、筛选的问题，发挥评价反馈调节、激励和积极导向等作用，如此才能避免仅根据成绩对学生作出的等级排比，让大多数学生而非仅少数尖子生都能体验到学习的快乐和成就感，健康成长。

其次，改变过于关注结果而忽视过程的缺陷。学生的成长是一个不断发展的过程，结果与过程相互联系，不可分离。如果单单只看结果，而不分析结果的形成原因，就可能导致对学生评价的片面性和绝对化。学生的情感、态度、价值观都是在日复一日的学习生活过程中逐渐形成的，因此，对学生的评价也必须深入学生发展的过程，关注学生在学习中遇到的问题和采取的解决方式，将终结性评价和形成性评价有机结合起来。

最后，改变评价内容侧重于课本知识，重视内容和方式的多样化。对学生的评价不仅要看学生的学习成绩，更加要关注学生实践能力、创新精神的发展，人格培养、良好的心理素质、道德品质以及积极的情感体验也是应该关注的内容。在评价方法上，不能仅凭量化的考试数据结果来衡量学生学习情况的好坏，而应通过建立成长记录袋、学习日记等多种方式，结合量化评价的客观性、简明性，质性评价的全面性、深入性的优点，实现评价方式和内容的多样性。通过多角度、多方面、多方法对学生观察和评价，发现学生的潜能，发展学生的特长和优势，使学生在学习和评价过程中更全面积极地认识自己，看待自己，树立自信。

## 二、提高国家政策对民族地区的适切性

我国政府近几年制定的诸多教育政策都对民族教育这一领域着重强调，也制定了许多倾斜性政策以扶持和帮助少数民族教育的发展。但是许多教育政策的覆盖范围是全国性的，以满足全国大多数或者说主流人群为

主，难免顾及不到民族地区教育的特殊性，导致普适性的教育政策不适合民族地区的具体情况，这种种不适合的背后是我国国情和民族地区特殊情况的复杂性，涉及面极广，难以尽述，本研究仅选取较有针对性和可行性的关于政策适切性以及教材这两方面提出建议。

第一，关于政策的适切性问题。新课改对教师的教、学生的学都提出了更新的方式方法和要求，可是这是否适合边疆落后地区的少数民族基础教育还有待考量，在具体实施过程中更应关注少数民族地区的具体情况，采取灵活的方法来实施。本次课程改革存在一种城市化倾向，更适用于发达城市和地区的基础教育教学，而缺少对我国农村和少数民族地区教育的关注，在理论上没有研究出一套适合农村地区和少数民族地区地方课程和校本课程开发与管理的理论体系。在实践方面，研究者没有去深入了解农村地区和少数民族地区地方课程和校本课程开发的困境①。不能硬性的照搬政策规定，造成政策的机械执行和"一刀切"现象，在政策推行之前要充分估计可能给弱势群体造成的负担，并进行相应的政策设计。还需考虑到风平镇等少数民族地区的特殊性，建立并逐步完善适合少数民族地区特点的课程体系。

第二，针对新课程内容和民族学生实际生活和经验相脱离的问题，笔者认为我国教育部门应予以重视并着力改善。新教材中有关民族生活文化的内容少，内容脱离民族学生的实际生活，导致民族学生难以理解和引起共鸣。有学者做过研究，在全套现行语文教科书中，与少数民族文化直接有关的课文仅有9篇，约占课文总数的2.5%。我国是一个民族众多的国家，如何真正地达成民族间的理解、尊重与和谐共处是我们始终面临的问题。对于教育来说，培养学生多元文化的视野与胸襟，使之能够理解与欣赏不同民族的文化，是理当承担的责任②。如果说经济发展、教育水平还能分出发达和落后，文化却是没有先进与落后之分的。我国55个少数民

---

① 李冬媛，马会泉，等.基础教育课程改革反思与建议——浅谈基础教育课程存在的问题以及解决方法与策略 [J]. 才智，2009（4）.

② 吴康宁.课程社会学研究 [M]. 南京：江苏教育出版社，2004：200-201.

族各有其深厚的历史底蕴和丰富的民族文化，如果能在学科内容建构上引入更多关于我国少数民族的生活技能、知识文化，不但有利于丰富和完善我国教科书的知识建构，更有利于提高民族学生对课本知识的学习兴趣，产生感情共鸣，降低理解难度。

## 三、加强师资队伍建设

不论是教育教学工作的开展还是新课程改革的实施，师资力量都是极为关键的一环。新课程对教师的专业素养和教学能力提出了新的要求，对于少数民族教师而言，这无疑是一项巨大的挑战。而机遇与挑战往往是并存的，新课程的教育理念、教学方式、新媒体技术的使用也给少数民族教师的专业发展提供了新的生长点。加强少数民族地区师资队伍的建设，需要相关教育部门的支持和指导，需要教师们的共同努力。

开展针对性、实用性强的教师培训，避免培训过于理论化和形式化，在内容上除了新课程的通识内容和理论，可更多地加入对新教学方法、教学技能的培训，和一线教师的日常教学紧密联系起来。在形式上，运用讲授法、讨论法、阅读文献法等多种培训方法，充分调动教师的积极性，让教师在不断学习、思考的过程中进步；在校与校、师与师之间开展多种教研活动，互相学习，互相促进，促进地方教师进行科研和教学发展的活力和动力。新课程改革不论在教材还是教学理念上都有较大改动，从调研结果可知，民族地区教师对新课程的理念和方式持认同态度，然而在实际运用中，往往难以走出长期以来形成的传统教学观和授课方法。因此，要想贯彻好新课改精神，必须进一步加大新课改教学观和教学技能的培训，使当地教师真正理解并运用于实际教学。应该注意到，很多教师对新教材、新教学方法和新技术的适应和使用尚存在一定困难，针对此问题除了教师培训以外，还可以鼓励教师之间互帮互助，共同学习新技术，适应新教材和新方法。在具体实施过程中，避免因操之过急而使教师出现自我效能感低、自卑的心理。

要加大对本区域本民族教师的培养力度，以形成一支真正用得上、留得住的师资主力军。我国向来重视对少数民族教育事业的支持和帮助。在新中国成立以后，也曾采取在内地开办少数民族班，开展支边支教等多种活动以期为少数民族教育事业的发展培养更多的优秀教师，吸纳更多的人才，这些措施在很大程度上促进了民族地区师资力量的壮大和发展。然而，由于民族地区经济落后，位置偏远，往往难以留住内地人才，外来教师不通少数民族的语言，对其自身的专业发展和教学效果也具有很大局限性。因此，壮大民族地区师资力量，还应依靠民族地区自己的力量，加大力度培养一批符合教学实践，能长期发挥作用的本民族的高水平教师。

在教师待遇上，很多民族教师都表示，民族地区的教师不但要面临一般的教学问题，更要处理和应对作为民族地区、边疆地区和贫困地区所特有的难题，压力更大，工作量也更多，而待遇却一般甚至偏低，不利于调动教师的工作积极性。笔者建议应提高教师待遇，除了工资，在教师节等一些节日可以举办一些活动，增设奖金、福利等，在学校形成良好的人际和工作氛围，给予教师更多的人文关怀。加强教师对学生的爱心和责任心，形成一股积极、良好的大氛围，营造舒适和谐的人文工作环境，在这种环境下，教师和学生、家长交往更加紧密和频繁，对学生的感情和责任心也大大增强，能真正从内心深处爱护学生，视教好学生、提高学生成绩、促进学生健康成长为己任。

## 四、开发课程资源，丰富地方课程

课程研究的结果表明，在课程改革的初期，课程实施所需要的空间、材料、设备、设施、环境、场地等课程资源，都应该加以规划，并且能够适时地提供。这是改革初期重要的保障，也是改革得以推行的物质基础①。可见课程资源对课程实施的重要性，而风平镇中小学的课程资源显然没有达到新课改的要求，针对这一问题除了加大教育投入力度，为学校提供足

---

① 马云鹏，唐丽芳. 新课程实施的现状与对策——部分实验区评估结果的分析与思考［J］. 东北师范大学学报，2002（5）.

够的资源和设施配置之外，还应从教师身上着手解决，唤醒教师作为课程资源开发主体的意识，通过教师教育提高教师的素质状况，使其能够在更高的水平上开发、利用课程资源，发挥更大的效益①。

针对民族地区缺乏乡土教材经费和理论指导的问题，笔者建议加大对地方乡土教材编制的投入力度，缓解当地相关部门经费问题的迫切需要。在校本教材的研发上，也应加强对地方教材知识建构的理论性指导。如指派相关教育专家对全国几大主要少数民族分布区进行分区调研，深入了解地区民族文化和生活习俗特点等，结合当地教材开发人员的丰富的民族文化知识和生活经验，共同研发符合民族地区实际情况、适合民族学生发展需要的校本教材。

校本教材的开发又和地方特色课程的设置相联系。我国民族教育的发展方向是多元文化整合教育。多元文化整合教育的内容，除了主体民族文化外，还要含有少数民族文化的内容。少数民族不但要学习本民族优秀传统文化，还要学习主体民族文化，以提高少数民族年轻一代适应主流文化社会的能力，求得个人最大限度的发展。主体民族成员除了学习本民族文化外，还要适当地学习和了解少数民族的优秀传统文化，以增强民族平等和民族大家庭的意识②。在课程设置上，按照新课改国家、地方、学校三级课程管理制度的规定，适当开设与民族当地生产生活相关的地方特色课程，内容可涵盖家畜、家禽饲养，农作物耕种等方面的知识和技能。在课程设置和班会活动中融入一些民族文化和习俗，举办民族特色的特长比赛等相关活动，不断加强教师和学生对民族文化的理解和感情。如风平镇，可以请当地精通傣文的民间艺人充当教学者，利用这一教学资源，教学生傣文、孔雀舞、葫芦丝，使学生们的艺术天分得到发展。在地方课程中融入当地民俗、趣味故事、山歌、经书等内容，既能丰富课堂文化，增加学生学习的趣味性，又能使民族学生学习和掌握本民族传统知识文化，促进

---

① 马云鹏，唐丽芳. 新课程实施的现状与对策——部分实验区评估结果的分析与思考［J］. 东北师范大学学报，2002（5）.

② 哈经雄，滕星. 民族教育学通论［M］. 北京：教育科学出版社，2001：42、580.

我国民族文化的传承。

## 五、综合应用传统教学和新教学方法

在传统的课堂教学模式中，教师教学以讲授法为主，学生学习以接受性学习为主，通过教师的讲授、论证来指导学生学习，这种方法有利于在较短时间内完成对较多数量学生的知识传授和指导，对当前我国少数民族地区存在的班级人数多，学生基础差的现实情况而言，是有其可行性和实效性的。因此，不能为了迎合新课程的新教学方法，就全盘否定传统教学，而应重视传统教学的优点和实用性，避免对旧课程、旧教学方法全盘否定的偏激观点，在实际教学中将讲授法、指导性和实践性教学方法有效结合，发挥不同教学方法的互相补充作用，综合使用，最终形成既符合民族学生实际发展情况又能促进学生全面发展的教学模式。

## 六、正确看待少数民族地区新课改实施过程中的困难

任何改革都需要一定时间来让人们逐渐接受和适应，更何况是百年树人的教育事业的改革，因此，应正确看待少数民族新课改实施过程中的困难，允许问题的存在，并给予充分的时间，结合多方面的努力来逐渐解决存在的问题。

新课程改革是一次大规模的"破"与"立"的变革。我国民族数量之多，分布范围之广，国情之复杂，都意味着这次改革的深入将经历长时间的磨合和适应阶段。全国性教育政策在制定当中很难做到考虑民族地区的方方面面，这要求中央政策在民族地区落实之前要进行充分的论证设计，分情况进行一些局部调整。新课改在政策执行过程中，也不能急功近利，而应采取稳步发展、渐进的方式，关注弱势群体的发展，给予少数民族地区课程改革的推进更多的关注和支持，共同推进少数民族教育事业的发展和进步。

## 七、加强对民族教育的重视和投入力度

贫困是我国少数民族面临的普遍性问题，经费上的贫乏无疑会在很多方面限制民族教育的发展和新课改的开展。风平镇的中小学无论是多媒体设备、实验仪器、图书资料等课程资源，还是校本教材的研发上都亟待经费的补充和支持。

在经费问题上，一方面要依靠各级政府，落实中央政策，切实确保教育经费的投入和专款专用，提高经费的使用效益。另一方面要依靠广大群众的支持，贯彻自力更生原则，提高地方办学的积极性和主动性，搞好捐资、集资等多渠道办学。当然，民族教育的发展和提高并非单纯经济上的支持就能完成，尤其集边疆、少数民族、贫困三方面因素于一身的风平镇的教育，存在着教育对象的特殊性、教学用语的多样性、教育环境的封闭性和教育水平的落后性等民族教育特殊性，要发展当地的教育，提高民族地区的教学质量和教育水平，更需要多方面的支持和配合，如鼓励社会各类团体组织对民族地区教育的支持，进一步组织好内地与沿海发达地区对少数民族教育的对口支援。

## 结　语

作为近年来我国重大教育政策之一，新一轮基础教育课程改革有着波及范围极广、影响程度极深、改革力度极大等特征，它在全国范围内的推广和实施给我国整个基础教育带来了颇为震撼的影响。然而，由于我国少数民族地区的特殊性、复杂性和条件的艰苦性，新课改在我国少数民族地区的实施显得尤为艰巨和繁重。本研究梳理了义务教育阶段新课改的开展历程和主要改革特点，结合笔者对云南省德宏州芒市风平镇风平民族中学和两地一心那目侨心小学的实地调研，将新课改在当地的实施问题及相应原因归纳于三大点，层层分析，并提出建议和对策，以期为我国少数民族课程改革的顺利开展和相关民族教育政策的制定提供有效的实践依据和理

论基础。

研究发现：经过十几年的努力和磨合，新课改在我国少数民族地区的实施已取得了初步成效，但同时也还存在着许多"适应不良"的问题，有待进一步解决，主要包括：第一，现行评价模式和教学理念相背离，实际教学仍难摆脱应试教育；第二，新课改往往要求教师和学生进行大量的课前准备工作，进而由教师设置情境启发学生自主学习、探究学习，这对于资源匮乏、学生基础差、师资力量较为薄弱的少数民族地区，显然难以达到；第三，政策适切性和民族特殊性之间存在一定矛盾，比如少数民族有其在漫长的历史发展过程中形成的特殊文化传统、语言和思维习惯，而新教材的编写则以汉语言文字为主，内容上也是以汉族文化为主，一些改革举措往往和民族地区实际情况脱节。

分析问题的原因并找寻有效的解决办法是本研究的最终目的。笔者认为，少数民族地区的课改实施问题不仅涉及课改方案本身和政府的支持，也取决于地方教育部门相关人员和教师的努力，以及民族地区学生的特定经济、文化生活环境等多方面，各种因素相互影响，错综复杂。因此，决不能试图以孤立的、片面的方法解决这些问题，而应从多方入手，多人合力共同促成新课改在少数民族地区的有效实施，发挥其优势。比如：政府和相关部门可有针对性地从评价制度、政策的适切性等方面做出调整，使新课改更适应民族地区教育情况的特殊性；地方教育部门和教师则可更多地在校本教材编制和具体教学方法上做出努力，使学生们更好地适应新课程。同时，也应该以正确的态度审视改革过程中必然会出现的困难，给予足够的时间、充分的支持和积极的态度。期待新课改在我国少数民族地区取得更大的进步和成效。

学校政策篇

# 个案五

## 双语教育政策的执行与困境
### ——以云南省德宏州景颇族学校为个案

## 概　　要

　　双语教育是教育界一致认同的、能有效促进少数民族融入外界社会生活、接受高等教育、提高工作竞争力与地区竞争力的教育手段。有了政策的扶持，双语教育才可能发展、壮大。

　　德宏州双语教育曾经有过辉煌：完善的课程设置体系、独立编写的教材、优秀的师资队伍等。这一切都谱写了德宏民族教育的绚丽篇章。但近年来，由于各方因素的影响，德宏州双语教育名存实亡，这不仅给学校发展带来了负面影响，更阻碍了学生个体的发展。本研究意图理清影响德宏州景颇族学校双语教育的政策，分析引起政策执行中出现种种困难的原因，并提出一些对策，为该地区的民族教育发展尽一份绵薄之力。

　　全文共分为五个部分。

　　第一部分：详细介绍了本研究的背景与缘起，阐明研究的目的与宗旨。分析现存的双语教育政策文本，为之后的研究做铺垫。

　　第二部分：详细说明选取个案点的背景、现状及个案学校的历史和双语教育发展背景。

　　第三部分：根据田野调查的结果，说明双语政策在个案点学校的执行状况，并对各环节进行初步分析。

第四部分：进一步分析双语政策在基层的执行现状，试图找出造成种种困境的原因与利益冲突。

第五部分：提出改善政策执行效率与成效的建议。

# 绪 论

## 一、研究背景与缘起

我国是个多民族杂居、文化多样性十分显著的国家。历史上，政界、文化界、教育界长久地就少数民族与汉民族间的交流、共生、共同发展的模式进行过大量的探讨。不同民族有着相异的文化背景，相应地，各民族语言作为交流工具与文化象征也不尽相同。

爱切生（Jean Aitchison）认为："一种语言的死亡，并不是因为一个人类社会忘了怎么说话，而是因为政治或社会原因，另一种语言把原有的一种语言驱逐出去而成了主要语言。"① 政治、经济、文化、人口分布状况等种种因素使得少数民族语言成为"弱势语言"，出现使用人数减少，范围变窄，频率降低，社会功能全面下降的问题。

语言是文化的载体，也是文化得以传播的主要工具，因此保存一种语言，就意味着保存一种文化。学习母语是少数民族应有的公民权利，而学习汉语则是促进民族团结，培养国家意识，保障民族学生有深造机会与沟通能力的必要条件。为了达到交流的目的并且保持本族文化，学习双语就成为了必需。双语教育是教育界一致认同的，能有效促进少数民族融入外界社会生活、接受高等教育、提高工作竞争力与地区竞争力的教育手段。经过漫长的发展，双语教育已经衍生出不同的形态，满足当地居民的需要。我国开展双语教学的根本目的在于，保障少数民族在学习使用自身语言文字的前提下，学好国家通用语言文字，为少数民族和民族地区经济、社会、文化的全面发展营造良好的民汉双语环境，以促进个人以至整个社

① 爱切生．语言的变化：进步还是退化 ［M］．徐家祯，译．北京：语文出版社，1997．

344

会的进步与发展。有了政策的扶持，双语双文教育才可能发展壮大。

同时，文化多样性是文化发展最重要的动力之一，我国政府部门在制定相关法律法规时以此为出发点，十分支持少数民族发展自己的文化，并且认为学习民族语言是少数民族的基本权利之一。这一点不同于美国早期的"熔炉政策"，即只推行西方白人主流文化，而歧视和否定当地土著、非裔、亚裔等少数民族的文化。当然，这一做法已经引发了很多社会问题，因此美国教育学家也在反思这种大一统政策的弊端，重新审视文化多样性的重要之处。美国的双语教育除了给我们经验和启示外，也是对我们的警示，要满足社会的稳定发展必须避免文化独裁。

学者对不同形式的双语教育之利弊与适应的社会状态也做了大量研究，并归纳出双语教育现行的几种主要形式。新中国成立以来，关于如何对待双语教育问题，出现了几次大的争论，也因为特殊的历史原因，我国的双语教育曾经陷入泥潭甚至被迫中止。以云南省为例，根据 2007 年的资料显示：目前云南省约有 650 万少数民族群众不通或基本不通汉语，占少数民族总人口的47%。通汉语的少数民族群众中，真正掌握汉语普通话的也只占12%左右，其中，少年儿童占了相当大的比例。据 2005 年调查统计，云南省接受双语教学的学生，只占到全省小学在校生总数的5.7%[1]。

德宏傣族景颇族自治州具有多民族、多语种、多文种的特点，为开展双语双文教学提供了便利条件。景颇族主要分布在本州的潞西市（现更名为芒市，本文按田野调查时该市名称为准，后同）、瑞丽市及陇川、盈江、梁河三县，其余的景颇族人口散居于怒江傈僳族自治州的片马、岗房、古浪、临沧地区的耿马佤族自治县等地。云南景颇族包括 4 个主要支系：景颇、载瓦、勒期和浪峨，其中载瓦支系最大，人数占景颇族人口的80%左右。他们主要从事农业，种植水稻、玉米、旱谷等作物，有自己的语言和文字。景颇族人使用景颇语和载瓦语，其中景颇语属景颇语支，载瓦语属缅语支。

---

[1]　陈潇. 云南47%少数民族不通汉语 双语教学任重道远 [J]. 中国民族报, 2007 (1).

景颇文是一种以拉丁字母为基础的拼音文字。19 世纪 40 年代后，西方传教士在景颇族地区创制景颇文，并开办学校。1922 年起，先后在等嘎、卡兰、卢兰建立了三所教会学校，教授景颇文。载瓦语分载瓦、勒期、浪峨、波拉 4 种方言。1889 年，外国传教士以大写拉丁文字母变形创制了一种拼音文字；1934 年，传入我国边境一带景颇族地区；1927 年，缅甸人春雷弄兰等仿照景颇文创制了以拉丁字母为基础的拼音文字，后传入我国。以上两种文字使用面窄，未在我国景颇族地区普及。1955 年，党和政府帮助景颇族在原有文字基础上，以德宏州潞西县西山地区的龙准方言为标准语音，创制了一套载瓦文。1956 年经修改后，逐步在景颇族地区试行，受到欢迎。目前，载瓦文的实验推行工作进步很大，《团结报》还出版了载瓦文版。随着使用范围不断扩大，载瓦文为景颇族地区繁荣进步起到积极推动作用[①]。德宏傣族景颇族自治州境内生活的景颇族主要使用载瓦语/文。

根据文献资料以及实地调查显示，德宏傣族景颇族自治州的双语教育出现了"政策支持、执行分化"的状况，双语教育开始被各级部门淡化，甚至有教育部门领导提出"搞什么都不搞双语教育"的言论。曾经的双语教育示范小学如今也名存实亡，很多民族学生没有接受正规、合理的双语教育，因而产生了语言障碍。并因此引发了学习障碍、厌学情绪等，大大地影响了学生的成绩和学校的升学率，民族地区基础教育的水平也得不到有效提高。已有的大量研究很清楚地证明了，双语教育对于提高民族学生学业成绩、学习热情、民族自豪感以及培养"民汉文兼通"的少数民族人才之教学目标的积极意义，该政策的价值与执行的矛盾促成了本研究的形成。

## 二、本研究的目的与意义

对近年来该地区双语教育的历史与现状，分析造成困境的原因进行探

---

① 参见云南省语言文字网 http：//www．ynjy．cn。

究，是本研究的主要目的，具体来讲，包含以下三个方面。

1. 结合多学科背景，通过田野调查，密切联系国家发展的趋势与动向。借鉴已有的公共政策，包括教育政策的研究方法，详细分析政策文本及其价值取向，并提出促进景颇族学生学业成就改善的政策建议。

2. 着重考察学校执行双语教育政策的过程以及课堂双语教学的情况，探究双语教育政策向教学目标转化的过程及其相关因素。了解双语教育中教育、社会、历史、经济、文化等各因素之间错综复杂、相互制约、彼此影响的关系与博弈。据此分析政策在当地执行过程中遭遇的阻力以及政策本身不符合当地实际情况的部分，针对提高政策可操作性及地区适应性提出建议，促进现有政策的有效实施。

3. 收集当地双语教育的第一手资料，深入了解民族地区的发展现状，保护景颇族语言，促进其文化传承。双语教育问题在不同民族间存在着一定的共性，研究景颇族双语教育问题也会给其他民族双语教育带来启发。

## 三、研究方法

### （一）文献研究法

本研究通过对双语教育政策等文献的收集与分析，掌握学术界对双语教育问题的研究方向与热点，根据成熟的模式与方法，在已有研究的基础上完善自身，寻找新的切入点。

### （二）个案研究法

本研究采用选取典型学校个案、学生个案的方法，了解学校双语教育变化的历史、原因，探寻学生在双语学习中的习惯、存在的困难以及面临的压力等；以教育民族志的方法调查其所在地域的历史、文化、社会生活；语言、文学、传统教育与现代教育（包括双语教育）；该地区双语教育政策的历史与现状。

（三） 调查研究法

本研究通过问卷与访谈方法收集数据与事实，共设计了两种问卷——学生问卷与教师问卷；四种访谈提纲——学生访谈提纲、教师访谈提纲、学校领导访谈提纲、教育部门领导人员访谈提纲。力图客观、全面地收集信息与数据，真实地反映当地双语教育政策执行的现状。

# 四、核心概念界定

## （一） 双语教育

关于双语教育的概念，国内外学术界有不同的看法。世界双语教育专家麦凯（W. F. Mackey）指出："双语教育这个术语指的是以两种语言作为教学媒介的教育体制，其中一种语言常常是但并不一定是学生的本族语言，作为教育教学实施的工具。"[①] 英国教育家德里克·朗特里（Derek Rowntree）认为："双语教育是培养学生以同等的能力运用两种语言的教育，每种语言讲授的课程约占一半。"[②] 此外，双语教育这一概念还有广义和狭义之分：广义的双语教育泛指使用两种语言进行教学的教育体制；狭义的双语教育特指在一个多民族国家里，以少数民族学生为教育对象，以其本族语和族际语两种语言进行教学的教育体制。在我国，通常被称为少数民族双语教育。本研究较认同麦凯先生的观点，即认为双语教育是使用两种语言进行教育的一种教育模式。双语教育所指的"用两种语言"，不仅包括是否开设两种语言的语文课，还包括使用何种语言作为其他科目教材的教学媒介。双语教育是一个完整的教育体制，在这个系统中，双语教学是实施双语教育目标的主要途径。

---

① W. F. 麦凯，M. 西格恩. 双语教育概论 ［M］. 严正，柳秀峰，译. 北京：光明日报出版社，1989：45.

② 德里克·朗特里. 英汉双解教育词典 ［M］. 赵宝恒，等，译. 北京：教育科学出版社，1992.

### （二）景—汉双语教育

少数民族的第一语言即母语，是相对于第二语言——汉语而言。通常使用的母语一词，有两个不同的概念：一是亲属语言的原始语，另一个是人学到的第一语言。根据不同的分类方法，并不是所有人的第一语言都是母语，母语也有可能是第二语言或第三语言。母语作为本民族语言来说，具有双重价值：一种是实用价值；另一种是情感价值。对不同民族或同一民族内的不同个体来说意义各不相同①。

景—汉双语教育是指使用景颇语/文（个案地区使用载瓦语/文，但自称景颇语/文，本研究为尊重地区习惯以景颇语/文代指载瓦语/文）和汉语/文作为媒介，进行各科目教学活动的教育模式。

### （三）景—汉双语教育政策

2006 年，德宏州人民政府出台了《关于进一步加强农村少数民族聚居区小学"双语双文"教学工作的意见》，采取通过一年的学前班、小学段前三年的"双语双文"教学。使农村少数民族聚居区无汉语基础的少数民族学生在较短的时间内过"汉语关"，为学习国家课程与标准教材奠定必要的汉语基础，促进德宏州农村少数民族聚居区小学教育教学质量的提高。2008 年，全州开设"双语双文"的学校有 98 所，接受"双语双文"教学的学生达 8943 人。2009 年，全州开设"双语双文"的学校有 251 所，接受"双语双文"教学的学生达 24585 人。"双语双文"教学对德宏州少数民族聚居区"普九"的巩固提高产生了积极地影响，州内景—汉双语教育政策按照该文件来执行②。

---

① 戴庆厦，董艳. 中国少数民族双语教育的历史沿革［J］. 民族教育研究，1996（4）.

② 德宏州人民政府贯彻实施《德宏州人大常委会关于全州贯彻实施〈中华人民共和国义务教育法〉的决议》的报告（书面）［EB/OL］.（2010 - 07 - 24）［2011 - 03 - 07］. http://www. yndhrd. cn/jdjy/ShowArticle. asp? ArticleID = 527.

# 五、研究文献综述

文献综述部分包括研究类型、研究方法、双语教育政策文本与小结四部分。

## (一) 研究类型

国内关于双语教育政策的研究类型主要分为：制定与文本分析、实施过程分析、政策历史分析和比较分析四类，其中前三类占到绝大多数。国外关于该问题的研究类型大致相同，但以实施过程分析为主。

### 1. 制定与文本分析

包海芹在《教育政策制定的理论模式评析》中，概述了教育政策制定的几种常见的理论模式，包括制度模式、团体模式、精英模式、过程模式和系统模式。重点对这些理论模式的学术背景、基本观点及其在教育政策制定中的应用进行了分析，并在此基础上提出了运用这些模式分析教育政策过程的几点具体建议①。

### 2. 实施过程分析

胡春梅在《教育政策执行过程之四重特征》中提出：教育政策执行过程是教育、行政、管理、服务构成的综合过程。教育政策执行过程具有行政管理、合同外包、教育教学、依法执教等特征，以行政学的视角分析了教育政策实施过程中的方法与问题②。

卢立涛、安传达在《大众化、管理主义与市场化——我国近三十年高中教育政策变迁的特点分析》中采取文献分析的方法，通过对1978—2007年间我国政府颁布的有关高中教育改革的重要政策文件进行分析，发现我国高中教育经历了一个从注重量的扩张、不均衡发展到注重质的提升、均衡发展的曲折过程。证明大众化、管理主义与市场化是这一过程中

---

① 包海芹. 教育政策制定的理论模式评析 [J]. 教育学术月刊, 2009 (1).
② 胡春梅. 教育政策执行过程之四重特征 [J]. 教育理论与实践, 2006 (7).

的突出特点①。

孙翠香在《流动人口子女教育政策分析》中提出，流动人口子女教育政策是指一系列涉及流动人口子女教育问题的政策。对此类教育政策进行分析，可以更好地理解政策出台的背景、政策的价值取向、政策文本内容的本质等问题，对政策提出了建设性意见②。

吴剑丽在《试析二十世纪末美国加州新双语教育政策——加州227提案获胜的动因及其影响》中运用文献分析、个案分析、比较分析、归纳等质的研究方法，通过对加州227提案进行分析与研究，为我国提高双语教育政策执行能力提出了建议③。

3. 政策历史分析

李娟在《新中国成立以来我国民族双语教育政策历史沿革》中梳理了新中国成立以来双语教育政策大的发展阶段和变化。分别为：1949—1958年，我国民族双语教育的初步发展阶段；1958—1978年，民族双语教育发展的曲折阶段；改革开放至今，民族双语教育的复兴和发展阶段。总结了新中国成立以来双语教育的两个主要成绩：民族文字工作得到不断恢复和发展，大大缓解了少数民族文字教材的紧缺状况；广泛开展双语教育实验研究，为培养"民汉兼通"的少数民族人才提供了有益经验④。

王阿舒、孟凡丽在《新疆少数民族双语教育政策发展综述》中总结了过去50多年来，新疆维吾尔自治区认真贯彻中央的语言政策，对少数民族实施双语教育，取得了显著的成绩。从新疆少数民族双语教育政策的演变中，可以看出新疆在不断总结和借鉴国内外经验，紧密结合国情、区情，努力营造一个更加优化的双语和多语教育环境，为双语教育的顺利实施提供了强有力的政策保证。研究者认为经过长时间的调整和演变，这一

---

① 卢立涛，安传达. 大众化、管理主义与市场化——我国近三十年高中教育政策变迁的特点分析 [J]. 继续教育研究，2008（12）.

② 孙翠香. 流动人口子女教育政策分析 [J]. 教育学术月刊，2009（1）.

③ 吴剑丽. 试析二十世纪末美国加州新双语教育政策——加州227提案获胜的动因及其影响 [D]. 广州：华南师范大学教育科学学院，2003.

④ 李娟. 新中国成立以来我国民族双语教育政策历史沿革 [C] //全球化背景下的多元文化教育国际论坛论文集. 重庆：西南大学，2006.

时期的双语政策特点包括以下内容。

（1）双语教育受到了前所未有的重视；

（2）特别强调师资队伍的建设；

（3）开展多种形式的双语教育实验；

（4）采取有力措施，促进双语教育的发展①。

4. 比较分析

贾敏、熊婷婷在《美国印第安和我国彝族双语教育对比研究——基于两国少数民族语言政策的研究》中提出，双语教育既是保护少数民族语言文化的重要手段，同时也是促进少数民族和主流民族交流与合作的必要途径。但由于实际情况不同，各国在双语教育政策制定和采取的教育模式上存在较大的差别。论文从文化多元论角度入手，对比研究了美、中两国少数民族语言政策是如何影响美国印第安和我国彝族双语教育目的的确定和模式的选择。从而得出结论，我国彝族双语教育主要是"维护多元文化型"，而美国的双语教育在很大程度上是"过渡型"，最终将印第安文化融入并同化到主流的盎格鲁——撒克逊白人文化中②。

王波在《透视中美少数民族双语教育政策》中，从模式、特色、语言文化观、不同的官方语言态度、实施双语教育的基本原则，对比中美两国的双语教育政策，认为了我国的双语教育是学好本民族语言，兼学汉语，是为了社会发展的需要和族际交流、交往③。这与美国提出双语教育法案的目的是完全不同的。

## （二）研究方法

关于国内研究方法的文献，多用传统的方式进行归纳和演绎；关于国外研究方法的文献，则更加多元，加入了浓重的文化学、语言学、社会

① 王阿舒，孟凡丽. 新疆少数民族双语教育政策发展综述 [J]. 民族教育研究，2006 (2).

② 贾敏，熊婷婷. 美国印第安和我国彝族双语教育对比研究——基于两国少数民族语言政策的研究 [J]. 绵阳师范学院学报，2008 (3).

③ 王波. 透视中美少数民族双语教育政策 [J]. 世界知识，2009 (18).

学、心理学的色彩，量的研究与质的研究并重。

1. 国内研究

王保华在《研究型分析：一个重要的政策分析方法——兼对一个政策文本的分析》中提出，研究型分析是政策分析者运用各种政策分析理论，进行政策研究的一种方法，是分析者寻求问题背后的真相和非直觉的甚至反直觉的解决方案。运用研究型分析方法，对教育部发布的《关于规范并加强普通高校以新的机制和模式试办独立学院管理的若干意见》进行了分析，认为这个文本体现了尝试法人治理、重视客户力量和承认"混合经济"的思想[①]。

孟卫青在《教育政策分析的三维模式》中提出，教育政策分析的价值分析、内容分析和过程分析三维结构，尝试建立教育政策分析的一般理论框架[②]。

李承先在《博弈论方法与教育政策研究》中，探讨了在教育政策研究领域中引进博弈论方法的可能性与必要性，并结合教育学科规律提出具体的方法论诠释。认为博弈论反映了多主体复杂系统的动态决策的一般规律，对教育政策研究，尤其是教育决策研究提供了有效的思维方法，值得引进与借鉴[③]。

邵泽斌、张乐天在《教育政策：一个结构主义的分析视角》中提出，西方结构功能主义理论、科学革命结构理论、制度经济学关于制度变迁理论以及西方政策过程理论，为理解教育政策的结构生成和结构变迁提供了有益的分析框架。教育政策本身的复杂性和丰富性启示我们必须从结构和动态生成的角度对其进行理解和把握。教育政策结构由外围层、中间层、核心层三个部分组成。三个层面之间复杂的交互作用决定着教育政策的不同类型和教育政策变迁的不同范式。教育政策结构变迁从变迁的道路上

---

① 王保华. 研究型分析：一个重要的政策分析方法——兼对一个政策文本的分析 [J]. 国家教育行政学院学报，2003（4）.

② 孟卫青. 教育政策分析的三维模式 [J]. 教育科学研究，2008（Z1）.

③ 李承先. 博弈论方法与教育政策研究 [J]. 交通高教研究，2004（3）.

看，有"由外而内"与"由内而外"两种；从变迁的途径上看，有"路径依赖"与"路径创新"两种；从变迁的动力上看，有"自然演进"与"理性构建"两种①。

杨正联在《公共政策文本分析：一个理论框架》中，沿着语句构成、有效性以及系统性三个层面初步构建了一个关于公共政策文本分析的理论框架，依此对客观的公共政策文本作出学理上的分析和理解②。

2. 国外研究

弗兰克·费希尔（Frank Fischer）在《公共政策评估》一书中提出一种公共政策评估的新方法，即建立一个将事实与价值结合起来进行评估的多重方法论框架结构。这种评估公共政策的方法论框架有四种讨论形态：项目验证、情景确认、社会论证和社会选择③。

查尔斯·蓝伯（Cbarles Raab）在《公共政策研究的新进展》一文中总结，公共政策研究有两个主要的分支。其中一个分支涉及政策分析，或称为"为了政策的分析"（analysis for policy），指的是通过检验政策或建议的实质，来看它的目标、可能的影响以及需要什么样的资源来贯彻落实这个政策或建议，等等。对于现存的政策，政策分析试图评估它是如何运作的以及试图达到的目标，如果政策是失败的，则要解释是哪里出错了，下次该如何改进。政策分析经常使用量化工具，并和其他国家的相似政策进行比较。这种政策分析经常在政府内部使用，而且也经常在那些制定、批评政策的非营利性学术组织和智囊团中使用。这些机构存在于很多国家，而且也活跃于国际社会之中。在一些国家，有些智囊团与政党保持着松散的联系，或者在某一政治观点中持或左或右或居中的态度，但也有一些智囊团如他们宣称的那样对政策持更加中立的态度。一些智囊团提出了一些有影响力的报告，有时是对政策的批评。相对于政策分析，许多政策

---

① 邵泽斌，张乐天．教育政策：一个结构主义的分析视角 [J]．教育理论与实践，2007 (11)．

② 杨正联．公共政策文本分析：一个理论框架 [J]．理论与改革，2006 (1)．

③ 弗兰克·费希尔．公共政策评估 [M]．吴爱明，李平，等，译．北京：中国人民大学出版社，2003．

研究者主要从事描述和解释政策的制定和实施的工作，无论这个政策发生在一个特定的领域、一个特定的国家，还是多个领域和多个国家中。有些人把这叫作"对于政策的分析"（analysis of policy），其目标不单单是帮助政策制定者决策，更多是为了推动政治、政策和管理领域的学术研究。他们根据目前大量的方法或理论来分析政策，有些研究是为了检验一个理论，有些研究有助于某个理论的修正或者对另外一个理论提出建议。这些方法之间都是非常不同的①。

### （三）双语教育政策文本

双语教育政策是国家为保障少数民族平等受教育的权利、尊重和保障民族自治地方发展民族教育的自治权，从而根据各少数民族的特点和需要，帮助各少数民族地区发展教育事业而提出的重要政策。该政策主要表现为：民族自治地方的自治机关有权决定，在招收少数民族学生为主的学校采用少数民族文字的课本，并用少数民族语言进行授课以及学习汉语。

关于我国开展双语教学的政策，在两份国务院颁发的文件中有具体表述。《国务院批转国家民委关于进一步做好少数民族语言文字工作报告的通知》（国发［1991］32 号）指出，"以招收少数民族学生为主的学校，有条件的应当采用少数民族文字的课本，并用少数民族语言授课，在适当年纪增设汉语文课程，实行双语文教学，推广全国通用的普通话"。《国务院关于深化改革加快发展民族教育的决定》（国发［2002］14 号）指出，"大力推进民族中小学'双语'教学。正确处理使用少数民族授课和汉语教学的关系，部署民族中小学'双语'教学工作。在民族中小学逐步形成少数民族语和汉语教学的课程体系，有条件的地区应开设一门外语课。要把'双语'教学教材建设列入当地教育发展规划，予以重点保障。按照新的《全日制民族中小学汉语教学大纲》编写少数民族学生使用的汉语教材。要积极创造条件，在使用民族语授课的民族中小学逐步从小学一年级

---

① 查尔斯·蓝伯. 公共政策研究的新进展［J］. 郁建兴，徐越倩，译. 公共管理学报，2006（2）.

开设汉语课程"。

进入新时期，人们的法制观念不断加强，双语教育初步走上了法制化的轨道。据已掌握的资料，1979 年至 1988 年间，青海、内蒙古、新疆、辽宁、吉林、黑龙江、广西、湖南、四川等省、自治区专就少数民族学习汉语文、民族语文、双语文等教学问题，下发过省级文件或通知。在一些省以下的自治地方，也根据本地区具体情况制定了一些关于双语教育的地方性文件，如云南德宏自治州对双语教师的待遇、扫盲奖励等都作出了明确的规定。2005 年修订的《云南省德宏傣族景颇族自治州自治条例》第五十一条中提道："自治州内以招收少数民族学生为主的民族小学，应当推行双语或者双文教学。普通中学和中等专业学校的民族班可以开设民族语文课程。"第十九条提道："自治州的自治机关在执行职务的时候，可以分别或者同时使用汉族、傣族、景颇族的语言文字及其他民族的语言。自治州国家机关和事业单位的印章、牌匾同时使用汉族、傣族、景颇族的文字。"国家对双语教学的研究、教材开发和出版给予重点扶持的法律依据有以下若干方面。

1.《中华人民共和国宪法》

第四条　各民族都有使用和发展自己的语言文字的自由，都有保持或者改革自己的风俗习惯的自由。

第十九条　国家推广全国通用的普通话。

第一百二十一条　民族自治地方的自治机关在执行职务的时候，依照本民族自治地方自治条例的规定，使用当地通用的一种或者几种语言文字。

第一百三十四条　各民族公民都有用本民族语言文字进行诉讼的权利。人民法院和人民检察院对于不通晓当地通用的语言文字的诉讼参与人，应当为他们提供翻译。

在少数民族聚居或者多民族共同居住的地区，应当用当地通用的语言进行审理；起诉书、判决书、布告和其他文书应当根据实际需要使用当地通用的一种或者几种文字。

2. 《中华人民共和国国家通用语言文字法》

第三条  国家推广普通话，推行规范汉字。

第四条  公民有学习和使用国家通用语言文字的权利。国家为公民学习和使用国家通用语言文字提供条件。

地方各级人民政府及其有关部门应当采取措施，推广普通话和推行规范汉字。

第八条  各民族都有使用和发展自己的语言文字的自由。

少数民族语言文字的使用依据宪法、民族区域自治法及其他法律的有关规定。

3. 《中华人民共和国区域自治法》

第十条  民主政治地方的自治机关保障地方各民族都有使用和发展自己的语言文字的自由，都有保持或者改革自己的风俗习惯的自由。

第二十一条  民主政治地方的自治机关在执行职务的时候，依照本民族自治地方自治条例的规定，使用当地通用的一种或者几种语言文字；同时使用几种通用的语言文字执行职务的，可以以实行区域自治的民族的语言文字为主。

第三十七条  招收少数民族学生为主的学校（班级）和其他教育机构，有条件地应当采用少数民族文字的课本，并用少数民族语言讲课；根据情况从小学低年级或者高年级开设汉语文课程，推广全国通用的普通话和规范汉字。

各级人民政府要在财政方面扶持少数民族文字的教材和出版物的编译和出版工作。

第四十七条  民族自治地方的人民法院和人民检察院应当用当地通用的语言审理和监察案件，并合理配备通晓当地通用的少数民族文字的人员。对于不通晓当地通用的语言文字的诉讼参与人，应当为他们提供翻译。法律文书应当根据实际需要，使用当地通用的一种或者几种文字。保障各民族公民都有使用本民族语言文字进行诉讼的权利。

第四十九条  民主政治地方的自治机关教育和鼓励各民族的干部互相

学习语言文字。汉族干部要学习当地少数民族的语言文字，少数民族干部在学习、使用本民族语言文字的同时，也要学习全国通用的普通话和规范文字。

民族自治地方的国家工作人员，能够熟练使用两种以上当地通用的语言文字的，应当予以奖励。

4. 《中华人民共和国教育法》

第六条　学校应当推广全国通用的普通话。

招收少数民族学生为主的学校，可以用少数民族通用的语言文字教学。

5. 《中华人民共和国义务教育法》

第六条　学校应当推广使用全国通用的普通话。

招收少数民族学生为主的学校，可以用少数民族通用的语言文字教学。

6. 《中华人民共和国义务教育法实施细则》

第二十四条　实施义务教育的学校在教育教学和各种活动中，应当推广使用全国通用的普通话。师范院校的教育教学和各种活动应当使用普通话。

第二十五条　民族自治地方应当按照义务教育法及其他有关法律规定组织实施本地区的义务教育。实施义务教育的设置、学制、办学方式、教学内容、教学用语，由民族自治地方的自治机关依照有关法律决定。用少数民族通用的语言文字教学的学校，应当在小学高年级或者中学开设汉语文课程，也可以根据实际情况适当提前开设。

7. 《幼儿园管理条例》

第十五条　幼儿园应当使用全国通用的普通话。招收少数民族为主的幼儿园，可以使用本民族通用的语言。

8. 《扫除文盲工作条例》

扫除文盲教学应当使用全国通用的普通话。在少数民族地区可以使用本民族语言文字教学，也可以使用当地各民族通用的语言文字教学。

以上这些规定，可概括为两个基本要点：一是各民族都有使用和发展本民族的语言文字的自由；二是国家推广普通话，推行规范汉字。这两个基本要点，把中国语言文字多样性和统一性有机地结合起来，既尊重了少数民族学校使用和发展本民族语言文字的权利，也保障了各民族互相学习语言文字。特别是少数民族学习、使用全国通用的普通话和规范汉字的权利，不仅体现了我国各民族之间平等、团结、互助的民族关系，而且体现了我国是统一的多民族大家庭。这是新中国成立以来，一直奉行并将继续恪守地开展少数民族双语教学的基本政策。

### （四）小结

现有研究存在的问题主要有以下几方面。

1. 关注政策内容分析，对政策过程的研究不够。目前，国内教育政策研究很大一部分是对政策内容的分析，对于政策过程的研究偏少。

2. 以文献和思辨研究为主，对政策现象的经验和实证研究不够。

3. 理论基础比较薄弱，跨学科的研究能力有待提高。跨学科是教育政策研究的基本特点，政策学、教育学、政治学、社会学、组织学、经济学、传播学等众多的学科，都可以为理解、解释和探究教育政策现象提供基础性的概念工具和理论框架。

4. 研究的规范性不够。目前，我国教育政策研究在问题意识、理论假设、文献述评和参考文献的引用等方面都有较明显的欠缺。

# 第一章　个案点介绍

## 第一节　社区背景

### 一、地区介绍

"江水深黑"的怒江流经云南西部时有一段被称为"潞江"，潞西市便因其处于潞江以西而命名。1953 年划归德宏傣族景颇族自治区（1965年改名为自治州），总面积 2892 平方千米，东、北接龙陵县，西南连畹町、瑞丽，西北交陇川、梁河，南与缅甸接壤，国境线长达 68.23 千米。这里主要生活着汉族、傣族、景颇族、德昂族、傈僳族和阿昌族。由于地处亚热带，平坝地区物产丰富。

潞西地区教育起源于元代以后逐渐兴起的傣族奘房教育。由于历史原因，汉文化教育在这片土地上极不发达，长期封建土司统治和落后的领土经济，造成人们在思想观念上与内地存在巨大差异。在明朝政府设立潞西长官司后的数百年时间里，除为便于与内地公文往来，在土司衙门里设有"教读"一职外，儒学不兴，科甲未开。直到清朝末年，一些汉族聚居的山区才出现了私塾，成为潞西近代教育的发端。在私塾教育刚刚萌芽之际，美、英等国传教士乘鸦片战争之机深入到木城坡一带傈僳族地区传经布道，并创制傈僳族文字，开办教会学校。1915 年后，芒遮板行政委员会开始在本属推行国民教育，先后将勐戛、河心厂等地私塾改为国民学校，但规模甚小。1923 年成立芒遮板行政区劝学所时，全境只有 7 所国民学校，其中包括唯一一所勐戛高小国民校和 1920 年创办的勐戛女子国民学校。在校学生仅 200 余人，教员 11 人。这些潞西最早的新学校全部分

360

布在山区，在傣族聚居的坝区，直到 1932 年由潞西土司创办"潞西公立两级小学"时，才实现学校教育零的突破。

西山乡位于绿树成荫、生机盎然，海拔 780—1750 米的西山上，距离州府所在地潞西市约 47 千米，是我国境内景颇族最为聚集的地区之一。景颇族属于"直过民族"，即在很短的时间内从原始社会末期直接过渡到社会主义社会。这是一个极具传奇色彩的民族，原来主要生活在山上，以狩猎为生。在历史变迁中，克服千难万苦，逐渐往山下迁徙寻找家园，创造了景颇族的优秀历史和文化。西山乡至今仍然保留着景颇族特有的传统文化，如饮食、服饰、婚嫁丧礼等风俗习惯。因为是山区，同一个寨子的农户也都散落在高低不平的山坡上。村寨之间的距离都很远，相互间交流较少，长期以来是一个相对封闭的小社会。

西山乡人民政府所在地弄丙村，辖 6 个村民委员会，40 个自然村，48 个村民小组。2005 年末普查统计，全乡共有居民 2635 户，总人口 11292 人，其中农业人口 10849 人，占 96.07%。有景颇族、汉族、德昂族 3 个民族长期居住，其中景颇族 9842 人，占总人口的 87%。

## 二、经济发展

西山乡经济以传统型农业为主，经济发展仅靠甘蔗、茶叶等传统农产品和对基础设施建设的投资来拉动。近年来，有少量农户开始种植经济树木，也有一些外地的企业来这里与农户签订承包合同。全乡实有耕地 40546 亩（含外来承包户面积 10799 亩），其中水田 9826 亩，人均耕地 2.6 亩。据 2005 年末的统计，西山乡粮食总产量 319.8 万公斤，人均口粮 292 公斤；农村经济总收入为 2146.31 万元，农民人均收入仅 918 元，低于人均纯收入 924 元的贫困线。主要务农工具是手扶拖拉机，个别富裕的家庭还能购买一两辆大卡车；代步工具主要是摩托车，极个别家庭有能力购买汽车。

通往西山乡之路有很长一段是崎岖不平的盘山路，当地人称为"磐石路"。这里土地肥沃、光照充足、雨量充沛，属亚热带季风气候，适宜多种热带作物生长。尽管物产丰富，但是由于景颇族大多居住于山梁上，山高坡陡，交通极其不便，因此大部分只能做到自给自足。西山乡的中心寨每五天举行一次集市，当地人称为"街子"，举行集市的那一天被称作"街子天"。集市内大部分商家来自一山之隔、地处平原的遮放镇（傣族聚居地）。西山乡人卖的东西多是野菜、米酒等价格与利润均较低的农产品或自制产品，极少有人进行商品贩卖。

我们走访的家庭盖起了小洋房，开起了小汽车。经过访谈得知，这家的男主人是个土生土长的景颇族人，他具有超前的投资意识，利用这里土地成本低的优势种植经济树木，并不断追加投资，如今积累了不少财富。就在离小洋房不到二十米的地方就有两座当地人称作的"叉叉房"，即用两个 Y 字形的木头做支撑，中间用一根木头做横梁，竹片为墙，再搭上些茅草作为屋顶的简易房屋。

受经济发展水平的影响，西山乡的基础设施建设和社会各项事业的发展严重滞后。教育投入严重不足，基础教育教学质量一直处于相对落后的状态。

## 三、风土人情

西山乡最盛大的节日是景颇族的传统节日——目瑙纵歌节。在弄丙村，有一个广场就是专门为目瑙纵歌节准备的。过节时这里会聚集成百上千的景颇族人，他们穿着传统服装，男人拿着景颇刀，女人背着小背篓，大家由一个专业的领舞人带着排成几层长长的螺旋，围绕着广场中央的图腾柱，踩着景颇音乐的鼓点翩翩起舞。听村民说，"别看几百人在一块儿跳舞，大家绕来绕去却不会打结，这关键就在领舞者身上，他必须是个经验丰富、舞技高超的舞者"。除了这个大广场，各寨群众都会在自己的寨子里聚集在一起，载歌载舞。听一位在这里生活了三十几年的李姓景颇居民说："现在（民族特色的活动）还是搞一点的，但是跟我小时候相比就没有以前那么热闹了……我们小时候也没什么玩的，一到过节那就是最好玩的时候。现在民族特色方面越来越少了。"

这里重男轻女的封建思想仍存在，有些女孩初中一毕业甚至还没有毕业就被家人安排嫁人了，也因此造成"女子读书无用"的恶性循环，但这样的现象正在逐渐减少。家长通常支持小孩上学，也鼓励他们说汉语，在村寨中景颇语仍是第一语言。由于地处中缅交界，这里存在一个严重的社会问题：毒品和艾滋。为此政府和学校也专门开展了"禁毒防艾"教育工作，但吸毒、赌博等问题仍然很严重。还有，近年来由于当地建设龙江水库，有大批居民的农田被淹没，因此政府赔偿了他们很大一笔现金，大多数人却没有好好利用这笔财富，反而好吃懒做、挥金如土。

由于语言沟通、地理位置、交通等问题，西山乡人口流动性不强。外出打工也是最近几年才开始的。据村民介绍，外出山东、四川等地打工的劳动力很多，也有很多女性嫁到山东、四川、广东等地，也有一些人来这里安家。而且也只有那些上过学的人，因为普通话相对流利才敢出去或者才能出去，出去的人回来描述的县城生活让更多的人逐渐也产生了走出大山的愿望。但是同时外来文化的冲击对青少年的成长也带来了负面影响，比如盼望初中毕业后跟着别人外出务工，厌学、间断性辍学现象严重。

# 第二节　个案学校分析

## 一、西山小学发展历史

截至 2009 年 9 月，西山乡共有 4 所村级完全小学，中心小学位于西山乡政府所在地；2 个教学点，有义务教育阶段班级 29 个，在校学生1011 人，其中少数民族学生 887 人，占学生总人数的 87.65%。有学前教育班级 6 个，在读学生 163 人，其中少数民族学生 138 人，占总人数的87.89%。学校现有在职教职工 73 人，其中专任教师 67 人，行政人员 1人，教工 4 人。

1951 年 6 月，云南省文教厅制订的《云南省兄弟民族教育计划》，内容包括兄弟民族小学教学计划、兄弟民族小学师资计划。计划里指出：

"凡是少数民族聚居的县区，均应设立省小……省小应主要招收民族子弟，兄弟民族学生所需的教科书、文具，由政府根据实有人数免费发给。"根据此精神，1952年，云南边疆工作委员会决定在景颇族聚居的西山开办一所公立小学。于是云南省边疆工作委员会与省文教厅协商，将昆明师范学院两班学生培训后分往云南省各边疆民族地区，有6人于1952年秋到达潞西，学校于当年秋季正式开学，由此，西山公办教育正式诞生。之后得到迅速发展，当年年底已有学生100余人，开始先后派教师到各村开办学校。在此之后，西山的学校逐渐增多起来，1985年累计有30所，村级中心小学6所，学生1706人，教职工72人。

1984年，根据省教育厅提出的举办半寄宿制高小的意见，西山区增设了半寄宿制高小点。自开办半寄宿制高小以来，全乡四、五年级学生得以集中到办学条件较好的6所中心小学就读，其他村寨只办到三年级，提高了全乡小学的毕业率和升学率。1995年春，西山开设载瓦文试点。进入20世纪80年代，根据省、州对发展民族教育的相关倾斜政策，县内通过对民族学生降低录取分数线，免收学杂费，积极推行双语文教学手段，加快了民族教育的发展步伐。西山受这一优惠政策的影响，发展步伐更快了。

1983年以后，西山农村小学逐渐进行学制改革，由原来的五年一贯制改革为六年制。1985年，西山迎接省、州"四率"检查，结果为入学率98.6%，巩固率98.5%，毕业率88.7%，普及率97.8%。到1989年，西山80个班中，有8个班已启用六年制教材。1998年3月，为了普及实验教学，上级给西山各村中心小学都配备了实验器材，西山弄丙中心小学、营盘小学配备二级实验器材，其他各村完小配备了三类实验器材，为学校普及实验教学打好硬件基础。2003年3月，西山进行了机构改革，撤原潞西市教委办，设立乡中心校。同年，根据上级"集中办学"的宏观部署，西山乡开始对办学规模较小的小学进行撤并，共撤并9个校点，撤并后全乡共有12个教学点。其中村级完全小学6所，完小校点6所，47个教学班，在校学生1151人，有教职工92人，其中公办在职81人，临时工11人。2004年，总结前面撤并的成功经验，又因地制宜，撤并5个校点，撤并后全乡共有 6 所完小。截至 2005 年 9 月，全乡有教职工 72 人，其中专任教师 68 人，教工 4 人。在校学生 1021 人，少数民族学生 901 人，占 88.2%。学前教育儿童 196 人。适龄儿童入学率 100%，辍学率 1.73%。2006 年 8 月，在西山乡党委政府的领导下，学校积极开展群众工作，将拱外小学撤并到中心小学。2006 年 11 月，在乡人大的领导下，深入到村委会、村民小组开展撤并学校的测评意见。根据广大群众的意见，2007 年 3 月将邦角小学并入中心小学，保留 1 个学前班，芒东小学并入毛讲明德小学，保留 1 个学前班，至此全乡共有完小 4 所，教学点 2 个。2008 年 4 月，上级领导部门为各村校配备了现代远程教育模式一、模式二的教学设备。2009 年 5 月，上级主管部门结合全乡各校信息技术课落后的实际，为中心小学配备了 23 台电脑，从此学生可以上电脑课。2009 年 9 月，全乡在职教职工 73 人，其中专任教师 69 人，后勤工 4 人。在校学生 1011 人，其中少数民族学生 885 人，占 87.5%。学前教育儿童 232 人，适龄儿童入学率 100%。

西山中心小学原辖 6 所半寄宿制小学，小学下面还分管一些村寨的教学点，其中也包括一师一校。从 2002 年开始，教学点开始不断被撤掉。到 2005 年，大部分教学点被合并到完小。在 2006 年一年内，所有的教学点都被撤掉了，中心小学所管辖的 6 所学校也撤并为 4 所。财政上各分校和中心小学相对独立，行政上亦各自为政，但中心小学无论在经费、师资还是教学设施等方面都优于各分校。

## 二、校园周边环境与基本设施

西山中心小学占地面积 20000 平方米，校舍建筑面积 4472 平方米，有教学综合楼 1 幢，办公楼 1 幢，学生宿舍 1 幢，学生食堂 1 间，教师宿舍 19 间，厕所 1 间。学校现有 D 级危房 1334 平方米，占 25.4%。学校配有电教室、远程教育室、少先队活动室以及由陈一心家族基金会捐资建立的图书室。

由于学校没有围墙和大门，就着山势修了三条路，任何人在任何时间都可以随意进出校园，给学生和教师的生命、财产安全带来了隐患。因近期中小学安全事故频发，全国都加强了相关的安全工作。在我们到达的前一天，西山中心小学根据市教育局的指示加建了一个大门，并配备了警示灯和警示牌（其实也只是三只竹棍拼成的简易大门），并聘用了两位景颇族青年作为保安在校门执勤。但建设费用、保安的工资均没有专项资金，保安亦没有编制，所有费用都是学校自行从管理资金中抽出。

2009年9月，学生人数近400人，因为教室不足，将一年级两个班合并成一个班，学生人数达到60人，给教师班级管理带来很大压力。2009年下学期，邦角小学的学前班并入中心小学，教室更加紧张。同时，学生人数增加也带来了住宿问题，目前尚有75名学生在铁皮房里睡，有60多人因没有床位和别人共挤一张床。夏天宿舍里拥挤且闷热，蚊虫和苍蝇四处飞舞，墙面和地板随处可见污垢和生活垃圾。

学校有一个篮球场和几张半废弃的乒乓球桌，没有正式的操场。平时学生玩耍的地方就是教学楼前的一块黄土地。他们借助最简单的器具，如饮料瓶盖、钥匙等在空地上玩"跳房子"游戏，另一些学生不参加任何游戏，只是在人群中张望、奔跑或是打闹。体育课在篮球场进行，依篮球场而上是一段陡坡，当教师宣布自由活动后，许多学生便散落于其中。

学校设有食堂，食堂有两位员工负责买菜、做饭，但她们只有一人有正式编制，另一位则是多年的临时工。到了饭点，两位员工非常忙碌，一人负责打饭、另一人负责打菜。学生们的午餐只有一个菜，通常是土豆烧酸菜等素菜，只有在街子天（每五天一次）或者学校杀猪时（半年一次）能吃到一些肉，但分量很少，有些学生从家带来咸菜就着饭吃。虽饭量给得很足，但显然难以提供儿童生长发育所需的营养。和城市的同龄儿童相比，这里的学生显得瘦弱、矮小。一部分教师回宿舍做饭吃，另一些为了方便会在食堂就餐。由于食堂座椅不足，学生们散落在宿舍周围的很多地方就餐，他们通常喜欢一群群蹲在草地上或坐在树上，边聊边吃。

学校设有一间医务室，配备了一位医师，备有常用药和点滴床，学生看病需要自己出钱但费用很低，如果实在没钱医师也会给学生看病。学校会组织体检，但并不是每年都有，也需要学生自己出钱。

学校的厕所是旱厕，每周有学生轮班打扫。到了春夏季，厕所里的蛆虫和苍蝇非常多，学校本来有两座厕所，其中一座是 D 级危房，于去年危房改造时拆除了，现在全校师生四百多人共用一座合计不到二十个蹲位的厕所。学校没有浴室，天气炎热时学生就利用户外的水龙头冲凉，还有些男生到附近的河里洗澡。

## 三、日常作息

学校分为春季与秋季作息时间，两者几无差别。除了极少数家庭距学校很近的学生之外，绝大多数学生和所有教师都住在学校宿舍，因此每天的时间比较统一。周一至周五的早晨 6：30，天还未透亮，学校就开始播放活泼的儿歌来唤醒师生们开始新的一天，值班教师则开始巡视并准备组织学生做早操。7：10 经过早操后做短暂的休息，学生们集中到各自的教室在教师的带领下开始早读，内容主要是最近学习过的语文课文（汉语）。

7：30—8：00 是自由活动时间，学生们通常在教学楼前的一片黄土地玩游戏，或是在教室里休息、闲聊。8：30—11：50 安排了四节课程，每节课 40 分钟，第二、三节课之间学生们统一到黄土地做课间操，第三、四节课之间学生们则在教室里做眼保健操。除此以外，每节课之间还有 10 分钟的休息。

11：50—14：10 是午餐及午休时间，学生们纷纷回到宿舍拿自己的碗筷，来到食堂外排队等待。午餐后学生们会进行一个小时左右的午休，他们通常会返回宿舍睡一会儿觉，还有很多精力较旺盛的学生在黄土地玩耍或是在教室聊天。

14：10 是预备铃，学生们集中到教室里准备上课，教师会带领学生复习一下上午所学内容。14：30—16：50 安排了三节课，每节课 40 分钟，两节课之间有 10 分钟休息时间。课后是 70 分钟的自由时间，学生们可以选择做作业、休息或玩耍。每周三下午是学校的劳动课，全校师生共同劳动，通过堆柴火、分拣茶叶等工作，为学生提供劳动与锻炼的机会。同时，这些物品卖出所得可以贴补学校财政收入、改善师生生活条件。

18：00 是师生们的晚饭时间，晚饭过后有短暂的休息时间。19：10—19：40 学生们到教室进行晚读，20：00—20：40 学生们上晚自习以便完成一天的作业。下自习后，学生们回到宿舍开始打闹、闲聊、洗漱，由于操场照明不足，除了上厕所的同学户外几乎没有人。21：25 打预备铃，值班教师开始巡查，督促学生上床睡觉，21：30 准时熄灯。大多数学生此时并没有入睡，躺在床上小声说话。过一会儿，房间里才渐渐安静下来，学生们繁忙的一天就此结束，而值班教师也终于可以回宿舍休息，准备第二天的工作。

## 四、课程安排

学校共开设了 16 门课程，分别是语文、数学、品德、科学、音乐、体育、美术、英语、少队、班会、劳技、口语、作文、写字、电教和地方课，其中口语、作文、写字课合计为一门，在前三分之二学期轮流上，临近期末时则被语文、数学占据。很多教师身兼数职，不但要完成多项课程的教学任务，还要承担行政任务，工作压力非常大，周末和假期还要参加各种培训，得不到及时有效的休息。

## 五、学生情况

西山中心小学目前共有 11 个教学班，其中学生 398 名，女学生占 49.4%；少数民族学生 291 名，占 73.1%，以景颇族为主，有极个别德昂族学生；住校生 337 名，占 85%；有两个学前班，在校生 89 人。学生都来自西山乡，他们的家离学校最近的约 15 分钟步行距离，最远的则需步行 2—3 个小时。中心小学校区入学率为 100%。

中心小学的高年级学生平均年龄偏大，五年级中已经有 16 周岁的学生，这些学生多是因为上学较晚，很少有留级生。但随着控辍保学工作的全面开展，低年级儿童基本于正常年龄入学。由于少数民族可以生育二胎，因此很多学生都有姐妹或兄弟与自己同校，在日常生活中姐姐或哥哥经常会给予妹妹或弟弟照顾与帮助。

## 六、教师待遇与生活条件

根据西山中心小学提供的 2010 年教职工信息显示，西山中心小学共有教职工 70 人，其中高级职工 2 人，未评者 12 人，小学高级 22 人，小学一级 16 人，小学二级 16 人，医生 1 名，中级职工 1 名。西山中心小学共有 28 名教职工，其中景颇族 12 名，汉族 14 名，傣族 2 名；本科学历 1 名，中师 3 名，中专 1 名，专科学历 18 名；初中学历 1 名，高中学历 4 名，男教师 10 名，女教师 18 名。学校设有专门的教师宿舍，2—3 名教师共用一套约 40 平方米、形状狭长的宿舍（其中近三分之一的面积为露天），有厨房，没有厕所和浴室。在学校领导和教师自身的努力之下，已在近年逐渐消除了夫妻分居的状况。

## 七、学校与乡村政府和社区关系

西山中心小学覆盖的学区包括弄丙和拱外两个自然村，村子中大多数寨子为景颇寨，家离学校最远的学生要花上一个半小时左右步行来学校。西山乡政府位于弄丙村的街上，距离学校五分钟的路程，从学校的大门爬上一个长长的坡就到了西山乡的中心，乡里唯一的银行（农村信用社）、文化站、集市、餐馆、超市等公共场所就位于这块方圆不足 2000 平方米的平地上。

据西山小学校领导介绍，工作中与乡政府、村寨的合作非常多，经常下乡开展工作。他们不仅要完成与教育相关的工作，如控辍保学等，也要完成乡政府分配的如养老保险推广等社会工作。学校有特殊活动如六一儿童节等，也会邀请乡、村干部来学校参加。用校长的话说，"不搞好乡亲关系，工作就无法开展"，经过校领导和政府的努力，西山中心校与学区的关系很融洽。

但是，在调研中我们发现，课程内容和教科书统一使用人民教育出版社版本，教师在授课过程中举例和讲解都有城市倾向。学校没有校本课程，也缺乏对社区发展和村民生存的关注，难以激发学生的学习热情，也与社区发展没有直接关系。

教师不是本社区成员，对社区没有多少了解，对村民的生活、疾苦了解不多，对社区没有太多感情，对农村社区发展的迫切性没有感触。大部分教师周末都不在学校，去社区进行家访的比例也不是很高，除非学生出现逃学等现象。

# 第三节　田野工作的计划与安排

为了促进民族地区的发展，国家先后制定了若干教育政策。那么这一系列的民族基础教育政策究竟是如何执行的，发挥了哪些作用，还存在哪些问题，应该制定什么样的政策促进民族地区教育事业的发展。带着这些问题，研究者进行了深入的现场调查研究。

对于每一个田野调查研究者来说，进入现场都是一个难题。整个调研过程，访谈和观察是非常重要的资料收集方式，吸收了人类学的视角，认为观察者是"在自己的时间和空间"并以自己的"自然作息方式"开展工作，试图明确他们的行为和想法之间的关系。

研究者使用的调研工具有：问卷（教师、学生）；访谈提纲；观察表（课堂、校园、宿舍、食堂）。按照行前的安排，问卷对象取样为小学四、五年级学生，学生问卷发放 127 份，回收有效问卷 120 份；教师问卷发放 28 份，回收有效问卷 22 份。

此次调研共访谈了潞西市教育局人事科办公室负责人事、师训、基础教育的三位行政人员及教研室的六名教师；潞西市民宗局穆局长；任教于西山中心小学的八名教师及该校的四名学生。社区调研主要安排在周末，这样安排的原因是西山中心小学和中学都是寄宿制，周末学生都回家了，而后教师们也纷纷离校。研究者也开展了社区调查，以进一步了解当地的社会现状和学生家庭、社区环境。

# 第二章　双语教育政策实施现状

## 第一节　政府部门对政策的理解与执行进度

通过对潞西市教育局、教科研中心、西山小学相关领导和教师的采访，我们了解到，当地涉及双语教学的主要部门有德宏州民教厅、潞西市教育局、潞西市教科研中心。双语教育政策纵向上通过文件、会议指示等形式，由省教育厅、州民教厅、市教育局、各中心校及其分管的学校逐级传达；横向上不同地区、不同民族的各级政府、学校有权力根据实际情况自主采取合适措施。

德宏州曾出台［州］186号文件鼓励少数民族双语教育，规定少数民族聚居地区从学前班到三年级必须实行双语教学，高年级根据各地实际情况灵活处理。市、乡一级未曾出台有关双语教学的政策文本，在各类工作会议、通知中也鲜有相关内容。

据教科研中心负责双语教育的教师介绍，潞西市的双语教育有三种类型：传承型、双语型及双语双文型。其中，传承型意在传承民族语言，从一年级开始，重点在学前班阶段，教研室曾建议高年级必须开课一年学习民族文字，但未得到采用；双语型重点在于用少数民族语言辅助教学，通常低年级采用传承型，一年级开始用民语辅助教学，主要在农村及民族聚居地区开展；双语双文型在双语教学的基础上加修民族文字，目前只有风平镇那目小学一个班在开展，并且只开设语文为双语双文课，其余课程仍以汉语教学为主。

在潞西市，人们习惯按照地貌特点将辖区分为"坝区"和"山区"。顾名思义，坝区是指地貌相对平坦、土地肥厚、交通方便的平原地区，山

371

区则是崎岖不平、可耕种土地面积小、交通不便的地区。潞西的主要少数民族傣族和景颇族，就按照不同的生活习惯聚居在不同的地区。傣族主要生活在坝区，这里的可耕种土地面积大，生产的"遮放大米"很有名，居民人均收入相对（山区）较高。景颇族则是高山民族，长期生活在山区，经济、文化发展相对滞后。潞西市教科研中心分管双语教育的只有银老师一位，他是在风平土生土长的傣族人。在我们的交流中，他基本上围绕傣族的双语教育在进行探讨，无论是傣汉双语教育的教师培训、教材撰写、课程设置还是教研活动，他都参与其中，可说是成果累累，而景颇族的双语教育则显得势单力薄。这种行政层面上的投入缺乏，在基层的实践中有很明显的反馈。

通过与教科研中心几位教师的交流，研究者发现当地行政人员普遍认为：双语教育是通过民族语言的辅助教学，帮助学生学好汉语、学好其他课程的"拐棍"。教科研中心的杨主任反复强调"我们所有努力的目的在于提高教育质量"；领导们虽不完全赞同以分数评论学生水平，但普遍认为这是最公平的方式，并且确实在教师培训、教研活动、对外交流中投入了许多精力以提高教学质量。对于民族语言在教学中的角色认识以及对双语教育的投入却远远不够。银老师总结道："以傣族为例，在文化、语言、文字的传承上，社区和家庭教育的作用远远大于学校教育。民族语言是不会丢的，但如果不搞好双语教学，为国家培养的少数民族知识型人才就会越来越少。"

## 第二节　学校层面对政策的理解与执行进度

西山中心小学因位于景颇族聚居区域，生源中景颇族学生占了绝大多数。通过与西山中心小学各级管理人员和教师的交流，研究者发现他们对于双语教学的态度与上级基本一致。普遍认为学好汉语非常重要，如果过不了语言关就很难学好其他课程。团委的景颇族唐老师就认为"学双语，可以懂（民族）语言……我认为很重要"，在低年级尤其是学前班通过开设正规的双语课来学习汉语非常重要。更有教师认为"应该先从（汉语）语言上过关，在学前班就把语言关给过了。上课，老师说景颇语，学生能懂就好。（民族语言或文字）高年级也可以学嘛，还是把（汉语）语言关给过了。低年级在拼音上两个都学，容易搞混淆"。但与此积极态度相对应的却是行动的滞后，学校领导和教师都对双语教育的投入不足，这一现象从以下多个方面得到了佐证。

## 一、教师问卷

本次调研共收回 22 份有效的教师问卷。填写问卷的教师中有 14 名为女性，8 名为男性。从教龄看，4 年的最多，有 4 人，占总数的 18.2%，其余教师教龄从 1 年及以内至 30 年以上较为均匀地分布（见图 5-1）。从民族看，汉族教师有 11 名，占总数的 50%；景颇族教师有 10 名，占总数的 45.5%；傣族教师有 1 名，占总数的 4.5%（见图 5-2）。从教师学历看，学历为中专、中师、高中的有 5 人，占 22.7%；学历为大专的有 14 人，占 63.6%；学历为本科及以上的有 3 人，占 13.6%（见图 5-3）。

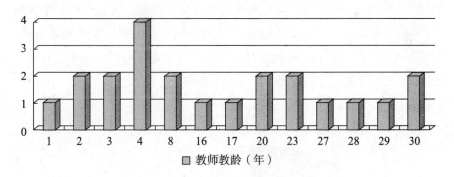

图 5-1 教师教龄分布

教师了解民族教育政策的途径分别是：工作（9 人，60%）、书本（1 人，7%）、电视等媒体（1 人，7%）、亲戚朋友（2 人，13%）以及参加会议（2 人，13%）（见图 5-4），有 7 人没有作答。教师们对双语教育政策的态度分别是：11 人认为对学校工作没有促进作用；有 9 人认为有促

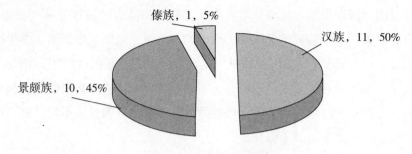

图 5 – 2　教师民族构成

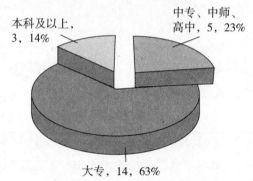

图 5 – 3　教师学历分布

进作用（见图 5 – 5），其中有两人补充该政策的积极作用为"对低年级的学生来说，双语双文有助于消除语言障碍，但是上级领导要求用普通话，因此对受教育者来说学习有点吃力"以及"双语教学可以加深学生对词句的理解，提高学生的学习兴趣"；有 2 人未作答。

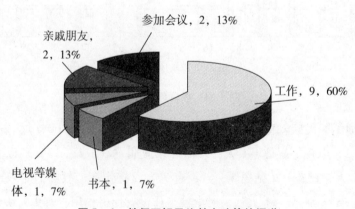

图 5 – 4　教师了解民族教育政策的渠道

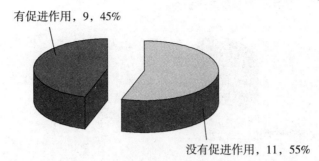

有促进作用，9，45%

没有促进作用，11，55%

图 5 - 5　教师对双语教育政策的态度

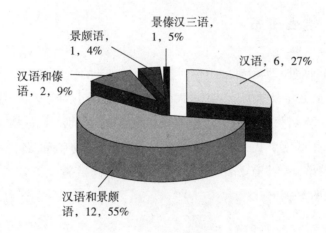

景颇语，
1，4%

景傣汉三语，
1，5%

汉语和傣
语，2，9%

汉语，6，27%

汉语和景颇
语，12，55%

图 5 - 6　教师所掌握的语言

　　教师所掌握的语言有汉语、景颇语和傣语，其情况分别是：只会说汉语的有 6 人，会说汉语和景颇语的有 12 人，会说汉语和傣语的有 2 人（见图 5 - 6）。日常生活中使用语言的情况分别是：只使用汉语的有 14 人，使用景汉双语的有 6 人，只使用景颇语的有 2 人；教学中除了 1 名教师在低年级教学时使用景汉双语、高年级时使用普通话，其余教师均使用普通话（见图 5 - 7）。

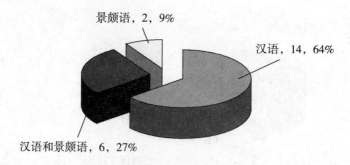

图 5 - 7　教师日常生活中使用的语言

## 二、学生问卷

本次共收回 127 份有效学生问卷，填写问卷的学生包括 61 名四年级学生和 66 名五年级学生。年纪最大的为 15 岁，最小的为 9 岁。其中有 61 名为女生，56 名为男生，还有 10 名学生没有填写性别。民族构成分别是：汉族学生有 35 名，占总数的 27.6%；景颇族学生有 88 名，占总数的 69.3%；德昂族学生有 3 名，占总数的 2.4%；土族学生 1 名，占总数的 0.8%（见图 5 - 8）。

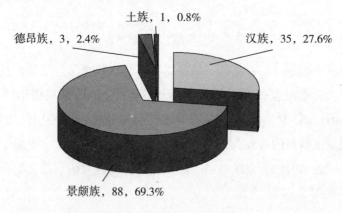

图 5 - 8　学生的民族构成

学生入学前语言掌握情况分别是：只会少数民族语言的有 53 人，占 41.7%；只会汉语的有 37 人，占 29.1%；会汉语和少数民族语言的有 37

人，占29.1%（见图5－9）。学生在学校使用的语言情况分别是：只使用少数民族语言的有7人，占5.5%；只使用汉语的有49人，占38.6%；同时使用汉语和少数民族语的有67人，占52.8%（见图5－10）；有4人未作答。

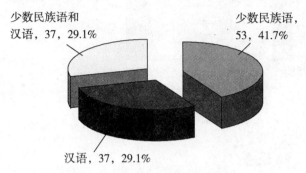

少数民族语和汉语，37，29.1%

少数民族语，53，41.7%

汉语，37，29.1%

**图5－9　学生入学前掌握的语言**

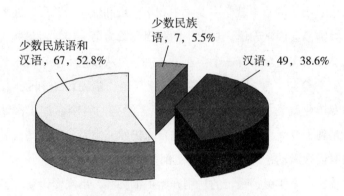

少数民族语，7，5.5%

少数民族语和汉语，67，52.8%

汉语，49，38.6%

**图5－10　学生在学校使用的语言**

学生反映能否听懂教师讲课的情况为，35人认为完全听得懂，75人认为大部分听得懂，14人认为很少听得懂。教师课堂语言使用的情况分别是：67名学生反馈教师讲课只用汉语，8名学生反馈教师讲课只用民族语言，49名学生反馈教师讲课时汉语和民族语言都会使用。65名学生表示希望教师用汉语上课，15人希望用民族语上课，41人希望用两种语言上课（见图5－11）。

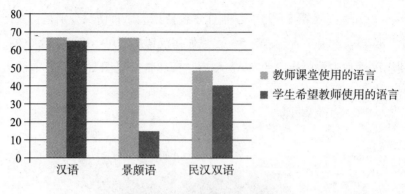

图 5－11　课堂语言使用情况

## 三、课程设置

西山中心小学的双语教学主要集中在学前班和低年级阶段。在校多数汉族学生、教师都会说景颇语。村完小的课程设置为第一年学习景颇文，接下来才开始学习汉文。全校有一个学前班，由一位从教三十余年的景颇族教师目老师（女）全包，学习内容主要是诵读汉语、学习汉语和景颇语拼音。目老师中专毕业就到村小当代课老师，年轻漂亮的她刚参加工作就充满激情，即使是到了今天，她看着孩子们的目光仍然充满爱心和温情。她回忆起刚工作的时候很激动，"那个时候我们都是一村一校，一校一师，一个人要管一个学校，三个年级，很忙的！刚开始手忙脚乱，后来慢慢就好了"。

提起学前班学生的双语教育，目老师就有说不完的话："我平时上课的时候就教他们拼音，拿着课本我读一个，他们读一个。他们还是学得很快的，很多小孩刚来的时候一句汉话都听不懂，倒都是很乖，坐在下面看着我。但我发出一个指令比如说'跟我读'或者'好不好啊'，他们都还是那样看着我，我就明白他们没有听懂。我会讲景颇话的，但是上课的时候尽量用汉语，这样有个环境他们会学得快一点，基本上一年级毕业的时候都能听懂了。当然会有个体差异，有的说得好一点，有的就说得不是那么流畅。"

除了教汉语、汉字以外，目老师课上也会教孩子们景颇文。她说："景颇文就像拼音一样，只要你记住了拼音，就能读出来，比如说我教你这些拼音，再给你一篇文章你就全部能读出来，只是你不懂（文章）是什么意思。但这些学生都会说景颇话啊，只要教会他们拼音，就都能看懂，只是平时用得少，他们读起来比较慢，长大一点有的也会忘记。又教景颇文拼音又教汉语拼音很容易搞混淆的，因为都是声母、韵母这样的，学生经常搞不清楚。"至于解决这个问题的方法，目老师"至今还没有想出来。"

学前班一共70多个学生，学区内大多数适龄儿童都会来读，由于不属于九年义务教育，每个学生每学期需向学校缴纳50元费用，以满足他们在学校里的基本生活所需。目老师告诉我们，每年西山中心小学一年级的入学人数在100人左右，但是参加学前班的人数与之有25%的差别，那么这些学生又怎么跟上进度呢？目老师说："有些孩子小的时候还是会讲汉话的，（因为）跟汉族小朋友玩的很多，有些不会讲的又不来读学前班，上学以后适应起来就困难一些。"问及不参加学前班的原因，目老师认为主要有两点："一个是娃娃小，有的家住得太远，家里或者寨子里又没有大一点的小孩，家长就不放心孩子一个人来学校；还有一个就是费用的问题，有的家长能承受，有的不能，也有的觉得没有必要（来读学前班），我们不强求，只是说鼓励宣传。"

今年44岁的她已经快要退休了，这个年龄在芒市的学校应该正是教学、科研、行政的中坚力量，但西山乡有个不成文的规定，即工龄满30年就可以退休。说起自己很快就要退休，她显得很从容："当老师还是很辛苦的，退休了就能好好休息了，当然肯定舍不得这些孩子"，当问起退休后由谁来接任工作时，她摇摇头，"我不清楚这一块，这个上面会有安排的，总不会没有人来教。"

虽然学生进行了一年汉语文学习，但小学低年级阶段学生汉语水平有限，有时会给上课带来障碍，懂民语的教师就辅以双语教学，不懂景颇语的汉族教师就通过其他的办法辅助教学。教小学低年级语文的汉族特岗教师张丽就举了个例子："语言上，他们有些会不懂。在学前班上不能解决语言问题，只能理解简单的。很奇妙，这个词给他们解释的时候，稍微抽象的词，只能讲得简单些。汉语言拼音，花、发，H、F分不清楚。（比如）格外，听不懂，在阳光下摘一朵花，放在教室和教室外进行比较，展示格外，这样比较形象，就容易理解了。"

义务教育阶段，学校并没有设置专门的双语课程，每周有一节"地方课程"，每学期有3—5课时用于教授民族文字。用如此短暂的课时，学生能学会多少文字呢？通过我们的访谈和观察，西山中心小学绝大多数的学生都不认识景颇文，少数懂得的也只能读懂一部分，没有遇见精通民族文字的学生。

在课堂里，绝大多数的教师都是用汉语进行教学的。在我们旁听的数节课中，教师在教授知识的时候没有用到景颇语，从我们观察到的课堂反馈来看，学生似乎是都听懂了，但从考试成绩和教师的嘴里却反映的是不同的情况。在这里执教三年的青年英语教师赖老师告诉我们："如果汉语水平可以的话，在三年级的话就应该可以了，如果汉语水平不怎样，即使到了六年级也不怎样……（汉语水平）女生普遍要好一些。我们学校的广播站，以前都是女生播音，但我们觉得这样不太好，就还是找了男生。"同时她认为，这种差异不是由智力造成的，而是因为"女生比较听话"。另一方面，赖老师也称赞景颇族学生的学习能力："景颇族学生学习汉语，要比傣族学生学得快。傣族学生学习汉语，读的时候会有傣族的音。"有不少教师告诉我们，这里的孩子因为语言障碍会引起学习困难，也会相应降低他们的学习兴趣和动力。西山中心小学的老教师郭老师则认为语言障碍更多是态度问题："一个班里有学习好的，也有学习不好的学生。六年级学生里有些连自己的名字都写不出来啊，有一部分小孩一点都不学习。"

营盘分校的双语教育曾经办得很好，学生通过自己母语景颇语与景颇文学习汉语，并且每个年级都设置有景颇文课程，不容易出现学习断层的现象；汉语学习内容很好理解，也容易被牢固地掌握。在高年级将汉语作为工具语言学习一些别的课程的时候，很少出现因语言不熟练而产生学习障碍的情况。但近年来，由于领导的不重视，村完小几乎完全用汉语授课。学校内几乎没有汉族学生，却要求用汉语授课，所以低年级的学生大面积地出现学习障碍。基础薄弱影响学生积极性，导致高年级学生厌学、辍学率很高。

## 四、教材与师资

学校使用的双语双文教材曾经是由州上免费提供的，据已在西山执教二十余年的目老师（男）介绍，州民教厅还曾经出版《景颇——汉互译手册》："它有很多图，比如这个手，它就画个手，下面两排，一排写景颇语的手，下一排写汉语的手，小孩子看这个学得很快的……"在校多数汉族学生、教师都会说景颇语。村完小的课程设置为第一年学习景颇文，接下来才开始学习汉文。某分校的双语教育曾经办得很好，但近年来，由于领导的不重视，村完小几乎完全用汉语授课。自 2008 年以来，州里已经不再派发双文教材，互译手册更是停发多年。

身为景颇族与汉族血统各占一半的教务主任许老师，拿出桌上的一本书告诉我们："这就是以前用的教材，现在州里不发了，学校里存着有那么几十本，我们就循环着用，老师地方课上有时候会安排教。"许老师向我们自谦："我的景颇话说得不好，初中才会说的，文字更是不会了。去年参加市上一个双语双文培训才开始学，这个教材我也学着。载瓦文是拼音文字嘛，只要会说，学会了拼音就能看得懂的。"

西山中心小学目前类似许老师的情况或者完全不懂景颇话的教师占多数，尤其是年轻教师基本以当地汉族或城镇来的教师为主，让这样的教师进行双语教学确实是强人所难，这也反映出了西山中心小学师资，尤其是双语教师的不足。负责学前班的目老师（女）还有一年就退休了，她说她退休后也不知道谁来教这些小孩，还有没有合格的教师，有没有人愿意做这份工作。还有教师告诉我们，双语课理应景颇族教师来教，但是景颇族能考上大专或本科的人很少，现在小学公立教师招聘时都有学历限制，这也是造成景颇族教师不足的原因。

双语教师的主要来源是省内中等师范院校，该校曾经开设有民族语言班，但由于州政府、市政府的不重视，民族语言班逐渐缩小，少数民族教师越来越少。毕业班教师会承受升学率指标所带来的很大压力，部分学校用抽签的方式决定教授毕业班的人选。教师培训并不系统，有少量到外省、外地交流的机会，以及市委、市教育局组织的培训学习，但普遍不能惠及大多数教师。

## 五、学业成绩

西山中心小学的双语教育意义在于将民族语言作为辅助和拐棍，帮助学生掌握汉语，学好其他课程。因未能取得学校历年来的教学成绩及排名资料，无法作相应的对比分析。但据已在此执教二十余年的目老师讲："以前有对译手册的时候，学生学得很快的，我按手册教那些学生。我就在想，我们景颇族学生不笨的，汉语可以学得很好的！只要语言关一过，他们其他课就不会存在听不懂老师在讲什么的情况，学起来还是有信心、有兴趣的。但是现在不搞这个（双语教学）了，很多学生高年级就跟不上了。"

南方少数民族的双语教育不同于北方，这里多种民族混居的情况很常见，每个少数民族人口也不一定很多，相对闭塞的环境让他们的民族语言传承情况良好，但汉语学习比较差。因此，学校进行双语教育的主要目的不是让他们学习自己的民族语言，而是让学生能够掌握自己的民族文字，促进他们的汉语水平与知识水平，成为双语兼通的现代知识型人才。

## 六、文化敏感性

在校园与课堂观察中，我们发现虽然课程设置中没有专门的双语课程，但学生的景颇话非常流利。在课上他们基本能做到用普通话与老师交流，但在课下玩耍、进餐、生活时，他们会自然而然地以景颇话为主进行交流，间或夹杂一些汉语。这里的景颇族学生都会说景颇话，很多汉族学生也能"听得懂一部分，会说一点点"。

# 第三章　影响政策实施的因素分析

党的十一届三中全会以后，德宏的民族教育大体经历了"恢复、改革、发展"的过程。20 世纪 80 年代初，全国召开了第三次民族教育工作会议后，德宏州结合本州民族地区实际、民族特点，从民族地区经济建设、社会发展的需要出发，坚持因地制宜、分类指导，建立了符合德宏少数民族地区特点的双语教育结构和体制，促使德宏的双语教育事业得到了长足的发展。尽管如此，该地区的双语教育政策在执行的过程中仍存在种种问题，因而给当地教育工作者带来诸多困惑。

## 第一节　政策制定者的认识

各少数民族之间在经济文化的发展水平、生产生活条件、语言文字、风俗习惯、宗教信仰、心理状态等方面，存在着许多差别和特点，这些都必然反映到教育上来。但各级政府部门、政策制定者对少数民族教育发展中的特殊性认识不足。具体表现在民族学校的办学形式、课程设置、教材及教学内容方面。

就双语教育本身来说，各地区、各民族之间原有的基础不同，发展也极不平衡。如果我们不能了解景汉双语教育中的实际情况，找寻不到影响其发展变化的内因，那么采取的政策和措施就缺乏针对性，也难以发挥作用。

许多民族学生过早结束学业，回到农村后所学的知识用不上或不会用，但又不愿参加生产劳动，就在社会上游荡。国家与政府对民族教育的投入是为了能够培养更多、更好的少数民族有用人才，但在全州中小学各学科课程标准的统一要求下，民族学生的教学进度要比汉族学生慢，学习成绩与学习积极性也有显著差异。

## 第二节　政策实施有关利益方的价值与利益分析

据教科研中心的银老师介绍，在 20 世纪 80 年代前期，德宏州 186 号文件出台后，双语教育曾经迎来了黄金发展时期。按照当时的规定，少数民族在参加升学考试时要加试民文，其成绩占总成绩的 30%。这一政策不仅极大地鼓舞了民族学生学习民族语言文字的热情，影响了教师的教学态度，并且客观上为母语不是汉语的少数民族学生增加了一些与汉族学生在同一起跑线上竞争的机会，为少数民族培养更多的人才。但该政策在 1985 年前后取消了，从此双语教育落入低谷，民族学生的学习成绩和升学率也有所下滑。曾经有村寨里的老人提议恢复以前的政策，州政府表示会对此有所考虑，但多年来一直未有任何改变。

虽然国家在全力提倡新课改，但考评标准仍然是分数，教师的绩效工资也与学生的学习成绩紧密挂钩。升学考试中不考民族语言和文字，教师自然不会做这样"没有直接效益的事情"。

## 第三节　政策执行资源的评估

双语教育最必要的资源就是教师与教材，但这两项需求都没有得到满足。双语教师的设岗、招聘、培训都没有政策和财政保证，教材更是早已停发。国家两免一补政策并不包含景颇双语教材，此前学校使用的教材是州财政支持印发的，现在州里财政吃紧，双语教材成了首先被裁减掉的预算之一。只有潞西市教研中心自己编制乡土教材，而编制过程也是困难重重。

学校多年前使用过的《民汉词语对译手册》得到了教师的高度评价，是德宏州教研室在潞西市教研室 1985 年编著的《双语教学识字篇》基础上编著的，把小学统编语文课本 1—10 册中的生字、生词、解释和例句逐个按四行体进行对注。第一行是汉语拼音、第二行是汉字、第三行是民族文字、第四行是为民族文字注音的汉语拼音。民文教师可用第一、二、三行教，其他教师可用第一、二、四行教，只要按第四行的汉语拼音拼读民族语，学生就能听懂，学生还可以用来自学。该手册利用了民文的"桥梁"作用，使教师、学生基本能借助其来教学、学习，从而有效地提高了教学与学习效率，为学生今后的学习打下了坚实的基础。但如此实用、高效的手册却已停用多年。各种教学资源的匮乏给教师、学生们带来了种种困难。

当地教师主要来源是省内中等师范院校，曾经开设有傣语、景颇语、载瓦语民族语言班，但由于州政府、市政府不重视，民语班已于 2005 年停开，精通民族语言的民族教师越来越少。现在国家对民族教育的投入比过去增加了几倍，基础设施、办学条件都比过去改善多了，州内教师队伍的数量和质量也比过去强多了。可是少数民族教师尤其是双语教师却缺少了，民族学校的教育教学质量和办学效益没有明显提高。

潞西市教研院由于景颇族研究人员的缺乏，教材、培训等方面均落后于傣族。去年市教研院组织了民族语教师培训，全市有二十几位景颇族教师被选中参加，他们多为能说景颇语但不能认读景颇文的青年教师，这些教师参加完这次培训后纷纷感觉受益匪浅。但这样有益师生的培训数量却极为有限，不能为更多的教师提供持续性的帮助。

# 第四节　其他影响因素

语言和文字的最重要功能即是交流、成为文化的载体，如若没有用武之地，学习来的语言文字很容易就会遗忘。即使没有遗忘，学习没有实际用途的语言和文字也没有实际意义。

景颇语作为景颇族学生的母语，在家庭中的传承情况是良好的，但与外界交流越来越困难。许多孩子初、高中毕业后就去外地打工，其中大部分都在外定居且与其他族群通婚，因此语言失去实用价值。而选择在故乡定居的孩子又缺乏与外界的交流，因此景颇语基本处于一种流失的状态。虽然新农村政策让农村条件大大改善，但社会中仍存在"读书无用论"的暗潮，因此在初中及以后的阶段，教师都需要花费力气上门劝导家长送孩子念书。

景颇语在西山的适用范围很广，传承途径稳定而多样，使用几率非常高。景颇文字相较之下很不常用，既没有出版物，在居民生活中也很少出现，这也是造成学校不重视景颇文教学的原因之一。

# 第四章　民汉双语教育政策的建议

## 一、增强政策制定的合理性

从政策制定的角度来看，一定要结合实际，因地制宜，发挥地区特长优势，重视民族文化传承与发展。面对我国少数民族"多元一体"文化发展的实际需要，按照"科学发展观"的要求，针对民族教育的发展，应构建国家普通教育与少数民族地区传统文化教育相结合的民族教育体系。建立与民族学校课程设置、课时安排、教材配套以及教学内容和教学方法都合乎民族教育特点和民族地区实际需要的教育教学体制，使少数民族教育在新时期、新的历史起点上，培养更多更好的少数民族有用人才，促进少数民族地区的经济、社会和文化发展。

双语教学是少数民族教育的核心内容，也是少数民族地区"多元一体化"文化发展的重要途径。各级政府、学校应按照"科学发展观"的要求，在基础教育阶段坚持以人为本的理念开展好双语双文教学工作，正确处理好用少数民族语授课和汉语教学的关系，实事求是地部署民族小学双语教学工作，把民族小学作为传承少数民族语言文化的主渠道，解决好教育公平与协调问题。

## 二、加大政策执行的监管力度

政策执行监督是政策运行不可缺少的环节和手段。如果政策执行没有监督或疏于监督，就容易流于形式。健全政策执行监督机制要做好以下几方面的工作。

1. 尽快制定和完善政策执行监督的规章制度

从中央到地方都要改变重廉政监督、轻效能监督的做法，在重视廉政监督的同时要强化效能监督。国家要尽快出台一系列有关政策执行监督方面的法律、法规和制度,尤其对监督主体、监督者的职责、监督的方式方法、被监督者的责任追究等做出细化,使政策执行监督走上法制化、制度化轨道。

2. 健全政策执行监督机构

为改变行政监察主体与监察客体共存于一个组织单元之中的不正常状况,强化监督职能,可考虑将原来隶属于行政机关的监察部门转为隶属于同级人民代表大会领导。这样既在法理上讲得通,又具有实践意义。因为,行政机关是同级人民代表大会的执行机关,向同级人民代表大会负责并接受人民代表大会的监督。如果人民代表大会没有自己的监察部门,实际上很难履行监督职责。监察部门隶属人民代表大会以后可以独立开展监察活动,更好地监督政府执行政策情况,防止出现"虚监"和"漏监"现象。

3. 鼓励公众参与监督

政策执行具有社会性、广泛性、经常性的特点,要建立社会监督网络,鼓励公众参与监督。公众一般是政策对象,对政策执行情况最有发言权。鼓励公众参与监督的关键是政务公开,信息共享。公众只有了解政策的"原汁原味",才能对政策的"变味"有着切身的感受,才能较好地行使监督权。

# 三、加大财政投入

民族地区地方财政困难,教育经费很难到位,经费不足的问题始终存在。学校缺少应有的软、硬件设施,校本教材的编制和发行等亟待经费的补充和支持。在经费问题上,一方面依靠各级政府落实中央政策,切实确保教育经费的投入和专款专用,提高经费的使用效益。另一方面要依靠广大群众的支持,贯彻自力更生原则,提高地方办学的积极性和主动性,搞好捐资、集资等多渠道办学。同时,鼓励社会各类团体组织对民族地区教育的支持,进一步组织好内地与沿海发达地区对少数民族教育的对口支援。

从教育的总体投入中，设立少数民族教育发展的专项资金，用于民族教育发展中的重要事项，如双语教学示范校点和班级建设、开展民族教育的研究活动、培训少数民族教师、建设少数民族语文教材、双语教师的教学质量奖等工作，以保证民族教育的发展。这就需要中央政府的专项财政支持，以及地方政府财政尽最大的努力筹措资金扶持民族教育。

正如世界著名的双语教育专家麦凯（W. F. Mackey）、西格恩（M. Sigyn）在《双语教育概论》中著述的，"就世界范围而言，双语教育对加强各民族相互理解是我们所能够做的最有价值的贡献；就国家范围而言，它是促进各个种族群体和少数民族和平共处的最佳途径。双语教育的代价无论多么昂贵，它都将比不能进行双语教育所付出的社会代价要低"。在我国实施"民汉兼通"的双语教育，是我国少数民族政策的一个重要组成部分，这一政策关乎国家民族的统一大业，这是无法用货币价值来估算的。因而，国家要制定一系列经费倾斜政策，以利于少数民族双语教育的社会工程得以顺利实施。

## 四、提高主体能动性

从主体的角度来看，壮大少数民族师资队伍，提高教师待遇。除了工资以外，在教师节等一些节日可以举办一些活动，增设奖金，给予教师更多的人文关怀。最重要的是加强教师对学生的爱心和责任心，形成积极、良好的大氛围，营造舒适和谐的人文工作环境。在这种环境里，教师和学生、家长们会更加紧密和频繁地交往，对学生的感情和责任心也会大大增强，真正从内心深处爱护学生，视教好学生、提高学生成绩、促进学生健康成长为己任。

家庭与社会是语言传承与发展的媒介，应该加强对民族语言的重视，可以请当地精通傣文的民间艺人充当教师，教学生民族语言和文字，融合当地民俗、趣味故事、山歌、经书等内容增加教学的趣味性。

# 个案六

## 民族民间文化进校园政策研究
### ——以贵州省雷山县方祥民族小学为例

## 概　　要

　　贵州省作为全国多民族聚居的大省之一，其民族教育政策的实施状况有着重要的研究价值和参考价值。以该省为代表的民族民间文化进校园的教育政策成为近几年来教育学、社会学及人类学研究的热点。

　　本研究以教育政策分析的相关理论、多元文化教育等理论为指导，以文化敏感性的研究为新关注点，根据田野调查的实际数据整理，旨在通过对贵州省黔东南州雷山县方祥民族小学的案例分析（苗族聚居地区的代表）。透视贵州省民族民间文化进校园政策在基层学校推行过程中的现状（如取得的成就、效果及影响）及存在的问题，如政策本身的问题、各种因素（自然、社会等）的制约等。对于政策的分析，不仅要把问题的焦点聚焦于政策本身的内容和执行方式上，而且要密切地关注政策以外的、与政策执行相关的若干因素。以重点问题为研究蓝本，对此进行宏观（政策本身的问题）、中观（具体实施的问题）、微观（自然条件、社会条件等的限制，社区居民对于政策实施的看法及结果分析）等维度的分析。分析的对象包括教育行政人员、学校领导、教师、家长、学生，甚至是社区人员等方面。

　　针对上述问题，有必要进行政策实施经验的总结和思考。在基础教育领域实施文化保护政策的过程中，要注意协调民族民间文化的保护与政策实施之间的矛盾，包括处理主导课程政策与民族民间文化保护之间存在的冲突、自发性质的文化保护与制度化的政策之间存在的矛盾以及与民族民间文化进校园政策的评估与制定的初衷相悖等问题。

　　基于以上分析，应该制定相应符合新现实需求的政策或者是通过现有政策的有效调整，来保障民族民间文化的传承及保护。相关部门必须寻求政策的制定机制与实施机制之间的平衡，关注政策实施中涉及文化敏感性的问题，尤其注意对民族民间文化的不同内容和形式进行相应的分类和处理。并探讨在多元文化教育背景下，政策层面的民族民间文化保护如何开展的问题，为文化的保护寻求最佳途径（在强制力量保证之下，发挥好自发传承的作用）。

　　民族民间文化进校园的教育政策不是一项独立的政策，与基础教育领域的其他政策如两免一补、寄宿制、新课程改革、双语教育、师资队伍的建设等息息相关。各项政策之间保持相互补充、相互调整，能够使政策的实施更有力度，更能达到预期的目标。

# 绪　论

## 一、问题的提出与研究价值

近年来，关于教育政策的研究越来越多，教育政策在指导教育发展中所发挥的作用也得到了更多学者的关注。民族教育作为我国教育的重要组成部分，其教育政策的实施不仅仅是教育问题，更是国家的问题。民族基础教育政策的制定，也涉及越来越广的范围，关系着学校、教师和学生的方方面面。

隶属于民族政策系统的民族文化政策，其调动或约束的对象就是民族文化，其中的调动对象指民族文化的被保护部分，约束对象则是指不利于民族文化存在、传承和发展的各种因素。但是在现实生活中，特别是改革开放和全球化背景下，异彩纷呈的少数民族传统文化及其传承状况，又会反作用于民族政策，检测民族政策实施的可行性和有效性，同时也将民族文化传承所遇到的许多问题反馈给民族政策的制定者和实施者。这种信息反馈要求具体政策，即民族文化政策需适时进行变革和调适，从而更好地保护和促进民族文化传承①。

教育的一个主要功能是传承文化，随着现代化、全球化文化浪潮的席卷，越来越多的民族文化，尤其是少数民族文化都在不同程度地走向衰落甚至灭亡。少数民族文化的传承成为当今教育学科研究的内容之一。目前在一些民族地区，已经颁布了具有地方法律效力的民族教育政策来保护和传承优秀的少数民族文化，如贵州、云南等省。

地方性的教育政策是如何具体地传承和保护民族文化，在学校中实施

---

① 汪春燕．从民族政策视角论民族文化传承［J］．西北民族大学学报（哲学社会科学版），2006（1）．

现状和效果怎么样，有没有向其他省市自治区推广实施的可能性等都是目前值得深入研究的问题。

本研究所选取的贵州省雷山县方祥民族小学，即是苗族聚居区雷公山的一所民族完小，具有研究的代表性和典型性。在研究中，主要探讨以下几个问题。

一是，政策在学校实施的全面考量及简单评估。

（1）现状、取得的成就、实施的效果及影响。

（2）政策实施中的困难和问题，受哪些因素的影响。

（3）社区居民对于政策实施的看法。

二是，探讨教育政策通过哪些改进能够更好地传承和保护优秀少数民族文化。

三是，就调查结论探讨政策的实施矛盾、意义及普及性等一系列问题。

本研究的选题主要基于以下的原因。

1. 为何选择在基础教育领域研究民族民间文化进校园政策

近年来，随着经济社会发展水平的不断提升，对人的素质要求也越来越高，与此相关的教育问题也逐渐成为人们关注的话题。基础教育，特别是少数民族基础教育的发展问题引起了政府和社会各界的重视。国家主管部门为此制定了诸多法律条款，如《中华人民共和国民族区域自治法》、《中华人民共和国教育法》、《中华人民共和国义务教育法》等，都对民族教育的相关问题进行了初步规定，初步构建了我国少数民族基础教育的法律体系。这些法律体系和我国关于民族地区的教育政策共同调节与规范民族基础教育的发展。

民族基础教育政策既然已经成为民族教育以及民族教育政策中不可忽视的重要内容，理应引起人们的关注与重视。本研究试图以贵州省雷山县方祥民族小学为例，对贵州省近几年颁布的民族民间文化进校园的政策在实施地进行全面的实际考量，对民族基础教育文化相关政策的实施现状进行深描、探讨和分析。一方面提供民族基础教育文化相关政策实施情况的田野材料，另一方面以此为例，探寻当前民族基础教育文化相关政策实施中存在的问题。探索其实施的意义及普及性问题，从而为现实的民族基础教育文化相关政策决策和执行提供理论参考和依据。

民族民间文化进校园政策的主要实施地点就是贵州省各州县的中小学。民族聚居区的小学作为民族民间文化的主要传承地，有着巨大的研究和参考价值。并且基础教育领域的升学压力相对于高中阶段较小，没有过于繁重的学习任务，有更多的时间学习民族民间文化。文化扎根从小做起，对培养民族民间文化的继承人有重要的意义。

2. 为何研究民族民间文化进校园政策

我国是一个拥有 56 个民族灿烂历史文化的大国，各个民族在岁月的长河中留下了宝贵的文化财富。但是随着现代化、全球化的文化浪潮的席卷，越来越多的民族文化，尤其是少数民族文化都不同程度地走向衰落甚至濒危。少数民族文化的传承成了当今教育学科研究的重要内容。

作为指导教育发展方向的教育政策，在文化传承方面也应该走在前列。从 2003 年联合国发布《非物质文化遗产保护条例》以来，全世界更加关注文化遗产的传承和保护。

民族民间文化是中华民族赖以生存的文化根基，是延续过去、联系现在、开拓未来的纽带和桥梁，保护民族民间文化与当今中国发展有着密不可分的关系。保护民族民间文化既是中华民族自身关怀的需要，也是中华文化传承和创新的需要；是实现国家民族持续和谐发展的需要，也是适应经济全球化发展态势、维护文化主权和推动人类文明发展的需要。但是现在民族民间文化及其保护的现状令人堪忧①。

在倡导多元文化发展的今天，有必要增强对于文化相关教育政策的敏感性，全面考量该政策在实施中存在的问题，为今后的相关研究和发展提供更好的依据。目前相关的政策只是在实施的尝试阶段，很多地方还欠成熟，通过现实例子的探究最为合适。

---

① 喻峰，傅安平. 民族民间文化保护与当今中国发展之需要［J］. 理论导报，2006（2）.

另外，虽然国内关于少数民族基础教育政策的研究非常多，但是关于文化与政策的相关和探讨方面或者以一个省级文本的实地实施为个案的研究并不多。因此，本研究弥补了这一方面的缺陷。

3. 为何选取贵州省雷山县方祥民族小学作为个案

千百年来，贵州各族人民创造了丰富灿烂的民族文化。2005 年 9 月，全国各地展开申报第一批"国家级非物质文化遗产代表作"工作，并于年底公示了第一批进入国家名录的代表作，贵州有 40 项非物质文化遗产位列其中。贵州作为非物质文化遗产资源富集省，非常有必要保护和传承民族文化。

贵州省是全国率先以正规教育政策文本形式发布文化保护条例的多民族聚居省份之一，具有很强的代表性。而方祥民族小学既处于苗族聚居区雷公山保护区，又是联合国项目的个案点，具有很强的代表性。作为苗族文化的传承和保护地，学校各项工作开展得有声有色。尽管如此，省级教育政策颁布之后，仍然有一系列的问题需要解决。以此为例能够为其他地区和学校更好地提供学习模板，而且开展相关的调查工作也比较容易。

## 二、相关研究文献综述

民族民间文化进校园的具体政策，在分类上既从属于教育领域的特色政策，同时也含有文化政策的色彩。因此，在以下文献回顾中将对这两方面的内容都有所涉及。

回顾共分为国内和国外两部分。国外的文献主要是关于教育政策研究以及文化多元的研究，由于国情不一样，将不做太多赘述。国内的研究也主要是以少数民族基础教育政策研究为主，贵州本土的研究略有涉及。

（一）国外相关研究

1. 关于教育政策的研究

和我国教育政策研究相比，国外的教育政策研究具有长足的发展。教育政策已经成为几乎所有国家级教育研究所的重要研究领域；许多著名大学都开设了教育政策学的研究课程或专业；教育研究的专门杂志也纷纷出刊；这方面的著作更是大量涌现。其特点主要表现在：第一，教育政策研究组织机构设置的立体网络化；第二，教育政策研究种类多样化；第三，教育政策研究方法日趋综合化、灵活化；第四，教育政策研究主体相对独立和自主性日趋强化；第五，教育政策研究理论与实践发展的相对同步化[1]。

在当今国际学术界，公共政策研究有两个主要的分支。一个分支是"为了政策的分析"（analysis for policy），即通过考查特定现行政策的目标、影响因素以及贯彻落实的资源，以探明该政策的运作方式，并提出改进建议。另一个分支是"对于政策的分析"（analysis of policy），即通过描述和解释政策的制定和实施，以检验、修正或提出有关政策的理论。前者是偏重政策评估的应用研究，而后者属于关于政策的学术研究。前者多在政府内部使用，而且也经常在评价政策的智囊团中使用。中国现行民族教育政策的实施效果及其经验推广，显然属于"为了政策的分析"[2]。

2. 关于民族教育政策的研究

国外对民族教育政策的研究起源于公共政策研究，受到多元主义理论、精英主义理论和结构功能主义等理论的影响。多元主义的代表人物达尔（Robert Alan Dahl）等人对多元主义理论的理解与阐释，集中于"权力"领域的分配，却忽视了权力以外的影响因素，后来遭到了巴克拉克和巴拉茨（Bachrach & Baraz）等人的攻击。而古典精英主义所持有的观点

---

[1] 谢少华. 当今国外教育政策研究特点述要 [N]. 中国教育报，2000 - 06 - 07.

[2] 查尔斯·蓝伯. 公共政策研究的新进展 [J]. 郁建兴，徐越倩，译. 公共管理学报，2006 (4).

进一步强化了决策分析中的"权力"意识和精英意识，并没有涉及决策分析中的"非权力"因素。结构功能主义则强调了权力以及权力之外的经济、文化等多种因素在政策研究中的影响，以一种批判的、全面的和辩证的观点研究政策中的各种影响因素，为开展本研究提供了理论上的支撑。此外，在教育政策理论与实践中，各国的多元文化教育政策也逐渐兴起并受到政府和公众的关注。

### （二）国内相关研究

1. 关于教育政策的研究

关于我国教育政策研究的现状及分析总结，国内有许多研究者做过相关研究，现按照时间顺序进行梳理。

从 1985 年到 2002 年，我国学者对于教育政策的研究主要集中在以下几个方面。

第一，关于我国教育政策研究的形成背景，曾天山、金宝成提出了代表性的观点。他们认为我国的教育政策研究首先是在实践中应运而生的，产生于教育改革与发展的现实需要、相关其他政策研究的推动以及国外教育政策研究的影响[1]。王本忠认为我国教育政策研究的出现是出于这样的需要：政策功能的巨大影响决定了我们要重视政策的研究；市场经济的建立呼唤与之相适应的教育政策。在市场经济条件下，国家和政府对政策的宏观调控主要依靠政策的法规管理。探索和制定与市场经济相适应的教育政策是教育部门的一项紧迫的任务，解决深化教育改革中遇到的矛盾和问题需要加强教育政策的研究[2]。

第二，关于我国教育政策研究取得的成果和产生的影响，曾天山、金宝成根据"六五"到"九五"期间我国教育科研课题的情况，从教育政策研究自身建设和科研成果两方面进行了阐述。他们认为我国目前已经形成了政府职能机构和专门政策研究部门为主导的政策研究队伍，研究学会

---

[1] 曾天山，金宝成. 我国教育政策研究的回顾与展望 [J]. 人民教育，2001 (4).
[2] 王本忠. 新形势下加强教育政策研究刍议 [J]. 江西教育科研，1994 (1).

组织逐步健全，专门研讨会渐成气候，课题建设和经费不断增加。他们认为，教育政策研究所取得的一批有影响的研究成果不断促进国家或者地方政府教育决策的科学化，在宏观教育层次、部门和区域教育领域和学校发展层次都对教育政策产生了重要的影响①。

第三，关于我国教育政策研究存在的问题，徐钦福认为教育政策研究存在不足，主要表现有：教育政策研究滞后于客观实际，研究主体缺乏前瞻性、战略性；教育政策研究的理论基础相对单薄，致使研究的视角、目的狭窄，研究的多样性、立体性受限；教育政策研究的手段、方法和形式相对保守、封闭；教育政策研究的力量单薄，没能形成整体的合力。谢少华认为当前存在的不足是：研究目的相对单一；研究方法、手段和形式相对滞后；研究类别或范围少而窄；研究的理论基础欠宽厚；研究主体系统较封闭；研究力量单薄。

第四，关于我国教育政策研究的未来发展，王本忠认为：首先，教育部门要高度重视教育政策研究，指出教育部门的行政人员要在参与管理决策与执行政策的过程中，深入实际，善于调查，重视政策的研究，积极参与政策的规划、制定，不断提高政策研究水平；其次，建立一个健全有效的教育政策体制，这样一个体系要求具有健全的组织机构、稳定并能胜任工作的专职队伍、科学的工作方法、畅通的政策信息反馈渠道；最后，建设一支素质高、结构合理的教育政策研究的专职队伍。徐钦福认为应从这样几个方面着手：把改善和加强教育政策研究作为教育行政部门转变职能的重要抓手；构建符合社会主义市场经济体制的现代教育政策研究体系；完善和充实教育政策研究的方法体系；教育政策研究的立足点应在于制度和政策的创新；加强政策研究队伍建设，建设一支具有综合能力和素质的政策研究队伍是当务之急。曾天山、金宝成指出，在未来发展趋势上，教育政策基础理论研究不断深化，应用研究进一步加强，理论与实践的结合更加紧密，综合性研究特点日益突显，民族特色逐步明显，从本土逐渐走向国际，研究越来越科学规范，成果转化加快。在提高教育政策研究的质

① 袁振国. 中国教育政策评论 2001 [M]. 北京：教育科学出版社，2001：260 – 267.

量上，应在实践中寻找问题，同时加强学科建设①。

还有学者对 1994 年至 2004 年的教育政策研究进行梳理，得出如下评述。

第一，教育政策研究的快速发展。

从 1994 年有学者在学术期刊上呼吁加强我国的教育政策研究开始，十余年来，我国教育政策研究取得较快的发展。1996 年，袁振国主编的《教育政策学》出版，该书是我国大陆第一本将教育政策作为学科来研究的理论著作，较为系统地阐述了教育政策的基本理论。1997 年，由孙绵涛主编的《教育政策学》出版，该书是国家教育科学规划"九五"重点课题，"具有中国特色的社会主义教育政策研究"的基础性研究成果。探讨了教育政策的基本理论问题；对我国教育政策的历史沿革以及发达国家的教育政策进行了比较研究；较系统地论述了教育政策的制定、执行和评价；并分析了当时我国若干教育政策。这两本专著在我国教育政策研究中具有开创性意义。

第二，存在的问题。

一是，关注政策内容分析，对政策过程的研究不够。目前，国内教育政策研究很大一部分是对政策内容的分析，对于政策过程的研究偏少。要改进教育政策制定系统，离不开对教育政策实际过程的经验研究。通过教育政策过程，可以看到影响教育政策制定和执行的教育性因素及其与政治、经济、社会等外部变量的复杂关系，而对这些因素及其关系的理解和认识，正是改进教育政策制定的重要基础。

二是，以文献和思辨研究为主，对政策现象的经验和实证研究不够。我国的教育政策研究目前以文献、思辨和规范研究为主。研究倾向于对教育政策文本的解读和阐释。

三是，理论基础比较薄弱，跨学科的研究能力有待提高。跨学科是教育政策研究的基本特点，政策学、教育学、政治学、社会学、组织学、经济学、传播学等众多学科，都可以为理解、解释和探究教育政策现象提供基础性的概念工具和理论框架。

---

① 李军. 我国教育政策研究现状分析 [D]. 上海：华东师范大学教育科学学院，2004.

（4）研究的规范性不够。目前我国教育政策研究在问题意识、理论假设、文献述评和参考文献的引用等方面都有较明显的欠缺。虽然从纵向发展上看，我国教育政策研究的规范性在不断加强，但和国外研究所体现的问题意识、方法意识和学科意识相比，国内研究在规范性上的差距仍然较大。论文中极少的理论假设以及在对前人成果的文献述评、问题意识的明确性和参考文献等方面所体现出的不足，说明国内的教育政策研究不仅需要加强研究文体上的规范性，更为重要的是发展研究逻辑或方法论的规范性①。

2. 关于少数民族基础教育政策的研究

（1）关于少数民族教育法律法规的研究。关于这方面，相关的主要研究有滕星、王铁志的《民族教育理论与政策研究》（民族出版社，2009）；朱玉福的《〈义务教育法〉实施以来少数民族义务教育事业的回顾与展望》（民族教育研究，2007）；陈立鹏的《我国地方少数民族教育立法的内容及特点》（黑龙江民族丛刊，2005）和《新时期我国少数民族教育立法的内容及特点》（贵州民族研究，2005）；丁月牙的《少数民族教育平等问题及政府的教育政策选择》（民族教育研究，2005）；王鉴的《我国民族教育政策体系探讨》（民族研究，2003）；李生、赵飞的《民族教育政策与民族教育法的关系》（内蒙古民族大学学报，社会科学版，2003）；杨玉芬、李自然的《试论我国少数民族教育立法现存的问题及政策》（内蒙古工业大学学报，1997）；蒋永松、孙晓咏、姜卫东的《关于少数民族教育立法的探讨》（中南民族学院学报，1994）等众多研究。

（2）关于民族基础教育政策的研究总结。近年来，国内对民族基础教育政策的相关研究主要集中在以下几个方面。

第一对民族教育政策特点的研究。徐杰舜、吴政富等对新中国成立以来我国民族教育政策进行了系统的研究，认为"民族教育政策是我国民族总政策和教育总政策体系中不可或缺的有机组成部分"。新中国民族教育

---

① 涂端午，陈学飞. 我国教育政策研究现状分析［J］. 教育科学，2007（1）.

政策具有导向性、变迁性与相对稳定性、民族性与灵活性、继承而又与时俱进性、全面性、整合性与配套性、系统性、权威性、相关性、人本性、相对主观性等一系列显著特点①。

　　第二对民族教育政策现状的研究。研究者认为，目前我国民族教育政策存在着体系不完善、内容比较抽象、可操作性不够强、观念相对滞后、特色不够鲜明等缺陷。因此，需要完善少数民族教育政策体系，健全少数民族教育法律法规，解决民族教育的特殊性政策等理论问题。同时，还应当处理好国家宏观教育规划与民族教育发展目标的关系，民族教育政策与民族教育立法的关系，民族教育经费资助和人才扶持的关系，民族教育公平与效益的关系，等等。为此，"在其政策发展和完善过程中，应注意在教育目标的选择上以现代化为目标，突出民族教育的先导性；在教育改革和发展的指导思路上，应坚持社会功能与经济功能并重，并适度向经济功能倾斜；在教育增长方式上坚持速度、效益并重，并逐步转入以提高效率为主的轨道；在教育整体结构中，要突出职业的地位和作用。同时，要加强民族教育政策的立法工作，注意民族特色"②。

　　第三对民族教育政策制定的研究。"从政策制定来看，民族教育政策与其他公共政策一样，并不是凭空产生的，而是有其理论依据和现实依据"。研究者从理论和实践两个层面指出："从理论这个层面来看，我国民族教育政策的制定深受教育平等理论、民族平等理论、积极差别待遇与补偿理论的影响。从现实条件这个方面来看，我国制定民族教育政策主要依据是国家制度与性质、民族宗教状况、党和国家当前面临的民族主要工作任务、民族区域自治制度的实施、民族地区的现实需求等方面"③。

　　除此之外，还有研究者进行另外的分类。

　　对某项教育政策的个案研究。如潘磊的《"两免一补"教育政策的调查思考与建议——以广西恭城、龙胜县为例》、赵永辉的《对"两免一

---

①　徐杰舜，吴政富. 试论新中国民族教育政策的特点 [J]. 当代教育论坛，2006（15）.

②　冯玺，李磊. 我国民族教育政策现状及对策的探讨 [J]. 湖北社会科学，2007（10）.

③　李军. 我国教育政策研究现状分析 [D]. 上海：华东师范大学教育科学学院，2004.

补"教育政策的分析》等。

对教育政策过程某一部分的研究。如孔珍等人通过对政策出台前有关问题的研究。

对教育政策价值取向的研究。如王鉴的《试论我国少数民族教育政策重心的转移问题》。

对教育政策文化的研究。如许可峰的《社会主义和谐文化建设理论与民族教育政策发展》。

3. 关于文化传承与教育及其与民族文化保护政策有关的研究

（1）关于文化传承与教育之间关系的研究。国内目前关于文化传承与教育方面的研究也比较多，其中有王军的《文化传承与教育选择》，该书通过对各类大学的 800 余名少数民族大学生的问卷调查和个人访谈。其较全面地了解了在社会急剧变革当中少数民族大学生普遍遇到的各种问题；追根寻源，对少数民族的原在所在进行研究；进一步从教育人类学的角度对我国少数民族高等教育赖以存在的基础及其主要文化特征做了较系统的探讨。

许多学者也纷纷针对一些民族文化现象，尤其是被列为世界非物质文化保护遗产的一些优秀的少数民族文化进行研究。如雷晓臻的《仫佬族依饭节文化的传承及其演变》、苏红彦的《我国少数民族传统文化的传承与发展》、周智慧的《蒙古族传统游戏文化传承的价值及其对策》等。研究探讨其保护措施、教育在其中发挥的功能等。其中，最为系统的解释和案例分析是王军和董艳编写的《民族文化传承与教育》。该书既有文化传承与教育之间关系的理论阐释，也有大量一线的硕士、博士研究的实际案例，具有较高的理论和实践意义。

曹能秀、王凌在《论民族文化传承与教育的关系》中提道："教育促进民族文化的保存和积淀。民族文化的传承也是民族文化得以保存和积淀的过程。一般来说，教育能够促进民族文化的保存和积淀。""在教育活动中传递的民族文化传统中的价值规范、思想观念等，是某民族之所以成为该民族的基本内核。在使后人对前人所创造的社会文化具有高度适应性的同时，也维持了民族文化的生存，保障了民族文化的延续和相对稳定。因此，通过教育对民族文化的传承尽管有所选择，但可以促进民族文化的保存，维持民族文化的生存。"①

（2）关于民族文化传承以及相关的文化政策研究。关于文化政策方面的研究包括对于国外文化政策的研究以及对于国内文化政策的研究。

国外文化政策的研究较多地集中在对几个多元文化并存的大国的文化政策进行研究，如澳大利亚的多元文化政策。刘伟的《澳大利亚多元文化政策述论》提到："澳大利亚在解决国内的民族问题、建立平等和睦兼容并蓄的多元文化社会方面是较为成功的国家之一，多元文化政策无疑在其中发挥着重要作用。"② 刘有发的《从"白澳政策"到"多元文化政策"——浅谈澳大利亚国策的演变》提到多元文化政策在澳大利亚实施的优点时认为："多元文化政策的成功实践在澳大利亚产生了重大的经济和社会效益。首先，多元文化政策有利于经济发展和繁荣；其次，多元文化政策有利于改善澳大利亚的国际形象和促进国际交往；最后，多元文化政策有利于澳大利亚的社会稳定与和谐发展。"③

又如，加拿大的多元文化政策，韩家炳在《加拿大民族文化政策的演变与多元文化主义的缘起》中提到，加拿大联邦政府认为："我们坚信多元文化主义就是加拿大认同的实质。每一个族裔群体都有权在加拿大范畴内保留和发展自己的文化和价值。我们说有两种官方语言并不是说有两种官方文化，没有任何一种文化比其他文化更具官方色彩。多元文化主义政策必须是所有加拿大人的政策。"④

还有关于美国多元文化政策的研究。周莉萍在《美国多元文化政策初探》中提道："美国政府从 20 世纪 60 年代起实施的，旨在改善少数族裔

① 曹能秀，王凌. 少数民族地区的学校教育和民族文化传承 [J]. 云南师范大学学报（哲社版），2007（2）.
② 刘伟. 澳大利亚多元文化政策述论 [D]. 武汉：华中科技大学马克思主义学院，2005.
③ 刘有发. 从"白澳政策"到"多元文化政策"——浅谈澳大利亚国策的演变 [J]. 江西财经大学学报，2009（5）.
④ 韩家炳. 加拿大民族文化政策的演变与多元文化主义的缘起 [J]. 淮北煤炭师范学院学报（哲学社会科学版），2006（6）.

等弱势群体的教育、就业等状况的政策，具有鲜明的多元文化主义特征，促进了美国社会的种族平等与民主。但由于历史与政策本身的原因，多元文化政策也引起了巨大争议，有待于进一步思考与调整。"[①]

国内对民族文化政策的专项研究比较少，目前可以参考的文献中，阐释较为全面的观点有"民族政策在相当程度上决定着民族文化的传承与发展，民族纲领和总政策是对民族文化传承的根本保证。民族文化政策是为民族文化服务的，这一政策制定、实施是否科学、合理，直接关乎民族文化的繁荣或衰败"[②]。

4. 关于民族民间文化进校园政策已有的相关研究

贵州省民族民间文化进校园的政策的具体颁布和实施从 2007 年开始，因此对该项政策的相关研究目前并不多，大多数见于报刊的新闻报道以及政府的相关工作简报。

如《贵州日报》卷首语中提道："学校是传播文化、创造文化的重要场所，青少年是传承和发展民族民间文化的生力军。联合国教科文组织《保护非物质文化遗产公约》也强调青年人对非物质文化遗产的认同与传承。《省教育厅、省民宗委关于在我省各级各类学校开展民族民间文化教育的实施意见》下发后，我省许多学校积极开展'民族民间文化艺术进校园（课堂）'工作，并取得较好效果。"

《贵州日报》2008 年 8 月 12 日的第 10 版报道了《我省出台强化措施大力推进民族民间文化进校园》一文，文章中指出了关于进一步加强民族民间文化进校园的实施力度的相关措施，包括"要组织编写《贵州省民族文化教育课程标准》，让学校有本可依，按纲授课。要成立由民族文化专家、学者及有关部门工作人员组成的教材编写领导小组，分别编写小学和中学民族民间文化进课堂的乡土教材。相同文化类型的地区应加强统筹协调，编写和使用相对统一的教材。各地要制订民族民间文化教育师资培训计划，

---

① 周莉萍. 美国多元文化政策初探 [J]. 国际论坛，2005 (2).

② 汪春燕. 从民族教育视角论民族文化传承 [J]. 西北民族大学学报（哲学社会科学版），2006 (1).

多渠道、多形式解决师资缺乏问题"。"各级教育、民族工作部门要主动汇报，加强协调，力争把开展民族民间文化教育所需经费，列入当地财政年度预算。要从教育经费和民族教育专项经费中，安排一定数量用于民族民间文化教育，帮助解决教师培训、教材编写、教学设备等经费问题"。

在《纪念贵州改革开放三十周年暨贵州民族文化保护与发展研讨会会议综述》中说道："一名在基层从事教育工作的教师，三都水族自治县教师韦正文从自己在基层的感受，谈了对民族文化的忧心。他说，民族文化消亡特别快，民族民间文化进校园工作非常迫切，如在三都过端节，现在很多的男女都不太穿民族服装，节日的形式已经在经济的冲击下面目全非，让人心痛。民族语言消亡的速度也很快。现在在学校里，大家包括老师几乎讲的都是汉话，大家觉得讲水语可能很不好意思，觉得落后。十多年前，在卯坡对歌，那里就是歌的海洋，而现在情调都变了，都是仪式性的，失去了原汁原味，失去了其文化内涵。在学校学习了文化，还讲水语、唱水族歌，可能会让人觉得很落后，于是在心理上存在对水族文化的抵制。现在全县也只有我们学校还在教学生唱水族歌，要求学生尽量穿水族衣服。"他呼吁社会上应该更加强对民族文化的保护和传承①。

贵州省也积极表彰在民族文化保护中有杰出贡献的个人。《贵州民族报》2008年12月第8版省内新闻中有一篇名为《加强民族文化保护促进侗乡经济社会发展——记全省第六次民族团结进步表彰先进个人闵启华》的文章。文章中的主人公"大力推进民族文化进课堂工作。组织人员编写了《侗族文化知识读本》，在民族乡镇中小学实施'汉语—侗语'双语教学，在黎平二中设立民族班，在一些中小学设立侗族文化艺术特长班，将侗族文化引入全县中小学课堂"。

在贵州省民委工作人员的工作总结中，也有提到民族民间文化进校园的相关事迹——"贵州具有多彩的、悠久的民族文化，其中，相当一部分是非物质文化遗产。现有国家非物质文化遗产代表作54个。而非物质文

---

① 周真刚，敖惠. 纪念贵州改革开放三十周年暨贵州民族文化保护与发展研讨会会议综述[J]. 贵州民族研究，2008（6）.

化遗产的一大特点是要有传承人，只要停止传承，也就意味着消灭和灭绝。传承和保护民族民间文化是民族教育的重要内容，而今，许多优秀的民族民间文化濒临失传和消亡的危险，个体传承面临后继无人的困境。若开发好学校传承模式，将会让校园成为民族民间文化保护传承的主渠道，弘扬和光大民族民间文化。2002 年，贵州省教育厅、省民委联合下发了《关于在全省各级各类学校开展民族民间文化教育的实施意见》。2008 年，又下发了《关于大力推进各级各类学校民族民间文化教育的意见》。在两个文件的指导下，贵州民族民间文化进校园成为贵州民族教育一道亮丽的风景线。据 2007 年统计，全省有 431 所学校开展了民族音乐、民族舞蹈、民间绘画、民族工艺进校园、进课堂活动。"[1]

部分的理论研究主要是民族地区的研究员在实践中的总结或者研究成果。

如黄思杰在《贵州省少数民族文化保护中存在的问题及完善措施》中提到了政府在文化保护中所扮演的重要角色。"贵州省各级政府主要从以下几个方面对少数民族文化进行保护：一是各级少数民族地区的政府有目的、有计划地把开展文艺演出、歌咏比赛、书画展览、体育赛等文化活动，与宣传党的路线、方针、政策，展示各民族社会主义新风貌结合起来；二是各级少数民族地区的政府利用乡镇文化站、村文化室等，积极组织开展经常性的民族传统文化活动；三是各级少数民族地区的政府利用民族传统节日，组织各民族群众开展大规模的文化活动，继承和发扬民族传统文化；四是非物质文化遗产保护处和省非物质文化遗产保护中心的成立，使得全省文化遗产保护工作得到了前所未有的加强，并获得国家和文化部的肯定。此外，全省各类大专院校招生时，对少数民族考生在统考成绩总分的基础上加分投档，搭建了培养少数民族人才的平台"[2]。

---

① 参见唐建荣、杨顺清和石世文的《新世纪贵州民族教育发展回顾与展望研究（贵州省内部资料)》一文。

② 黄思杰.贵州省少数民族文化保护中存在的问题及完善措施［J].科技信息（高校讲坛), 2009 (1).

## 三、理论基础及核心概念

### （一）理论基础

1. 多元文化整合教育理论

"多元文化整合教育理论"也可称为"多元一体化教育理论"[①]，这一理论认为："一个多民族国家的教育在担负传递人类共同文化成果功能的同时，不仅要担负起传递本国主体民族优秀传统文化的功能，同时也要担负起传递本国各少数民族优秀传统文化的功能。""多元文化整合教育"的内容，除了主体民族文化内容外，还要含有少数民族文化的内容。一方面，少数民族不但要学习本民族优秀传统文化，还要学习主体民族文化，以提高少数民族年轻一代适应主流文化社会的能力，求得个人最大限度的发展。另一方面，主体民族成员除了学习本民族文化内容外，还要适当地学习和了解少数民族的优秀传统文化，以增强民族平等和民族大家庭的意识。学校教育应该通过乡土教材和校本课程开发来传承乡土知识，保护文化的多样性。

2. 关于文化敏感性的研究

近几年来，文化敏感性成为了多元文化研究的一个重要的关注点，在教育政策的研究中也有针对性应用。

目前，把文化敏感性作为研究视角进行研究的案例也越来越多，例如鲁芒·C. 昆耶塔（R. C. Quieta）著，范燕宁译的《契合文化敏感性方向的社会工作课程》；张敏的《试论编辑的文化敏感性》等，都把文化敏感性的概念引入了实际的工作领域，将文化敏感性作为切入点进行研究。

---

① 滕星."多元文化整合教育"与基础教育课程改革［J］. 中国教育学刊，2010（1）.

### (二) 民族民间文化进校园①

贵州省民族民间文化进校园的教育政策有正式文本规定，始于2002年。

2002年7月30日，贵州省第九届人民代表大会委员会颁布了《贵州省民族民间文化保护条例》，确定了贵州省需要保护的民族民间文化，并在条例中规定了省教育、民族事务部门和各级各类学校在保护民族民间文化方面的任务。

2002年10月，贵州省教育厅、贵州省民族宗教事务委员会联合下发了《关于在我省各级各类学校开展民族民间文化教育的实施意见》（黔教发〔2002〕16号）。意见要求各级各类学校认真贯彻执行《贵州省民族民间文化保护条例》，因地、因校制宜，积极参与民族民间文化的保护。意见中指出了继承、传承和发展少数民族优秀传统文化的重要价值，指出该工作在贵州省的必要性、重要性和紧迫性。并指出了在现行工作中的不足，尤其是在民族地区教育和民族学校课程设置上的不足，在具体落实上提出了三条比较概括的意见。

第一条，我省各级各类学校都要认真贯彻执行《贵州省民族民间文化保护条例》，因地、因校制宜，积极参与民族民间文化的保护。民族地区的中小学应当将优秀的民族民间文化作为素质教育的内容，民族民间文化形式应该灵活多样，各级教育行政部门和民族事务部门要紧密配合。

第二条，在不通晓汉语的少数民族聚居地区，要认真坚持开展"双语"教学。

第三条，有条件的高等院校应开设民族民间文化课程，培养民族民间文化的专门人才。

最后，该意见要求省民委和省教育厅不仅要做好相关统筹工作，并且要对全省各级各类学校民族民间文化教育的发展给予重点扶持。

---

① 资料引自苏德教授主持的国家社会科学基金教育学重点招标课题"民族教育质量保障与特色发展研究"项目研究前期调查报告。

　　近几年来，贵州省对于这一工作高度重视，陆续颁布了很多相关文件保证该政策的具体实行。

　　1.《贵州省教育厅、贵州省民族宗教事务委员会关于在全省中小学进一步开展民族团结教育工作的通知》（黔教民发〔2005〕20 号）中，第三条明确指出要"统筹规划、合理安排、确保民族团结教育工作课时、教师和教材的落实"。

　　2.《省教育厅办公室关于报送开展"双语教学"、民族民间文化教育及民族团结情况的通知》（黔教民发〔2006〕139 号），第二条明确指出，要求总结 2002 年以来各市（州、地）教育系统开展民族民间文化教育的情况。包括民族民间文化教育形式、具体措施、工作成效及存在的困难、今后的工作思路等。

　　3.《省教育厅关于印发〈贵州省"十一五"教育事业发展规划〉的通知》（黔教计发〔2006〕362 号），要求在民族地区中小学普遍开展民族民间文化进校园活动。

　　4.《省教育厅、省民族宗教委员会关于在全省各级各类学校开展民族民间文化教育项目学校评选活动的通知》（黔教民发〔2007〕148 号）中，要求开展项目学校的评选活动。在 2007 年 11 月就完成了该项工作，颁布了《省教育厅省民委关于命名从江县小黄小学等单位为贵州省首批民族民间文化教育项目学校的通知》（黔教民发〔2007〕340 号），确立了省定的第一批文化项目学校。

　　5. 在众多的政策文本中，具有代表性的有《省教育厅、省民委关于大力推进各级各类学校民族民间文化教育的意见》（黔教民发〔2008〕216 号）。文件中肯定了近年来各级各类学校做的努力及取得的成绩，根据存在的问题提出了新的四个意见。

　　（1）深化认识，积极推进各级各类学校民族民间文化教。开展民族民间文化教育，是保护和传承优秀民族民间文化的需要；是"多彩贵州"繁荣发展的需要；是构建贵州特色民族教育的需要。

　　（2）明确要求，全面推进各级各类学校民族民间文化教育。自治地方和民族乡的中小学必须把民族民间文化教育纳入日常教学活动中；各职业学校要充分发挥自身的专业优势，民族高等院校要坚持办好民族文化、民族体育、民族语言、民族医药、民族艺术等相关专业，积极为全省民族民间文化教育培养专业教师；民族民间文化教育项目学校要发挥好示范作用。

（3）强化措施，扎实推进各级各类学校民族民间文化教育。进一步强化教学的规范；进一步强化教材的编写。要组织人员编写《贵州省民族文化教育课程标准》，使民族文化进校园的学校有本可依，按纲授课；进一步强化师资的建设；进一步强化成果的展示。

（4）加强领导，有效推进各级各类学校民族民间文化教育。制定工作规划；建立协调机制；抓好典型引路；加大经费投入；完善考核评估。

## 四、研究设计

### （一）研究思路

本研究希望以贵州省从江县小黄小学实施民族民间文化进校园的现状为场景，从该政策的实施结果评估，调查分析该政策的实施效果，从而对相关政策的颁布实施提供有关的决策和实践参考。因此，研究者将实地听课，通过参与观察、访谈等方式获取翔实的第一手研究资料。

本研究选取有目的抽样方法，即是以研究目的来选择个案，这种个案能够提供最充足有用的信息。

### （二）研究方法与技术

1. 研究方法

（1）文献法。首先是通过收集整理前期相关的研究成果，对有关研究进行历史梳理和总结，掌握国内外相关研究的开展情况，明晰本研究的价值方法和创新点。

（2）参与式观察。将通过实地的课程参与和观察，进行课堂人种志，丰富调查资料。

（3）社区调查。将通过学校附近居民的访谈等，得到翔实的民众反应资料。

2. 研究技术与工具

（1）问卷调查。本研究采用自编问卷，调查政策在学校是实施的现状、取得的成就、实施的效果及影响。

①基础建设，教材、师资等方面的配备。

②对于学校其他重要任务完成的影响。

③对于民族民间文化保护的成就。

④实施中的困难和问题，受哪些因素的影响。

⑤基础建设的支持。

⑥学生、教师、领导以及社区的态度。

⑦自然条件、社会条件等因素。

问卷调查结果将采用 SPSS12.0 统计软件进行分析。

（2）访谈调查。针对以上的问卷维度，研究者在访谈中进行了更深一步的挖掘。包括教师访谈，主要访谈教师对于这一政策的认识和评价等；学生访谈，主要访谈学生对于政策实施效果的认识和建议等；社区居民访谈，主要访谈学生家长对于这一政策实施的看法和意见等。

①认可度：支持度、建议。

②影响度：熟悉程度、效果。

另外，研究者根据研究的实际情况，对访谈提纲做出了进一步的调整和完善。

# 第一章  民族民间文化进校园政策的简析

## 一、政策实施过程简介

### （一）与民族民间文化进校园相关的教育政策背景[①]

1. 国家层面的指导性文件概要

（1）《中华人民共和国民族区域自治法》（主席令第十三号，1984 年颁布实施）。该法第一次把我国民族教育中的一些重要问题，用立法的形式加以法律化、制度化。规定了发展民族教育的根本原则和民族教育立法，特别是民族区域自治地方的教育立法权力。规定了民族自治地方的自治机关根据国家的教育方针，依照法律规定，决定本地方的教育规划，各级各类学校的设置、学制、办学形式、教学内容、教学用语和招生办法。这就初步肯定了地方教育及民族宗教部门有按照实际需求进行课程设置的权利。

（2）《全国民族教育发展与改革指导纲要（试行）》（1993 年颁布）。该纲要对新时期少数民族师资队伍建设提出了新的要求："办好各级民族师范学校和少数民族师资培训中心。大力培养当地土生土长的民族教师，加强在职教师的培训提高工作，是当前发展民族教育事业，提高教育质量的关键。各级政府要把优先发展与改革民族师范教育和培训在职教师作为发展民族教育的一项重要任务抓紧抓好。"

教师是学校实施教学计划的基础核心力量，教师队伍的数量和质量建设，直接影响到学校对于政策实施的力度和强度。从国家层面积极扶植教

---

① 此部分关于政策的内容引用的相关材料均来源于苏德教授主持的国家社会科学基金教育学重点招标课题"民族教育质量保障与特色发展研究"项目研究前期调查报告。

师队伍的建设，对于地方实施民族民间文化的保护有着重要的意义。

2. 贵州省相关文件概要

从贵州省教育厅关于印发《贵州省"十一五"教育事业发展规划》（黔教计发［2006］362号）的通知中可以看出，贵州省"十一五"教育规划期间有关民族基础教育方面主要的内容中提到，在民族地区中小学普遍开展民族民间文化进课堂活动。这是贵州省对于民族民间文化进校园的政策的要求和表述的最高级别的政府公文，表明了省一级政府对该政策的重视程度和执行力度。

除了这个文件，贵州省另外两个以民族民间文化进校园为主题的文件的颁布，使政策的实施更为具体化。一个是《省教育厅、省民宗委关于在我省各级各类学校开展民族民间文化教育的实施意见》，提出了具体要求："第一，中小学应将民族优秀文化传统作为素质教育内容，纳入地方课程和学校课程，以多种形式开展民族民间文化教育。各级教育行政部门要配合、制定措施，给予政策、经费和师资培训等方面的支持；第二，不通汉语的少数民族聚居地，要认真组织好双语教学，有条件应将双语教学提前到学前教育。各级行政部门要做好双语教师培训计划，组织力量研究双语教学，提高双语教学质量。"与之相关的文件建设包括省民宗委、省体育局、省教育厅关于印发《建立贵州省少数民族传统体育项目训练基地的方案》的通知，提出要弘扬民族文化，提高民族传统体育水平，提升贵州在全国民族传统体育运动工作中的地位。

为了更好地贯彻实施第一个文件精神，省教育厅、省民族事务委员会在《关于在全省各级各类学校开展民间文化教育项目学校评选活动的通知》（黔教民发［2007］148号）中提出，为进一步推进民族民间文化教育工作，动员各级各类学校参与这一活动，规范民族民间文化教育教学内容，提高民族民间文化教育水平，决定在各级各类学校开展民族民间文化教育项目学校评选活动。该评比活动的主要内容包括以下几点。第一，深刻认识开展此项活动的目的和意义。第二，明确在全省各级各类学校开展民族民间文化教育的目标任务。省教育厅、省民族事务委员会决定，在

"十一五"期间，通过逐年评选民族民间文化教育项目学校，力争在全省范围内创办 100 所项目学校。第三，开展此项活动的指导思想和基本原则是：要坚持实事求是，因地制宜，不搞一哄而上，为引进拼凑条件，甚至弄虚作假申报。要坚持以特色和教育促进优质教育的原则，对评选项目学校既注重其民族民间文化教育成果，又考查其基本办学条件、全面贯彻国家教育方针，坚持要求项目学校"双优"。此外还要坚持将项目学校评选活动与旅游开发和新农村建设相结合。这也是第二个在具体实施层面的指导性文件。

## （二）贵州省全面实施民族民间文化进校园政策现状①

贵州地处我国西南，面积 17 万平方千米，人口 3975.98 万，是一个多民族的省份，属于全国 8 个民族省区之一（西藏、新疆、内蒙古、宁夏、广西、云南、贵州、青海），有 48 个民族成分，17 个世居少数民族，少数民族人口 1400 多万，占全省总人口的 39%。全省有 3 个自治州、11 个自治县，252 个民族乡，民族自治地方和民族乡占全省总面积的 68.2%，实行民族区域自治的少数民族有苗族、布依族、侗族、土家族、彝族、仡佬族、水族、回族等 8 个民族。

贵州具有多彩的、悠久的民族文化，其中相当一部分是非物质文化遗产，现有国家非物质文化遗产代表作 54 个。而非物质文化遗产的一大特点是要有传承人，只要停止传承，也就意味着消亡和灭绝。传承和保护民族民间文化是民族教育的重要内容。而今，许多优秀的民族民间文化濒临失传和消亡的危险，个体传承面临后继无人的困境。若开发好学校传承模式，将会让校园成为民族民间文化保护传承的主渠道，弘扬和光大民族民间文化。

2002 年，贵州省教育厅、省民委联合下发了《关于在全省各级各类学校开展民族民间文化教育的实施意见》。2008 年，又下发了《关于大力

---

① 参见唐建荣、杨顺清和石世文的《新世纪贵州民族教育发展回顾与展望研究（贵州省内部资料）》一文。

推进各级各类学校民族民间文化教育的意见》。在两个文件的指导下，民族民间文化进校园成为贵州民族教育一道亮丽的风景线。据 2007 年统计，全省有 431 所学校开展了民族音乐、民族舞蹈、民间绘画、民族工艺进校园和课堂的活动。

以贵州民族学院为例，学校把侗族大歌、苗族飞歌、芦笙、木叶、民族舞蹈、民族陶艺、民间绘画、民族体育引入课堂，并招收具有民族文化特长的学生进行培养。如侗族大歌班、苗族飞歌班。侗族学生吴文梅在第十二届全国青年歌手电视大奖赛中，获原生态侗族大歌歌唱组合银奖，苗族学生欧娟获原生态苗族歌曲三人组合优秀奖。

贵州民族学院是贵州世居民族研究中心基地，学校利用基地优势，成立了民族文化艺术研究院、西南傩文化研究院、水书文化研究院等研究机构，形成强大的民族文化研究阵容。贵州省 8 个民族学会（省苗学会、布依学会、侗学会、水家学会、彝学会、仡佬学会、民族文化学会）挂靠贵州民族学院，使学校成为研究贵州民族文化得天独厚的高地。学校还是全省少数民族传统体育项目培训基地、全省世居民族民间文化师资培训基地。近几年来，为民族地区培训传统体育师资、裁判员 200 余人，培训民族民间文化师资 100 余人。贵州民族学院吴秋林教授，长期致力于贵州民族文化的保护传承研究，有多部民族文化专著问世。他主编的《盘县非物质文化遗产描述与研究》是贵州省第一部县级非物质文化遗产的专著，具有较高的学术价值和现实的指导性。贵州民族学院当之无愧成为传承保护贵州优秀民族文化的窗口。

在贵州，不仅民族高校重视此项工作，其他高校也积极参与。贵州师范大学音乐教师蒋英 20 年来，足迹遍及贵州 60 余个县，深入山区，调查、收集、整理布依族铜鼓音乐材料，使濒临失传的布依族铜鼓乐谱"十二则"重见天日，并获贵州省版权局颁发的作品登记证。他将铜鼓音乐文件融入音乐教学中，向学生介绍少数民族铜鼓音乐文化知识。在长期的积累中，整理出民族歌舞、民族器乐、民族戏曲等 10 类作为高校非物质文化遗产的教学内容。全省民族地区中小学也十分重视此项工作。黔东南州台江县有 74 所中小学开设民族文化课，榕江县将侗族大歌、侗族舞蹈引入学校课堂教学内容，黎平县教育局将侗族文化纳入中小学课堂教学；黔西南州兴仁县民族中学等9所学校进行民族文化教育试点，黔南州三都水族自治县民族中学"女子班"将水族民间刺绣引入课堂教学内容。铜仁地区玉屏自治县中小学将"贵州三宝"之一玉屏箫笛演奏基础技法课普遍开设为学校课程；六枝特区陇脚布依族乡中学大力开展布依铜鼓"十二则"鼓乐进校园活动。

在全国颇具影响的"多彩贵州"歌唱大赛、舞蹈大赛中取得优异成绩的数十位少数民族优秀选手，贵州省对其采取特殊政策（类似体育特长生政策），录取到贵州大学、贵州民族学院进行深造，为贵州少数民族优秀传统文化培养高层次的传承人。

## 二、政策文本初步解读

### （一）领导重视，具有可持续性

贵州省民族民间文化进课堂的教育政策有正式文本规定始于2002年。从2002年颁布正式文件至今，相继颁布了很多关于如何更好实施文件精神，切实推进民族民间文化保护政策的文件。现仅列举其中比较重要的若干文件及其核心内容。

2002年7月30日，贵州省第九届人民代表大会委员会颁布了《贵州省民族民间文化保护条例》，确定了贵州省需要保护的民族民间文化，并在条例中规定了省教育、民族事务部门和各级各类学校在保护民族民间文化方面的任务。

2002年10月，贵州省教育厅、贵州省民族宗教事务委员会联合下发了《关于在我省各级各类学校开展民族民间文化教育的实施意见》（黔教发［2002］16号）。意见要求各级各类学校认真贯彻执行《贵州省民族民间文化保护条例》，因地、因校制宜，积极参与民族民间文化的保护。

2005年，《贵州省教育厅、贵州省民族宗教事务委员会关于在全省中小学进一步开展民族团结教育工作的通知》（黔教民发［2005］20号），通知中的第三条明确指出"统筹规划、合理安排、确保民族团结教育工作课时、教师和教材的落实"。

2006 年，贵州省教育厅办公室《关于报送开展"双语教学"、民族民间文化教育及民族团结情况的通知》（黔教民发［2006］139 号），第二条明确指出，要求总结 2002 年以来各市（州、地）教育系统开展民族民间文化教育的情况。包括民族民间文化教育形式、具体措施、工作成效及存在的困难、今后的工作思路等。

《省教育厅关于印发〈贵州省"十一五"教育事业发展规划〉的通知》（黔教计发［2006］362 号），要求在民族地区中小学普遍开展民族民间文化进校园活动。

2007 年，《省教育厅、省民族宗教委员会关于在全省各级各类学校开展民族民间文化教育项目学校评选活动的通知》（黔教民发［2007］148 号），开展项目学校的评选活动。在 2007 年 11 月就完成了该项工作，颁布了《省教育厅省民委关于命名从江县小黄小学等单位为贵州省首批民族民间文化教育项目学校的通知》（黔教民发［2007］340 号），确立了省定的第一批文化项目学校。

2008 年，具有代表性的有《省教育厅、省民委关于大力推进各级各类学校民族民间文化教育的意见》（黔教民发［2008］216 号）。文件中肯定了几年来各级各类学校所做的努力及取得的成绩，根据存在的问题提出了新的五个意见。

从文件颁布的单位、等级、数量和质量上都可以看出，贵州省一级的领导对民族民间文化进校园工作的重视程度。作为政策制定和实施最高级别的单位，省委、省政府、省教育厅、省民宗委等领导机构，首先在意识上把这项工作作为省一级的重点工作来落实。不仅有抽象概括性的指导性文件，先从精神层面进行传递；更重要的是，几乎每一年都有通知文本陆续发布，来指导下一年的具体工作。这体现出领导层对于政策实施的积极指导。在我国，政策实施的特点和机制一般都是自上而下型，有了上层领导的积极指导，基层单位才能更好更快地落实。从时间的连续性上可以知晓，这项政策的颁布和实施并不是暂时性或者临时性的，而是具有可持续

的发展，每一年的工作都在改进。这些都是该项政策从颁布到实施体现出
的优点。

**（二）政策的问题认定、实施细则有待更加具体化**

政策问题的认定，是指政策决策机构对问题察觉并确定问题的性质、
范围及其原因的过程。政策问题的认定是一个相互依存的过程（见
图 6-1)[①]。

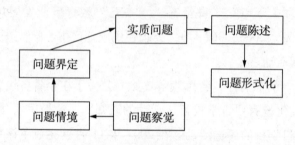

图 6-1 政策问题认定过程

民族民间文化进校园的政策实施主体是明晰的，关于问题的情境设置
也符合问题认定的要求，即在各级各类学校中开展，尤其在各个中小学开
展。政策实施的范围和领域已经规定得非常详细。但是需要明确的是实质
问题，即每一项具体工作在基层中的任务。考虑到问题的形式化，需要给
学校一个明确的不是概括化的文本。实施中出现的一些问题就是由于问题
的陈述不够准确。如 2008 年的文件中这样表述："加强领导，有效推进各
级各类学校民族民间文化教育：制定工作规划、建立协调机制、抓好典型
引路、加大经费投入、完善考核评估。"对于问题的界定很难从这些语句
中得出。并且相应负责的部门，如何协调、怎样才能够作为典型等问题，
都一一凸显在实施的过程中。虽然这样给地方解读文件提供了很大的实施
空间，但是容易造成在实际操作中权责不明、解读失误等问题。相应的失
误必须对应相应的部门，所以在问题认定的具体化过程中，还需要做进一
步的更正和改进。

---

① 滕星．"多元文化整合教育"与基础教育课程改革［J］．中国教育学刊，2010（1）．

# 第二章　方祥民族小学的个案解析

## 一、民族文化进校园实施现状

### （一）学校实施进度

1. 学校简介

方祥民族小学位于雷公山国家级自然保护区、国家森林公园腹地，坐落于苗岭主峰雷公山东麓①。学校于 1939 年在方祥平祥村设方祥初级小学，1945 年方祥设乡，学校改名为方祥中心国民学校，随着历史的变迁，学校经历了风风雨雨，几度易址后更名为现在的方祥民族小学。

2008 年，在各级党委、政府的亲切关心和大力支持下，方祥的陡寨、水寨等几所教学点成功合并到方祥民族小学并搬迁到现址。2009 年 9 月，又成功地把雀鸟完全小学和格头完全小学合并到方祥民族小学。如此一来，学校的办学规模更加庞大，教育资源得到了有效整合，为将来的教育教学奠定了基础。

现全校占地面积 7600 平方米，校舍面积 2800 平方米。学校教学设施齐全，有专用教室 12 个，自然实验室和仪器保管室各 1 个，多媒体室和微机室各 1 个，图书室和阅览室各 1 个，少先队活动室和党支部活动室各 1 个，校长室、教务主任室、总务主任室和出纳会计室各 1 个，体育保管室和教师办公室各 1 个，学生食堂 2 个，篮球场 3 个，学生宿舍楼 2 栋，教师宿舍楼 2 栋，已初具现代化教育规模。学校现有学生 380 人（其中女生 174 人），共开设 11 个教学班，每个班设有电视。

学校不在乡镇里，位于雷山县城至方祥乡政府的山路右侧。距离乡政

---

① 关于方祥民族小学的相关资料均来自田野采集的学校资料库及方祥教育简报。

府大致有 3—4 千米的山路。学校周围依山傍水，民居甚少。距离学校 500 米处，有一个方祥乡的变电站。

2. 民族民间文化进校园在学校的实施概况

由于校址刚迁，很多书面资料还没有得到整理，所以信息多数来自于对领导和教师的访谈。民族文化传承在当地的实施已经有很多年的历史。在民族文化进校园政策颁布之前，学校就已经在开始民族文化的传承和教育活动。

关于民族民间文化进校园，我们非常重视苗族文化在学校的传承和保护。其实早在省里县里颁布政策之前，我们学校的教师们就很重视这方面的问题。现在的学校是一个新的校区，以前还在上面（指方祥小学旧址，撤点并校之后，现在的校址为原方祥民族中学）的时候，学校就有很多民族民间的活动，而且规定每一次过年（指苗族年）都要放一个大假，让学生回家好好过节。我们的老师、学生基本上都是苗族的，我自己也是生长在苗族地区的人。我们的日常生活其实就是我们自己的文化。这个政策的颁布非常好，现在上面（指领导层面）对这个问题也比较重视。

我们的课表上都有民族教育民族文化课，这个就是我们专门为了保护苗族的一些文化设置的。老师们上课也给学生讲一些关于苗族的节日、活动、舞蹈之类的内容。对于这个课程，我们的老师和学生都十分喜欢、十分支持，学生们都很愿意学习。

我们这里也常常会配合一些民族节日搞一些活动，让学生们比赛，或者是其他的活动，大家都很乐意参加。有了政策下来，自然更好。

我们也希望可以组织多一点老师，争取多一些资金，来给学校编一套这方面的教材，但是目前条件还不够。

——校长的访谈

（二）取得的成就、实施的效果及影响

1. 取得的成就

（1）校园文化硬件建设凸显民族色彩。学校作为民族小学，从办公楼的布置上就极具民族特色。教学楼的二楼正面，印刻着苗族舞蹈的图画。学校办公楼的走道里，挂满了学生的作品，有一些非常有民族特色。学生的作品中，很大一部分体现了他们的日常生活，包括表现一些传统的节日，一些富有民族特色的服饰、舞蹈等。

（2）校园文化软件建设使民族文化更好地融入生活中。由于撤点并校、寄宿制等政策的影响，学校里的学生一般都是住校生。他们每个星期主要的活动范围就是在学校的小圈子里。所以，学校生活的点点滴滴都对他们的成长有重要的影响。尽管学校面积小，但是业余生活很丰富。这些业余生活中有一些就是苗族的传统活动，其中有一个片段可以生动地反映这一事实。

学校里的×老师为了补贴生活，在家里养了几只鸡（教师们也生活在学校里），其中有两只斗鸡（斗鸡是苗族的传统娱乐活动之一）。适逢苗族年即将到来，他会在午间休息或者周五课程结束之后，把斗鸡放出来"斗一斗"。学校里有几片护理得不是很好的野草地，就是最佳的斗鸡场所。每一次两只鸡开始决斗的时候，学校里的男女老幼，不论教师还是学生，都积极加入观众行列中，气氛非常热烈。大家不约而同地欢呼、评论，就像一家人般亲密。这个就是一堂活跃的、自发的民族文化教育课程，其乐无穷，还可以增进师生之间的感情。不管是有意识还是无意识，既丰富了学生的课余生活，同时也是民族民间文化的一种有效的传承方式。这样的方式既不像传统的授课那样乏味无趣，也不像一般的活动课程那样目的性强，就是将民族民间文化最真实的一面还原给学生，让他们在不知不觉中融入了自身文化并且喜欢上这样的形式。

一个正在观看斗鸡的高年级学生兴致勃勃地拉着调研者的手，邀请一起观看，并且满脸骄傲地说："我们都很喜欢看斗鸡，老师您看，很有意思，是吧？呵呵。我们经常有这样的机会在学校看，我觉得挺好的。有时候都差点忘记回家了。这也是我们苗族传统的活动呢，你看，学校里面很多人都来看的。我们过年过节的时候，都少不了要斗鸡。我们很多同学家里的鸡都很厉害呢！"

**2. 实施的效果及影响**

（1）正面影响。这方面的影响主要有以下三点。

一是，提高了教师们对于保护民族民间文化的责任感和使命感。在政策颁布之前，虽然教师们也有一些自发性质的民族民间文化的保护活动和想法，但都是一种不自觉、不成体系、不成熟的做法，也没有形成一种强大的凝聚力。现在得到了省级、县级等上级领导部门的重视，并且有正式的文本下发，与之前的状态就完全不一样了。这项工作和学校的其他正常教学工作一样，甚至有时候地位还要高。学校也把这个当作一项责任来落实。作为本民族的教师，不仅仅是出于个人的立场，更重要的是整个集体都构造了这样的氛围，让大家的责任感和使命感都提升了一个层次。让民族民间文化进校园，不再是纸上谈兵的事情，而是作为民族教育事业的实践者的重大责任和光荣使命。思想境界的提升、意识上的提高，将有助于这项工作长期长效地开展下去。

二是，拉近了学校与学生、家长之间的距离。学校不仅仅是传统意义上给学生传授知识的地方，现在也成了民族民间文化传承的重要场所。在学校里，讲苗语、用苗文，同时也学习普通话；了解其他民族的优秀文化，同时也在耳濡目染或者是实践自己的本民族文化；学生在学校里和家里的生活有了联系，在学校里接触的东西和家里老人讲的故事异曲同工……这些都使学校和家庭之间有了更好的交流话题和平台。教师和家长可以谈论的不仅仅是学生的成绩，同时也有着一样的生活爱好和方式。

三是，间接促进学生的语言发展。学校在课堂上都是实施双语教育，即使用苗语和汉语授课，民族民间文化课程也不例外。学生们在活动中，既可用本民族的语言进行交流，同时也在听教师们用汉语所做的过程讲解，间接地促进了语言系统的发展。

（2）负面影响。容易引起学生学习关注点的转移。与枯燥的书本知识相比，颇有生活情趣的民族民间文化课程对于学生更具吸引力。处于小学阶段的学生特点是容易被新鲜的、比较新奇的事物吸引，也比较爱好户外活动。有了多姿多彩的民族活动，学生们的注意力很容易转移到与民族民间文化有关的一些活动上。以下是一个学生告诉笔者的片段：

我们很喜欢学校的一些课外活动，有时候在上课的时候还在想着那些斗鸡、打球什么的好玩。呵呵。也不是不认真听课，就是那些太有意思了，上课写字很闷。

## 二、实施中遇到的困难及影响因素分析

### （一）政策实施中遇到的问题

民族民间文化进校园政策的实施，需要人、财、物等各方面的配合。在方祥民族小学，各方面的条件是有限的，学校在实施中必然会遇到各种各样的困难。以下摘录校长访谈的片段，概括说明了几个问题（杨、王为访谈人员；唐为方祥的校长）。

杨：贵州省现在实施民族民间文化进校园的政策，在您的学校实施时有哪些困难？

唐：目前是教师缺乏，课时也没有保证，也没有教参。

王：学校目前使用的国家课程教材是统一的，学校有没有自己编订一些地方教材？

唐：是的，没有。

杨：有没有考虑过要组织老师编订？

唐：这个想，但是书编出来，发行就是问题。简易的教材是容易的，但是专利（版权）什么的，很麻烦。

校长的话语很简单，但是提到的问题都是实施中的核心问题。

1. 教师问题

目前学校有教职工29人，在岗专任教师24人，脱产进修2人，保卫人员1人。在23名执教教师中，本科学历1人，专科学历17人，中师学历5人，专任教师学历合格率达100%；29名教职工中，小教高级职称教师17人，小教一级职称教师9人，小教二级职称教师2人；就教师的年龄结构来说，该校的教师以41—50岁的居多，在我们抽样调查的教师中，占了教师比例的44.5%，20—30岁的教师占总比例的22.2%，教师的年龄结构偏向老龄化（见表6-1）。

表 6-1  方祥小学教师年龄结构

|  |  | 频　数 | 百分比 | 有效百分比 |
|---|---|---|---|---|
| 年龄段 | 20—25 | 1 | 11.1% | 11.1% |
|  | 26—30 | 1 | 11.1% | 11.1% |
|  | 31—40 | 2 | 22.2% | 22.2% |
|  | 41—50 | 4 | 44.5% | 44.5% |
|  | 51—60 | 1 | 11.1% | 11.1% |
|  | 合计 | 9 | 100.0 | 100.0 |

另外，学校教师的性别比例也严重失调。从教师的性别结构来看，男教师居多，女教师较少。在抽样调查的教师中，男教师占了88.9%，女教师只有11.1%。也有一些新来的年轻教师，他们在平时的教学中发挥着主力的作用，承担着大部分的教学任务。另外，他们还不同程度地兼任学校里面的其他工作。相比之下，老教师的工作任务要轻一些，由于知识和年龄的限制，他们没有承担过多的教学任务。

学校缺乏年轻教师，易缺乏生机；而年轻的教师负担沉重，也严重影响了民族民间文化进校园实施的力度和效果。

2. 课时安排的限制

学校为了实施民族民间文化进校园，花费了心思。但是从课表上可以了解到，民族课程的课时是有限的，上课的年级也有限制（见表6-2）。

表 6-2  方祥小学课表（摘录）

| 一年级 | 二年级 | 三年级 | 四年级 | 五年级 | 六年级 |
|---|---|---|---|---|---|
| 语文 | 语文 | 语文 | 数学 | 语文 | 数学 |
| 语文 | 语文 | 语文 | 数学 | 语文 | 数学 |
| 思品与生活 | 数学 | 数学 | 语文 | 数学 | 语文 |
| 课间 | | | | | |
| 民族文化 | 思品与生活 | 体育 | 思品与社会 | 综合实践 | 思品与生活 |

3. 教材的缺乏

学校没有专门的民族民间文化进校园的教材，甚至连地方编制的乡土教材也没有，严重制约了教师上课的质量。没有教材的具体指导，教师们只能靠经验和自己生活的体会来给学生讲课。学生们没有课本，也只能当作兴趣听一听、了解一下，真正领会到的知识很少。

4. 经费问题

这几乎是很多民族学校面临的最严重的问题之一，方祥民族小学也不例外。不论是扩充师资、开发教材、组织人员研讨等，都需要有强大的物质支持，但是民族民间文化进校园在学校几乎没有任何专项经费。学校的开支本来已经超过负荷，再增加一项专项开支，非常困难。校长虽然没有明确说明，但是从学校的基本建设可以看到，学校目前能够保持基本运行已经很不容易。民族民间文化进校园，不管是显性课程（民族文化课），还是隐性课程（学校的各项活动等）的设置，都需要一定的人力、财力和物力投入。民族文化的传承不仅仅是依据政策上的口号，要落到实处，就必须在学校有实实在在的活动。但是，在方祥民族小学，学校的经费也只能够维持正常的运转，没有多余的资金去给学生宣传民族文化，只能靠教师们的热情和平时的一些讲授。开发教材、聘请相应的师资、开设相应的课程，都需要经费的保障，这些确实让学校的领导为难。

### （二）影响因素分析

针对上述政策实施中遇到的现实问题，将从宏观、中观、微观等角度对造成这些问题的影响因素进行分析。

1. 政策本身存在的问题

民族民间文化进校园政策的颁布，具有一定的合理性和可行性。

（1）从政策制定的背景考虑。这包括以下三点。

①国际背景。1998年，联合国教科文组织通过决议，设立非物质文化遗产评选。决议认为非物质文化遗产是确定文化特性、激发创造力和保护文化多样性的重要因素。在不同文化相互宽容、协调中起着至关重要的作用，因此应该在世界范围内进行评选予以保护。

2002年，第三次文化部长圆桌会议通过《伊斯坦布尔宣言》，强调非物质文化遗产的重要性。它是文化多样性的熔炉，又是可持续发展的保证。考虑到非物质文化遗产与物质文化遗产和自然遗产之间的内在相互依存关系，承认全球化和社会变革进程除了为各群体之间开展新的对话创造条件之外，也不容忍使非物质文化遗产面临损坏、消失和破坏的严重威胁现象。意识到保护人类非物质文化遗产是普遍的意愿和共同关心的事项，承认各群体，尤其是土著群体、各团体，有时是个人在非物质文化遗产的创作、保护、保养和创新方面发挥着重要作用，从而为丰富文化多样性和人类的创造性性作出贡献。

②贵州省自身条件。在 2002 年颁布的《贵州省关于加快旅游发展的意见》中，贵州省被定为"民族风情与旅游大省"，所以，挖掘、整理、继承和发展贵州省少数民族优秀传统是各级各类学校义不容辞的责任。

在小黄小学的工作总结报告中也提道："在上级的大力支持下，20 世纪 80 年代，我校开展了形式多样、卓有成效的教学改革。在学校课程安排中增设了侗歌、侗戏等课程。利用课余时间组织师生集中培训——练唱。为创我校特色，给学生提供一个发掘自我、展示自我的平台，我们成立了侗歌团队，并利用课余时间加强指导训练。此举受到了广大学生及家长的欢迎。"该校从 20 世纪 80 年代开始，就有了民族民间文化进学校进课堂的优良传统，为今后的进一步工作打下了坚实的基础。

③为全国保护非物质文化遗产的浪潮带来更好的契机。贵州省开展民族民间文化进校园的时间比较早。我国从 2004 年开始，进行了一系列关于非物质文化遗产的保护活动，包括全国第一批非物质文化保护遗产的评选等。2005 年，国务院发布了《国务院办公厅关于加强我国非物质文化遗产保护工作的意见》（国办发［2005］18 号），指出了非物质文化遗产保护工作的目标和方针，要通过社会教育和学校教育，使非物质文化遗产代表作的传承后继有人。可以适当给予奖励或者经费支持，进一步指导全国非物质文化遗产保护工作的开展。全国范围内活动的铺开，给贵州的民族民间文化进校园活动带来了新的发展契机。

（2）从民族民间文化濒危的现实考虑。目前，很多民族民间文化正在逐步走向衰亡。贵州作为"民族文化大省"，对于濒危文化的保护责无旁贷。苗族优秀的传统文化，面临着全球化、开放化文化浪潮的冲击，需要有一个带有强制性的政策机制来对其进行全面的保护，这就催生了政策的颁布实施。但是，政策的出台虽然大快人心，但是很多方面的工作需要继续完善。

（3）政策的层级解读需要纠正和指导。从省级的政策文本到地方基层的实施，有一个逐层递进的过程。文本中的叙述一般都是概括化的简明语言，对于现实中的实施仅有一个提纲挈领的作用，具体落实到每一个地区甚至每一个学校，都有它的独特性（见图 6-2）。

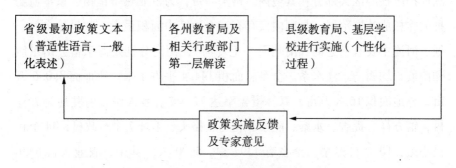

图 6-2 政策层级解读过程

在实施过程中，对文件的逐层解读就显得尤为重要。在实施中，为了防止解读失误，最常用的方法就是直接生搬硬套，统一标准。所以，在实施中就会出现文本逐级下发，但是具体指导性不足的现象。个性化的过程需要共性化的指导，但是必须保持自身的特点，根据自身的条件和需要来实施政策。否则，即使按照要求来执行，那执行力也不高，因为缺失了自身的优势，缺失了特色。

（4）相应的评价制度尚未健全。每一项政策实施的完整过程既包括尚未出台正式文本的酝酿及制定的过程，也包含实施过后的评价过程。民族民间文化进校园的 2002 年正式下文至今，已经经历了好几个年头。实施的成果也初步显现，确确实实保护了很多少数民族濒危的传统文化，唤起了人们对于民族民间文化的重视，这些都是做得非常成功的地方。但是，对于该政策的实际效果是否达到了预期的政策目标，如何以一种更科学甚至是可量化的标准去评估，到目前为止，也没有任何文本。如果政策的实施只是看到表面的热闹，而没有实质性的评价机制来保障其效果，那再好的政策，最终也只会沦为昙花一现的绚烂，没有任何可持续发展的价值。

2. 环境条件的制约

（1）民族地区的自然、经济条件的制约和影响。方祥乡位于雷山县城东部，地处雷公山国家自然保护区崇山峻岭之中，东抵台江、剑河、榕江三县，南连永乐镇，西邻丹江镇和大塘乡，北与西江镇接壤，距县城47千米。乡境内雷公山主脉两面环绕，群山环峙，峰峦绵亘。雷公山国家自然保护区核心区大部分在其境内。格头一带，为古亚热带植物区系孑遗物种的秃杉成片群落区，是国内仅存有三个地区中面积最大、数量最多的一处。河流主要有乌迷河和南哨河（毛坪河），两河分别发源于雷公山东坡和南坡，均属清水江水系。全乡总面积144.4平方千米。耕地面积0.6万亩，林地面积16.8万亩，森林覆盖率达77.3%。乡人民政府驻地为方祥村，辖方祥、提香、水寨、陡寨、雀鸟、格头、毛坪7个行政村，44个村民小组，10个自然寨。全乡有1397户，5900人。其中，农业人口5736万人，苗族人口占总人口的99.9%[1]。从雷山县城至方祥，只有一条曲折蜿蜒的山路，每日仅有乡里发出的两趟班车在天黑前进出乡里和城区，路程大约需要一个小时。

学校气候宜人，自然环境优越，是学生们学习和成长的好地方。但是与外界的联系甚少，成为制约学生开阔视野的瓶颈。学生认为周围的事物都是理所应当存在的，也没有要积极保护民族民间文化的自主意识。他们并不认为自己的文化有何优越之处或者是濒临危险，因为每一天从说话到行动，生活方式和存在方式就比较单一。学校里连小卖部都没有，更别说其他的一些外来影响了。教师就是学生们接触得最多的对象。整个学校其实就是一个封闭式的苗族文化生活的"小缩影"。在这样的环境下长久生活，当学生们突然接触到强大的异文化的时候，就容易产生猎奇或者纯依赖的心理。前者是对于异文化的不正确认识，后者是对本民族文化的过分

---

[1] 参见了方祥民族小学的相关资料和学校资料库及方祥教育简报。

自豪和过多依赖，对于民族民间文化的保护都没有产生积极作用。学生是传承文化的主体，如果这个群体在心理上没有能够得到正确引导和调试，那么日后会带来很大的工作困扰。

（2）社区居民对于民族民间文化进校园的认识和看法。学校周边基本没有居民，只有正对面的路边山上有一户人家，从学校到乡政府要步行大概20分钟至半小时。距离学校最近的雀鸟社区（寨子）也有10千米的路程。学校的学生从周边学校并过来的居多。周围寨子的人们很支持学校的教育，撤点并校时，有乡里的居民捐助了洗衣机。

居民们的教育意识在近几年得到了提高，认识到了读书认字的重要性和必要性。但是，提到民族民间文化进校园，他们几乎没有什么认识和看法。这和他们的教育水平也有很大的关系。距离方祥较近的雀鸟社区，里面的住户十有八九都是祖祖辈辈的农民，有一半左右的居民连普通话都不会说，甚至有少数除了苗语之外，连方言也说不出来。

这样的情况不能说明政府或者学校没有宣传到位或者工作没有做好，只是居民们对于日常生活的文化并没有太多的注意。他们和在学校里的孩子们一样，没有过多的外界打扰，生活就是一幅"悠然的画卷"，就是一部活灵活现的苗族"文化大典"。说苗语、穿苗衣、过苗年，这是多么正常的事情！除了一些苗族文化的传承人（比如吹芦笙表演的选手）和一些年逾古稀的老人会刻意关注这点之外，其他的居民关注的是自己家里现在收成怎样、孩子们在学校生活怎样等，不会去想是不是有一天我们的寨子就不说苗语这类问题。

从根本上说，文化有着自身存在的根基。苗寨里男女老少生活的方式就是在自然地代代传承。封闭的环境没有过多的异文化冲击，自然存在这样一群以自己的生活方式为中心，祖祖辈辈如是过，不需要刻意追求保护的群体。从民族民间文化保护的角度上说，这样的"自然生境"也许也不失为一个典型的事例。但是，随着经济发展的需要和逐渐开放的文化交流，这种文化还能以同样的方式存在多久就是一个严重的问题。

# 第三章　经验总结及思考

## 一、民族民间文化的保护现状与政策实施之间的矛盾分析

### （一）主导课程政策与民族文化保护之间存在冲突

民族民间文化进校园的政策在学校里的具体实施，从本质上说，就是课程实施上的问题。学校中的一切实践活动都是根据教学安排，即课程的具体编排来进行。所以，课程是政策实施的核心。

在基础教育阶段，学生接受的是享受国家优惠政策扶植的九年义务教育。但是义务教育并不意味着没有课程标准和没有学业成绩的考评。从入学的资格上已经没有了严格的限制；学校为了保证声誉和竞争力、保证一定的教学质量，会对学生的学业成绩等方面提出一定的要求；家长也希望学生在学校中可以学到更加实用的知识和技能。所以，学生在学校里尽管比较自由，其实也承担着一定的学业任务和负担。升学的压力虽然没有占太大的比例，但是学生同样也需要学好各门功课为考试做准备。

雷山县按照"先立后破、先培训后上岗"的新课程改革要求，于2003年开始启动新课改培训工作，目前已基本完成了基础教育改革通识性培训和第一轮学科教学培训工作。2005年秋季，开始在小学一年级和初中一年级启用新课改教材教学，现在已使用新课改教材教学的年级有小学一、二年级和初中的一、二年级，实现了国家课程、地方课程和学校课程的基本课程结构体系。实施新课改年级使用的国家课程为人民教育出版社发行的教材，其中，小学学科设置为语文、数学、品德与生活、体育、音乐、美术。新课改是全国范围内实施的课程大改革，给教育带来了新的生机。方祥也紧跟着雷山县的具体部署安排，实施新课改。

在课程的实施环节上，这些主导课程都在编制之内。而且根据省里的要求，每一门课程安排的课时是有基本标准的。这就意味着在一周短短的五天时间内，课程中既要有新课改要求的课时数，同时还必须设置一定比例的民族文化课程和地方特色课程，满足民族民间文化进校园的政策需求。

一周的课时数是固定的，也是有限的，但是教学任务是必须完成的；再加上学校里一些日常的学生活动，有时候会影响课程的进度。所以，主导的课程政策与民族民间文化保护之间出现了冲突。民族文化课程本来应该成为学校的一个亮点或者是典型事例，但是，为了满足其他主要课程的教学需求，这个课程可能就会被牺牲掉。尤其是在课程紧张的年级，如四年级以上的高年级，为了应付上级或者赶超课程的进度，民族文化课仅有的一个课时通常就会被其他课程所占用。

在学校的课表上，我们也可以清晰地看到这个问题。学校的总课表涵盖了所有年级的课程安排，民族文化课作为学校的特色课程，理应处在一个重要的位置。但是在课表上的实际情况是，仅有低年级（一到三年级）有民族文化课程的设置，高年级的所有课程都排得很满。尽管是在低年级，民族文化课的教师也不是专门的教师，都是班主任或者其他科目的教师代课。

校长的几句简短的话，道出了他们工作中的无奈："我们也很希望能够把民族民间文化进校园这个政策做好，老师们也很努力。你看他们虽都不是专门的老师，但是他们也经常找点图片一类的材料在课上给学生看或者组织活动来提高他们的兴趣。我们也没有办法。高年级了，要学习的东西很多，学生们的基础又差，有很多知识需要补充。语言上除了学习普通话还有英语，我就是上英语的，让他们学会很难；所以一节课的内容，可能两三节课都还没有讲完，那能怎么办呢？体育、音乐、美术，这些学生喜欢的课也要有，但是有些内容和民族文化课是一样的。高年级了，还是以学习主课为任务，也没有那么多课时和老师去教民族文化课了。只能够在低年级的时候多教点了，其实，都很难。唉！"

另外还有老师，在闲谈中也道出了他们的无奈："我们自己就是苗族的，学校里的老师和学生几乎全是苗族的，我们又怎么会不热爱自己的民族，不想把一些苗族文化带到课堂中来认真研究和学习呢？但是现在没有这个条件，也还没有这么好的机会。学校的课程安排都那么紧，民族文化课其实就在低年级有这个课程，没有办法啊！上了高年级都要赶课，要应付检查。民族文化课上得好当然好，上不好也不会怎么样。但是如果主课上不好，学生不好好学习，学校里肯定是要责怪的。这对学校的影响肯定是很严重的，教学质量上不去，学校也要被批评的。"

校长话语中的主课，指的就是传统科目中的语文、数学等。在小学，这两门课程是最重要的两门课，既是学习的基础课程，同时也是教育教学质量考核的主要评估点。虽然实施了新课改，但是传统科目在教学任务中所占的主导地位是不变的。不仅仅在方祥，在全国很多地区也仍然是这样的状况。

教学质量是学校生存的根本，也是家长们对学校投以信任的砝码。教学质量关系着学校的利益和发展。民族民间文化进校园也很重要，是民族文化得以传承和发展的重要政策。但是，当这两者发生冲突的时候，不论作为学校管理层的校长和科室主任，还是学校里的各位教师，都会经过权衡之后选择前者。学校如果无法生存，通不过检查或者是教学质量遭到质疑，那么迟早是要被取代的。所以当利益出现冲突的时候，只能够选择把民族民间文化课程作为牺牲品了，这也是面对现实无奈的选择。

### （二）民族民间文化进校园政策的评估与制定的初衷相悖

教育政策的评估是教育政策实施过程中一个重要的组成部分。它是制定新政策的必要前提，是合理配置教育政策资源的基础，是调控执行过程的有力工具，是决定教育政策持续、修正或者终结的重要依据，并具有激励、督促的作用。

民族民间文化进校园的政策从 2002 年实施至今，已经有十多年的时间。但是实施的效果与预期的目标是否一致，并没有得到结论。如何针对实施中的问题进行有效的解决，也没有出台相应的方案。制定的目的是为了保护濒临灭绝的民族民间文化，通过学校教育，培养一批民族民间文化

432

的传承人。但是在实施中，并没有相应的条款来规定如何去评估政策实施的力度和效果。

一旦教育政策开始正式实施，从理论上说，政策的执行评价也一并开始；民族民间文化进校园已经实施了这么长时间，从实践上说，也应该进入执行评价的阶段。执行评价是政策评估一个非常重要的环节。执行评价最大的特点是把政策的运作系统看作是一个目标适应系统（见图6-3)①。

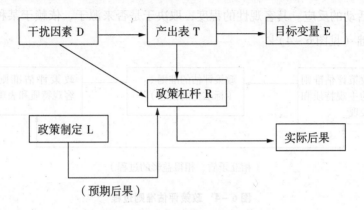

（预期后果）

**图6-3　政策的执行评价系统**

通过政策的执行评价，可以预防一些违反政策的活动滋长蔓延；可以及时纠正执行中发生的偏差，保证正确的政策得以具体贯彻和实现；可以保证后续的政策活动能够有序有效地开展；可以及时避免政策实施中的漏洞，尽早采取措施加以补救，消除不良的后果；可以为解释或者说明某一政策的效果或者影响提供依据。

根据图6-3的理论做现实分析，民族民间文化进校园作为省一级重要的教育文化政策，其实施缺乏一个有效长期的评估机制。政策杠杆不仅没有能够发挥平衡的作用，使预期后果和实际后果之间的联系没有充分解释清楚，也没有发挥好反馈执行的作用，使产出及实际后果之间的关系也不明确。民族民间文化进校园的实际作用，不仅仅体现在学校的具体实施中，更重要的是从整个实施的宏观系统上去考察。

---

① 张立荣. 政策评估的内涵与类型关系探析［J］. 理论探讨，1982（2).

政策在制定的时候考虑的因素不可能覆盖所有的范围，在实际实施中遇到的问题和实际实施的效果，与预期的效果有差距是正常现象。但是政策的制定者们需要在评估的过程不断地进行修正，使政策的实施效果更接近预期的目标。在一过程中，需要遵循一定的评估准则。

政策评估的准则具有许多主观性的特质和表现，是一定时期人们价值观念的反应，但是评估准则又具有客观性的特质和表现，是外部客观实在评价活动的反应。其客观性的程度，取决于是否来源于、依赖于某种可观的基础（见图 6 – 4)[①]。

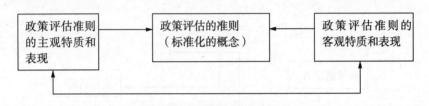

（相互矛盾、相得益彰的过程）

图 6 – 4　政策评估准则过程

### （三）　自发性质的文化保护与制度化的保护政策之间存在矛盾

政策是指国家政权机关、政党组织和其他社会政治集团为了实现自己所代表的阶级、阶层的利益与意志，以权威形式标准化地规定在一定的历史时期内应该达到的奋斗目标、遵循的行动原则、完成的明确任务、实行的工作方式、采取的一般步骤和具体措施。

政策的实质是阶级利益的观念化、主体化、实践化反映。政策具有以下特点：一是阶级性。这是政策的最根本特点。在阶级社会中，政策只代表特定阶级的利益，从来不代表全体社会成员的利益、不反映所有人的意志；二是正误性。任何阶级及其主体的政策都有正确与错误之分；三是时效性。政策是在一定时间内的历史条件和国情条件下推行的现实政策；四是表述性。就表现形态而言，政策不是物质实体，而是外化为符号表达的

---

①　陈玉琨. 中国高等教育评价 [M]. 广州：广东高等教育出版社，1993：89.

观念和信息，它由权力机关用语言和文字等表达手段进行表述。作为国家的政策，一般分为对内与对外两大部分。对内政策包括财政经济政策、文化教育政策、军事政策、劳动政策、宗教政策、民族政策等。对外政策即外交政策。

由以上关于政策的分析和表述可以总结出，政策是带有一定的主体强制性的、规范性的文档。因此，作为一项政策实施的内容，必定会有一定的组织机关来负责。

民族民间文化进校园的教育政策，作为省级重要的文化保护政策，也具有一定的法律效力。但是，该政策所针对的对象——民族民间文化，是一个具有非常特殊性质的主体，与其他政策实施的内容不同。文化是一定的历史阶段、一定的地域环境、一定的人类种群的一种生存状态、生活方式、思维方式的反映①。硬件环境如文化生长的自然环境可以进行人为地保护，但是软件上的生活习惯、精神观念等都是非常灵活的因素。文化自身具有很强的自发性。民族民间文化是一种"活"的保护主体，在一定的环境下孕育、生长，或者是消亡，很大程度上并不是由人们的主观念想来决定。人们可以通过主观努力来进行保护，但是文化本身却是一种客观存在，其产生是一种自然现象，也是一种不可控的社会现象。文化本身的随意性决定了不可能使用一种固定的模式来进行传承和保护；而政策，从外部特点上说，是具有一定规范性的。这就存在一个极大的矛盾。

在上述部分的讨论中也提过一个问题，就是早在民族民间文化进校园作为一项政策正式实施之前，许多学校其实都在做类似于文件要求的工作，甚至整个学校周边的社区也积极参与其中。但是这种参与和保护是以一种自发性质进行，没有专门和系统的指导，也没有任何硬性的规定指标，靠的是人们的自觉意识和对于民族民间文化的纯粹情感。自发性质的保护就意味着没有组织、没有规矩、随心所欲。可以在自然的状态下保护一定的客观存在也有一定效果，但是这样天然存在的状态与制度化的政策实施之间难免会存在一些矛盾，最明显的事例就是学校在实施过程中的课

---

① 喻峰，傅安平．民族民间文化保护与当今中国发展之需要［J］．理论导报，2006（8）．

程问题。

在学校课程中加入民族文化课，是实施民族民间文化进校园政策的具体措施，但是民族文化所有内容涵盖至生活的各个方面甚至是细节，精神层面的文化是不能通过简单的 40 分钟课程来完成的。课堂上能够完成的仅仅是一种没有生气的文化灌输，是一种被概念化、抽象化的文化现象；更多的生活实践才是学生们体验民族文化、感受文化魅力的源泉。而且根据低年级学生的年龄特点，他们在上课的时候能够掌握的也仅仅是与生活息息相关的知识，对于他们而言，课堂上教师讲的和生活中自己经历的有相似之处。如果教师讲的和自己面对的现实不一致，他们也会有混淆。所以，民族文化课程的实质，其实就是把生活课堂化了，帮学生把本来天天存在于身边不曾留意的民族文化魅力挖掘出来，让他们细细感受和品味。

学生们是这样和我们描述他们上民族文化课的感受的：

我很喜欢上课的老师。我很喜欢上课时候老师给我们看的那些漂亮衣服和图片。

一个星期里就是这个课比较好玩（有意思）。

民族文化课很好啊，我姐姐现在都没有这个课上了。我们可以有活动，可以和同学一起玩，很好！

在幼小的心灵里，也许上课对于他们而言已经成为一种习惯。但是，当课堂中出现了生活的影子，总是会让他们感觉到些许的亲切感。这样的亲切感好不容易培养起来，却在四五年级又被割断了。文化是一个连续发展的过程，但是制度化的建设却是可以根据实际需要来进行调整的。这样的矛盾，使原本可以传承的优秀文化，中途又被人为地割断。

## 二、改进政策，保障民族民间文化的传承及保护

### （一）寻求政策的制定机制与实施机制之间的平衡

综观整个民族民间文化进校园的制定及实施过程，会发现一个值得思考和注意的现象，那就是该政策的制定机制与实施机制之间关系的问题。

2002 年 10 月 8 日，由贵州省教育厅、民宗局联合下发《关于在我省各级各类学校开展民族民间文化教育的实施意见》（黔教发［2002］16号）的文件中可以看出，在政府重视民族民间文化并制定相应政策之前，部分民族地区中小学就已经在坚持将当地少数民族喜闻乐见的民族民间文化引入课堂，并收到很好的效果。民族民间文化进校园的政策来自于基层的实践，是一种"自下而上"的政策模式。但是随着政府对民族民间文化的重视，政府将这种非制度性的个人行为上升到政府行为，随着各级政府出台相应的制度，民族民间文化进校园就成为一场"自上而下"的运动。

政策的制定受到多种因素的制约和影响，能够体察民情、反映民生并且紧跟世界发展的浪潮，表现出政府相关机构和部门对于该问题的准确认识和重视程度。政策来源于生活却高于生活，把日常的行为举动提升到了政策的层次来实施，这是一个巨大的进步，非常值得肯定。贵州省作为全国闻名的"文化大省"，有着丰富的民族民间文化资源，并且代代传承，具有很强的历史研究价值和保护价值。将百姓关注的问题作为政府的工作职能来进行，也体现了社会的进步。"自下而上"的政策制定机制，符合实际需求，有很强的实践意义。但是这样的制定机制往往容易影响政府对于政策问题认定的清晰性，容易造成对于实质问题的忽略和实地考察。

政策是一种政治工具，因此政策的实施一般都是采用"自上而下"的机制，层层颁布、层层递进式地开展工作。民族民间文化进校园，从政策的意义上说，是为了更好地保护现存的文化遗产；从实施的层面上说，属于在最基层的学校开展。那么，在这个过程中就出现了一个逐级解读文本的不可或缺的过程。每一个层次，或者说是每一个级别，对于政策的解读是有差异的；不可避免会出现对于政策的解读过"大"、过"小"，甚至有歪曲的可能。而由于政策的制定是"自下而上"的，问题的产生根源是在基层需求中诞生，当政策的解读与实际的需求发生冲突的时候，问题就显得更加棘手。

寻求制定机制与事实机制之间的平衡，"从上往下"的角度，能够更好地帮助制定政策的政府机构明晰地认定政策问题，同时切实把握政策解决的关键所在，真正做到政策为民之所需；"从下往上"的角度，能够更好地帮助相关实施机构更全面、更深入地解读政策，使其能够达到最佳的实施效果。

两者之间的平衡，不仅仅是制定政策的一方与实施政策的另一方的平衡，更是提高政策效力、提高政府决策能力、提高公众对于政策的理解力的有效手段。通过两者之间的关系架构一座沟通交流的平台，政策不仅仅是政府发布的一项公文，更是关系到周围群众日常生活的重要保障。民族民间文化进校园，不仅仅是从政府层面的重视，更是所有相关利益群体集体参与的政策实践活动。

要做到制定机制和实施机制之间的平衡，就必须进一步提高政策决策者对于政策问题认定的能力，提高政策的实施者对于政策的执行能力。在整个政策制定、执行以及评估的过程中，双方还应该做最大限度的沟通交流，保障政策实施信息的通畅和上传下达、反馈的能力。民族民间文化进校园，不仅仅是口号上喊得响亮，最重要的是要解决在学校领域里，在纷繁复杂的课程中，为民族民间文化的保护寻求到一片净地，寻求和培养一批真正愿意为之努力奋斗的文化传承者，探索切实可行的文化传承机制。

这也可以作为少数民族教育政策创新的一个新的起始点的参考。作为文化保护范畴内省级主要的教育政策，贵州省在这一方面做得比较成功并且全面实施得比较早，这是经验上值得借鉴的地方。但是做得早并不意味着做出的成效与预期目标一致，达到了政策制定的目标，其间仍然有众多需要调整的地方。为政策的制定机制和实施机制之间寻求平衡，可以作为政策创新的一个方面加以关注和修正[1]。

当政策制定的机构不再是学院研究式地空谈政策文本，对于政策问题的认定能够明晰有力、条分缕析；当实施政策的学校不再是惴惴不安地根据上级要求实施政策，而是带有一定的自主性和能动性来进行实际工作，实施的效果也许会呈现另外一番"亮丽的风景"。

民族民间文化进校园政策制定的初衷是为了更好地保护民族民间文

---

① 观点部分参考自苏德教授主持的国家社会科学基金教育学重点招标课题"民族教育质量保障与特色发展研究"项目研究前期调查报告。

化，但是一些硬性的规定（如课程的设置等）使原来在自然状态下的文化传承也被取代或者破坏了，这既是实施上的不利，也说明了制定和实施之间矛盾所在。"上"和"下"之间的关系，既是一种制度上的等级关系，同时更应该是一种相互联系的有机整体。一切的实践活动都是围绕政策要解决的问题着手。在对政策认识的一般问题上，应该能够保持相应的一致。

### （二）文化敏感性：政策实施中的新关注点

政策执行的文化敏感性问题是基于人类文化多元性和文化自由的事实与要求而开展和强调的，旨在少数民族基础教育政策领域开展的具有文化敏感的政策执行工作，是近年来国际社会普遍强调的一个主要问题。

关于文化敏感性的研究中提出，政策在制定和实施过程中会受到许多诸如价值观念和意识形态等"非权力性"因素的影响，但是这些因素的影响是隐蔽的、潜在的。因此，关注权力背后与权力有关或者无关的价值观念、意识形态以及与此相关联的文化传统等因素，对政策过程的作用和影响，对于更好地认识政策规范、厘清政策过程、反馈政策效果等都是十分必要的。在政策目标、政策内容的制定以及整个政策实施过程中，文化的影响也是客观存在的。而我们要做的，不是忽略这种影响的存在，也不是故意夸大或缩小这种影响的存在，更不能固执地否认文化在其中的影响，而是要以客观的、实事求是的态度面对现实，从而寻求文化与政策恰切的相处、融合之道①。将文化敏感性纳入政策制定和实施的研究之中，是非常必要的。这一点应该成为政策调整和修正的新关注点。

目前，由于各种其他的原因，特别是能力、历史传统、国家教育管理模式等各种深层次因素的存在，客观上造成了少数民族教育政策中所出现的一些文化敏感性的问题（见图6-5）②。

---

① 王平.教育政策研究：从"精英立场"到"草根情结"——兼论教育政策研究的文化敏感性问题 [J].清华大学教育研究，2010（8）.

② 观点部分参考自苏德教授主持的国家社会科学基金教育学重点招标课题"民族教育质量保障与特色发展研究"项目研究前期调查报告.

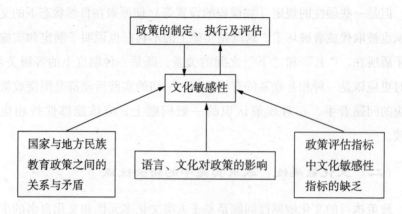

图 6-5　文化敏感性对政策的影响

第一，国家与地方民族教育政策之间的关系与矛盾。主要表现是全国范围内的宏观指导政策对于少数民族地区的不适应性，典型例子为新课改和布局调整的政策。

第二，语言、文化对政策的影响。这是文化敏感性研究的重点和难点。在当前多民族的背景下，开展语言、文化适宜的民族基础教育政策制定和执行工作，不仅是强调对语言、文化的尊重与保护，更是要提升少数民族群体，尤其是利益相关者对参与文化多元和多样性的少数民族教育事务的能力。这同时也是政策研究的对象。

第三，政策评估指标中文化敏感性指标的缺乏。存在于评估系统中的问题是复杂多样的，但是这一问题是比较突出的。对于民族地区的教育政策而言，文化的影响恐怕是最大的，也是最容易被忽视的一点。就当前的评价体系而言，对于文化的尊重与重视也显得不够到位。造成政策目标与最后实施效果有差距的主要原因，既有来自现实民族教育发展中语言、文化的作用所呈现出的民族基础教育的现状，也有政策执行过程中评价体系的不完备和文化敏感性指标的缺乏。

从以上三点分别考察和分析民族民间文化进校园政策，能够发现以下几个重要问题。

第一，从国家政策宏观上考察，保护民族文化的条款有很多，但是针对性不如地方自主制定的强。在这一点上，贵州省走在了全国其他民族大省的前列，民族民间文化进校园的政策，一直是贵州省津津乐道的富有地方特色的民族文化保护政策之一。既符合国家保护非物质文化遗产的夙愿，同时也将人们关注的目光吸引到多姿多彩的民族民间文化。因此，从大的方向上说，这个政策的立足点和出发点都非常符合现实需求。

第二，从语言文化对政策的影响上考察，这是一个非常值得探讨的问题。文化对政治的影响是深重的，表现在文化通过教化功能，不断地加强并丰富着人们对经济、政治的认识和理解，不断地完善人们的心理结构和政治意识，从而推动人们的经济、政治行为的不断成熟和发展。同时文化通过普遍性的意识渗透，对经济、政治产生影响①。

语言文化与民族民间文化进校园政策之间是双向互动的逻辑关系。语言文化影响着政策的制定与实施，同时，通过政策的执行，能够更好地保护已有的语言文化。从广义的文化概念上考虑，语言其实也是文化的一个重要组成部分，并且是属于"软件"建设，精神层次上占的比例相对大一些。

所以，在政策的制定和实施中，对于文化敏感性相关问题的关注和研究，在现实中的应用意义主要体现在对于不同文化主体采取的保护措施不相同。可以采取一种分类的方式，而不是"一刀切"式的做法。

广义的文化包含了生活中的各个方面，在民族民间文化的保护和传承的过程中，如语言的保护，可以归为一个子类。因为在民族地区，语言几乎是人们生活中每一天都在不自觉保护的文化。在方祥，不会苗语或者方言，就基本上不能与家长和学生进行交流，语言的力量是相当强大的。但是与之相比，其他的一些文化形式就稍显薄弱了。如一些传统的手工艺、服饰、歌舞等。这些属于基本的技能，需要有一定的功底和努力才能做好。像这样的文化内容就很适合走进课堂，再从课堂还原到生活中，让学生感觉到更多的亲切感，让他们体会其中蕴含的文化魅力。

---

① 观点部分参考自苏德教授主持的国家社会科学基金教育学重点招标课题"民族教育质量保障与特色发展研究"项目研究前期调查报告。

### （三） 多元文化教育背景下政策层面的文化保护

随着近十几年来，关于文化研究的发展和对全球化、一体化趋势的认识，多元文化教育作为一个概念自提出之日起，就引起了多民族国家的关注。在我国，多元文化教育主要被称为多民族文化教育或少数民族教育，主要是从文化背景的大视角来研究民族教育的有关问题①。

我国自古以来就是多民族、多文化的社会。56 个民族共存于一个"大家"，新中国成立后，国家从民族的、科学的、大众的文化出发，主张一切民族平等自由，坚决反对任何民族歧视和民族压迫。坚持尊重各少数民族语言文字、宗教、信仰、道德等文化遗产，发展各少数民族教育方面的进步性，并努力促成其现代化发展的进程。尤其是 20 世纪 80 年代以来，国家对民族地区采取了"优先发展、重点扶持"的政策，并从民族地区和各民族自身的特点出发，在文化大讨论的氛围中形成了"民族多元一体"、"文化多元共存"的共识。

"中华民族多元一体格局"的理论是费孝通在对人类学、考古学、历史学等学科进行长期研究的基础上，于 1988 年提出的。这一思想不仅推动了民族研究的发展，而且也引起了民族教育界的重视，它迅速成为我国民族地区教育研究的指导思想和理论支柱。他从历史发展、生态环境、文化融合等多方面阐述了中华民族多元一体格局的形成，分析了中华民族大家庭中各个民族之间相互关联的特点："这一形成过程的主流是有许许多多分散存在的民族单位，经过接触、混杂、连接和融合，同时也有分裂和消亡，形成一个你来我去、我来你去、我中有你、你中有我，而又各具特性的多元统一体。"②

滕星在对国内外民族教育理论和多元文化教育理论研究的基础上，提出了"多元文化整合教育理论"，也称"多元一体化教育理论"。在我国

---

① 滕星，苏红.多元文化社会与多元一体化教育 [J].民族教育研究，1997 (1).
② 费孝通.中华民族多元一体格局 [M].北京：中央民族大学出版社，1999：3.

广大的民族地区实施的教育，从某种意义上说，就是一种多元文化的教育①。

长期以来，少数民族教育作为普通教育的一个部分，忽视了其民族性，缺乏一种独特的视野对民族教育进行国内指导。教学上，作为民族教育最有特色的民族课程教学理论尚属空白。尤其是在课程设置上，忽视民族传统文化建设，统一要求，与内地同科同目，开展"应试"与"升学"教育。这些不足之处让人深思，我们的民族教育在强调科学教育的同时，轻视甚至忽视了人文教育，更为严重的是以汉族的思维方式和文化传统束缚民族教育的发展。

文化没有优劣和先进落后之分，不论是主体民族还是少数民族的文化，都应该得到同等的对待。但是，在现行的学校教育教学中还不能完全做到这一点，这是令人感到非常遗憾的地方。

民族民间文化进校园政策的颁布，可以说是在教育政策的领域为多元文化教育开辟一个突破口，从政府机关确定政策的高度，确立了多元文化教育的视角和思想。少数民族教育需要确立多元文化的思想，文化的保护也可以从中受益。教育的一个主要功能是传承文化，而学校是有计划、有组织、有目的地实施教育的机构。因此，有研究认为，"少数民族地区学校教育的民族文化传承是文化全球化和多元化发展的必然走向和促进少数民族地区经济和社会发展的必然选择"②。

将民族民间文化以系统化、规范化的方式引入学校课堂，这不仅仅体现了政府作为政策制定者的思想觉悟，同时也把文化的传承和保护纳入了一条制度化，带有一定法律效力的轨道。

---

① 王侠. 西方多元文化教育理论的阐释 [D]. 北京：中央民族大学教育学院，2005.
② 张飞，曹能秀. 学校教育中的少数民族文化传承研究——以云南省寻甸回族、彝族自治县六哨乡为例 [J]. 云南农业大学学报，2008（3）.

# 第四章　民族民间文化进校园政策的
意义及其他问题

## 一、自然的还是强制的——关于民族文化传承的最佳生境探讨

### （一）自然生境下的民族民间文化保护

每一种文化都有其赖以生存的相关自然及社会环境，不同环境下的文化内容和形式必然是有区别的，文化具有一定的地域性特征。生态人类学的研究指出，文化与环境存在一定的"互动"关系，即两者之间相互作用、相互联系，两者的重要程度因时因地会有所不同①。

民族民间文化也不例外，作为少数民族优秀传统文化，其产生或者消亡并不是由人的主观意志来决定。世世代代生活在封闭环境下的少数民族，其生活的每一个细节都带有浓浓特色文化气息。

学校作为自然生活场域中的重要组成部分，有着义不容辞的保护民族民间文化的义务和责任。正如上述部分所析，不论是教师还是学生，他们每一个人本身，就是苗族文化的一个小缩影，每一天生活的点点滴滴，都是苗族文化的表现。从衣着、语言到思维方式、交流方式、过节习俗等，都是民族文化的组成部分。不论他们主观上的意识是怎样的，苗族文化都以一种客观的方式存在于生活中，存在于周围的环境里，甚至有一些已经根深蒂固。

原始不意味着自然，比较落后的经济条件和自给自足的小农化生活只

---

① 庄孔韶. 人类学通论 [M]. 太原：山西教育出版社，2007：129.

是"自然"的一部分内容；这里的"自然生境"指的是在一种无意识状态下的对于文化的传承和保护。没有刻意地去做什么或者是出于保护的目的，仅仅是每一天按部就班地按照传统的生活方式来作息。就像教师们津津乐道的：

其实我们生活的每一天都是一种文化。不管是在课堂上，还是下课后我们自己进行交流。我们学校里就算是语文老师，也不一定说得好普通话。不是说我们不想学，就是有些发音是改不了了，苗语里面的一些读音已经在脑海里生根了。我们虽然身份是老师，但是其实我们都是苗人，还是保留有很多的、不可更改的生活习惯。就像看斗鸡和过苗年，我们也像学生们一样，很高兴的。过节嘛，这是我们苗族最大、最隆重的节日了，可惜你们现在来没有赶上，不然很热闹的。

每个教师提到"苗年"的时候，都和学生们一样，流露出了一种莫名的自豪感和欢欣，这其实就是一种最天然的民族感情。不会有任何人刻意教过他们要对这个节日抱以怎样的态度和心情，但是每一个苗族人，对于苗年的期待和欢愉却是一样的。

文化中，精神层面的客观存在的传承难以规范化和制度化，这是一种人的情感的客观存在。即使刻意强调，使用外部力量，那也是无济于事。相反，让其在自己的场域里自由呼吸，让这种文化内核精神层次的民族感情自然存在于每一个民族成员中，也不失为在自然生境中文化自我保护的意义。

## （二）文化保护与制度化实现有机结合——政策意义所在

尽管如上所说，文化在一定的自然生境能够实现自我的更新和保护，但是，这种保护的作用是非常有限的。随着全球化一体化的趋势及地方经济的迅速发展，越来越多的"异文化"开始冲击着原始生境下的民族民间本土文化。随着各种文化之间交流的频繁和人们视野的逐渐扩大，越来越多的民族民间文化开始从最初仅仅是形式上的消亡，慢慢走向精神内核的危机。精神层次的存在需要一定的物质基础作保证，但是目前越来越多物质层面的客观存在也在逐渐走向没落和消亡。

正是因为注意到了这一点，才有了民族民间文化进校园政策的颁布和实施。文化的传承和保护需要年轻一代的新生力量，更需要在学校这个特殊的场域里进行。

在学校中，有条件可以为民族民间文化的保护提供一定的物质环境和精神氛围。每一天学生生活的空间和接触到的人都是有限的，也是熟悉的；只要在这个熟悉的环境下，对一些事物加以强化，就能够给学生留下深刻的印象。最典型的例子就是学校为了更好地倡导民族民间文化进校园，在学校的布置上所花费的心思。我们还没有进入学校的时候，就能够清晰地看到教学楼的二楼正面，印刻着苗族舞蹈的图画。图画上的人物栩栩如生，有穿着苗族传统服饰的美丽苗族姑娘，头上戴着的银饰更是锦上添花；还有吹芦笙的苗族小伙。整个画面就是在庆祝节日时候歌舞的场面。学生们每天只要在操场上活动，就可以看到这幅画面。

从心理学的角度上，这是一种非常好的正面积极的强化。从表面上看，是不经意的。但是实际上，这个画面已经深深烙在孩子们幼小的心灵里，这种影响力是巨大的。就算是第一次去学校的人，也能够注意到这个明显的特征，这也是学校特色的体现。

将文化自然存在的保护和制度化的政策保护结合在一起，既能够弥补自发性质的随意性和不确定性的缺陷，又可以用一种略带强制性的力量，以政府的号召力对民族民间文化中一些比较珍贵和重要的材料进行保存，不论是物质层面还是精神层面都有了保障。但是，当自发性质的保护和制度化的保护交错在一起的时候，可能会引发一系列的矛盾，这就需要进行平衡和协调。这也是一项非常艰巨的工程。既不能让人为化的痕迹太明显，这样会对文化的表现形式有所影响；同时也不能使文化的自然形成太过随意而造成自然性的消亡。

## 二、民族民间文化进校园与其他重要民族教育政策之间的关系探讨

### （一）其他各项重要民族教育政策实施简介①

1. 布局调整和寄宿制

2001 年颁布的《国务院关于基础教育改革与发展的决定》（国发［2001］21 号文件）中将调整农村义务教育学校布局列为一项重要工作，并指出应"因地制宜调整农村义务教育学校布局。按照小学就近入学、初中相对集中、优化教育资源配置的原则，合理规划和调整学校布局。农村小学和教学点要在方便学生就近入学的前提下适当合并，在交通不便的地区仍需保留必要的教学点，防止因布局调整而造成学生辍学。学校布局调整要与危房改造、规范学制、城镇化发展、移民搬迁等统筹规划。调整后的校舍等资产要保证用于发展教育事业，在有需要又有条件的地方，可举办寄宿制学校"。

学校布局调整和寄宿制政策执行中，部分地区通过因地制宜、实事求是地合理调整中小学布局，集中力量改善了一批乡镇中心学校的办学条件，使合并后的中心学校实现了一定的规模效益。但是，这个过程也凸显出许多新的问题：一些地方政府不能科学、合理、因地制宜地执行调整政策，盲目地撤并和缩减当地农村中小学校，使不少原本能就近入学的农村儿童及其家庭陷入求学困境；而寄宿制学校也出现缺乏对学生的生活管理、情感缺失以及教学资源紧张等问题。

布局调整和寄宿制政策执行中涉及的群体比较多，主要包括基层的政策执行人员（县级及以下的教育管理者）、教师、家长、学生和社区人员。

方祥民族小学是一所典型的寄宿制小学，是由原来的几所乡镇小学撤点并校之后组成的学校。

---

① 该部分政策材料均参考自苏德教授主持的国家社会科学基金教育学重点招标课题"民族教育质量保障与特色发展研究"项目研究前期调查报告。

### 2. 师资队伍建设

教师队伍建设是民族教育发展的重点。中央政府针对少数民族双语教育、教师数量有限、东西部地区教师资源不均衡、学历层次偏低、缺乏吸引力等问题出台系列政策，包括发展"双语型"教师队伍的政策，拓宽教师来源渠道的政策，"对口支援"政策，加强教师培训的政策，提高待遇的政策。中央政府出台这些政策是希望能通过教师建设提高少数民族教育质量，地方政府也在区域内出台了相应的政策措施。

但是教师队伍建设，在方祥并没有落实得非常好。由于地方偏远、民族习惯、交通等，目前学校的教师还是以本地区，尤其是方祥本地人为主，外来的支援非常少。

### 3. 两免一补

"两免一补"政策是指 2005 年以来，我国政府对农村义务教育阶段贫困家庭学生就学实施的一项资助政策。主要内容是对贫困家庭学生"免杂费、免书本费、逐步补助寄宿生生活费"。我国政府在西部大开发及发展民族教育的政策中提出，要对民族地区实施"两免一补"进行政策倾斜。"两免一补"政策在民族地区的实施，可能会对少数民族儿童受教育权起到保障作用。但是，这项"自上而下"的政策在实施当中可能存在一些问题。

在方祥民族小学，这项政策实施的情况还是不错的，政府的拨款和补贴还比较到位。但是学校也反映，只靠收取一些杂费来维系学校的正常运行，已经出现了很多的困难，需要学校到处去寻找可以支援的力量。

您看现在学校的校服，学生每个人只出 30 块钱，家里都没有，还是要靠学校的力量。我去温州跑了一趟，才拿到了做几十套校服的钱。校服也算是学生们衣服里比较像样的衣服了。家里还是很穷。

——校长访谈

### 4. 双语教育

我国双语教育政策是我国少数民族语言政策在教育领域的体现，是维护各民族团结和国家统一的措施之一。我国少数民族语言政策的核心是为实行语言平等、禁止语言歧视、保障少数民族语言权利。

双语教育在多数文本里都被归为民族宗教政策的一部分。贵州省也非常重视双语教育的实施，目前在不同的地方，有侗汉双语、苗汉双语等，方祥民族小学即属于后者。但是这里实施的双语教育不是一种正规的、有教材可循的双语教育，苗语仅仅是作为一种辅助语言的形式，帮助学生更好地理解教材上的内容。

5. 新课程改革

新课程改革①，是由我国政府（国务院）直接推动而实施的，是新世纪基础教育领域影响力最大的政策。

其基本过程是：1999 年 1 月，国家成立了基础教育课程改革专家工作组。2000 年 1 月，北京师范大学、华东师范大学等 8 所师范大学先后成立了"基础教育课程改革研究中心"，开始启动国家基础教育课程改革项目，接着通过招标和评审，确定了首批 34 项国家基础教育课程改革的项目组。2000 年 7 月，编制完成了各学科课程标准的初稿。到 2001 年 3 月，在反复研讨、修改完善后，形成了各科课程标准的征求意见稿。在广泛征求社会各界意见的基础上，2001 年 6 月，形成了各科课程标准的实验稿。2001 年 7 月，17 个学科、18 本课程标准（实验稿）正式公布和出版。与此同时，对 20 个学科的 50 种教材进行了初审和复审。2001 年 5 月，国务院颁布了《国务院关于基础教育改革与发展的决定》。2001 年 6 月，召开全国基础教育工作会议，会后经国务院批准，印发了《基础教育课程改革纲要（试行）》。同年 7 月，在大连召开全国基础教育课程改革实验工作会议并部署实验工作，基础教育课程改革进入试点实验阶段。2001 年秋，在各地自愿申报、省（自治区、直辖市）教育行政部门推荐的基础上，新课程开始在全国 27 个省（自治区、直辖市）的 38 个基础教育课程改革国家级实验区实验。从此，开始了新中国成立以来的第八次基础教育课程改革。这次改革步伐之大、速度之快、难度之大，都是前七次改革不可比拟的。

---

① 专指新中国成立以来第八次新课程改革。

如果改革成功,它将实现我国中小学课程从学科本位、知识本位向关注每一个学生发展的历史性转变。

其基本目标包括:①在课程价值取向上,更重视学生形成主动的学习态度,学会学习;②在课程结构上,整体设置九年一贯的课程门类和课时比例,并设置综合课程,以适应不同地区和学生发展的需求;③在课程内容上,加强课程内容与学生生活以及现代社会和科技发展的联系,关注学生的学习兴趣和经验,精选终身学习必备的基础知识和技能;④在课程实施上,倡导学生主动参与,乐于探究,学会交流与合作;⑤在课程评价上,更强调通过评价促进学生发展,通过评价改进教师教学实践;⑥在课程管理上,实行国家、地方、学校三级课程管理,增强课程对地方、学校及学生的适应性。

新课程改革是新世纪国家层面在教育领域实施的力度最大、范围最广的教育政策,在广大民族地区也开始进行逐步尝试和铺开。课程的设置是学校教育教学的核心,也是对民族民间文化进校园的政策影响最大的一项教育政策。新课程改革给学校教育吹去了一缕清风,同时也带来一系列新的包括适应性等严重问题。

### (二)民族民间文化进校园与其关系的简单探讨

从宏观的角度来看,作为民族基础教育领域的各项政策是相互联系、相辅相成的关系。每一项政策都不是独立的部分,而是相互之间有着某些渗透或者是交叉(见图6-6)。

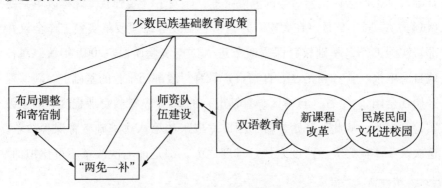

图6-6 民族基础教育领域各项政策的关系

　　与民族民间文化进校园关系最密切的是新课程改革和双语教育的政策。新课程改革的实施直接影响着民族民间文化进校园实施的力度和效果。双语教育可以视为民族民间文化进校园的一个重要手段和实现方式。在进行双语教学的过程中，其实也是在传承优秀的民族文化。

　　"两免一补"主要从经费方面影响其他政策的实施，布局调整和寄宿制为其他政策实施提供一个大环境和大背景；师资队伍的建设则是为各项政策的实施提供强有力的保障。

# 学业表现篇

# 个案七

## 景颇族地区基础教育阶段学生学业成绩研究
### ——以云南省勐约乡为个案

## 概　　要

　　景颇族是一个有着悠久历史和独特文化的民族。新中国成立后，由于党和政府的高度重视，景颇族地区的教育得到了极大发展。然而由于受到基础薄弱等因素的限制，如今山区的景颇族基础教育阶段的学生仍面临着学业成绩低下的问题。本研究选取云南省勐约乡为个案点，具体描述该地区学生学业成绩概况，从教育生态学的角度分析学生所在的学校、家庭、社区、社会等一系列生态环境对学生学业成绩的影响。在此基础上，对少数民族地区学生学业成绩状况进行思考并提出相应建议。

　　本文分为五个部分，具体如下。

　　第一部分是本文的绪论。此部分叙述本研究的缘起、主要内容、方法，并对学业成绩、景颇族教育、景颇族文化的相关研究进行了梳理和汇总。

　　第二部分是本文第一章。主要对景颇族及其学校教育的现状和历史进行宏观介绍。对本文个案点所在县（陇川县）和乡（勐约乡）的自然环境、行政区划、民族风情、经济发展状况等进行背景介绍。

　　第三部分是本文的重点章节。主要介绍勐约乡现有的教育资源，包括学校、学生、教师的基本状况，以图表、图形的形式描述勐约乡学生学业成绩状况，介绍学生所在的学校、家庭、社区、社会生态环境状况，以便更好、更全面地分析影响学生学业成绩的原因。

第四部分是本文的理论阐释部分。首先介绍了教育生态学的含义，并从教育生态学的角度分别论述了学校、家庭、社区和社会生态环境对学生学业成绩的具体影响。

第五部分是本文的结语部分。根据上述对景颇族学生学业成绩低下状况的探讨和分析，从新的角度对民族地区的教育进行思考，并提出相应的对策，以便更好、更快地促进民族地区教育的发展。

# 绪　论

## 一、研究的缘起

我国是一个多民族的国家，少数民族教育一直备受党和国家的重视。我国少数民族教育在取得重大成就的同时，也面临着学生学业成绩低下等问题。学生学业成绩低下不仅不利于个人的发展，也阻碍了经济的发展和社会的进步。因此，民族教育中学业成绩低下的问题应引起重视，从较深层次上探究产生这种现象的原因，并采取有效的措施帮助少数民族地区学生提高学业成绩。

景颇族历史悠久，有着独特的传统文化。然而，其学校教育在发展过程中由于受到经济、语言、文化等多种生态环境因素的影响，而面临着教学质量不高的困境，具体表现为学生学业成绩普遍较低。提高学生学业成绩不仅是景颇族教育改革和发展的重点和难点，也是当前景颇族地区教育发展的突破口。学生学业成绩的高低直接影响着景颇族地区教育的发展水平，也影响景颇族人才的培养和该地区社会经济的发展和进步。采取积极有效的措施提高学生学业成绩，充分利用民族地区社会生态环境中影响学生学业成绩的积极因素，消除或减弱不利因素，对促进景颇族地区和我国民族地区教育事业的发展有着极为重要的现实意义。

研究者两次到景颇族的聚居乡——云南省勐约乡进行田野调研，发现那里的学生面临着学业成绩低下的问题，获得了大量反映当地教育现状的第一手资料。同时，在田野调查和理论分析的基础上提出提高民族地区学生学业成绩的建议，为国家在制定少数民族教育政策时提供可供参考的依据，这是本案例研究的意义之所在。

## 二、研究的主要内容

本研究从教育生态学的视角对景颇族学生的相关教育环境进行宏观与微观分析，把教育环境纳入整个社会环境中进行分析，以使人们更好地理解影响学生学业成绩的综合因素。

本研究以云南省勐约乡为个案点。勐约乡是以景颇族为主的山区乡，地处边境、交通不便、自然环境等较为恶劣，这种状况使得其教育环境相对较差。学生在接受现代学校教育的同时，受到本民族语言、宗教、传统文化与思维模式等因素的影响。因此，本研究着重对勐约乡儿童低学业成绩的原因进行分析和理论阐释。

本研究选取勐约乡基础教育阶段的学生为研究对象。值得说明的是，个案点只有学前班、小学和初中三个阶段的教育，而没有开设高中阶段的教育。所以，本研究也只涉及勐约乡学前阶段、小学阶段和初中阶段学生的学业成绩。

本研究将首先描述勐约乡景颇族学生的学业成绩状况，分析影响学生学业成绩的相关因素，并进行教育生态学的理论阐释，在此基础上提出相应的对策和建议。

## 三、研究方法

本研究采用了文献法、访谈法、问卷法和观察法等，其中，以文献法和访谈法为主。

文献法：收集、整理国内外相关研究成果，并对其研究的历史脉络进行梳理和总结，掌握研究的开展情况，更好地明晰本研究的价值和创新之处，从而为开展理论研究提供文本基础。

访谈法：对个案点勐约乡民族基础教育的相关人员进行访谈，包括当地的教育官员、教研人员、学校领导、教师、学生、家长、社区领导和当地文化精英等。访谈方式主要以一对一访谈和开放式访谈为主。研究者在陇川县教育局和教科中心共访谈了 11 名工作人员；在勐约乡访谈了 2 名校长、11 名教师、9 名家长和 13 名学生。

问卷法：本研究通过调查问卷的方式收集学生的基本信息。这种方法能够扩大调查对象的范围，可以更为详尽地了解学生和教师的真实情况。本研究还选取 580 名中、小学生的期中、期末考试成绩作为考察对象，以此为基准对学生的学习成绩进行考察。研究者在个案点共发放了 210 份学生调查问卷，回收了 194 份，有效份数 194 份，问卷回收率和有效率分别为 92.38%。

观察法：研究者在个案点学校进行了校园观察、社区观察、食堂观察、宿舍观察、课堂观察。通过观察校园、社区、食堂、宿舍及课堂的生态环境，以便更好地了解学生的生活和学习情景。

## 四、文献综述

### （一）关于学业成绩的相关研究

20 世纪中后期，受少数民族自身的社会进程和历史基础等因素影响，少数民族或弱势群体的学生面临着学业失败的困境。为了寻找这种状况的根源和提高该群体的学业成绩，学术界开始关注少数民族学生的低学业成绩问题并提出了相关理论。从有关学业成绩的研究文献中可以看出，西方学者对低学业成绩的研究要早于中国学者。根据这一发展顺序，本研究在梳理相关文献时按照先国外后国内的顺序进行论述。

1. 国外关于学业成绩的相关研究

20 世纪 50 年代，西方学者开始研究以美国黑人为代表的少数民族学生的低学业成绩问题并形成了不同的理论学说，至今有关此问题的研究数不胜数。结合本研究的主题，研究者按照时间顺序对国外有关少数民族或弱势群体学生低学业成绩的研究成果进行如下梳理。需要说明一点，由于研究者只能阅读英文文献，而对其他语种的文献很少涉猎，这样相对缩小了对外文资料的涉猎范围。

20 世纪 50 年代，以美国为代表的西方学者开始关注黑人和移民儿童的学业成绩低下的教育问题，这些研究从不同方面分析和探讨该群体在学校教育中学业失败的原因。最有代表性的是美国教育学家詹森（Jensen）提出的遗传基因理论，该理论认为美国黑人在学业成就上之所以低于白人，是由于他们遗传的智商低。然而这种遗传基因理论受到了来自社会各界的广泛批判。一方面是该理论只强调遗传基因这一因素对学业成绩的影响，而忽视社会环境对学业成绩的作用，无法解释同一种群的人们在不同的社会环境下取得不同的学业成绩的现象；另一方面这种理论带有强烈的种族歧视倾向。

20 世纪 60 年代，部分人类学家提出了文化剥夺理论，认为少数民族学生学业成绩低下是由于少数民族学生进入主流学校学习后，主流学校没有按照少数民族自己的文化模式来进行教学和考试。少数民族的家庭和社区环境缺乏主流学校所需要的学习活动和学习环境的文化刺激，这些少数民族学生被迫接受陌生的文化知识，因而造成学业成绩低下。这种观点从文化的角度阐释了少数民族学生学业成绩低下的原因，然而却不能很好地说明为什么处在同一文化、族群、语言环境下的另一些少数学生，却能在学业上取得成功。

20 世纪 70 年代以后，西方一些学者开始把目光从文化与社会的宏观角度转移到学校中文化差异的微观角度，解释少数民族学生学业成绩失败的原因。其中，最有代表性的当属美国学者埃里克·桑（Erick-Son）和菲利普斯（Philips）的研究。埃里克·桑认为，少数民族学生学业成绩低下是由于学校教学所使用的语言与家庭生活用语不同，以及师生之间的沟通差异所引起的；菲利普斯研究了美国印第安儿童与主流社会儿童的课堂参与模式，认为主流学校所使用的课堂参与模式是以教师为中心，而印第安儿童所使用的模式是以大家共同参与为特征，模式的不同势必影响印第安儿童在课堂上的参与程度。这些学者的观点从重视学校和教室等微观环境的角度，来解释少数民族学生的低学业成绩的现象。然而美国著名教育人类学家奥格布（Ogbu）认为这种方法只注重学校、教室环境，却忽略了学校以外的社会大环境和种族的历史轨迹。

20 世纪 80 年代，西方学者开始从政治、经济、民族历史等不同的角度，分析不同群体学生的学业成就。奥格布认为各少数民族或群体的历史经历和社会地位不尽相同，这必然影响其学业成绩。奥格布特别强调每个群体是如何感知自己的同化，以及他们对待主流社会学校教育的态度是影响学业成绩的关键因素。为此，他提出了自愿移民和非自愿移民的例子来证实自己的观点。自愿移民如亚洲移民到美国为了寻求比家乡更好的发展机会，对于在美国受到的不公平待遇，以积极的态度认为，只要通过自己的努力、勤奋、教育以及自身素质的不断提高，待遇也会相应地得到提高。因而，他们积极地接受美国的主流教育和文化，通过自身的努力不断提高自己素质和社会地位。而非自愿移民如美国的印第安人和黑人是被迫离开家园，有着痛苦的移民经历和记忆，认为主流社会在剥削和压迫他们，即使经过自己的努力也无法改变自己和民族的悲惨境遇。因而，他们对主流文化采取消极对抗的态度，这种对抗的态度和行为，既不利于个人的发展，也不利于群体素质的提高，最终陷入了学业成就低下以及恶性循环的教育困境。皮克（Pieke）、埃里克·桑和福斯特（Foster）等人也主张从宏观的角度把学校教育放到一个大的社会环境中来研究，探讨学生的学业成绩。

20 世纪 90 年代以后，随着传统学科的日益成熟和新兴学科的不断产生，学者们开始从多学科的角度研究不同群体学生学业成绩成功或失败的原因。其中较为著名的理论是从多元文化教育理论和教育生态学的角度，针对少数民族儿童的低学业成绩问题进行研究。多元文化教育认为一个国家的文化是多元的，不同民族或群体应在文化多元的框架下相互交流、学习和适应，才有共生共荣的局面。因而，在实际的教学中教师应消除对少数民族学生的偏见，在民族认可的基础上，以积极的态度对待学生并提高学生的自我效能感；在学生原有的基础上进行教学，并在不改变现有课程的结构下，把少数民族文化与观念等加入到教学中来。有关教育生态学的理念将在下文中进行阐述。

以上的文献及学说是学者们在特定历史时期的研究产物，对本研究有一定的借鉴意义，但是对我国少数民族学生学业成绩研究缺乏针对性和可操作性。研究者在后续章节中将吸收西方学者的研究成果，并结合景颇族学生学业成绩的具体情况提出自己的见解和观点。

2. 国内关于学业成绩的相关研究

20 世纪 80 年代以来，国外学者对学业成绩的研究方兴未艾，试图通过建构不同的理论来解释学生学业成绩差距的原因。相对于国外而言，90 年代以后，国内的学者开始逐步对不同少数民族群体的学业成绩进行研究，并引进西方先进的研究成果，在结合自身研究的基础上对西方学者的研究进行本土化的验证、分析、阐释，从不同的理论视角探求造成弱势群体儿童学业成绩低下的根源。比较有代表性的研究如下。

滕星在研究拉祜族儿童学业成绩低下的原因时，对西方有关低学业成就的理论进行了中国本土化的阐释，在对不同理论流派进行梳理和分析的基础上提出了自己的理论观点——"多元文化整合教育理论"。该理论认为一个多民族国家在承担人类共同文化成果传递功能的同时，不仅要负担传递本土主体民族优秀传统文化的功能，而且要负担传递本国各少数民族优秀传统文化的功能。袁同凯在研究土瑶学校教育时从地方政治权力与学校教育的角度进行阐释，认为地方政治权力关系网络分布的不均衡，地方社会与政府对于土瑶人的忽视等因素是造成土瑶社区贫困和土瑶儿童学业成绩低下的症结所在。此分析从地方政治权力的角度，为我们分析少数民族学生学业成绩低下的原因提供了一个新的视角。侯兴华等人对傈僳族小学生的学业成绩进行了田野调查，认为学生的语言障碍、家庭教育落后以及家长落后的思想意识、学校的分散与教师个人素质偏低等原因是造成傈僳族学生学业成绩低下的主要因素。沈良杰等从归因理论的角度分析凉山彝族女学生低学业成就的原因，认为凉山彝族女学生更多地将成功归因于运气，将失败归因于能力不足；而男生更多地将成功归因于自己的能力，将失败归因于任务艰难。此外，女生的自我效能感表现在自信心差，这种不自信导致课堂无力感。这种分析有一定的合理性，但是缺乏具有说服力的相关数据的支撑，其结论还有待进一步验证与补充。陈忠勇分析了苗、汉杂居地区学生低学业成绩的三方面原因：当地生产力水平低下和经济贫困落后是基本原因，苗族自身传统文化中消极因素是关键原因，学校教育的失误是直接原因。这种分析概括了影响学生学业成绩的原因，并对这些原因进行具体的阐释，具有一定的合理性，然而这种结论缺乏充分的分析、调查和论证。

在研究学业成绩时，不仅应关注民族地区学生低学业成绩问题，还应关注其他人群的低学业成绩问题，在分析影响学业成绩共有原因的基础上，找出影响不同人群学业成绩的共同要素和个别要素，以便更深入地开展研究。一些特殊人群如农民工子女、女童、和尚生等，也面临着低学业成绩的状况，笔者选取这类群体的代表性研究。其中，在对农民工子女低学业成绩的问题进行分析中，李红婷认为加强政策保障、构建和谐环境、关注家庭教育、实行"城乡文化整合教育"等是改善农民工子女教育生态环境、提高学业成绩的必要措施。一些特殊人群，如傣族的和尚生，由于其特殊的身份和生活环境，在学业成绩方面表现为流失率高，学业成绩差。罗吉华运用教育人类学的田野调查方法，从主位和客位的角度对傣族和尚生的低学业成就问题进行归因分析，以此希望改善和尚生的学业状况和加强人们对傣族教育的关注和思考。彭亚华认为，少数民族女童这一特殊群体存在学业成就相对较低的现象，缺乏自信心和成就感是束缚女童成功的主要原因，少数民族女童教育要想发展，女性教育现状要得以改善，必须依靠每一个女童自身的努力。

学生的学业成绩受到多种因素的影响，需要研究者从多维视角分析影响学业成绩的因素。苏德从国家发展前途的角度提出少数民族要想走向中国、走向世界，必须学好汉语的论断，并强调了建立民、汉双语教育体制对提高少数民族教育质量和少数民族学生学业成绩有重要意义。罗晶、邓家梅提出了师生关系直接影响着学生学业成绩的效果，也关系到学生的心理健康和全面发展的观点，并阐释了当今师生关系的特点及改善师生关系的对策。彭虹斌在研究校长行为与学生成绩之间的关系时，认为校长对学生的影响是间接的，主要通过中介变量来对学生成绩施加影响。潘晓婷在研究父母参与对子女教育发展的关系时，指出有效的父母参与可以营造和谐的家庭氛围，加强家庭和学校合作可以促进子女健康成长和学业成绩的提高。金河岩认为，低学业成就来自于对认知活动调节方面的缺乏，导致动机（归因信念）和个性（如自我目标）的发展缺陷，进而归因于不恰当的认知，导致自我调节的连续失败，也延长了动机、情感和人际关系中的问题。并指出低学业成就是困扰人一生的问题，应尽早对学习困难者进行治疗。谭承红在研究家庭环境对中学生学业成就影响的相关分析中，运用家庭环境量表（FES－CV）、卡特尔人格问卷（16PF），对 655 名中学生的学业成就进行研究，发现健康的家庭环境更有助于营造良好的学习气氛，激发学习兴趣，提高学习效率；相反，组织性差的家庭缺乏计划，易使子女不能按时完成学习任务，很难取得学业成就，因此应营造良好的家庭环境。李卫英、张霜认为少数民族传统文化，如族群教育观念、民族认同观念、民族性格和生活方式对少数民族学生学业成就差异有一定影响。这些影响既有积极的一面，也有消极的一面，因而应对少数民族学生进行正确的引导。张俊珍根据研究认为新旧课程对学生学业成就有影响，通过对太原市 470 名小学四年级学生使用 2006 年数学新课程教材和旧课程教材的情况进行比较研究，发现新课程测试试题、教材、课程教育理念方面明显优于旧课程，并能够促进小学生数学能力的提高。上述论证为研究者提供了研究学生学业成绩的不同视角，以有利于更开阔的视野对学生学业成绩进行认识和理解。然而，我们在研究时要做到分清主次，把握重点，对具体问题进行具体的分析和阐释。

上述关于学业成绩的研究对本研究主题具有重要的参考价值，本研究从教育生态学的角度，以景颇族为例对低学业成绩进行分析、论证。

### （二）景颇族教育的相关研究

1. 景颇族学校教育的研究

19 世纪末，景颇族的学校教育才逐步兴起。雷冰认为景颇族学校的兴起得益于清朝末期维新运动中"废科举、兴学校"思想的影响。云南边境建学堂、造学塾，这股风气虽然未对景颇族产生直接影响，但建学堂、造学塾的风气已渗入边地。此后，清政府"在今西双版纳到德宏的中缅沿边地区，创办了 128 所'土民学塾'，并专门设立了一个边疆民族学校教育机构——'永顺普镇沿边学务局'进行管理，首开了官办民族教育的先河"①。与此同时，西方教会教育以教会学校的形式出现在景颇山寨。民国时期，云南省政府制定了《云南省政府实施边地教育办法纲要》和《实施苗民教育计划》（苗民泛指少数民族）等一系列政策，这些政策在一定程度上开创了景颇族现代教育的风气，促进了景颇族学校教育的发展。

新中国成立后，党和政府制定了一系列民族教育政策，景颇族学校教育获得了新的发展，学术界对景颇族学校教育的研究和著作也如雨后春笋般涌现。邓正康《云南特有的少数民族简介（4）》对景颇族教育的介绍中写到，"中华人民共和国成立后，党和政府帮助景颇族人民发展生产，发展文化教育，培养干部"②，"在党和国家的大力帮助下，景颇族已拥有了几百名大学生、研究生，几千名高中、中专毕业生。在德宏州获得了各类专业技术职务资格的景颇人已近千人"③。景颇族学校在取得巨大成就的同时，仍然面临着一些亟待解决的问题。如翟芮等人在《云南景颇族女童教育现状调查与分析》中提出，景颇族女童对基础课程学习兴趣不大，家长对女童读书目的和意义的理解不够明确，历史地理因素深刻影响着女童教育发展的问题。

在景颇族学校教育发展的过程中，该地区实施的双语教育是影响景颇族学校发展的一个重要因素，因此有关景颇族双语教育的研究在景颇族教育研究中占有重要位置。

戴庆厦《论景颇话和载瓦话的关系》中介绍了景颇族主要使用景颇和载瓦两种语言，景颇语属藏缅语族景颇语支，载瓦语同阿昌语一起属藏缅语族载瓦语支。景颇文是一种以拉丁字母为基础的拼音文字。中国社会科学院民族研究所编写的《中国少数民族文字》中提到，19 世纪末，为了

---

① 蔡寿福. 云南教育史［M］. 昆明：云南教育出版社，2001.
② 邓正康. 云南特有的少数民族简介（4）［J］. 云南社会主义学院学报，2003（4）.
③ 同②.

传播基督教，外国传教士用拉丁字母创制了景颇文。新中国成立后，我国民族工作者对景颇文、载瓦文进行了改进，规定景颇文以德宏傣族景颇族自治州的景颇语为基础方言，以盈江县铜壁关区的恩坤话为标准音，并在景颇族地区进行实验教学，取得了一定的成果。

有关景颇族双语教育的实施效果，很多学者进行了相关研究。董艳《文化环境与双语教育：景颇族个案研究》系统地论述了景颇族语言文字的使用概况以及景颇族"大纲型"双语教育体制的内容，对景颇族双语教育产生和发展所依托的母体——民族教育的发展作了历史追溯。在此基础上对景颇族双语教育体制形成过程进行了系统分析，根据目前景颇族双语教育中存在的问题归纳出六种矛盾，并提出相应的对策性意见。祁德川对德宏州潞西县营盘小学的景颇族儿童开展了汉、载瓦双语文教学实验，经过六年的实验工作，获得了比较显著效果。并在开展此项工作的基础上总结出双语教育工作的顺利开展需要省、州、县、乡各级领导的重视和协作的同时，还要有完整的《民族语文教学大纲》和与之相配套的载瓦文教材等。何璇提出 20 世纪 90 年代中后期，载汉双语教学面临着双语教学的学校数量大幅减少、教学质量严重下降等问题，并提出了要充分认识实施双语教学的必要性，把双语教学工作切实纳入教育管理体制之中，开展教材建设及适度倾斜经费的发展对策。

## 2. 景颇族宗教教育的研究

历史上，景颇族信仰传统的原始宗教。近代，随着基督教、天主教等传入我国境内，景颇族开始有了多种宗教信仰。宗教信仰在景颇族的文化发展史上具有重要地位，研究其宗教教育对多维度了解景颇族传统历史文化和社会生活具有重要的价值和意义。

1982 年，宋恩常《景颇族的原始宗教习俗》从反映崇拜自然力的农业祭祀、祖先崇拜的形式、吉凶和神明观念、原始艺术的巫术作用、祭司和占卜这五个方面论述景颇族的原始宗教习俗。陆云《南迁艰旅与景颇族传统宗教文化的形成》论述了景颇先民由于祈福和御祸的需要，在漫长而充满艰辛的族群南迁之路上，把变幻无穷的自然界幻化成鬼魂世界，促成了董萨（巫师）的历史性出场和祭仪的衍生等，经过在漫长文化时空里的积淀，原始宗教成为景颇族传统精神文化的最基本内核。桑耀华《景颇族的原始宗教与两个文明》和《景颇族的原始宗教与"贡龙"起义》从不同的角度论述了景颇族的原始宗教观。赵天宝从社会控制的角度阐释了景颇族的原始宗教在社会生活中，具有确立规范、解决纠纷和保障制度、惩罚及教育三种功能。

路义旭在论述景颇族基督教信仰的特点时，认为基督教是伴随着帝国主义势力进入景颇族地区的。新中国成立后，景颇族地区基督教摆脱了帝国主义的控制，走上了独立自主的发展道路。在宗教信仰自由政策的鼓励下，基督教近些年有很大发展并具有了规范化的时代特征。鲍宏光论述了当代景颇族基督教具有提升信仰层次、开展文化教育等方面的功能，但同时存在如教牧人员严重不足、社会功能萎缩、受境外宗教势力影响等问题。并指出了其根本出路在于进行自我调整，从神圣化向世俗化、神学宗教向道德宗教转移，以适应当代景颇族社会的社会主义实践。

3. 景颇族民族文化的相关研究

景颇族在悠久的历史发展过程中形成了丰富、独特的传统文化，这样的传统文化一方面孕育着当今的景颇族，另一方面使景颇族带有自己独特的思维方式和心理素质，对当今景颇族的教育教学具有直接或间接的影响。

《宁贯娃》也称"勒包斋娃"，是景颇族的创世史诗，被称为景颇民族的"史经"或"诗经"。此部书从宁贯娃的出生、改天、整地、洪灾、商议、娶亲这些活动中讲述了景颇族创世的由来。1992 年出版的《勒包斋娃——景颇族创世史诗》一书是作者萧家成历经 29 年整理、翻译而成，本书把诗、歌、舞、画四位融为一体，长约万行，包含了景颇族人对自然界和人类社会各个方面的认识内容。

刘金吾列举了景颇族宗教舞蹈有目瑙纵歌、布滚戈、金再再等不同形式，并阐述了景颇族宗教舞蹈在社会生活中占有极其重要的地位。它具有两方面的作用：第一方面传授生产、生活、历史知识，规范社会道德，增强民族团结、弘扬民族精神；第二方面作为宗教舞蹈，也起了传播宗教意识的"圣经"的消极作用。桑德诺瓦认为景颇族的叙事歌曲按其特色可分为"目瑙斋瓦"（史歌）、"孔然斋瓦"（结婚歌）、"昔背斋瓦"（丧葬歌）、"崩双上斋瓦"（建房歌）四大类，与景颇人民的生活习俗紧密相连，内容涉及社会生活的各个方面。

# 第一章　宏观介绍

## 第一节　中国景颇族概述

为了更好地了解影响景颇族学生学业成绩的因素，本章对景颇族的地理分布、历史迁徙和文化传统等方面加以介绍，以展示景颇族人民的生活画卷和教育文化的发展概况。

### 一、景颇族基本介绍

景颇族是我国的少数民族之一，也是一个跨境而居的民族，主要分布在中国、缅甸、印度和泰国等国。在中国，景颇族人口约有 12 万，主要聚居在云南省德宏傣族景颇族自治州的陇川、瑞丽、盈江、梁河、芒市五县市的山区，这些山区山脉绵延，与缅甸紧邻接壤。此外，在怒江傈僳族自治州和西双版纳傣族自治州等地也有少数散居的景颇族人。

景颇族发源于我国西北甘肃、青藏高原一带的氐羌部落，与古代的氐、羌有关。历史上景颇族是一个多灾多难的民族。自秦汉始，由于政治、经济、躲避战乱等原因，景颇先民被迫不断南下迁徙、逃亡。此间翻越崇山峻岭，沿金沙江、澜沧江、恩梅开江和迈立开江等数条西南民族的母亲河而居。直至 17 世纪，景颇族才结束辗转迁徙的动荡生活，逐渐定居在今日的云南德宏和缅甸北部地区。无休止的逃亡迁徙，数千年的奔波受压，造成景颇族现今支系多、生存环境恶劣、贫穷落后的状况。历史上曾经的重重苦难，一方面使景颇族的生存环境较为恶劣，另一方面也磨炼了景颇族的意志和性格。

景颇族以刻苦耐劳、热情好客、骁勇威猛的民族性格著称，被称为雄狮般勇猛的民族。景颇族主要有"景颇"、"载瓦"、"勒期"、"浪峨"、"波拉"5个支系，主要使用景颇和载瓦两种语言。

景颇族在悠久的历史长河中形成了自己独特的传统节日和文化习俗，如生产方面的撒种节和尝新节，青年人的能仙节、采花节，全民性的目瑙纵歌节等。其中，以目瑙纵歌节最为宏大，有"天堂之舞"、"万人狂欢舞"的美称（见图7-1）。1983年，目瑙纵歌节被列为德宏法定民族节日。自此每年的农历正月十五，当地都要举行目瑙纵歌狂欢活动。

**图7-1　举行目瑙纵歌节的盛大场面**

## 二、景颇族教育发展历程

由于历代统治者的压迫，景颇族先民被迫过着不断迁徙的动荡生活，避居于生存条件较为恶劣的深山之中。因而在景颇族历史上几乎没有正规的学校教育，他们只能依靠口头相传进行生产、伦理道德、家庭生活等方面的传统教育。19世纪末，由于受到现代工业思潮和西方传教士传播宗教目的的影响，景颇族开始出现学校教育。新中国成立后，由于政府的大力扶持和帮助，景颇族的学校教育才得以快速发展。

景颇族的传统教育形式多样，内容丰富。传统文化是在景颇族经济文化的基础上发展起来的，同时又对景颇族的社会、经济发展起到一定的促进作用。景颇族传统教育内容主要体现在生产、道德、本民族历史、传统记事和传达信息手段、文学艺术及传统宗教等方面。景颇族传统教育具有这样的特点。一是，教育内容具有综合性但缺乏系统性。景颇族传统教育的内容包罗万象，将各方面的知识相互交织、融合在一起。同时，教育过程尚未从生产中分离出来，没有专门的教育机构和教师，缺乏明确的学科体系。二是，教育方式以口传身授、儿童模仿为主，具有随意性。景颇族成员通过长辈、董萨言语说教和同龄人之间的言传身教，让儿童模仿并亲身实践，从而学会本民族的各种生产技能和社会行为规范，懂得各种风俗礼仪。在氏族、部落中口传身授，通过本民族的风俗习惯、宗教仪式等形式，使民族文化世代相传。三是，具有实践性但缺乏开放性。年轻者向年老者学习某些技能和知识，如拉弓射箭、宗教活动、婚丧嫁娶、围猎、盖房、耕种等。这些活动技能和知识主要通过实践的方式获取，并具有一定的实践性。在相当长的时间内景颇族的经济处于一种极其封闭的原始自然经济结构的状态。加之景颇族成员大多身居深山，与外界交流较少，从而使得其民族文化教育也处于一种原始封闭的状态。

19 世纪末，受维新派"废科举、兴学校"改革之风的影响，清王朝在云南边境地区兴建了许多中小学堂。1931 年，云南省政府公布了《云南省政府实施边地教育办法纲要》，对"边地"及边地教育的实施目标作了明确界定，"边地系指本省腾冲一带，沿边各县及准县地方，其不在上指沿边地方而地处边界，其人民多系土著，其文化尚未达到与内地同等者，各该地方均在实施边地教育之列"①。至此，把景颇族教育列入了边地教育的范围之中。1934 年，云南省又制订了《实施苗民教育计划》，把景颇族包括在内，而且把景颇族地区并划为腾越学区。在教学方面，"实施边地少数民族教育以通习国文、国语为主，同时为方便教学，开始一段还兼用民族语"②。

与此同时，西方基督教和天主教开始传入景颇族地区，向群众传教，传播宗教典籍，开办教会学校，兴建教堂，教会学校出现在景颇族山寨。

---

① 蔡寿福. 云南教育史 [M]. 昆明：云南教育出版社，2001.
② 同①.

自 1894 年至 1957 年，基督教（含天主教）先后在德宏境内创办 26 所教会学校。

整体而言，不管是清政府建造的学堂，还是西方宗教势力的教会学校，都丰富和触动了景颇族传统教育的形式，引起了教育内容的逐步变革，开创了景颇族地区现代教育的先河。

新中国成立后，党和政府非常重视景颇族的教育事业，兴办小学、寄宿制民族中学、中学民族班、民族干部学校，为景颇族地区建立大批学校，景颇族教育事业进入了新的发展阶段。教育事业的发展极大地推动了景颇族民族素质的提高和经济、文化的进步。

新中国成立之初，在实行"直过政策"（20 世纪 50 年代，人民政府把处在原始社会末期、土地占有不集中的少数民族地区直接过渡到社会主义社会）期间，由于当时景颇族群众大多不识字、不会算账，兴办了半工半读的"工读学校"。新中国成立初期，景颇族地区开办的"工读学校"与现在的"工读学校"是不同的概念。前者面向 15 岁以上景颇族青少年文盲、半文盲举办，帮助其学习文化、技术，培养景颇族地区的基层干部和财务人员；后者是教育具有不良行为及学校教育有困难的学生。1957年，在芒市三台山组建了"青年垦荒队"，首批队员 24 名，由德宏州工委工作组的同志领导，队员们半天学习、半天劳动。1958 年，受"大跃进"思想的影响，劳动较多，学生流失。1959 年，经三台山文化站整顿，改名为"三台山工读学校"。其他景颇族地区参照其经验开办了一批工读学校。到 1965 年，工读学校的景颇族学生有 600 余人，毕业时大都达到了高小文化，培养了大批社长、副社长、会计、保管、卫生员等基层干部。

1950 年开始，政府接管了原有的教会学校，留用了部分原有教师，少数沿边村寨的教会学校延续到 1958 年。这一时期，人民政府接管、改造、合并和新创办了 20 余所学校，在校生 700 余人。

1953 年，德宏傣族景颇族自治州成立后，先后拨款办起了一些寄宿制、半寄宿制的民族学校。对于像景颇族这样的山区少数民族儿童给予入学优待，提供入学金甚至全免费教育；对于一些偏僻山区、生活困难的学生，实行"三包"（包吃、包住、包零用），"两免"（免书费、免文具费），使景颇族适龄儿童入学率达到了50%，巩固率达到80%。据统计，1957年，景颇族在校生有1800人。到1965年年底，景颇族在校小学生7512人，在校中学生235人。此外，还举办了各种培训班，如州办民干校、县办民干校、会计培训班、卫生院培训班等，培养了大批基层景颇族干部①。

"文革"期间，全国教育受到严重破坏，民族教育也未能幸免。"民族落后论"、"边疆特殊论"受到批评，取消了民族小学和扶持民族教育的系列措施等。同其他民族教育一样，景颇族学校教育遭到了空前的破坏。

十一届三中全会后，拨乱反正，恢复了"文革"以前的一些促进民族教育发展的措施和政策，景颇族学校教育事业在原有基础上取得了一系列可喜成就。德宏州制定了一系列特殊政策：在民族中小学开设民族课，建立寄宿制民族小学，实行双语教学，中专开设民族文字课，有条件的高中、中专、教育学院开办民族班；大力培养民族教师，扩大民族生比例；培养教师实行双语双文教学，制定物质奖励措施；扩大民语教研及民族文字教材编译机构；在州、县、乡三级行政管理机构中配备一定数量的民族干部。随着上述措施的实施，建立了从幼儿园、小学、中学、中专至大学的德宏民族教育体系，景颇族地区的学校教育融入其中，使景颇族地区的学校教育进入蓬勃发展时期②。到2005年年末，景颇族聚居地区有学校138所，其中4所中学，134所小学，在校生13116人，其中中学生1566人，小学生11550人。教师935人，其中中学教师137人，小学教师789人。全州景颇族中等职业学校在校生797人，普通高中生455人，普通初中生7342人，小学生14744人，幼儿园在园1813人③。

为了更好地开展学校教育，景颇族地区还开展了双语教学。1952年，云南省教育厅编写了景颇族文字的教材。1954年，《德宏景颇文改进文案初稿》颁布后，景颇文教材相继出版，该地区的双语教育得到了较快发

---

① 《景颇族简史》编写组. 景颇族简史 [M]. 北京：民族出版社，2008：127.

② 雷正明. 景颇族教育的发展变化 [G] //陈德寿. 山的脊梁——中国景颇族新社会发展变迁史. 昆明：云南美术出版社，2006：191.

③ 同①.

展。1955 年，德宏州政府确定了"少数民族学生应当首先学好民族语文，使少数民族学生的本民族语文水平和汉语水平都得到提高"的方针。在此方针指导下，景颇文纳入了小学教育计划内，景颇族地区的小学推行了景汉双语教育。同时，民族高等院校和地方师范院校也开设了景汉双语教育专业。自 1952 年以来，景颇族地区开展的汉文、景颇文、载瓦文的教育取得了突出的成绩。

# 第二节 个案点背景介绍

本研究把云南省陇川县勐约乡作为研究的个案点主要有两个方面的原因：第一，勐约乡是一个以景颇族为主的山区乡，对于研究景颇族学生的学业成绩具有很强的代表性；第二，研究者曾在勐约乡做过田野调研，对此地的教育现状较为了解，以此为个案点可以对景颇族教育的生态环境进行深入的分析和研究。

## 一、个案点所在县——陇川县

陇川县位于中国西南边疆，是云南省德宏傣族景颇族自治州的一个县。它是元末明初的麓川故地，傣语称为"勐宛"，意为"太阳照耀的地方"。全县国土面积 1931 平方千米，由山区、半山区、盆地组成，其中山区占 77.53%，是一个集边疆、山区、民族为一体的农业县。目前，陇川县人口约为 18 万，其中农业人口 12 万。

### （一）自然环境

陇川地处亚热带季风气候带，年平均气温 18.9℃，降雨量 1595 毫米，日照数 2316 小时。高黎贡山余脉纵贯全境，地貌特征为"三山两坝一河谷"，东北高峻，西南低平，最高海拔 2618.8 米，最低海拔 780 米。境内有大小河流 98 条，总长 752.85 千米。

## （二） 行政区划

陇川县县政府驻地设在章凤，辖 4 个镇、5 个乡（其中 1 个民族乡）和一个农场：章凤镇、陇把镇、景罕镇、城子镇、户撒阿昌族乡、护国乡、清平乡、王子树乡、勐约乡和陇川农场。

## （三） 民族构成及习俗

陇川县境内居住着傣族、景颇族、阿昌族、德昂族、傈僳族、汉族等30 多个民族，形成了多个民族交错杂居、共同生活的格局。陇川县是全国景颇族、阿昌族的主要聚居地，被称为目瑙纵歌之乡。

陇川县多民族共同生活的格局，形成了多彩多姿的民族习俗。欢乐而隆重的傣族"泼水节"，宏大而壮观的景颇族"目瑙纵歌"，富有传奇色彩的阿昌族"阿露窝罗节"、"刀杆节"等一系列民族节庆，孔雀舞、光邦鼓舞、傣戏等传统民族歌舞，各民族独具特色的文化艺术、民居建筑、服饰、风味饮食、节庆活动、风俗习惯等构成了绚丽多姿的民族风情画卷。

## （四） 经济发展

陇川县是边疆多民族农业县，也是云南省重要的商品粮和蔗糖基地。独特的生态环境和地理位置，使得该地具有土地开发成本低、适宜发展绿色产业经济和对外贸易经济的口岸区位优势。

2010 年上半年，陇川县的经济发展实现国内生产总值（GDP）为51984 万元，比去年同期总值增加，但增速回落 3.76%。其中：第一产业增加值10070 万元，同比增长 5.1%；第二产业增加值23104 万元，同比增长 1%；第三产业增加值18810 万元，同比增长 11.3%[①]。

该县在经济发展的同时，仍面临着基础薄弱的困境。例如，"直过区"涉及面广、起点低、基础差，经济发展缓慢。陇川县的经济发展还面临着

---

① 参见了陇川县统计局的 2010 年上半年陇川县国民经济平稳运行一文。

产业结构单一，劳动者文化素质偏低等问题。

总体而言，陇川县自然资源丰富，气候适宜，经济相对落后。用当地一位教育行政官员总结的话来说："陇川是一个集边疆、少数民族、贫穷，即'少'、'边'、'穷'于一体的地方。"

### （五）周边环境

陇川地处边境，西与缅甸相接，国境线长50.899千米。该县特殊的涉边地理位置为其发展提供了便利，如当地人民可以与邻国人民互通有无，发展边境贸易以促进经济发展。同时，当地人民也易受一些不良因素的影响，如参与边境吸毒、贩毒贸易活动，这些人员有的被抓进监狱，有的已经死掉，使得当地存在一批孤儿和"事实孤儿"。当地人民深受其害。为此，陇川县多次开展较大规模的"禁毒防艾"活动。

陇川县是一个集边疆、山区、民族为一体的农业县。独特的地理和文化环境影响着当地人们的生活，同时也深深影响着当地的教育。

## 二、个案点——勐约乡

勐约乡隶属云南省德宏州陇川县，地处边境山区，东与芒市相邻，以龙江为界，南与瑞丽市接壤，西与景罕镇、城子镇相接，北与王子树乡毗邻。距县政府所在地章凤35千米。

### （一）自然环境

勐约处于东经98°03′50″，北纬24°15′12″，位于龙江河谷腹心地带，最高海拔1350米，最低海拔780米（陇川县最低海拔）。年均气温20.1℃，年均积温6812.1℃，年均降水量1300—1500毫米。

### （二）行政区划

勐约乡是以景颇族为主体民族的山区乡，民族杂居区。据统计，全乡现有农户1718户，乡村人口7146人，其中景颇族5634人，占本地户籍总人口的78.84%。全乡辖5个村委会,41个村民小组,43个自然村。

### (三) 经济发展

勐约乡以传统型农业为主,经济发展主要依靠种植业、畜牧业和龙江水坝建设。全乡国土面积200.15平方千米,2010年年末实有耕地面积28044亩,其中水田6155亩,旱地21889亩,主要以种植甘蔗、水稻、包谷等作物为主,同时发展核桃、竹子、咖啡、坚果等特色产业。

据统计,2010年全乡农村经济总收入3496.6万元,实现农民人均纯收入1736元,人均持粮384千克,与全国同期人均收入29706元的状况相比,勐约乡经济发展处于较低水平[①]。

在研究者走访的景颇族村寨里,大部分住房为具有景颇族特色的矮脚竹楼。即整栋房屋为竹木结构,木头的房屋框架用树杈支撑,以藤条绑扎,房顶以山茅草覆盖,高出地面一米左右。这些房屋主要供人居住,也有的用于喂养牲口或储藏草料。

个别村寨盖起了洋房,主要是因为从政府领到了补偿款。由于龙江水库建设,库区淹没了该乡4个村委会、14个村民小组、街道居民97户498人和16个乡直机关单位。于是,在该乡内部实行移民,即把以前住在库区的居民和机关单位搬迁到地势较高的地方,政府给予这些搬迁的居民和单位以相应的经济补偿。这部分居民得到了最高达200多万元的补偿款,使得该乡居民在较短时间内产生了一定的贫富差距。

整体而言,由于经济发展水平的限制,勐约乡的基础设施建设和教育事业的发展非常落后。加之教育投入严重不足,基础教育质量一直处于相对落后的状态,学生逃学、隐性辍学现象比较严重。

### (四) 风土人情

勐约乡是景颇族最为聚集的乡镇,景颇族的传统习俗在这里得到了很好的传承和发展。

---

① 参见了陇川县勐约乡政府工作报告。

景颇族有着丰富而优美的口头文学。既有反映景颇族起源、迁徙历史的叙事长诗，也有反映景颇族与大自然作斗争的故事，以及谚语、谜语等。勐约乡景颇族的孩子从懂事后就开始从大人那里听到许多有关本民族的历史文化故事，耳濡目染，或多或少了解了本民族的历史和传统文化。在景颇族村寨，家长通常支持小孩上学，鼓励说汉语，不过在村寨中景颇语仍是第一语言。

热情好客、以客为贵是勐约乡人的独特魅力与善良本性。传统节日期间，勐约乡人们喜欢以歌舞的方式来庆祝节日和表达情感。

由于地处中缅边境，这里存在毒品和艾滋泛滥的社会问题，人们深受其害。在研究者调研期间，曾经遇到一些由于贩毒、吸毒而导致父母双亡的孤儿，这些孤儿大都由祖父母或者其他亲属照顾。对此，政府和学校开展了专门的"禁毒防艾"教育工作。

由于语言障碍、地理位置、交通不便等问题，勐约乡人口流动不强。外出打工也是最近几年才开始的。据村民介绍，外出山东、四川等地打工的劳动力很多，很多女性嫁到山东、四川、广东等地。外出打工人员多是上过学、普通话相对流利的人，出去的人回来后对外面世界的描述，使得更多的人产生了走出大山的愿望。受外来文化的影响，许多青少年盼望初中毕业后能够跟别人一起外出务工。

# 第二章　勐约乡教育现状调查

## 第一节　勐约乡学校发展状况

勐约乡现有 4 所学校，分别为勐约乡九年一贯制学校、瓦幕小学、孔南坝小学和龙江坝小学。全乡共有学生 985 人，其中学前班 73 人，小学生 700 人，初中生 212 人（见表 7 - 1）。

表 7 - 1　勐约乡各年级人数统计表

| 年级 | 学前班 | 一年级 | 二年级 | 三年级 | 四年级 | 五年级 | 六年级 | 七年级 | 八年级 | 九年级 | 总计 |
|---|---|---|---|---|---|---|---|---|---|---|---|
| 人数 | 73 | 116 | 96 | 177 | 133 | 116 | 62 | 66 | 80 | 66 | 985 |

这 4 所学校由勐约乡中心校和乡党委政府共同管理。勐约乡中心校前身是勐约乡教委，其办公地点设在勐约乡九年一贯制学校内，有 4 名教工，主要负责管理学校事务。勐约乡乡党委和政府也管理本乡的教育工作，学校每年都要向乡政府递交工作汇报，有关学校基础建设、安全管理等事务须经乡政府配合和批准方可实施。

这 4 所学校中，勐约乡九年一贯制学校和孔南坝小学距离村寨较远，实行寄宿制；瓦幕小学和龙江坝小学设在景颇族村寨附近，方便学生回家吃住，未实行寄宿制。

### 一、勐约乡九年一贯制学校

勐约乡九年一贯制学校由学前、小学、初中三部分组成，教学班 17

个，共626名学生。其中学前班学生47名，小学生368名，初中生211名。在这些学生中，学前班寄宿27名，中小学寄宿生550名。学生的民族构成多样，主要为汉族、景颇族等（见表7-2）。

表7-2　勐约乡九年一贯制学校各年级、各民族学生人数构成

| 年级＼民族 | 景颇族 | 汉族 | 傈僳族 | 白族 | 苗族 | 阿昌族 | 彝族 | 总计：（单位：人） |
|---|---|---|---|---|---|---|---|---|
| 学前班 | 17 | 25 | 3 | | 1 | | 1 | 47 |
| 一年级 | 16 | 18 | 5 | 6 | | | 2 | 47 |
| 二年级 | 23 | 38 | 6 | 3 | | | 1 | 71 |
| 三年级 | 24 | 37 | 6 | 1 | | | 1 | 69 |
| 四年级 | 23 | 49 | 1 | 1 | 2 | | | 76 |
| 五年级 | 22 | 35 | 3 | 1 | | | 1 | 62 |
| 六年级 | 28 | 14 | | 1 | | | | 43 |
| 七年级 | 43 | 19 | 3 | | | | 1 | 66 |
| 八年级 | 45 | 34 | | | | 1 | | 80 |
| 九年级 | 25 | 39 | | | | | 1 | 65 |
| 总计 | 266 | 308 | 27 | 13 | 3 | 1 | 8 | 626 |

2009年9月1日，该校从库区搬迁到现在的新址，是由原库区的勐约乡小学和勐约乡中学合并而成。学校毗邻勐约乡党委和政府，周围有文化站、派出所、卫生院、木材站等乡级单位。学校依山而建，两面被公路围绕。距学校不远的山坡下是该乡的集镇中心，每到街子日（5天一街），集镇上热闹非凡，学校的教师和学生也会到街子上逛街、玩耍、购买物品。如果家长赶街那天正逢学校放月假，赶街的家长可以顺道把孩子接回家。

## 二、孔南坝小学

孔南坝小学有学前班、二年级、三年级、五年级共四个年级。受撤点并校政策的影响，该校的一年级、四年级和六年级已经撤并到勐约乡九年

图 7-2　勐约乡九年一贯制学校　　　　图 7-3　即将撤并的孔南坝小学

一贯制学校。全校共有 114 名学生，其中绝大多数是景颇族学生，其余是汉族学生（见表 7-3）。

表 7-3　勐约乡孔南坝小学各年级、民族学生人数构成

| 民族<br>年级 | 景颇族 | 汉族 | 总计（单位：人） |
|---|---|---|---|
| 学前班 | 24 | 2 | 26 |
| 二年级 | 17 | 8 | 25 |
| 三年级 | 31 | 2 | 33 |
| 五年级 | 24 | 6 | 30 |
| 总　计 | 96 | 18 | 114 |

## 三、瓦幕小学

瓦幕小学共四个年级，分别为一年级、三年级、四年级、五年级。受撤点并校政策的影响，该校的二年级和六年级已经撤并到城子镇的中心小学，计划到 2012 年完成撤并。由于师资有限，学校未设置学前班，学生入学后直接进入一年级。全校现有 103 名学生，其中只有 1 名汉族学生，其余全是景颇族学生（见表 7-4）。

表7-4　勐约乡瓦幕小学各年级、民族学生人数构成

| 民族<br>年级 | 景颇族 | 汉族 | 总计（单位：人） |
|---|---|---|---|
| 一年级 | 19 | | 19 |
| 三年级 | 32 | | 32 |
| 四年级 | 27 | 1 | 28 |
| 五年级 | 24 | | 24 |
| 总计 | 102 | 1 | 103 |

## 四、龙江坝小学

龙江坝小学也只有四个年级，分别为一年级、三年级、四年级、六年级，情况和瓦幕小学颇为相似。该校的二年级和五年级已经撤并到勐约乡九年一贯制学校。由于师资有限，学校也未设置学前班，学生入校后直接进入一年级。全校现有141名学生，其中只有少量汉族学生，其余是景颇族学生（见表7-5）。

表7-5　勐约乡龙江坝小学各年级、民族学生人数构成

| 民族<br>年级 | 景颇族 | 汉族 | 总计（单位：人） |
|---|---|---|---|
| 一年级 | 48 | 2 | 50 |
| 三年级 | 42 | 1 | 43 |
| 四年级 | 29 | | 29 |
| 六年级 | 17 | 2 | 19 |
| 总计 | 136 | 5 | 141 |

# 第二节　学业成绩现状

　　学生是学校教育的直接对象，学生的学业成绩及其他方面的发展状况不仅反映出学校教育的成果，也是检验学校教育总体发展的"试金石"①。总体而言，该乡教育较之以前有了很大提高，但仍然面临着低学业成绩的问题。在访谈中，一位教师如是说："一些主要科目，全班同学及格的只有几个，学生成绩普遍偏低，初中生毕业之后，50% 以上的学生回家种田。"这种低学业成绩状况，一直困扰着教师、学生，是制约当地教学质量提高的一个瓶颈。

　　本研究选取勐约乡 2010 年学生期中、期末成绩，展示该乡学生学业成绩状况，并以陇川县第一小学学生的学业成绩为参照点。

表 7 - 6　勐约乡 2010 年 7 月小学一年级语文水平测试班成绩原始统计

| 学　　校 | 实考人数 | 平均分 | 最高分 | 最低分 | 及格人数 | 及格率（%） | 优秀人数 | 优秀率（%） |
|---|---|---|---|---|---|---|---|---|
| 九年一贯制学校 | 47 | 78.74 | 96 | 7 | 41 | 87 | 18 | 38.29 |
| 龙江坝小学 | 35 | 62.91 | 97 | 20 | 23 | 66 | 6 | 17.14 |
| 瓦幕小学 | 19 | 39.79 | 91 | 3 | 7 | 37 | 1 | 5.26 |
| 陇川县第一小学167 班 | 55 | 96.87 | 100 | 77 | 55 | 100 | 53 | 96.36 |

---

　　① 袁同凯. 走进竹篱教室 ［M］. 天津：天津人民出版社，2000：135.

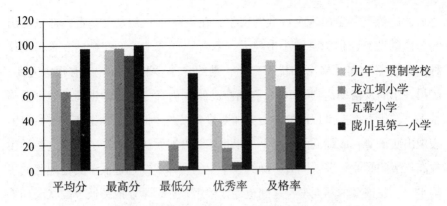

图 7－4　勐约乡 2010 年 7 月小学一年级语文水平测试班成绩

表 7－7　勐约乡 2010 年 7 月小学一年级数学水平测试班成绩原始统计

| 学　　　校 | 实考人数 | 平均分 | 最高分 | 最低分 | 及格人数 | 及格率（%） | 优秀人数 | 优秀率（%） |
|---|---|---|---|---|---|---|---|---|
| 九年一贯制学校 | 47 | 79.09 | 99 | 19 | 43 | 93 | 13 | 27.66 |
| 龙江坝小学 | 35 | 71.86 | 97 | 19 | 28 | 80 | 7 | 20 |
| 瓦幕小学 | 19 | 49.05 | 94 | 6 | 6 | 32 | 3 | 15.79 |
| 陇川县第一小学167 班 | 55 | 93.65 | 100 | 58 | 54 | 98 | 44 | 80 |

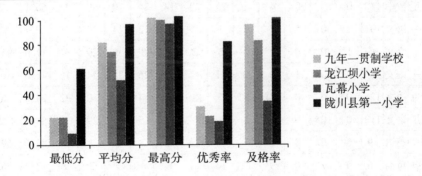

图 7－5　勐约乡 2010 年 7 月小学一年级数学水平测试班成绩

　　如图 7－4、图 7－5、表 7－6、表 7－7 所示，勐约乡低年级学生主要科目的学业成绩低于陇川县一小。在平均分分值上低于陇川县一小，有 15 分左右的差距；在班级最低分的分值呈现上，勐约乡学生学业成绩呈现出过低的趋势，甚至出现个位数的现象。在最高分上无太大差距，都呈现出高分值的现象，但陇县一小出现了"双百"的成绩，而在勐约乡未出现这种高分现象。在及格率和优秀率上，勐约乡小学和陇川一小有很大差距，陇川一小的及格率达到了100%，而在勐约乡仍有一部分学生尚未达到及格水平，在优秀率上呈现出的差距更加明显。勐约乡低年级学生在主要科目上表现出底子薄、成绩低的问题，如果得不到及时解决，就会影响到这些学生在高年级的学业状况。同时，勐约乡学生的整体成绩远远低于其他地区的平均水平，在该乡内不同学校之间也存在差距，这种学业成绩低下的状况如果持续下去，将不利于勐约乡整体教育质量的提高。

表7-8　勐约乡学校小学阶段各学科测试分数段

| 年级 / 科目 | 满分人数 | 零分人数 | 1/9 | 10/19 | 20/29 | 30/39 | 40/49 | 50/59 | 60/69 | 70/79 | 80/89 | 90/99 | 未及格率(%) | 人数总计 |
|---|---|---|---|---|---|---|---|---|---|---|---|---|---|---|
| 一 数学 | 0 | 0 | 2 | 3 | 5 | 4 | 5 | 5 | 15 | 13 | 26 | 23 | 23.8 | 101 |
| 二 数学 | 0 | 0 | 0 | 0 | 6 | 6 | 16 | 14 | 17 | 17 | 11 | 8 | 4.4 | 95 |
| 三 数学 | 0 | 0 | 0 | 3 | 8 | 13 | 22 | 15 | 28 | 26 | 26 | 18 | 38.4 | 159 |
| 四 数学 | 0 | 0 | 0 | 16 | 27 | 27 | 16 | 5 | 19 | 10 | 3 | 2 | 72.8 | 125 |
| 五 数学 | 0 | 0 | 0 | 4 | 13 | 23 | 20 | 14 | 24 | 10 | 4 | 0 | 66.1 | 112 |
| 一 语文 | 0 | 0 | 5 | 7 | 6 | 1 | 7 | 4 | 12 | 14 | 20 | 25 | 29.7 | 101 |
| 二 语文 | 1 | 0 | 0 | 2 | 2 | 6 | 2 | 5 | 8 | 9 | 29 | 31 | 17.9 | 95 |
| 三 语文 | 0 | 0 | 1 | 5 | 21 | 11 | 17 | 12 | 26 | 28 | 24 | 16 | 41.6 | 161 |
| 四 语文 | 0 | 0 | 0 | 4 | 5 | 7 | 8 | 7 | 14 | 18 | 30 | 32 | 24.8 | 125 |
| 五 语文 | 0 | 0 | 0 | 0 | 0 | 1 | 0 | 7 | 15 | 27 | 29 | 32 | 8.04 | 112 |
| 三 英语 | 0 | 0 | 0 | 3 | 19 | 22 | 13 | 7 | 2 | 2 | 1 |  | 82.6 | 69 |
| 四 英语 | 0 | 0 | 0 | 9 | 12 | 16 | 14 | 6 | 8 | 7 | 2 | 2 | 75 | 76 |
| 五 英语 | 0 | 0 | 1 | 16 | 17 | 22 | 8 | 12 | 3 | 7 | 3 |  | 71.9 | 89 |

（注：在勐约乡，九年一贯制学校已在小学阶段开设英语课程，其他小学尚未开设英语课程）

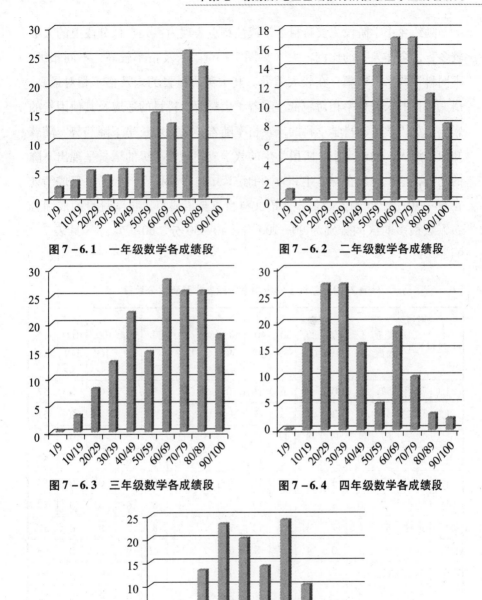

图 7 - 6.1　一年级数学各成绩段

图 7 - 6.2　二年级数学各成绩段

图 7 - 6.3　三年级数学各成绩段

图 7 - 6.4　四年级数学各成绩段

图 7 - 6.5　五年级数学各成绩段

图 7 - 6　勐约乡小学阶段 1 - 5 年级数学成绩总图

勐约乡小学阶段主要科目数学成绩特点表现为：处在低分段上的人数较多，占全体人数的比例较大（见图 7-6）。未及格率较高，不同年级、不同科目的未及格率存在较大差异。其中英语科目的未及格率相对最高，语文科目的未及格率相对较低。随着学生对所学科目的适应及其他因素的影响，英语学科和科学学科的未及格率随着年级的增长呈下降趋势。随着知识的深入，勐约乡小学阶段学生的数学成绩随着年级的增长呈现出下降的趋势，这一现象在与学生和教师的访谈中也得到证实。数学科目成绩处在 60—70 分之间的人数最多，语文科目、英语科目、科学科目的成绩分布人数最多的区间分别为 90—100 分、40—50 分、60—70 分（见表 7-9）。

表 7-9　勐约乡学校中学阶段各学科测试分数段

| 年级 | 科目 | 实考人数 | 1/9 | 10/19 | 20/29 | 30/39 | 40/49 | 50/59 | 60/69 | 70/79 | 80/89 | 90/99 | 100/109 | 109/119 | 人数总计 |
|---|---|---|---|---|---|---|---|---|---|---|---|---|---|---|---|
| 七 | 英语 | 57 | 0 | 0 | 6 | 6 | 16 | 10 | 3 | 5 | 6 | 5 | 0 | 0 | 57 |
| 七 | 语文 | 57 | 0 | 2 | 1 | 3 | 3 | 1 | 5 | 15 | 4 | 16 | 7 | 0 | 57 |
| 七 | 数学 | 57 | 4 | 11 | 8 | 11 | 12 | 6 | 3 | 2 | 0 | 0 | 0 | 0 | 57 |
| 七 | 政治 | 57 | 0 | 0 | 1 | 5 | 12 | 13 | 16 | 7 | 3 | 0 | 0 | 0 | 57 |
| 七 | 生物 | 57 | 0 | 3 | 14 | 15 | 13 | 7 | 3 | 2 | 0 | 0 | 0 | 0 | 57 |
| 七 | 历史 | 57 | 0 | 8 | 13 | 13 | 14 | 4 | 1 | 0 | 0 | 0 | 0 | 0 | 57 |
| 七 | 地理 | 57 | 0 | 1 | 4 | 5 | 13 | 7 | 7 | 9 | 8 | 3 | 0 | 0 | 57 |
| 八 | 语文 | 63 | 1 | 0 | 4 | 0 | 8 | 6 | 7 | 11 | 12 | 9 | 5 | 0 | 63 |
| 八 | 英语 | 63 | 0 | 1 | 7 | 10 | 14 | 9 | 6 | 6 | 7 | 3 | 0 | 0 | 63 |
| 八 | 数学 | 62 | 4 | 21 | 15 | 7 | 8 | 3 | 3 | 1 | 0 | 0 | 0 | 0 | 62 |
| 八 | 物理 | 61 | 2 | 19 | 23 | 6 | 3 | 5 | 2 | 1 | 0 | 0 | 0 | 0 | 61 |
| 八 | 生物 | 63 | 0 | 8 | 12 | 12 | 16 | 3 | 6 | 6 | 0 | 0 | 0 | 0 | 63 |
| 八 | 历史 | 63 | 0 | 0 | 1 | 5 | 9 | 10 | 14 | 11 | 12 | 1 | 0 | 0 | 63 |
| 八 | 地理 | 63 | 0 | 8 | 12 | 8 | 11 | 9 | 8 | 6 | 6 | 0 | 0 | 0 | 63 |

（注：以上资料来源于陇川县 2010 年 7 月水平测试教师单科成绩统计表）

在中学阶段，语文、数学、英语三门学科是主要科目，实行满分 120 分、及格线 90 分制，其他科目为辅修课程，实行 100 分制。从表 7-9 可知，在中学阶段，对于勐约乡的学生来说，语文课是他们相对擅长的科目，数学仍是学生们提高学业成绩的瓶颈。在整个年级的测试中，数学成绩测试全未及格，英语科目的成绩仍然处于一个较低的水平。在中学阶段开设政治、历史、地理、生物、物理这些科目，勐约乡的学生们在这些科目的成绩仍然处于较低水平，文科性质科目的成绩略好于理科性质的科目。

勐约乡九年级学生毕业去向的调查发现，大部分学生在初中毕业后回家从事农业生产，只有少部分学生有机会去普通高中和职业学校继续学习（见表 7-10）。

表 7-10　2010 年勐约乡 67 名初中毕业生毕业去向表

| 毕业去向 | 人　　数 | 所占比率 |
|---|---|---|
| 普通高中 | 11 | 16.7% |
| 职业学校 | 12 | 18.1% |
| 回家务农 | 43 | 65.2% |
| 总　计 | 66 | 100% |

总体而言，学生的学业成绩呈现出的特点是：学生们的整体成绩较低，个别学生基础学科的学业成绩只有几分、十几分；该乡学生成绩的及格率和优秀率低于其他地区；学生成绩呈两极分化的趋势，而且不同学校存在较大差距；初中毕业生的升学率不高，学生的升学去向大都集中在县一级的高中和职业学校。

以上的分析说明，景颇族学生处于学业成绩低下的不利境地。从短期来看，低学业成绩使得这些学生没有储备到应有的知识，没有得到充分发展以及升学无望。从长远发展的眼光来看，当这些学生进入社会后，由于学业失败造成新的差距，这种差距随着时间的推移越来越大。教育系统的首要目标，应是减少来自社会边缘和处境不利阶层的儿童在社会上易受伤害的程度，以便打破贫困和排斥现象的恶性循环①。因而，我们应找出学生低学业成绩的原因，并提出改善这种状况的对策及建议。

# 第三节　学生低学业成绩的原因探讨

任何民族都有自身生存和发展的规律和进程，其发展的快慢受到周围环境的制约与影响。景颇族有着自己独特的传统文化、生态环境、发展历史，这些因素都对景颇族现今的学校教育产生影响。从上文可知，山区景颇族学校教育的基础较为薄弱，学生面临着学业成绩低下的困境。因而，我们可以从学生自身和周围生态环境的角度，探究影响学生学业成绩的原因。

## 一、学校生态环境的影响

学校是教育的主要基地，也是学生学习的主要场所，有着特定的生态环境。在学校，教师担负着培养学生的责任和义务。教师和学生的日常生活、发展状态、学习情境对学校的可持续发展具有重要影响。

### （一）学生在学校的生活

生活即教育，教育源自生活。在研究学生的学习状况时，应着眼于学生的日常生活，在学生的生活中寻找教育的真谛，关注教育与学生生活的环境之间的联系，并通过改变生活实现教育的改变。

1. 学生寄宿生活

我国少数民族大多居住在边远山区，人口数量较少，分布较为广泛。撤点并校和寄宿制学校可以解决校点少、交通不便所带来的上学难题。

---

① 教育——财富蕴藏其中：国际 21 世纪教育委员会报告 [M]．联合国教科文组织总部中文科，译．北京：教育科学出版社，1996：129．

2001 年，《云南省人民政府贯彻实施〈国务院关于基础教育改革与发展的决定〉的意见》云政发〔2001〕161 号（后文简称为《意见》）中提出：在全省范围内实施调整优化中小学布局的政策，按照"小学就近入学、初中相对集中、优化教育资源配置"和"以提高办学效益为目标，集中办学为方向，宜并则并，需增则增"的原则。由县统筹，继续调整中小学布局，并"结合中小学布局调整，新建、改扩建一批寄宿制小学，逐步增加半寄宿小学生数量"。《意见》实施后，陇川县开始大刀阔斧地进行布局调整。勐约乡从 2004 年开始撤并学校，预计到 2012 年全乡小学全部撤并到九年一贯制学校，九年一贯制的中学部撤并到陇川二中和陇川四中。研究者在 2010 年的勐约乡调研时，这一政策正在逐步实施之中，该乡的孔南坝小学、瓦幕小学、龙江坝小学的部分年级已经合并到九年一贯制学校，其他年级也在逐步合并中。

勐约乡山高林密，村寨居住分散，学校撤并后，校点变少，学校离家较远，学生选择寄宿在学校。勐约乡下辖 3 个寄宿制小学和 1 所九年一贯制学校。其中勐约九年一贯制学校，住校生 577 人，占到全校总学生数的 92%，只有少部分学生离家较近而未选择寄宿。学校为了方便家长接送寄宿的孩子实行半月假制，即一至九年级学生每两周放假一次，每次放假三天；学前班学生每周放假一次，每次休息两天。

勐约乡寄宿规模较大和住宿条件较好的当属九年一贯制学校。该校共有两栋学生宿舍楼，一栋为男生宿舍楼，一栋为女生宿舍楼，两栋宿舍楼被围墙围在一个院子里，中间用墙隔开，共用出入大门。白天，宿舍的门都是敞开的，从不关门。当然，学校也未给每个宿舍配装锁具，据教师、学生反映，寄宿的学生中经常有人丢失财物。

学校基本以班级为单位分配宿舍，每个年级分配两个或两个以上房间，因而每个宿舍的人数不一。从学生整体住宿情况来看，平均每个宿舍大约 8 人。也存在这样的情况，如一个家庭的姐妹或兄弟都住宿，则妹妹会跟着姐姐住在一起，弟弟与哥哥住在一起。

宿舍设备较为简陋，每个宿舍内有一张桌子，用来放置学生的杯子、饭盒、牙缸等生活用品。宿舍上空有一根丝绳，学生用来挂衣服、毛巾等

 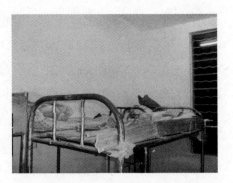

图 7 - 7　学生宿舍环境　　　　　　图 7 - 8　学生宿舍环境

物品，由于学生的衣物大多挂在绳上，整个宿舍显得较为凌乱。为了节省空间，宿舍的床为上下铺，床板用几条钢板固定，住宿的学生需从家中带来竹板，铺在钢板上才可住人。由于一些床铺年久失修，床边的栏杆不够结实，曾发生过一些孩子从上铺掉下来的情况。宿舍的电路设施老化，由于得不到及时维修，也存在安全隐患。有些宿舍电灯开关的外壳已经不见，只剩下裸露在外的金属线头。

　　学校配有一名宿管员，主要职责是负责检查宿舍环境，安排卫生值日，维持学生住宿纪律，保障学生住宿安全，对打扰学生住宿的人员进行劝阻，将突发事件通知校领导等。由于一时找不到合适的人选，学校只好让曾患过精神疾病的一位教师来做这项工作。在实际的工作中，学生们好像并不惧怕这位宿管员，也不太听他的话，经常有学生与他发生冲突。

　　学校非常重视学生宿舍管理工作。为此，学校每周安排一位校领导担任值周主管，负责管理学校的日常事务，以保障学校的正常教学，处理突发事件。这位值周领导白天督促值周教师开展值日工作，巡视校园，记录学生活动情况。晚上抽查班级夜休出勤及纪律情况，对纪律不好的班级及时处理，劝阻并记录教学时间在室外逗留的学生。晚自习结束后，督促学生离开教室，检查查夜教师是否到岗，督促查夜老师履行职责。

　　同时，学校安排了 39 位任课教师按天轮流值周。其中，17 位男教师负责管理男生宿舍，22 位女教师负责管理女生宿舍。值周老师主要负责纪律管理，总电闸的开关，早晨播放广播、叫早，对学生宿舍进行查夜登记，督促学生按时休息。制止学生在宿舍打闹，进行夜间巡查，防止社会青年骚扰在校学生。

学校还专门制定冬、夏两季的作息时间表，学生起床、吃早饭、午休、晚休等活动大都按照作息时间表进行（见表7–11）。

表7–11　九年一贯制学校作息时间表

| 夏季作息表 | | 冬季作息表 | |
|---|---|---|---|
| 时间 | 活动内容 | 时间 | 活动内容 |
| 6：30 | 起床 | 6：30 | 起床 |
| 6：40—7：30 | 吃早点 | 6：40—7：30 | 吃早点 |
| 7：30—7：50 | 早自习 | 7：30—7：50 | 早自习 |
| 8：00—9：30 | 第一、二节课 | 8：00—9：30 | 第一、二节课 |
| 9：30—9：50 | 课间操（晨会） | 9：30—9：50 | 课间操（晨会） |
| 9：55—10：35 | 第三节课 | 9：55—10：35 | 第三节课 |
| 10：45—11：30 | 第四节课（含做眼保健操） | 10：45—11：30 | 第四节课（含做眼保健操） |
| 11：30—14：15 | 吃午餐、午休 | 11：30—14：15 | 吃午餐、午休 |
| 14：15 | 上课预备铃 | 14：15 | 上课预备铃 |
| 14：30—15：10 | 第五节课 | 14：30—15：10 | 第五节课 |
| 15：20—16：00 | 第六节课 | 15：20—16：00 | 第六节课 |
| 16：10—16：50 | 第七节课 | 16：10—16：50 | 第七节课 |
| 16：50—17：30 | 课外活动 | 16：50—17：30 | 课外活动 |
| 17：30 | 吃晚餐 | 17：30 | 吃晚餐 |
| 19：45 | 晚自习预备铃 | 19：15 | 晚自习预备铃 |
| 20：00—20：55 | 第一时段晚自习（一至五年级） | 19：30—20：25 | 第一时段晚自习（一至三年级） |
| 21：05—22：00 | 第二段晚自习（五至九年级） | 20：35—21：30 | 第二段晚自习（四至九年级） |
| 22：30 | 晚休 | 22：00 | 晚休 |

### 2. 寄宿生的吃饭情况

寄宿生每学期向学校上交 295 元，作为学校提供中、晚两餐的费用。在与教师的访谈中得知，一些学生无法一下子交齐这笔钱，学生就分期付款，也有个别学生实在交不起伙食费，就会先欠着，对此学校也只能尽力帮助。

国家十分重视寄宿生的吃饭问题，近年来出台了对农村义务教育阶段（小学和初中）贫困家庭学生提供免费教科书、免除杂费，逐步补助寄宿生生活费的"两免一补"的资助政策。在陇川县，每个小学寄宿生的补助金额为每学年 500 元，中学寄宿生的补助金额为每学年 750 元。学校按照这个标准，把国家给寄宿生的补助金额每天发放一元作为学生的早餐费用，剩余部分加上学生每学期上交的 295 元作为中餐和晚餐的费用。

学校不提供早餐，学生们到学校外面的小卖铺和小摊去吃早餐。学校每天发给学生 1 元钱，可以用来买两个包子或半碗米线。家庭经济条件较好的学生可以从父母那里得到较多的零花钱用来买早餐，而条件较差的学生却没有更多的钱买早餐。一些学生就面临着早餐没有吃饱，饿着肚子听课的情况。在与一些学生的访谈中，笔者问道："早点能吃饱吗?"一位学生这样答道："吃不饱，但是没有办法，没钱啦。"

学生午饭的主食是米饭，学生自己去盛，一般情况下吃多少盛多少。大部分时间，每顿饭会配一个菜，如洋芋、土豆、白菜等，也有一顿饭两个菜的情况，但是次数很少。菜由食堂的师傅打给学生。校方也会按照每个星期两顿肉的标准给学生安排伙食。与学生访谈的过程中，一些学生抱怨"学校的米饭太难吃"，"学校的菜没有洗干净"，一些学生表现出对学校食堂饭菜的质量和卫生条件不满意。与校长访谈中，校长说"由于物价水平太高，学生交的钱不够伙食开支，还需要从日常办公经费中拿出一部分钱用于学生的伙食"。

由于食堂内用餐的桌椅有限，加之学校卫生管理的需要，不允许学生到宿舍和教室吃饭，学生们在食堂打完饭后多是端着碗到外面去吃，有的端着碗站在墙角吃，有的端到着碗坐在操场上吃，有的边走边吃。下雨天这种状况就会比较糟糕。

图7-9　学生在食堂排队打饭　　　图7-10　学生在操场上吃饭

学校食堂的饭菜多是米饭加上一个素菜，虽然能够保证学生吃饱，但远远达不到他们所需的营养水平。一位教师说："上一次学生体检，体检的结果是几乎所有学生的营养都达不到标准，而且说学生体内的寄生虫很多。"研究者在日常观察中发现，这里的学生身高大都矮于城市的同龄人。

3. 寄宿生的生活和学习

（1）一个寄宿生的一天。

早晨6：30起床，洗漱后，到学校外面吃早点，吃完早点后开始早自习，接着就是上午四节课。上完课后再去吃午饭，然后去午休。下午2：30左右上课，一般情况下，下午只上两节课，然后全校开始进行班级和全校的卫生大扫除。大扫除结束后，学生们可以自由支配时间。尽管如此，学校要求学生只在校园内玩耍，尽量不要到校园外面，于是学生们大多回到宿舍聊天。下午5：30左右是晚饭时间，晚饭后，学生开始晚自习。在晚自习阶段，老师们有时讲课，有时让学生自习。晚自习结束后，学生回宿舍玩耍、聊天、洗漱。一般情况下，老师会督促他们早点睡觉，可是等老师走后，他们继续聊天直到睡着。

——学生访谈记录的整理

（2）学校头疼的大事——学生安全管理。学生寄宿在学校，教师也就成了他们的监护人。学生一天24小时都在学校度过，那么如何在保证学生人身安全的情况下，充分、合理地利用在校时间就成了校领导和教师们的一件大事。

校领导非常重视学生们的人身安全问题。因为学生一旦发生人身安全事故，他们作为学校的负责人就会直接受到问责。全国连续发生了几起校园安全事件，学校更是把学生安全问题作为全校工作的重中之重来抓，陇川县教育局也非常重视这项工作。一位校长说："学校没有院墙，想建一围墙，以前向教育局长申请拨款了许多次，局长没有同意。可是，最近因为受全国安全事故的影响，局长就很痛快地答应了。"

学校也把教师对寄宿生的管理工作作为评估教师工作成效的一项重要指标。在学生安全工作上，教师们抓得很紧。夏天到了，一些学生偷偷地跑到学校附近的水库洗澡。学校三令五申告诫学生不要去水库，为此还在学校门口悬挂了"同学为了你的生命安全 请不要到水塘 河流 水库游泳"的安全条幅。尽管如此，仍有学生偷偷翻越围墙去水库洗澡，其间也曾出现几次学生溺亡事件。因此，一旦得知学生跑去水库玩耍，值周的教师就会放下手头的工作亲自去找，回到学校后还会严厉批评学生。

对于学生的人身安全工作，教师们很有怨言："什么都推到教育上，上面就知道检查，又不告诉我们应该怎么做。"面临这样的难题，教师们没有更好的办法，只好尽量阻止本班学生跑出校园，在他们看来，学校的环境对于学生来说还是相对安全些。用他们的话说就是"再抱怨也得把这项工作做好，

图 7-11　校园安全条幅

确保每个学生的安全"。同时，学校对于寄宿生实行严格管理，每天晚自习后，学生们都要以班为单位站在宿舍楼外的操场上接受班主任的点名，人员到齐后方可回到宿舍。

然而，中小学阶段的学生正处在一个好动、贪玩、自制力相对较差的年龄，让他们时刻按照教师的要求行事非常困难。在整个勐约乡，学校的

宿舍条件比较差，活动设施少，一个学校一般只有两个篮球场和一大片水泥地的操场，少量的室内体育设施平时也不开放，因这些设施无法满足大量学生的需求。学生们正处于精力充沛的年龄，在课余时间无事可干，经常发生打骂事件，甚至做出让教师们哭笑不得的事情。一位教师曾这么说过："你看学校的那些树，有的已经死掉了，有的没死也半死了，这都是那些学生干的，（他们）找不到好玩的就摇树。"

在学校范围相对狭小、基础设施缺乏的情况下，唯有让学生们有事可做、乐于去做才能促进他们更健康地发展。然而在勐约乡有关学习兴趣小组等形式的第二课堂却很少，与教师访谈中得知，学校以前也曾举办过美术、数学等兴趣小组。然而这些小组活动需要场地、器材、经费，需要教师投入大量的时间和精力，学校既没有足够的经费、相应的活动场地，也没有给教师们物质方面的报酬，以致后来不得不终止这些活动。研究者调研期间，恰逢六一之前，学校要求每个班级出一个节目，于是在课余时间经常看到班级在排练舞蹈节目，学生们表现出极大的热情。

（3）卫生管理。学校的卫生没有雇用专人打扫，是由教师带领学生打扫完成。于是，每天下午第二节课后，学生就开始打扫本班教室和学校分配的公共卫生区。每天值周教师都要检查全校卫生，不符合卫生要求的班级就会被减扣班级分数。学生每天都要打扫卫生，教室和校园的地面比较干净、整洁。

然而，班主任和值周教师们对学生的个人卫生习惯意见颇大。一位教师曾直言不讳地说："这些农村的孩子，父母没有帮助他们形成良好的卫生习惯，结果到了学校，什么都得教师教，什么都得教师管。"由于这些学生大都来自农村，家长平时较忙，没有注意培养形成良好的生活习惯。加之年龄较小，到学校寄宿后，教师还要具体地教他们如何叠被子、摆口缸、刷牙、洗衣服等。在研究者调研期间，曾看到过这样的场景。有一次，晚自习还未结束，六年级的学生全部被叫回宿舍抬粪，疏通厕所。本地农村家庭的便池不是立刻冲洗的，到一定时间后清理一次或者直接跑到山上解决大小便问题。到了学校后，学生用的是水冲式的公共厕所，由于个人卫生习惯不同，有些学生把用过的手纸直接丢到池子里。由于堆积过多，下水道经常堵塞，尤其到了夏天，孳生蚊虫、苍蝇，宿舍楼里厕所的味道非常大。

对于不同年级的学生，值周教师在管理时所用的方法、技巧以及侧重点也不同。对于低年级的学生来说，他们更多地需要班主任、值周教师们生活上的照顾。对于初中学生来说，正值青春期，需要的更多是来自教师们的平等、尊重和认可，因而管理这些学生可不是一件轻松的事。高年级学生尤其是初中生，对教师们的严格要求，有时出现叛逆心理，出现和教师们争吵，甚至对打的状况。有的教师叹气说："有的男生半夜逃出去喝酒，和社会上的混混在一起；有的出去谈恋爱，有时还有些社会青年进出学校。他们的行为对低年级的学生造成很坏的影响。"

（4）喜欢寄宿在学校吗？整体而言，寄宿生之间的关系相对较融洽，他们一起学习、一起玩耍，生活中互帮互助、互相照顾。

研究者对寄宿学生进行问卷调查，在对学生"喜欢住宿在学校吗"的调查结果显示，有34.4%的学生表示"很喜欢"，12.3%的学生"比较喜欢"，26.7%的学生"有些喜欢"，24.4%的学生表示"不喜欢"，2.2%的学生对是否住在学校持"无所谓"的态度。调查结果反映了近四分之一的学生不喜欢住在学校。不喜欢住校的原因大致是：同寝室，被其他人影响睡觉；住校要交伙食费，自己交不起，所以不想住；有同学偷东西；被同学欺负；住宿条件不好、不干净；伙食不好，等等。

寄宿生的关系在不同年龄、不同性别之间有所不同。在对寄宿生有关"受到同寝室同学的排斥吗"的问题中，65.6%的学生认为自己"没有受到同学的排斥"，21.1%的学生认为"很少受到排斥"，8.9%学生认为"有一些时候受到排斥"，2.2%的学生认为自己"经常受到排斥"，2.2%的学生认为自己"总是受到排斥"。问卷结果在一定程度上说明，学校里个别学生之间的关系不融洽。在访谈中得知，学生之间时有打架的现象发生，且男生之间的打架事件较为频繁，曾发生过高年级的学生打骂低年级学生的事件。一个初一男生这样说道："有一次，初二（的学生）喝醉了酒，来我们宿舍闹事，我们宿舍就合起伙来，一起打外人。"

在访谈和问卷中发现，学生宿舍从不上锁，白天也不关门，学生中有丢东西的现象发生。有人丢东西，虽然没有发现谁是小偷，但是有些学生成了被怀疑的对象，这种情况给学生造成了许多苦恼。

4. 家长对孩子住宿的态度

在访谈中得知，家长们认为勐约山高谷深，路途遥远，学生在学校寄宿既可以保证人身安全，也可以节省花费在路上的时间。然而他们对于孩子住在学校的放心程度是不一样的。研究者通过研究整理发现，家长对孩子住宿的态度大致有两种。一是不支持孩子寄宿。这些家长主要是不放心孩子在校住宿。尤其对于年龄较小的孩子，家长们担心孩子不会照顾自己，在校吃、住不习惯，特别是担心孩子在校生病、想家。一些女孩子的家长也会担心孩子不在身边会和社会上的一些人学坏。二是支持孩子寄宿。这些家长则认为寄宿生活可以锻炼孩子的自理能力，而且学校里有老师照顾孩子。

**（二） 学生在学校的学习**

学生是学校的直接教育对象，学校是学生们学习的主要场所，学校及其周围的环境对学生们的学习状态有直接或间接的影响。

1. 课堂生态环境

课堂是教师传授知识，学生接受知识的主要场所。有效、实效、高效的课堂教学不仅是教育的生命之所在，也是提高学生学业成绩的关键之处。因而，在课堂上观察学生们如何听课，教师怎样授课，生生、师生之间怎样交流互动等，能够更好地探究生态环境中影响学生学业成绩和学习状态的重要因素。

研究者在课堂观察中选择了不同科目，并从教学组织、提问方式、师生互动、教学语言等方面，收集影响教学效果和学生学业成绩的有效信息。

课堂观察一

科目：数学

年级：七年级

教师：男，汉族，小教二级

授课用语：当地汉语方言

上课铃响后，教师走进教室，进行完上课仪式后，分发学生们的作业本后，评价学生完成作业情况，并总结出"错的题比较多，可以看出一些同学对上次讲课的内容还不熟悉"。接着回顾上一节的讲课内容：一元一次方程组的代入法和消元法的方法及应用。

然后教师让四位学生到黑板上做上次作业中的习题，每人一题，其他学生在下面做。等讲台上的学生做完后，再讲解这四道题。结果仍然没有一个学生做得完全正确。讲解完这四道题后，让学生们把这四道题的做法和答案抄写到作业本上。最后给学生留下两道解方程组的练习题。

课后对这位数学教师进行访谈，他告诉研究者学生的数学学习情况："有些学生的基础太差了，从小学就差。这里的学生接受能力一般，考及格的很少，考个位数的学生很多。"

图 7 - 12　教师在上课　　　　　图 7 - 13　五年级课程表

有效的课堂教学非常重要，需要教师提前设计、规划好每一堂课，以求在最短的时间里获得最大的教学效益。然而通过对课堂一的观察发现，教师并不能高效率地利用课堂时间，也不能很好地组织课堂教学。在关于学生数学成绩为何差时，这位教师认为数学是一门需要基础的学科，如果低年级没有打好基础，不懂的问题得不到解决，那么到了高年级就会越学越难，成绩也会越来越差。

## 课堂观察二

科目：化学

年级：九年级

授课老师：男，傣族，中教一级

授课用语：交叉使用普通话和当地的汉语方言

上课铃响后，进行完上课仪式后，开始讲解模拟试卷。讲解题目时，教师进行提问，当问到"你们是如何理解这道题"时，没有学生回答。老师就改问："选 A 答案的同学请举手。"大概有五六个同学举手。"选 B 答案的同学请举手。"大概有七八个学生举手。周围的同学环顾一下举手的同学，举手的同学环顾一下周围的同学。老师接着问："选 C 答案的同学请举手。"大概有三四个学生举手。老师接着又问："那选 D 答案的同学请举手。"大概又有四五个学生举手。老师评价说："同学们在这道题上意见不统一，那你们选择这些答案的理由是什么呢？"没有学生回答，教室很安静。老师告诉学生这道题的正确答案是"A"。接着分析解题思路。讲完后，再讲下面的题目时，老师还是以相同的方式来提问和启发学生，让选择 A、B、C、D 不同答案的学生分别举手。一节课几乎以同样的方式来提问，再讲解题目。学生回答问题的积极性不高。

通过对课堂二的观察发现，课堂上师生互动较少，教师提问学生的方式单一，启发效果不明显，学生在回答问题时信心不足，更多是在猜测答案。教师也没有过多地鼓励、引导学生进行思考，而是在大多数学生沉默的情况下，给出题目的答案，然后讲解做题思路。教师应该让学生理解所学知识，提高学习的方法技巧才能提高学生的学业成绩，达到举一反三的效果。

课堂观察三

科目：班会课

年级：八年级

教师：女，汉族，中教二级，本班的英语教师和班主任

在进行完上课仪式后，教师让学生们在作业本上听写英语单词，待学生听写完后，让学生上交以备课后批改。接着让学生排练 6 月 1 日本班要表演的节目。一位学生担任指挥，站到讲台上用手势打节拍，其他学生跟着指挥的节拍高唱了《歌唱祖国》。然后，老师宣布这学期要发展团员的事情，并向全班同学说："这学期我认为有些同学表现不错，应该给予鼓励，（准备）发展他们为中国共产主义共青团员。"然后，把共青团的填写表格发给这些学生，点到名字的学生走上讲台领表，没有被叫到的学生有的看着上台的学生领表，有的低头不说话。待表发完后，老师开始训话："发展你为共青团员是给你一个机会，能够在这个团体中继续努力。希望你们（领到表的同学）继续努力，优点继续发挥，缺点越来越少。"接着讲如何填写表格和填写表格时的注意事项，要求这次能够被发展为团员的学生补交一份入团申请书。

通过对课堂三的观察发现，教师并没有完全按照课程表的安排上课，而是穿插一些其他科目。班会课本来是学生与教师共同商讨如何更好地管理班级和开展班级活动的，然而在这堂课上几乎都是教师主导课堂，学生没有机会谈论自己的想法。

课堂观察四

科目：语文

年级：七年级

教师：女，景颇族，小教一级

授课用语：普通话

讲课内容：《竹影》

进行完上课仪式后，讲授课堂内容。第一环节为学习生字。老师在黑

500

板上写下本课要学习的生字，带领学生朗读，讲解生字的含义。生字讲解与学生做练习册中的题目同步进行。第二环节为组词。让一些学生根据练习册里的第二大题的题目组词，点几位学生到黑板上组词，其他学生在下面做题。第三环节是讲授课文。主要讲授中国画与西洋画的区别。请一些同学站起来先说一下区别，然后老师带领全班同学作总结，再让学生在练习册上写下来。

老师在叫学生到黑板上组词和站起来回答问题的依据是根据学生当时所穿衣服的颜色和条纹来安排，如穿黑衣服的学生都要站起来回答这个问题——西洋画和中国画的区别。等这些问题回答完之后，再进行下一个问题时，让穿红色衣服的学生站起来回答。

通过课堂四发现，教师讲授课文时具有创新之处，如用新颖的形式提问学生，但这种课堂提问形式是否有利于提高学生回答问题的积极性，还有待于进一步研究。

通过其他课堂观察，研究者发现学校的上课仪式进行得很好。然而，也有一些影响教学效果的情况存在。如在一个三年级语文课上，教师的板书中出现了错别字；在一个八年级的教室里，一位女教师体罚班级里一些不听话的男同学，让这些学生做俯卧撑以示惩戒。

2. 课程设置和教材使用

课程有广义和狭义之分。广义地讲，课程是指学校为实现培养目标而选择的教育内容及其进程的总和，包括学校教师所教授的各门学科和有目的、有计划的教育活动①。狭义的课程是指某一门学科。

在勐约乡，小学阶段的科目有语文、数学、音乐、美术、体育、信息、科学、品德、英语、三生（生命教育、生活教育、生存教育）、民文、社区（劳动）。其中语文和数学两门科目是主要学习课程，这两门科目所使用的是人教版教材。其他科目的课程一般是一周安排一到两个课时，其所用教材多是由云南省统一编写、供全省学生使用的教材。这些课程在实

---

① 顾明远. 教育大辞典［M］. 上海：上海教育出版社，1990.

施过程中面临着这样一种状况：这些课程全部被安排在课程表中，然而由于受到师资短缺、教材缺乏等各种条件的限制而没有实际开设。

在中学阶段，主要科目有语文、数学、英语、历史、政治、地理、化学、物理、体育、生物、信息。语文、数学、英语是主要科目。其中，语文、数学使用的是人教版教材，其他科目使用的多是云南省的统编教材。

在全国实施新课程改革的情况下，陇川县的中小学使用新课改配套的教材。在使用新教材的过程中，出现了教材与现实条件相脱节、教材与考试内容不一致的问题。一位教育行政人员说："编写的教材根本不适合边疆的情况。一节课，表面上很简单，其实需要学生具备大量的知识。有些高科技的知识连老师都不知道。没有老师来教，没有办法解决。"一位美术教师认为："（专家）在编写教材的时候，是从一个大的方向来把握的。在条件好的地方，这些能够开展，学生获得的知识就会很丰富，知识面很广。如由云南民族出版社出版的《美术》课本（边说边拿出教材），第一课是云南民间雕塑，就需要刻刀和木头，而且这种木头要很有规则，很光滑，不是随便拿一个木头就可以的；第四课是《绚丽的民族图案》就需要用到布，这些条件学校都不达到。"这位美术教师说："现在迫切需要一本适合当地实际情况的教材。"

学生使用的教材与学生的考试内容相脱节，使得学生在考试时遇到一些根本没有学习过的内容和题目，严重影响学生们的考试成绩。如个案点学校所用的英语教材是北京仁爱教育研究所编制的教材，而2009年中考却是按照人民教育出版社的英语教材来命题的。

3. 教师队伍现状

加强少数民族师资队伍建设，是发展少数民族教育事业，提高教育质量的关键。少数民族师资队伍建设对于少数民族地区教育质量的提高具有重要的作用，应着重加强。

如今景颇族地区师资队伍建设正在加强，师资水平和师资素养较之以前有了较大程度的提高。然而，山区景颇族地区的教师队伍仍然面临着教师队伍短缺，教师流动频繁，教师培训力度不够，绩效工资实施困难的问题。

（1）师资队伍短缺。师资是办好教育的第一资源，也是教育工作的重中之重。从陇川县教育局了解到，尽管每年都在招录新教师，但是师资力量依旧缺乏，尤其像勐约乡这种民族地区的山区乡镇，师资短缺的情况更为严重。

在整个陇川县的教育系统中，共有在岗教职工 2148 人。其中，教科中心教师 25 人，普通中学教师 678 人，职业高中教师 56 人，小学教师 1220 人，幼儿园教师 164 人，特殊教育领域教师 5 人。然而，陇川县教育系统却面临着教师超编，但实际教学中教师缺乏的状况。2010 年，勐约乡教育系统共有 72 名教工。其中，中心校共有 4 名行政工作人员，负责管理全乡教育工作；九年一贯制学校共有教师 40 名，其中 2 名临时代课教师，2 名支教教师，1 名宿管员；孔南坝小学共有教师 10 名，其中 1 名勤杂工，1 名临时代课教师；龙江坝小学共有 10 名教师，其中 2 名教师因病在休假；瓦幕小学共有 8 名教师。教育系统还有 3 名工作人员，这 3 人是从其他单位来到勐约乡挂职的工作人员。勐约乡从学前班到九年级共有 29 个班级，约有 60 名教师完成这些班级的教学任务，按照这个比例计算，平均每个班级约有 2 名教师。从某种程度上说，勐约乡仍然面临着严重的教师短缺状况。关于这种现状，勐约乡九年一贯制的负责人这样说道："音、体、美、语、数、英有专门的教师任教外，其他科目都是由班主任顺带上课，但在大多数情况下，班主任只是让学生自己看课本，很少真正地带领学生学习这些课程。尤其是六年级面临着小升初的压力，学生们平时几乎就是数学、语文两门科目轮流上。"

为了解决农村和山区民族地区师资数量有限、教师资源不均衡的问题，国家和地方政府相继出台了一系列政策，如实施发展"双语型"教师队伍、"特岗计划"、"实施绩效工资"等措施。

2010 年，陇川县专招本科生岗位 35 个，专科岗位 15 个，分小学和中学两个类别。小学特岗教师分语文、数学、英语、音乐、体育、美术、信息技术 7 个科目，中学特岗教师分为语文、数学、英语、物理、化学、生物、政治、历史、地理、音乐、体育、美术、信息技术 13 个学科。其中，招聘的 50 个岗位中，分到勐约乡的只有孔南坝小学的 1 名语文教师和龙江坝小学的 1 名数学教师。这样的分配速度和比例，远不能解决勐约乡中小学教师紧缺的现状。

（2）教师调动频繁。勐约乡九年一贯制的负责人介绍道："山区教师不稳定，流动性强。山区教师待遇和坝区乃至县城（虽然）基本一样，（但是）这里的学生成绩不好，谁愿意留在这儿？很多老师把学校当作（回城的）跳板……不是在学期开始和学期末调动，就是在学期中间，四月和五月调动，教师中途流失问题比较大。从 2009 年 9 月到现在，已经走了 5 个老师。有的是调到其他学校，有的是改行。"

整个陇川县每年有 70—80 名教师调动工作，其调动情况和原因如下。

一是，从山区到县城的调动。这种形式的调动对于大多数教师来说，须有 6 年的山区工作经验，方能参加由县教育局组织的统一调动考试，考取则可调入县城工作。能够从山区调到坝区工作是大多数青年教师追求的目标，城乡间的基础设施、教师福利、学生生源等存在很大差距，县城对于许多教师更有吸引力。

二是，从山区到山区的调动。这种形式的调动一般是由于夫妻两地分居，一方为了更接近另一方而主动寻求调动。

三是，从事其他职业，如经商、去政府机关单位工作而进行的职业调动。大多数教师把教书作为一种稳定的谋生手段，那些敢于改行或者从事其他职业的人，一般是教师中可圈可点的精英，其调动对教育行业来说是一种教育资源的无形流失。

教师的中途流动对学生和新教师来说都是一种考验。学生习惯了以前任课教师的教育风格，中途更换教师，学生需要花一定的时间去适应新教师的教学风格，而且新教师也需要花费时间和精力去了解学生学习水平，这些势必会对教师的教学效果和学生的学业成绩产生负面影响。而且，教师调动过于频繁也不利于教师队伍稳定和教育事业的发展。

（3）教师培训有待加强。教师培训以解决教师工作中遇到的具体障碍和情景问题为出发点，最终目的是使教师把培训的内容和自己的工作联系起来，解决职业生涯发展中的实际问题。改变实际工作，实现自己的知识、经验、技能、理念等方面的提升和成长。有效的教师培训是提高教师素质与加强教师队伍建设的一个重要途径。

陇川县教育系统把陇川县教科中心作为培训基地，开展针对全县教师的师资培训活动，其形式多为参观、讲座等，且有相应的考核方式。据统计，2008年，教科中心举办了素质提高班，培训两期、共88人，双语教师培训57人，小学科学教师培训60人，中学理、化、生实验员培训50人，新教师岗前培训27人。并组织校长和少数骨干教师前往北京、上海等城市进行了参观、考察和培训学习。多种形式的教师培训有利于促进教师知识、技能和经验的更新和提高，也有利于提高教学质量。

上述数据得知，陇川县教科中心每年培训教师人数约300人，只占整个陇川县教师人数的13.13%左右，接受培训的教师比例相对较小，教育中心的培训机会并不能覆盖所有教师。教师是否有机会参加培训多由学校决定，培训内容较单一。不同层级的教师对培训的效果也有不同的看法。一位校长对教师培训存在这样的看法："教师培训只要县上组织就会派教师参加。这些培训对教师专业化发展还是有帮助的，但还需要更多的针对他们的专业知识和教学法进行培训。"九年一贯制学校校长也说道："培训多了，如校本教材、地方课程，有时候一个假期都要去，一般十多天，州上、县上组织的都有，州上的多一点，去州教育学院。"然而，一些普通教师的看法与此不同，认为当前的培训内容没有与教师的实际教学相结合，培训效果并不明显。一位教师这样介绍自己所接受的培训："每个学期放假去教科研中心培训，有普通话、新课改、合作学习探究、计算机方面等，（帮助）不大，太形式化。我这个专业这个学科，跟其他学校的一起，而是应该多倾斜我们乡下的学校，（培训）要多实际点，要我去表演一下我也会，但实际教学不是这样的，太虚。"学校唯一的计算机教师何老师也告诉我们："（我）2006年去昆明教育信息培训，当时我是这里唯一的计算机老师，不过也就这一次，其他的（培训）就是学校培训，什么新课改啊，不过都是自学的，没有人来指导。效果是有的，但是不太大，都是自学，进步很小的……（还需要）那种集中的培训，讲座什么的，最好分科进行，比较有针对性。"

通过与不同教师的访谈得知，陇川县的教师培训工作仍然面临着一些亟须解决的问题，应更多地关注新课程改革、寄宿生管理、学生心理辅导等方面的培训和指导。

（4）绩效工资实施现状。绩效工资是通过对员工的工作业绩、工作态度、工作技能等方面的综合考核评估，确立员工的绩效工资增长幅度，以科学的绩效考核制度为基础。

自 2009 年 1 月 1 日，经国务院同意，首先在义务教育学校实施绩效工资分配政策。2009 年，云南省开始实施绩效工资考核办法，每个州、市、县根据《云南省人民政府办公厅关于转发云南省义务教育学校绩效工资实施意见的通知》（云政办发〔2009〕144 号）精神，制订了本地、本校的具体实施方案。

2009 年，勐约乡中心校制订了本乡教师绩效工资的具体实施方案。考核的加分项，按照班主任津贴、二级班子津贴、课任教师津贴、教辅津贴四大部分组成，根据这四部分的加分总和算出每位教师的总津贴数。

勐约乡中心学校制订的教师绩效工资考核方案的类别和标准比较精细，教师日常工作中的有关细节都有具体的指标考量。但是也存在些许不规范、不合理的部分：标准的操作性不大，有些指标过于细化，在一定程度上增加了管理工作的难度，也容易造成实施过程中的漏洞。很多教学、教辅工作具有一定的随意性，需要灵活处理，在实际工作中不可能时时处处按照绩效工资考核标准进行监督和考核，这种情况容易导致不公平现象，制定的有些标准主观因素较强。在勐约乡的教师绩效工资明细表中的班主任津贴、二级班子津贴、课任教师津贴、教辅津贴四种绩效工资，普通教师只有资格拿到班主任津贴、课任教师津贴和教辅津贴三部分。显然这样的规定不利于普通教师。又如课任教师工作绩效考核第三条款中规定备课、上课、作业批阅、学生辅导工作在县教育局教科中心以及上级主管部门检查中，若受到通报批评，无课任教师绩效工资；受到当场严厉批评，教师绩效工资按 50% 计发……将教师工资与上级领导的检查相挂钩，主观性过强，其合理性还有待于进一步探讨。绩效工资的评定方案，缺乏具体的监督机制保证绩效工资实施的过程和结果的公平、公正，为有些领导利用职务之便牟取不当利益提供了可乘之机。各个学校制订的方案需经县教育局批准后方可执行，然而核查学校的绩效工资的标准工作量大，教育局也没有专门的核查部门。加之绩效工资方案的公平性很难从一些抽象的标准和数据中体现出来，使这项工作缺乏有效的监管机制。

教师的实际工资由基本工资和绩效工资两部分组成。基本工资每月发放给教师，而绩效工资到学期末或者年底时，全乡教师根据绩效考核结果再发放。根据《勐约中心学校2009—2010年奖励性绩效工资考核分配花名册》显示：整个勐约乡共发放教师绩效工资228966元，66名教师参与此次评定，其中所得最高者为5271元，最低者为1484元，两者相差3787元。此次评定中，12名二级领导班子（除了最高者）每人都得到4561元，数额位居第二，而其他大部分普通教师所得的绩效工资在3000元左右。

在与基层教师的访谈中，他们对自己所得绩效工资数额和学校领导之差的这种做法颇为不满。在评分标准上，领导们的加分项比基层教师多一项——二级领导班子津贴，使得他们之间的起点不公平。事实上，学校领导与基层教师之间所得的绩效工资差距较大，使普通教师的利益受到了损害，也使基层教师的工作积极性受到打击。在发放绩效工资之前，学校领导先把自己所得的那部分抽出来，剩下的部分再按评分结果下发给教师们。领导人数12人，占到总人数的18%，这种做法使得大部分普通教师颇为无奈。作为二级领导班子之一的九年一贯制学校的负责人，也证实了基层教师们的这一说法："关于绩效工资，根据学生学期成绩和对教师的平时考核结果上报给领导班子，由3个中心校的领导和6个九年一贯制的二级领导班子来决定这些教师们的绩效。"

## 二、社区、家庭生态教育环境影响

景颇族村寨主要分布聚居在海拔1000—2500米的深山密林之中，交通不便，经济形式依然以自给自足的小农经济为主，生存环境较为恶劣。

直至今日，一些山区景颇族仍保有原始耕作、靠天吃饭的生产方式。随着社会经济的发展，景颇族社区基本上解决了温饱问题，改变了过去缺吃少穿的状况，但与发达地区相比，社会经济仍然处于相对落后的状态。

### （一）社区因素

社区是儿童最初的生活和成长环境，社区和社区教育对儿童的成长和身心发展具有重要的影响。在景颇族地区，社区教育的内容主要包括生产生活方式、宗教信仰、风俗习惯、道德伦理等，其教育方式多是通过长辈的言传身教、口头传递将本民族的传统文化传授给子女。

景颇族多是通过讲述本民族的创世历史和亲自教授生产生活知识的方式，对儿童进行早期启蒙教育。儿童从懂事后经常从父母那里听到景颇族先祖改天、整地、抗洪灾等故事，这些故事经过父母的反复讲述，对孩子具有一定的启蒙作用。当景颇族儿童达到一定岁数，父母就会有意识地向他们讲述生产技能和经验，不断示范，让孩子在参加生产劳动中不断地模仿、学习。如父亲会向男童讲述砍树、烧山、种植等活动的方法和经验，母亲会教给女儿绣花、编织、采集、饲养等。

社区承担着对本地居民的社会道德教育的职责。景颇族人民在待人接物、立身处世等方面有自己的行为道德规范。人人遵守道德规范，如果不遵守社会道德规范，就会遭到族人的鄙视。对社区道德规范的学习有利于和谐社会的建立，当然也不可避免地夹杂着一些不利于儿童身心健康发展的因素。

景颇族是一个能歌善舞的民族，其舞蹈多为集体舞，反映生活、生产、战争、祭祀等活动，有的舞蹈是千人以上载歌载舞，它们刻画了景颇族生活、生产和斗争的场景。这些经历都对景颇族的青少年产生潜移默化的影响，也是景颇族进行教育的一个重要手段。

景颇族的宗教信仰是其民族传统文化的核心部分，其宗教观念和宗教信仰对儿童的身心发展也产生一定影响。其中，景颇族信仰的万物有灵原始宗教和 19 世纪后半叶传入我国的基督教、天主教对景颇族世界观的形成具有重要作用，也影响了景颇族儿童世界观的形成。

### (二) 家庭因素

家庭是孩子的第一所学校，家长是孩子的第一任教师。在景颇族地区，由于多种原因的影响，家长的教育理念、教育期望和对教育的支持程度呈现出多样的情景。

#### 1. 家长的受教育水平

已有研究表明，家长的受教育程度直接影响对子女的教育态度和子女的学业成绩。家长受教育程度影响着他们对孩子学习的指导能力，文化程度高的家长能够更好地指导子女的学习。而文化程度低的家长往往缺乏这种优势，在指导子女的学习上显得心有余而力不足[①]。

根据抽样问卷调查结果显示，勐约乡学生家长的受教育水平较低。在对学生"父亲受教育文化程度"的调查中，51%的父亲受教育程度是"小学及以下"，46%的父亲受教育程度是"初中"，2%的父亲文化程度是"高中或中专"，1%的父亲文化程度"大专及以上"。母亲的受教育水平与父亲相比呈现出更低的状态。家长的受教育水平有限，可能出现由于缺乏正确的教育子女方法，无法对孩子的学习进行正确地辅导和指引。加之父母整天忙于劳作，早出晚归，根本无暇顾及孩子的学习。

#### 2. 家长的教育观念

在对待孩子的教育和未来发展的问题上，家长们有着不同的看法和态度。一部分家长认为孩子将来做什么要看孩子自己的能力和意愿，对孩子未来的发展方向和程度没有明确的目标和要求；另外一部分家长希望孩子"初中毕业，回来种田，读职中没有什么意思"；还有小部分家长对孩子上学不够支持。为此，一位教师曾这样说："个别家长在'过街子'日的时候，不让孩子去学校，让孩子在家放牛或者带着孩子赶街。如果教师不同意，家长就认为教师在限制孩子的自由，这种情况我们也很无奈。"从与家长们的访谈中看出，大部分家长对孩子的教育具有一定的随意性，缺乏

---

① 李红婷. 农民工子女低学业成绩的人类学阐释 [J]. 湖南师范大学教育科学学报，2008 (3).

计划性，如果孩子愿意上学就会继续让其读书，如果不愿意也不会有太多的反对。他们更多地关注孩子的温饱问题，而很少过问孩子的学习成绩和在校表现。

也有少部分家长认识到，学校教育是孩子未来社会地位升迁和向上流动的有效途径。对孩子的希望是"只要能找到工作，干什么都行，不希望（孩子）回来务农"。通过接受学校教育达到"跃出农门"，不再回农村当农民是对孩子的期望，持有这种观点的家长一般是到过外面、见识过"大世面"的人，对孩子的教育非常支持，但是这样的家长数量不多。

3. 家庭经济条件

勐约是一个地处边境的山区乡，社区经济发展水平较低，孩子的教育费用对一些家庭来说是一笔不小的开支。

在勐约乡，大多数学生在学校寄宿。为此，家长每学期要为孩子上交几百元的吃饭费用，加上孩子其他方面的开销，这些费用对当地的山区家庭来说是一个不小的甚至是沉重的负担。在调研中发现，一些学生没钱或省钱而不吃早饭。长此以往，定会影响学生们的健康，进而影响学习状态和学业成绩。

在勐约乡，绝大多数家庭拥有两个或两个以上的孩子，如果多子女同时上学，在经济能力有限的情况下，父母可能不得已会让其中一个孩子辍学，把上学的机会留给其他孩子。在研究者访谈的一个三子女家庭中就遇见了这种情况，由于经济能力有限，难以同时供养三个孩子上学，于是就让大女儿辍学，把上学的机会留给另外两个年龄较小的孩子。"小女儿很节俭，有时候连早点都不吃。两个人每个月要从家里拿出 200 多块"。研究者同时还访谈了另外一个三子女同时上学的家庭，大儿子在芒市读职高，二儿子在读初中，小儿子在读小学，对这个家庭来说，孩子上学花费很多。"每年每人要花 2000 多元。大儿子花得更多"，"三个孩子的负担太重了，差不多一年万把块"。多子女同时上学，加重了家庭的经济负担，这种状况也可能导致孩子的心理负担过重，从而出现辍学等现象。

由于经济能力有限，有些家长无法为子女提供必要的学习环境、学习设备和辅导资料。研究者在一次家访时发现学生做作业时，屋内灯光昏暗，也没有学习专用的桌椅，只能趴在低矮的饭桌上写作业。山区农活较多，学生周末回家，还要帮助父母烧饭、喂猪、打猪草等家务，很少有时间复习功课。

由于龙江水库建设，以前住在库区的居民实行内部搬迁，这些移民领到了补偿款，许多人沾染了不良社会习气。这种风气也逐渐影响到他们的子女，一位当地的教师说："龙江水库搬迁，最高的一家得了补偿款 200 多万，父母买汽车，女孩儿（不好好上学）就到瑞丽打工，谈恋爱，抽烟。"一些家长产生了"不要知识，不要读书，照样发大财"的观念，这种状况在一定程度上促使厌学、逃学、学业成绩下降等现象的产生。

## 三、社会环境的影响

从社会化的角度看，人类以独特的方式获取规范的行为知识，并以某些方式将这些知识传递给下一代。在儿童社会化的过程中，受到社会文化环境的熏陶和社会风气的影响，而语言是获取和传递知识的媒介。

### （一）文化差异的影响

景颇族儿童的社会化过程，就是他们接受本民族的文化规范，从一个自然人成长为一个社会人，并成为社会成员的过程。景颇族特有的文化，作为一种历史的积淀，在民间源远流长，渗透于景颇族社会生产和生活之中，时刻对儿童产生潜移默化的影响。

景颇族山区文化与现代教育文化存在差异。学校传承的知识大多反映工业化社会的现代文明，学校的功能主要是培养适应工业化社会的人[1]；而山区文化则与景颇族山区自然生态环境相适应，所传承的文化更多是与生态环境相适应的生存知识。在勐约乡的景颇族山区，景颇族文化代表着传统文化，而学校文化代表着外来文化，学生接受现代学校教育时可能产

---

① 杨红. 拉祜族教育的回顾与反思［J］. 民族基础教育研究，2007（4）.

生文化上的陌生感和不适感。传统的景颇族社区文化虽然内容丰富，实用性强，但是与学校知识缺少直接的联系。当儿童接受学校教育时，对他们来说是一种相对陌生的文化，在接触过程中会产生一种文化上的不适感。加之学校的寄宿制生活使儿童的生活被作息表和课程表定格，他们的活动内容被主流文化课程和主流群体限定，成长的空间被异化，儿童发展的可能性逐渐缩小。在这些因素的影响下，一些学生难以接受学校传授的知识，适应学校的生活。

### （二）语言环境的影响

语言是人类交流的最重要工具，也是人们保存和传递人类文明成果的重要载体。我国是以汉族为主体的，多元一体的多民族国家。然而，在我国的少数民族中，除了回族、满族使用汉语外，其他少数民族几乎都有自己的民族语言。对少数民族成员来说，克服语言和文化障碍以获得较好的学业成绩是亟须解决的难题。经过长期的探索和讨论，多数人认为"使用民族语言的地区实行双语教学，是发展少数民族文化教育的最佳途径"[1]。

#### 1. 双语教育的定义

什么是双语教育？《朗曼语言学辞典》写到，"双语教育指学校采用第二语言或外语教授主课"[2]。加拿大的 W. F. 麦凯（W. F. Mackey）和西班牙的 M. 西格恩（M. Sigyn）合著的《双语教育概论》中，对双语教育所下的定义是"以两种语言作为教学媒介的教育系统，其中一种语言常常是但并不一定是学生的第一语言"[3]。国内学者对于双语教育也有各自的解释。戴庆厦认为"双语教育即使用两种语言，其中一种通常是学生的本族语言，作为教育教学实施的工具"[4]。滕星认为"双语教育是指在一定

---

① 戴庆厦. 我国南方少数民族双语教育研究的现状及任务 [J]. 民族教育研究，1996 (2).

② 杰克·理查兹，约翰·普兰特，赫迪·魏伯. 朗曼应用语言学词典 [M]. 刘润清，等，译. 太原：山西教育出版社，1993.

③ W. F. 麦凯，M. 西格恩. 双语教育概论 [M]. 严正，柳秀峰，译. 北京：光明日报出版社，1989：94.

④ 戴庆厦. 中国少数民族双语教育概论 [M]. 沈阳：辽宁民族出版社，1998：87.

的教育阶段，同时进行母语和第二语言的教育，使受教育者学会使用两种语言。双语教育不是两种语言的机械相加，而是在两种语言教育同时进行的条件下所构成的整体"①。苏德教授在研究双语教育时把双语教育分为广义和狭义双重含义，"广义的双语教育就是泛指使用两种语言进行教学的教育体制。不同民族和不同国家之间相互学习和使用对方语言的教育都可称为双语教育"②。如中国有些学校用汉语和英语两种语言授课，是汉—英双语教育；"狭义的双语教育特指在一个多民族国家里以少数民族学生为教育对象，使用其本族语和主流语（族际语）两种语言的教育体制，我国学者通常称其为少数民族双语教育"③。双语教育是使用两种语言进行教学的教育体制，实行双语教学是实现双语教育的主要途径。

2. 双语教育的实施现状

勐约乡是以景颇族为主的多民族聚居乡。景颇族儿童，尤其是纯景颇族村寨的儿童，在进入学校之前使用的是本民族的载瓦语，接触汉语较少，只会说少许汉语。进入学校后，这些儿童直接接触的是汉语教学环境，听懂课堂教学内容非常吃力。因而，语言是景颇族儿童在入学后首要解决的难题，对他们来说，学习之初需要有一根"拐棍"——开展双语教育——来帮助他们渡过难关。这根所谓的"拐棍"就是在学习中运用载瓦语解释教学内容，等到学生完全适应汉语教学环境能够"独立行走"后，再完全使用汉语。从使用载瓦语辅助汉语教学逐渐过渡到完全使用汉语教学的过程，就是汉载双语教育的过程，这一过程对于景颇族学生来说尤为重要。然而在实际的教学活动中，这种双语教育却没有得到系统地开展。

3. 双语课程的开设情况

为了更好地帮助学生适应小学生活，我国实行兴办幼儿园或者学前班对三到六岁的儿童进行预备教育。在勐约乡，由于受各种条件的限制而没有开设幼儿园，只有孔南坝小学和九年一贯制学校附设有民族学前班，这

---

① 滕星. 民族教育理论与政策研究 ［M］. 北京：民族出版社，2009.
② 苏德. 少数民族双语教育研究综述 ［J］. 内蒙古师范大学学报，2004 (11).
③ 同①.

两所学校的学生在学前班期间，进行语言和学习的适应与过渡。在龙江坝小学和瓦幕小学，由于受到师资、资金等条件的限制而没有开设学前班，学生进入学校后直接进入一年级学习，对这些学生来说，既要适应汉语学习环境，又要学习新知识，语言问题成为他们接受、理解知识的第一障碍。

尽管景颇族学生在学习过程中，可能会因为语言的原因而遇到这样或那样的学习困难，然而在实际的教学过程中，全乡的四个学校都未开设学前班和小学低年级阶段的双语课，也没有特意安排会说汉载双语的教师授课，这种情况下学生在课堂上接触的几乎都是汉语授课。对于此种情况，一位教师无不担忧地说"一些学生汉语不好，听不懂老师的讲课（内容），基础也就没有打好，读不懂、看不懂的知识就会越来越多，最后（成绩不好的学生）就会厌学，不想进学校了"。因而，从某种程度上说，汉载语言的非连续性及双语教育的"拐棍式"作用没有得到发挥，是造成小学低年级阶段学生学业成绩过低的重要原因。

对于小学高年级的学生来说，只在四、五两个年级开设双语课程，主要讲授载瓦文，初中阶段也未开设双语课程。四、五年级的双语教学课程设置大致是：四年级每周开设一节，五年级每周开设两节。按照学校规定，景颇族学生必须进行双语课的学习，对汉族和其他少数民族的学生则不做要求。在本地由于汉族学生和景颇族学生长期在一起生活，也能说一些载瓦语，非景颇族学生也非常喜欢双语课，学习双语的积极性很高。在双语课上，学生没有民文教材，民文教师拿着以前的教材，把所教的内容写在黑板上，再让学生跟读、抄写字词。研究者发现，平日里，景颇族的学生在课堂上与教师交流时使用汉语，但在课余时间，同学之间交流大多以景颇话为主，时而夹杂汉语。

4. 双语教学的考核

关于双语课的考核，陇川县教育局不再像以前那样实行全县统一的考试，双语教师只需在学期末自己出题测试一下即可。在访谈中，陇川县教科中心的工作人员介绍说："以前，开展双语双文课要深入到初中，要在全县进行考试、测查，现在已经不考试、不测查了。"

### 5. 双语教材

学生缺乏双语教材的情况是从 2010 年开始出现的。勐约乡九年一贯制的双语教师也提到，自从 1989 年参加工作以后，从来没有出现这样的情况。关于学生没有双语教材的问题，陇川县教科中心的工作人员意见颇大："2008 年之前的民文教材都能到位，（我们在今年）3 月份就开始申请教材，但是直到现在学生一本教材都没有。教材没有，怎样开展工作？""教材不到位，这是我从 2003 年开展工作以来，从未出现的情况。（这项工作）是从省内出现的问题，具体怎么操作，我们也不知道。""没有教材我们只能向州里反映情况，但不能向省里反映，不能越级反映（问题）。"

### 6. 双语教师队伍现状

负责开展双语教学工作的陇川县教科中心的工作人员压力很大，他们告诉研究者，目前双语教育还面临着双语师资严重不足，双语教师编制得不到解决的问题。在德宏州，现有的双语双文教师大都是州师范民族班在 20 世纪 90 年代培养出来的，现在这些班级都已被撤销，一些年龄较大的双语教师逐渐退休，双语教师面临着即将断层的危险。

### （三）社会风气的影响

社会风气是群体生活中所形成或持有的态度、观念、气质和想法等。社会风气影响个人的生活和行为，同时还影响人们的观念和精神，并对教育产生妨碍或促进、交织或渗透的作用。

### 1. 就业难

就业难是当今社会面临的一大难题，在边远山区勐约乡同样如此。一些人读完了中专、高中、大专，花掉了家里一大笔钱，毕业时却找不到一份体面的工作，不得不回到原来的社区，却又面临着不能适应农村生活，学到的知识无用武之地的困境。这些人的就业难问题使原本以拥有大学生为荣的家庭遭遇尴尬，读书所花去的大量费用更使得"读书无用论"的观念盛行，严重影响了人们对知识的追求和对子女读书的投入，也影响了学生们的积极性。当地景颇族社区一些社会精英的模范带头作用没有得到充分发挥，都影响了学生学习的积极性。

## 2. 早婚早恋习俗

当地的风俗中存在早婚现象，孩子十五六岁的时候，就有人上门给孩子说媒。一旦定下婚事，这些学生便很难定下心来集中精力学习。孩子处在青春期，很容易对异性产生好感，如果缺乏家长和教师的正确引导，也会产生早恋现象。早恋或者订婚会分散学生的精力，如果不加以正确引导就会影响他们的学业成绩，甚至产生辍学现象。

## 3. 毒品、艾滋对学校教育的危害

陇川县地处边境，靠近金三角，吸毒、贩毒是当地的社会问题之一，对当地人们的身心产生了极其恶劣影响。为此政府大力推进"禁毒防艾"的宣传和整治工作。尽管如此，毒品和艾滋仍屡禁不止，它们的危害影响着当地人们的身心健康和生产生活。在访谈中，一位校长介绍毒品的危害时说："这里的学生因父母吸毒死去而成为孤儿的很多，艾滋遗孤也有。"很多孩子与年迈的爷爷奶奶生活在一起，孩子与老人的生活都得不到照顾，经济状况也无法得到保障，甚至很多学生因为家庭缺乏劳动力或者经济能力有限而选择了隐性辍学。在调查期间，研究者也曾遇到过几个因毒品而失去父母的孤儿。

# 第三章 理论阐释

## 第一节 教育生态学的含义

"生态学"一词源于希腊文，原意为"住所"或"居住地"。1866 年，德国生物学家海克尔（E. Haeckel）首次给生态学下了定义，即研究有机体与其周围环境之间关系的一门科学。20 世纪初，生态学发展成为一门具有完整理论体系的自然科学。生态学认为一定时空内的生物与其所处环境之间相互联系，两者之间进行着能量转换、物质循环代谢；生态系统是有层次、有范围的，任何一个系统都可以与周围环境组成一个更大的系统，其本身成为更高系统的子系统或组成部分。生态学强调整体、联系和生态平衡的理念。

1932 年，美国教育学者沃勒（Waller W.）在《教学社会学》一书中，将生态学运用到教育研究中，并提出了"课堂生态学"的概念。1976 年，美国教育学家劳伦斯·克雷明（Lawrence Cremin）在《公共教育》一书中提出了"教育生态学"的科学术语。教育生态学是从生态学的视角看教育，把教育放到相关的生态背景中，放到更大的生态系统中去进行研究和探究。教育生态学是研究教育生态系统与各种生态环境及其构成要素之间关系的科学，尤其侧重于考察各种教育生态环境及其构成要素对教育生态系统和作为教育生态主体的人的影响①。

教育作为一个相对独立的生态系统，有自身的结构和功能，同时存在于社会这个大生态系统之中，与外部其他生态系统相互作用、相互影响。

---

① 范国睿. 教育生态学 [M]. 北京：人民教育出版社，1999：25-26.

因而在考虑教育问题时，要以整体、系统的观点来研究与之相关的各个层次的生态环境，以及教育本身的生态系统。研究者在探究景颇族学生的学业成绩时，首先要关注学生所处的周围环境——学校环境、家庭环境及社会环境是如何影响学生们的学习状态。学校生态环境，如师资水平、学校管理制度、学校硬件设施等都在直接或间接地影响着学生们身心发展。同时学校又处在社会这个大生态系统之中，受到来自家庭、社会环境等因素的影响。从教育生态学的角度来看，学生的学业成绩是学校教育、家庭教育、社会教育三者合力共同作用的结果，任何一方推力不足，都会对学生造成不良影响。因而要优化学生的素质，需要多种因素的共同改善，以促进学校、家庭、社会较高层次的生态圈的良性循环，形成学生与周围生态环境之间的双向共生关系。

# 第二节 学校生态系统对学生学业成绩的影响

## 一、学校生活环境的影响

教育生态学认为人与环境之间相互联系，共同构成一个不断矛盾运动的生态系统，那些有利于学生身心健康，不断成长、成熟的环境便是理想的教育生态环境。否则，便是消极的教育生态环境。对于景颇族的学生来说，他们的生活环境、学习环境是影响着其进行有效学习的重要生态因素。

在勐约乡，学生们大都寄宿在学校。寄宿制学校采用封闭式管理，平时不能随便外出，学习、吃饭、住宿都在学校，在放月假的时候才可以回家。

寄宿制一方面解决了家校距离远的问题，在一定程度上保障了学生的学习时间，减少了学生沾染不良社会风气的机会；另一方面也给学校的管理带来了挑战。这是由于学生大量寄宿在学校，学校不仅要发挥教育的功能，也在一定程度上成为学生的家。学校在功能增多的同时，缺乏高效有序的管理。首先，学生住宿条件差，影响身心健康。勐约乡的寄宿学校内部基础设施如洗澡间、洗漱室、卫生间、蚊帐等不齐全。夏季蚊虫叮咬，冬季无法取暖。学生们如厕排队、洗漱排队，甚至上床也要排队，有的同学就开始选择不刷牙、不洗脚、不洗澡，貌似懒惰，实则无奈。而且室内空间拥挤，潮气较大，甚至出现低年级学生尿床不晒被的现象。学校经费有限，不能为学生提供营养丰富的饭菜，在这样的环境下学生很容易生病。其次，寄宿生的管理多依赖教师、班主任平日的教导，值周教师的严格要求和学生的自制力维系集体生活。一些自制力差的同学往往会聚众违规，轻则常开"卧谈会"，影响他人休息；重则看课外书、打扑克甚至翻墙外出上网玩游戏等，给宿舍其他成员带来不良影响。这些不良习惯若得不到及时管理，极易扩散蔓延开来。由于学生上课、吃饭、住宿都在学校，教师对学生管理的时间就由 8 小时变为 24 小时，有时还没有双休日，教师们长期处于超负荷工作的状态。教师们超负荷地工作，影响他们的教学时间、情绪和精力。最后，学校文体活动开展不足，学生课余生活单调，学校对于学生来说缺乏吸引力，学生学习积极性不高。放学之后，学生们都三三两两地跑到学校外面去玩，宿舍成了多是玩和聊天的地方。

学生只能生活在学校这个相对狭小的空间里，每天按照时间表重复单调的生活，缺乏社会实践的机会。这样的寄宿环境既不利于学生身心和谐、全面发展，也不利于学生学习积极性的保持与学业成绩的提高。

## 二、课堂生态环境的影响

虽然倡导学生主动参与，乐于探究、交流与合作的新课程改革已经实施了多年，但是通过课堂观察，研究者发现大多数教师仍然使用传统的教学方法，新的教学理念和课堂标准并没有得到具体实施。在课堂上，教师对学生的提问和师生之间的互动主要通过集体提问的方式进行，即教师提出一个问题，然后问全班同学，很少具体点某个学生回答问题。教师使用这种提问方式的主要原因在于，大多数学生单独回答问题的难度较大，被点名之后也回答不了，教师不得不以集体的方式进行提问、互动，很少与学生进行个别沟通。

在教师与学生互动较少、部分学生无法理解教师讲课内容的情况下，学生们的课堂表现由于年级的不同而出现不同的情境。在高年级的班级，由于学生的自制力增强，即使听不懂教学内容，也会安静地坐在下面；而有些低年级学生，在听不懂课的情况下做小动作，小声说话，趁教师板书时窜位等扰乱课堂秩序，影响他人学习，教师不得不时常中断讲课去维护课堂秩序。

威尔逊（Alan B. Wilson）认为学校的学习风气和环境条件影响学生学习成绩。从前文中可以看出，整体而言，勐约乡学生的学业成绩处在较低水平，基础较为薄弱，自主学习动力不足，课堂上缺乏学习氛围。要想使学生取得良好的学习效果，需要教育者和学生共同努力营造和建构符合生态取向的学习环境。

## 三、课程设置和使用教材

当前，景颇族地区的课程按照国家统一的标准进行设置，课程内容与中、高考相对应，目的是为了让少数民族成员更好地接受主流文化知识，缩小地区、民族间的差距。上述做法看似"一视同仁"，却忽视了民族地区生态多样性和少数民族成员文化背景的双重性，没有与少数民族学生的生活经历、认同、愿望联系起来。造成少数民族学生对课程内容的"疏离"，影响学生学习的效果和质量。

在全国实施新课程改革的情况下，陇川县的中小学也使用了新课改配套的新教材。教师和学生在使用新教材时遇到一系列的问题。首先，教材内容远离学生现实生活，学生的基础较为薄弱，知识储备不足，这些教材对他们来说难度较大。大部分学生升学无望，当回到父辈所生活的社区中，很难将课堂上所学的知识转化为现实的生产力，因此对学习教材内容的积极性不高；其次，教材与练习册、考试大纲不配套，使学生在考试中难以把握测验题目，无法做到心中有数，难以形成积极的自我效能感；再次，山区学校缺乏教学辅助设施，课堂教学只能限于教师的语言讲述。教辅设备是提高教学质量的重要物质条件，有助于学生更好地理解和掌握知识。然而由于种种条件的限制，景颇族地区的中小学缺乏与教材相配套的教辅设备，在一定程度上限制了学生科学素质的培养和能力的开发；最后，师资队伍整体素质较低，不能达到新课程改革的要求。由于缺乏有效的培训等原因，使得教师们在面对新的课程改革时不能很快进入状态，影响教育生态系统整体效能的有效发挥。

## 四、教师发展

教育具有向年青一代传授生产劳动经验和生活经验的功能。在学校教育中，教师将人类的先进文明成果传递给受教育者，起到传导和开发功能群的作用。教师队伍的发展对于整个教育生态系统功能的有效发挥起着重要作用。

在陇川县，教师队伍在快速发展的同时仍然面临着教师队伍短缺、教师流动频繁、教师培训力度不够、绩效工资实施困难等种种问题。

### （一）师资缺乏

在勐约乡教师相对短缺的情况下，教师不得不承担更多的课时任务。许多教师跨年级、跨科目教课，最明显的事例就是有些教师不仅担任班主任、行政工作，还要在担任主要科目教学的同时兼任一些副科科目。寄宿制学校都要求任课教师担任值周教师，负责繁重、琐碎的管理任务，承担来自学生安全管理方面的压力，很多教师忙于学校事务，很难有时间和精力照顾自己的家庭。教师长期处在压力大、任务重的环境之中，没有更多的时间备课。在这样的工作环境下，教师们的教学热情如何，对学生的学业成绩有没有影响等这些问题都值得思考和探讨。

### （二）教师流动和师资培训

教师流动如果处在一种双向的，有进有出的动态平衡状态下，有利于教师之间的交流、学习和资源的合理配置。然而，陇川县教师流动处在一种从山区向县城的非良性单向流动。对于山区景颇族地区来说，这种流动实质上近乎于釜底抽薪，是一种教育资源的流失，对山区教育质量和学生的学业成绩产生极大的负面影响。

教育生态学认为，教育生态的主体要获得发展，必须使自身的发展与环境的发展（主要是社会环境）保持一致，必须使自己在与环境互动的过程中，不断提高自己适应环境的能力①。教师培训是教师专业发展的重要环节，教师参与培训的过程就是对工作中遇到的实际问题进行探索和寻求解答的过程。虽然陇川县为教师提供了比较多的培训机会，但是具体到农村教师身上的培训机会是比较少的，况且培训是否真正对教师的教学发挥作用也是值得思考的问题。当地教师在面临新课程改革时，可能出现由于自身素质偏低而引起不适感和焦虑感，希望有更专业、更实用、更有效的培训。到底怎样才能为教师提供有意义的培训，这个问题值得学者、领导和教师们深入研究。

### （三）绩效工资

实施绩效工资的目的是为了保障教师收入水平，激发广大教师积极投身教书育人事业，提高教学工作的积极性和教学质量。然而，在具体实施过程中，绩效工资是一把双刃剑。如果得以有效利用，可以起到激励教师工作、促进学生发展的作用；不恰当的使用则会导致教师间的矛盾增加，合作减少，片面追求评价指标等问题。在勐约乡，绩效工资的实施情况并不乐观：大多数教师认为绩效工资不公平，绩效考核结果是基于职位和其他非控制因素获得的，这些负面情绪严重影响了教师工作的积极性。如果这种情绪持续下去，将不利于校园和谐氛围的营造，不利于学生的成长和发展，影响学生的学业成绩。实施绩效工资还有一个重要原则：坚持向骨干教师和做出突出成绩的教师倾斜，适当拉开分配差距。然而勐约乡的实际情况是，教师的工资差距拉开了，但向骨干教师和成绩突出教师的倾斜

---

① 高芹. 教师专业发展过程中的问题与对策——基于教育生态学的视角［J］. 教育探索，2010（11）.

力度不大。

绩效工资改革是一个持续、不断完善的过程，在实事求是、民主公开的前提下，优化绩效分配的激励机制。保证绩效考核标准的制定、考核和执行过程的公平、公开、公正，广泛听取教师建议，民主决策，不断完善政策不足之处，使绩效工资的效益得到最大限度发挥。

# 第三节　社区、家庭生态环境影响

景颇族社区教育是儿童社会化的一个重要途径，其内容包罗万象，与人们的生活、生产紧密联系，具有较强的实用性和针对性。在历史和传统文化的影响下，难免有消极因素，影响儿童智力的正常发展。

## 一、社会环境因素

景颇族对孩子进行生活、生产教育。然而这些教育具有一定的实用性和针对性，这些内容多是在生产力较为落后的环境下产生的，与现代化生产有差距，很难对儿童进行科学技能的训练和逻辑思维的培养。

景颇族创造了丰富多彩的文化艺术。景颇族特有的木鼓、牛角号、口弦等乐器，舞步均匀、节奏鲜明、声势雄壮的集体舞蹈，富有民族特色的绘画，图案精美的棉毛织品等，都在潜移默化地影响景颇族儿童，有利于陶冶情操，促进美育、体育、智育等多方面的发展。

景颇族社区的社会道德对人们的思想和行为具有一定的规范和控制作用。道德规范中敬老、爱幼、平等等思想对促进人们形成良好的思想道德具有重要作用，但其中夹杂一些消极的观念，不利于儿童的健康发展。

在相当长的时间里，景颇族信仰万物有灵的原始宗教。原始宗教中"无论什么东西都有鬼"、吉凶神明、不可抗拒地受上天支配等观念，具有一定的蒙昧性和保守性。

19 世纪，随着基督教的传入，景颇族具有了多种宗教信仰，基督教

523

所提倡的道德教化、倡导文明生活、开展文化教育等，在客观上提升了景颇族社区精神境界。

## 二、家庭环境因素

在家庭中，父母的受教育水平，家长的教育观念、经济收入等都会潜移默化地影响子女的上学热情、升学期望和在校的学业表现。

### （一）父母的受教育水平

通过调查研究可知，景颇族地区的家长们受教育水平较低，父母在生活和生产中所积累的知识和经验与学校之间呈现相脱离的状况。因此他们在教育子女时无法给予方法上的指导和知识上的帮助，大多数家长整天忙于劳作，早出晚归，对子女的学习情况很少过问。

### （二）家长的教育观念

在景颇族村寨，相对封闭的地域环境限制了人们接受外界信息、开阔视野的渠道，在一定程度上禁锢了人们的思维模式、行为交往方式。生活贫困、精力有限使父母对子女的教育期望不高，一些父母认为孩子的教育是学校的责任。父母平时与学校和教师的交流、沟通次数有限，支持力度不大，也影响了孩子对学习的重视程度。

### （三）家庭经济基础

家庭经济水平对教育的发展有制约作用。家庭经济水平直接影响子女的健康状况、学习环境、物质生活以及教育费用的承受能力。整体而言，景颇族聚居地区人民虽然基本解决了温饱问题，但经济发展仍处于较低水平。有些家长无法为子女提供必要的学习环境、学习设备和辅导资料，也无力承受学生在校的生活和学习费用，这些都会对子女的教育造成一定的影响。对富裕家庭来说，子女的教育费用不再是负担，但由于父母对子女教育重视程度不够，也对子女的教育产生不良影响，这充分证明了家庭教育环境和经济水平对子女的教育会产生重要影响。

# 第四节　社会生态环境的影响

## 一、文化差异的影响

文化渗透于社会生态系统的各个领域，是社会生态系统特别是教育生态系统中独特的构成要素。文化一方面是教育系统中教育内容的构成要素，另一方面多样的文化也构成了教育的生态环境教育。

任何民族的文化都是该民族成员在长期的社会实践中，适应自然生态环境和社会生态环境的结果。景颇族山区文化与当地自然、社会生态环境相适应，所传承的内容多是与生态环境相适应的生存知识。景颇族儿童出生后最先接触的是从父辈传承下来的景颇族文化。进入学校后，学生接受的是以反映现代工业社会文明的学校教育，因而容易产生文化上的陌生感和不适感。在民族的自然与社会生态环境基础上所造成的少数民族学生的文化性差异，是影响少数民族学生文化适应能力的决定性因素。教育生态学也认为文化的非连续性、陌生感和不适感是造成景颇族学生学业成绩过低的一个重要原因。

## 二、语言环境的影响

语言是学习和交流的重要工具，积淀了民族大量的文化内容，尤其是思维方式。对于景颇族地区的儿童来说，他们习得的第一语言是民族语，进入学校后要学习的是以汉语为媒介的课堂内容。语言的非连续性是造成学生学业成绩过低的一个重要原因，学校采用何种语言授课，对于景颇族学生的学业成绩具有一定的影响。

## （一）缺乏必要的过渡

在实际的教学过程中，学生在学习过程中缺乏必要的过渡。在学前阶段和小学低年级阶段，学校没有配备双语教师，由于学生对汉语的理解力有限，掌握到的知识少之又少，更别说达到预期的教学效果了。因而在学生的学前阶段和小学低年级阶段，实行双语教育尤为重要。在学生的学习过程中，使用双语教学即在母语的帮助下，逐渐适应汉语和课堂教学内容，逐步过渡到汉语语言的学习环境中，否则将会影响学生学习的进度。如果学生在低年级阶段由于对汉语的理解力有限，很容易造成基础不牢的状况，随着年级的增加，学生在学习中遇到的困难会越来越多，最终可能导致厌学甚至辍学的现象产生。

## （二）缺乏必要的支持

整体而言，双语教育是一个系统工程，需要政策、政府、学校、经济等多种力量的支持。在实际的学校教育中，诸多因素影响着双语教育的顺利开展，双语教育工作面临着这样的困难。第一，缺乏民汉兼通的双语教师队伍。陇川县没有招聘专门的双语教师，也没有对精通少数民族语言的考生给予照顾，这种状况使得专门从事双语教育工作的教师越来越少。而且随着培养双语人才学校的减少和一些在职的双语教师逐渐退休，很有可能出现双语教师断层的现象。第二，双语教学缺乏必要的教学设备。目前，部分少数民族地区的双语教学存在设备简陋，经费严重不足，学生没有双语教材等状况。在一定程度上，伤害了一线教师和工作人员的工作积极性。第三，缺乏国家层面上的双语政策支持和上级主管部门的指导。国家层面上的双语教育政策是双语教育在基层得以有效实施的重要保证。在我国，由于各民族间差异较大，至今未颁布国家层面的有关实施双语教育的政策。同时，上级部门的支持和指导是基层工作人员顺利开展双语教育工作的重要保障。双语教育工作需要基层教师、教育行政官员和其他相关机构人员的共同努力。

## 三、社会风气的影响

对教育来讲，社会风气是大气候，校园风气是小气候，一般来讲，总是大气候影响小气候①。学校是社会生态环境的一个组成部分，学生生活在社会之中，会耳濡目染地受到社会风气的影响。

高等教育的大众化，在某种程度上使大学生就业难成为一个不争的事实。加之高等教育实行并轨收费，家庭和国家对教育的投入逐渐增加。许多大学生毕业后找不到工作或者找不到理想的工作。有些学生毕业后无法适应农村的生活，也无法把所学的知识用于改善社区生活环境。景颇族历史上并没有读书识字的习惯，很多景颇族群众受到祖先从来没有接受过教育，生活也照旧的思想影响，对孩子上学的积极性不高。这些因素使得"读书无用论"的观念在一些地区尤其是贫困地区盛行，使有些学生对学习积极性不高，甚至产生辍学。

此外，景颇族的早婚早恋的习俗，毒品、艾滋病两大社会问题，都影响着学校教育的正常开展和学生学习的积极性和主动性。

---

① 吴鼎福，诸文蔚. 教育生态学［M］. 南京：江苏教育出版社，2000：56.

# 第四章　思考与建议

少数民族教育是国民教育的重要组成部分，也是我国教育事业的重要补充和促进力量，少数民族教育的发展是解决少数民族地区经济、文化、社会发展滞后的重要方法和途径。《国家中长期教育改革和发展规划纲要（2010—2020年）》指出："加快民族教育事业发展，对于推动少数民族和民族地区经济社会发展，促进各民族共同团结奋斗、共同繁荣发展，具有重大而深远的意义。"

新中国成立以来，党和国家对少数民族教育事业给予了高度重视，并实施了一些倾斜政策。国家对少数民族地区的教育支持，极大地促进了少数民族教育事业的发展。尽管民族教育事业获得了极大发展，但由于历史、经济、文化基础薄弱等因素的限制，与发达地区的教育水平相比，仍有很大的差距，依然面临着很多有待解决的生态发展问题。

在进行国家教育时，需要尊重民族地区人民的现实状况、文化特征和教育生态环境，同时也需要民族地区在文化自觉的基础上积极地进行自我调适。一方面学校基础教育具有目的性、计划性、组织性和系统性等特征，在传承现代工业文明知识的同时承担起传承、创新少数民族文化的生态职责；另一方面也需要少数民族文化生态进行积极的自我调整，以适应整体环境变化的要求。费孝通先生认为，"文化自觉是一个艰巨的过程，首先要认识自己的文化，理解所接触到的多种文化，才有条件在这个已经形成的多元文化世界确定自己的位置，经过自主的适应，和其他文化一起，取长补短，共同建立一个有共同认可的基本秩序和一套各种文化能和平相处，各抒所长，联手发展的共同守则"①。民族地区应在进行积极的

---

① 费孝通. 对文化的历史性和社会性的思考 [J]. 思想战线，2004（2）.

文化调适的时候适应社会整体发展趋势，使民族文化更好地促进本民族教育的发展。

民族教育作为一个生态系统，存在于社会这个大生态系统之中，与其他生态系统相互影响、相互制约。因而在解决民族教育问题时，应以系统的观点研究与民族教育生态相关联的各个层次的生态环境，综合考虑影响因素，维持教育生态系统正常、有序地运转。为受教育者提供适宜的环境，促进受教育者的身心健康发展，进而促进整个民族教育事业的发展。

加快民族地区教育的发展，需要采取以下几个方面的措施。

第一，加大国家和地方政府对少数民族教育的投入力度和支援强度。针对少数民族地区经济发展相对落后的状况，国家应加大对民族地区的教育投入力度，支持边境县和民族自治地方贫困县义务教育学校标准化建设，加强民族地区寄宿制学校建设。

针对一些少数民族地区，缺乏教学所需的图书、实验室、多媒体教室等硬件设备的实际情况，政府应加大投入力度，改善教学条件，为教育活动的顺利开展提供强有力的物质保障。

各地方要认真组织落实其他省市对民族地区教育支援工作，加强教育对口支援的强度。尤其是东部发达地区要充分利用优质教育资源，探索多种形式，吸引更多民族地区少数民族学生到其他地区接受教育。

第二，提高经济发展水平，夯实教育发展基础。经济健康持续稳定的增长是提高当地人民文化水平，普及良好风尚和提高教育质量的物质基础。改革开放以来，民族地区的经济得到了较大发展，交通、水电、通信等基础设施也逐步改善，人均收入逐步提高，人民生活水平逐渐改善。然而由于基础差、底子薄，民族地区的经济水平还远低于其他地区，依然是限制当地教育发展的一个重要因素。要促进教育的快速发展，经济是必要的基础。

第三，加强少数民族地区师资队伍建设。师资队伍建设是提高少数民族地区教育质量，改变学生低学业成绩现状的关键。加强师资队伍建设时应做到这样几点。首先，加强教师培训工作。做到教师培训工作与实际需求相结合，更好地对教师进行有效培训。其次，针对教师超编但实际教师数量不足的问题，应将少数民族地区教师编制的设置与具体实际相结合，适当放宽民族学校教职工的编制。再次，提高民族地区教师待遇，加强对民族地区教师的人文关怀，并制定优惠政策，吸引高素质的人才为少数民族地区的教育事业服务。最后，加大少数民族地区双语师资队伍建设，培养高素质的双语教师，发挥双语教育在提高学生学业成绩方面的作用。

第四，高度重视民族文化，大力推进双语教学。学校现代教育内容和社区文化相脱离的现状需要改善。要重视民族文化的作用，认识到民族文化的优势所在，从实际出发，因地制宜，使之服务于学校基础教育发展。并寻找学校文化教育和社区民族文化结合点，走学校教育和民族文化共同发展的特色之路，让少数民族学生在文化适宜的基础上，更好地适应学校教育以提高学业成绩。

大力推进双语教学，加大宣传双语教学的重要性，重视双语教育对少数民族教育质量的作用，发挥双语教育对提高少数民族教育质量的"拐棍式"作用。

第五，改善当地社会环境，营造良好教育氛围。学校是社会的一部分，不可能脱离社会而存在[1]。为了提高学生的学业成绩，不仅要关注学生、教师和学校，更要从广大的社会环境中寻找支持，提高当地人民对教育的普遍重视程度。发挥地方政府的作用，为少数民族学生提供良好的就业环境，改善民族地区学生的寄宿条件，增强少数民族学生的身体素质，学校应加大宣传力度，集中多种社会力量支持民族教育事业的发展。

---

[1] 袁同凯. 走进竹篱教室 [M]. 天津：天津人民出版社，2004：344.

# 个案八

## 少数民族初中生隐性辍学现象的课堂事实探究
### ——以 K 镇傣族中学为个案

## 概　　要

　　本研究根据批判教育学理论视角，将教学过程中的课堂对话以及教师用语当作研究对象，发现"隐性辍学生"在课堂中遭遇的不公平事实，以及学校是如何追求高升学率而忽视大部分学生发展的。

　　该研究将芒市 K 镇傣族中学作为研究场域，采用随机抽样、整群抽样和滚雪球抽样以确定研究对象，对初中二年级一个"提高班"和三个"差班"的课堂进行听课观察。课堂事实主要体现在几个方面：教师教学所用语言、谈话内容，教师所提问题以及等待学生回答问题的停留时间，教师谈话与课堂授课主题的关联程度，教师教学所用方法，学生听课反应，学生座位展示，学生回答问题的情况等。此外，对部分学生采用半结构访谈法以及集体座谈方法，发现学生经历的不公正的课堂事实和"冷暴力"以及被赋予的"无能"期望。并根据观察到的课堂事实和材料分析得出隐性辍学现象的原因所在，分析现象背后的意义。最后，研究者以文化相容理论以及赋权路径作为解决途径的指导理论，根据目标学校的课堂事实和发展的可能性，提出若干针对性的"保学"建议。

研究结果发现，隐性辍学现象具体表现为：学生很少参与课堂，上午上课，下午"请假"逃课，在学校中得不到学业上的帮助。"隐性辍学生"被形塑的过程为：分班，筛选"好生"和"差生"；逐步在教育过程和教学语言等教育方式中巩固"升学教育"，将"好生"形塑成教师理想中的能升学的"好生"，而"差生"的资源被一步步掠夺、挤占，成为"本应不能升学"的"差生"；最终"提高班"升学率达到上级下达的参考指标。通过批判教育理论和文化相容理论视角揭示出学生被形塑成隐性辍学生的过程和教育资源被掠夺的过程，分析隐性辍学现象的原因所在，并根据当地的现状和我国教育的发展方向和教育目标，进一步完善辍学理论，提出对少数民族地区教育有一定影响的建议和对策。该研究对于重申我国教育本质、提高我国的整体教育质量以及维护民族团结具有重大意义。

# 绪　　论

## 一、研究缘起和意义

### （一）研究缘起

研究者深入德宏傣族景颇族自治州的芒市和陇川县，进行了多次田野调查。在调研中发现，不同地区都有辍学现象存在。2010 年 5 月，研究者在云南省某傣族中学的课堂观察中发现，有一些学生上午上课，下午却不上课，逃课"阵容强大"，下午的教室里，后两排几乎看不见一个学生。而这些频繁逃课的学生几乎全是来自"普通班"。在初步调研中发现，这些"普通班"的学生在任何方面享受的资源都比"提高班"要少，游离于辍学的边缘，而"逃学"是对目前处境的"无声反抗"。如果他们就这样"不学无术"地轻松毕业，我国的人才储备质量将有所下降，不利于边境或文化经济落后地区的健康发展，尤其不利于教育的可持续发展。

从政策层面来讲，国家对辍学的监测指标并不能客观地反映我国辍学生的真实教育经历。很多学校虽然从数据上将年辍学率控制在 3% 以内，但是不少学校在"两基"国检 ① （见图 8 - 1 和图 8 - 2）过程中，利用学

① "两基"国检的意思是，国家督导团在一个省级行政区域范围内所有县全部验收完毕后，对省级政府的"两基"工作进行督导检查，是依法对省级行政区域"两基"水平的验收和认定，是国家在教育方面最权威、最全面、最高规格的一种检查，所以叫国检。实施主体是国家督导团，接受国检的主体是省级人民政府，包括省级人民政府的有关部门，以及辖区内的各级人民政府及其有关部门，也包括所辖范围内的中小学校。"两基"国检的主要目的是：进一步调动各级政府及广大人民群众的办学积极性，把"两基"工作提高到一个新水平。因此，要把"两基"国检的过程看作是总结工作、寻找差距、弥补不足、继续前进的过程，是贯彻《义务教育法》、履行法定办学责任的过程，是落实科学发展观、办好让人民满意的教育的过程，是建设教育强省的基础性工程。"两基"国检的主要内容是：普及程度；教师队伍；办学条件；教育经费；教育质量；学校安全管理和扫盲工作等七个方面。（摘自云南省某学校展板所示内容）

籍做假，将在籍学生作为评价辍学率是否达标的依据。单纯的数字在义务教育质量前期监测中具有一定的鼓励和指导意义。但是，随着义务教育的逐步推进和逐步成型，对于教育质量的监测将成为监测的重要指向，也是教育监测的最终目的。所以，研究者对义务教育阶段隐性辍学现象的监测很有意义。

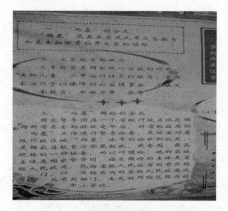 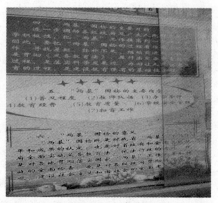

图8-1　某学校展板上展示的　　图8-2　某学校展板上展示的"两基"
　　　"两基"国检的含义　　　　　　国检的意义和内容

《国家中长期教育改革和发展规划纲要（2010—2020年）》（以下简称《纲要》）中，将民族教育单列一章，将民族教育作为全面提高教育质量的关键环节，提出"巩固民族地区义务教育普及成果，确保适龄儿童少年依法接受义务教育，全面提高普及水平，全面提高教育教学质量"。民族教育成为国家整体教育质量提高的关键。《纲要》指出，到2020年九年义务教育在校生达到16500万人，巩固率达到95%；而新增受教育年限需达到13.5年，也就是新增劳动力受教育年限需达到高一阶段以上水平（见表8-1和表8-2）。所以，减少辍学率、增加义务教育阶段适龄儿童的入学率，实现"两基"目标是我国"十一五"期间的主要教育目标，同样也是我国"十二五"期间亟待巩固的目标之一。对初中阶段学生辍学现象进行调研、分析，切合时代的要求，符合我国教育改革和发展的需要。

表 8－1　教育事业发展主要目标（新华社发）

| 指　标 | 单位 | 2009 | 2015 | 2020 |
|---|---|---|---|---|
| **学前教育** | | | | |
| 　幼儿在园人数 | 万人 | 2658 | 3400 | 4000 |
| 　学前一年毛入园率 | % | 74.0 | 85.0 | 95.0 |
| 　学前二年毛入园率 | % | 65.0 | 70.0 | 80.0 |
| 　学前三年毛入园率 | % | 50.0 | 60.0 | 70.0 |
| **九年义务教育** | | | | |
| 　在校生 | 万人 | 15772 | 16100 | 16500 |
| 　巩固率 | % | 90.8 | 93.0 | 95.0 |
| **高中阶段教育 *** | | | | |
| 　在校生 | 万人 | 4624 | 4500 | 4700 |
| 　毛入学率 | % | 79.2 | 87.0 | 90.0 |
| **职业教育** | | | | |
| 　中等职业教育在校生 | 万人 | 2179 | 2250 | 2350 |
| 　高等职业教育在校生 | 万人 | 1280 | 1390 | 1480 |
| **高等教育 **** | | | | |
| 　在学总规模 | 万人 | 2979 | 3350 | 3550 |
| 　在校生 | 万人 | 2826 | 3080 | 3300 |
| 　其中：研究生 | 万人 | 140 | 170 | 200 |
| 　毛入学率 | % | 24.2 | 36.0 | 40.0 |
| **继续教育** | | | | |
| 　从业人员继续教育 | 万人 | 16600 | 29000 | 35000 |

　　注：* 含中等职业教育学生数；** 含高等职业教育学生数。

表 8－2　人力资源开发主要目标（新华社发）

| 指　标 | 单位 | 2009 | 2015 | 2020 |
|---|---|---|---|---|
| 具有高等教育文化程度的人数 | 万人 | 9830 | 14500 | 19500 |
| 主要劳动年龄人口平均受教育年限 | 年 | 9.5 | 10.5 | 11.2 |
| 　其中：受过高等教育的比例 | % | 9.9 | 15.0 | 20.0 |
| 新增劳动力平均受教育年限 | 年 | 12.4 | 13.3 | 13.5 |
| 　其中：受过高中阶段及以上教育的比例 | % | 67.0 | 87.0 | 90.0 |

## （二）研究目的和意义

### 1. 研究目的

（1）引起教育部门、教育工作者及社会各界对此现象的关注。在我国学术界，对初中阶段"快班"和"慢班"的探讨很多，在义务教育普及的今天，对"快班"和"慢班"的探讨显得更为必要。因为义务教育阶段，学生不分优劣，都有进入学校的权利，都有接受教学资源的权利。不能因为学生成绩差，就被剥夺了教育资源，使之成为不被重视的"边缘群体"。学生大量逃课、不参与课堂的现象在义务教育阶段等同于辍学，但又区别于真实意义上的辍学，研究者将之称为隐性辍学。如果教育部门及教育一线没有高度重视这一现象，我国义务教育质量将受到质疑，不利于我国义务教育的可持续发展。

（2）完善义务教育目标监测体系。在新一轮教育改革和发展规划纲要的指导下，少数民族教育仍需要在新的改革形势下巩固"十一五"期间的重要成果，巩固义务教育完学率。巩固义务教育阶段完学率是民族地区"两基"教育工作的重中之重。从全国范围来看，到2002年年底，"两基"人口覆盖率达到91%。但是西部地区"两基"人口覆盖率仅为77%，低于全国14个百分点；还有410个县尚未实现"两基"，人均受教育年限仅为6.7年，比全国平均水平低1.3年；15岁以上文盲、半文盲人口占总人口的比重为9.02%，高于全国2.3个百分点。为加快西部地区的"两基"目标进程，加快教育事业的发展，2003年，国家制订《国家西部地区"两基"攻坚计划（2004—2007年）》，将西部地区的"两基"任务确定为重点攻坚任务，将普及西部地区的九年义务教育和扫除青壮年文盲的工作上升到战略性高度。2005年，国家实施九年免费义务教育，"两免一补"政策为解决少数民族地区义务教育辍学现象提供了经济保障。同时，在全国范围内实施的"两基"国检，成为推动少数民族地区政府和教育部门共同实施"控辍保学"的重要外部力量。很多边境县市实现了"两基"目标，将辍学率控制在了一定的范围之内。但是，高入学率并未转化为高完学率，很多学生在学校编册之内，但是并不参与课堂学习，不参加中考，不能完成各科的教学目标，完学率很低。隐性辍学不仅造成了教育资源的浪费，也无法为上一级学校输送优秀人才。该年龄阶段的孩子正是思想文化道德的重要成长期，无论是在科学知识的建构上，还是在人格尊严、公民素质、精神品质的培养上，一旦错过学校教育这个黄金阶段，以后弥补将非常困难。

隐性辍学现象不利于义务教育目标的实现。目前，我国义务教育逐步从"能上学"到"上好学"目标的过渡。两个目标并不互相排斥，"上好学"同样是决定学生上学或离开学校的关键。所以，研究者通过质性的田野调查方法，对 K 镇傣族中学隐性辍学生所经历的课堂事实和家庭冲突进行调研，探讨隐性辍学现象的具体表现形式以及产生的直接原因和根本原因。力求为当地教育提供针对性的建议和对策，并最终为义务教育阶段培养全面发展的人才作出一定的贡献。

（3）明确学校的最终目的，重视教育质量。联合国教科文组织的《全民教育全球检测报告——普及到边缘化群体》明确提到，"学校的最终目的，是使儿童具备发挥潜能、发展安全生计和参与社会的各种技能与知识"，"数百万儿童，尤其是来自社会边缘群体的儿童，在完成初等教育时没有获得基本的识字和计算能力。在中等教育层面，许多发展中国家的教育系统也出现低水平的学习成绩和高度的不平等的特征"[1]。研究者在观察中，发现了教育质量低下的大量事实，尤其在班级分等模式的学校更是如此。学生以逃课形式对学校教育做"无声的反抗"。

（4）提供有效的"保学"建议。研究者首先以批判教育学理论视角，将教学实践中的课堂对话以及教学语言当作研究对象，发现"隐性辍学生"在课堂中遭遇不公平现象，以及学校是如何为了追求高升学率而忽视大部分学生发展的教育过程。最后，研究者以文化相容理论以及赋权路径作为"拐杖"，根据目标学校的课堂事实和发展的可能性，提出若干针对

---

① 联合国教育科学及文化组织. 普及到边缘化群体 [M]. 北京：中国对外翻译出版公司，2010：118.

性建议。

此项研究基于上述考虑，试图通过学生在课堂经历的冲突、矛盾事实，发现隐性辍学的具体现象，并利用批判教育学的方法为理论假设和支点，分析得出隐性辍学的直接原因和根本原因。试图建立学校与社区文化相容的教育，通过有力的数据资料和理论逻辑，分析探索出一条解释少数民族辍学成因的理论，并针对当地的辍学现象提出可行性的对策和建议。

2. 选题意义

（1）理论意义。这方面主要包括以下两点。

①完善义务教育目标监测体系。目前，我国已基本形成了义务教育体系，但是高入学率并没有转化成高完学率。入学率保障了儿童接受教育的机会，但是并不能代表儿童能获得高的教育质量。儿童"能上学"到"上好学"，是教育质量逐步提高的过程。完学率才是反映儿童是否达到义务教育目标，评价学生接受教育质量高低的关键。很多学生为了达到国家法定的九年义务教育，并不真正辍学，成为隐性辍学生。在此，将隐性辍学纳入辍学现象研究范围之内，有利于对义务教育完学情况进行有效监控。

②扩大对隐性辍学现象研究的方法。研究者将批判教育理论中的"语言"研究纳入对隐性辍学现象的课堂事实研究当中，将课堂对话作为听课观察的主要内容。这有助于看清教师如何开展教育过程，如何看待学生，如何实施不公平的教育。

（2）实践意义。隐性辍学生在我国基础教育阶段大量存在，有的民族地区甚至高达60%。这些学生在学籍之内却在真正的课堂之外，看似由学生自身"不学无术"所致，但其实从入学开始，他们就已经成了目前"升学教育"中被忽视的一员，成为"被迫"厌学的一分子。所以，揭示出隐性辍学生形成的真正原因，对保护这部分儿童的受教育权利大有裨益。从长远看，可以提高我国的整体教育质量。对于边境民族地区来说，使儿童摆脱"差生"的标签，相信自己可以构建美好的未来，有助于维护边境稳定和民族团结。

## 二、国内外相关研究动态

因为隐性辍学现象是显性辍学现象的对立面，研究者首先对国内外学者对于显性辍学现象的研究进行了纵向和横向梳理。在此基础上，介绍国内对于隐性辍学现象的研究。

发达国家一般将基础教育阶段的儿童辍学归因于药物滥用、酗酒成瘾、家长的心理紊乱，还有诸如家庭的社会、经济地位，种族等复杂因素；发展中国家将辍学大多数归因于学校和儿童劳动力之间的交易，低学业成就等。但这些归因并不是绝对的。

### （一）我国的相关研究动态

#### 1. 辍学监测指标研究

在监测辍学率方面，国家规定"教育统计常用指标"，就一所初中而言，辍学率可分为"学校辍学率"与"年级辍学率"。学校辍学率 = 上学年内辍学学生总数 ÷ 上学年初在校学生总数 × 100%；年级辍学率 = 上学年内某年级辍学学生数 ÷ 上学年初某年级在校学生数 × 100%。国家推行的控制辍学的指标是辍学率不得超过 3%。袁桂林提出"届辍学率"概念，即初中 3 年累计辍学率。郑宏在其文章《不能仅用"年辍学率"来评价"控辍"工作》中指出，仅仅使用"年辍学率"不利于监控初三学生高辍学率的情况，而且"年辍学率"的统计检查方法难以查出虚假问题。提出采用"届辍学率"和"年辍学率"跟踪学生的辍学情况，而且应该把"届辍学率"换算为 9% 以下，以此指标来考核和评价区县、学校的"控辍"工作。希望对学生的初一"入口"数与初三"出口"数进行对比，看实际辍学了多少①。但是"届辍学率"这一计算方法的科学性受到质疑。邱国华运用年辍学的常用统计方法，指出"届辍学率"的计算方

---

① 郑宏. 不能仅用"年辍学率"来评价"控辍"工作［J］. 中小学管理，2004（1）.

式有误，不能将每一年的辍学率简单相加，这种计算方法是不可取的①。杨延从认为，既然儿童接受教育是必然履行的义务，为什么还要允许3%的辍学率？建议应审时度势地取消农村初中允许辍学率3%的上限标准，逐步将政策目标确立为零辍学②。

针对"届辍学率"的争论，研究者认为"届辍学率"只是一般意义上的"年辍学率"，只是与年辍学率的计算年份存在差异。如果能跟踪调查各个班的年辍学率情况，就可以对比初一和初三的缺口。所以，研究者认为"届辍学率"监测意义不大。至于3%的辍学率是否能真正、客观地检测义务教育情况，对此也充满疑虑。硬性数据总是能让一些地方官员作假，不能真正地了解辍学的原因及实际情况，容易让地方政府和学校对学生辍学问题采取回避的做法，很难上下齐心、全国一盘棋地提高教育质量和学生的入学率、升学率。但是，这种以是否在学籍之内来监测辍学情况，明显不能将学生的真实学习情况和是否达到义务教育目标纳入监测范围。兰靖和张念蒙认为，辍学是一个过程，显性辍学是最终结果，而隐性辍学则是之前的发展阶段。辍学是一个从量变到质变的积累过程，从隐性到显性的变化过程，监测过程比监测结果重要许多③。

2. 显性辍学原因和隐性辍学原因分析

通过查阅文献发现，我国学者对辍学现象的研究呈现出一条分界线——九年义务教育、"两免一补"政策在全国范围内的广泛开展。这条分界线的重点在于对辍学现象遏制的可能性。但是很多学者（孙百才，全

---

① 邱国华. 关于初中阶段辍学率指标及其数据统计的分析——兼与今年《中国教育学刊》相关文章商榷 [J]. 上海教育科研，2005（10）.

② 杨延从. 农村初中学生辍学现象屡禁不止归因分析及对策 [J]. 福建教育学院学报，2008（9）.

③ 兰靖，张念蒙. 异化与危机——隐性辍学论 [M]. 昆明：云南大学出版社，2010.

辉①；王小龙②；常宝宁③；廖其发，杨聪林④等）都认为实施"两免一补"政策之后，辍学现象有所遏制，在边远的西部农村地区中小学仍然存在较严重的辍学现象，并呈现出新的辍学趋势。"两免一补"政策的实施、经济与辍学的关系研究让我们看到，影响辍学的因素除了经济因素，还有很多复杂的因素相互交织。有些学者开始关注非贫困辍学⑤、"非经济性辍学"⑥以及"自愿性"辍学⑦现象。非贫困辍学与非经济性辍学是相对于家庭经济贫困的辍学现象而言，认为"读书无用"，加之农村学校教育质量低，不能满足学生对较高质量的需求，从而辍学。其中，与自愿性辍学相对应的是"非自愿性"辍学，这与亨利（Henry. T. Trueba）提出的"被迫辍学"相似，认为学生本人是迫不得已才选择辍学。区别在于学生对学校的态度和今后是否返回学校学习。

也有学者从教育因素出发来研究辍学。如许丽英、袁桂林⑧指出，教育因素（主要是课程因素）已经取代经济因素成为学生辍学的第一位原因。与郭浩的研究结果相似，同样认为农村课程显示出"城市化"取向，课程评价"分数唯一"，脱离了农村学生的实际。

在家庭影响因素中，孙百才、仝辉利用家庭决策理论和逻辑回归实证方法，提出了很多影响辍学的变量，如儿童性别、母亲的受教育程度、学

①　孙百才，仝辉. 农村中小学生辍学原因的实证分析［J］. 四川理工学院学报（社会科学版），2008，23（6）.

②　王小龙. 义务教育"两免一补"政策对农户子女辍学的抑制效果——来自四省（区）四县（旗）二十四校的证据［J］. 经济学家，2009（4）.

③　常宝宁. 免费政策实施后儿童辍学现状的调查研究——以西北三省区为例［J］. 上海教育科研，2010（2）.

④　廖其发，杨聪林. "两免一补"政策后西部农村地区初中生辍学原因新解［J］. 重庆教育学院学报，23（1）.

⑤　王素凤. 农村初中生非贫困辍学原因及对策［N］. 中国教师报，2007 – 11 – 21.

⑥　陈国华. 农村"非经济性辍学"现象透视——文化资本的视角［J］，继续教育研究［J］. 2010（2）.

⑦　卢德生，赖长春. 从学生自愿性辍学看我国"控辍"政策的调整与转变［J］. 教育学术月刊，2009（1）.

⑧　许丽英，袁桂林. 我国农村新课改面临的问题与发展走向［J］. 当代教育论坛，2006（10）.

校离家距离、上幼儿园或学前班时间等因素①。此外，袁桂林指出"教育机会成本"成为东南沿海某些省份新的辍学原因②。尽管有很多原因，但经济因素仍然被大多数学者（如王小龙）认为是影响辍学率的显著因素。当然，也有学者从社会与经济因素中分析辍学原因，如张国艳运用布迪厄家庭经济资本、文化资本和社会资本角度，对东乡族儿童辍学问题进行探讨，认为家庭经济来源少和对教育投入低是导致学生辍学的首因③。

对于隐性辍学的原因分析与显性辍学的原因分析相类似，是由教育、家庭、社会及学生自身四方面因素共同造成的结果。如袁强认为，造成隐性辍学的外部因素有"读书无用论"等错误思想，打工浪潮冲击校园；家庭环境因素有家长法律意识淡薄，观点落后，留守家庭监管不利；学校教育因素有学校教育指导思想的偏差，教师整体素质偏低，学校管理不到位，课程改革没有解决好中学课程问题④。兰靖、张念蒙认为，"唯升学教育"是形成隐性辍学的教育原因。其中，唯升学教育不简单地等于应试教育，教育目标和评价机制的唯一性，唯升学教育造成的动力缺失和厌学情绪形成隐性辍学；社会原因主要有"唯学历是举"的用人体制；经济原因有"一切向钱看"的价值体系；文化原因是"学而优则仕"的教育期望，情感原因有"有谁在乎我"的情感指向⑤。

3. 对辍学性质的思考

国家控辍保学政策主要是从经济角度看待辍学原因，加大对少数民族地区基础教育阶段的经费投入，尤其是"两免一补"政策的大力实施，从经济方面缓解家庭压力，但是支持力度仍然不够。法律规定，适龄儿童接受九年义务教育是每一个家庭的责任，也是适龄儿童应该享有的一项基本权利。但是当家庭或者是学生选择离开学校，是不是就违反了国家的法律

---

① 孙百才，仝辉. 农村中小学生辍学原因的实证分析 [J]. 四川理工学院学报（社会科学版），2008（6）.

② 袁桂林. 新的辍学原因值得关注 [N]. 现代教育报，2009-10-30.

③ 张国艳. 关于西北少数民族儿童辍学缘由的社会学考察——以甘肃东乡族为例 [J]. 西北民族大学学报（哲学社会科学版），2009（3）.

④ 袁强. 农村初中生隐性辍学的危害及原因探析 [J]. 科技信息（学术版），2007（2）.

⑤ 兰靖，张念蒙. 异化与危机——隐性辍学论 [M]. 昆明：云南大学出版社，2009.

呢？在一些县市区，明文规定，如果该家庭中有不上学的学生，就取消该农户所享有的国家优惠政策。这对于当地的教育来说是好事，但是对一个家庭来说却有为难之处。义务教育具有强制性和普遍性，但是学生辍学与否并不能用一个简单的理由概括。有的学生被劝学回到学校之后，不看书，不听课，不写作业。教师问其为什么不上学，有的学生会说，"我又不想来，是政府让我来的"。教育是否能吸引学生留在学校，读好书，上好学，并不是相互独立的问题，而是一个各阶段都紧密联系的结合点。

### （二）　国外关于辍学现象的研究动态

#### 1. 辍学含义及辍学状况

亨利认为，辍学这个概念实际上是不确切的，"辍学"这个词歪曲了学生在学校经历的社会事实。而且在辍学的分类方面，亨利认为不管是在辍学生对学校的态度方面，还是在家庭文化情境中放弃学校的原因方面，人们都未对不同的辍学生进行区分。他具体指出间断学习和被迫辍学两种类型，认为两者的最大区别在于一些间断学习者发达之后开始计划重返学校；而被迫辍学者在对学校的态度方面并没有任何转变，依然不愿回到学校。这是对辍学类型的第一次划分，将学生对学校的态度作为辍学生的分类标准，将学校教育的好坏引入辍学原因的探讨当中，有利于辍学原因的深入探讨。但是间断学习者在辍学时有很多被迫因素，人们尚不能在一段时间之内将两种辍学类型区分开来。

#### 2. 辍学原因

1998 年，联合国教科文组织发表《学业失败，不必要的机会：小学阶段留级和辍学》报告，提到辍学的最大原因在于经济拮据。那么经济与辍学的关系是怎样的呢？

费斯曼斯（Fitzsimons）探讨了儿童劳动和学生辍学的关系。她抛开家庭收入水平决定儿童辍学的可能性，验证了家庭收入流动的风险对辍学的重要性。并认为在一些国家，保险市场还未发展起来，儿童劳动可以被家庭当作保障机制来抵抗收入波动。其研究结果将"支持"借用到假说当中，认为儿童劳动承担保险角色。不使用儿童劳动力时，只能保障家庭水平的风险，但是却不能保护家庭收入在整体乡村水平上的变化无常。瑞艾维里恩（Ravalion）和吾顿（Wodon）在不同的农村探索学生参与供应学校食品的系统这些变量；比格勒（Beegle）在越南研究大米的价格和自然灾害，结果显示，儿童劳动降低了学业成就。然而，瑞艾维里恩和吾顿发现，由于较短的在校时间，与劳动并列的上学也就成为可能；学校补助极大地增加了学生的出勤率，在一定程度上减少了儿童劳动。安娜·汝特·卡多索（Ana Rute Cardoso）和道瑞特·沃瑞娜（Dorte Verne）运用工具变量方法得出结论：儿童工作和较早的父母身份是学生决定辍学的内在因素，而造成儿童工作的最大可能性是家庭的极度贫穷。这些研究结果证实了学生在家劳动对辍学的影响，但是并未从根本上提出辍学的根本原因。

还有一些学者从教育与辍学的关系角度寻找辍学的影响因素。贝迪（Bedi）和马肖尔（Marshall）集中研究学校参与和学业成就的相互关系，发现有较高教育期望的儿童更容易留在学校。帕（Pal）发现学校水平不同，决定学校的成功因素也不同，家长的教育决定了低年级学生的学业成就①。

在文化与辍学的关系方面，罗兰德 G. 萨尔皮（Roland G. Tharp）认为，文化与教育的密切关系对学生辍学有很大的影响力，尤其是不相容的文化因素导致了学生辍学。研究认为文化相容有四个变量和两个常量。四个变量依次是动机、社会组织、社会语言和认同；两个常量分别是语言发展和情景教学。符合学生所处的民族文化和家庭文化的教育才是推动学生上学的重要因素。但是也有学者马赛罗 . M. 索尔兹、奥柔孜科指出，实质上辍学问题在很大程度上一直被看作是低教育成就问题的特征，文化差异一直被当作宏观层次的社会结构变量。对辍学的研究必须通过调查了解文化差异作为学校成就的中间调节阶段的具体证据；尤其是通过微观的教

---

① Ana Rute Cardoso, Dorte Verner. School drop-out and push-out factors in Brazil: The role of early parenthood, child labor, and poverty [R]. World Bank Policy Research Working Paper, 2007.

育内容在建构适应环境中取得的鼓励性结果来研究辍学。而且认为宏观和微观的视角在解释学业失败中的作用是非常关键的①。

我们可以看出，国外从微观的辍学影响因素入手，运用工具变量开展了一系列的调研和精确的数据变量分析，将影响辍学的因素深入细致地剖析出来，对辍学的变量进行了精确的分析与探讨。由此有助于将辍学的影响因素与其他的无关因素相区分，使得教育行动者在影响辍学的某一具体影响因素中采取行动，防止学生辍学现象的发生。

除了研究辍学的微观变量之外，国外学者和研究机构还从辍学现象发生的范围来看待性别的差异。性别差异是世界各国普遍存在的一种社会现象，性别差异在解释辍学原因是否具有效力呢？2005 年，联合国教科文组织认为这与贫穷程度密切相关。现有的估计预示，在研究的 118 个国家中，只有 27 个国家能够于 2015 年在初等教育中实现性别平等；在教育中，贫穷是造成性别不平等的一个重要因素。由于家长在经济困难面前只能让男孩去上学，传统的劳动分工导致女孩就算上学找到了工作，也不如男孩子赚钱多。

### （三）总结发现

20 世纪 80 年代，国外很多学者将工具变量方法引用到辍学研究中，以求分析影响学生辍学的具体变量，将各种复杂因素区分开来，深入分析辍学的影响因素。其中不乏很多有价值的研究发现和成果，如文献综述中所指出的，关于学生打工是否影响辍学的研究为我国的研究提供了很好的借鉴。此研究结果指出，学生打工不能作为学生辍学的直接影响因素，而是辍学生辍学之前在家"做农活儿"或者"做临时工"的时间长短对辍学有更大的影响。这样的假设能够帮助我们看清学生在外出打工和辍学之间的时间关系，不能用事件发生的结果作为事件发生的原因。在国外学者对辍学原因的分析中，不乏对研究我国辍学现象有益的理论和发现，我们

---

① Truba Spindler. What do anthropologists have to say about drops [M]. New York：The Falmer Press，1989：99 - 110.

可以借鉴，但不能照抄照搬。有些理论并不符合我国少数民族的实际，也不符合"中华民族多元一体格局"的实际；国外学者在研究单一辍学因素时虽精细，但是各种因素缺乏整合；此外，在解释学生选择放弃学校教育的过程方面，缺乏数据材料。

综合我国学术界对辍学理论和实践的调查分析成果，已经将隐性辍学现象和显性辍学现象区分开来，并将两种辍学原因进行了分析总结。原因大都体现在教育、家庭、社会和学生个体这四大方面。但是缺乏对某一影响因素进行具体深入的分析，对辍学原因的解释多为宏观的思考和假设。尤其对于隐性辍学现象的形成和原因分析依然缺乏有力的数据分析，对于少数民族地区隐性辍学现象的研究几乎为零。尽管隐性辍学生的表现相近或相同，但是少数民族学生所经历的教育过程，由于语言这一交流工具的不同、经济落后等因素，形成了不同于其他农村地区的隐性辍学的原因。

研究者针对以上国内外关于辍学现象的研究结果认为，研究还存在以下问题：

一是，辍学及隐性辍学现象的监测体系不健全，研究者对此关注程度非常小；

二是，缺少对隐性辍学生在学校课堂中遭遇到"冷暴力"过程的研究；

三是，忽视文化与教育过程和课堂活动适切性的深入研究；

四是，缺乏对少数民族地区教学过程和教育质量深入的探讨。

在本研究中，研究者力图以上述的问题为突破口，对德宏州芒市 K 镇傣族中学隐性辍学现象进行深入的田野调查和执行分析。

研究内容主要是：隐性辍学现象的具体表现；隐性辍学现象形成及发展过程——班级分等的课堂事实研究；批判教育理论视角和文化相容理论对少数民族教育质量提高的重要意义。

## 三、研究思路和方法

以往学者对于隐性辍学的研究关注不够，对于学生所经历的课堂遭遇并没有完全揭示，这使得对于隐性辍学的研究失去了一大批宝贵的课堂研究资料。此项研究采用质性研究方法，收集所需要的数据，并运用批判教育理论深入分析数据，加深对辍学原因理论解释的力度。

### （一）研究对象

1. 教育部门相关领导

针对"控辍保学"的开展工作和遇到的困难，对芒市教育局局长和基础教育股领导进行访谈，以及询问他们对提高当地教育质量的建议。

2. 校长、教务主任和教师

主要了解当地中学的分班情况，并访谈中学校长和教师对于分班的看法，以及两类班级的主要差异。此外，研究者将进行听课，观察教师在两类班级课堂中开展教学的过程。

3. 学生——逃学生和在校生

在调研时（2011年5月），研究者选取了初二年级的一个"提高班"和三个"差班"的学生为研究对象，观察他们上课的情况。访谈学生在"差班"的感受，他们的学习感受，以及对将来的打算等。同时，对离开学校两到三个星期的学生进行访谈，了解他们在校的学习状况和朋友数量；他们为什么选择离开学校以及现在对于学习的态度；如何才能让他们返回学校。

4. 其他

在开展研究过程中，研究者始终怀着开放的态度和眼界，观察周围的人、事和情。上面列出的主要是基于学校场域和所辐射的社区的研究对象。此外，研究者也会与一些高校学者和社会人士对辍学成因进行相关讨论，所以后面的分析中也凝结了他们对辍学现象及教育现状的很多珍贵看法和宝贵建议。

### （二）样本选取方法

质性抽样通常都采用立意抽样，而不是随机抽样。还有，整个质性研究的抽样无法完全预设，而是随着田野工作的发展而变化。

#### 1. 随机整群抽样

首先把总体划分为许多相互独立的子群，然后以群为初级单位，按某种抽样技术，如简单随机抽样，从总体中抽出若干子群组成群样本，再对抽取的所有个体进行调查[1]。

#### 2. 目的抽样

目的抽样，在随机抽样之后，基于研究的具体问题和目的，基于适用于个体/群体的信息，选择个体/群体[2]。

#### 3. 滚雪球抽样或链式抽样（snowball or chain sampling）

研究者藉由一些人找到另一些信息丰富的个案[3]。因为每一个新的个体都有提供更多适用于研究目的的个案的可能性，使研究继续进行下去的抽样数量迅速增加[4]。

### （三）数据收集方法

#### 1. 访谈法

在研究过程中，研究者主要使用了两种访谈方法，即一种是半开放型访谈，另一种是焦点访谈法。

（1）半开放型访谈。主要是指研究者对访谈的结构具有一定的控制作

---

① 陈时见. 教育研究方法［M］. 北京：高等教育出版社，2007：177.
② Tashakkori A, Teddlie C. Mixed methodology combing qualitative and quantitative approaches［M］. California：Sage Publications, 1989.
③ Matthew B. Miles A. Michal Huberman. 质性资料的分析：方法与实践［M］. 第 2 版. 张芬芬，译. 重庆：重庆大学出版社，2011：39.
④ 同②.

用，但同时也允许受访者积极参与。通常，研究者事先准备一个粗线条的访谈提纲，根据自己的研究设计对受访者提出问题①。

（2）焦点团体访谈。访谈的问题通常集中在一个焦点上，研究者组织一群参与者就这个焦点进行讨论。焦点访谈的一个理论假设是：个体的知识是从一个复杂的、体现与他人互动的人际网络中涌现出来的；在这种网络互动中，参与者的视角会通过集体的努力而得到扩展，进而接触到更加具体的知识内容，深入到更加深刻的认知模式、人际情感和家长评价中，并引发出个人以往经验和现有意义之间的联系。

2. 观察法——参与型观察

在参与型观察中，观察者和被观察者一起生活、工作，在密切的相互接触和直接体验中，倾听和观看他们的言行。这种观察的情境比较自然，观察者不仅能够对当地的社会文化现象得到比较具体的感性认识，而且可以深入到被观察者文化的内部，了解他们对自己行为意义的解释②。所以，从研究者进入田野调查的那刻起，就不会停止观察当地的经济情况以及少数民族文化的外在表现，包括学校的分班情况，师生之间、生生之间的交往情况。对教师和学生在课堂的表现进行观察，尤其对同一位教师在两类班级（"提高班"和"差班"）中的授课情况进行比较观察。

3. 实物收集

"实物"主要包括所有与研究问题有关的文字、图片、音像、物品等，可以是人工制作的东西，也可以是经过人加工过的自然物③，比如学生的作业以及成绩单等。在此项研究中，研究者主要收集了我国教育政策的相关法律法规，如《义务教育法》和《教师法》，德宏州的教育资料统计数据，芒市 K 镇傣族中学的教育资料统计数据，该校的标语和建筑物标语等。

---

① 陈向明. 质的研究方法与社会科学研究［M］. 北京：教育科学出版社，2000：171.

② Tashakkori, Teddlie. Mixed methodology combing qualitative and quantitative approaches［M］. California：SAGE Publications，1998：228.

③ 同①，257.

## （四）数据分析方法

### 1. 转录

将收集的影像材料、访谈对话以及所观察到的与研究主题相关的"不寻常"事件和景象转录为文字。例如，研究者在对"两基"国检的解释当中，使用了某学校的展板内容。在田野调查期间，将观察到的事件写成田野日记，以便分析使用。

### 2. 分类并编码

将相关的内容按照研究主题和研究需要进行整理、分类，并利用关键词对文字进行编码。例如，研究者将所观察到的课堂事实整理成图表的形式，按照时间段，将课堂事实主要分为"提高班"和"普通班"中的教师表现和学生表现。教师表现分为教师开场白，教师所提的问题，对不良行为的控制，对学生的态度等。学生表现主要是学生在课堂中的参与程度、对问题的回答，以及座位排列形式等。

## 四、主要概念界定及理论基础

民族地区义务教育完学率是保证少数民族地区整体教育质量的关键，也是培养少数民族优秀人才的重要内容。隐性辍学现象一直被国内学者所忽略。本研究试图以批判教育理论和文化相容理论来阐述隐性辍学现象，不仅揭示出隐性辍学生在教育过程中被形塑的过程，还在研究方法上做了一定的创新。将对话和语言作为研究对象，将批判教育理论中的赋权路径引进少数民族教育研究当中，有助于建构我国少数民族教育的特色之处。通过总结前人对隐性辍学的研究以及研究者所做的质性田野调查，目的是希望更多的学者和教育一线工作者关注隐性辍学生，真正将"教育质量"和"人才质量"提高到意识层面和评价当中，而不是仅仅看重"入学率"这一硬性的数据指标。

### （一）主要概念界定

1. 辍学和隐性辍学的概念界定

国外现有文献中对于辍学概念定义不同，例如，美国联邦教育部规定"学生在完成教育方案或毕业之前即离开学校，且未转学至其他学校的都属于辍学"，美国加州规定"学生离校45天以上为辍学"，日本对离校天数的严格限制纳入监控辍学当中。魏莉莉对国外辍学的定义和国家教育发展研究中心对辍学的定义（辍学是"所有未完成学制规定年限的教育而中断学习，离开学校的现象"）进行比较发现，后者以是否完成形式（学制规定年限）作为界定辍学的标准，而国际通行的以是否完成规定的课程和离校的天数作为界定辍学的标准[①]。

2009年，兰靖、张念蒙在《异化与危机——隐性辍学轮》一书中指出，通过国内这一辍学定义设置的控辍保学目标（教育部规定辍学率必须控制在3%以内），许多地方和学校利用"学制规定年限"的含混，将"学年界定"偷换为"学籍界定"。认为只要保留学籍并取得毕业证书者，即视为在校生，不利于监控我国义务教育的发展质量。

魏莉莉还提出，我国现有的辍学定义遗漏了一个重要概念——隐性辍学。辍学应分为显性辍学和隐形辍学，但是魏莉莉和兰靖等人对隐性辍学的定义进行一定区别。魏莉莉认为，隐性辍学指除注销学籍外，在未完成学校课程之前，因故提早离开学校的辍学。主要有四种类别。一是未办手续。指学生未办理任何离校手续就离开了学校。二是肄业。指学生未完成学校课程，办理肄业手续后离开学校，主要以大龄退学的方式办理。三是部分结业。指部分结业学生，长期离校，未完成规定课程，参加了毕业考试，成绩不合格。四是部分毕业。指部分毕业学生，长期离校，未完成学校课程，参加了毕业考试，成绩合格。自此以后，很多学者将隐性辍学的外延扩大，认为"在校、在籍，不听课、经常逃课"的学生都算是隐性辍

---

① 魏莉莉. "贫困文化"视野下的城市青少年辍学问题——以上海市个案分析为例 [D].
上海：华东师范大学社会学院，2005.

学生。研究者认为，尽管有些学生并不算长期离校，但是在知识经济的今天，我国发展免费义务教育，"上好学"已然成为我国教育事业新的发展任务。学生在校不能接受"好"的教育，由于各种形式的变相操作，被剥夺了学习资源和受教育机会。这种现象明显不符合我国新时期教育的发展要求，也不符合教书育人的本质。

所以，研究者认为，隐性辍学是指，学生在籍，却没有参与课堂，在学业上没有得到教师帮助的现象。

2. "赋权"的概念界定

1976年，美国哥伦比亚大学学者索罗门（Solomon）出版了《黑人增权：受压迫社区中的社会工作》一书，提出应加强对被歧视的非洲裔黑人增能的工作。这本书所提出的理论观点从此将"赋权"取向注入了社会工作。那么什么是"赋权"呢？《韦伯斯特新世界词典》将"赋权"解释为"赋予权利或权威；赋予能力；使能；允许"。《韦氏大学字典》解释为"授予权威或法律权利；使有能力；帮助自我实现或增强影响"。《英汉妇女与法律词汇释义》将其解释为"使有权利，即指人们对自己的生活和社团重新获得权利的过程。这个过程是个人，也是集体所经历的过程"。《社会工作词典》解释为"帮助个人、家庭、团体和社区提高他们个人的、人际的、社会经济的和政治的能力，从而达到改善自身状况的目的的过程"。我们从中看到，"赋权"从字面意义上通常被解释为"使……有权，使……能够有权力"，是指通过一定的途径，使某些对象获得某些方面能力的过程。赋权不仅是增强个体主动性的过程，同时也是这一行动的结果，使被赋权的群体能够自觉采取行动改善自己的生活状况。据此分析，赋权主要指从个体本身所处的环境需求出发，唤醒其权力意识和观念，增加其能力（简称增能），从而达到改善状况目的的过程。这里的"权力"是指个人或群体拥有的力量，是对外界的影响力和控制力，强调的是人们对他人、组织或社会的拥有、影响和控制。

赋权最根本的价值基础是消除歧视、充分实现人类需要、最终实现社会公平和正义。所以，赋权一般用于对弱势群体和少数民族族群的权利意识的唤醒，加强弱势群体对自身地位的认知，并使其增强主动性，改善自身的弱势地位和"无权"状态。"赋权"一词在教育学领域来源于批判教育学理论框架，是批判教育学在实践教育领域所要达到的一个目标状态。批判教育学者对教育问题持有辩证而整体的思考，将教育问题放到政治和社会大背景中进行思考；致力于将教育看作是一种批判性的实践，目的是让教育中被压迫者去反思压迫现象及其根源，通过反思和批判性的思考，引导学生从制度下获得"解放"（emancipation）和"自由"（liberation），同时帮助学生达到赋权（empowering），重新厘定与建构学校教育的特征①。

### （二）理论基础

#### 1. 批判教育学的理论沿革

20 世纪 60 年代批判教育学在全世界民主革命运动和女权运动兴盛之时孕育，基本立场站在弱势群体的一边。批判教育学流派可分为具有创新风格的英美流派和具有保守性的德国流派，被认为是在教育理论和实践领域中最具活力的竞争者。

批判教育学是以拉丁美洲的解放哲学、知识社会学、巴西教育学者弗莱雷（Paulo Freive）的教育学、法兰克福学派的批判理论女性主义理论、新马克思文化批评等作为主要的理论基础。分为两个流派：一是以德国为代表的具有保守风格的批判教育学，主要代表人物有霍克海默、阿道尔诺、弗洛姆、马尔库塞、哈贝马斯；二是以英美为代表的具有盎格鲁—撒克逊风格的批判教育学，这一流派的思想具有创新的风格，主要代表人物有福斯特、吉鲁、阿普尔、鲍尔斯、金蒂斯、弗莱雷、布迪厄②。

虽然批判教育学流派思想复杂，不同的流派拥有不同的思想基础和社

---

① 胡春光. 批判教育学：一种反压迫的文化论述和民主教育实践 [J]. 教育研究与实验，2010（1）.

② 陈香琴. 亨利·A. 吉鲁及其批判教育学思想 [J]. 福建论坛（人文社会科学版），2007（S1）.

会背景，发展出不同的特点。但是，不同流派都在用"批判"（这里的"批判"并不是指全盘否定，而是指用全新的眼光，以客观的角度来看待教育事实）的观点来看待传统教育，提倡对教育实践的充分"解放"，强调用批判的思维研究方法进行教育研究与分析。从某种意义上说，批判教育学的批判性是一种态度、一种立场，更是一种对教育的理性追求。

主要代表观点是：教育没有促进社会的公平，而是社会差别和对立的根源；教育再生产了占主流地位的社会意识形态、文化以及经济结构；批判教育学揭示了看似正常的教育现象背后的利益关系，使师生对自己周围的教育环境敏感起来，以此"启蒙"；教育从来不是公平的，不能用唯科学的方式研究，而应该用客观的批判思维进行研究。

总的来看，批判教育学在教育理论、教育管理和课程教学等领域展开了开创性的研究。其中，吉鲁是美国批判教育学的领军人物，其代表著作有：《意识形态、文化和学校教育的过程》（Ideology, Culture and the Process of Schooling）、《教育中的理论与知识分子》（Theory and Resistance in Education）、《教师作为知识分子》（Teachers as Intellectuals）、《学校教育和为公共生活而斗争》（Schooling and the Struggle for Public Life）等，吉鲁的著作曾多次获得美国教育研究会年度最佳图书奖。被誉为"二十世纪后三分之一时间里最具创造力的教育思想家"，"他在学术上的影响将持续到二十一世纪以至更远"（彼得·麦克莱伦）。吉鲁在著作《教师作为知识分子》一书中指出，批判的教育理论质疑将学校看作是发展民主和平等的社会秩序的主要机制的观点，并且以揭露学校教育的各种机制执行支配与压迫的事实为己任。目的是要提高教育者、学生和家长的认识，需要更清楚地了解权力是怎样通过或者以文本、陈述和话语来发生作用的，同时还要认识到权力不能被局限在关于陈述和话语的研究上。

吉鲁认为语言用以迷惑人们并隐藏其假定的手段已经变得清晰了。例如，对那些感到学校教育既冷漠又压抑，因而报之以全面抵制行为的学生，教育者就常常用这种语言的伎俩给他们贴上标签，称他们为"离经叛道者"（deviant），而不是抵制者（resistant），因为"抵制者"这样一种标签会引发关于学校教育的性质和学生产生抵制行为的原因的不同争议。

批判教育学无疑为人们看待教育问题带来了全新的视角，让人们以批判的眼光看待教育事实，尤其是对"语言"的研究更是深入。吉鲁极力倡导将"批判的语言"与"可能的语言"相结合，并将这种观点渗透到学校领域。同时，统治也可以以权力、技术和意识形态共同作用，产生那些间接地使人们不能发出自己声音的知识、社会关系和其他具体的文化形式。他认为学校中的话语权力是统治阶级对于被统治阶级的控制和支配。从正面来讲，教师如何利用课堂对话增强儿童的自信心以及建设未来影响巨大①。

### 2. 批判教育学赋权路径在教育中的运用

在批判教育学的创始人保罗·弗莱雷（Paulo Freive）的论文《提高多元文化学生学习的赋权教学》中，运用人种志田野调查方法，针对三个社区学校中的三名非裔美国女教师在课堂中运用的谈话形式，采用参与式观察和访谈等技术，揭示了谈话技术在批判教学中的重要作用。并分析得出这三名女教师在谈话中赋予了学生批判性的思维，最终给予了来自不同文化背景的学生"赋权"的理念。弗莱雷认为参与课堂的那些学生对现在的社会制度的了解和今后在社会中的发展，将在很大程度上受到这几位女教师在谈话中所运用的赋权谈话方法的影响②。

第一位女教师鼓励学生在有可能的生活领域中，使用学到的读写说的语言能力。因为只有学好了语言，才能在主流社会中交谈。

第二位女教师在日常教学实践中，不仅要求学生发展读写用的语言，考虑生活的各种可能性，还要求学生在这个世界中认识自己有"选择权"，充分关注自己的意识，并在自身能力的基础上，考虑对生活的掌控和选择的权力。一首诗很明显地挂在墙面上。诗的题目是《林肯走向白宫的路》，作者不详，诗的内容是：1831年在商业上失败；1832年在法律事务中失

---

① 亨利·A. 吉鲁. 教师作为知识分子——迈向批判教育学［M］. 朱红文，译. 北京：教育科学出版社，2008：45-114.

② Ball F. A Empowering pedagogies that enhance the learning of multicultural students［J］. Teachers College Record，2006（06）.

败；1833 年第二次在商业上失败；1836 年经历了惨痛的打击；1838 年作为演讲家失败；1840 年作为选举者失败；1843 年作为国会会员失败；1848 年再次作为国会会员失败；1855 年作为参议员失败；1856 年作为副总统失败；1858 年作为参议员失败；1860 年成功当选总统。这位教师把注意力放在提高学生对自己处境的认识和如何认识的问题上。她在黑板上写下"职业"这个词汇作为课的开始。然后，她问学生一个问题："为什么职业是多元的？"课堂里弥漫着思考的沉默。终于，一个学生说道："因为你想让我们计划有更多的工作吗？"这位教师回答："是的，那然后发生什么呢？"另一个学生回答："你将会受到限制"。教师说是的。然后教师接着说道："成功事业的关键是选择。"这位教师继续给学生们强调在发展个人的权力和赋权的方法时"选择"的重要性。要在课上大胆地说"我能"，而不是"我希望"，"我计划"，"我梦想"等词汇。这位教师强调增强学生对生活可能性的语言运用，让学生意识到自己在未来有很多种选择，并去实践这些选择。

第三位女教师除了对学生强调以上两种因素之外，同时还鼓励学生在个人和群体压迫的社会模式下成为自信的决策者。这个机构包含了 6 岁到 15 岁年龄不等的少年，很多家长也参与其中。服装统一，上面印有的机构名称来自非裔美国的一个历史故事，充满了对学生历史的尊重，这个机构里到处都显示出团结友好的氛围。课开始时，学生们朗诵一首诗，名字是《选择由我做主》，来自亚历山大·斯塔尔（Alexander Starr），内容是：我的生存来自于选择，而不是机遇；我选择做出改变，而不是给出理由；我选择主动，而不是被控制；我选择有用，而不是被利用；我选择自尊，而不是自怜；我选择超越，而不是竞争；我选择倾听内心的声音，而不是人群中随意的建议。这位教师强调这首诗的目的是教会学生在确定人生目标时的多种选择性，以及在做决策时建立自信。这位教师推行的方法证实了一点：赋权是可以被理解和被操作的核心概念。在这个案中，赋权意味着有更多的责任和能力让学习环境适合学生的需要，以及拥有能力让这些事情发生，让学生相信自己能够创造命运。因此，这些学生被赋予成功的权力。

在对这些社区机构中的三年观察中，有四个关键因素作为在环境中建构和保持群体意识的核心因素得以凸显出来：密切合作，商议，互动的谈话形式，将学生看作在一个有价值的群体中的知识资源和作为重要的成员参与其中的机会。

我国学者在解释一些弱势群体处境及社区建设中也多使用赋权概念。比如，天津市社会科学研究院王小波在其著作《城市社区女性赋权与增能——社会性别视角下的城市社区建设研究》中，引用了赋权概念以解释城市社区女性所处的劣势地位[1]；孙九霞在论文《赋权理论与旅游发展中的社区能力建设》中，也提出了对农村教师的赋权建议[2]；阎苹、裴苏宁在论文《论教师赋权增能》中，也提出对教师的赋权增能的建议设想[3]。这是我国近年来的教育实践中的一个进步，但是对于赋权理论的研究仍属于表面层次，在教育问题的解决当中，运用相对较少，赋权路径还未上升到行动实践层面，仍然处于理论构想当中。

### （三）文化相容理论

罗兰德（Roland G. Tharp）的文化相容理论认为文化与教育的密切关系，对学生辍学有很大的影响力，符合学生所处的民族文化和家庭文化的教育才是推动学生上学的重要因素，不相容的文化因素导致了学生辍学。并且提出一个文化相容的有效课堂的假设公式：$CC = 4V + 2K$。意思是指，一个文化相容性课堂假说公式由 4 个变量和 2 个常量组成。4 个变量依次是动机、社会组织、社会语言和认知；2 个常量分别是语言发展和情景教学。

动机是指学生对成就的期待。在动机方面的文化差异是学业成就的中心变量，标准化的学校课堂依靠学生自身对成就的需要和个人的竞争意识。

---

① 王小波. 城市社区女性赋权与增能——社会性别视角下的城市社区建设研究 [M]. 天津：天津社会科学院出版社，2010.

② 孙九霞. 赋权理论与旅游发展中的社区能力建设 [J]. 旅游学刊，2008（9）.

③ 阎苹，裴苏宁. 论教师赋权增能 [J]. 读与写杂志，2010（8）.

社会组织是指学生在课堂中表现出来的，是个人思考还是团结合作的课堂构成形式。观察学生的行为和思考方式是个人还是群体，如阿昌族学生多是独立思考。

在文化相容理论中提到的社会语言，主要是指礼节和交流方式。比如，"等待时间"看上去很琐碎，但是这反映出了关系、学习和满意的质量。在不同文化中有不同的礼节和交流方式。比如怀特（White）和萨尔皮（Tharp）研究了"学生在回答问题之后教师再次说话的等待时间"。结果得出，那瓦霍学生停下来后，教师在很短时间内说了一句话，就会被学生看作是中断了他们的表达。那瓦霍学生希望教师在他们停顿时不要打断他们，但是其他少数民族同学则不这样认为。所以，观察学生在课堂中的礼节和交流喜好，对促进文化相容的教育有切实的帮助。

最后一个变量是认知。这里不是指某个少数民族的某方面的认知能力较强或较弱，而是指在课堂中，少数民族学生是偏好整体性的还是松散性的、视觉的还是听觉的、抽象的还是形象的材料。什么样的材料对发展学生的记忆力、抽象逻辑能力更有帮助等。

第一个常量是语言发展。任何水平的语言发展——通过语法体现的词汇量——一定是整个学校生活的自我意识和全部目标。因为语言发展来自于使用及师生之间有目的的交谈，而不是来自枯燥的和非情景化的规则。教师每天的任务必须是使每一个孩子参与到结构性的对话中。所以，把语言发展看作是一个常量，是文化相容的一个重要的内容。

第二个常量是情景教学。情景教学的意思是将学生的经验、背景知识和图式运用到教学当中。在这里，罗兰德提出阅读教学的 E-T-R（experience—text—relationship）教学法：在开始新的阅读材料之前，教师激发学生讨论或者联想他们的个人经历——集中学习课文后再讨论或联想他们的个人经历——这样学生就把个人的经历和课文的关系主动探究出来。这样的情景教学课堂激发了学生的自豪感、自信心和强烈的民族认同感，能促使学生获得更大的学业成就①。

## 五、本研究的创新点

本研究在复杂情境中，聚焦于隐性辍学，将隐性辍学置于我国义务教育背景和义务教育目标监测等大的背景之下，意义重大。

本研究将话语分析等新型技术与经典的田野工作方法结合，切实深化了民族教育研究方法。

本研究对田野调查的数据分析，运用了人类学、社会学、语言学、教育学等多学科知识，进行了较为透彻的分析。较恰当地运用了当代批判教育理论，将赋权路径在我国文化—教育相适应的课堂建立进行了可行性分析，对我国民族地区义务教育阶段处于"边缘位置"学生的学习情况的改善具有一定帮助，对建构适切的教育具有一定的启发意义。

---

① Truba. What do anthropologists have to say about dropouts [M]. New York：The Falmer Press，1989：51 –65.

# 第一章 研究场域介绍

## 第一节 德宏傣族景颇族自治州简介

### 一、地理位置和行政区域

1953 年 7 月，建立德宏傣族景颇族自治区，1956 年，改为德宏傣族景颇族自治州。"德宏"是傣语的音译，"德"为下面，"宏"为怒江，意思是"怒江下游的地方"，位于云南省西部，中缅边境，面积 1.15 万平方千米。德宏州辖芒市（原潞西市，2010 年 8 月 23 日，省政府通知将潞西市正式更名为芒市）、畹町市、陇川县、盈江县、梁河县、瑞丽市。德宏的三县三市都有自己独特的别称：芒市——黎明之城；畹町——太阳当顶的地方；瑞丽——雾的地方；陇川——太阳城；盈江——德宏粮仓；梁河——南丝古道要冲。这些名称反映了各县（市）不同的人文特色。全州除梁河县外，其他县市都有国境线，国境线长达 503.8 千米。州人民政府驻芒市，位于德宏州东部，交通便捷，区位优势明显，陆距省会昆明 785千米（乘大巴走山路，需要 13 个小时），空距 427 千米（乘飞机 45 分钟）。德宏州拥有 2 个国家级口岸（畹町口岸和瑞丽口岸）、2 个省级口岸（陇川章凤口岸和盈江小平原口岸），是我国西南开放的重要"桥头堡"。

### 二、人口及民族分布

2010 年，常住总人口 121.15 万。除汉族外，有傣族、景颇族、阿昌族、傈僳族、德昂族 5 个世居少数民族，还有佤族、彝族、白族、壮族、苗族、布依族、纳西族、拉祜族、布朗族、普米族、瑶族等少数民族。少数民族人口占全州总人口的比例为 52%。当前全州还有 17 万贫困人口，占全州总人口的 18%。面临着禁毒斗争形势严峻、劳动力素质不高、人才缺乏等问题①。

## 三、生计方式及民族乡经济水平

早期主要以农作物大米、玉米生产为主，后来由于国营糖厂和乡镇企业的建立，很多地区开始广泛种植甘蔗。德宏州各地经济情况呈现出差异，有较贫穷的地方，也有较富裕的地方，下面是德宏州 5 个民族乡经济状况对照表（见表 8 - 3）。

表 8 - 3　德宏州 5 个民族乡经济状况对照表

| 县　市 | 乡　镇 | 村民小组（个） | 总人口数（万人） | 人均粮产量（公斤） | 人均纯收入（元） |
|---|---|---|---|---|---|
| 芒市 | 三台山 | 30 | 6316 | 306 | 750 |
| 梁河 | 九保 | 67 | 14743 | 219 | 932 |
| 梁河 | 曩宋 | 111 | 23837 | 190 | 821 |
| 盈江 | 苏典 | 48 | 6276 | 230 | 643 |
| 陇川 | 户撒 | 145 | 22367 | 440 | 912 |
| 德宏州 |  | 3730 | 84.43 | 339 | 1222 |

---

① 全国政协文史和学习委员会暨云南省政协文史委员会．傣族下［M］．北京：中国文史出版社，2010：63.

# 第二节 芒市 K 镇的背景介绍

## 一、人口及行政区域

K 镇位于芒市坝东南部，平均海拔 863 米，水资源丰富，是一个以傣族聚居为主的山坝结合乡镇，气候温和。距市府芒市很近，有一条重要国道、两条公路贯穿全境。沿这条国道向西南 80 千米可到国门瑞丽市姐告，并通往缅甸北方重镇木姐和南坎，沿公路向西 180 千米可到盈江县，便利的交通网，为农、工、贸全面发展奠定了战略基础。全镇占地面积 381 平方千米，辖 11 个村委会，89 个自然村，181 个村民小组，11749 户，总人口 61125 人，其中农业人口 57347 人。全镇耕地面积 98666 亩，其中水田 73270 亩，人均耕地面积 1.72 亩。

## 二、K 镇的傣族民族风情

K 镇气候适宜，用当地汉族人的话来讲，傣族人的"稻谷三年吃不完"。平时省吃俭用，对孩子的教育非常宽容，一些家庭给孩子的零花钱很多。有的学前班孩子每天有 10 元钱的零花钱，但是这并不代表所有的孩子都拥有这么多数额的零用钱。

傣族信奉南传上座部佛教。傣寨逢村必有寺庙，出现了"村村有寺庙，寨寨有奘房"的情景。随着佛教思想逐渐渗透到傣族社会的各个领域，佛教主张成了傣族民众共同追求的理想，佛教教义成了傣族社会判断美丑、善恶是非的标准。傣族的民族性格中就包含了佛家宣扬的忍让，以善待人，和睦相处等。这些道德观念还渗透到了傣族的家庭观念和婚姻观念之中。

## 三、教育基本情况

在自治州首府和县以上城镇，傣族儿童的汉语水平比较高。因此，在这些地区创办的普通小学和普通中学，基本上都采用国家课程标准的教材，以汉语教学为主。

据 2009 年秋季的统计数据，K 镇有各级各类学校 31 所，其中幼儿园 2 所，小学 27 所，初级中学 2 所。全镇 3—6 周岁幼儿数 1928 人，在园（班）幼儿数 1080 人，幼儿入园率 56.02%。学前班招生数 794 人，小学适龄人口总数 4647 人，小学适龄儿童入学数 4646 人，小学适龄儿童入学率 99.98%。2009 年第一学年初，小学在校学生数 5260 人，在校生年辍学率 0.038%。K 镇 13—15 周岁人口总数 2820 人，2009 第二学年初，在校学生数 2533 人，初中毛入学率 89.82%；在校学生数 2440 人，年内辍学学生数 53 人，辍学率 2.17%。2009 年，初中毕业学生数 702 人，参加中考人数 462 人，参加中考率 65.81%。

——德宏州 2009 年秋季学期基础教育情况统计

傣族群众一般认为孩子品德好坏、是否有劳动技能跟家庭教育有很大关系。因此，傣族家庭很重视家庭教育。

# 第二章　隐性辍学现象在该校的
发生过程

## 第一节　隐性辍学现象的具体表现

### 一、下午的空座位

在 K 中学，每当下午上课，很多"普通班"的学生都不到课堂，教室后面空出很多桌子（见图 8 – 3）。每个班要少 10 人左右。教师认为，学生下午不到课的原因是傣族地区夏天很热，学生们懒、怕热，所以下午不来上课。研究者观察发现，这些未上课学生的课桌抽屉里放有一些七零八落的书籍。可以猜测，他们即便到课，也不会太多地参与到课堂当中，因为抽屉里的这些书籍被撕得很烂。研究者见过一本物理书，书的主人不在学校，书的封面上画着卡通画，像是一个"铠甲勇士"。物理书里面，中间部分被撕成两半，凌乱的圆珠笔迹到处都是（见图 8 –4）。想必这本书的主人是爱好画画却不喜欢物理课的学生。

图8-3　下午课堂里后两排空出的座位　　　图8-4　隐性辍学生丙在书上的绘画
和在书上画的"铠甲勇士"

研究者在一次听课观察中发现，虽然这些学生不到课，但是他们都会请假。有一节地理课，地理老师拿出点名册开始点名，念到来上课的同学都会喊"到"。点到没到课的同学，其他学生都会异口同声地喊"他/她生病"、"家里有事"、"没有请假"等。教师点名完毕后，只是对班里的同学说"以后让没有请假的同学请假"，然后就开始上课。经研究者统计，至少有 15 个同学没有来上课。研究者还发现，该校的点名制度比较严格，每天下午两节课后，都会有专门的考勤人员到各班查看到课情况，将实际在班人数统计到一个小册子上。但是，为什么这么严格和频繁的点名制度并没有改善学生的到课状况。"普通班"学生仍然在这种点名制下缺课？他们逃避点名制的方法就是"请假"。所以，可以看出，点名制只是一个形式上的"保学"方法，并没有真正将"普通班"学生是否学习作为根本出发点，而是给予学生"请假"的权利和义务，并逐步发展成为无视学生逃课的方法。

## 二、学业表现：及格率低

研究者发现，大部分"普通班"的学生对于汉语拼音的声母和韵母并不清楚，有的学生全然不知声母的大写字母。他们几乎没有字典，更不会查字典。考试成绩及格率非常低，语文和数学的平均成绩都在 15—20 分之间①。

教师对于学生的低学业成绩，认为很正常，"他们本来基础差，上课又不注意听，成绩怎么可能好呢"。这些一入学就被看成是"差生"的学生，逐渐被形塑成真正的"差生"了。成绩相当低，几乎不及格。

## 三、内心期望：我想上大学，但"考不得"

很多教师认为"普通班"的学生在学校是为了领取补助，认为有些男

---

① 参见了 K 中学提供的学生成绩平均分。

生在学校是为了"看女生"，为了谈恋爱。据研究者访谈发现，有的男生在学校是为了"拿最后的毕业证"，平时是"混日子"；有的男生声称自己是为了"领取补助"、"混日子"。但是也有一些学生坦言，"我想上大学，但是'考不得'（考不上）"。

研究者在初二女生宿舍做访谈，该宿舍有 12 个女生。她们都说："想考大学，但是自己'考不得'（考不上）。"这样的口气非常无奈。在问及学业情况时，她们说自己成绩很差，数学、英语都听不懂。问及原因时，她们就说："自己基础差，笨呗。"研究者追问："是你们个别人听不懂，还是全班都听不懂？"她们说："我们全班都听不懂呗。"研究者问："既然全班听不懂，是你们自己的原因，还是老师没有教好啊？"她们开始大笑。然后几个学生说："教师根本就不教我们。"教师每天布置的作业都是让学生抄写单词。学生从来都不知道英语课本的第一页、第一行怎么念，念什么。当研究者问及原因时，她们自然而然地反映就是教师所认为的那样，"自己太笨，基础差，学不好"。但是，真的是这样吗？研究者再追问是不是教师没有教好时，她们以笑来回答。这说明她们在用批判的眼光看待教师的教法，能够客观地看待自己的成绩和教师教学的关系。

那么，这些学生为什么成为教师眼中的"差生"，成为自己口中所谓的"笨学生"呢？免费义务教育实现了，学校为什么却成了学生"领取补助"、"谈恋爱"而不是学习的地方？研究者将通过批判教育理论看待这些学生经历的课堂事实，以及在学校中他们是如何被学校升学教育制度一步步形塑为边缘群体的。

# 第二节　隐性辍学生被形塑的过程

## 一、筛选有望升学的学生——按成绩分班、分宿舍

### （一）分班

学校根据学生小升初的成绩进行分班，150 分是分界线——成绩高于 150 分（包括 150 分）的学生可以到"提高班"，而成绩低于 150 分的学生被分到"普通班"。所谓的分类教学在具体操作上，就是把学生按入学考试成绩分为"提高班"和"普通班"。全校"提高班"8 班，"普通班"15 班。有个初二年级的学生告诉我，"教'好班'和'普通班'的老师都一样，如果成绩好了，可以到好班去。但是我们都不愿意去，那里压力太大了，我们不适应啊，我们也跟不上课啊"。学生认为"好班"和"普通班"共享一样的老师没有什么不公平，而且学校准许"差生"到"提高班"中去，这样的流动体现了公平。尽管是同样的教师，研究者却发现教师把大部分精力放到了"提高班"的教学管理上。学生被分到不同类型的班，也意味着被赋予了不同的希望。尽管"差生"学习好了，可以转到"提高班"中去，但是自从分班的那一刻起，"普通班"的学生就注定成了学校领导和教师眼中的"差生"。他们不能考大学，不能和"好班"的学生一起学习，因为他们接受知识的速度和能力都跟不上"好班"的学生。所以，名义上的自由流动从一开始就成了"谎言"。

### （二）分宿舍

学校要求"提高班"的学生都要住校，即使离家近也要住校，以便上早自习和晚自习，对"普通班"学生住宿没有具体和严格要求。学校教师宿舍非常紧缺，5—6 个教师挤在一间狭小的宿舍里。尽管如此，学校仍

然给十几名成绩非常优异的学生在教师宿舍楼安排了几个小宿舍，宿舍条件好，作息自由。根据访谈发现，这十几名学生小升初成绩在 180—190 分之间。

## 二、保障"升学有望"学生的前途——不一样的课堂

针对"提高班"和"普通班"二者的区别，研究者从该校的教务主任那里了解到，"对于普通班和提高班的差异，'普通班'还是以教师讲授为主。因为学生基础差，启发式教学并不适用；而在'提高班'一般采用启发式教学。启发式教学主要是按照学生的特点设置问题，让学生多思考、多参与"。访谈后，研究者对教务主任表达了听课的想法，教务主任建议听"提高班"的课，"因为'普通班'没什么好听的"。教务主任指明"提高班"教学优于"普通班"教学的地方在于非讲授式教学——启发式教学。那么到底这先进和落后的教学方式是如何在两类班级实施的呢？研究者在听课观察中，发现了更多的教学事实。这也许是教务主任不愿意被"外人"看到和听到的，但这确实是学校的"常态"现象。

研究者所观察的主要内容是：教师教学所用语言、谈话内容、教师所提问题以及等待学生回答问题的停留时间，教师谈话与课堂授课主题的关联程度，教师教学所用方法，学生听课反应，学生座位展示，学生回答问题的情况等。

### （一）两堂数学课：同一教师，不同教学手段

1. "普通班"的数学课——"在课上要好好表现！"

首先，研究者在一个初二年级的"普通班"听课，走进教室，后两排座位上零散地坐着几个男生，有的男生头发染成了红色，有的染成了黄色；有的男生穿有耳洞，穿着非常时尚。大部分同学课桌上没有摆列教科书，抽屉里的教科书也是七零八乱。除了教科书之外，没有其他学习资料。

　　数学老师画平行四边形的对角线，对"提高班"用的是红笔，对"普通班"用的完全是白粉笔。教师讲得很投入，各部分联系得非常紧密，不过学生对于定理只是背诵，完全照念。教师和个别学生一起做证明题，大多数学生在课堂上睡觉，或者打闹，有的男生在捋自己的头发，有的女生在玩弄自己的头发和手指，完全不理会教师的存在。教师将证明题的各部分非常清晰地写到黑板上，明确地告诉学生，这就是作业，学生把黑板上的内容抄下来就是做完作业了。下课铃声一响，学生就跑出去了。这里研究者展示了"普通班"整堂课的教学过程（见表8-4）。

　　教师整堂课都面带微笑，用标准的普通话讲完了所有的数学练习题。讲解过程有理有据，图文并茂（图形完全用白色粉笔所画），但是学生在整堂课中参与性差，积极性不高，对数学题的证明过程了解不够。教师在课堂中提示的语句没有启发引导式的提问，多是自问自答。大多数同学对数学公式能够达到熟记的程度，但是对数学公式的理解和运用比较差。

表8-4　某教师在初二"普通班"的数学授课过程

| 时间段 | 教学内容 | 教学过程 | 学生反应 |
| --- | --- | --- | --- |
| 前2分钟 | 教师问候 | 介绍听课者——从中央民族大学来听课的"老师"，告诫学生要好好表现 | 学生表现积极，异口同声答应教师——"好" |
| 第2—5分钟 | 复习 | 学习菱形的判定方法　教师问："有哪三个判定方法呢?" | 学生齐念："一组邻边相等的平行四边形是菱形"；"对角线互相平行垂直的平行四边形是菱形"；"四边相等的四边形是菱形"。念了三遍 |

| 时间段 | 教学内容 | 教学过程 | 学生反应 |
|---|---|---|---|
| 第6—10分钟 | 练习题 | 针对上节课的作业第1题和第2题，教师问："课代表发下去了没有，你们做对了没有？"翻到课本第98页，讲解练习题。"菱形的两条对角线的长分别是6cm和8cm，求菱形的面积和周长"。教师开始讲解这个练习题。讲解完毕之后，教师说："练习题讲完了，你们把作业重新做一遍。" | 学生表现不积极，有的学生聊天，有的男生在打闹，有的男生在捋自己的（染过色的）头发，有的学生在睡觉。整个过程，很少有学生能跟上教师的思路 |
| 第10—35分钟 | 学习新知识"菱形的判定" | 教师："下面讲菱形的判定，十分钟自学。"不过学生们说已经学过了。教师开始讲解课后有关菱形判定的作业题，讲解1、2题。教师让学生把数学题大声念，然后在黑板上画出图形，给学生讲解题目。讲解过程非常生动、形象 | 念题目时，大多数学生能够跟着念。但是，当教师在讲解数学题时，很多学生开始玩耍或者睡觉。个别学生在跟着教师的思路大声念出教师要的结果 |
| 第35—40分钟 | 布置作业 | 教师在讲解题目时，将证明过程非常清晰地列在了黑板上。在布置作业时，对学生说，"别睡了，拿出笔来写，这就是作业了"。 | 很多学生在睡觉，有的学生在打闹 |
| 第40—42分钟 | 预习 | 教师："学习了特殊的平行四边形，下面来看菱形和矩形……学习正方形，自己要做什么呢？要预习一下。"教师自问自答 | 学生开始聊天 |
| 第42—45分钟 | 做下课准备 | 教师在课堂中转了一下，在铃声响之前，对学生说，"把讲过的练习总结一下" | 下课铃声一响，所有的学生都离开了教室。黑板上的作业题，没有任何学生抄下来 |

2. "提高班"的数学课——"要向这个姐姐学习!"

研究者随后跟随这个数学老师来到"提高班"听课,课桌上有各科参考书和资料,有计算器,学生的打扮都非常好看。在后排座位,有一个空位,桌抽屉里有被撕烂的书籍。这个班的课比"普通班"的课快十页的内容。这里研究者展示了"提高班"整堂课的教学过程(见表8-5)。

表8-5　同一教师在初二"提高班"的数学授课过程

| 时间段 | 教学内容 | 教学过程 | 学生反应 |
|---|---|---|---|
| 前两分钟 | 课前介绍 | 教师向学生们介绍听课的老师:"后面坐着的是来自中央民族大学的研究生,她来自北京。同学们要向这位大姐姐学习,争取到北京上学。大家欢迎她。" | 学生鼓掌,对来自中央民族大学的"大姐姐"表示欢迎 |
| 第2—5分钟 | 复习 | 复习"四边形的判定:矩形、菱形和正方形" | 学生们打开课本,跟随教师的讲解答出教师问的问题 |
| 第6—15分钟 | 学习"梯形" | 1. 教师在黑板上画出一个梯形,讲解梯形的面积公式。教师用白色粉笔画出梯形轮廓,然后用红色粉笔画出高和对角线<br>2. 教师开始讲梯形的两个性质。第一个性质讲完之后,教师让学生自己看课本第106页的第二个性质,进行思考 | 1. 有一个男生念着"上底,下底,腰"。大部分学生能够自己在课堂中学习梯形的结构和各部分名称<br>2. 大部分学生翻开第106页,开始认真读书并思考。也有个别学生在睡觉 |
| 第15—20分钟 | 巩固梯形性质 | 教师让学生巩固梯形的性质,对性质进行思考。同时,老师用红色粉笔将两个性质写在黑板上 | 有的学生默背,有的学生出声念,最后排的两个男生在玩笔 |

| 时间段 | 教学内容 | 教学过程 | 学生反应 |
|---|---|---|---|
| 第20—35分钟 | 做证明题 | 教师让学生自己做证明题，并到学生当中去看学生的做题情况 | 很多学生在认真读题，然后试着在草稿本上找到解题思路 |
| | 讲解题目 | 教师让其中一位学生站起来将自己的解题思路讲出来，教师和学生一起将证明题证明过程解了出来。之后，他问全班学生："对解题过程真正清楚的同学请举手。" | 在证明题解题过程中，出现了几次论据错误，但是很多学生能够在教师的指导下，一起参与到解题过程中。合作性强<br><br>全班学生举手，表示完全听懂了 |
| 第35—40分钟 | 快速解题 | 教师让学生快速做课后题第1题。教师说："加油！" | 学生认真读题后，经过思考很快做了出来 |
| 第40—45分钟 | 布置作业 | 教师总结了整节课的内容，然后布置作业：课后题第2、6、8题由A组同学做；第4、5、7题由B组同学做 | 同学们记下了自己的作业，下课铃响后，所有学生走出教室去吃午饭 |

从表8-4和表8-5看出，相同的教师对不同班的教学过程存在以下差异。

（1）介绍"我"这个听课者所使用语言背后的意义不同。研究者首先听的是"普通班"的课，教师一上课对"我"这个听课者做了简单的介绍，告诫学生"要好好表现"，因为"我"是来自"中央民族大学的老师"；而在"提高班"上课时，教师特意向全班同学介绍了"我"的来历，"来自中央民族大学的研究生"，是"大姐姐"，"同学们要向这位大姐姐学习，争取到北京上学，大家欢迎她"。于是，班级里响起了热烈的掌声。从这简短的对"我"的介绍中发现，教师给"提高班"的学生一个信心：研究生就在你们眼前，你们有希望像她一样优秀，老师希望你们同时也相信你们今后能够考上好的大学。但是，在"普通班"里，教师并没有表达这样的态度，只是告诫他们后面坐着的是"来自中央民族大学的老师"，"你们要好好表现"。语言背后暗示着，"别在北京来的老师面前留下坏的印象，更别给老师丢脸"。这是教师对待两个班的学生最明显的不同。

（2）教学工具不同。教师对"提高班"和"普通班"讲解证明过程都是图文并茂，画出平行四边形、梯形以及内含的对角线等。但是不同于"普通班"的是，在"提高班"，教师在所画的图形中使用了不同颜色的粉笔，有红色粉笔、黄色粉笔和白色粉笔，不同颜色的笔使图形的各个部分清晰，而学生观看图形的整体和部分也一目了然。

（3）对学生做题和小动作的关注程度不同。教师在"提高班"授课过程中，面带微笑，在讲解新的数学知识时，会询问学生是否充分明白了讲课内容，关注学生的掌握情况，还关注学生的坐姿是否正确；而在"普通班"的课堂上，教师在讲台上低声提醒了后排座位上睡觉的男生，让他们赶快起来听课，并没有过多地询问学生是否已经掌握了问题的解决方法。

（4）在整个授课过程中，教师给予学生的思考时间存在差异。对"普通班"的学生讲课，没有安排思考时间，让学生大声念完题目就开始做题，做题效果很差。而在"提高班"中，教师给予学生充分的思考时间，当学生思考方向出现偏差时，教师会及时给学生指正，让学生再次思考；还给学生安排课上的练习题，有快速动脑题也有谨慎思考题，学生动脑有张有弛，学习积极性非常高。

（5）布置作业存在不同。对于"普通班"的作业题，教师在上课时与学生一起做证明，在黑板上将证明过程一一写出，学生只要将黑板上的证明过程抄写到作业本上交上去就可以。对学生来说，实际没有作业。而"提高班"的作业安排非常有趣，两个小组做不同的题，A 组做第 2 题、6 题、8 题；B 组做第 4 题、5 题、7 题。学生做作业的积极性提高。

研究者与教师访谈，问她对不同班级的整体印象是什么。教师说："他们（'普通班'）不好好学，基础差，跟不上课。那些作业题学生们根本不会做，给他们抄到黑板上，他们都懒得照抄到本子上。"同时，教师认为傣族家庭比较富裕，大部分家长都宠爱孩子，不重视孩子的教育，学生总是不好好学。但是教师在埋怨学生基础差的同时，并没有给予他们更多的学业帮助。相反，在课堂中无意地呈现出对两类学生的差异教学，比如语言差异、关注程度上的差异、教学用具以及布置作业的差异等。但是最根本的差异是，教师期望"提高班"的学生给自己带来荣耀，实现学校领导和教师对他们的"升学"期望。

## （二）"放鸭子式"的计算机课

学生们从中午开始就期待着下午的计算机课，学生们早早地来到计算机室门前排队等候。学生们手里拿着计算机教科书，说老师要教计算机基础知识，因为快考试了。如果通不过考试，都不能报考高中。研究者看到书中内容跟计算机一级的内容差不多，有 WORD 和 EXCEL 表格的操作流程和使用方法。研究者在跟随学生等待期间，看到走来的女生打扮都很时髦，头发整理得非常整齐，化妆的非常多，脚趾上涂指甲油的更多。男生烫发、染发也比较平常。在教室开门之后，一个教师走进去，研究者表达了听课的愿望，这位教师客气地说："这节课有台电脑坏掉了，估计你听不到我的讲课，等下一节课你听'好班'的课吧，那个教师会安排您听课的。"研究者坚持留下来，老师没再说什么，开始修理电脑。学生们之前告诉研究者说："上电脑课，每节课都玩游戏，挺好的。"这节课也没例外，学生们一进教室立刻找到座位，开始上 QQ（QQ 不是电脑上的已安装程序，而是学生们从一个网站上登录的 QQ）和一些简单的游戏。通过和小朱同学（化名）聊天得知，他家因为江东地震搬迁移民来到这里，是江东的汉族。

## （三）"普通班"学生很少上多媒体课

学生上午 10 点 10 分做完韵律操后，有个班的学生全部堵在门口，在听讲台上的教师说什么激动人心的事情。学生们可能听到了天大的好消息，女老师在讲台上慷慨激昂，笑容满面，学生为这个消息惊呼不已，欢呼不断。他们散了之后，没有回到教室，而是往教室外面走。研究者跑过去了解到，他们要去上多媒体课程，是英语课。就问他们："你们以前上过吗？"他们说上过。研究者向教师表达了听课的意思，但这名英语老师并不愿意，立刻拒绝了。这时教务主任赶来，说："'普通班'的课程没什么好听的。如果你真愿意听，那就去旁边这个班听吧。"正好，研究者看到，隔壁班的学生在外面站着聊天，他们打扮得都特别时尚，便问道："你们上过多媒体课吗？"她们一致说没有。当得知隔壁班去上多媒体课程了，她们羡慕不已。后来研究者了解到，多媒体教室也称作"三体一室"，平时舞蹈班的学生上课和教师开会也都来这里。只是一个普通的大教室：里面有一台电脑，几张长椅，后面的墙上有一个大镜子。原来，这样的多媒体课程，对很多"普通班"学生来说可望而不可即。（摘自研究者2011年5月23日田野调查日记）

### （四）一个"普通班"的地理课堂——"大声念"

表8-6　让学生"大声念"的地理课堂

| 时间段 | 教学内容 | 教学过程 | 学生反应 |
|---|---|---|---|
| 前5分钟 | 教师下发这节课要用的学习资料（资料是打印出来的） | 教师走进教室，对学生们说："这套知识点是从电脑上下载的，芒市一中也用这个复习，非常珍贵。资料非常有限，不要的同学可以不要，不是每个同学都有。" | 学生坐在自己的座位上，等待着发资料。教师发一份，他们就接过一份 |
|  |  | 当教师走到最后排时，剩下两个男孩。老师问他们："要不要？" | 其中一个男孩说："发就要，不发就不要。"老师还是很不情愿地发给了他们。同时也给听课者"我"发了一份 |

| 时间段 | 教学内容 | 教学过程 | 学生反应 |
|---|---|---|---|
| 第6—20分钟 | 学生念材料上的地理知识点 | 教师发完资料，让学生们大声朗读上面的知识点。知识点高度集中，大括号"{"后面的知识点有中括号"["等。学生高声齐读"地球和地图"，"自转、公转、五带、比例尺"，然后念自转对应的内容 | 学生开始朗读时，教师并没有关注学生的朗读情况，而是在一旁整理没有发下来的卷子。后排的几个学生在打闹 |
| | | 当学生齐声念到某一个地方时，不知道该不该念下面的那个括号名称，齐刷刷的声音变得散乱了起来。教师很生气地说道："不想念就收上来。" | 学生们感到很难为情，立即齐声往下念。有的学生因为天气非常热，念得很累就停了下来 |
| 第20—25分钟 | 教师发卷子 | 学生们念完知识点后，教师开始发卷子。向同学们说道："这是标准化的考试，芒市、昆明中学也是这个卷子。" | 教室里很安静，学生在等着发卷子 |
| 第25—45分钟 | 讲解卷子上的题目 | 教师带领学生做题，在讲第一题"在高等线地形图上，下列说法正确的是（　）"时，教师问这个问题应该选哪一个选项时，学生毫无反应。教师生气地说道："不想学就收上来给其他班同学。"然后让学生念这些题目和选项。后面的25分钟，教师在讲解过程中，都会让学生大声念某个题中用到的知识点 | 有的学生翻开资料去念知识点，有的学生在玩打火机 |

续表

| 时间段 | 教学内容 | 教学过程 | 学生反应 |
|---|---|---|---|
| 下课铃响后 | 教师收回资料 | 教师将那些打印的"珍贵"资料收回 | 学生一个个交上去，毫无反抗之声，也没有问为什么 |

从表 8-6 所示的地理课堂中，不难发现这样几个事实。一是，教师认为"普通班"学生不应该享用这么"珍贵"的资料，谁不好好学，就拿到其他班级用。学习资料不是想要就有的，必须表现好才能用这些资料。二是，学生有反抗之声，但不敢说话。当教师问学生"你想要资料吗"这句话时，学生回答"发就要，不发就不要"。这句话很明显已经透露出了自己的不满，但是并没有正面对抗。三是，教师所用的"大声念"的方法让学生徒劳地练了朗读水平，对于所读内容并不十分清楚。而且教师要求全班学生必须齐声朗读，否则就会被责骂，被认为"不好好学"，而这样的下场就是教师口中经常表示的威胁"不想学就把资料给其他学生用、给其他班级用"。

## 三、最终结果——"提高班"高完学率，"普通班"低完学率

2009 年的教育目标责任中，辖区初中毛入学率为 83.08%，K 镇傣族中学完成指标为 83.66%，超过目标为 0.58 个百分点，比 2008 年 80.78% 的入学率提高了 2.88 个百分点。

2008 年的教育目标责任中，中考成绩 540 分以上 4 人，K 镇傣族中学 500 分以上 15 人，540 分以上 4 人，普通高中上线 32 人（含云艺附中上线 25 人），完成指标。升入其他学校 63 人。2009 年的教育目标责任中，参加中考学生的参考率 80%，K 镇傣族中学毕业班学生数为 272 人，参加体育中考 244 人，参考率 89.71%，参加文化科目中考 140 人，参考率为 51.47%。K 镇傣族中学 2009 年中考获得了学史上的好成绩，中考 500 分以上 20 人，比去年增加了 13 人；600 分以上 6 人，比去年增加了 5 人；最高分 625 分。德宏州州民族一中上线 8 人，比去年增 7 人；芒市中学上

线 15 人，比去年增加了 9 人，普通高中上线 23 人。

2009 年毕业生去向：毕业班数 6 个，毕业生数 272 人，考取州民中 8 人，芒市中学 14 人，省民中 1 人，云南印象 4 人，职高 68 人，补习 1 人，出去务工 33 人，在家 142 人，死亡 1 人①。

不难看出，尽管学校辍学率统计数据达到国家对控辍保学的目标要求，但是高的入学率并没有达到高的完学率。毕业生中，考取德宏州民族中学、芒市中学和省民中的共 23 人，基本来自"提高班"，而务工和待业在家的 175 名学生基本来自"普通班"。他们的分数低，很多都没有完成相应的教学任务。

尽管能够达到上级下达的"升学指标"，但是以牺牲大部分学生的教育利益为代价。当那些教师的"宠儿"高高兴兴地拿到录取通知书时，大部分学生只能选择外出打工或者回家务农。他们在学校获得的只是一张毕业证书，三年也许没有学会一个英语单词，没有学会如何写一封信，有的学生甚至没有学会查字典。这完全不符合学校教学楼上的标语"注重每一位学生的发展"。

---

① 参见了德宏州芒市 2008 年和 2009 年教育统计数据。

# 第三章　隐性辍学原因探析

## 第一节　隐性辍学现象的根本原因
### ——"唯升学教育"

　　从 20 世纪开始，教育界和社会学界对"重点班"等诸如此类教育分等模式的批评不绝于耳。就连最近一些学校中出现的"绿领巾"、"绿校服"和"三色作业本"等现象，也都与学校对学生分等的模式有关。尽管学校领导认为这是"分层教学"的要求，目的是提高差生学习的积极性，但是这些现象引起了社会各界的大讨论。在互联网上，参与讨论的绝大多数网民认为，这不利于学生身心的健康发展。除了互联网报道的个别事件外，研究者在少数民族地区调研时发现，几乎每个乡镇和县市的初中都会有"普通班"和"高级班"之分，就连研究者自身也亲身经历了这样的分班制度。那么为何"重点班"制度成了一个痼疾，一个公开的秘密呢？

　　学校将学生分等的目的是为了提高一部分学生的升学率。但是升学教育目标并非学校一方所制定，"重点班"与"普通班"之分，也并非少数民族地区所有，这种现象背后是深层的资源分配不均衡。优秀的大学、质量高的大学仍然位于北京、上海等一线城市，如果农村学生想上好大学，必须百般努力，而且也要求学校提供优质的教育资源。K 镇傣族中学在德宏州全州来讲，办学的硬件和软件已经比其他学校好出很多，但是仍然面临着少数民族地区学校共同的问题：生源基础差、底子薄；师资短缺、整体素质偏低。而这仅有的教育资源要培养能够考大学的学生非常困难；让大部分学生升入高中、考上大学则是难上加难。说到底，"唯升学教育"

是为了最终"升入大学",也就是培养优秀的高中生源,进而在高考这道门槛中获胜。大学教育成为众多高中和家长心中的殿堂。因为太珍贵,唯有少数的"人上人"才能获得大学录取通知书。实际上,是优质的大学教育资源分布不均衡。优质的大学基本分布在一线城市,优质的高中分布在二线城市,而农村及少数民族村寨的学生唯有一步步向城市靠拢,才有点希望进入大学。所以,初中的"唯升学"教育看上去是为了上一级培养高中生,但实质上,是为一线城市的大学培养后备军。

所以,位于二线城市的教育部门为了所管辖区域的学校能培养出优秀的生源,县教育局每年都会在中考、高考之前,向学校下达考学指标。学校最终的升学人数如果达不到上级要求,则有损学校的声誉,学校领导也将在教育局领导面前"失去颜面",也难以从上级教育部门获得相应的资金支持。如果升学率高了,考入重点学校的学生多了,给学校带来的利益也相应增加。所以很多学校为了摆脱这样的困境,达到上级要求,只能集中优质资源,将仅有的资源发挥到最大。从初一阶段就开始培养"好生",期望这些学生能不负重托,考上高中,最后考上大学。当然,有一些无望考高中的学生则成为被排斥的"边缘群体",成为学校在籍却不参与课堂的隐性辍学生。

## 第二节　课程文化与学生的需求不相容

很多学者在文章中都曾指出,在农村教育中,现代课程不适合当地的经济与文化发展。在少数民族地区的教育中,文化不相容情况更甚。

亨瑞(Henry. T. Trueba)讲到,文化和教育的失败存在相关。他认为学习中的失败与交流的能力有关,而这种能力是在与文化相一致,并且是在有意义的社会交换中形成的。这并不是一个人的失败,而是一个社会文化系统的失败,拒绝了一个儿童参与社会交往的机会,因此也拒绝了儿童认知发展的机会。少数民族学生所在的学校,教师以普通话或者当地的汉语方言授课,学生在这个学校环境中感到语言的陌生,在课堂中感到所学知识的陌生，这种陌生足以能够阻止学生智力活动的展开，而代之以对汉语言的机械学习。

韩冰清、郑蕾等很多学者将城乡文化差异纳入农村义务教育的辍学研究当中，指出"城市化"和统编的教材内容不符合农村教育的实际需求。韩冰清指出，农村义务教育并没有对超过50%以上的、不能升学的那部分农村学生施以相应的教育，存在着"单打一"的倾向，即"为高中培养新生"的"升学教育"倾向或"应试教育"倾向，而这种倾向与人们对教育的需求调查结论是不相适应的①。

课程文化与少数民族所需要的文化不符。学生在学校所学语言与自身语言不符，对汉语的抽象词汇不能深刻理解，导致在数理逻辑课程中失去语言基础，所以学生在学校才感到陌生。这样的文化不相容也是导致学生远离课堂、远离学校的动因。

## 一、双语教育未达到良好的效果

在观察中发现，"提高班"的学生比"普通班"学生的汉语表达能力好一些，对研究者一些问题的回答比较顺畅，没有什么障碍。有些坐在班级后排的学生虽然也能听懂普通话，也会说普通话，但是在访谈时发现，他们对很多问题表示沉默，对于有的问题，他们说"不会说"，也就是"不知道用汉语怎么说"。研究者还观察到这样一个现象，少数民族学生的语言障碍更多表现在数学、物理和化学等具有逻辑性思维背景的学科当中。相对语文、思想品德等文科性质的课程来说，学生语言障碍不明显。这里有一个值得探讨的问题，那就是具体学科要求的语言深度并不一样，数学、物理和化学包含了更多的抽象词汇，词汇理解起来更困难一些。而学生掌握的语言只停留在一些表象词汇上，没能力让民族语言和抽象词汇之间得到转化，导致学生在数学等理科性科目上显示出弱势。

---

① 韩冰清."公平、质量、效率：农村教育政策的抉择"国际学校研讨会论文集［C］.长春：东北师范大学，2009.

基于调查发现，少数民族学生对抽象词汇的掌握不好，源于小学和初中教师对学生教学方法的失误。小学教师教授学生汉语课程，并没有从汉语基础抓起，学生几乎无法区分声母和韵母。很多辍学生表示对英语和数学听不懂，连 26 个声母的大写字母都不知道，如何能知道 ABCD 呢？他们对汉语声母韵母、对汉语句子表达的语法都不知道，如何又能了解英语的主谓宾呢？可以说，大多数学生的语文基础差，验证了中学教师的抱怨："他们小学基础都没打好，如何能跟得上初中的课程呢？"有的教师对此现象，认为是义务教育的过错，因为义务教育让所有的学生（好的、不好的）都升入初中学习，没有对学生进行选拔，导致很多基础不好的学生进入初中后不能适应快节奏的学习和多学科的学习任务。

## 二、教学目标有误，"学语言"成为每堂课的必要内容

### （一）"大声读出来"的教学方法有误

虽然"普通班"和"提高班"的授课过程存在相当大的差异，但是，研究者在听课过程中发现，"大声念"是教师在任何一个班、任何一个科目中都使用的教学方法。不管是在语文课上讲解课文、生字，数学课上教授公式和定理，地理课上讲授某些特定概念的计算过程和小知识点，还是思想品德课上的德育学习，就连音乐课上的歌词，教师都要求学生齐声朗读。对于这一种教学方法，研究者深觉诧异。在数学课上的听课发现，教师总是让学生大声念数学公式。而学生在用到一个公式时，也会习惯式地不约而同地将公式高声念出来。不仅仅要学生记住数学公式，更重要的是了解公式背后更深的数学原理和意义。学数学锻炼的是学生的抽象逻辑思维，如果把一堂数学课上成语文课，把数学课程当作学生练习普通话的课程，那么这种教学方法就不能让学生真正领略数学的魅力，无法锻炼学生的抽象逻辑思维。研究者看到，一位地理教师在"普通班"上课，让全班同学一口气大声读了整整十分钟的琐碎的地理知识点。学生从大括号念到小括号，然后又念到大括号，有时念得整齐，有时念得乱，教师不耐烦地

说:"如果你们不好好读,就把这资料拿给其他班级用。"他们读乱的原因,不是不认识字,而是因为有一些学生在疑虑要不要念"大括号"和"中括号"这些括号名称,从而造成了朗读不齐的错误,这并不是像老师认为的"故意捣乱"。一堂课下来,学生们是否真正明白了由这些熟悉的字组成的句子,是否掌握了这些地理知识点?

### (二) 脱离教学目标,"学汉语"是每门课的必要成分

这些"大声念"的课程唯英语课除外。有一个初二"普通班"的学生告诉研究者,他们学英语,从来都不知道英语课本上讲什么。教师一上课,就让学生拿出本子抄写英语课文,或者教师把汉语意思让他们写到英语书上。但从来不知道这些汉语和哪一句英语相对应。学生一星期就能抄完一个本子,但上到初二,都不知道初一英语课本的第一节课讲的是什么。

研究者在初中听课时,发现很多教师的提问方式并没有给学生思考的时间,对学生缺少知识传授,更多还是进行汉语表象词汇的学习。我们都知道,在数学、地理等课程中,一些定理和公式的学习需要学生的逻辑思考和内心运算,不能只靠单纯的语言记忆。教师在课堂上,对学生的启发教学不够,提问多是对学生语言词汇的考察,很少涉及逻辑思考。举例来说,在一节音乐课上,一位女教师教学生唱《大海啊,母亲》。她问学生:"你们可能没有见过大海,我先讲一下我的体会。大海看上去,一望什么?无际。这是比喻的方法。我们看大海,看不到边,感觉自己很渺小……"说完,让学生大声念歌词。当学生们念到"大海啊,母亲"的时候,教师问:"你们印象最深刻的人是谁?"学生们还没有回答,这位教师接着讲,"是妈妈,也是母亲。当你们不会走路,不会说话时,陪伴你最多的是爸妈,俗语说'等你做了爸妈时,才会感恩自己的父母'。母亲对你们的要求,大家要三思而什么?"学生们齐回答:"后行。"从教师和学生的对话中,我们看到,教师对学生的教,渗透了很多汉语词汇和成语的教授,却并没有让学生充分体会对母亲的感情,对大海的理解。

所以,"大声念"以及让学生学习成语等脱离教学内容的谈话,只能

造成学生对汉语词汇的机械记忆，不能让学生形成对词汇的深层理解。这是教学的一大弊端，造成很多学生在数学等理科科目上进步缓慢，即使是"提高班"的学生也处于弱势，导致整体教学效果差。

# 第三节　学生学习动力不足

在当地，"教育无用论"思想盛行，对教育持消极态度，在一定程度上影响了学生学习的动力。

在访谈中了解到，很多男生认为，在学校读书是为了拿毕业证、领取国家补助。尽管也有一些同学表达了"想考大学，但是考不上"的矛盾心情，但是在学习过程中，学习动机并不强烈，课堂参与程度比较低。

一方面，K镇处在坝子上，粮食收成很好，人民生活殷实。傣族群众非常勤奋、衣食无忧。用当地汉族人的话讲，就是"傣族群众一年的稻谷，三年都吃不完"。加上傣族群众全民信教，性格温和、宽容，对孩子的教育持宽容态度，很尊重孩子自己的选择。所以学生是否充分参与课堂，家长对此并不严格要求。

另一方面，学校的产出并不符合社区对教育的期望。大部分家长希望孩子上大学后，找到一份称心如意的工作，找一个"铁饭碗"。但是，由于市场经济的引入，许多毕业生都需要自谋工作，学校并不包分配。高校扩招后，带来两方面的矛盾：一方面是高校毕业生人数与就业岗位之间的矛盾，另一方面是毕业生所学专业与就业市场所需专业之间的矛盾。城乡之间的种种差异，使从大学里走出来的学生，再回到当地后，很长一段时间内不能很好地适应当地的生活，成为"文化边缘人"。例如，2010年研究者在芒市某村寨调研之时，偶遇一位大学毕业生，当时他26岁，在家中待业，没有娶亲。按当地人的看法，"他上学上懒啦，没有哪家的姑娘能看上他，娶不上媳妇了"。当地人认为他上学之后，尤其上了大学之后，不会干活了。因为当地人看重的是男子能干力气活的品质，姑娘选夫君也会首选这样的男子。他自己也认为当时的书读得不值。当年家里穷，自己上高中也一直向班主任借钱。虽然每天吃不饱，但是他爱看书，所以坚持了下来。毕业后，一直没有找到正式工作。2009年，在某省会城市打工，老板经常克扣工资，加上体力透支，他没有告诉老板就偷偷跑回了家，身份证也押在老板的手上。虽然家里人和村里人经常说他"眼高手低"，他对此只是一笑而过。他跟我们调研小组的人特别客气，讲话非常有逻辑性，对我们也非常照顾，帮女生拎包，带我们到其他农家访谈。这也许就是教育的产出之一——会沟通，懂礼貌。但是农村看重的不是他的学历和讲话态度，更多的是看他会不会干活，能干就意味着能过上好日子。学校里学到的知识用不到社区当中，应试教育让学生学会了课本知识，却无法使其转移到日常生活实践当中。尤其是学校教育中缺乏对自主独立、大胆创新精神品质的培养，以及其他更为重要的社会成长环境氛围。这位大学生"有学历，没本事"的境遇，只能让本无多少学识的乡亲们，当作反面教材。在一定程度上，这样的现象演变成诸多乡亲激励孩子学习动力不足、千方百计压低孩子学习成本的现实依据。这样的前景并不乐观，这代表了教育产出与社区需要之间的矛盾。反映在教育理念上，就是"成才"与"成人"评价的本质区别。

下面是一位大学毕业生谈大学毕业后在工作岗位上对教育的感想。他叫小赖（化名），2010年毕业于中央民族大学，毕业后回到家乡云南省陇川县某村小做了一名特岗教师。他说他自己也会经常觉得教育无用，特别是工作后的所见所感。下面是研究者就某些问题与小赖的访谈内容。

我：你当初考大学是为了什么呢？是什么让你坚持下来的？

赖：我现在也在想当初为了什么而学，因为出来后感觉学无所用，好多都是与初衷不符，让人很失落，最本真的东西差不多都忘了。

我：那你觉得你这个民大出来的学生受当地老师的羡慕吗？孩子们向往吗？

赖：说真的，很难受尊重的，现在的小孩小学就想着打工，因为我现在的工资还没打工的高呢……嘻嘻。

我：这是社会大问题，人们把就业与教育联系得非常紧密。

赖：没有，内地恐怕是，但是边疆不一样，边疆对教育有错误的认识，特别是现在"教育无用论"很盛行，包括我有时也有，特别是工作后所见所感。也许该这么说，因为主流观点有误，所以导致学生没兴趣！现在家长、同伴和某些老师、社会都说教育无用，文凭无价值，学生很难提起学习兴趣的。我读书要 17 年，而在这段时间，会花费很多钱不说，最重要的是毕业后很难找到工作，就算有跟我一样能找到工作，而一个月就那么多钱，除生活费外，（工资）还要还（大学期间的）贷款，就没钱了。这样还 6 年，加上读书时间，这二三十年还是一贫如洗。假如打工的话，就可以省去学费等近七八万，还有用这段时间打工，就算攒不到钱也比读书划得来的。打工攒不到钱是不可能的。所以，这样一算，农村想读书的就少了。

这位赖老师从自己的经验出发，以自己在还贷款的时间和自己上学的时间内的花销和收益之比同一个学生不上学打工的时间内的花销和收益之比来进行对比，讲到了家长让孩子上学的顾虑在于经济原因。有时他自己都会觉得教育无用，而且现在的工作还不如打工的人赚得钱多。

而且家长对大学的概念就是清华、北大这样的名校，认为只有这里出来的学生才能在社会中立足，才能找到好的工作。如果自己的孩子在初中学习就不好，肯定也到不了好的高中，更别提进入好的大学了。所以，家长对学习差的孩子表示"读书无望"。正如杨延从所讲，教育对他们来说不是没有用，而是没有希望①。他们由于被眼前经济利益、未来不容乐观的就业现实所困，严重忽略了知识、素养、精神对整个人生过程所具备的重大知识与指导意义，这才是更深层次上中国应试教育的悲哀。

与此同时，学校的枯燥生活点燃了学生早婚的愿望。傣族是开放式择偶，凡已达到成婚年龄的男女青年，可以自由地选择配偶而不受限制②。早婚一直是一些少数民族地区和农村地区出现的一个普遍现象，那么，这种早婚现象是不是阻碍学生上学的因素之一呢？当地老师认为，早婚是他

---

① 杨延从. 农村初中学生辍学现象屡禁不止归因分析及对策［J］. 福建教育学院学报. 2008（9）：39 – 41.

② 全国政协文史和学习委员会暨云南省政协文史委员会. 傣族下［M］. 北京：中国文史出版社，2010.

们辍学的一个因素，因为有些孩子不到 20 岁就成家了。研究者一开始认为辍学生结婚只是学生在辍学之后发生的一个结果，并不是诱因。但是，在调研中发现，结婚年龄是当地学生不继续上学的一个影响因素。研究者在访谈中发现，大多数女生会认为二十四五岁的女孩子在当地如果不结婚就是"老姑娘"了。他们对于研究者这个 24 岁的在读研究生没有结婚这件事表示非常惊讶，觉得这在她们村寨是不可能发生的事情。女孩十八九岁结婚的现象非常正常。据研究者推算，如果她们 7 岁上学，读完初中 16岁。初中毕业再工作两年，到了十八九岁，就该完成"女人这一辈子中的大事"了。这是当地的婚恋习俗，与目前我国的晚婚晚育政策不符合。但是退一步来讲，如果教育并不能给家庭带来希望，结婚成家就算是学生离校后，步入社会生活这个大门的第一步了。

目前，学生学习动力不足在全国农村范围内是普遍现象。学生的教育处在当地的经济、文化、家庭和整个社会的环境当中，学习动力是所处环境的催生物和结果。适宜的、高质量教育的缺失一定程度上制约了农村教育的长期和可持续发展。农村社区的教育期望与教育产出的矛盾成为文化与教育关系中的主要矛盾。将如何协调这一矛盾，是一个重点，也是难点。

## 第四节　隐性辍学生与家长缺少沟通

家庭教育在一个孩子成长过程中，扮演着十分重要的角色。良好的家庭教育、有效的亲子沟通能够塑造学生坚强的性格、乐观的生活态度、培养学生具有解决困难的有效方法和策略。而消极的沟通方式，可能使得处于青春期的学生对学校和家庭都产生逆反心理。魏莉莉在论文中，以某上海社区中的 8 个辍学青年为研究对象将家庭及社区文化纳入学生的学习经历、辍学原因和学生对今后的打算进行分析后，认为"贫困文化"的代际传递是学生最终学业失败的原因①。她将贫困文化的内涵总结为：第一，贫困文化是穷人长期生活于贫穷之下形成的一种特定的生活方式、行为规范和价值观念体系；第二，贫困文化一旦形成，便能发挥主动的作用；第三，贫困文化具有代际传递性。贫困文化通过潜移默化、耳濡目染等方式传递给下一代，使贫困得以延续并永久化。魏莉莉在文章中，将学校中的主流文化和家庭及社区中的非主流文化相对照，将青少年所处的家庭及社区文化一一展现出来，很明显地揭示了学生在这个社区和家庭中的不如意，以及学业上失败的根源。当然，她指出辍学生一般都有在学校累积挫败经验的辍学历程。

研究者认为，亲子之间良好的沟通，有助于培养学生直面困难的勇气，增加沟通的机会和渠道，给处于困境中的孩子一个支撑和依靠。在访谈一位小学教师如何看待辍学现象的原因时，她说她一个上初中的侄子已经两个星期不去上学了。这位教师这样描述道："他就是想让家里给钱。家里给他 35 元钱，他就要 40 元钱才去上学。因为家长觉得 35 元钱就够花了，就没有给 40 元钱。可他就是赖在自己的房间里不出来，家里很奇怪这个孩子到底是怎么了。"这位教师也希望我这个研究者能见见他，想下午把侄子带到学校来，结果下午男孩并没有来。教师说他不愿意跟着来，即使骗他说"你用摩托车带我到学校去"，他也不肯来，他的反应就是不去、不去。"我跟他说完，他骑上摩托车就出门了。这个孩子越来越'怪'了。"因为研究者的时间行程关系，错过了与这个男生见面访谈的机会。从家庭成员对其行为方式的反映来看，认为这个孩子变得越来越"怪"，越来越叛逆了。家里认为孩子的要求简直是无理取闹，认为他的上学理由都是编造。这个教师说："家里还有另外一个亲戚家的孩子，也在上初中，同样是男生。人家每个星期才花 20 元钱，为什么他要 40 元钱，他应该是在乱花钱。"家里有孩子乱花钱的疑问，但是并没有和孩子主动并有效地沟通。家人也并没有和孩子在一起讨论，学生在学校的经历或者

---

① 魏莉莉．"贫困文化"视野下的城市青少年辍学问题——以上海市个案分析为例［D］．上海：华东师范大学社会学院，2005．

遭遇。孩子在家待了两个星期，依然在和家长"赌气"。研究者认为，学生赌气也许并不是来自家庭，可能来自所处的学校环境，或被学校忽略，或被教师忽略。

不管学生最后以什么方式离开学校，中途辍学或者最后不参加考试，隐性辍学生在学校的生活并没有家长想的那么容易。他们需要听一些听不懂的课程，做那些不会做的题目，写那些不会写的汉字，看一些不想看的书籍，到考试时，还要做那些不会回答的题目。面临这么多困难，却得不到教师丝毫的帮助。慢慢地在课堂上"无所事事"，教师对他们"不管不问"。他们开始变得孤僻，变得很"怪"。有的男生相反，不是变得孤僻，就是打扮得非常有个性，扎耳洞、染发烫发甚至文身。这些行为是学生在青春期的反映：注意自己的形象，在意他人对自己的看法和态度。但是，少数民族地区的家长大多学历低，对亲子沟通的方式了解不够，所以在很多时候，只是感叹孩子的变化太快，感到太"吃惊"。

## 第五节　家庭、学校与社会未形成教育合力

从批判教育理论的视角出发，教育问题不仅仅是教育本身的问题，同时与社会、政治以及家庭相联系。但是，社会、学校都抱怨学生家庭教育的不当。学校领导和教师认为家长观念落后，家长"教育无方"才使得孩子在学校表现差。尤其是这所以傣族学生为主的学校，很多教师抱怨傣族家长对孩子的"宽容教育"，认为是家长纵容了孩子的不良行为和习惯，助长了孩子逃课的行为。而社会上则认为学校不能培养行动力强和有工作能力的学生，认为学生只是"金字塔"里的"会看书"的书呆子，脱离社会实践和生活。所以，社会上很多公司和企事业不愿意招聘应届毕业生，甚至名牌大学的毕业生也很难找到好的工作。这样的就业现实也助长了家长教育无望的认识，认为孩子即便上了大学，也不会有好的工作和好的前途，到时候还会跟其他初中学历的打工者一样，做一个"低位打工者"，而上学期间的费用和努力等同于白费。作为学生自身而言，他们对

待自己的学习状况，从来没有抱怨过任何人。而且社会上的娱乐至上、明星时代使很多在校学生向往外面的世界。投机取巧、撞大运、走关系等也能取得财富、获得成功的不规范的社会行为成为吸引学生离开课堂的动力。

当社会、家长及教育相互抱怨时，对于有受教育权的当事人以及教育的直接受益者的学生而言，被学校剥夺教育资源，被贴上"差生"的标签。他们从不抱怨任何人，给自己强加上一个"基础差、脑子笨"的罪名，他们没有也不敢用批判的眼光看待自己在课堂中所遭遇的一切。学生作为主要的利益目标群体，成为多重冲突中的最终受害者，这是极大的不公平。所以，学校、社会、家长应该各自反省，以"批判"的视角认真反思在学生接受教育过程中自身所承担的责任，反省自己的所作所为是否真正帮助了那些处于教育困境中的孩子们。

从国家颁布的政策角度来讲，以实现"两基"教育目标为主要任务的"控辍保学"工作在全国各地铺展开来，但是对义务教育阶段的实际辍学率并没有做到有效监测。年辍学率不超过3%的控辍目标被偷换成"不在籍"学生的流失率，学校通过这一概念的偷换而逃避责任；有的学校甚至会为领取国家的补贴而不惜制造虚假"在籍学生"数据。还有，一些地区在迎接"两基"国检过程中，有些领导将文化户口册的调查和填写任务交予小学教师，小学教师在繁重的课业任务下还要下到村寨挨家挨户调查人口数，填写表格。有时，户口册表格不统一，总是变化，导致教师任务繁重，还要为了填写变动后的表格而加班加点。很多小学教师都工作到次日凌晨两三点钟。为此，有些教师哭诉，自己把学生的课业耽误了。但是"上面下达的任务，不敢不做"。这种逃避责任的做法，对自身的发展、学生的发展、国家教育质量的提高，有百害而无一利。就算有暂时的进步，也只是陷入为较高的入学率的盲目欣喜当中。"控辍保学"的目标一方面是控制辍学率，另一方面是保住学生。一个是结果，一个是过程。过程比结果更重要。

经过上述分析，尽管国家将"两基"目标作为提升我国教育质量的一项工程来抓，这对全国各地的基础教育事业来说是一个极大的鼓舞，但是对很多偏远地区的少数民族来说，有很多压力。一味怪罪教育本身并不客观；一味怪罪教师教学方法，不能解决根本问题。1993 年发布的《中华人民共和国教师法》强调："教师不是先知，对于那些终极价值、终极发展，教师和学校都不是可以完全依赖的万能钥匙。尤其是在现阶段，教师作为一个整体，无论是学历水平，还是敬业精神，或是其他素养，以及教师作用赖以发挥的基本条件，都远远达不到教育相关者的需要，更达不到未来要求。这样一支教师队伍，如果要从根本上去依赖，是要冒极大风险的。"所以，教育和教师都不是万能的，只有家庭、教育和社会形成一个合力，将学生的健康发展以及全面客观的评价达成共识，"保学"任务才能实现，"控辍"也才能真正实现。

# 第四章　对民族地区初中阶段的
## "保学"建议

批判教育学致力于实现教育为弱势群体服务的目的，目标是将赋权教学法运用于课堂实践当中，尤其是课堂对话当中。在我国少数民族地区，尤其是偏远地区，与城镇地区的学校相比，教育资源极其缺乏。少数民族儿童由于语言和文化的差异，在现代教育大背景中处于弱势地位，少数民族群众在社会中参与率低。就义务教育政策来讲，国家、政府和教育部门要求全国各地义务教育学龄儿童进入学校接受九年义务教育，但是硬性的制度和政策要求，并不能阻止一些少数民族家庭和孩子选择离开学校放弃学习。他们寻找到了比当地学校更好的学习场所，还是学校不能满足自身文化的需求呢？都不是。课堂里空空的座位，初中阶段低比例的考生人数，是对义务教育阶段和整个国家教育的"无声的轰炸"。

从批判教育学者保罗·弗莱雷（Paulo Freive）在研究三位女教师的授课过程中可以发现，给予学生表达的可能性，激发其发展的动力是可以办到的。在学校中给予学生发展能力的可能性是可以操作的，教师引导的谈话是可以使处于弱势地位的学生具有成功的可能性的。国外的种族概念当然不能全盘引用到我国多元文化一体的环境中来，但是赋权的路径适合我国少数民族教育的需要，对少数民族隐性辍学儿童以及不能获得向上流动机会的在校儿童具有重要的意义。赋权理念就是解决少数民族群众提高自身驾驭生活和自我选择能力的问题。当然，只对学生赋权，不能从根本上解决隐性辍学问题。这里主要是以学校为主要赋权基地，进而提高家长和当地社区群众对自身发展可能性的认识，进而在孩子心中埋下积极向上、自信自强的种子。

周恩来曾说过：所有的民族都是优秀的、勤劳的、有智慧的，只要给他们发展的机会。这句话暗含着对少数民族群众增加机会的建议，认为少数民族群众不分优劣，只要给他们发展的机会，增强其信心，就可以发展得很好。这里对学校教育的成功有一个潜在假设，那就是学生从学校中接受到知识、各种技能之后，能够真正参与到广大的社会生产和生活中，并能始终为自己的未来不懈奋斗。所以，也正如研究中实施赋权教学的教师所做的，首先要加强学生的语言技能，进而发展学生对于自身文化、处境和地位的反思。接着主要从教育理念、课程目标以及多元文化教育的最终目的三个方面，加强对少数民族地区儿童的赋权，增强其"批判"能力并使其在脱离学校教育之后，有机会选择更多地参与到广大的社会发展中去，做一个优秀的社会公民，而不只是学校里的"好学生"或者是在学校里被遗弃的"差学生"。

# 第一节　继续深化教育改革：始终坚持"以人为本"

## 一、教育理念:使学校成为培养学生批判能力的公共场所

### （一）弱化初中阶段"优胜劣汰"的功能

2010 年，教育部部长袁贵仁指出，"教育均衡发展应成为我国基础教育的新目标和新任务"。教育均衡发展是促进教育公平，解决乡村和少数民族地区儿童难以入学、不能上好学的根本方案。基础教育必须为广大的少数民族儿童提供入学的机会。但是很多中学教师认为，"义务教育使学生基础变差"，因为学生不用通过考试就可以升入初中。到了初中，学习科目增多，教师讲课速度快，学生知识储备不足，很容易跟不上课程，造成厌学，这是一个普遍存在的现象。但是，免费义务教育的目标最初是为了使适龄儿童拥有入学的权力。从以往的数据和群众对免费义务教育的赞扬声中看出，免费义务教育已经让更多的孩子"上得起学"，但是"上好学"成为义务教育面临的新问题和新挑战。上面分析得出，目前学校的初中阶段是为了培养能在高考这道门槛中顺利通过的优秀高中生，不得不采

取"分班教学"的方法将有限的师资带来利益最大化。

正因为很多学校将基础教育赋予选拔优秀学生考大学的功能，才在初中阶段设置"提高班"和"实验班"，从而提高升学率。但是这样的做法有悖于基础教育的基本目标，也违背了我国《义务教育法》的相关规定。《义务教育法》第二十九条规定，教师在教育教学中应当平等地对待学生，关注学生的个体差异，因材施教，促进学生的充分发展。教师应当尊重学生的人格，不得歧视学生，不得对学生实施体罚、变相体罚或者其他侮辱人格的行为，不得侵犯学生合法的权益。学生平等地接受教育并受到《义务教育法》的保护，如果学校将学生分为"三六九等"，实施表面上"分层教育"，而实质是"升学教育"的教学模式，这将受到法律的制约和限制，同时，也不能为边境地区的发展提供优秀的人才。金生鈜认为，不是通过特殊的竞争筛选方式来甄别学生，从而赋予他们不同的发展方式和人生道路，而是通过以人类经验智慧为基础的教育诠释和理解，使他们获得丰富、圆满、整体的个性，使其各种能力得到高度和和谐的发展[①]。李先军认为，从义务教育的本质来看，义务教育是国家行为、政府行为，其基本价值和功能是保障公民平等的受教育权利和教育机会公平。因此，不具备选拔功能，也不具备培养尖子、制造优秀的功能。义务教育是为人的生存、发展打基础的教育，是基础教育的基础[②]。而且根据研究观察，分班教学的结果是形塑了大量在籍、不参与课堂、在学业上得不到教师帮助的隐性辍学生，成为潜在的辍学生。所以，目前的分班教学的做法不利于我国"保学"工作的进行。

正如霍尔姆斯（Holmes）所指出的，我国的小学课程，识字是最基本的要求，是为中等和高等教育机构输送合格生源和培养识字的劳动者的基础。城市小学的主要目标是前者，农村小学的主要目标则是后者。课程是学术性的，虽然在理论上允许有地方性变动，但是考试范围仍脱离不了学术性的限制。大批家长见其子女考大学无望，就让没上完小学的孩子辍

① 金生鈜. 精英主义教育体制与重点学校 [J]. 教育研究与实验, 2000 (4).
② 李先军. 初级中学重点班制度与教育公平 [J]. 教育学术月刊, 2008 (1).

学。政府曾经提出为农村学校制订不同的教学计划，但这样一来，小学生学业成绩会出现地方性差异。要把课程设计成既满足所有为学生提供宽泛的普通教育需要，又满足将大部分学生教育成专门职业人员的需要，是不太现实的。所以，课程必须同时满足两种需要，一是为工业发展训练年轻人，二是为更高层次的教育输送生源[①]。兼顾二者的基础是共同为国家培养具有"批判"能力的公民。

而且，目前的"唯升学教育"违背了我国总的教育目的和我国新课程改革的目标。我国总的教育方针提出，"各级各类学校要认真贯彻教育必须为社会主义现代化建设服务，必须与生产劳动相结合，培养德、智、体、美全面发展的建设者和接班人的方针"。但是在升学教育中，上层领导、学校以及教师只注重升学有望学生的教育过程。尽管学校加大了对升学有望学生的教育投入，但一个少数民族初中学校总的升学率，都不及一线城市一所初中的一个班的升学率。从卷面分数相比较，大部分少数民族学校的教育远远落后于一线城市的教育。只有具备"批判"能力和选择，每个个体都能选择自己所走的道路。那么，学生才会正确看待考试，正确看待自己所接受的教育现状，并努力去改善自己的现状。

**（二）将学校看作是培养具有"批判性"思维的公民的公共场所**

研究者认为，初中阶段除了让学生学到基本的课程知识之外，重要的是为学生培养良好的判断能力，让其客观、全面地看待身边发生的一切，也就是用"批判"的视角看待自己的所得所失。

从教育实际来看，少数民族地区的学生需要具有"批判性"的思维和视野。少数民族地区的学生家庭文化资本偏低，学生从家庭中获得的学业帮助以及心理安慰少，而学校是知识高度密集组织的场所，学生在学校中按照严密组织的学科体系学习相应的学科知识。在一线城市，学生家长为孩子提供的学习资源非常丰富，学生所接触的社会环境也比大部分少数民

---

① B. 霍尔姆斯，M. 麦克莱恩. 比较课程论［M］. 张文军，译. 北京：教育科学出版社，2006：275，285.

族地区的孩子所接触的环境丰富、多样。一线城市的孩子在家庭教育中早早地学习了语言和汉字，在自身与环境的互动过程中，在学校之前就习得了"批判性"的思考能力。而优质的学校教育更将"批判性"的能力加以巩固和升华。但是对于大部分少数民族地区，尤其来自偏远村寨的少数民族孩子来说，从家庭教育以及周围环境中，几乎学不到汉语这门语言，利用该语言思考更是难上加难。所以研究者认为，少数民族地区学校应该成为学生学习语言并获得批判性思维的公共场所，使汉语和他们的母语共同成为学生思考这个世界的钥匙。

在研究者与学生访谈过程中，"差班"学生在很多方面表现出了无奈的心态，在学校中"随波逐流"。尽管有考大学的心，却没有考大学的行动。他们看待自己的学业成绩缺乏反思，缺乏"批判性"的认识，认为自己是因为"基础差、脑子笨"不能考上大学；他们觉得"好班"和"差班"的差异没有什么不同，唯一的不同就在于基础有很大的差别，却没反思过学校领导和教师对他们的态度；他们认为"提高班"和"普通班"拥有同样的教师没有不公平，在两类班级中可以流动的规则没有不公平。但是从区分出"快班"和"普通班"的那一刻起，他们就被贴上了"差生"的标签，流动已经成为不可能。而且也助长了愿意在"普通班"里过轻松、没有压力的日子。日复一日、年复一年，学生上学的目的成了混日子、领取补助、拿毕业证等。这些是不符合我国现代化建设对人才培养的要求和希望的。作为学生自身来讲，也许直到毕业，也不曾在学校得到过教师在学业上的帮助，也没有对环境和自己的处境作出过什么改善。学校自身更没有将学生的发展放在首要地位，虽然有"点名制"，但是学校利用"请假制度"包庇学生。学生只要请假了，就不会承担什么后果。而没有请假的，"以后注意向老师请假"就是了。学校不仅推卸了管理责任，而且没有担负起培养义务。

从教育理论而言，学校可以成为培养学生"批判"能力的场所。吉鲁在《教师作为知识分子——迈向批判教育学》一书中提到，如果在当前社会环境之内的视觉文化威胁到人们的自我反思与批判性的思想，那么，我们就不得不重新界定读写能力的概念，并且依靠文化教人们如何进行批判思维和社会行动的基本知识。我们必须超越实证主义的读写能力概念，这已经成为当今社会科学的特征。我们必须扩大读写能力的意义范围，使其包括人们无论在其经验之内还是在其经验之外，都能批判地进行阅读，以及运用概念的能力，而不是按照技巧的掌握来表述读写能力。这意味着读写能力能使人们批判地解读个人和社会的世界，因而增强他们的力量，向组织其自身的观念与经验的神话与信念提出挑战[①]。学校需要鼓励学生在听写阅读能力之外，寻找意义，也就是利用语言形成批判性的分析能力，而不只是学习语言本身。研究者在课堂事实中也发现，教师只是让学生在课堂中单纯地大声朗读学习材料和知识点，不顾学生对所念材料是否已经充分掌握和理解。教授过程缺乏对材料的深入分析和启发。学生也被动地成为念书朗读材料的机器。教师在音乐课上，忽视学生对美的感受。学生在课堂中完全成为被训诫而不是被启发心智的对象，成为反复学习成语、学习语言的机器。殊不知，单纯的语言学习只能培养出不会思考的学生。

## 二、教育实践：赋予学生充分发展的平台

高升学率并不代表高质量，比率和高质量不能挂钩。辍学率低并不代表高的教育质量。研究者所研究的隐性辍学率高的事实的背后，是错把高的"入学率"当作高的教育质量。我们必须明确少数民族义务教育的目标和任务，将均衡发展纳入义务教育的任务范畴，推动少数民族地区义务教育的细则化和特色发展。

"普通班"里大量隐性辍学生的成绩达不到毕业要求，缺乏批判性的思考，在"提高班"中，这样的事实也大量存在。所以，把学校建设成为发挥民主的公共场所，将每一位学生充分参与和全面发展当作教育理念。从实践方面来看，必须首先取消"好班"和"差班"之分，并通过

---

① 亨利·A. 吉鲁. 教师作为知识分子——迈向批判教育学［M］. 朱红文，译. 北京：教育科学出版社，2008.

增加双语教师在义务教育阶段的比例，赋予儿童更多地参与课堂交流的机会。

### （一）取消"好班"和"差班"的班级分等

全国义务教育阶段学习目标一般是"使适龄儿童、少年在品德、智力、体质等方面全面发展，为培养有理想、有道德、有文化、有纪律的社会主义建设者和接班人奠定基础"。但是很多学者根据当今时代和我国现阶段对教育的需求指出，我国的义务教育目标缺乏细则化[①]，将教育目标单纯看作教学目标，轻视了学生非考试科目的学习和智力的发展[②]。尤其在城镇二元结构教育发展极不均衡的今天，我国的基础教育目标不适应乡村和少数民族地区学生发展的需要。学者姜勇和蒋凯根据后现代主义的视角，指出"完人教育"忽视了人的差异性，认为传统教育中的"三好学生"和"优秀学生"事实上是"完人"教育目的观的反映，将学生的发展理解为达到这种"完人"的目标。如吉鲁指出的，"自我"应该被视作存在，是"在差异中通过差异建立起来的，并充满了矛盾"。而且，"完人"教育不符合终身学习的思想。终身教育理念认为教育是一个不断进行的过程，没有终极点，是一个终身学习的过程。传统的教育观认为学生要在几年时间里尽可能多而全地学习知识，掌握技能，成为一种"产品"，走向社会，而终身教育使教育者意识到人的教育历程是不可穷尽的。所以，学校不能仅仅因为学生一时的成绩，将学生分到不同的班级中，不能只因为学生"无望升入"高中而断定学生"脑子笨"。学生被贴上"差"的标签，会影响其一生的发展。

同时，"好班"和"差班"与我国《2001—2010 年全国基础教育课程改革》的主要目标相悖而行。新课改的主要目标包括，改革教学过程中过分注重接受、记忆、模仿学习的倾向，倡导学生主动参与，交流、合作、

---

① 王超，廖平梦．"离校标准"：义务教育目标的细化，湖南私塾对湖南农村义务教育目标制定的启示 [J]．企业家天地，2010 (9)．

② 王宝升．对基础教育任务和内容的再认识 [J]．教学与管理，2002 (9)．

探究等多种学习活动，改进学习方式，使学生真正成为学习的主人。但是，以升学为目的的学校教育过分注重学生在考试面前的记忆类知识的掌握，将单纯的、机械化的朗读当作教学的"法宝"，没有让学生充分理解抽象词汇的含义，更没有让学生积极主动参与到课堂当中。无论是作为教师还是学生本身，都清楚地认为，这对于学生来说，是一种"冷漠的敷衍"。

而且智力仅仅是一个完整的人的一小部分，教育工作者不能仅仅为了学校的眼前利益，而忽视学生的长远利益和发展前途。已经有很多实践证明，一个人的成功不仅仅依靠智商，更多的是依靠情商。而目前的教育很少关注学生情商的发展。所以，不能仅仅以一个考试分数来断定学生是"差生"。标签改变了别人和被标签者本人对自己的认识，进而影响到他的发展，并使之最终成为标签所标定的身份[①]。这种突出重点、培养尖子为升学服务的精英主义路线，导致我国基础教育具有高度的竞争性和淘汰性。其后果是在培养出一小批所谓尖子的同时，造就了大量的失败者[②]。事实多次证明：只有具备了超越的心态和创新精神等能力的人才，才能将个人与社会推向前进。

**（二）增加少数民族双语教师在义务教育阶段比例，为学生创设交流的平台**

强调学生对主流语言的读、写、用的能力，是教师对学生赋权的第一步。只有充分掌握了主流语言，才可能充分参与到主流社会中，才能具有最基本的竞争力。如果在语言上存在沟通障碍，就无法参与到广泛的社会中去。所以，应该让少数民族学生掌握最基本的汉语读、写和表达的能力。但是学生在陌生的汉语言环境中如何学好汉语呢？研究者结合课堂观察和大量国内外关于双语教育的文献发现，如果教师能使用少数民族语言

---

① 张秀琴，腾继果．中国青年"族"现象研究——一种基于传媒社会学视角的发疑［J］．当代青年研究，2009（10）．

② 李先军．初级中学重点班制度与教育公平［J］．教育学术月刊，2008（1）．

和汉语对译，学生对一些抽象词汇的理解程度会加深，不会只停留在对词汇的简单掌握上。实现对译的基本前提是学校拥有会双语的教师。但是在调研的学校，学生几乎从学前班开始都使用"完全浸没式"汉语教学（指任一科目的教师都使用汉语教学）。使用这样的方法，很多教育局领导和教师认为，根据"语言关键期"理论学生从小学时开始学汉语的能力比学生在高年级再接触汉语学得快。但是，尽管有这样的理论作支撑，很多学生的数学成绩依然不及格；到了初中和高中，学生对英语几乎听不懂，对化学和物理这些科目更是难以弄明白。

研究者将通过一些事实来说明学生在双语环境下学习的必要。

1. 教师用少数民族语言授课，符合学生自身语言和思维的需要

少数民族语言不仅是少数民族群体交流的需要，同时语言承载着他们的文化和思维方式。课堂教学是启动学生思维的殿堂，对发展儿童的认知能力有很大的帮助。如果学生在课堂上抛弃了自己的母语，只是单纯地在汉语环境中学习，那么学生就可能跟不上教师思维的步伐，二者之间存在一个张力。如果学生总是在陌生的语言环境中学习，必将成为班级中的"沉默分子"，与教师沟通越来越胆小，参加班级活动的机会则少之又少。这样，学生势必产生厌学的心理，成为辍学生。

下面这个故事，可以让我们了解到民族语言相同所产生的魅力。

一位学生是景颇族，上初三。有一段时间没有来学校，返校之后，有一次考试，她就是不肯交卷。她成绩不错，也很听话。很多老师在旁边说啊、鼓励啊什么的都不行。这个女学生就是不肯交卷。但是一位景颇族教师过来，用民族语言才说了两句话，学生就交卷了——这是母语相通才产生的魅力。

2. 少数民族语言可帮助学生了解和掌握理科科目中的抽象词汇

云南省一些少数民族学校，存在一个怪现象，就是学生的数学成绩总是不及格，平均分徘徊在 20 分到 40 分，成绩最高的也只能达到 80 分左右。这是为什么呢？结合研究者在事实冲突展开部分所讨论的，教师无论在"提高班"还是在"普通班"，都使用"大声读"的教学方法有一定的

关系。读书只能锻炼学生机械地念汉字的水平，对发展学生的抽象思维能力效果甚微，甚至一点用处都没有。既然在初中的教学方式如此，那么学生在小学阶段是否已经对这些抽象词汇打好了基础呢？研究者在小学听课中发现，汉语教师在课堂中同样是让学生大声背数学公式。至于公式中提到的一些专有名词，学生并不清楚。所以，从小学阶段开始，尤其在理科科目中，少数民族语言和汉语对译非常有必要。这对于巩固学生的抽象词汇基础，发展最基本的抽象思维能力非常有帮助。

　　使用少数民族语言授课也存在很多障碍。首先，缺乏双语师资。很多少数民族教师具有少数民族成分，但是不会讲少数民族语言，少数民族语言本身面临失传的危险。一般少数民族教师群体从小就脱离了母语环境，对少数民族语言缺乏了解。国家政府和云南省教育部门应对云南省的教师群体开放一些优惠政策，吸引会讲民语的人参与到教师这个行业中来。其次，学生对是否使用少数民族语言授课有不同看法。研究者在对在校生和辍学生的语言对比中发现，在校生的普通话口语表达能力高于辍学生。很多辍学生对于研究者的一些问题"不知道怎么说"，语言组织能力差一些。但是学生们是否喜欢教师使用少数民族语言授课呢？很多在校生认为他们喜欢对自己民族文化有所了解的教师，喜欢教师将生活中的例子作为教学资源在课堂中使用。研究者结合 2010 年 5 月在云南省某村寨完小的问卷调查结果发现，是否希望教师用民族语言授课与学生的民族身份有关。60 名受访对象中，几乎所有的汉族学生都希望教师使用汉语授课；有几乎一半的阿昌族学生认为使用汉语授课比较好，因为这样他们可以学习汉语，有一些认为汉语授课能照顾到所有学生；有一半的阿昌族学生，以及各 1 名傈僳族和景颇族学生认为应该使用少数民族语授课，因为听不懂汉语授课，学起来很困难。不难看出，学生对语言的需求多种多样，这是用何种语言授课面临的一个问题。最后，在云南省这个多民族聚居的省份，一些学校学生民族成分多样，用何种少数民族语言作为授课语言，如何满足不同民族学生对语言的需要是一个问题。从这样一个小的案例中可以看出，有来自阿昌族学生的需要，有傈僳族也有景颇族学生对民族语言的需要，如何同时满足来自四五种少数民族的学生对语言的需要呢？是依儿童的民族成分重新分班，还是将授课语言设置为五六种学生群体的少数民族语言？这两种方法都存在一定的困难。现在的趋势倾向于将学生人数较多的少数民族语言作为授课语言。这样，汉族学生可以集中到一个班级听课，人数较多的少数民族可以到一个班级中使用少数民族语言听课，其他人数较少的少数民族可以单独由某些少数民族教师来讲课。

针对双语教师缺乏的现状，陇川县一位教师培训负责人在研究者所参加的第三年省级培训研讨会中，提出这样一个建议："如果有可能，我们应该在德宏州教育局领导下，所有各县民语教研员开发一套供学前班使用的具有傣语和景颇语的乡土教材，或者开发一本双语小册子供老师们授课和学生使用。把全州的低年级教师联合起来培训容易实现。比如说，汉语教师在培训中可以学会傣语和景颇语。虽然教师接受培训需要十五天或一个月，但是教材可以用一年甚至更长时间。我们开发的教材应该从感性出发，让学生看得到、看得见。把看得到的东西编成教材，学生学习起来更容易。这就解决了少数民族地区缺乏少数民族教师的问题。"这个建议具有可行性和可操作性，非常有意义。从政府层面来推广这个工作，是非常有意义的一件大事，对维护民族团结，储备少数民族优秀人才非常有帮助。

### （三）关注学生心理动态，关注"逃学生"走向

义务教育既然要实现教育均衡发展，那么防止学生产生厌学心理，除了要提高教育质量之外，还要做一些学生的心理引导工作。初中是学生发展个性的时期，也被心理学家称为"暴风骤雨"的时期，对家长和学校的一些问题存在片面的看法，容易形成叛逆心理。所以，有条件的学校应设置心理健康教育课堂，为学生在青春期的身心健康发展做好引导工作。如果学校给逃课学生一个暗示"只要请假就不追究你的责任"，那么就会纵容学生失去学习的机会。如果学生连在课堂上坐着的动力都没有了，就成了真正的辍学生。所以要时刻关注隐性辍学生的心理动态，关心他所经历的一切，包括教育上、家庭以及情感上的经历和遭遇，给予这些"逃学生"以生活上和学业上的关怀，促进对学校和课堂的广泛认同，为他们提

供发展的空间。

### （四）确定"离校标准"，明确学生毕业所达到的学业程度

学生没有达到及格也可以毕业。有了这样的想法，很多教师对"差生"放任不管，对这些学生的教学明显出现了懈怠情绪。这样不仅忽视了一部分学生在考试科目上的进步，更严重地制约了认知能力的发展。

很多学者研究得出，我国的义务教育目标缺乏细则化，这样容易让学校失去指导的目标。将教学目标当作教育目标，只注重考试学科（语文、数学、英语、物理等）的进步，忽略学生在非考试科目（体育、音乐、美术、认知能力等）方面的发展。

"离校标准"是湖南省私塾教育中体现出来的教育目标，是指毕业生是否具备了为升学与就业所需要具备的学业技能、非学业技能。细则化的"离校标准"包括学业技能和非学业技能。学业技能主要有：阅读和写作的能力、分析和解决问题的能力、批判性思考和创造的能力、计算机知识技能等。在日益全球化的技术经济时代，仅仅具有较高的学业技能是不够的，还需要有较高的非学业技能，主要包括：自信表达技能、人际关系技能、良好的工作习惯等①。

这样的"离校"标准同样适用于我国广大农村地区的中小学校。义务教育就是要培养学生参与社会生活的能力，语言表达、写作、分析和解决问题的能力以及创造性的能力、计算机技术等，这些技能都是学生在毕业后需要的实用知识，符合我国现代市场的需要。如果学生在学校中学会这些技能，有了这些技能才算完成学业，才能顺利毕业，那么教育工作者则会有据可循，有"离校标准"可以参考，这样我国整体劳动力的素质将有很大的提高。

王保升认为，义务教育的任务和内容为：帮助学生牢固树立起社会生产实践意识；帮助学生掌握好基础科学文化知识；努力培养和提高学生的

① 王超，廖平梦."离校标准"：义务教育目标的细化——湖南私塾对湖南农村义务教育目标制定的启示［J］.企业家天地，2010（9）.

实际操作动手能力；培养和强化学生的创新精神和创新能力；提高学生的人文素质，如思想道德品质、爱国观念、审美意识和创造美的能力、环保及卫生意识、法制与法纪观念、口才与社会交际能力、文学与艺术的创作和熏陶等；提高学生的心理素质；发展学生的专长和特长①。

研究者认为，少数民族院校可以借鉴这样的半开放性的义务教育目标，以自身所处的环境和学生的实际基础为基点，以少数民族学生的全面发展为目标，设置相应的"离校标准"。

## 第二节　建立文化——教育相容的课堂

### 一、课堂语言：给予学生可能性语言，助其构造未来

话语权是课堂权力资源最核心的部分，教师通过宣讲、问答、命令和说教等方式掌握着话语的主动权。课堂世界是一个语言充盈流淌的世界，讲授、聆听、提问、回答、讨论、阅读、写作等都是语言输入流出的过程。然而这决不仅仅是一个技术性、心理性的过程，更是一个社会性、权力性的过程，即一个话语运作的过程。教学常常处于话语场域中，话语权是课堂权力资源最核心的部分。在传统的课堂，教师几乎独享了话语权，学生处于"失语"或"人微言轻"的状态，这使师生关系呈现出"教化与被教化、监视与顺从"的性质②。目前我国的基础教育改革正是要改变这种教师完全支配课堂的情况。这不是在否定教师对话，而是让教师对话中充满更多的人文关怀，让学生参与到对话中，并主动表达自己的意见和想法。保罗·弗莱雷的研究发现，课堂对话由教师引导，能够推动学生的认知发展，给予学生可能性语言成为激励学生向上的赋权教学内容。在弗

---

① 王宝升. 对基础教育任务和内容的再认识［J］. 教学与管理，2002（9）.
② 陈振中. 论课堂社会的话语场域［J］. 广西师范大学学报（哲学社会科学版），2004（2）.

莱雷对第二位女教师的赋权教学过程中发现，教师为学生引导出这样一句经典的话——成功事业的关键是选择。这位教师在课堂中强调，在学生未来生活中，个人的"选择"非常重要，教育学生要在课堂上大胆地说"我能"，而不是"我希望"、"我计划"、"我梦想"等词汇。因为"我能"代表我可以做到、我可以立即去实践。而"我计划"、"我梦想"只能成为一个理想，运用不到实践当中。这位教师强调增强学生对自己生活可能性语言的运用，让学生意识到自己在未来有很多种选择，并去实践这些选择。教育是一门艺术，教学谈话技术更是在教育实践过程中必不可少；看上去简单却深含学问的一个过程，教师引领的谈话与学生智慧的开启直接相关。所以，增强教师与学生谈话的技术，可以培养学生积极的人生观和学业观。

已经有实验证明，积极的、肯定性的语言和成绩有着密切关系。与"皮格马利翁效应"的产生原理相似，学生在教师肯定和鼓励的话语下，在教师会心的微笑中会爆发潜能，对未来产生积极的期待。只是很多教师在高考升学率的压力下，只对成绩好的学生表示积极回应，运用微笑和鼓励性语言等方式表达对他们的高期望。那么，在赋权模式下，教师需要站在当地社区所处的弱势位置上，站在弱势学生的位置上，思考应用于学生的"可能性"语言。教师应该在实践中多鼓励学生，将学生的语言和文化背景运用于实践当中，激发学生"选择"的主动性。

在研究者所调研的傣族中学，教师在"普通班"的课堂上所使用的语言多是"消极的评定"、"说教"、"威胁"和"训斥"。诸如，数学课上，教师在"哄"学生要"好好表现"；地理课堂上，教师教训学生要好好学习，"不好好学，就把资料拿到其他班用"；音乐课上，教师带领学生领悟歌词，训诫学生要听母亲的话，"母亲说什么话，你们都要听着，做什么事情都要三思而后行"。这些语言看上去像是教育学生，但是细细分析，暗示了教师对学生的消极判断，认为他们就不能考上好的学校，在课堂上不会好好学习，不好好学就不配拥有珍贵的学习资料。这些都对学生无意间造成了心理伤害，形成了"冷暴力"。

尽管隐性辍学生在学业上面临失败，但是在其他方面，以后的生活中，他们一样可以去发挥自己的特长和专长，去实践自己的理想。让他们告诉自己"我能考大学"和"我可以考大学"，而不是"我想考大学"。因为"我想考大学"背后总隐藏着一句"但是我不能考上"。所以，让学生学会管理自己的语言，在未来的生活中，学生就会不怕困难，培养独立的人格。

## 二、课堂内容展开：注重民族文化的渗透和文化产出

学生有了自信心之后，需要教师在学业上和文化上给予学生更多的关注。这也就是弗莱雷的研究对象中，第三位女教师所展示给我们的更深一层的教育过程和教育意义。第三位女教师不仅教育学生要具备主流语言的读、写、用的能力，要注重"选择"主观能动性外，她还在课堂中实践着自己热爱文化的特质，将这些学生自身的文化内容贯穿于服饰和学校文化当中，将学生自身的历史和文化内容作为教学资源运用于课堂中。同时，教育孩子要保护好自己的文化，激励学生要多努力，在社会中积极表现、勇敢面对，为自己的家乡努力。

我国是一个多民族的国家，存在"大杂居，小聚居"的状况。一些少数民族群众由于处于相对封闭的山区，参与社会竞争的能力较弱。教育——文化相容的教育可以为学生提供更多的参与机会。那么，什么样的教育是与文化相容的教育呢？罗兰德的文化相容理论认为文化与教育关系的密切程度对学生辍学有很大的影响力，符合学生所处的民族文化和家庭文化的教育才是推动学生上学的重要因素，不相容的文化因素导致了学生辍学。那么，将其理论运用到我国少数民族教育的有效课堂实践中，如何操作呢？

首先，要认识到少数民族儿童自身的语言和文化并不是他们学习的障碍，学校领导和教师并不能在统一课标下"抱怨"学生基础差，应该客观地看待教科书、看待学生，将学生自身的语言和文化看作教学资源和动力。只有学校领导和教师真正认识到少数民族文化在教育中的重要作用，明确学生本身所具有的文化底蕴，才能收到较好的效果。学生是既定文化

中拥有自己文化传统和思维习惯的人，如果教育管理者或者教师能够了解学生的语言和文化情况，那么学生参与课堂活动的动力将会大大增强，学校的文化和学生家庭的文化将促成"文化的一致"，学生辍学的可能性将大大降低。

其次，在课堂实践中应用这四个变量和两个常量进行教学。如就动机而言，指的是学生对成就的期待。在动机方面的文化差异是学业成就的中心变量。标准化的学校课堂依靠学生自身对成就的需要和个人的竞争意识。傣族信仰小乘佛教，由此傣族群众的性格非常温和，就像水一样。傣族家长对儿女的要求是快快乐乐地生活，不要有太多的烦恼和牵绊。所以，傣族学生的学业成就动机比较低。由这一动机影响了其他三个变量：傣族学生在社会组织方面不喜欢竞争，喜欢合作；社会语言方面以大局为重，懂礼貌；在与人交流时，不慌不忙，态度温和。在常量当中，第一是语言发展。任何水平的语言发展，通过语法体现的词汇量，一定是整个学校生活的自我意识和全部目标。因为语言发展来自使用，来自师生之间有目的的交谈，而不是来自枯燥的和非情景化的规则。教师每天的任务是使每一个孩子参与到结构性的对话中。第二个是情境教学。情境教学的意思是将学生的经验、背景知识和图式运用到教学当中。在这里，罗兰德提出阅读教学的 E-T-R（experience—text—relationship）教学法。这种教学法类似情境教法，可以激发学生的自豪感、自信心和强烈的民族认同感，而这些因素则促使学生获得更大的学业成就。在变量的控制中，少数民族学校应注重研究学生的学习特点和思维特点。比如在傣族学校当中，学生学业成就动机低，因为他们不喜欢竞争，心态较为平和。那么，教师在课堂中应该减少具有竞争性的问题，多设置小组讨论和小组活动，让学生在集体讨论中解决问题。但是在云南这样多民族聚居省份的学校课堂中，一个班的学生几乎来自三四种民族，所以课堂结构要照顾不同学生的需要，既安排小组讨论，让学生感到放松，同时也照顾那些爱表现自己的学生的需要。在文化相容活动中，提到的社会语言主要是指礼节和交流方式。比如"等待时间"看上去很琐碎，但是这反映出了关系、学习和满意的质量。在不同文化中，有不同的礼节和交流方式。比如怀特和萨坡研究了"学生在回答问题之后教师再次说话的等待时间"。所以，观察学生在课堂中的礼节和交流喜好，对促进文化相容的教育有切实的帮助。对于傣族学生而言，教师应关注学生在回答问题时的语气，分清楚是学生答不出问题还是在努力思考，不要急于把答案说出来。

在我国少数民族地区，与文化相容的课堂是可以实现的。以阿昌族学生为主的课堂为例。阿昌族学生在课堂上比较沉默。在课间玩游戏喜欢扎堆儿，玩游戏时也不喜欢说话。但是如果有一名教师加入，他们会跟随这些建构式的谈话展开对话。那么，根据阿昌族学生的喜好特点，在课堂上，教师一定要使用阿昌语和学生交流，可以设置小组讨论，结合课堂内容为每个小组布置一些开放性问题。阿昌族家庭非常注重孩子待人接物的能力，教学过程中就可以穿插这些生活教育的内容。傣族的女生到了六年级就开始学着穿着打扮，到了初中，很多女孩子都开始化妆、涂抹指甲油，教师可以结合学生对服装的理解进行语言表达能力的训练。这个训练的前提是教师必须结合教学内容，事先构建结构性的对话内容，而不是让学生在单调的聊天中随意表达。景颇族学生特别注重"关系"，如家庭关系与朋友关系。他们喜欢相互走动，这是其生存方式，也是传统文化的一部分。那么，如何让学生在友爱的氛围中学习是值得教师思考的一件事情。作为第二个常量的情境教学，能把学生的个人经历和课堂内容联系起来，有利于激发学生的民族认同感和自信心。E-T-R 教学法除需要教师认真备课外，还要对学生所处的文化背景有所了解，在课堂中要认真理解学生的分享和思考。

## 第三节　提高教育决策民主化，赋予学生及家庭参与教育决策的权力

教育决策的民主化是指在充分尊重以人为中心的教育对象的基础上，通过对权力的恰当分配以及各方面意见的分析综合，有效选择教育行动方案的过程。对教育决策民主化的界定，主要包括三个方面的内容：其一，

要以充分尊重人为中心；其二，要对权力进行恰当分配；其三，要经历一个民主的过程。这三方面内容的核心是解决好人与权力的关系①。只有兼顾少数民族学生和群众对语言和文化的特殊需要，少数民族义务教育的目标和任务才具有自身的特色。而少数民族教育有了特色，质量才会有可能提高，因为这样的特色建立在教育受益人需要的基础之上。

赋权主要是指从个体本身所处的环境需求出发，唤醒其权力意识和观念，增强其能力（简称增能），从而达到改善状况目的的过程。这里的权力是指个人或群体拥有的力量，是对外界的影响力和控制力，强调的是人们对他人、组织或社会的拥有、影响和控制。研究者在教育场域中所调研分析得出的结论是，学生和家长很少对自身所处的教育状况进行反思，家长很少关注孩子对学校的态度，对课程的态度，以及教师的教学。高梦滔针对云南省1422个农户的微观数据，利用生存函数模型测算了西部农村基础教育质量对孩子辍学率的影响。研究得出，"父母受教育程度的提高对于降低孩子辍学率具有显著的正向影响，尤其是母亲的作用更大"②。

主要原因在于，教育决策一直以来都是由当地教育部门和学校"说了算"，家长即使再不满意，也很难有诉说的渠道。那么，在现代教育科学管理与决策环境下，学生和家长应充分参与到教育决策中。公民参与状况是一个国家政治体制成熟程度和现代化水平高低的重要标志之一，是国民教育不可或缺的基本内容③。家长和学生作为教育利益的相关者，应该有权力参与到教育决策中，这也是为培养具有高度参与意识的社会主义公民服务。学校应该为培养具有"批判性"的公民服务。"批判性"的思维和看事物的态度，是在现代民主社会中必备的一项基本素质和素养。只有公民能够客观地分析自身所处的环境，那么他们才会利用已有资源试图改善自己的处境。

① 杨颖秀. 教育决策的民主与效益问题分析 [J]. 教学与管理, 2001 (2).

② 高梦滔. 教育质量与西部农村孩子辍学率：云南省的经验证据 [J]. 中国人口科学, 2007 (4).

③ 刘晨晔. 公民参与教育：我国思想理论教育工作的一项重要任务 [J]. 新乡师范高等专科学校学报, 2007 (1).

傣族中学区分出"提高班"和"普通班",为两类不同班级安排同样的教师,甚至声明,所有学生可以在两类班级中流动。学生可以请假逃避严格的点名制,这些"看似民主"的决策却是"虚假的民主"。因为从实际教育过程中,我们发现,即使是同一位教师,在两类班级中所使用的语言背后的意义完全不同,对于"差班"是消极的评价和指责,对于"好班"总是鼓励、再鼓励。这些教育决策没有以充分尊重人为中心,所以并不是富有民主性的教育决策。我们看到了这样的结果,很多学生成为"牺牲品",成为在籍却不参与课堂的"逃学生",成为学校领导和教师眼里的"差生"。

2010年,山东省潍坊市教育局局长张国华在《中国教育报》中论述"让利益相关者参与教育改革创新"议题时指出:"学生和家长是最关心学校、最希望学校办好的群体,也是最能感知学校办学状况的利益主体,但他们却对学校和教师的办学育人情况没有发言权、监督权、评价权。如果不动员他们参与到维护自身权益中来,学校和教师就缺少规范办学的内生动力,任凭教育部门怎么用力也只能治标不治本。"①

## 第四节　完善义务教育监测体系

虽然我国在1986年4月12日就颁布了《中华人民共和国义务教育法》(下文简称为《义务教育法》),但是在全国范围内普及九年义务教育是在2008年。从普及九年义务教育的4年多的时间来看,普及率明显提高,学校借助"两基"国检这一机会,硬件设施得到了很大的改善。全国各族适龄儿童不分民族、性别、地域,均可接受免费九年义务教育。这在我国教育历史上是一个很大的进步,也是具有里程碑意义的一件大事。尽管"两基"达标率和巩固率有所提高,但这只是教育数量的反映。从质量的监测情况来看,质量监测体系并未完善。研究者认为,民族教育质量应

---

① 张国华. 让利益相关者参与教育改革创新 [N]. 中国教育报,2010 – 10 – 25.

注重文化和成绩的双重监测，文化不仅包括学生所处的民族文化、社区文化，从大的方面来说，还应包括社会发展所需要的民族性格的完善和民族文化的主动传承精神。义务教育阶段的学生不仅只是传承固态的文化，更重要的是培养他们具有积极传承文化的理念，一种"面向现代化、面向世界、面向未来"的积极向上的心态。

从监测指标体系来看，首先，要明确义务教育的指导方针。从 1986 年《义务教育法》颁布到 2006 年对这部法律的最近一次修订，义务教育指导方针必须贯彻国家的教育方针。从 1986 年的"努力提高教育质量，使儿童、少年在品德、智力、体质等方面全面发展，为提高全民族的素质，培养有理想、有道德、有文化、有纪律的社会主义建设人才奠定基础"，到 2006 年的"实施素质教育，提高教育质量，使适龄儿童、少年在品德、智力、体质等方面全面发展，为培养有理想、有道德、有文化、有纪律的社会主义建设者和接班人奠定基础"看出，方针整体性质不变，都是为了培养我国的现代化建设者和接班人，德、智、体等方面全面发展。而提高教育质量是形成合格的接班人的必要途径。所以现阶段，实现"两基"目标之一的"基本实现九年义务教育"的目标，"控辍保学"非常关键。但是，目前不能将两方面分裂开来，"控辍"和"保学"是相互联系的整体，保得住学生的受教育过程，才能最终保证"控辍"。抓教育结果，需要关注教育过程。而"保学"正是教育过程的体现。"控辍保学"是义务教育目标的两个阶段——"控制辍学率"和"保障学习"。目前我国的义务教育目标是"控辍"，也就是保障学校的年辍学率不高于 3%，保障适龄儿童都有接受教育的权利，是"能上学"的目标，这在普及九年义务教育的初期具有重要的监测价值。因为，在全国范围内普及九年义务教育是我国《义务教育法》的要求，是义务教育数量的体现。这对于保障适龄儿童能够享受九年义务教育有重要的意义。当全国大部分地区都基本实现了"两基达标"，通过了"两基"国检，"保学"就应成为下一阶段的目标。研究者认为，"保学"不仅是保障儿童辍学率低的教育手段，也是义务教育目标的最终目的。"保学"是教育质量的反映，"控辍"是教育数量的体现。所以，教育部门和教育一线需要进一步明确义务教育目标的最终目的是"保学",也就是不仅保障儿童无条件入学的权利,更要保障儿童在学校无条件接受学校优质的教育资源,接受相对公平的受教育权利。

其次,从监测指标上来说,年辍学率不足以监测义务教育的质量,完学率才能说明质量问题。完学率是指入学学生完成学业的比例,但同时也要将"获得率"计算在内。"获得率"是指成年人中具有初中学历的比例。利用"完学率"和"获得率"共同监测义务教育质量,不仅对隐性辍学现象有所遏制,提升教育质量,而且将中途辍学的学生的扫盲教育包含在内。不仅如此,"获得率"也对我国的扫盲教育的监测起到一定的指导作用。那么,不只是义务教育目标单步走,"基本扫除青壮年文盲"的监测体系也将完善,这样我国的"两基"目标将同步实现。

# 主要参考文献

## 一、著作类

Tashakkori A, Teddlie C. Mixed methodology combing qualitative and quantitative approaches [M]. California: Sage Publications, 1989.

Bottomore T B. Elites and society [M]. Harmondsworth: Penguin, 1966.

Guba E G, Lincoln Y S. Fourth generation evaluation [M]. Newbury Park, Cali. : Sage Publication, 1989.

Connelly F M, He Ming Fang, Phillion J. The SAGE handbook of curriculum and instruction [M]. Los Angeles: Sage Publications, 2008.

Fullan M. The new meaning of educational change [M]. New York: Teachers College, 2001.

Spindler G D. Education and cultural process: toward an anthropology of education [M]. New York: Holt, Rinehart and Winston, INC, 1974.

Morrison G S. Teaching in America [M]. Boston: Allyn and Bacon Publishing Company, 2000.

Truba H T, Spindler G L. What do anthropologists have to say about dropouts [M]. New York: The Falmer Press, 1989.

Bachrach P, Baratz M S. Power and poverty [M]. New York: Oxford University Press, 1970.

Barrow R. A critical dictionary of educational concepts: an appraisal of selected ideas and issues in educational theory and practice [M]. New York: St. Martin's Press, 1986.

Hofferbert R. The study of public policy [M]. Indianapolis: Bobbs-Merrill company, 1974.

Gibson M A, Ogbu J U. Minority status and schooling: a comparative study of immigrant an involuntary minorities [M]. New York and Landon: Garland Publishing, Inc, 1991.

Van Manen M. The tone of teaching ［M］. Canada：The Althouse Press. 2002.

B. 霍尔姆斯，M. 麦克莱恩. 比较课程论 ［M］. 张文军，译. 北京：教育科学出版社，2006.

C. A. 冯·皮尔森. 文化战略 ［M］. 刘利圭，等，译. 北京：中国社会科学出版社，1992.

E. 马克·汉森. 教育管理与组织行为 ［M］. 冯大鸣，译. 上海：华东师范大学出版社，2009.

Martin Carnoy. 国际教育经济学百科全书 ［M］. 闵维方，等，译. 北京：高等教育出版社，2000.

W. F. 麦凯，M. 西格恩. 双语教育概论 ［M］. 严正，柳秀峰，译. 北京：光明日报出版社，1989.

Y. 巴泽尔，产权的经济分析 ［M］. 费方域，段毅才，译. 上海：上海人民出版社. 2006.

艾尔·巴比. 社会研究方法 ［M］. 第10版. 邱泽奇，译. 北京：华夏出版社，2005.

爱切生. 语言的变化：进步还是退化 ［M］. 徐家祯，译. 北京：语文出版社，1997.

安·梅齐札克. 政策研究方法论 ［M］. 谢栋梁，译. 台北：弘智文化事业公司，2000.

蔡寿福. 云南教育史 ［M］. 昆明：云南教育出版社，2001.

陈立鹏. 中国少数民族教育立法论 ［M］. 北京：中央民族大学出版社，1998.

陈时见. 教育研究方法 ［M］. 北京：高等教育出版社，2007.

陈向明. 质的研究方法与社会科学研究 ［M］. 北京：教育科学出版社，2000.

陈孝彬. 教育管理学 ［M］. 北京：北京师范大学出版社，1999.

陈玉琨. 中国高等教育评价 ［M］. 广州：广东高等教育出版社，1993.

戴庆厦. 中国少数民族双语教育概论 ［M］. 沈阳：辽宁民族出版

社，1998.

德里克・朗特里. 英汉双解教育词典 ［M］. 赵宝恒，等，译. 北京：教育科学出版社，1992.

杜小明. 青海教育史 ［M］. 西宁：青海人民出版社，2006.

段作章，等. 基础教育课程改革透视与展望 ［M］. 合肥：安徽教育出版社，2004.

范国睿. 教育生态学 ［M］. 北京：人民教育出版社，1999.

范国睿. 教育政策观察第一辑 ［M］. 上海：华东师范大学出版社，2009.

费孝通. 中华民族多元一体格局 ［M］. 北京：中央民族大学出版社，1999.

冯增俊. 教育人类学 ［M］. 南京：江苏教育出版社，2001.

弗兰克・费希尔. 公共政策评估 ［M］. 吴爱明，李平，等，译. 北京：中国人民大学出版社，2003.

弗朗西斯・C. 福勒. 教育政策学导论 ［M］. 许庆豫，译. 南京：江苏教育出版社，2007.

傅维利，刘民. 文化变迁与教育发展 ［M］. 成都：四川教育出版社，1988.

顾明远. 教育大辞典 ［M］. 上海：上海教育出版社，1990.

顾明远. 教育大辞典增订合编本 ［M］. 上海：上海教育出版社，1992.

H. K. 科尔巴奇. 政策 ［M］. 张毅，韩志明，译. 长春：吉林人民出版社，2005.

哈经雄，滕星. 民族教育学通论 ［M］. 北京：教育科学出版社，2001.

汉语大词典编纂处. 汉语大词典 ［M］. 缩印本. 上海：上海辞书出版社，1986.

亨利・A. 吉鲁. 教师作为知识分子——迈向批判教育学 ［M］. 朱红文，译. 北京：教育科学出版社. 2008.

黄大龙. 新课程推进中的问题与反思 ［M］. 北京：中国传媒大学出版社，2006.

教育部基础教育司，教育部师范教育司. 新课程的教学实施 ［M］. 北京：

高等教育出版社，2004.

教育部基础教育司，教育部师范教育司. 新课程与学生评价改革［M］. 北京：高等教育出版社，2004.

教育部基础教育司. 走进新课程——与课程实施者对话［M］. 北京：北京师范大学出版社，2002.

教育部基础教育一司. 中小学管理文件选编［M］. 北京：北京大学出版社，2009.

教育部政策研究与法律建设司. 中华人民共和国现行教育法规汇编［M］. 北京：法律出版社，2008.

杰克·理查兹，约翰·普兰特，赫迪·魏伯. 朗曼应用语言学词典［M］. 刘润清，等，译. 太原：山西教育出版社，1993.

金大军，钱再见，等. 公共政策执行梗阻与消解［M］. 广州：广东人民出版社，2008.

金东海. 少数民族教育政策研究［M］. 兰州：甘肃教育出版社，2002.

靳玉乐. 新课程改革的理念与创新［M］. 北京：人民教育出版社，2003.

克莱德·M. 伍兹. 文化变迁［M］. 何瑞福，译. 石家庄：河北人民出版社，1989.

景颇族简史编写组. 景颇族简史［M］. 北京：民族出版社，2008（4）.

克利福德·格尔茨. 文化的解释［M］. 韩莉，译. 南京：译林出版社，2008.

兰靖，张念蒙. 异化与危机——隐性辍学论［M］. 昆明：云南大学出版社，2010.

雷正明. 景颇族教育的发展变化［G］//陈德寿. 山的脊梁——中国景颇族新社会发展变迁史. 昆明：云南美术出版社，2006.

李明江. 学校管理学［M］. 开封：河南大学出版社，2008.

联合国教科文组织. 教育——财富蕴藏其中：国际21世纪教育委员会报告［M］. 联合国教科文组织总部中文科，译. 北京：教育科学出版社，1996.

联合国教育科学及文化组织. 普及到边缘化群体［M］. 北京：中国对外

翻译出版公司，2010.

联合国教科文组织. 国家教育报告［M］. 北京：人民教育出版社，1992.

联合国开发计划署. 2004 年人类发展报告——当今多样化世界中的文化自由［M］. 北京：中国财政经济出版社，2004.

林奇. 多元文化课程［M］. 黄政杰，译. 台北：台湾师大书苑，1998.

林水波，张世贤. 公共政策［M］. 台北：五南国书出版社，1989.

林耀华. 民族学通论［M］. 北京：中央民族大学出版社，1997.

刘复兴. 教育政策的价值分析［M］. 北京：教育科学出版社，2003.

龙登丽，沈旸. 农村寄宿制学校的管理与建设［M］. 昆明：云南民族出版社，2010.

迈尔斯，休伯曼. 质性资料的分析：方法与实践［M］. 第 2 版. 张芬芬，译. 重庆：重庆大学出版社，2011.

莫勇波. 公共政策执行中的政府执行力问题研究［M］. 北京：中国社会科学出版社，2007.

钱源伟. 基础教育改革研究［M］. 上海：上海科技教育出版社，2001.

乔尔·斯普林. 美国学校教育传统与变革［M］. 北京：人民教育出版社，2010.

全国政协文史和学习委员会暨云南省政协文史委员会. 傣族（下）［M］. 北京：中国文史出版社，2010.

石中英. 教育学的文化性格［M］. 太原：山西教育出版社，1997.

斯图亚特·S. 那格尔. 政策研究百科全书［M］. 北京：科学技术文献出版社，1990.

宋蜀华. 中国民族概论［M］. 北京：中央民族大学出版社，2001.

苏德，陈中永，等. 中国边境民族教育论［M］. 北京：中央民族大学出版社，2012.

孙若穷. 中国少数民族教育学概论［M］. 北京：中国劳动出版社，1990.

覃光广，等. 文化学辞典［M］. 北京：中央民族学院出版社，1988.

滕星，王军. 20 世纪中国少数民族与教育［M］. 北京：民族出版社，2002.

滕星，王铁志，等. 民族教育理论与政策研究 ［M］. 北京：民族出版社，2009.

滕星，张俊豪. 多民族文化背景下的教育研究 ［M］. 北京：民族出版社，2009.

滕星. 多元文化社会的女童教育——中国少数民族女童教育导论 ［M］. 北京：民族出版社，2009.

滕星. 教育人类学的理论与实践 ［M］. 北京：民族出版社，2009.

田宝军. 教师心理契约与学校人本管理 ［M］. 保定：河北大学出版社，2011.

王本陆. 课程与教学论 ［M］. 北京：高等教育出版社，2004.

王嘉毅，吕国光. 西北少数民族基础教育发展现状与对策研究 ［M］. 北京：民族出版社，2006.

王鉴. 民族教育学 ［M］. 兰州：甘肃教育出版社，2002.

王鉴，万明钢. 多元文化教育比较研究 ［M］. 北京：民族出版社，2006.

王鉴. 民族教育学 ［M］. 兰州：甘肃教育出版社，2002.

王军，董艳. 民族文化传承与教育 ［M］. 北京：中央民族大学出版社，2007.

王军. 文化传承与教育选择 ［M］. 北京：民族出版社，2002.

锡宏. 中国少数民族教育本体理论研究 ［M］. 北京：民族出版社，1998.

王小波. 城市社区女性赋权与增能——社会性别视角下的城市社区建设研究 ［M］. 天津：天津社会科学院出版社，2010.

王振岭. 青藏牧区教育跨越式发展研究 ［M］. 西宁：青海人民出版社，2011.

威廉姆·F. 派纳. 理解课程：历史与当代课程话语研究导论 ［M］. 北京：教育科学出版社，2003.

韦恩. K. 霍伊，塞西尔·G. 米斯克尔. 教育管理学：理论·研究·实践 ［M］. 范国睿，等，译. 北京：教育科学出版社，2007.

吴鼎福，诸文蔚. 教育生态学 ［M］. 南京：江苏教育出版社，2000.

吴康宁. 课程社会学研究 ［M］. 南京：江苏教育出版社，2004.

吴政达. 教育政策分析：概念、方法与应用 ［M］. 台北：高等教育文化事业有限公司，2008.

熊川武，江玲. 学校管理心理学 ［M］. 第 2 版. 上海：华东师范大学出版社，2007.

杨东平. 中国教育公平的理想与现实 ［M］. 北京：北京大学出版社，2006.

杨莉. 民族区域自治地方经济发展研究 ［M］. 北京：经济科学出版社，2009.

原硕波. 学校管理与实践 ［M］. 海口：海南出版社，2007.

袁同凯. 走进竹篱教室 ［M］. 天津：天津人民出版社，2004.

袁振国. 当代教育学 ［M］. 北京：高等教育出版社，2001.

袁振国. 教育政策学 ［M］. 南京：江苏教育出版社，2000.

袁振国. 中国教育政策评论 2011 ［M］. 北京：教育科学出版社，2011.

约翰·古德拉. 一个称为学校的地方，未来的展望 ［M］. 梁云霞，译. 台北：联经出版事业公司，2008.

张国. 2007 年中国教育绿皮书：中国教育政策年度分析报告 ［M］. 北京：教育科学出版社，2007.

张焕庭. 教育词典 ［M］. 南京：江苏教育出版社，1988.

孙绵涛. 教育政策学 ［M］. 北京：中国人民大学出版社，2010.

赵昌木. 教师专业发展 ［M］. 济南：山东人民出版社，2011.

赵宗福. 2010—2011 年青海经济社会形势分析与预测 ［M］. 西宁：青海人民出版社，2012.

郑杭生. 民族社会学概论 ［M］. 北京：中国人民大学出版社，2005.

郑金洲. 教育文化学 ［M］. 北京：人民教育出版社，2000.

中共中央统战部. 民族问题文献汇编 ［M］. 北京：中共中央党校出版社，1991.

《中国教育百科全书》编委会. 中国教育百科全书 ［M］. 北京：海洋出版社，1991.

钟启泉. 课程与教学概论 ［M］. 上海：华东师范大学出版社，2004.

钟启泉，等. 为了中华民族的复兴，为了每位学生的发展——《基础教育课程改革纲要（试行）》解读［M］. 上海：华东师范大学出版社，2001.

朱俊杰，杨昌江. 民族教育与民族文化发展研究［M］. 长沙：湖南教育出版社，2006.

朱幕菊. 走进新课程——与课程实施者对话［M］. 北京：北京师范大学出版社，2002.

庄孔韶. 人类学通论［M］. 太原：山西教育出版社，2007.

佐藤学. 课程与教师［M］. 钟启泉，译. 北京：教育科学出版社，2003.

佐藤学. 学习的快乐［M］. 钟启泉，译. 北京：教育科学出版社，2004.


二、期刊类

Cardoso A R, Verner D. School drop-out and push-out factors in Brazil: the role of early parenthood, child labor, and poverty ［J］. World Bank, Latin American and the Caribbean Region, 2007 (3).

Bachrach P, Baratz M S. Tow faces of power ［J］. American Political Science Review, 1962 (56).

Ball A F. Empowering pedagogies that enhance the learning of multicultural students ［J］. Teachers College Record, 2000 (6).

DeRosier M E, Kupersmidt I B, Patterson C J. Children's academic and behavioral adjustment as a function of the chronicity and proximity of peer rejection. Child Development, ［J］. 1994.

M. Fullan, A. Pomfret. A. Research on curriculum and instruction implementation ［J］. Review Of Educaional Research, 1977.

P. Bachrach, M. S. Baratz. Decision and nondecision: an analytical framework ［J］. American Political Science Review, 1963 (57).

白亮. 关于西北民族地区寄宿制学校办学若干问题的思考［J］. 当代教育与文化，2009 (3).

白雪松. 课程政策执行的社会学分析［J］. 科教文汇，2008 (8).

白珍，张世均. 谁是民族文化传承的主要承担者——解析当前基诺族民族文化传承困境与措施［J］. 时事观察，2009（1）.

鲍传友. 论中国教育政策研究的本土化［J］. 天津市教科院学报，2005（3）.

包海芹. 教育政策制定的理论模式评析［J］. 教育学术月刊，2009（1）.

鲍宏光. 当代景颇族基督教的功能、问题及其根本出路［J］. 大理学院学报，2004（11）.

蔡宝来，王慧霞. 教师教育研究的发展趋势［J］. 教师教育研究，2006（5）.

蔡宝来. 论传统观念对民族教育的制约作用［J］. 西北师范大学学报（社会科学版），1993（1）.

蔡军. 当代中国教育政策的价值选择［J］. 理论探索，2009（1）.

才让加. 对民族地区人口规模动态变化的分析［J］. 西北民族大学学报，2005（6）.

苍铭. 云南民族迁徙的社会文化影响［J］. 云南民族学院学报（哲学社会科学版），1998（1）.

曹惠容. 影响新加坡双语教育政策有效执行的因素分析及其启示［J］. 比较教育研究，2009（7）.

曹能秀，王凌. 少数民族地区的学校教育和民族文化传承［J］. 云南师范大学学报（哲社版），2007（2）.

查尔斯·蓝伯. 公共政策研究的新进展［J］. 郁建兴，徐越倩，译. 公共管理学报，2006（2）.

昌泽斌. 超前性、合理性、效益性和有序性——关于农村中小学布局调整的实践与思考［J］. 教育科学，1995（1）.

常宝宁. 免费政策实施后儿童辍学现状的调查研究——以西北三省区为例［J］. 上海教育科研，2010（2）.

常永才. 试论加强少数民族教育研究的重要意义［J］. 西南师范大学学报（社会科学版），1999（6）.

常锡光. 云南省实施国家基础教育课程改革的回顾与反思［J］. 基础教育

课程，2007（3）.

陈国华. 农村"非经济性辍学"现象透视——文化资本的视角［J］. 继续教育研究，2010（2）.

陈加州，方俐落. 心理契约的测量与评定［J］. 心理学动态，2001（3）.

陈庆云，瑾益奋. 西方公共政策研究的新进展［J］. 国家行政学院学报，2005（2）.

陈卫洪，漆雁斌. 农村寄宿制学校存在问题分析［J］. 贵州教育学院学报，2009（7）.

陈香琴. 亨利·A. 吉鲁及其批判教育学思想［J］. 福建论坛（人文社会科学版），2007（S1）.

陈学飞. 教育政策研究的第三立场：面向政策利益相关者［J］. 清华大学教育研究，2007（3）.

陈玉玲. 以人为本：当代课程政策的核心价值取向［J］. 太原大学教育学院学报，2009（3）.

陈振中. 论课堂社会的话语场域［J］. 广西师范大学学报（哲学社会科学版），2004（2）.

陈自学. 调整校点布局减少教育结构性浪费［J］. 教育财会研究，1994（3）.

崔东植，邬志辉. 韩国农村小规模学校合并政策研究［J］. 教育发展研究，2010（10）.

崔允漷. 课程改革政策执行：一种分析的框架［J］. 教育发展研究，2005（10）.

达娃曲珍. 浅谈少数民族地区双语教学的重要性［J］. 科技教育，2010（9）.

戴庆厦，董艳. 中国国情与双语教育［J］. 民族研究，1996（1）.

戴庆厦，董艳. 中国少数民族双语教育的历史沿革［J］. 民族教育研究，1996（4）.

戴庆厦. 濒危语言研究在语言学中的地位［J］. 长江学术，2006（1）.

戴庆厦. 我国南方少数民族双语教育研究的现状及任务［J］. 民族教育研

究，1996（2）．

戴庆厦．中国少数民族双语教育的现状及发展趋势［J］．黑龙江民族丛刊，1998（10）．

邓旭．教育政策执行的四重路径［J］．江西教育科研，2007（5）．

邓旭．制度视野下教育政策执行研究方法论的范式转换［J］．教育理论与实践，2008（11）．

丁生年．新中国课程政策的理论思考［J］．教育理论与实践，2009（3）．

董艳．浅析世界双语教育类型［J］．民族教育研究，1998（2）．

樊秀丽．教育民族志方法的探讨［J］．教育学报，2008（6）．

范先佐，郭清扬．我国农村中小学布局调整的成效、问题及对策——基于中西部地区6省区的调查与分析［J］．教育研究，2009（1）．

范先佐．农村中小学布局调整的原因、动力及方式选择［J］．教育与经济，2006（1）．

方柠．民族双语双文教学改革的思考——以云南德宏傣族景颇族自治州为例［J］．云南民族学院学报（哲学社会科学版），2002（9）．

费孝通．对文化的历史性和社会性的思考［J］．思想战线，2004（2）．

费孝通．简述我的民族研究经历和思考［J］．北京大学学报（哲学社会科学版），1997（2）．

冯玺，李磊．我国民族教育政策现状及对策的探讨［J］．湖北社会科学，2007（10）．

冯小钉．美国的双语教育与双语教育的政治性［J］．世界民族，2004（1）．

尕旦木草．浅谈少数民族学前双语教育的重要意义［J］．新课程，2009（12）．

高梦滔．教育质量与西部农村孩子辍学率：云南省的经验证据［J］．中国人口科学，2007（4）．

高芹．教师专业发展过程中的问题与对策——基于教育生态学的视角［J］．教育探索，2010（11）．

葛敬义．实现规模办学，提高办学效益［J］．教育理论与实践，1992

(5).

郭清扬. 我国农村中小学布局调整的具体成效 [J]. 教育与经济, 2007 (2).

韩家炳. 加拿大民族文化政策的演变与多元文化主义的缘起 [J]. 淮北煤炭师范学院学报 (哲学社会科学版), 2006 (6).

郝杰. 多语言环境下少数民族儿童及其家庭语言选择行为的分析 [J]. 民族教育研究, 2010 (3).

郝杰. 农村寄宿制学校的管理 [J]. 河北教育 (综合版), 2008 (7).

何杰. 论基础教育课程政策执行的有效性 [J]. 当代教育科学, 2006 (3).

何旋. 诠释少数族群学生低学业成就的新视角 [J]. 德宏师范高等专科学校学报, 2007 (4).

和学新. 班级规模与学校规模对学校教育成效的影响——关于我国中小学学校布局调整问题的思考 [J]. 教育发展研究, 2001 (1).

胡春光. 批判教育学: 一种反压迫的文化论述和民主教育实践 [J]. 教育研究与实验, 2010 (1).

胡春梅. 教育政策执行过程之四重特征 [J]. 教育理论与实践, 2006 (7).

胡东芳. 课程政策: 问题与思路 [J]. 教育理论与实践, 2002 (6).

胡阳全. 近年国内景颇族研究综述 [J]. 云南民族学院学报 (哲学社会科学版), 1997 (2).

华灵燕. 农村中小学布局调整的动因、困难及对策 [J]. 长沙师范专科学校学报, 2007 (1).

黄金结. 文化震惊: 瑶族学生从村小到中心完小——基于对瑶山小学生的调查 [J]. 民族教育研究, 2007 (6).

黄秋琴. 寄宿制中学后勤管理模式的创新与探讨 [N]. 科教文汇, 2009 (35).

黄胜. 水族文化传承的学校教育策略研究 [J]. 民族教育研究, 2009 (1).

贾敏，熊婷婷．美国印第安和我国彝族双语教育对比研究——基于两国少数民族语言政策的研究［J］．绵阳师范学院学报，2008（3）．

贾勇宏．教育政策执行中的村民与地方政府利益博弈——以中西部6省区农村中小学布局调整为例［J］．教育科学，2008（2）．

贾勇宏．农村中小学布局调整的障碍与方式选择［J］．华中师范大学学报（人文社会科学版），2008（3）．

江新军，等．学校少了 质量提高了 群众笑了——新化县调整学校布局掠影［J］．湖南教育，2001（11）．

金生鈜．精英主义教育体制与重点学校［J］．教育研究与实验，2000（4）．

金永芳．论生活老师在寄宿制学校宿舍管理改革中的作用［J］．文教资料，2009（24）．

靳玉乐．课程实施：现状、问题与展望［J］．山东教育科研，2001（11）．

瞿继勇．双语教育与母语保存［J］．河北理工大学学报，2010（1）．

柯政．课程政策的执行与设计［J］．教育发展研究，2005（10）．

孔云峰，李小建，张雪峰．农村中小学布局调整之空间可达性分析——以河南省巩义市初级中学为例［J］．遥感学报，2008（12）．

孔珍．教育政策出台前的关键问题［J］．教育导刊，2008（2）．

库来汗·赛提汗．浅谈双语教学［J］．百花园地，2009（8）．

劳伦斯·安格斯．教育政策、教育管理与文化分析——社会学传统的重要性［J］．华东师范大学学报（教育科学版），2004（3）．

雷晓臻．仫佬族依饭节文化的传承及其演变［J］．广西民族大学学报（哲学社会科学版），2009（2）．

李承先．博弈论方法与教育政策研究［J］．交通高教研究，2004（3）．

李德建．文化差异与民族地区学生低学业成就分析［J］．贵州民族学院学报（哲社会科学版），2010（4）．

李冬媛，马会泉，等．基础教育课程改革反思与建议——浅谈基础教育课程存在的问题以及解决方法与策略［J］．才智，2009（4）．

李红婷．农民工子女低学业成绩的人类学阐释［J］．湖南师范大学教育科学学报, 2008 (5).

李怀宇. 景颇族宗教教育概述 [J]. 中南民族大学学报 (人文社会科学版), 2003 (2).

李怀宇. 文化中断理论对我国民族教育的启示 [J]. 贵州民族研究, 2004 (2).

李孔珍. 教育政策出台前的关键问题 [J]. 教育导刊, 2008 (2).

李森, 王宝玺. 地方课程政策的本质及意义 [J]. 乐山师范学院学报, 2004 (10).

李天雪. 论民族主体在民族文化变迁中的作用 [J]. 民族问题研究, 2004, (10).

李先军. 初级中学重点班制度与教育公平 [J]. 教育学术月刊, 2008 (1).

李原, 郭德俊. 员工心理契约机构及其内部关系研究 [J]. 社会学研究, 2005 (2).

梁淑红. 英国公学的发展模式对我国创建优质高中的启示 [J]. 当代教育论坛, 2003 (4).

廖辉. 新课程政策执行过程中的障碍性因素分析——基于课程政策执行主体的视角 [J]. 现代教育科学, 2009 (4).

廖其发, 杨聪林. "两免一补"政策后西部农村地区初中生辍学原因新解 [J]. 重庆教育学院学报, 2010 (1).

刘晨晔. 公民参与教育: 我国思想理论教育工作的一项重要任务 [J]. 新乡师范高等专科学校学报, 2007 (1).

刘有发. 从"白澳政策"到"多元文化政策"——浅谈澳大利亚国策的演变 [J]. 江西财经大学学报, 2009 (5).

刘宗碧. 我国少数民族文化传承机制的当代变迁及其因应问题——以黔东南苗族侗族为例 [J]. 贵州民族研究, 2008 (3).

龙初凡. 侗族大歌及其保护 [J]. 黔东南民族师范高等专科学校学报, 2005 (5).

卢德生, 赖长春. 从学生自愿性辍学看我国"控辍"政策的调整与转变

[J]. 教育学术月刊, 2009 (1).

卢立涛, 安传达. 大众化、管理主义与市场化——我国近三十年高中教育政策变迁的特点分析 [J]. 继续教育研究, 2008 (12).

鲁芒·C. 昆耶塔. 契合文化敏感性方向的社会工作课程 [J]. 范燕宁, 译. 首都师范大学学报 (社会科学版), 2004 (1).

陆伟, 李素敏. 美国小型学校的运行机制 [J]. 教育评论, 2003 (4).

罗吉华. 教育人类学视野下傣族和尚生低学业成就归因分析 [J]. 湖南师范大学教育科学学报, 2010 (5).

马健生, 鲍枫. 缩小学校规模: 美国教育改革的新动向 [J]. 比较教育研究, 2003 (5).

马效义. 回族社区经商文化与学校教育的文化冲突关系研究 [J]. 赣南师范学院学报, 2007 (2).

马云鹏. 课程改革实验区追踪评估的最新报告 [J]. 教育发展研究, 2005 (9).

马云鹏, 唐丽芳. 新课程实施的现状与对策——部分实验区评估结果的分析与思考 [J]. 东北师范大学报 (哲学社会科学版), 2002 (5).

么加利. 泸沽湖摩梭人基础教育类型及问题分析 [J]. 民族教育研究, 2004 (3).

孟卫青. 教育政策分析的三维模式 [J]. 教育科学研究, 2008 (Z1).

明伟. 雄狮般勇猛的民族——景颇族 [J]. 中国民族教育, 2008 (9).

潘磊. "两免一补"教育政策的调查思考与建议——以广西恭城、龙胜县为例 [J]. 社会科学家, 2008 (5).

裴林. 寄宿制初中生心理问题对策 [J]. 科学咨询, 2006 (10).

彭虹斌, 程红. 我国当前课程实施中存在的一些问题及对策 [J]. 教育理论与实践, 2003 (17).

彭亚华. 少数民族女童低学业成就的归因分析与对策 [J]. 民族教育研究, 2004 (1).

彭永庆. 文化生态学视野下民族地区教育发展的思考 [J]. 广西民族大学学报 (哲学社会科学版), 2010 (3).

普忠良. 彝族双语教育模式 [J]. 中国民族教育, 1999 (5).

祁进玉, 孙百才. 少数民族教育课程政策与评价制度研究 [J]. 青海民族学院学报 (社会科学版), 2004 (2).

秦玉友. 课程政策的趋同关注与文化抵制——20 世纪八九十年代日韩两国课程政策研究 [J]. 外国教育研究, 2007 (9).

秦玉友. 农村学校布局调整的认识、底线与思路 [J]. 东北师范大学学报, 2010 (5).

邱国华. 关于初中阶段辍学率指标及其数据统计的分析——兼与今年《中国教育学刊》相关文章商榷 [J]. 上海教育科研, 2005 (10).

热莎来提·阿不都热合曼. 关于少数民族语言教学的思考 [J]. 教学研究, 2009 (4).

任玉珊. 高等教育政策分析: 一个案例研究 [J]. 现代教育科学, 2008 (1).

邵泽斌, 张乐天. 教育政策: 一个结构主义的分析视角 [J]. 教育理论与实践, 2007 (11).

沈兰. 课程权利再分配: 校本课程政策解读 [J]. 教育发展研究, 1999 (9).

沈良杰. 凉山彝族女学生低学业成就的归因分析与对策 [J]. 西南民族大学学报, 2008 (8).

石火学. 教育政策评估的障碍分析与思考 [J]. 当代教育论坛, 2006 (9).

石人炳. 国外关于学校布局调整的研究及启示 [J]. 比较教育研究, 2004 (12).

苏德, 冯跃. 文化教育人类学视野下的校本课程开发 [J]. 中央民族大学学报 (哲学社会科学版), 2004 (4).

苏德. 对民族教育基本概念的再认识 [J]. 内蒙古师范大学学报, 2002 (2).

苏德. 少数民族多元文化教育的内容及其课程建构 [J]. 中央民族大学学报 (哲学社会科学版), 2008 (1).

苏德. 少数民族双语教育研究综述 [J]. 内蒙古师范大学学报，2004 (11).

苏红彦. 我国少数民族传统文化的传承与发展 [J]. 阴山学刊，2009 (2).

孙百才，仝辉. 农村中小学生辍学原因的实证分析 [J]. 四川理工学院学报（社会科学版），2008 (6).

孙翠香. 流动人口子女教育政策分析 [J]. 教育学术月刊，2009 (1).

孙大廷，孙伟忠. 美国高等教育国际化政策的文化输出取向——以"富布赖特计划"为例 [J]. 黑龙江高教研究，2009 (5).

孙九霞. 赋权理论与旅游发展中的社区能力建设 [J]. 旅游学刊，2008 (9).

索晓霞. 贵州少数民族文化传承方式初探 [J]. 贵州社会科学，1998 (2).

滕星. "多元文化整合教育"与基础教育课程改革 [J]. 中国教育学刊，2010 (1).

滕星. 民族教育概念新析 [J]. 民族研究，1998 (2).

滕星，彭亚华. 20 世纪 80 年代后的中国民族教育研究发展综述 [J]. 中央民族大学学报（哲学社会科学版），2007 (2).

滕星，苏红. 多元文化社会与多元一体化教育 [J]. 民族教育研究，1997 (1).

滕星. 西方少数民族学生学业成就归因理论综述 [J]. 湖北民族学院学报（哲学社会科学版），2004 (2).

滕星. 族群、文化差异与学校课程多样化 [J]. 江苏社会科学，2003 (4).

田宝军，蒋芳. 基于心理契约理论的教师激励机制研究 [J]. 四川师范大学学报，2009 (2).

涂端午，陈学飞. 我国教育政策研究现状分析 [J]. 教育科学研究，2007 (1).

王阿舒，孟凡丽. 新疆少数民族双语教育政策发展综述 [J]. 民族教育研究，2006（2）.

王波. 透视中美少数民族教育政策［J］. 世界知识，2009（18）.

王保华. 研究型分析：一个重要的政策分析方法——兼对一个政策文本的分析［J］. 国家教育行政学院学报，2003（4）.

王宝升. 对基础教育任务和内容的再认识［J］. 教学与管理，2002（9）.

王策三. 关于课程改革"方向"的争议［J］. 教育学报，2006（4）.

王策三. 认真对待"轻视知识"的思潮——再评由"应试教育"向素质教育提法的讨论［J］. 北京大学教育评论，2004（3）.

王超，廖平梦. "离校标准"：义务教育目标的细化——湖南私塾对湖南农村义务教育目标制定的启示［J］. 企业家天地，2010（9）.

王刚. 封闭式管理弊多利少［J］. 教书育人，2002（10）.

王鉴，安富海，黄维海. 略论我国民族地区地方课程的推广、执行与建设问题［J］. 民族教育研究，2007（2）.

王鉴. 民族地区基础教育课程改革问题与探索［J］. 中国民族教育，2007（2）.

王鉴. 试论我国少数民族教育政策重心的转移问题［J］. 民族教育研究，2009（3）.

王鉴. 我国民族教育课程改革及其政策研究［J］. 西北师大学报（社会科学版），2002（6）.

王景. 学校教育传承民族文化初探［J］. 当代教育论坛，2009（1）.

王丽. 双语教学：培养"民汉兼通"人才的重要途径［J］. 中国民族教育，2010（3）.

王玲. 课程政策的意识形态研究［J］. 山东师范大学学报（人文社会科学版），2008（3）.

汪霞. 课程实施：一个值得关注的问题［J］. 教育科学研究，2003（3）.

王小龙. 义务教育"两免一补"政策对农户子女辍学的抑制效果——来自四省（区）四县（旗）二十四校的证据［J］. 经济学家，2009（4）.

王彦力. 超越二元对立：课程与政策［J］. 读书时空，2005（8）.

王泽德，赵上帛. 我国农村中小学布局调整的现状及对策研究［J］. 现代教育科学，2009（4）.

王泽德. 对我国农村中小学布局调整的反思［J］. 教育学术月刊，2009
（5）.

王峥. 文化环境对景颇族教育的影响［J］. 云南师范大学学报，1998
（2）.

王智超，杨颖秀. 教育政策执行滞后问题的深层思考［J］. 教育理论与实
践，2009（6）.

魏月侠. 对我国新课程评价体系的认识［J］. 衡水师范专科学校学报，
2004（3）.

吴继平. 当前农村初级中学学生教育管理问题［J］. 中国科教创新导刊，
2009（9）.

吴正彪. 民族文化知识进课堂与发挥学校教育在保护和传承非物质文化遗
产中的作用［J］. 民族教育研究，2008（6）.

吴志宏. 美国的寄宿学校［J］. 国外社会科学文摘，2001（7）.

伍建全，王桂林. 课程政策取向的本质和特点［J］. 教育探索，2006
（4）.

夏雪. 农村中小学布局调整中的机会主义——一个新制度经济学视角
［J］. 教育科学，2009（3）.

夏雪梅. 试论基于课程标准的学生学业成就评价［J］. 课程·教材·教
法，2007（1）.

萧登银. 农村寄宿制经济负担调查［J］. 教学与管理（小学版），2009
（2）.

萧家成. 景颇族创世史诗与神话［J］. 北京师范大学学报（社会科学
版），1995（6）.

谢超香，张磊. 青海省寄宿制学校现状、问题与对策研究［J］. 大理学院
学报，2009（9）.

熊向明. 对当前农村中小学布局调整的反思［J］. 教育与经济，2007
（2）.

徐杰舜，吴政富. 试论新中国民族教育政策的特点［J］. 当代教育论坛，

2006（15）.

徐湘林. 公共政策研究基本问题与方法探讨［J］. 公共管理科学，2003
（6）.

许丽英，袁桂林. 我国农村新课改面临的问题与发展走向［J］. 当代教育
论坛，2006（10）.

闫兵，孙丽娟. 浅析新基础教育课程内容改革的特征和趋势［J］. 科学教
育，2007（3）.

阎苹，裴苏宁. 论教师赋权增能［J］. 读与写杂志，2010（8）.

杨昌儒. 民族政策与民族政策系统浅论［J］. 民族研究，2000（3）.

杨红. 拉祜族教育的回顾与反思［J］. 民族教育研究，2007（4）.

杨卉. 浅析农村寄宿制学校中人文关怀的缺失［J］. 知识经济，2010
（5）.

杨建忠. 少数民族地区农村基础教育课程改革中的问题与对策［J］. 民族
教育研究，2007（3）.

杨任孝. 云南民族地区双语教学浅论［J］. 中国民族教育，2005（2）.

杨小微. "对话"与"独白"基础教育课程改革中的评价问题探讨［J］.
教育科学研究，2004（4）.

杨小微，等. 近五年我国基础教育改革及其研究的进展报告［J］. 基础教
育，2011（3）.

杨延从. 农村初中学生辍学现象屡禁不止归因分析及对策［J］. 福建教育
学院学报，2008（9）.

杨颖秀. 教育决策的民主与效益问题分析［J］. 教学与管理，2001（2）.

杨勇. 冲突论视角下的中小学布局调整［J］. 当代教育科学，2009（1）.

杨兆山，杨清溪. 农村义务教育阶段标准化寄宿制学校建设的思考［J］.
教育科学，2007（6）.

杨正联. 公共政策文本分析：一个理论框架［J］. 理论与改革，2006
（1）.

杨中枢. 我国中小学学校课程管理：意义、问题与对策［J］. 课程·教
材·教法，2003（7）.

叶敬忠，潘璐．农村小学寄宿制问题及有关政策分析［J］．教育政策研究，2008（2）．

叶澜．世纪之交中国学校教育的文化使命［J］．教育参考，1996（5）．

依根·古巴．政策的定义对政策分析的性质和结果的影响［J］．教育领导，1984（10）．

喻峰，傅安平．民族民间文化保护与当今中国发展之需要［J］．理论导报，2006（8）．

余海波．合理调整布局，提高办学效益——西南民族地区基础教育办学的一条有效途径［J］．学术探索，2001（5）．

衣俊卿．社会发展与文化转型——关于发展哲学的核心问题的思考［J］．哲学动态，2000（3）．

汪春燕．从民族教育视角论民族文化传承［J］．西北师范大学学报（哲学社会科学版），2006（1）．

余友安，黄益武．平江大力调整学校布局［J］．湖南教育；2000（19）．

余梓东．"民族政策"定义推究［J］．内蒙古社会科学，1996（3）．

俞健．就近入学：政策评估——弗兰克·费希尔"公共政策评估方法的运用"［J］．教育科学研究，2006（11）．

原青林．英国公学的寄宿制［J］．外国中小学教育，2004（6）．

袁强．农村初中生隐性辍学的危害及原因探析［J］．科技信息（学术版），2007（2）．

岳毅力．运用归因理论提高学生学业成就［J］．赤峰学院学报（自然科学版），2007（6）．

张布和．我国学业成就评价改革现状及对策［J］．中国教育学刊，2009（4）．

张彩云．中学寄宿制管理模式探讨［J］．教学月刊（中学版），2006（14）．

张飞，曹能秀．学校教育中的少数民族文化传承研究——以云南省寻甸回族、彝族自治县六哨乡为例［J］．云南农业大学学报，2008（3）．

张国艳．关于西北少数民族儿童辍学缘由的社会学考察——以甘肃东乡族

为例 [J]．西北民族大学学报（哲学社会科学版），2009（3）．

张海育．新一轮课程改革在民族地区面临的阻力与对策 [J]．青海民族研究，2003（4）．

张华．对课程评价改革特点的点滴思考 [J]．长春教育学院学报，2003（9）．

张华．关于综合课程的若干理论问题 [J]．教育理论与实践，2001（6）．

张家军，靳玉乐．论课程政策主体 [J]．当代教育科学，2004（1）．

张俊豪．教育多样性与民族文化传承 [J]．湖南师范大学教育科学学报，2008（5）．

张俊珍．新旧课程对学生学业成就影响的比较研究 [J]．教育理论与实践，2010（9）．

张立荣．政策评估的内涵与类型关系探析 [J]．理论探讨，1982（2）．

张敏．试论编辑的文化敏感性 [J]．编辑之友，2009（7）．

张蓉蓉．教育与文化传承：贵州少数民族教育存在的两个问题 [J]．贵州民族研究，2006（4）．

张卫平，等．低社会经济地位与儿童发展 [J]．华南师范大学学报，2007（12）．

张小军．三足鼎立：民族志的田野、理论和方法 [J]．民间文化论坛，2010（1）．

张秀琴，腾继果．中国青年"族"现象研究——一种基于传媒社会学视角的发疑 [J]．当代青年研究，2009（10）．

张雪娟，赵鹤龄．达斡尔族学校民族文化传承的选择 [J]．教育评论，2009（1）．

张映美．新世纪我国基础教育课程改革的理念与体系 [J]．陕西师范大学学报（社会科学版），2000（4）．

张正江．素质教育是轻视知识的教育吗？——与王策三先生商榷 [J]．全球教育展望，2004（10）．

赵丹，王一涛．农村中小学布局调整过程中撤消教学点应注意的问题——基于中西部地区的调查研究 [J]．河北师范大学学报，2008（12）．

赵丹，吴宏超. 农村教学点的现状、困境及对策分析［J］. 教育与经济，2007（2）.

郑东辉. 新中国课程改革的历史与回顾［J］. 教育与职业，2005（13）.

郑宏. 不能仅用"年辍学率"来评价"控辍"工作［J］. 中小学管理，2004（1）.

中西部地区农村中小学合理布局结构研究课题组. 我国农村中小学布局调整的背景、目的和成效——基于中西部地区6省区38个县市177个乡镇的调查与分析［J］. 华中师范大学学报（人文社会科学版），2008（4）.

钟启泉. 发霉的奶酪——《认真对待轻视知识的教育思潮》读后感［J］. 全球教育展望，2004（10）.

钟启泉，杨明全. 主要发达国家基础教育课程改革的动向及启示［J］. 全球教育展望，2001（4）.

周碧文. 关注农村青少年辍学打工现象［J］. 中国校外教育理论，2007（4）.

周芬芬. 地方政府在农村中学布局调整中的执行策略——基于模糊–冲突模型的分析［J］. 教育与经济，2006（3）.

周芬芬. 农村中学布局调整对教育公平的损伤及执行策略［J］. 教育理论与实践，2008（7）.

周莉萍. 美国多元文化政策初探［J］. 国际论坛，2005（2）.

周瓦. 从多学科研究视角论双语教育的本质［J］. 高等农业教育，2007（4）.

周真刚，敖惠. 纪念贵州改革开放三十周年暨贵州民族文化保护与发展研讨会会议综述［J］. 贵州民族研究，2008（6）.

周智慧. 蒙古族传统游戏文化传承的价值及其对策［J］. 内蒙古农业大学学报（社会科学版），2009（2）.

朱俊杰. 湖南构建乡村小学新模式的探索［J］. 教育发展研究，2005（6）.

朱永坤. 国外政策分析模型对提升教育公平性的意义［J］. 全球教育展望，2009（9）.

祖力亚提·司马义. 少数民族学生低学业成就浅析 ［J］. 西北民族研究，
　　2008（2）.


三、学位论文类

曹俊军. 反思与构想：我国基础教育新课程改革研究 ［D］. 长沙：湖南
　　师范大学教育科学学院，2008.

陈建城. 广东海南中小学布局调整的实践与思考 ［D］. 长沙：湖南师范
　　大学教育科学学院，2006.

陈力坤. 农村中小学布局调整背景下富余教师安置问题研究 ［D］. 长春：
　　东北师范大学教育科学学院，2009.

崔雅莉. 寄宿制学校中学生学校生活的个案研究 ［D］. 保定：河北大学
　　教育学院，2010（5）.

丁娟. 二战后美国农村学生辍学问题研究 ［D］. 长春：东北师范大学国
　　际与比较教育研究所，2009.

高年青. 农村中小学布局调整过程中的问题及对策——基于高淳县的分析
　　［D］. 兰州：兰州师范大学教育学院，2008.

管荔. 赛罕区农村普通中学发展存在问题及对策的探究 ［D］. 呼和浩特：
　　内蒙古师范大学教育学院，2009.

桂荣. 农村牧区中小学布局调整的问题及其对策研究——以通辽市库伦旗
　　和锡盟东乌珠穆沁旗为个案 ［D］. 呼和浩特：内蒙古师范大学教育学
　　院，2008.

何忠盛. 西部农村标准化学校建设中的资源优化研究 ［D］. 成都：四川
　　师范大学文学院，2008.

贺新向. 农村中小学布局调整问题研究——以 G 市（县级）为个案 ［D］.
　　上海：华东师范大学公共管理学院，2007.

黄超. 中等职业学校合并的经济分析 ［D］. 南京：南京师范大学新闻与
　　传播学院，2006.

赖龙扬. 客家区域基础教育的文化生态研究 ［D］. 福州：福建师范大学
　　教育学院，2002.

雷冬玉. 基础教育课程改革预期目标的偏离与调控研究 ［D］. 长沙：湖南师范大学教育科学学院，2010.

李惠. 美国农村学校合并的现状、问题与趋势 ［D］. 长春：东北师范大学教育学院，2009.

李军. 我国教育政策研究现状分析 ［D］. 上海：华东师范大学教育科学学院，2004.

李泽宇. 我国基础教育课程改革的适切性研究 ［D］. 长春：东北师范大学教育科学学院，2010.

刘敏. 新化县农村教师流动状况的调查与思考 ［D］. 长沙：中南大学公共管理学院，2007.

刘伟. 澳大利亚多元文化政策述论 ［D］. 武汉：华中科技大学马克思主义学院，2005.

马春秀. 德宏傣族景颇族自治州双语教学的必要性和可行性研究 ［D］. 上海：华东师范大学教育学院，2006（6）.

孟凡双. 美国农村初等教育学校布局的演变史研究 ［D］. 长春：东北师范大学教育学院，2007.

彭泽平. 改革开放以来我国基础教育课程改革评析 ［D］. 上海：华东师范大学教育科学学院，2004.

舒智龙. 民办中学的寄宿生——对民办寄宿制学校的实地研究 ［D］. 南京：南京师范大学教育学院，2008.

苏德. 多维视野下的双语教学发展观——内蒙古地区蒙古族中小学个案 ［D］. 北京：中央民族大学教育学院，2004.

苏蔷. 农村寄宿制小学学生学校适应状况研究——以 Y 省 X 县为个案 ［D］. 长春：东北师范大学教育学院，2009.

孙颖. 新农村建设中的义务教育阶段布局调整探究——F 县的个案研究 ［D］. 长春：东北师范大学教育学院，2008.

王春兰. 大城市人口空间演变的政治社会学分析——以上海市为例 ［D］. 上海：华东师范大学资源与环境科学学院，2008.

王存. 农村义务教育阶段学校布局调整后的校产处理问题研究 ［D］. 长

春：东北师范大学教育学院，2009.

王慧霞. 西北民族地区基础教育新课程实施问题研究 [D]. 兰州：西北师范大学教育学院，2008.

王侠. 西方多元文化教育理论的阐释 [D]. 北京：中央民族大学教育学院，2005.

王云秋. 县域中学布局调整及其功能分析——以南京市江宁区为例 [D]. 苏州：苏州大学社会学院，2007.

魏莉莉. "贫困文化"视野下的城市青少年辍学问题——以上海市个案分析为例 [D]. 上海：华东师范大学社会学院，2005.

吴剑丽. 试析二十世纪末美国加州新双语教育政策——加州 227 提案获胜的动因及其影响 [D]. 广州：华南师范大学教育科学学院，2003.

吴林富. 教育生态理论与下城区基础教育生态分析研究 [D]. 上海：华东师范大学教育科学学院，2004.

武小东. 农村中小学生辍学成因探析——以冀北 H 县 B 镇为例 [D]. 长沙：中南大学社会学院，2007.

熊建辉. 多元社会中的双语教育：政策与实践 [D]. 上海：华东师范大学教育学院，2005.

晏燕平. 新一轮基础教育课程改革研究的反思与建议 [D]. 长沙：湖南师范大学教育学院，2008.

杨丹. 农村义务教育阶段标准化学校布局问题研究 [D]. 长春：东北师范大学教育学院，2008.

叶琳. 城乡一体化：保康县域教育探索与实践 [D]. 湖北：华中科技大学公共管理学院，2006.

应朋志. 基于农村中小学布局调整的小班化教育研究——以浙江省舟山市为例 [D]. 金华：浙江师范大学教育学院，2009.

翟月. 我国农村寄宿制学校生活教师问题研究 [D]. 长春：东北师范大学教育学院，2009.

张翠英. 河北省基础教育规模预测及对策研究 [D]. 石家庄：河北师范大学资源与环境科学学院，2009.

张广利. 寄宿制初中学生欺负现状及其干预实验 [D]. 济南：山东师范大学教育学院，2005.

张婷. 当代英国公学的特色及其历史文化归因探析 [D]. 重庆：西南大学教育学院，2008.

张欣. 从语言政策的视角看双语教育 [D]. 南京：东南大学外国语学院，2006.

张雪峰. 基于 GIS 的巩义市农村中小学空间布局分析 [D]. 郑州：河南大学环境与规划学院，2008.

赵丹. 农村教学点问题研究 [D]. 武汉：华中师范大学教育学院，2008.

赵海涛. 农村寄宿制初中学生管理问题的调查研究 [D]. 沈阳：辽宁师范大学教育学院，2008.

赵永波. 公共财政框架下的农村义务教育投入均衡问题研究——以长春市双阳区为例 [D]. 长春：东北师范大学教育学院，2009.

郑家福. 新中国基础教育课程改革的文化检讨 [D]. 重庆：西南大学教育学院，2003.

周芬芬. 效率与公平：农村中小学布局调整的目标冲突与协调 [D]. 武汉：华中师范大学教育学院，2008.

## 四、论文集类

Wallace E. Lambert. Annual Learning Symposium on Cultural Factors in Learning：Culture and Language as Factors in Learning and Education [C]. Bellingham：Washington State College，1973.

陈忠勇. 全球化背景下的多元文化教育国际论坛论文集：苗、汉杂居地区苗族学生低学业成就的原因分析——以毕节市观音桥办事处苗族教育为例 [C]. 重庆：西南大学，2006.

韩冰清. 公平、质量、效率："农村教育政策的抉择"国际学术研讨会论文集：农村义务教育"城市化"模式是导致农村学生辍学的根本原因——基于对湖北农村义务教育的调查与分析 [C]. 长春：东北师范大学，2009.

李娟. 全球化背景下的多元文化教育国际论坛论文集：新中国成立以来我国民族双语教育政策历史沿革［C］. 重庆：西南大学，2006.

李祥云，范丽萍. 全国教育经济学年会交流论文集：农村中小学布局调整与"两免一补"的实施情况分析——基于全国 19 个省 80 多个乡镇 508 户农户问卷调查［D］. 南京：南京农业大学，2008.

**五、报刊类**

教育部.《基础教育改革纲要（试行）》颁布［N］. 中国教育报，2001 - 07 - 27.

靳玉乐，艾兴. 新课程改革的理论基础是什么［N］. 中国教育报，2005 - 05 - 28.

李建平. 综合课程遇到了什么困难［N］. 中国教育报，2003 - 02 - 25.

李建平. 专家谈基础教育课程改革（之四）［N］. 中国教育报，2001 - 09 - 27.

刘华蓉. 健全管理制度，推动基础教育课程改革科学决策［N］. 中国教育报，2010 - 04 - 15.

马福迎. 对《靳文》有些观点，不敢苟同［N］. 中国教育报，2005 - 08 - 13.

王平. 多维视角下的宗教、民俗及其与学校教育之关系［N］. 中央民族大学校报，2009 - 12 - 28.

王素凤. 农村初中生非贫困辍学原因及对策［N］. 中国教师报，2007 - 11 - 21.

谢少华. 当今国外教育政策研究特点述要［N］. 中国教育报，2000 - 06 - 17.

袁桂林. 新的辍学原因值得关注［N］. 现代教育报，2009 - 10 - 30.

张丽辉，仝静海. 全省开展农村学区建设试点［N］. 河北日报，2006 - 10 - 30.

**六、文件类**

财政部关于印发中小学布局调整专项资金管理办法的通知.

德宏州 2009 年秋季学期基础教育情况统计表（二）.

德宏州芒市 2008 年和 2009 年教育统计数据.

贵州省民族事务委员会文教处，贵州省教育厅民族教育处. 民族民间文化进校园——贵州民族民间文化教育巡礼.

关于成立德宏州推进试点学校教学改革工作小组的通知.

国家中长期教育改革和发展规划纲要（2010—2020 年）.

国务院办公厅关于 2001 年农村税费改革试点工作有关问题的通知.

国务院办公厅关于完善农村义务教育管理体制的通知.

国务院关于 2005 年深化农村税费改革试点工作的通知.

国务院关于基础教育改革与发展的决定.

化隆回族自治县教育工作概况（青海省化隆县教育局内部资料）.

化隆回族自治县教育局. 化隆"两基"迎国检自查自评工作情况汇报.

基础教育课程改革纲要（试行）.

教育部办公厅关于切实解决农村边远山区交通不便地区中小学生上学远问题有关事项的通知.

教育部关于深化基础教育课程改革进一步推进素质教育的意见.

教育部关于实事求是地做好农村中小学布局调整工作的通知.

教育部关于印发开展基础教育新课程实验推广工作的意见的通知.

美国 2000 年教育战略.

面向 21 世纪教育振兴行动计划.

普及科学——美国 2061 计划.

青海省教育厅. 关于青海农村寄宿制学校政策.

青海省教育厅. 青海省民族教育工作调研汇报材料.

日本推进教育改革大纲.

云南省人民政府办公厅转发省编办等部门关于制定我省中小学教职工编制标准意见的通知.

云南省人民政府关于修改涉及农村税费改革规章的决定.

云南省人民政府贯彻实施国务院关于基础教育改革与发展的决定的意见.

中共中央国务院关于深化教育改革全面推进素质教育的决定.

中华人民共和国教育法.

## 七、电子文献类

2006 年德宏年鉴大事专题［EB/OL］．（2007 - 01 - 10）［2010 - 12 - 18］．http：// www. dh. gov. cn/ dhzrmzfgzxxw/ 3973020404523532288/ 20070110/ 100279. html.

德宏州人民政府贯彻实施《德宏州人大常委会关于全州贯彻实施〈中华人民共和国义务教育法〉的决议》的报告（书面）［EB/OL］．（2010 - 07 - 24）［2011 - 03 - 07］．http：//www. yndhrd. cn/jdjy/ShowArticle. asp? ArticleID = 527.

代乐．贵州日报记者发言［EB/OL］．（2007 - 02 - 14）［2010 - 12 - 15］．http：//learning. sohu. com/ 20070214/n248247208. shtml.

潞西市教育局 2009 年教育工作要点［EB/OL］．（2009 - 04 - 03）［2011 - 02 - 01］．http：//www. dhlxjy. com/Article/jyzw/lxjy/lxjygk/200904/2698. html.

民进黔南州委开展民族民间文化资源保护利用情况的调研［EB/OL］．（2008 - 12 - 15）［2010 - 11 - 25］http：//www. mjgz. org. cn/contents/441/2061. html.

吕艳琪．芒市教育局副局长在 2011 年秋季学期学校领导班子暨校园安全工作会议上的讲话［EB/OL］．（2011 - 08 - 29）［2011 - 09 - 01］. http：// www. dhlxjy. com/Article/ jyzw/lxjy/zyjh/201108/58 67. html.

杨连升．芒市教育局局长在 2010 年全市教育工作会上的讲话［EB/OL］．（2010 - 04 - 14）［20011 - 03 - 02］. http：//www. dhlxjy. com/Article/ jyzw/lxjy/zyjh/201004/4591. html.

西山乡"十一五"经济社会发展规划［EB/OL］．（2008 - 06 - 16）［2010 - 12 - 15］. http：//www. ynf. gov. cn/canton_ model1 = 188623.

云南 47% 少数民族不通汉语，双语教学任重道远［EB/OL］．（2007 - 01 - 06）［2011 - 03 - 07］. http：//www. mzb. com. cn/html/Home/report/ 19343 - 1. htm.

云南省教育厅［EB/OL］．（2009 - 01 - 09）［2011 - 02 - 10］. http：//www. ynjy. cn/Article/ 200901/Article_ 20090109173112_ 1 0594. shtml.

# 索　引

# 后　记

《民族基础教育质量保障的政策研究》一书是在我所主持的国家社会科学基金教育学重点招标课题"民族教育质量保障和特色发展研究"和中央民族大学教育学院"985"三期建设项目成果的基础上完成的。根据课题要求，各位研究者通过质性研究方法，深入了解少数民族地区基层教师和少数民族学生的教育过程、学校生活以及遇到的种种困惑和困难。这些成果最终诉诸文字，体现在本书之中。本书将民族地区基础教育质量的现状分为四个方面来呈现，分别是学校管理篇、课程与教学篇、学校政策篇和学业表现篇。每一篇由两个个案组成，以期让读者在更精细的个案解读中，对我国的民族地区基础教育的现状和存在的问题有更加直观的感受和深刻的理解。

本书由我全面统筹、设计与规划，由以下作者分工完成：个案一，朴红月；个案二，朱红霞；个案三，王平；个案四，唐婷；个案五，聂昕；个案六，杨悦；个案七，应乾；个案八，王渊博。

本书从成书到出版还要感谢各方的共同努力。首先，感谢工作在民族教育一线的教育部门的领导和教师们，感谢那些可爱的家长和孩子们，他们为本书提供了丰富的真知灼见和乡土经验。其次，感谢著名教育家顾明远教授，教育部民族教育司张强副司长、沙玛加甲处长，北京师范大学郑新蓉教授，广西民族大学党委书记钟海青教授、李泉鹰教授，中央民族大学哈经雄教授、滕星教授、张海洋教授、常永才教授、董艳教授，三峡大学副校长谭志松教授等，他们为本书各个案的撰写提供了宝贵的修改意见。再次，感谢中央民族大学教育学院博士后林玲老师，博士生王渊博、石梦、刘子云、王璐、林耀、赵慧、王运源、吴春红和朱金玲对本书所做的编辑和完善工作，尤其感谢王渊博同学在该书的编辑、修改和校对等方面所作出的大量艰辛而创造性的工作。最后，感谢教育科学出版社的编辑们对本书的钟爱和耐心的编辑工作，没有他们对这些繁琐的文字所做的修改，就没有今天书稿的成功付梓。

此书所引数据、事例，来自公开出版的文献资料或者研究组在实地调研过程中所见。由于作者阅历有限，此书中有事实阐释不足和理论分析不当之处，恳请各位专家和学者不吝赐教！

苏 德
2012 年 9 月于中央民族大学

出 版 人　所广一

责任编辑　罗永华

版式设计　杨玲玲

责任校对　贾静芳

责任印制　曲凤玲

## 图书在版编目（CIP）数据

民族基础教育质量保障的政策研究／苏德主编 . ——
北京：教育科学出版社，2013.12
（中国少数民族教育政策研究丛书）
ISBN 978 - 7 - 5041 - 7900 - 5

Ⅰ. ①民… Ⅱ. ①苏… Ⅲ. ①民族地区—基础教育—
教育质量—研究—中国　Ⅳ. ①G639. 2

中国版本图书馆 CIP 数据核字（2013）第 176758 号

中国少数民族教育政策研究丛书
民族基础教育质量保障的政策研究
MINZU JICHU JIAOYU ZHILIANG BAOZHANG DE ZHENGCE YANJIU

| 出版发行 | *教育科学出版社* | | |
|---|---|---|---|
| 社　　址 | 北京·朝阳区安慧北里安园甲 9 号 | 市场部电话 | 010 - 64989009 |
| 邮　　编 | 100101 | 编辑部电话 | 010 - 64981252 |
| 传　　真 | 010 - 64891796 | 网　　址 | http://www.esph.com.cn |
| 经　　销 | 各地新华书店 | | |
| 制　　作 | 北京金奥都图文制作中心 | | |
| 印　　刷 | 保定市中画美凯印刷有限公司 | | |
| 开　　本 | 169 毫米×239 毫米　16 开 | 版　　次 | 2013 年 12 月第 1 版 |
| 印　　张 | 41.25 | 印　　次 | 2013 年 12 月第 1 次印刷 |
| 字　　数 | 616 千 | 定　　价 | 88.00 元 |

如有印装质量问题，请到所购图书销售部门联系调换。